Gestão de
Propriedades Rurais

```
K23g    Kay, Ronald D.
            Gestão de propriedades rurais / Ronald D. Kay, William M.
        Edwards, Patricia A. Duffy ; tradução Théo Amon ; revisão
        técnica : Paulo Dabdab Waquil. – 7. ed. – Porto Alegre :
        AMGH, 2014.
            xiii, 452 p. : il. ; 25 cm.

            ISBN 978-85-8055-395-6

            1. Administração. 2. Administração de propriedades rurais.
        I. Edwards, William M. II. Duffy, Patricia A. III. Título.

                                                    CDU 658:631.1
```

Catalogação na publicação: Poliana Sanchez de Araujo – CRB 10/2094

Ronald D. **Kay**
Professor emérito,
Texas A&M University

William M. **Edwards**
Professor, Iowa State University

Patricia A. **Duffy**
Professora egressa, Auburn University

Gestão de Propriedades Rurais
7ª ed.

Tradução
Théo Amon

Revisão técnica
Paulo Dabdab Waquil
Doutor em Economia Agrícola pela University of Wisconsin, Estados Unidos
Professor do Departamento de Economia e Relações Internacionais (DERI) da
Universidade Federal do Rio Grande do Sul

AMGH Editora Ltda.
2014

Obra originalmente publicada sob o título *Farm Management*, 7th Edition
ISBN 0073545872 / 9780073545875

Original edition copyright ©2012, The McGraw-Hill Global Education Holdings, LLC. All rights reserved.

Portuguese language translation copyright ©2014, AMGH Editora Ltda., a Grupo A Educação S.A. company.
All rights reserved.

Gerente editorial: *Arysinha Jacques Affonso*

Colaboraram nesta edição:

Editora: *Verônica de Abreu Amaral*

Capa: *Paola Manica*

Leitura final: *Cristhian Matheus Herrera*

Editoração: *Techbooks*

Reservados todos os direitos de publicação, em língua portuguesa, à
AMGH EDITORA LTDA., uma parceria entre GRUPO A EDUCAÇÃO S.A. e McGRAW-HILL EDUCATION.
Av. Jerônimo de Ornelas, 670 – Santana
90040-340 – Porto Alegre – RS
Fone: (51) 3027-7000   Fax: (51) 3027-7070

É proibida a duplicação ou reprodução deste volume, no todo ou em parte, sob quaisquer
formas ou por quaisquer meios (eletrônico, mecânico, gravação, fotocópia, distribuição na Web
e outros), sem permissão expressa da Editora.

Unidade São Paulo
Av. Embaixador Macedo Soares, 10.735 – Pavilhão 5 – Cond. Espace Center
Vila Anastácio – 05095-035 – São Paulo – SP
Fone: (11) 3665-1100   Fax: (11) 3667-1333

SAC 0800 703-3444 – www.grupoa.com.br

IMPRESSO NO BRASIL
PRINTED IN BRAZIL

Os autores

Ronald D. Kay é professor emérito do Departamento de Economia Agrícola da Texas A&M University. O Dr. Kay lecionou gestão rural na Texas A&M University por 25 anos, aposentando-se no fim de 1996. Criado em uma fazenda do sudeste de Iowa, obteve seu grau de bacharel em agricultura e seu título de doutor em Economia Agrícola pela Iowa State University. O Dr. Kay tem experiência como gestor rural profissional e consultor de gestão rural, mantendo um interesse ativo na operação agropecuária. É membro de diversas organizações profissionais, incluindo a Sociedade Americana de Gestores e Avaliadores Rurais, na qual é professor credenciado do programa de educação gerencial. O Dr. Kay recebeu o prêmio Excelência em Educação de 2002.

William M. Edwards é professor de economia na Iowa State University, onde obteve seu grau de bacharel e títulos de mestre e doutor em Economia Agrícola. Oriundo de uma família de agropecuaristas do Centro-Sul de Iowa, trabalhou como economista agrícola na Administração Central do Agropecuarista e como voluntário da Peace Corps no Instituto Colombiano da Reforma Agrária. Desde 1974, leciona disciplinas presenciais e à distância e realiza programas de extensão em gestão rural na Iowa State University. Em 1997, recebeu o Prêmio Destaque em Extensão da Iowa State University. O Dr. Edwards atuou como presidente da Seção de Extensão da Associação Americana de Economia Agrícola de 2006 a 2007.

Patricia A. Duffy é professora do Departamento de Economia Agrícola e Sociologia Rural e pró-reitora adjunta da Auburn University, onde leciona gestão rural desde 1985. Criada em Massachusetts, obteve seu grau de bacharel da Boston College. Após se graduar, atuou como voluntária da Peace Corps por dois anos, lecionando fundamentos de ciências agropecuárias em uma escola secundária vocacional. Obteve seu título de doutor em Economia Agrícola na Texas A&M University. Seus trabalhos de pesquisa em gestão e políticas rurais foram publicados em diversos periódicos especializados. Em 1994, recebeu um prêmio da Associação Sulina de Economia Agrícola por distinção em contribuição profissional a programas docentes. Em 2001, recebeu o prêmio de docência da Faculdade de Agricultura da Auburn University.

Prefácio

Estabelecimentos agropecuários, como outros pequenos negócios, precisam de uma boa gestão para sobreviver e prosperar. O desenvolvimento contínuo de novas tecnologias agropecuárias significa que os gestores rurais precisam estar informados acerca dos últimos progressos e decidir se irão adotá-los. Adotar uma tecnologia arriscada e não testada que não satisfaça as expectativas pode provocar dificuldades financeiras ou mesmo o fechamento da empresa rural. Por outro lado, deixar de adotar tecnologias novas e lucrativas coloca o negócio em desvantagem competitiva, o que também pode ser desastroso no longo prazo. Além disso, a mudança de políticas de proteção ambiental, impostos e subsídios de preço pode tornar certas alternativas e estratégias mais ou menos lucrativas do que eram antes. Por fim, mudanças nos gostos do consumidor, na composição demográfica da população e nas políticas de comércio agropecuário mundial afetam a demanda pelos produtos.

A necessidade contínua de os gestores rurais atualizarem e renovarem suas habilidades nos motivou a escrever esta sétima edição.

Este livro está dividido em seis partes. A Parte I começa com o capítulo "Gestão rural no século XXI". Ele descreve algumas das forças tecnológicas e econômicas que direcionam as mudanças na agropecuária. Nesse capítulo, os estudantes têm uma exposição sobre as habilidades de que os gestores rurais modernos precisam. A Parte I conclui com uma explicação do conceito de gestão e do processo de tomada de decisão, com ênfase na importância do planejamento estratégico e da tomada de decisão.

A Parte II apresenta as ferramentas básicas necessárias para medir o desempenho gerencial, o progresso financeiro e a condição financeira do negócio rural. Ela discute como coletar e organizar dados contábeis e como elaborar e analisar demonstrações financeiras. No capítulo sobre análise do estabelecimento agropecuário, são usados dados de um exemplo para demonstrar o processo de análise.

A Parte III contém três capítulos sobre princípios básicos de microeconomia. Os tópicos dessa parte proporcionam as ferramentas necessárias para tomar boas decisões gerenciais. Os estudantes aprenderão como e quando os princípios econômicos podem ser usados na tomada de decisão, bem como a importância dos diferentes tipos de custo econômico. A exposição sobre economias de tamanho foi revisada e expandida.

O uso prático do orçamento é enfatizado na Parte IV. A exposição inclui capítulos sobre orçamentos de empreendimento, parcial, do estabelecimento completo e de fluxos de caixa. Discutem-se detalhadamente o formato e a aplicação de cada tipo de orçamento, as fontes de dados a serem utilizadas e técnicas de análise de ponto de equilíbrio.

Tópicos necessários para refinar mais as habilidades de tomada de decisão do gestor aparecem na Parte V. Discutem-se organização da empresa rural, controle de risco, gestão de imposto de renda, análise de investimento e análise de empreendimento. O capítulo sobre análise de investimento inclui uma discussão sobre os conceitos de equivalente anual e valores de recuperação de capital. Foi incorporado a esta edição um novo capítulo sobre separação

viii Prefácio

da análise completa do estabelecimento agropecuário em centros de lucro e centros de custo.

A Parte VI fala sobre estratégias de aquisição de recursos em estabelecimentos rurais, contendo capítulos sobre capital e crédito, terra, recursos humanos e maquinário. O capítulo sobre recursos humanos contém seções sobre aprimoramento da capacidade gerencial e superação das barreiras culturais.

Esta edição disponibiliza o manual do professor, apresentacões em PowerPoint®, um banco de perguntas de teste, exercícios de aula e respostas às perguntas de fim de capítulo (em inglês). Procure pela página do livro em www.grupoa.com.br e clique em Material para o Professor. O professor deverá se cadastrar para ter acesso.

Os autores gostariam de agradecer aos professores que adotaram a edição anterior em suas disciplinas e aos muitos estudantes que a utilizaram tanto dentro quanto fora das salas de aula das instituições. Os seus comentários

e sugestões foram cuidadosamente analisados, sendo muitos deles incorporados a esta edição. Sugestões para aperfeiçoamentos futuros são sempre bem-vindas. Fazemos um agradecimento especial aos seguintes revisores da McGraw-Hill pelas muitas ideias e pelos comentários inteligentes que forneceram durante a preparação desta edição:

Nicole Klein
South Dakota State University
Dennis Toalson
Southeast Community College
Mallory Vestal
West Texas A&M University
Barry Ward
The Ohio State University

Ronald D. Kay
William M. Edwards
Patricia A. Duffy

Sumário

Parte I

Gestão 1

CAPÍTULO 1

Gestão rural no século XXI 3

Estrutura do estabelecimento
agropecuário 4

Novas tecnologias 7

A era da informação 8

Controle de ativos 9

Recursos humanos 10

Produção para atender às demandas
do consumidor 10

Contratos e integração vertical 12

Questões ambientais
e de saúde 12

Globalização 13

Resumo 14

Perguntas para revisão e reflexão 14

CAPÍTULO 2

Gestão e tomada de decisão 15

Funções da gestão 16

Gestão rural estratégica 17

Tomada de decisão 23

Características das decisões 26

O ambiente de tomada de decisão
da agropecuária 27

Resumo 29

Perguntas para revisão e reflexão 29

Parte II

Mensuração do desempenho gerencial 31

CAPÍTULO 3

Aquisição e organização de informação gerencial 33

Finalidade e uso dos registros 34

Atividades do negócio rural 36

Termos básicos de contabilidade 37

Opções ao escolher um sistema
contábil 38

Fundamentos de contabilidade em
regime de caixa 41

Fundamentos de contabilidade em
regime de competência 42

Um exemplo de caixa contra
competência 43

Recomendações do conselho de
padrões financeiros rurais 45

Plano de contas 46

Resultado de um sistema contábil 46

Resumo 50

Perguntas para revisão e reflexão 50

CAPÍTULO 4

O balanço patrimonial e sua análise 51

Finalidade e uso do balanço
patrimonial 52

Formato do balanço patrimonial 52

x   Sumário

Avaliação de ativos   56
Balanço patrimonial com base no custo
  contra com base no mercado   57
Exemplo de balanço patrimonial   59
Análise do balanço patrimonial   63
Demonstração das alterações do
  patrimônio líquido   67
Resumo   69
Perguntas para revisão e reflexão   69

CAPÍTULO 5

A demonstração de resultados e sua análise   71

Identificação de receitas e despesas   72
Depreciação   75
Formato da demonstração de
  resultados   79
Ajustes por competência em uma
  demonstração de resultados com base
  em caixa   80
Análise da renda rural líquida   82
Mudança do patrimônio líquido   90
Demonstração dos fluxos de caixa   91
Resumo   93
Perguntas para revisão e reflexão   93

CAPÍTULO 6

Análise do negócio rural   95

Tipos de análise   96
Padrões de comparação   96
Diagnóstico de um problema
  comercial rural   98
Medidas de lucratividade   99
Medidas de tamanho   102
Medidas de eficiência   104
Medidas financeiras   107
Resumo   111
Perguntas para revisão e reflexão   112

Parte III
Aplicação de princípios econômicos   113

CAPÍTULO 7

Princípios econômicos – escolha de níveis de produção   115

A função de produção   116
Análise marginal   117
Lei dos retornos marginais
  decrescentes   118
Quanto insumo usar   119
Uso de conceitos marginais   120
Valor do produto marginal e
  custo de insumo marginal   124
O princípio da igualdade marginal   124
Resumo   127
Perguntas para revisão e reflexão   127

CAPÍTULO 8

Princípios econômicos – escolha de combinações de insumo e produto   129

Combinações de insumos   130
Combinações de produtos   134
Resumo   139
Perguntas para revisão e reflexão   140

CAPÍTULO 9

Conceitos de custo em economia   141

Custo de oportunidade   141
Despesas monetárias e não
  monetárias   143
Custos fixos, variáveis e totais   144
Aplicação dos conceitos de custo   147

Economias de escala   151
Curva de custo médio de longo
  prazo   156
Resumo   157
Perguntas para revisão e reflexão   158
Apêndice   159

Parte IV

Orçar para
obter mais lucro   163

CAPÍTULO 10

Orçamento de
empreendimento   165

Finalidade, aplicação e formato de
  orçamentos de empreendimento   166
Elaboração de um orçamento de
  empreendimento agrícola   168
Elaboração de um orçamento de
  empreendimento pecuário   173
Comentários gerais sobre orçamentos
  de empreendimento   176
Interpretação e análise de orçamentos
  de empreendimento   177
Resumo   179
Perguntas para revisão e reflexão   179

CAPÍTULO 11

Planejamento completo
do estabelecimento
agropecuário   181

O que é o plano completo do
  estabelecimento agropecuário?   181
O procedimento de planejamento   182
Exemplo de planejamento completo do
  estabelecimento agropecuário   186

Outras questões   196
Resumo   198
Perguntas para revisão e reflexão   199
Apêndice: exemplo gráfico de
  programação linear   200

CAPÍTULO 12

Orçamento parcial   203

Aplicações do orçamento parcial   203
Procedimento do orçamento
  parcial   204
O formato do orçamento parcial   205
Exemplos de orçamento parcial   207
Fatores a considerar ao calcular
  mudanças na receita e nos custos   210
Análise de sensibilidade   211
Limitações do orçamento parcial   212
Considerações finais   212
Resumo   213
Perguntas para revisão e reflexão   213

CAPÍTULO 13

Orçamento de
fluxo de caixa   215

Características do orçamento de fluxo
  de caixa   215
Elaboração do orçamento de fluxo de
  caixa   218
Aplicações do orçamento de fluxo de
  caixa   227
Monitoramento dos fluxos de caixa
  efetivos   228
Análise de investimento por meio de
  orçamento de fluxo de caixa   228
Resumo   231
Perguntas para revisão e reflexão   232

xii Sumário

Parte V
Aperfeiçoamento das habilidades gerenciais 233

CAPÍTULO 14
Natureza jurídica e transferência do negócio agropecuário 235

Ciclo de vida 236

Propriedade individual 237

Joint ventures 238

Contratos operacionais 239

Sociedades de responsabilidade pessoal 241

Corporações 245

Sociedades de responsabilidade limitada 248

Cooperativas 250

Transferência do negócio agropecuário 251

Resumo 254

Perguntas para revisão e reflexão 255

CAPÍTULO 15
Gestão do risco e da incerteza 257

Fontes de risco e incerteza 258

Capacidade e atitude de tolerância ao risco 260

Expectativas e variabilidade 261

Tomada de decisão sob risco 265

Ferramentas de gestão do risco 269

Resumo 278

Perguntas para revisão e reflexão 279

CAPÍTULO 16
Gestão de imposto de renda 281

Tipos de imposto de renda 282

Objetivos da gestão tributária 282

Regimes de contabilidade tributária 283

O sistema tributário e as alíquotas 286

Algumas estratégias de gestão tributária 287

Depreciação 290

Ganhos de capital 295

Resumo 298

Perguntas para revisão e reflexão 298

CAPÍTULO 17
Análise de investimento 299

Valor do dinheiro no tempo 300

Análise de investimento 305

Viabilidade financeira 311

Imposto de renda, inflação e risco 312

Resumo 315

Perguntas para revisão e reflexão 316

Apêndice: um exemplo de análise de investimento 317

CAPÍTULO 18
Análise de empreendimento 321

Centros de lucro e de custo 322

O exercício contábil 323

Tipos de empreendimento 324

Custos da terra 329

Verificação da produção 331

Sistemas de contabilidade 332

Resumo 333

Perguntas para revisão e reflexão 333

Parte VI
Aquisição de recursos gerenciais 335

CAPÍTULO 19

Capital e crédito 337

A economia do uso do capital 338

Fontes de capital 339

Tipos de empréstimo 342

O custo do endividamento 348

Fontes de fundos de empréstimo 349

Estabelecimento e desenvolvimento de crédito 351

Liquidez 353

Solvência 354

Resumo 357

Perguntas para revisão e reflexão 357

CAPÍTULO 20

Terra: controle e uso 359

Fatores que afetam os valores da terra rural 360

A economia do uso e da gestão da terra 361

Controle da terra: propriedade ou arrendamento? 363

Compra da terra 365

Arrendamento da terra 371

Conservação e questões ambientais 381

Resumo 383

Perguntas para revisão e reflexão 384

CAPÍTULO 21

Gestão de recursos humanos 385

Características da mão de obra agropecuária 386

Planejamento de recursos de mão de obra rural 387

Medição da eficiência da mão de obra 392

Melhoria da eficiência da mão de obra 393

Melhoria da capacidade gerencial 395

Obtenção e gestão de empregados rurais 395

Regulamentações trabalhistas agropecuárias 403

Resumo 406

Perguntas para revisão e reflexão 406

CAPÍTULO 22

Gestão de maquinário 407

Estimativa de custos de maquinário 408

Exemplos de cálculo de custo de maquinário 414

Fatores da seleção de máquinas 415

Alternativas de aquisição de máquinas 418

Melhoria da eficiência do maquinário 423

Resumo 427

Perguntas para revisão e reflexão 428

Apêndice 429
Glossário 435
Índice 447

Parte I

Gestão

Uma boa gestão é um fator crucial para o sucesso de qualquer negócio, e os estabelecimentos agropecuários não são uma exceção. Para ter sucesso, os gestores de hoje precisam passar mais tempo tomando decisões e desenvolvendo habilidades do que seus pais e avós precisavam.

Isso porque a produção de agropecuária nos Estados Unidos e em outros países está mudando nas seguintes linhas: mais mecanização, estabelecimentos maiores, adoção contínua de novas tecnologias, aumento do investimento de capital por trabalhador, mais capital emprestado ou arrendado, novas alternativas de comercialização e maior risco. Esses fatores criam novos problemas gerenciais, mas também apresentam novas oportunidades para os gestores com as habilidades certas.

Essas tendências provavelmente se estenderão por todo o século XXI. Os agropecuaristas tomarão o mesmo tipo de decisões do passado, mas conseguirão tomá-las com mais rapidez e precisão. Os progressos na capacidade de coletar, transferir e armazenar dados sobre condições de cultivo, problemas com pragas e doenças e qualidade de produto darão aos gestores mais sinais aos quais reagir. Além disso, os futuros operadores de estabelecimentos agropecuários terão que equilibrar suas metas pessoais de estilo de vida independente, segurança financeira e vida no campo com interesses sociais acerca de segurança alimentar, qualidade ambiental e valores rurais.

A direção de longo prazo de um estabelecimento agropecuário é determinada por meio de um processo chamado planejamento estratégico. Famílias de agropecuaristas estabelecem metas para si e seus negócios com base em valores pessoais, habilidades e interesses individuais, recursos financeiros e físicos e as condições econômicas e sociais previstas para a agropecuária na próxima geração. Elas podem privilegiar margens de lucro maiores ou volumes mais altos de produção, ou, então, gerar serviços e produtos especiais. Após selecionar estratégias para alcançar suas metas, os operadores agropecuários empregam gestão tática para levá-las adiante. Há muitas decisões a serem tomadas e muitas alternativas a analisar. Por fim, os resultados dessas decisões precisam ser monitorados e avaliados, aplicando medidas de controle quando os resultados não forem aceitáveis.

O Capítulo 1 expõe alguns fatores que afetarão a gestão rural no século XXI. Esses fatores exigirão um novo tipo de gestor, que saiba absorver, organizar e utilizar grandes quantidades de informação – especialmente a informação relacionada a novas tecnologias.

Os recursos serão uma mistura de ativos próprios, arrendados e emprestados. Os produtos deverão ser mais diferenciados para atender aos gostos do consumidor e atender aos padrões de segurança. Os usos industriais de produtos agrícolas aumentarão em relação aos usos alimentícios. A rentabilidade de uma tecnologia nova precisará ser determinada veloz e rigorosamente antes de ela ser adotada. O gestor do século XXI também precisará de novas habilidades humanas à medida que o número e a diversidade dos empregados aumentarem.

O Capítulo 2 explica o conceito de gestão, incluindo planejamento estratégico e tomada de decisão tática. O que é gestão? Quais funções os gestores desempenham? Como os gestores devem tomar decisões? Quais conhecimentos e habilidades são necessários para ser um gestor bem-sucedido? As respostas às três primeiras perguntas são discutidas no Capítulo 2, e, para chegar a respostas à última pergunta, é necessário estudar o restante do livro.

CAPÍTULO 1

Gestão rural no século XXI

Objetivos do capítulo

1. Discutir como as mudanças na estrutura e na tecnologia da agropecuária no século XXI afetarão a próxima geração de gestores agropecuários.

2. Identificar as habilidades gerenciais de que os futuros agropecuaristas precisarão para responder a essas mudanças

O que os futuros gestores rurais estarão fazendo à medida que atravessarmos o século XXI? Estarão fazendo o que fazem hoje: tomando decisões. Eles ainda estarão usando princípios econômicos, orçamentos, resumos contábeis, análises de investimento, demonstrações financeiras e outras técnicas gerenciais para ajudá-los a tomar essas decisões. Que tipos de próximas decisões serão tomados pelos gestores nas décadas? Eles ainda estarão decidindo níveis e combinações de insumo e produto e quando e como adquirir mais recursos. Continuarão analisando os riscos e retornos da adoção de novas tecnologias, novos investimentos de capital, ajuste do tamanho do estabelecimento, troca de empreendimento e busca de novos mercados para seus produtos.

Alguma coisa das decisões gerenciais do futuro será diferente? Sim. Embora os tipos de decisões sejam os mesmos, os detalhes e as informações utilizadas mudarão. A tecnologia continuará a proporcionar novos insumos para empregar "produtos novos e mais especializados para comercialização". Sistemas de gestão da informação, auxiliados por inovações eletrônicas, oferecerão dados mais exatos e ágeis para uso na tomada de decisões gerenciais. Agricultores e pecuaristas terão que concorrer mais agressivamente com negócios não agrícolas por uso de terra, mão de obra e recursos de capital. Como no passado, os melhores gestores se adaptarão a essas mudanças e produzirão de forma eficiente as *commodities* que os consumidores e a indústria querem.

ESTRUTURA DO ESTABELECIMENTO AGROPECUÁRIO

O número de estabelecimentos agropecuários nos Estados Unidos vem caindo desde 1940, como mostrado na Figura 1-1. A quantidade de terra em estabelecimentos agropecuários é relativamente constante; isso significa que a produção média por estabelecimento agropecuário aumentou consideravelmente, como exibido na Figura 1-2. Diversos fatores contribuíram para essa mudança.

Primeiro, tecnologia poupadora de mão de obra, na forma de maquinário agrícola maior, sistemas de plantio e colheita mais eficazes, equipamento automatizado e construções especializadas para pecuária possibilitaram que menos trabalhadores rurais produzam mais cultivos e animais. Segundo, as oportunidades de emprego fora da agropecuária se tornaram mais atrativas e abundantes, estimulando a mão de obra a sair da agropecuária. Também nesse período de mudanças, o custo da mão de obra subiu mais do que o custo do capital, tornando lucrativo para os gestores rurais substituir mão de obra por capital em várias áreas de produção.

Terceiro, operadores agropecuários aspiram a obter níveis de renda maiores e usufruir de um padrão de vida comparável àquele das famílias não rurais. Um modo de obter mais renda é que cada família controle mais recursos e gere mais produtos ao mesmo tempo em que mantém os níveis de custo unitário (ou mesmo os diminua). Outros gestores, contudo, trabalharam para aumentar as margens de lucro por unidade, mantendo igual o tamanho do seu negócio. O desejo de um melhor padrão de vida trouxe muito da motivação para aumentar o tamanho do estabelecimento agropecuário, e a nova tecnologia ofereceu os meios para o crescimento.

Quarto, algumas das novas tecnologias só estão disponíveis em um tamanho ou uma escala mínimos, o que encoraja os produtores rurais a expandir a produção e distribuir os custos fixos da tecnologia por unidades suficientes para ela ser economicamente eficiente. Exemplos incluem sistemas de secagem e manuseio de grãos, tratores com tração nas quatro rodas, colheitadeiras grandes, construções

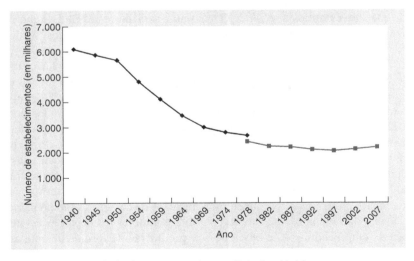

Figura 1-1 Número de estabelecimentos rurais nos Estados Unidos.
Fonte: Censo da Agropecuária, Ministério da Agricultura dos Estados Unidos.

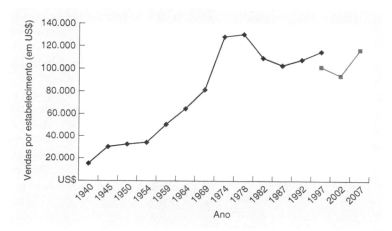

Figura 1-2 Vendas totais por estabelecimento rural, em dólares de 2002.
Fonte: Censo da Agropecuária, Ministério da Agricultura dos Estados Unidos. Definição ajustada em 1997.

de confinamento pecuário e currais de engorda de gado automatizados. Talvez ainda mais importantes sejam o tempo e o empenho exigidos para que um gestor adquira novas habilidades de produção, comercialização e finanças. Essas habilidades também representam um investimento fixo, gerando, assim, um retorno maior para o operador quando aplicadas a mais unidades de produção. O Capítulo 9 contém mais discussão sobre economias de escala na agropecuária.

Operadores que não desejam fazer seus negócios individuais crescer buscarão alianças e parcerias, tanto formais quanto informais, com outros produtores, as quais permitirão atingir as mesmas economias de operações maiores. Exemplos incluem propriedade conjunta de maquinário e equipamento com outros produtores, terceirização de algumas tarefas (como colheita ou criação de matrizes substitutas) e adesão a cooperativas pequenas e fechadas.

Como ilustrado na Figura 1-3, os agricultores e pecuaristas do século XXI escolherão dentre quatro estratégias gerais de negócio: produtores de volume baixo e valor alto; produtores de volume alto e margem baixa; fornecedores de produtos e serviços especializados; e operadores em tempo parcial.

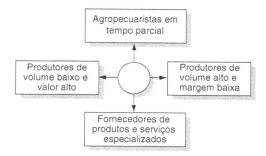

Figura 1-3 Estratégias alternativas para negócios agropecuários.

Produtores de volume baixo e valor alto

A falta de acesso a mais terra, mão de obra e capital efetivamente limita o potencial de muitos agropecuaristas de expandirem seus negócios. Para eles, a chave para lucros mais altos é produzir *commodities* mais valorizadas. Alguns vão em busca de empreendimentos não tradicionais, como emus, bisões, aspargos ou abóboras. Promoção, padrões de qualidade e marketing tornam-se vitais para seu sucesso. Outros tentam variações de *commodities* tradicionais, como produtos de cultivo orgânico, soja para tofu, galinha caipira ou cultivo de sementes. As margens podem ser aumentadas

6 Parte I Gestão

ainda mais por meio de mais processamento e comercialização direta. Esses empreendimentos costumam envolver altos riscos de produção, mercados incertos e gestão intensiva, mas podem ser bastante lucrativos até mesmo em pequena escala.

Produtores de volume alto e margem baixa

Sempre haverá demanda por grãos alimentícios genéricos, sementes oleaginosas, frutas e hortaliças, algodão e produtos pecuários. Muitos produtores preferem se ater aos empreendimentos clássicos e expandir a produção como meio de aumentar sua renda. Para eles, é vital poupar cada centavo dos custos de produção. Fazer o negócio crescer geralmente envolve alavancagem com ativos emprestados ou arrendados. As margens de lucro são magras; logo, é crucial pôr um piso sob os preços de mercado ou a receita total por meio de seguro e contratos de comercialização.

Fornecedores de produtos e serviços especializados

Uma terceira estratégia é se especializar em apenar uma ou duas habilidades, tornando-se o melhor nelas. Exemplos são colheita customizada, alimentação de gado personalizada, cultivo de sementes ou matrizes substitutas, reparo e recondicionamento de equipamentos, transporte e aplicação de adubo e aplicação de pesticidas e fertilizantes. Até o "agroturismo" pode ser considerado um serviço especial para os consumidores. Muitas vezes, um componente-chave dessa estratégia é fazer uso máximo de equipamentos e instalações caros e altamente especializados. Fazer o marketing dos serviços do negócio e interagir com os clientes também são ingredientes importantes para o sucesso.

Operadores em tempo parcial

Muitos produtores rurais têm outras ocupações além da agropecuária. Agricultores e pecuaristas em tempo parcial totalizam quase 59% do total

nos EUA, segundo dados do Censo da Agropecuária dos EUA. Entretanto, eles produzem apenas 15% das vendas rurais totais. Muitas dessas operações de pequeno porte são estabelecimentos rurais de "estilo de vida", geridos por pessoas que gostam de produzir cultivos e criar animais mesmo quando os lucros potenciais são baixos. Suas principais preocupações de gestão são limitar seu risco financeiro e equilibrar necessidades de mão de obra agropecuária com o trabalho fora do campo. Uma combinação de trabalhos rural e não rural pode proporcionar um nível mais aceitável de segurança financeira e satisfação profissional para muitas famílias.

Estabelecimentos agropecuários de todos os tipos continuarão a ter seu nicho na agropecuária dos EUA. Naturalmente, os estabelecimentos maiores contribuem com a mais alta proporção de vendas totais de produtos rurais, como mostrado na Tabela 1-1. A consolidação de pequenos e médios estabelecimentos agropecuários em unidades maiores provavelmente continuará, à medida que os operadores mais velhos se aposentarem e sua terra for combinada às unidades agrárias existentes.

A gestão e a operação de estabelecimentos agropecuários por unidades familiares continuarão a ser a regra. Isso é especialmente

Tabela 1-1 Distribuição das vendas dos estabelecimentos agropecuários nos Estados Unidos

Classe de venda	Percentual dos estabelecimentos	Percentual das vendas
Menos de US$ 50.000	78,1	4,7
US$ 50.000–99.999	5,7	3,1
US$ 100.000–249.999	6,7	8,3
US$ 250.000–999.999	7,0	25,8
US$ 1.000.000 ou mais	2,5	58,1

Fonte: Censo da Agropecuária de 2007, Ministério da Agricultura dos Estados Unidos.

verdadeiro para empreendimentos rurais que não podem concentrar a produção em uma área geográfica pequena, como produção de cultivos ou pastos extensivos de bovinos ou ovinos. Empreendimentos que podem concentrar a produção, como criação de galináceos e suínos ou confinamento de gado, podem ser mais facilmente organizados em entidades comerciais de grande escala. A gestão desses estabelecimentos agropecuários será segregada em diversas camadas, e as áreas de responsabilidade serão mais especializadas. A maioria dos gestores de empreendimentos de produção centralizada será composta por empregados assalariados em vez de por operadores-proprietários.

Alguns negócios rurais familiares descobrirão que, cooperando com seus vizinhos e parentes, podem atingir muitas das mesmas vantagens de que as operações de grande escala gozam. Décadas atrás, os agropecuaristas formavam equipes de debulha ou fenação para aproveitar a nova tecnologia de colheita. Hoje, muitos agropecuaristas se juntam para garantir um suprimento constante e uniforme de animais ou cultivos em uma quantidade que possa ser transportada e processada eficientemente. À medida que o número de fornecedores de insumos e empresas de processamento diminui, os produtores precisam colaborar para manter sua posição de barganha. Esse é um exemplo de como um esforço cooperativo ou *aliança estratégica* pode proporcionar benefícios econômicos. Outro exemplo é diversos operadores formarem um grupo de aquisição de insumos para obter descontos por quantidade. Uma pequena porção de independência gerencial precisa ser sacrificada para se adaptar às necessidades do grupo. Entretanto, preservam-se a propriedade e a operação pessoais de cada negócio.

NOVAS TECNOLOGIAS

A tecnologia rural vem evoluindo há muitas décadas e continuará a fazê-lo. O campo da biotecnologia oferece possíveis ganhos em eficiência de produção, o que pode incluir variedades de cultivos com engenharia para se adaptar às condições agrícolas de determinadas localidades, resistentes a danos de herbicidas ou a certos insetos e doenças, ou possuir uma composição química de mais valor, como um maior teor de proteína ou óleo. O desempenho pecuário pode ser aprimorado introduzindo-se novas características genéticas ou aperfeiçoando-se o uso dos nutrientes. Novos usos não alimentícios de produtos agrícolas, como o biodiesel e o etanol, abrirão novos mercados, mas também podem causar mudanças na composição ou nas características desejadas de produtos criados especificamente para esses usos.

Um exemplo de tecnologia recente é o uso de sistemas de posicionamento global (GPS) para indicar a localização exata de um equipamento no campo. Combinado com outras tecnologias, isso pode ter ampla aplicação no século XXI. Combinando-se recepção por satélite com um monitor de rendimento nos equipamentos de colheita, pode-se medir e registrar continuamente o rendimento da lavoura em qualquer ponto do campo. Variações de rendimento devidas a tipo de solo, lavouras anteriores, métodos diferentes de aração e proporções de fertilizantes podem ser identificadas rapidamente, sendo feitas recomendações para corrigir problemas. Essa tecnologia está sendo usada hoje para ajustar automaticamente as proporções de aplicação de fertilizantes e químicos à medida que o aplicador se desloca pelo campo. Com esse equipamento, fertilizantes e químicos são aplicados somente nas proporções e nos locais necessários.

O GPS automatizado também pode manter as máquinas de produção da lavoura em um rumo regular quando usado com sistemas de orientação automática em tratores, colheitadeiras e pulverizadores. O tempo no campo e a fadiga do operador são reduzidos, e há um uso mais eficaz dos insumos agrícolas decorrente de menos sobreposição de aplicações. Também são diminuídos os erros dos operadores ao utilizar equipamentos à noite.

Essas tecnologias e outras ainda a serem desenvolvidas oferecerão um desafio constante ao gestor rural do século XXI. Essa ou qualquer outra tecnologia deve ser adotada? O custo de uma tecnologia nova precisa ser considerado em relação a seus benefícios, que podem vir de diversas formas. Pode haver maiores rendimentos, um aprimoramento da qualidade do produto, menos variação de rendimento ou impacto ambiental reduzido. Decisões quanto a se e quando adotar uma nova tecnologia afetarão a rentabilidade e a viabilidade de longo prazo do negócio agrícola ou pecuário.

A ERA DA INFORMAÇÃO

Muitos princípios de tomada de decisão e ferramentas orçamentárias foram subutilizados no passado. Dados de estabelecimentos agropecuários individuais necessários para usá-los não estavam disponíveis ou, então, o processo de análise dos dados era complexo demais. Os últimos anos viram mudanças velozes nos métodos de coleta, análise e interpretação de dados. Sensores eletrônicos e processadores usados em indústrias de grande escala agora são acessíveis e viáveis para estabelecimentos agropecuários, assim como para compradores de produtos rurais.

Não apenas haverá mais dados disponíveis sobre todo um estabelecimento, mas dados específicos para pequenas áreas de terra ou animais específicos se tornarão mais comuns. Esses dados específicos ajudarão os gestores a customizar o tratamento de cada acre de terra ou cada cabeça de gado. Os rendimentos podem ser monitorados e registrados à medida que as colheitadeiras se deslocam pelo campo. O GPS pode usar sinais de satélite para identificar a posição exata das

---

Quadro 1-1 — Um exemplo do século XXI: Berilli Farms

A Berilli Farms, Inc. consiste em umas poucas centenas de acres. Esses acres foram transformados, passando da plantação de grãos comuns para a produção de lavouras especializadas de alto valor. Verduras frescas são vendidas a um atacadista de alimentos local. Alfafa de alta proteína é vendida por contrato a um produtor de laticínios do condado vizinho. Semente de relvado de turfa de alta qualidade vai para uma rede de viveiros.

Manter uma equipe de trabalho estável de 25 operadores de máquina, tratoristas, escolhedores e vigias de lavoura é um verdadeiro teste das habilidades de relações humanas da família Berilli. Todos os seus empregados são treinados para coletar dados sobre crescimento e o rendimento da lavoura nos monitores instalados nas máquinas ou nos campos, baixando-os para seus computadores portáteis. Toda manhã, antes de químicos ou fertilizantes serem aplicados, um plano de aplicação de taxa variável é lido pelas unidades de controle dos aplicadores.

Os Berilli utilizam sofisticados modelos computadorizados de simulação de lavoura para elaborar essas recomendações, levando em conta os preços atuais dos insumos e os preços de venda dos produtos contratados ou protegidos por *hedge*. A cada semana, eles reexaminam sua posição de fluxo de caixa e transferem eletronicamente fundos operacionais para sua conta empresarial. Todas as suas lavouras são protegidas contra diversos sinistros por seguro agrícola, estando comprometidas para entrega de acordo com um detalhado contrato de produção.

Os mercados, produtores de lacticínios e viveiros aos quais eles fornecem lhes enviam dados em tempo real sobre os resultados dos testes de qualidade realizado com seus produtos e sobre quais são as variedades que vendem mais rápido. No fim de cada ano, os Berilli analisam os custos e retornos de cada lavoura, campo e comprador e trocam os empreendimentos menos lucrativos por outros mais promissores.

unidades colheitadeiras quando os dados são coletados. Máquinas automatizadas podem retirar uma amostra de solo a cada tantos metros, analisá-la instantaneamente e registrar os resultados por localidade no campo. Fotografias de satélite e outras técnicas podem fornecer informações sobre a localização específica de infestações de ervas daninhas e insetos ou de umidade, permitindo uma aplicação limitada e localizada de pesticida ou água de irrigação.

Sensores eletrônicos em miniatura conseguirão coletar e registrar informações de animais por meio do monitoramento contínuo dos níveis de desempenho, ingestão de ração e situação de saúde de cada animal. Quando forem detectadas mudanças indesejáveis, pode haver ajuste automático das condições ambientais e rações. Essas informações também podem ser relacionadas a histórico genético, instalações físicas, rações, programas de saúde e outros fatores gerenciais, a fim de aprimorar e refinar o desempenho dos animais. Brincos, implantes eletrônicos e registros detalhados de produção podem proporcionar *preservação de identidade* de cultivos e animais, do produtor original ao consumidor final.

Transações financeiras podem ser registradas e automaticamente transferidas para contas mediante cartões de débito e códigos de barras, sempre que houver compras e vendas. Compras menores podem ser feitas com cartões pré-pagos. Essas transações também podem ser lançadas automaticamente no sistema de contabilidade de um dado estabelecimento agropecuário, sendo classificadas por empreendimento, período de produção, fornecedor ou unidade de negócio. Esses progressos tecnológicos significam que a informação do sistema contábil de um agropecuarista consegue estar exata e atualizada ao fim de cada dia.

Computadores pessoais otimizaram grandemente a capacidade de receber, processar e armazenar informações e de se comunicar com fontes externas de dados. Computadores pessoais e gravadores pessoais de dados possibilitam que sejam tomadas decisões precisas

na picape ou no trator, assim como no escritório. Os primeiros computadores eram usados primordialmente para classificar dados e fazer cálculos, mas os computadores são cada vez mais projetados e usados como ferramentas de comunicação. A tecnologia de transmissão sem fio e as redes globais de computadores estão aumentando a disponibilidade, velocidade e exatidão do compartilhamento de informações sobre meteorologia, mercados e outros acontecimentos cruciais.

Os gestores do século passado, muitas vezes, achavam frustrante a falta de informação precisa, ágil e completa. Os gestores do século XXI também podem ficar frustrados com a informação, mas a causa da sua frustração será a grande quantidade e o fluxo contínuo de informação disponível a eles. Uma tarefa vital dos gestores do século XXI será determinar quais informações são críticas para sua tomada de decisão, quais são úteis e quais são irrelevantes. Mesmo quando isso é feito, as informações críticas e úteis precisam ser analisadas e armazenadas de maneira facilmente acessível para consulta futura.

CONTROLE DE ATIVOS

Continuará sendo preciso capital externo para financiar operações de grande escala. A gestão das fontes tradicionais de crédito agropecuário, como os bancos rurais, está se tornando mais verticalmente integrada, e virão fundos de mercados monetários nacionais. Também haverá crédito disponível de fontes não tradicionais, como fornecedores de insumos e processadores. Os gestores rurais terão que concorrer cada vez mais com negócios não rurais por acesso a capital, à medida que os mercados financeiros rural e urbano ficarem mais intimamente ligados. Essa concorrência tornará necessária uma documentação mais detalhada sobre desempenho financeiro e necessidades de crédito e mais conformidade com princípios contábeis geralmente aceitos e medidas de desempenho. Os agropecuaristas terão que utilizar métodos e princípios contábeis padronizados e talvez até mesmo demonstrações financeiras auditadas para obter acesso a mercados de capital comercial.

Registros padronizados e bases de dados online ajudarão a tornar mais significativa a análise comparativa com estabelecimentos agropecuários semelhantes. O gestor rural terá que decidir entre treinar um empregado para realizar a contabilidade e análise necessárias ou contratar essa especialidade fora do negócio. Mesmo se for usado auxílio externo, o gestor precisa possuir as habilidades e o conhecimento para ler, interpretar e utilizar essas informações contábeis.

Controlar ativos está se tornando mais importante do que ser dono deles. Os agropecuaristas há muito obtêm acesso à terra arrendando-a. O arrendamento de maquinário, construções e animais é menos comum, mas provavelmente terá seu uso ampliado. Agricultura customizada e produção pecuária por contrato são outros meios pelos quais um bom gestor pode aplicar sua competência sem assumir os riscos financeiros da propriedade. Quando terceiros proveem uma boa parte do capital, o operador pode produzir um volume maior com menos risco, embora a margem de lucro possa ser menor.

RECURSOS HUMANOS

Os gestores rurais do século XXI estão dependendo mais de uma equipe de funcionários ou parceiros para cumprir deveres específicos da operação. Trabalhar com outras pessoas se constituirá em um fator mais importante para o sucesso da operação. Motivação, comunicação, avaliação e treinamento de pessoal se tornarão habilidades essenciais.

Negócios rurais terão que oferecer salários, benefícios e condições de trabalho competitivos com as oportunidades de emprego não rurais. Eles provavelmente terão que seguir mais regulamentos a respeito de segurança do trabalhador no manejo de químicos e equipamentos rurais, além de garantir que os empregados sejam devidamente treinados no uso das novas tecnologias. Muitas dos estabelecimentos agropecuários mais eficientes do século XXI serão aqueles com um número pequeno de operadores ou empregados, com responsabilidades especializadas. Eles terão dominado as habilidades de comunicação e trabalho em equipe necessárias nessas operações.

Os gestores modernos precisarão aproveitar a competência especializada de consultores e conselheiros pagos. Por algumas razões muito técnicas, como diagnóstico de doenças animais e vegetais, elaboração de contratos ou execução de estratégias de precificação de *commodities*, o gestor poderá pagar um consultor para dar recomendações. Em outros casos, o gestor rural obterá informações de fontes externas, mas fará a análise e a tomada de decisão. Exemplos incluem a formulação de programas de ração para animais ou fertilidade de lavouras com base em resultados de testes laboratoriais. Em ambos os casos, o gestor de sucesso precisa aprender a se comunicar clara e eficazmente com o consultor. Isso significa compreender a terminologia e os princípios envolvidos e sintetizar informações de forma concisa antes de apresentá-las.

PRODUÇÃO PARA ATENDER ÀS DEMANDAS DO CONSUMIDOR

A agropecuária há muito é caracterizada pela produção de *commodities* "não diferenciadas". Historicamente, produtos agrícolas e pecuários de estabelecimentos agropecuários diferentes são tratados de forma igual pelos compradores, desde que os produtos satisfaçam padrões e classificações básicos de qualidade. A tendência é oferecer ao consumidor produtos alimentícios altamente especializados e processados; logo, os compradores estão começando a aplicar padrões de produto mais rigorosos para os produtores.

> ## Quadro 1-2 — Produção customizada de suínos: produzindo para o mercado
>
> Howard Berkmann continua produzindo suínos magros tradicionais, uniformes e de raça híbrida para a fábrica embaladora local. Uma manhã por semana, ele entrega uma carga de suínos e, à noite, recebe por e-mail um resumo dos dados das carcaças e da fórmula de precificação do embalador. Ele baixa as informações para seu software de produção de suínos e imprime um resumo atualizado para a instalação da qual os suínos vieram e para o grupo genético que eles representavam.
>
> Alguns anos atrás, Howard deu início a um grupo especializado de suínos berkshire concebido para o mercado japonês. A coloração e a marmorização peculiar da carne lhe conferem um preço melhor. Ele negociou um contrato com um criador de berkshire em um Estado vizinho para que ele o suprisse com um fluxo regular de porcas sem cria substitutas. Várias vezes por semana, ele verifica os mercados pecuários japoneses em relação a oportunidades de preços a prazo, e já visitou seu contato de comercialização em Tóquio.

Por exemplo, processadores pecuários querem animais uniformes, com características específicas de tamanho e teor de gordura para se adequar a seus equipamentos de processamento, padrões de embalagem e níveis de qualidade. Aparelhos de medição aprimorados, identificação de produto e processamento de dados facilitarão o pagamento de preços diferentes aos produtores com base nas características do produto e o rastreio de cada lote até seu ponto de origem. Com os processadores investindo em fábricas de maior escala, eles precisam operá-las a plena capacidade a fim de diminuir os custos e continuar competitivos. Produtores que puderem garantir ao embalador um suprimento contínuo de animais uniformes e de alta qualidade conseguirão um preço melhor. Os que não conseguirem podem acabar sendo excluídos de muitos mercados ou forçados a aceitar um preço menor.

Na produção agrícola, o teor de proteína e óleo de grãos e forragens está ficando mais fácil de ser medido, possibilitando precificação diferenciada. A pesquisa em biotecnologia permitirá que as características dos vegetais sejam alteradas, produzindo variedades geneticamente modificadas para aplicações, regiões e tecnologias de produção específicos.

Mais produtos rurais serão usados para fins industriais, como biocombustíveis, energia renovável, produtos farmacêuticos e embalagens biodegradáveis. Isso exigirá mais atenção à qualidade do produto, à segregação de produtos, à manutenção de registros e aos contratos de comercialização. Os canais de comercialização e padrões de preço tradicionais mudarão.

Os chamados mercados de nicho também ganharão mais importância. Produtos orgânicos, carne extramagra, frutas e verduras especiais e produtos de agricultura customizada para restaurantes e serviços alimentícios terão mais demanda. Com as barreiras comerciais internacionais continuando a cair, os mercados estrangeiros também serão mais importantes. Esses mercados podem exigir produtos com características especiais. Os gestores rurais que forem atrás desses mercados e aprenderem as técnicas de produção necessárias para satisfazer suas especificações poderão extrair um retorno mais alto de seus recursos. O gestor terá que avaliar os custos extras e riscos maiores associados aos mercados especializados, comparando-os aos retornos potencialmente maiores.

CONTRATOS E INTEGRAÇÃO VERTICAL

Assim como alguns agricultores e pecuaristas produzirão produtos específicos, outros se especializarão em uma fase específica da produção de produtos mais genéricos. Exemplos incluem criação de novilhas leiteiras substitutas, colheita de lavouras com base em contratação customizada ou produção de plantas de canteiro para jardins residenciais. Esses operadores podem desenvolver um alto grau de competência especializada em sua área específica, aplicando-a a um alto volume de produção.

Muitos desses gestores produzem um produto ou serviço intermediário, de modo que talvez não haja um mercado amplo com um preço de mercado estabelecido. Para assegurar que consigam vender seu produto, eles podem celebrar um contrato de comercialização com um processador, distribuidor atacadista ou outros agropecuaristas. O contrato pode garantir que um suprimento constante de produto com uma qualidade e um tipo mínimos seja entregue. Em alguns casos, o comprador pode prover alguns dos insumos e parte da gestão, como quando suínos ou frangos de corte são finalizados em instalações contratadas de estabelecimentos agropecuários independentes. Esses arranjos são chamados de *integração vertical*.

QUESTÕES AMBIENTAIS E DE SAÚDE

Com a disponibilidade de uma quantidade adequada de alimento tornando-se cada vez mais um pressuposto, as questões relativas à qualidade e à segurança dos alimentos, assim como às situações presente e futura do nosso solo, água e ar, continuarão recebendo alta prioridade por parte da população não rural. Agricultores e pecuaristas sempre tiveram um forte interesse em manter a produtividade dos recursos naturais sob seu controle. Entretanto, os efeitos extrarrurais e de longo prazo das novas tecnologias produtivas sobre o meio am-

biente nem sempre são bem quantificados ou compreendidos. Com mais pessoas decidindo morar em zonas rurais, o contato entre habitantes agropecuaristas e não agropecuaristas aumentará. Isso levará a mais preocupação com resíduos agrícolas e seus efeitos sobre a qualidade do ar e da água. A pressão por parte de habitantes rurais não agropecuaristas pode até fazer com que alguns sistemas produtivos, como a alimentação pecuária concentrada, desloquem-se para regiões menos povoadas. Os gestores rurais terão que escolher entre descontinuar esses empreendimentos ou transferir suas atividades.

À medida que a pesquisa e a experiência melhorarem a compreensão das interações entre diversos sistemas biológicos, serão usadas educação e regulamentação para ampliar a margem de segurança de preservação de recursos para as gerações futuras. Os grandes gestores rurais atuais reconhecem a necessidade de se estar a par das implicações ambientais de suas práticas de produção, muitas vezes sendo líderes no desenvolvimento de sistemas de produção sustentável. Todos os gestores rurais do século XXI precisam estar cientes dos efeitos que suas práticas produtivas têm sobre o meio ambiente, tanto dentro quanto fora do estabelecimento agropecuário, e tomar as medidas necessárias para manter nossos recursos rurais produtivos e ambientalmente seguros.

O valor dos ativos rurais, especialmente da terra, será afetado pelas condições e regulamentações ambientais. Quando estabelecimentos agropecuários são vendidos ou avaliados, vistorias ambientais estão se tornando rotineiras, a fim de advertir potenciais compradores sobre custos em que podem incidir para eliminar riscos ambientais. As combinações e práticas de produção agrícola permitidas pelo plano de conservação de um estabelecimento agropecuário também afetam seu valor. Os gestores rurais terão que pesar cada decisão em termos de rentabilidade e como ela afeta o meio ambiente. Os gestores de sucesso serão aqueles que conseguirem gerar lucro ao mesmo tempo em que sustentam os recursos do estabelecimento e minimizam os problemas ambientais fora dele.

GLOBALIZAÇÃO

Os produtores agropecuários de todo o mundo estão descobrindo que seu sucesso ou fracasso está cada vez mais ligado ao clima, às políticas públicas e ao gosto de consumidores que estão a milhares de quilômetros de distância. A expansão dos mercados por meio do comércio internacional há muito é uma via pela qual os agropecuaristas buscam otimizar os preços de seus produtos e canalizar mais produção aos consumidores. No entanto, os governos de muitos países (incluindo o dos Estados Unidos) vêm tentando proteger seus agropecuaristas da concorrência estrangeira mediante o uso de barreiras comerciais, como tarifas, quotas e regulamentos sanitários.

Nos últimos anos, muitas dessas barreiras foram atenuadas ou eliminadas. A Organização Mundial do Comércio (OMC) é uma organização internacional dedicada a negociar um comércio mais livre em todo o mundo, de modo a aumentar a eficiência da produção de alimentos e aprimorar o padrão de vida de milhões de pessoas. Outros acordos cooperativos, como o Tratado Norte-Americano de Livre Comércio (NAFTA), conseguiram alcançar objetivos parecidos entre grupos menores de países.

O efeito de longo prazo desses esforços é que países e regiões se especializem em produtos nos quais possuem uma *vantagem competitiva*, isto é, aqueles que seu clima, solo ou mão de obra específicos lhes permitem produzir com mais eficiência do que outras regiões. Esses países podem, então, trocar *commodities* entre si, e os cidadãos de ambos os países acabam com um padrão de vida mais alto e mais variado. Por exemplo, desde que a implementação do NAFTA iniciou, em 1994, os Estados Unidos e o Canadá vendem quantidades crescentes de cereais alimentícios ao México, possibilitando que o México amplie sua produção pecuária e a quantidade de carne na dieta de seus cidadãos. Da mesma forma, o México pôde fornecer mais frutas e verduras frescos aos mercados norte-americano e canadense. Esses são exemplos de um grupo muito maior de mudanças, conhecido como *globalização*.

Juntamente com a atenuação das barreiras comerciais, a OMC está trabalhando para reduzir subsídios e outros tratamentos de favorecimento de agropecuaristas por parte dos governos nacionais que os estimulariam a produzir uma maior quantidade de um determinado produto do que o que fariam com base apenas em preços de mercado competitivos. Isso é para evitar que as políticas de alguns países puxem para baixo os preços de *commodities* internacionais para produtores de outros países. A perda de apoios de preço ou subsídios de insumos causará perdas financeiras de curto prazo para alguns agropecuaristas, mas aumentará a eficiência da agropecuária mundial no longo prazo.

Oportunidade ou ameaça?

Alguns produtores e grupos de *commodities* reconhecem a globalização como uma oportunidade para expandir os mercados de seus produtos. Outros veem as tendências como uma ameaça, especialmente se não conseguirem produzir tão eficientemente quanto os agropecuaristas dos outros países e não desfrutarem mais da proteção das barreiras comerciais. Eles podem ter que desenvolver um plano estratégico envolvendo redução de custos de produção, buscar novos empreendimentos ou encontrar mercados alternativos em que possam concorrer melhor.

Além de modificar o fluxo do comércio internacional, a globalização pode afetar os gostos e preferências dos consumidores. Comunicação e transporte aperfeiçoados podem apresentar aos consumidores produtos e tipos de alimento que eles antes não conheciam. Uma década atrás, bananas e outras frutas tropicais não eram comuns nos países do Leste Europeu. Da mesma forma, os consumidores dos Estados Unidos não estavam familiarizados com o kiwi ou alguns tipos de queijo importado.

A globalização também significa que os agropecuaristas e demais produtores do mundo competirão cada vez mais pelas mesmas matérias-primas. Petróleo e outras formas de energia estão ficando cada vez mais escassos e caros. Os custos mais altos do transporte alterarão os padrões de comércio. A mão de obra rural cruzará fronteiras para satisfazer a demanda por trabalhadores, apesar das leis de migração. O capital de investimento fluirá para onde houver os retornos mais altos. Todas essas mudanças forçarão os agricultores e pecuaristas de sucesso a estar sempre avaliando seus ambientes externos e recursos internos para atingir suas metas de longo prazo.

RESUMO

Os agricultores e pecuaristas do século XXI tomarão a maioria das mesmas decisões básicas que tomavam no século passado. A diferença é que eles as tomarão mais rapidamente e com informações mais precisas. Os negócios rurais continuarão tornando-se maiores, e seus operadores terão que adquirir habilidades especializadas para gerenciar pessoas, interpretar dados, concorrer com negócios não rurais por recursos e customizar produtos para satisfazer as demandas de novos mercados. As mudanças nas políticas do comércio mundial e a globalização da agropecuária terão efeitos tanto positivos quanto negativos, aos quais os agropecuaristas precisam reagir. Tudo isso deve ser feito enquanto se equilibra a necessidade de auferir lucro no curto prazo com a necessidade de preservar recursos rurais e a qualidade ambiental futuro adentro. Embora alguns gestores rurais vão ver essas tendências como ameaças à forma como tradicionalmente operaram seus negócios, outros as verão como novas oportunidades para obter vantagem competitiva e prosperar.

PERGUNTAS PARA REVISÃO E REFLEXÃO

1. Que forças fizeram com que os estabelecimentos agropecuários ficassem maiores? Quais delas têm chances de continuar? Como os negócios menores podem concorrer com êxito?

2. Como o acesso rápido a mais informação ajudará os gestores rurais do século XXI a tomar decisões melhores?

3. Dê dois exemplos de mercados agropecuários especializados e as mudanças que um produtor convencional terá que fazer para satisfazê-los.

4. Que produtos rurais de outros países você consome? Algum deles compete com produtos produzidos por agropecuaristas do seu país?

5. Relacione outros novos desafios, não discutidos neste capítulo, que você pensa que os gestores rurais terão que enfrentar no futuro.

CAPÍTULO 2

Gestão e tomada de decisão

Objetivos do capítulo

1. Compreender as funções da gestão.
2. Apresentar as etapas do desenvolvimento de um plano de gestão estratégica para um estabelecimento agropecuário.
3. Identificar algumas metas comuns dos gestores de estabelecimento agropecuário e mostrar como elas afetam a tomada de decisão.
4. Descrever algumas características exclusivas do ambiente de tomada de decisão da agropecuária.

Gestores de sucesso não podem simplesmente memorizar respostas a problemas, nem podem fazer exatamente o que seus pais faziam. Alguns gestores tomam decisões por hábito. O que funcionou no ano passado funcionará também neste ano, e talvez no ano que vem novamente. No entanto, os bons gestores aprendem a estar sempre repensando suas decisões à medida que as condições econômicas, tecnológicas e ambientais mudam. Agricultores e pecuaristas são constantemente bombardeados por novas informações relativas a preços, clima, tecnologia, regulamentações públicas e gostos dos consumidores. Essas informações afetam a organização de seus negócios; quais *commodities* produzir; como produzi-las; quais insumos usar; quanto usar de cada insumo; como financiar seus negócios; e como, onde e quando comercializar seus produtos. Informações novas são vitais para tomar novas decisões, frequentemente fazendo com que se reconsiderem velhas estratégias gerenciais.

Podem ocorrer mudanças importantes no clima, tempo, programas e políticas governamentais, importações e exportações, acontecimentos internacionais e muitos outros fatores que afetam a situação de oferta e demanda das *commodities* rurais. Tendências de longo prazo devem ser reconhecidas e levadas em conta.

A tecnologia também é uma fonte constante de mudança. Exemplos incluem o desenvolvimento de novas variedades de sementes; novos métodos para controle de ervas daninhas e insetos; novos produtos para a sanidade animal e ingredientes alimentares; e novos designs, controles e monitores de maquinário. Outras mudanças ocorrem nas regras de imposto de renda, regulamentações ambientais e programas de *commodities* rurais. Todos esses fatores são fontes de informações novas que o gestor deve levar em conta ao formular estratégias e tomar decisões.

Alguns gestores obtêm resultados melhores do que outros, mesmo quando enfrentam as mesmas condições econômicas, clima e escolhas tecnológicas. A Tabela 2-1 apresenta evidência disso a partir de um grupo de estabelecimentos agropecuários de uma associação de negócio rural. Estabelecimentos agropecuários no terço superior do grupo tinham uma média de retorno sobre gestão e um percentual médio de renda rural muitas vezes maiores que os dos estabelecimentos do terço inferior. Entretanto, os estabelecimentos de alto lucro tinham apenas um pouco mais de terra e mão de obra do que os de lucro baixo. Portanto, a grande variação de renda rural líquida e de retorno sobre os ativos não pode ser completamente explicada pelas quantidades diferentes de recursos disponíveis. A explicação deve estar na capacidade gerencial dos operadores dos estabelecimentos agropecuários.

FUNÇÕES DA GESTÃO

Gestores de estabelecimentos rurais desempenham muitas funções. Muito do seu tempo é gasto em trabalhos e tarefas de rotina. Entretanto, as funções que distinguem um gestor de um mero trabalhador são as que envolvem um teor considerável de pensamento e julgamento. Elas podem ser resumidas nas categorias gerais de *planejamento*, *implementação*, *controle* e *ajuste*.

Planejamento

A mais fundamental e importante das funções é o planejamento, que significa escolher uma linha de ação, política ou procedimento. Não acontece muita coisa sem um plano. Para formular um plano, os gestores precisam primeiro estabelecer *metas*, ou compreender claramente as metas do proprietário do negócio. Segundo, eles devem identificar a quantidade e a qualidade dos *recursos* disponíveis para a satisfação das metas. Na agropecuária, recursos incluem terra, água, maquinário, animais, construções e mão de obra. Terceiro, os recursos precisam ser alocados entre diversos usos concorrentes. O gestor precisa identificar todas as *alternativas* possíveis, analisá-las e escolher as que mais se aproximam da consecução das metas do negócio. Todas essas etapas exigem que o gestor tome cuidadosas decisões de longo e curto prazos.

Implementação

Após se desenvolver um plano, ele precisa ser implementado. Isso inclui adquirir os recursos e materiais necessários para efetivar o plano, além de inspecionar todo o processo. Coorde-

Tabela 2-1 Comparação de estabelecimentos rurais produtores de cereais de médio porte no Kentucky

Item	Terço mais alto (média)	Terço mais baixo (média)
Retorno rural bruto	US$ 1.155.847	US$ 700.672
Retorno sobre gestão	US$ 327.310	−US$ 42.264
Renda líquida como % da bruta	37,8%	5,9%
Acres cultiváveis trabalhados	1.547	1.414
Meses de mão de obra utilizados	42,8	41,6

Fonte: Programa de Gestão Comercial Rural do Kentucky, Dados do Resumo Anual de 2008, Universidade do Kentucky.

nar, definir pessoal, comprar e supervisionar são etapas que se encaixam na função de implementação.

Controle

A função de controle inclui monitoramento de resultados, registro de informações e comparação dos resultados a um padrão. Ela assegura que o plano está sendo seguido e produzindo os resultados desejados, ou, em caso negativo, avisa a tempo para que sejam feitos ajustes. Resultados e outros dados relacionados tornam-se uma fonte de novas informações para o aprimoramento de planos futuros.

Ajuste

Se as informações reunidas durante o processo de controle mostrarem que os resultados não estão satisfazendo os objetivos do gestor, devem ser feitos ajustes. Isso pode envolver aperfeiçoar a tecnologia em uso ou, então, exigir a troca de empreendimentos. Em alguns casos, dados mais detalhados de produção e custos terão que ser coletados para se identificarem problemas específicos.

A Figura 2-1 ilustra o fluxo de ação, desde o planejamento, passando pela implementação e o controle, até o ajuste. Ela também mostra que informações obtidas a partir da função de controle podem ser usadas para revisar planos futuros. Esse processo circular de constante melhoria e refinamento de decisões pode prosseguir por muitos ciclos. Contudo, primeiro, devem ser tomadas algumas decisões básicas sobre por que exatamente o negócio existe mesmo e para onde ele está rumando.

GESTÃO RURAL ESTRATÉGICA

A gestão do estabelecimento rural pode ser dividida em duas categorias amplas: estratégica e tática. A *gestão estratégica* consiste em traçar o rumo geral de longo prazo do negócio. A *gestão tática* consiste em ações de curto prazo que mantêm o negócio se movendo no rumo escolhido até que o objetivo seja alcançado.

Sempre fazer certo as coisas não é suficiente para garantir o sucesso na agropecuária. Agricultores e pecuaristas precisam também fazer as coisas certas. A gestão estratégica busca descobrir quais são as coisas certas para um negócio específico em um dado momento. Simplesmente fazer o que a geração anterior fazia não manterá o estabelecimento competitivo no longo prazo.

A gestão estratégica é um processo contínuo. No entanto, esse processo pode ser decomposto em uma série de etapas lógicas:

1. Definir a missão do negócio.
2. Formular as metas do negócio.
3. Avaliar os recursos do negócio (vasculhamento interno).
4. Fazer o levantamento do ambiente de negócios (vasculhamento externo).
5. Identificar e selecionar estratégias que atinjam as metas.
6. Implementar e refinar as estratégias selecionadas.

Definição da missão do negócio

Uma *declaração de missão* é uma curta descrição de por que um negócio existe. Para alguns estabelecimentos agropecuários, a declaração de missão traz considerações es-

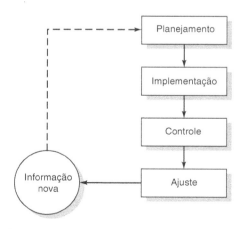

Figura 2-1 Fluxograma de gestão baseado nas quatro funções da gestão.

Quadro 2-1 — Uma declaração de missão

George e Connie Altman ordenham vacas e cultivam lavouras desde seus vinte e poucos anos. Aos 25 anos, eles decidiram avaliar onde sua operação rural estava e até onde eles queriam que ela fosse. Eles escolheram a seguinte declaração de missão para seu negócio: "Nossa missão é produzir leite seguro e nutritivo a um custo razoável, a fim de manter e aprimorar a qualidade dos recursos naturais sob nosso controle e contribuir para tornar nossa comunidade um lugar satisfatório para viver".

tritamente comerciais. Para negócios de propriedade e operação familiares, a missão do estabelecimento pode ser apenas um componente da missão geral da família, que pode refletir valores sociais, religiosos e culturais, assim como considerações econômicas. Declarações de missão devem enfatizar os talentos e as necessidades especiais de cada negócio rural e seus gestores.

Formulação das metas do negócio

Metas proporcionam um ponto de referência para tomar decisões e medir o progresso. Para um estabelecimento rural de propriedade e operação familiares, as metas do negócio podem ser um subgrupo das metas gerais da família. Para estabelecimentos agropecuários maiores, em que são empregados gestores contratados, os proprietários podem definir as metas, ao passo que o gestor se esforça para atingi-las.

Nem todos os gestores rurais têm as mesmas metas, mesmo quando seus recursos são semelhantes. Isso porque as pessoas têm *valores* diferentes. Valores influenciam as metas que as pessoas estabelecem e as prioridades que elas lhes atribuem. A Tabela 2-2 relaciona alguns valores típicos sustentados por agricultores e pecuaristas. O maior ou menor apego deles a cada um afetará suas metas comerciais e familiares. Quando há mais de uma pessoa envolvida no estabelecimento de metas, é importante reconhecer diferenças de valores e estar disposto a meios-termos, se eles forem necessários para que se chegue a um conjunto de metas mutuamente aceitável.

Quando as metas estiverem sendo estabelecidas, tenha em mente os seguintes quesitos importantes:

1. Metas devem ser escritas. Isso permite que todos os envolvidos as enxerguem e cheguem a um acordo sobre elas, dando-lhes um registro para reexame posterior.

2. Metas devem ser específicas. "Ser proprietário de 240 acres de terra rural de classe I no Condado de Washington" é uma meta mais útil do que "Ser proprietário de ter-

Tabela 2-2 — Valores comuns entre agropecuaristas

Você concorda ou discorda?

1. Um estabelecimento rural é um bom lugar para criar uma família.
2. O estabelecimento agropecuário deve ser tocado como um negócio.
3. É aceitável que agropecuaristas tomem dinheiro emprestado.
4. O agropecuarista deveria ter ao menos duas semanas de férias por ano.
5. É melhor ser autônomo do que trabalhar para os outras pessoas.
6. É aceitável que o agropecuarista também trabalhe fora do estabelecimento rural.
7. É mais agradável trabalhar sozinho do que com outras pessoas.
8. Os agropecuaristas deveriam tentar conservar o solo e manter os recursos hídricos e aéreos limpos.
9. Estabelecimentos rurais familiares deveriam ser passados para a próxima geração.
10. Todos os membros da família deveriam se envolver na operação.

ra". Isso ajuda o gestor a verificar se uma meta foi alcançada, proporcionando uma sensação de realização e uma oportunidade para pensar em definir novas metas.

3. Metas devem ser mensuráveis. A meta de possuir 240 acres é mensurável, e o gestor pode aferir o progresso rumo à meta todos os anos.

4. Metas devem possuir um cronograma. "Ser proprietário de 240 acres em cinco anos" é mais útil do que uma meta com uma data de conclusão em aberto ou vaga. O prazo ajuda a manter o gestor focado na consecução da meta.

Um estabelecimento agropecuário operado por uma unidade familiar geralmente possui mais de um conjunto de metas, em razão do envolvimento íntimo e direto dos membros da família com o negócio rural. Pode haver metas pessoais, além das comerciais, e cada pessoa da família pode ter diferentes metas. Nessas situações, é importante realizar uma reunião ou discussão familiar para entrar em acordo quanto às metas comerciais, no mínimo. Sem um acordo, cada um pode ir em uma direção diferente, e nenhuma das metas comerciais será atingida. Isso também se aplica a estabelecimentos agropecuários com vários sócios ou quotistas.

As pessoas e os negócios que elas gerenciam são diferentes, e, por isso, existem muitas metas possíveis. Pesquisas com operadores rurais identificaram as seguintes metas comuns em estabelecimentos rurais:

- Sobreviver, continuar trabalhando, não falir, evitar arresto;
- Maximizar os lucros, obter o melhor retorno sobre o investimento;
- Manter ou melhorar o padrão de vida, obter uma renda familiar desejável;
- Possuir terra, acumular bens;
- Reduzir a dívida, ficar sem dívida;
- Evitar anos de lucro baixo, manter uma renda estável;
- Passar todo o estabelecimento à próxima geração;

- Aumentar o tempo livre e de lazer;
- Aumentar o tamanho do estabelecimento, expandir, acrescentar acres;
- Manter ou melhorar a qualidade dos recursos de solo, água e ar;
- Ser proprietário e gerir meu próprio negócio.

Essas metas estão enunciadas de uma maneira geral e teriam que ser mais específicas para poder ser mais úteis para um determinado negócio. Raramente existe uma única meta: os operadores rurais costumam ter várias. Quando isso ocorre, o gestor precisa decidir quais metas são mais importantes. Algumas combinações de metas podem ser impossíveis de ser alcançadas simultaneamente, o que torna o processo de priorização ainda mais importante. Outra incumbência do gestor é equilibrar os *trade-offs* entre metas conflitantes.

Priorização de metas

Qualquer uma das metas listadas pode vir em primeiro lugar para um determinado indivíduo, dependendo do momento e das circunstâncias. As metas podem mudar, e de fato mudam, com mudanças de idade, situação financeira, estado civil e experiência. Além disso, as metas de longo prazo podem diferir das de curto prazo. Geralmente, assume-se que a maximização do lucro é a meta principal de todos os negócios. Porém, os operadores rurais, muitas vezes, põem a sobrevivência ou permanência acima da maximização do lucro. Obter lucro desempenha um papel direto (ou, no mínimo, indireto) na satisfação de muitas outras metas possíveis, incluindo a sobrevivência do negócio.

O lucro é necessário para pagar as despesas de sustento e impostos da família, aumentar o patrimônio líquido, diminuir a dívida e expandir a produção. Entretanto, diversas possíveis metas da lista implicam minimizar ou evitar risco, o que pode entrar em conflito com a maximização do lucro. Os planos e estratégias de produção de longo prazo mais lucrativos geralmente estão entre os mais arriscados também. Lucros altamente variáveis de ano para ano podem diminuir muito as chances de sobrevivência, entrando em conflito com o desejo de uma renda estável. Por essas e outras razões, a maximização do lucro nem sempre é a meta mais importante para todos os operadores rurais. O lucro pode ser maximizado com o atingimento de níveis minimamente aceitáveis nas outras metas, como segurança, lazer e responsabilidade ambiental. Ainda assim, a maximização do lucro possui a vantagem de ser facilmente mensurável, quantificada e comparada entre diferentes negócios.

Avaliação dos recursos do negócio

Os estabelecimentos agropecuários variam muito na quantidade e na qualidade dos recursos físicos, humanos e financeiros que têm disponíveis. Uma avaliação justa e meticulosa desses recursos ajudará o gestor a escolher estratégias realistas para alcançar as metas do negócio. Esse processo é, muitas vezes, chamado de *vasculhamento interno*.

Recursos físicos A base fundiária é provavelmente o recurso físico mais importante. Produtividade, topografia, escoamento e fertilidade são apenas algumas das qualidades que determinam o potencial de uso agrícola que uma terra apresenta. O número de acres disponíveis e sua localização também são importantes. Em muitos Estados, existem bases de dados pormenorizadas que descrevem as características importantes de uma região específica.

Outros recursos físicos que devem ser avaliados incluem animais reprodutores, construções e cercas, maquinário e equipamentos, instalações de irrigação e cultivos perenes estabelecidas, como pomares, vinhedos e pasto.

Recursos humanos As habilidades dos operadores e outros empregados, muitas vezes, determinam o sucesso ou o fracasso de certos empreendimentos. Alguns trabalhadores têm talento com máquinas, enquanto outros lidam melhor com animais. Há outros ainda que são bons em comercialização ou

contabilidade. De mesma importância é o grau em que cada pessoa da operação gosta ou não de fazer certos serviços. É uma boa ideia realizar uma auditoria meticulosa das habilidades e preferências pessoais antes de identificar estratégias competitivas para um negócio rural.

Recursos financeiros Mesmo quando estão presentes os recursos físicos e humanos para levar a cabo determinados empreendimentos, o capital pode ser um fator limitador. Recursos financeiros podem ser avaliados elaborando-se um conjunto de demonstrações financeiras e explorando-se a possibilidade de obter capital adicional de mutuantes ou investidores externos. Essas ferramentas e estratégias serão discutidas em detalhes em capítulos posteriores.

Uma estimativa justa e meticulosa dos pontos fortes e fracos físicos, humanos e financeiros do estabelecimento rural o guiarão rumo a estratégias realistas. Deve ser dada atenção especial à identificação de recursos que darão ao estabelecimento agropecuário uma vantagem competitiva sobre os demais negócios. Se for constatado que há recursos cruciais em escassez, devem ser elaboradas estratégias para preencher essas lacunas.

Levantamento do ambiente comercial

Analisar criticamente o ambiente comercial em que um estabelecimento rural opera é chamado de *vasculhamento externo*. Embora os principais tipos de rebanhos e cultivos criados em várias partes do mundo não mudem rapidamente, muitas das suas características mudaram. As mudanças no gosto do consumidor e a expansão dos mercados internacionais levaram alguns clientes a pagar um preço maior por carne magra ou cereais ricos em proteína, por exemplo.

Outras tendências afetam a disponibilidade de novos recursos e as escolhas de tecnologia. Mudanças nos regulamentos governamentais podem criar novas restrições (ou mesmo eliminar algumas). O gestor prudente

Quadro 2-2 — Vasculhamentos interno e externo

June e Carl Washington cultivam milho, fumo e feno há quase 18 anos em sua fazenda de 460 acres de terreno ondulado. Eles também têm 50 vacas de cria em seus pastos nativos e criam e vendem suínos de engorda a partir de 35 porcas todo ano. Com trabalho duro e orçamento cuidadoso, eles conseguiram pagar sua hipoteca e a faculdade dos filhos.

Neste ano, eles perderam sua quota de fumo, e está ficando mais difícil vender os suínos de engorda por meio dos currais de venda locais. Eles gostariam de vender suínos diretamente a uma das operações de finalização da região, mas todas elas querem um volume maior de suínos, entregue em intervalos regulares. Sem seus filhos por perto para ajudar, June e Carl acham que não conseguem dar conta de mais serviço com os suínos. Além disso, eles teriam que comprar mais milho.

A associação dos produtores bovinos do seu condado está negociando um contrato para vender novilhos de engorda de alta qualidade para um confinamento fora do Estado, reunindo novilhos de todos os seus associados. Carl sempre gostou de trabalhar com gado. Após comparar uma série de orçamentos completos do estabelecimento agropecuário desenvolvidos com a ajuda do consultor da sua associação de negócio rural, os Washington decidiram liquidar sua operação de suinocultura e adquirir 30 vacas com somente uma cria. Eles também planejam ir gradualmente renovando seus pastos, subdividi-los e aumentar seus acres de feno. Escolhendo suas melhores novilhas para substituição, eles esperam criar um rebanho de até 100 fêmeas em cinco anos. Eles manterão registros de Análise Supervisionada de Desempenho (SPA) para medir a produção e o sucesso financeiro da sua empreitada.

---

deve estar ciente de todas essas mudanças no ambiente externo e reagir a elas rapidamente. Se a maioria dos produtores adotar novas práticas produtivas que diminuam os custos unitários, a operação que não mudar logo estará em desvantagem competitiva.

Os preços de alguns insumos vitais, como combustível e fertilizante, podem subir mais rapidamente do que outros. Isso pode afetar as práticas produtivas agrícolas e pecuárias utilizadas, a escolha dos produtos e os canais de comercialização usados.

Algumas tendências podem representar ameaças ao estabelecimento rural, o que pode reduzir os lucros se não forem tomadas medidas corretivas. Por exemplo, o consumo decrescente de um cultivo como o de fumo pode exigir que se considerem cultivos alternativos. Outras tendências, como o desejo de dietas com menos gordura, podem representar oportunidades para um estabelecimento, ajudando-o a atingir suas metas mais rapidamente.

Se uma tendência representa uma oportunidade ou uma ameaça depende, às vezes, da natureza e da localização específicas do estabelecimento. A atenuação das barreiras ao comércio internacional pode expor agropecuaristas à concorrência estrangeira da qual antes estavam protegidos. Por outro lado, um comércio mais livre pode abrir novos mercados para produtos para os quais os produtores possuem uma vantagem comparativa.

Identificação e seleção de estratégias

Todo mundo ligado à propriedade deve fazer *brainstorming* sobre possíveis planos para o futuro. Associando as oportunidades mais promissoras aos pontos fortes do estabelecimento rural em questão, pode-se formular uma estratégia geral de negócios com altas chances de sucesso. Podem ter que ser feitas mudanças, mas elas serão parte de um plano deliberado e integrado, e não apenas reações irrefletidas.

Foram identificadas diversas estratégias gerais no Capítulo 1: produtor de volume baixo e valor alto; produtor de volume alto e mar-

Quadro 2-3 — Criação de um plano de negócio

Após haver executado o processo de planejamento estratégico, talvez você queira organizar suas conclusões em um plano de negócio. Um plano de negócio bem escrito pode ser útil para justificar um pedido de empréstimo a fim de obter o capital necessário para cumprir seu plano, para convencer possíveis sócios e proprietários de que o seu estabelecimento rural tem viabilidade de sucesso no longo prazo e para guiar suas próprias decisões no futuro.

Um plano de negócio agropecuário pode incluir os seguintes elementos:

* **Resumo executivo:** um breve panorama da situação atual e das suas aspirações para o futuro;
* **Declaração de missão:** por que o negócio existirá;
* **Descrição do negócio:** localização, principais empreendimentos, história, estrutura jurídica;
* **Produtos e serviços:** o que o negócio irá produzir e vender;

* **Recursos disponíveis:** terra própria e arrendada, linha de máquinas, construções úteis, animais reprodutores;
* **Mercados potenciais:** onde os produtos podem ser vendidos, base de clientes para produtos especializados ou serviços;
* **Pessoal:** quem estará envolvido na operação, experiência, habilidades especiais e treinamento, disponibilidade;
* **Demonstrações financeiras:** demonstrações de patrimônio líquido e lucro líquido, projeções de fluxo de caixa, fontes de capital;
* **Estratégias de gestão de risco:** como o risco será limitado a um nível compatível com os recursos financeiros;
* **Cartas de referência:** vinda de pessoas que conhecem a operação agropecuária e os gestores.

Recursos online para desenvolver um plano de negócio agropecuário podem ser encontrados junto à Purdue University e à Universidade de Minnesota.

---

gem baixa; prestador de serviços especiais; e operador em tempo parcial. Alguns negócios podem expandir suas opções formando *alianças estratégicas* com outros estabelecimentos agropecuários que possuem habilidades complementares, como um produtor de suínos de corte e um finalizador customizado de suínos. Também podem ser formadas alianças com processadores e atacadistas.

Alguns negócios têm mais estratégias possíveis para alcançar suas metas do que outros. Nas regiões áridas do Oeste dos Estados Unidos, por exemplo, os recursos fundiários são tais que a única alternativa talvez seja usá-los como pasto para produção pecuária. No entanto, mesmo nessa situação, o gestor ainda precisa decidir se vai usar o pasto para produção de vacas/terneiros, pasto de novilhos castrados para engorda no verão ou produção de ovelhas e cabras. Outras regiões possuem terra propícia para produção tanto de cultivos quanto de animais, havendo, então, mais alternativas. À medida que aumenta o número de alternativas para os recursos limitados do estabelecimento agropecuário, também aumenta a complexidade das decisões do gestor.

Implementação e refinamento das estratégias escolhidas

Mesmo a melhor das estratégias não acontece sozinha. O gestor precisa formular etapas de ação, colocá-las em um cronograma e executá-las assim que possível. Em alguns casos, um *plano de negócio* formal é desenvolvido e apresentado a potenciais mutantes ou sócios. Alguns elementos comuns presentes em planos de negócio de estabelecimentos agropecuários são esboçados no Quadro 2-3. Devem ser fixados objetivos concretos e de curto prazo, para que se possa medir o progresso rumo às metas de longo prazo. O gestor precisa, então, decidir quais informações serão necessárias para avaliar o sucesso ou o fracasso da estratégia e como coletar e analisar os dados.

Acima de tudo, a gestão estratégica não deve ser um processo individual, limitado. Ela é uma atividade contínua na qual o gestor está constantemente alerta a novas ameaças e oportunidades, pronto para aproveitar novos recursos e disposto a adaptar as estratégias do estabelecimento a mudanças nos valores e metas das pessoas envolvidas.

Gestão tática

Após ter sido desenvolvida uma estratégia geral para o estabelecimento rural, o gestor precisa tomar *decisões táticas* sobre como implementá-la. Decisões táticas incluem quando e onde comercializar os cultivos, que rações dar aos animais, quando trocar de maquinário e quem contratar para o galpão de ordenha. Elas podem ser muito específicas, como qual campo lavrar em um certo dia ou qual operadora telefônica contratar.

Há muitas táticas diferentes possíveis de se executar para a mesma estratégia de negócios. Posteriormente, examinaremos algumas ferramentas orçamentárias úteis para tomar decisões táticas.

TOMADA DE DECISÃO

Sem decisões, nada acontece. Até mesmo deixar as coisas seguirem como estão implica uma decisão (talvez não uma boa decisão, mas, mesmo assim, uma decisão).

O processo de tomada de decisão pode ser decomposto em diversas etapas lógicas e ordenadas:

1. Identificar e definir o problema ou a oportunidade;
2. Identificar soluções alternativas;
3. Coletar dados e informações;
4. Analisar as alternativas e tomar uma decisão;
5. Implementar a decisão;
6. Monitorar e avaliar os resultados;
7. Aceitar a responsabilidade.

Seguir essas etapas não tornará todas as decisões perfeitas, mas porém, ajudará o gestor a agir de maneira lógica e organizada quando confrontado com escolhas.

Identificação e definição do problema ou oportunidade

Muitos são os problemas com que o gestor agropecuário se depara. A maioria deles são decisões táticas, como escolher qual semente usar, selecionar uma ração animal, decidir como comercializar a produção ou decidir como obter acesso a terra.

Podem-se identificar problemas comparando-se resultados do negócio com os níveis que poderiam ser atingidos ou que estabelecimentos agropecuários semelhantes estão alcançando. Por exemplo, um estabelecimento pode ter um rendimento de algodão de 100 libras por acre menor do que a média dos outros estabelecimentos no mesmo condado com o mesmo tipo de solo. Essa diferença entre o que é (o rendimento do estabelecimento) e o que deveria ser (o rendimento médio do condado ou mais) identifica uma condição que merece atenção. O que parece ser um problema, muitas vezes, é um sintoma de um problema mais profundo. Os baixos rendimentos do algodão podem ser causados por fertilidade baixa ou por controle de pragas incorreto. Esses, por sua vez, podem ser causados por problemas produtivos ainda mais fundamentais.

O gestor deve estar constantemente alerta para identificar problemas o mais rapidamente possível. A maioria dos problemas não desaparece sozinha. Uma vez que uma área problemática é identificada, ela deve ser definida com o máximo de especificidade possível. Uma boa definição de problema minimiza o tempo necessário para concluir o restante das etapas da tomada de decisão.

Identificação de soluções alternativas

A etapa dois é começar a listar potenciais soluções para o problema. Algumas talvez sejam óbvias após se definir o problema, enquanto que outras podem demandar tempo e pesquisa. Outras, ainda, podem tornar-se aparentes durante o processo de coleta de dados e informações. Esse é o momento de fazer *brainstorming* e listar todas as ideias que vierem à mente. Costume, tradição ou hábito não devem restringir o número ou tipos de alternativas consideradas. Aquelas mais exequíveis podem ser destacadas mais tarde.

Coleta de dados e informações

A próxima etapa é reunir dados, informações e fatos sobre as alternativas. Podem ser obtidos dados de muitas fontes, incluindo serviços de extensão universitária, boletins e informativos de estações de experimentação agrícola, serviços eletrônicos de dados, representantes de insumos agropecuários, vendedores de insumos agropecuários, rádio e televisão, redes de computador, revistas e circulares agropecuárias e vizinhos. A fonte mais útil de dados e informação talvez seja um conjunto preciso e completo dos registros passados do próprio estabelecimento agropecuário do gestor. Novas tecnologias de coleta e análise de dados facilitaram muito a disponibilização de informações atualizadas e completas. Qualquer que seja a fonte, a precisão, a utilidade e o custo das informações obtidas devem ser cuidadosamente considerados.

A tomada de decisão geralmente exige informações sobre acontecimentos futuros, pois planos de produção agropecuária precisam ser elaborados muito antes de os produtos finais estarem prontos para o mercado. O tomador de decisão pode ter que formular algumas estimativas ou expectativas sobre os preços e rendimentos futuros. Observações passadas dão um bom ponto de partida, mas seguidamente precisam ser ajustadas às condições atuais e projetadas. Depois, estudaremos técnicas de *gestão de risco* que gestores agropecuários utilizam para atenuar os efeitos de predições de condições futuras que se revelam erradas.

Coletar dados e fatos e transformá-los em informações úteis pode ser uma tarefa sem fim. O gestor pode nunca ficar satisfeito com a precisão e a confiabilidade dos dados e com as informações resultantes. Entretanto, essa etapa precisa terminar em algum momento. Coletar dados tem um custo em termos de tempo e dinheiro. Tempo demais gasto na coleta e na análise de dados pode resultar em um custo maior do que o que pode ser justificado pelo benefício extra recebido. Bom julgamento e experiência prática podem ter que entrar no lugar de informações indisponíveis ou disponíveis somente a um custo maior do que o retorno adicional provindo de seu uso.

Análise das alternativas e tomada de decisão

Cada alternativa deve ser analisada de maneira lógica e organizada. Os princípios e procedimentos expostos na Parte III dão o fundamento para métodos analíticos sólidos.

Escolher a melhor solução para um problema nem sempre é fácil, tampouco a melhor solução é sempre óbvia. Às vezes, a melhor solução é não mudar nada, ou voltar, redefinir o problema e percorrer novamente as etapas da tomada de decisão. Essas são ações legítimas, mas não devem ser usadas para evitar tomar uma decisão quando há uma alternativa promissora à mão.

Após analisar cuidadosamente cada alternativa, normalmente seleciona-se aquela que melhor preenche as metas estabelecidas. Alguns gestores criam uma lista de resultados desejados e atribuem uma pontuação a cada estratégia alternativa, dependendo de quão bem ela satisfaz cada meta. As pontuações de todas as alternativas podem depois ser somadas e usadas para classificá-las.

Ocasionalmente, nenhuma das alternativas parece ser definitivamente melhor

Capítulo 2 Gestão e tomada de decisão **25**

| **Quadro 2-4** | **O processo de tomada de decisão: um exemplo** |

Etapa 1. Identificar o problema
As taxas de erosão do solo nas partes mais íngremes da propriedade estão acima do aceitável.

Etapa 2. Identificar alternativas
Alguns vizinhos usam plantio em terraços ou faixas em elevações semelhantes. Muitos agricultores estão fazendo experimentos com práticas de aração reduzida ou nula.

Etapa 3. Coletar informações
Estudar resultados de pesquisa com solos semelhantes, comparando aração reduzida, terraços e plantio em faixas. Obter preços para diferentes equipamentos e para a construção de terraços. Visitar vizinhos para saber sobre seus resultados. Consultar especialistas em extensão para saber quais seriam as práticas de produção e a fertilidade de lavoura necessárias.

Etapa 4. Analisar as alternativas e escolher uma
Levando em conta os custos de longo prazo e os efeitos sobre o rendimento, a aração reduzida parece ser o modo mais lucrativo de baixar a erosão do solo a um nível aceitável.

Etapa 5. Implementar a decisão
Comprar uma nova plantadeira e modificar os implementos de aração.

Etapa 6. Monitorar os resultados
Comparar os rendimentos, calcular os custos com máquinas e químicos e medir as taxas de erosão por vários anos.

Etapa 7. Aceitar a responsabilidade pelos resultados
Os rendimentos e a erosão estão aceitáveis, mas os custos aumentaram. Aperfeiçoar as aplicações de fertilizante e pesticida.

---

que as outras. Se a maximização do lucro for a meta primordial, a alternativa que resultar no maior lucro ou no maior aumento de lucro será escolhida. Todavia, a seleção, muitas vezes, é complicada pela incerteza quanto ao futuro, especialmente quanto aos preços futuros. Se diversas alternativas possuírem praticamente o mesmo potencial de lucro, o gestor terá que avaliar a probabilidade que cada uma tem de atingir o resultado esperado e os problemas potenciais que podem surgir se isso não ocorrer.

Tomar decisões nunca é fácil, mas é o que as pessoas precisam fazer quando se tornam gestores. A maior parte das decisões será tomada com um nível de informação inferior ao desejado. Deve-se escolher uma alternativa de um conjunto de ações possíveis, todas elas possuindo algumas desvantagens e trazendo algum risco. Porém, o fato de uma decisão ser difícil, não é motivo para adiá-la. Muitas oportunidades já foram perdidas por atraso e hesitação.

Implementação da decisão

Nada acontece e nenhuma meta é alcançada simplesmente tomando-se uma decisão. Essa decisão precisa ser implementada correta e rapidamente, o que significa fazer alguma coisa. Recursos precisam ser adquiridos; financiamento, obtido; um cronograma, elaborado; e expectativas, comunicadas a sócios e empregados. Isso exige habilidades de organização. Lembre-se de que *não* implementar uma decisão tem o mesmo resultado que não tomar decisão nenhuma.

Monitoramento e avaliação dos resultados

Os gestores precisam conhecer os resultados das suas decisões. Quanto mais demorar para que os resultados de uma decisão sejam conhecidos, mais provável será que os resultados sejam diferentes do esperado. Às vezes, até uma decisão boa tem resultados ruins. Os bons gestores monitoram os resultados de uma decisão de olho em sua modificação ou sua mudança.

Quanto mais frequentemente uma decisão é repetida, mais útil é avaliá-la. Decidir onde comercializar cultivos ou quais linhas genéticas escolher na pecuária é algo que se faz toda hora. Monitorar os preços recebidos ou os traços de desempenho permite que alternativas melhores sejam identificadas ao longo do tempo. Decisões que podem facilmente ser revertidas também merecem ser avaliadas mais de perto do que aquelas que não podem ser mudadas.

Os gestores devem estabelecer um sistema para avaliar os resultados de qualquer decisão, de modo que desvios do resultado esperado possam ser rapidamente identificados. Isso faz parte da função de controle da gestão. Demonstrações de lucros e prejuízos resumem o impacto econômico de uma decisão, registros de rendimento medem o impacto sobre a produção da lavoura e diários de eficiência de leite ou ração monitoram o desempenho dos animais. Uma observação cuidadosa e bons registros fornecem dados novos a serem analisados. Os resultados dessa análise dão novas informações para usar na modificação ou correção da decisão original e na tomada de novas decisões. Avaliar decisões é um jeito de "aprender com seus erros passados".

Aceitação da responsabilidade

A responsabilidade pelo resultado de uma decisão recai sobre o tomador de decisão. A relutância em arcar com a responsabilidade talvez explique por que alguns indivíduos acham tão difícil tomar decisões. Às vezes, até decisões boas trazem resultados ruins, por causa das incertezas dos mercados e da produção. Culpar o governo, o tempo ou os fornecedores e processadores quando uma decisão dá errado não melhorará os resultados da próxima decisão. O gestor deve tentar controlar o dano e, então, voltar sua atenção ao futuro.

CARACTERÍSTICAS DAS DECISÕES

O tempo e o empenho que o gestor dedica a tomar uma decisão não serão os mesmos em todos os casos. Algumas decisões podem ser tomadas quase instantaneamente, enquanto outras podem levar meses ou anos de investigação e pensamento.

Algumas das características que afetam como as etapas do processo de tomada de decisão são aplicadas a um problema específico incluem:

1. Importância
2. Frequência
3. Iminência
4. Revogabilidade
5. Número de alternativas

Importância

Algumas decisões agropecuárias são mais importantes do que outras. A importância pode ser medida de diversas maneiras, como o dinheiro envolvido na decisão ou o tamanho do ganho ou da perda potenciais. Decisões que põem em risco pouco dinheiro, como distribuir suínos em chiqueiros ou comprar pequenas ferramentas, podem ser feitas bastante rotineiramente. Para elas, é preciso usar pouco tempo coletando dados e percorrendo as etapas do processo de tomada de decisão.

Por outro lado, decisões envolvendo um grande montante de capital ou de lucros e prejuízos potenciais precisam ser analisadas com mais cuidado. Decisões relativas à aquisição de terra, instalação de um sistema de irrigação e construção de um novo edifício de confinamento total de suínos facilmente justificam mais tempo empregado na coleta de dados e na análise das alternativas.

Frequência

Algumas decisões podem ser feitas apenas uma vez na vida, como escolher a agricultura ou a pecuária como carreira ou comprar um estabelecimento rural. Outras decisões são tomadas quase diariamente, como programar atividades de trabalho de campo, balancear rações de animais e definir agendas de reprodução. Decisões frequentes são, muitas vezes, feitas com base em alguma regra prática ou no julgamento intuitivo do operador. Ainda assim, pequenos erros em decisões frequentes podem se acumular, levando a um problema considerável ao longo do tempo.

Iminência

O gestor frequentemente tem que tomar uma decisão rapidamente ou até um prazo para evitar um prejuízo potencial. Preços de cereais subindo ou caindo rapidamente pedem ação rápida. Outras decisões não têm prazo, e há pouca ou nenhuma punição por postergar a decisão até que haja mais informações e se possa passar mais tempo analisando as alternativas. A meticulosidade com que uma decisão é tomada depende do tempo disponível para tomá-la.

Revogabilidade

Algumas decisões podem ser facilmente revertidas ou modificadas se observações posteriores indicarem que a primeira decisão não foi a melhor. Exemplos disso são calibrar uma semeadeira ou ajustar um cocho, o que pode ser modificado mais tarde rápida e facilmente. Gestores podem passar menos tempo tomando a decisão inicial nessas situações, pois podem ser feitas correções rapidamente e com pouco custo.

Outras decisões podem não ser reversíveis, ou somente podem ser modificadas a um custo alto. Exemplos seriam a decisão de perfurar um novo poço de irrigação ou construir um novo edifício para animais. Uma vez tomada a decisão de levar esses projetos adiante e que eles estejam concluídos, a escolha é usá-los ou abandoná-los. Pode ser difícil ou impossível reaver o dinheiro investido. Essas decisões irreversíveis fazem jus à dedicação de muito mais tempo do gestor.

Número de alternativas

Algumas decisões só têm duas alternativas possíveis. São do tipo "sim ou não" ou "ou isto, ou aquilo". O gestor pode achar essas decisões mais fáceis e menos dispendiosas em termos de tempo do que outras que possuem muitas soluções ou linhas de ação alternativas. Quando existem muitas alternativas, como escolher variedades de semente, o gestor pode ser forçado a passar um tempo considerável identificando as alternativas e analisando cada uma.

O AMBIENTE DE TOMADA DE DECISÃO DA AGROPECUÁRIA

Gerenciar um estabelecimento rural é muito diferente de gerenciar outros tipos de negócios? As funções, os princípios e as técnicas básicos de gestão são os mesmos em toda parte, mas um negócio agropecuário típico possui algumas características exclusivas que afetam o modo como as decisões são tomadas.

Processos biológicos e clima

Uma característica distintiva da agropecuária é a limitação imposta às decisões do gestor pelas leis biológicas e físicas da natureza. Os gestores logo descobrem que há algumas coisas que eles não podem controlar. Nada pode ser feito para encurtar o período de gestação na produção pecuária, há um limite de quanta ração um suíno pode consumir por dia e as lavouras precisam de um tempo mínimo para alcançar a maturação. Até mesmo tentativas de controlar os efeitos do clima com equipamentos de irrigação e construções de confinamento podem ser frustradas por tempestades e nevascas súbitas.

A imprevisibilidade do processo produtivo é exclusiva da agropecuária. Nem mesmo o melhor dos gestores pode prever com certeza os efeitos da variação de precipitação, temperatura, doença ou combinações genéticas. Isso introduz um elemento de risco que a maioria dos negócios extrarrurais não enfrenta.

Oferta fixa de terra

Na maioria das indústrias, uma empresa pode comprar mais matéria-prima ou replicar instalações de produção quando a demanda por seus produtos sobe. Contudo, a oferta do recurso mais valioso da produção agropecuária, a terra, é essencialmente fixa. Os gestores rurais só podem tentar aumentar a produtividade da base fundiária existente ou oferecer mais do que as outras propriedades pela quantidade limitada de terra à venda ou para arrendar. Isso torna as decisões sobre compra, venda e arrendamento de terra especialmente importantes. Também faz com que os preços de venda e arrendamento de terra rural sejam especialmente sensíveis a modificações nos preços das *commodities* e de insumos agropecuários.

Tamanho pequeno

Quase 58% dos estabelecimentos rurais dos Estados Unidos têm apenas um operador (Tabela 2-3), e somente 1,5% por cento possui mais do que três. Nenhum outro setor da economia é tão dominado por operações de pequena escala. Em contraste, em uma grande companhia, os acionistas são donos do negócio, enquanto o conselho de administração estabelece metas, define políticas e contrata diretores para cumpri-las. Geralmente, é fácil identificar três grupos distintos: proprietários, gestores e mão de obra. Esses grupos distintos não existem na propriedade familiar típica, em que uma pessoa ou um grupo pequeno é dono do negócio, faz a gestão e contribui com a maioria ou toda a mão de obra. Isso torna difícil separar a atividade gerencial do trabalho, pois os mesmo indivíduos estão envolvidos. Também ocasiona a constante necessidade de mão de obra "para fazer o serviço", relegando a gestão a um papel secundário, com decisões sendo constantemente postergadas ou ignoradas. Além disso, quando a residência e a vida caseira do gestor estão localizadas na propriedade, as metas e atividades pessoais e profissionais ficam mais interligadas.

Concorrência perfeita

A agropecuária de produção é, muitas vezes, usada como exemplo de uma indústria de concorrência perfeita. Isso significa que cada estabelecimento rural individual é apenas um de muitos, representando uma pequena porção da indústria total. A maioria dos produtos agropecuários é heterogênea, isto é, os grãos, frutas, verduras ou animais de uma propriedade são praticamente idênticos aos de outra. Portanto, o gestor individual geralmente não pode afetar os preços pagos pelos recursos nem os preços recebidos pelos produtos vendidos. Os preços são determinados pelos fatores de oferta e demanda nacionais e internacionais, sobre os quais o gestor individual possui pouco controle (salvo, talvez, por meio de algum tipo de ação coletiva). Alguns gestores tentam superar isso encontrando mercados de nicho ou localizados, onde eles são os únicos fornecedores. Exemplos incluem criadores de produtos silvestres ou pecuária não tradicional.

Tomados conjuntamente, todos esses fatores criam um ambiente único para a tomada de decisões gerenciais na agropecuária. Os demais capítulos explicarão em mais pormenores os princípios e as ferramentas utilizados por gestores rurais e os tipos específicos de problemas aos quais eles os aplicam.

Tabela 2-3 Número de operadores por estabelecimento rural nos Estados Unidos

Número de operadores	Percentual
Um operador	57,7
Dois operadores	35,7
Três operadores	5,1
Quatro ou mais operadores	1,5

Fonte: Censo da Agropecuária de 2007, Ministério da Agricultura dos Estados Unidos.

RESUMO

Uma boa gestão geralmente é a diferença entre auferir lucro ou sofrer prejuízo em um negócio agropecuário comercial. Os gestores precisam fazer planos para o negócio rural, implementar os planos, monitorar seu sucesso e fazer ajustes onde necessário.

A direção geral em que o estabelecimento rural ruma é definida pelo processo do planejamento estratégico. Um plano estratégico inicia com uma declaração de visão de por que o negócio existe. Metas dão a direção e o foco ao processo, refletindo os valores dos gestores. Após avaliar os recursos internos e o ambiente externo do negócio, estratégias podem ser identificadas e escolhidas. Por fim, as estratégias devem ser implementadas, e os resultados, monitorados. O plano estratégico é executado tomando-se um grande número de decisões táticas de curto prazo. Decisões táticas são tomadas definindo-se o problema, reunindo-se informações sobre soluções alternativas e analisando-se essas, escolhendo-se e implementando-se uma alternativa e avaliando-se os resultados.

Gestores agropecuários operam em um ambiente diferente dos gestores de outros negócios. A agropecuária depende fortemente de processos biológicos; a oferta da terra rural é essencialmente fixa; muitas das mesmas pessoas combinam propriedade, mão de obras e gestão; e os negócios costumam operar em um ambiente econômico de concorrência perfeita.

PERGUNTAS PARA REVISÃO E REFLEXÃO

1. Qual é a sua definição de gestão? E de gestor rural?
2. Gestores agropecuários precisam de habilidades diferentes das de gestores de outros negócios? Em caso afirmativo, quais habilidades são diferentes? Quais são iguais?
3. Qual é a diferença entre gestão estratégica e gestão tática?
4. Você classificaria as seguintes decisões como estratégicas ou táticas?
   a. Decidir se um campo está molhado demais para lavrar
   b. Decidir se especializa-se em produção de carne ou de leite
   c. Decidir se admite um sócio no negócio
   d. Decidir se vende cevada hoje ou espera até mais tarde
5. Por que metas são importantes? Relacione alguns exemplos de metas de longo prazo para um negócio agropecuário. Elas devem ser específicas e mensuráveis, incluindo um cronograma.
6. Quais são algumas metas comuns de estabelecimentos agropecuários familiares que podem entrar em conflito umas com as outras?
7. Quais são suas metas pessoais para a semana que vem? E para o ano que vem? E para os próximos cinco anos?
8. Quais características internas do estabelecimento rural devem ser consideradas pelo gestor ao desenvolver um plano estratégico?
9. Identifique diversas tendências de tecnologia ou gostos do consumidor que um gestor rural deve considerar ao desenvolver um plano estratégico.
10. Liste as etapas do processo de tomada de decisão. Quais etapas fazem parte da função de planejamento da gestão? E da implementação? E do controle? E da avaliação?
11. Quais características de uma decisão afetam quanto tempo e empenho o gestor dedica para tomá-la?
12. Quais são algumas das características da agropecuária que tornam a gestão de um estabelecimento rural diferente da gestão de outros negócios?

PARTE II

Mensuração do desempenho gerencial

Dois argumentos propostos no Capítulo 2 foram: (1) estabelecer metas é importante; e (2) controle é uma das funções da gestão. Na Parte II, descreveremos como medir e analisar o lucro e outras características financeiras de um negócio agropecuário. Os resultados das análises possibilitarão que o gestor estabeleça quão bem e em que grau as metas financeiras estão sendo satisfeitas.

Essa discussão também se relaciona à função de controle da gestão. Controle é um sistema de monitoramento usado para avaliar se o plano de negócio está sendo seguido e como o estabelecimento agropecuário está se saindo na consecução das metas do plano. Muitos dos mesmos registros necessários para medir o lucro e a situação financeira do negócio também são necessários para desempenhar a função de controle da gestão. Os registros proporcionam um método para mensurar não apenas como o negócio está indo, mas também como o gestor ou a gestão está se saindo.

Essa discussão introduz a necessidade da manutenção de registros ou de um sistema contábil para o negócio agropecuário. Há muitas escolhas e opções no projeto e na implementação de um sistema de registros agropecuários, indo do simples ao complexo. O melhor sistema para um negócio dependerá de vários fatores, incluindo o tamanho do negócio, a forma de organização empresarial, o montante de capital emprestado, exigências do mutuante e quais demonstrações financeiras específicas são necessárias (e em que nível de detalhes).

O Capítulo 3 discorre sobre as finalidades e partes de um sistema de registros agropecuário. Os dois capítulos seguintes cobrem os dois relatórios financeiros mais comuns: o balanço patrimonial e a demonstração de resultados. O Capítulo 4 ressalta que a intenção do balanço patrimonial é medir a situação financeira do negócio em um ponto no tempo.

O Capítulo 5 introduz a demonstração de resultados, que oferece uma estimativa do valor dos produtos e serviços gerados em um exercício contábil e dos custos dos recursos utilizados para gerá-los. A precisão do lucro informado depende de muitos fatores, incluindo o tipo de sistema de registro empregado e o empenho despendido para manter bons registros. Discutem-se o registro correto de transações de caixa e como elas são sintetizadas na demonstração de fluxos de caixa e explica-se a diferença entre fluxos de caixa e renda/despesas. Será enfatizada a compreensão do que é necessário para medir com exatidão o lucro ou renda líquida do estabelecimento agropecuário. Sem uma mensuração precisa, os efeitos das decisões gerenciais anteriores serão distorcidos, e serão usadas informações ruins para tomar as decisões futuras.

As ferramentas desenvolvidas nos Capítulos 4 e 5 podem ser usadas nas funções de controle da gestão. Essas são consolidadas no Capítulo 6, sendo combinadas com algumas outras mensurações analíticas para realizar uma análise completa do estabelecimento agropecuário. Medidas de saúde financeira e lucratividade do negócio podem ser comparadas a metas e padrões. Podem-se identificar áreas de pontos fortes e fracos, bem como resolver problemas específicos para melhorar o desempenho geral do negócio e atingir as metas do operador.

CAPÍTULO **3**

Aquisição e organização de informação gerencial

Objetivos do capítulo

1. Reconhecer a importância e o valor de estabelecer um bom sistema contábil agropecuário.

2. Discorrer sobre algumas escolhas que devem ser feitas ao se selecionar um sistema contábil.

3. Expor os conceitos básicos da contabilidade em regime de caixa.

4. Apresentar os conceitos básicos da contabilidade em regime de competência, comparando-o ao regime de caixa.

5. Examinar algumas recomendações do Conselho de Padrões Financeiros Rurais relacionados à escolha do regime contábil.

6. Apresentar alguns registros financeiros que podem ser obtidos com um bom sistema contábil.

Um negócio com registros ruins ou inexistentes pode ser comparado a um navio no meio do oceano que perdeu o uso de seu leme e de seus instrumentos de navegação. Ele não sabe onde esteve, aonde está indo nem quanto demorará para chegar lá. Os registros dizem ao gestor onde o negócio esteve e se agora ele está no caminho para gerar lucros e criar estabilidade financeira. Os registros são, de certa forma, o "boletim de notas" do gestor, pois mostram os resultados das decisões gerenciais dos períodos passados. Talvez os registros não mostrem diretamente aonde o negócio está indo, mas podem dar informações consideráveis que

podem ser utilizadas para corrigir ou emendar decisões passadas e para melhorar a tomada de decisão futura. Desse modo, eles, no mínimo, influenciam a direção futura do negócio.

Por uma porção de razões, os registros agropecuários são tradicionalmente malfeitos. Mesmo os melhores sistemas de registros não são totalmente conformes aos padrões que a profissão contábil segue para outros tipos de negócio. Problemas financeiros em estabelecimentos rurais nos anos 1980 chamaram a atenção para os maus registros mantidos por muitos agricultores e pecuaristas, os vários estilos e formatos diferentes dos relatórios fi-

34 Parte II Mensuração do desempenho gerencial

nanceiros sendo usados, diferenças em terminologia e tratamento díspar de algumas transações contábeis exclusivas da agropecuária.

FINALIDADE E USO DOS REGISTROS

Já foram mencionados diversos usos dos registros. Uma lista mais detalhada e expandida da finalidade e do uso dos registros rurais é possível. Eis uma lista:

1. Medir o lucro e avaliar a condição financeira;
2. Oferecer dados para a análise comercial;
3. Assistir na obtenção de empréstimos;
4. Medir a lucratividade de empreendimentos individuais;
5. Assistir na análise de novos investimentos;
6. Elaborar declarações de imposto de renda.

Essa não é uma lista completa das razões possíveis para manter e usar registros rurais. Outros usos possíveis incluem demonstrar conformidade a regulamentos ambientais, estabelecer necessidades de seguro, planejar e avaliar patrimônios, monitorar estoques,

dividir despesas entre arrendante e arrendatário, relatórios para sócios e acionistas e desenvolver planos de marketing. Bons registros também são essenciais para dividir renda e despesas em negócios com vários donos, como aqueles com proprietários ausentes, e para auxiliar na distribuição de participações nos lucros e arranjos de parceria rural. Entretanto, os seis usos da lista são os mais comuns e serão discutidos em mais detalhes.

Medir o lucro e avaliar a condição financeira

Estas duas razões para manter e usar registros rurais estão entre as mais importantes. O lucro é estimado desenvolvendo-se uma demonstração de resultados (o tópico do Capítulo 5). A condição financeira do negócio, como exibida no balanço patrimonial, será coberta em detalhes no Capítulo 4.

Oferecer dados para a análise comercial

Após a demonstração de resultados e o balanço patrimonial serem elaborados, o próxi-

---

Quadro 3-1	Conselho de padrões financeiros rurais

A "crise da dívida rural" de 1983 a 1987 comprovou que os métodos de escrituração e as análises financeiras rurais da época, muitas vezes, eram inadequados ou subutilizados. Após a crise da dívida, a educação financeira rural aumentou, levando ao crescimento no número de livros à disposição, sistemas de escrituração rural e serviços, mas os novos métodos, via de regra, não eram padronizados. Em 1989, foi formada a Força-Tarefa de Padrões Financeiros Rurais (Farm Financial Standards Task Force – FFSTF) para resolver problemas de contabilidade e escrituração em estabelecimentos agropecuários. Posteriormente, ela trocou de nome para Conselho de Padrões Financeiros Rurais (FFSC).

Segundo seu site, a missão do conselho é "criar e promover uniformidade e integridade nos relatórios e análise financeiros para produtores rurais".

O primeiro relatório desse grupo foi publicado em 1991, objetivando tornar os relatórios financeiros rurais mais uniformes e teórica e tecnicamente corretos. Foram publicadas revisões em 1995, 1997 e 2008. Em 2006, o FFSC desenvolveu um relatório a respeito de diretivas de contabilidade gerencial para produtores agropecuários. Este capítulo e os seguintes seguem as recomendações de contabilidade financeira do FFSC.

Capítulo 3 Aquisição e organização de informação gerencial

mo passo lógico é utilizar essas informações para fazer uma análise comercial em profundidade. Existe diferença entre obter "lucro" e ter um negócio "lucrativo". O negócio é lucrativo? Quão lucrativo? *Quão* saudável exatamente é a situação financeira do negócio? As respostas a essas e outras perguntas relacionadas exigem mais do que apenas elaborar uma demonstração de resultados e um balanço patrimonial. Uma análise financeira do negócio pode oferecer informações sobre os resultados de decisões passadas, e essas informações podem ser úteis ao tomar decisões atuais e futuras.

Assistir na obtenção de empréstimos

Os mutuantes precisam e exigem informações financeiras sobre o negócio rural para assisti-los em suas decisões de empréstimo. Após as dificuldades financeiras dos anos 1980, muitos mutuantes rurais e analistas bancários exigem cada vez mais e melhores registros rurais. Bons registros podem aumentar muito as chances de ter um empréstimo aprovado e receber todo o valor pedido.

Medir a lucratividade de empreendimentos individuais

Um estabelecimento agropecuário com lucro pode abranger diferentes empreendimentos. É possível que um ou dois empreendimentos estejam produzindo todo ou a maior parte do lucro e um ou mais dos outros estejam perdendo dinheiro. Pode ser projetado um sistema de registros que mostre receita e despesa não apenas para todo o negócio, mas para cada empreendimento. Com essas informações, os empreendimentos não lucrativos ou pouco lucrativos podem ser suprimidos, redirecionando-se recursos para uso nos mais lucrativos.

Assistir na análise de novos investimentos

Uma decisão de comprometer um grande montante de capital em um novo investimento pode ser difícil, exigindo uma grande quantidade de

---

Quadro 3-2	Biossegurança e registros rurais

Após diversos problemas de contaminação alimentar de alta visibilidade nos últimos anos, o interesse em segurança alimentar cresceu bastante. De especial interesse é a rastreabilidade de produtos, ou a capacidade de verificar onde itens alimentícios foram cultivados, como foram cultivados e como e onde foram processados depois. Para ganhar força de mercado, alguns produtores (principalmente os agricultores) estão participando voluntariamente de processos de certificação que exigem a manutenção de muitos registros. Uma lei (atualmente no Congresso) pode tornar esse tipo de registro obrigatório para muitos tipos de operações. Segundo a legislação proposta, os agropecuaristas teriam que manter registros detalhados por, no mínimo, dois anos. Ficariam isentos das exigências desse projeto de lei os produtos alimentícios de origem animal regulamentados pela Lei Federal de Inspeção de Carne, Lei de Inspeção de Produtos de Avicultura e Lei de Inspeção de Produtos de Ovos.

Por preocupação com doenças, especialmente na esteira da descoberta da doença da "vaca louca" no Estado de Washington, em 2003, há também um interesse crescente no rastreamento de gado e aves. O Sistema Nacional de Identificação de Animais (National Animal Identification System – NAIS) foi implementado pelo Ministério da Agricultura dos Estados Unidos em 2004. A meta de longo prazo é tornar possível a identificação, em 48 horas, de todos os animais e locais que tiveram contato com uma dada doença. O NAIS atualmente é um programa voluntário, mas é possível que o governo exija rastreamento obrigatório de animais em algum momento futuro.

informação para uma análise adequada. Os registros da operação passada do negócio podem ser uma excelente fonte de informação para assistir na análise do investimento potencial. Por exemplo, registros sobre investimentos idênticos ou semelhantes podem fornecer dados sobre lucratividade esperada, vida útil esperada e reparos típicos ao longo da vida útil.

Elaborar declarações de imposto de renda

As regulamentações do fisco *exigem* a manutenção de registros que tornem possível a declaração correta de rendas e despesas tributáveis. Esse tipo de controle geralmente pode ser feito com um grupo mínimo de registros, impróprio para fins gerenciais. Um sistema contábil gerencial mais detalhado pode resultar em benefícios de imposto de renda. Ele pode identificar deduções e isenções adicionais, por exemplo, e possibilitar uma melhor gestão da renda tributável de ano a ano, diminuindo os impostos de renda pagos ao longo do tempo. No caso de uma auditoria fiscal, bons registros são inestimáveis para comprovar e documentar todas as rendas e despesas.

ATIVIDADES DO NEGÓCIO RURAL

Ao conceber um sistema contábil rural, é útil pensar nos três tipos de atividade comercial que devem ser incorporados ao sistema. A Figura 3-1 indica que um sistema contábil deve conseguir lidar com transações relacionadas não apenas às atividades de *produção* do negócio, mas também às atividades de *investimento* e *financiamento*.

Atividades de produção

As transações contábeis de atividades de produção são aquelas relacionadas à produção de cultivos e animais. A receita oriunda de sua venda (e outras receitas rurais, como verbas de programas governamentais e trabalho customizado feito para terceiros) seria incluída aqui. Despesas tidas ao produzir essa renda – como ração, fertilizante, químicos, combustível, juros e depreciação – também fazem parte das atividades de produção que devem ser registradas no sistema de contabilidade.

Atividades de investimento

Estas atividades são aquelas relacionadas a compra, depreciação e venda de ativos de vida útil longa. Exemplos seriam terra, edifícios, máquinas, pomares, vinhedos e animais reprodutores. Os registros mantidos para cada ativo devem incluir data de aquisição, preço de compra, valor da depreciação anual, valor contábil, valor de mercado atual, data de venda, preço de venda e ganho ou perda ao vender.

Atividades de financiamento

As atividades de financiamento são todas as transações relativas a tomar dinheiro emprestado e pagar juros e principal sobre dívidas de toda ordem. Isso inclui dinheiro emprestado para financiar novos investimentos, capital operacional emprestado para financiar as atividades de produção do ano e contas a pagar para estabelecimentos de suprimentos rurais.

Dividir as atividades do negócio rural nesses três tipos ilustra a ampla gama de transações que devem ser registradas em todo sistema contábil e também mostra certa inter-relação entre essas atividades. A despesa com juros vem das atividades financeiras, mas é uma despesa de produção ou operação. A de-

Figura 3-1 Atividades do negócio rural que devem ser incluídas no sistema contábil.

preciação resulta do investimento em um ativo depreciável, mas também é uma despesa de produção ou operação. Logo, um bom sistema contábil deve ser capaz de não apenas registrar todos os vários tipos de transações, mas também atribuí-las à atividade e ao empreendimento apropriados da operação.

TERMOS BÁSICOS DE CONTABILIDADE

Uma pessoa não precisa ser formada em contabilidade para manter e analisar um conjunto de registros agropecuários. Porém, é útil possuir algum conhecimento de contabilidade básica e terminologia contábil. Isso é necessário para entender completamente e usar qualquer sistema de contabilidade e comunicar informações contábeis aos outros com exatidão. Os seguintes termos e definições dão a base para compreender o material ao longo deste capítulo e nos que o seguem. Outros termos serão definidos à medida que forem apresentados.

Ativo   Qualquer item de valor, tangível ou financeiro. Em um estabelecimento agropecuário, exemplos seriam maquinário, terra, contas bancárias, edificações, grãos e animais.

Conta a pagar   Uma despesa em que se incorreu, mas que ainda não foi paga. Contas a pagar típicas são de itens comprados em estabelecimentos de suprimentos rurais quando o comprador tem de 30 a 90 dias para pagar o valor devido.

Conta a receber   Receita de um produto que foi vendido ou de um serviço que foi prestado, mas pelo qual ainda não foi recebido pagamento. Exemplos seriam o trabalho customizado executado para um vizinho que combinou de fazer o pagamento no fim do mês seguinte ou grãos vendidos com um contrato de pagamento diferido.

Crédito   Em contabilidade, um lançamento no lado direito de um livro-razão de partidas dobradas. Um lançamento de crédito é usado para escriturar um decréscimo no valor de um ativo, ou um acréscimo em uma conta de passivo, patrimônio líquido ou renda.

Débito   Um lançamento no lado esquerdo de um livro-razão de partidas dobradas. Um lançamento de débito é usado para escriturar um aumento em uma conta de ativo ou despesa ou um decréscimo em uma conta de passivo ou patrimônio líquido.

Despesa a pagar (despesa provisionada, despesa acumulada, despesa incorrida e não paga)   Uma despesa que acumula diariamente, mas que ainda não foi paga. Uma despesa a pagar geralmente não foi paga ainda porque a data de vencimento ou pagamento está no futuro. Exemplos são juros sobre empréstimos e impostos imobiliários.

Despesa antecipada   Um pagamento feito por um produto ou serviço em um exercício contábil anterior àquele que será usado para gerar receita.

Despesa   Um custo ou dispêndio sofrido na produção da renda.

Estoque   A quantidade física e o valor financeiro dos produtos gerados para venda que ainda não foram vendidos. Exemplos agropecuários seriam grãos estocados ou animais prontos para venda (ou que poderiam ser vendidos no momento em que o estoque é inventariado).

Lucro   Receita menos despesas. O mesmo que a renda rural líquida.

Passivo   Uma dívida ou outra obrigação financeira que deve ser paga no futuro. Exemplos incluiriam empréstimos de bancos ou outras instituições mutuantes, contas a pagar e despesas a pagar.

Patrimônio líquido A diferença entre os ativos e os passivos do negócio. Representa o valor líquido do negócio para seus proprietários.

Receita O valor dos produtos e serviços gerados por um negócio durante um exercício contábil. A receita pode ser monetária (caixa) ou não monetária (não caixa).

Renda rural líquida Receita menos despesas. O mesmo que lucro.

OPÇÕES AO ESCOLHER UM SISTEMA CONTÁBIL

Antes de se poderem inserir transações em um sistema contábil, devem ser tomadas diversas decisões quanto ao tipo de sistema a ser usado. Há diversas opções à disposição, geralmente se encaixando nas seguintes áreas:

1. Qual exercício contábil deve ser usado?
2. Deve ser um sistema em regime de caixa ou de competência?
3. Deve ser um sistema de partidas dobradas ou de partida simples?
4. Deve ser um sistema contábil básico ou completo?

Muitas vezes, é difícil fazer certos tipos de mudança em um sistema contábil após ele estar estabelecido e os usuários estarem familiarizados com ele. Portanto, deve-se pensar bastante e obter orientação ao se fazer a escolha inicial de um sistema contábil.

Exercício contábil

Um exercício contábil é um período de tempo, como um trimestre ou um ano, para o qual se elabora uma demonstração financeira. No período contábil de *ano-calendário*, todas as transações que ocorrem entre 1º de janeiro e 31 de dezembro de cada ano são organizadas e resumidas em relatórios financeiros. Em con-

traste, a contabilidade por *exercício fiscal* usa um período de 12 meses que pode começar em qualquer data. Pode-se fazer a contabilidade com base no exercício fiscal para fins gerenciais e também de imposto de renda. Quando se escolhe um exercício menor, como relatórios trimestrais, ainda assim, tudo deve ser consolidado em relatórios anuais.

Geralmente, recomenda-se que o exercício contábil de uma empresa siga o ciclo de produção dos principais empreendimentos e termine em uma época em que as atividades comerciais ficam devagares. Para a maioria das atividades agrícolas e algumas das pecuárias, uma data final em 31 de dezembro se encaixa nessa recomendação; assim, a maioria dos agropecuaristas utiliza um exercício contábil de ano-calendário. Entretanto, trigo de inverno, cítricos e verduras de inverno* são exemplos de culturas em que produção intensa ou atividades de colheita podem estar em andamento por volta de 31 de dezembro. Esses produtores talvez queiram considerar um exercício contábil de exercício fiscal que termine após a colheita estar concluída. Grandes produtores de leite e confinamentos comerciais com atividades contínuas de alimentação teriam dificuldades para encontrar um mês em que as transações comerciais fossem mais lentas do que os outros meses. Eles podem escolher qualquer exercício contábil conveniente.

Contabilidade em regime de caixa ou de competência

Este tópico será coberto novamente ao se discorrer sobre impostos de renda, no Capítulo 16. Entretanto, a discussão aqui será restrita à contabilidade para fins gerenciais, e não para imposto de renda. Embora os conceitos sejam os mesmos em ambos os casos, as vantagens e desvantagens de cada método contábil podem ser diferentes, dependendo do uso para fins gerenciais ou de imposto de renda. Os funda-

---

* N. de T.: O autor se refere ao inverno do Hemisfério Norte, naturalmente.

Quadro 3-3 — Débitos e créditos

É fácil cair na armadilha de pensar que todos os débitos são "ruins", ou diminuições, e que todos os créditos são "bons", ou aumentos. Os procedimentos contábeis não fazem essas distinções. Um débito é um lançamento na coluna esquerda de uma conta de duas colunas de livro-razão, e um crédito é um lançamento na coluna direita. Se um débito ou crédito é "bom" ou "ruim", ou um aumento ou diminuição, depende do tipo de conta. Por exemplo, uma conta-corrente é uma conta de ativo em que um débito é um aumento e um crédito é uma diminuição no saldo da conta. O recebimento de caixa por uma venda seria lançado na coluna de débito da conta-corrente; o mesmo valor, na coluna de crédito de uma conta de vendas, uma conta de receita. Nesse exemplo, tanto o débito quanto o crédito são "bons", significando um aumento tanto em vendas quanto em caixa. Quando se passa um cheque para pagar uma conta, a conta da despesa equivalente tem um lançamento a débito, e a conta-corrente, um lançamento a crédito. Um lançamento a débito em uma conta de despesa a aumenta, e o lançamento a crédito na conta-corrente a diminui. Ambas as entradas a débito e a crédito possuem resultados "ruins": um aumento nas despesas e uma diminuição no caixa.

LEMBRE-SE: débito significa coluna esquerda, e crédito significa coluna direita. Nada mais pode ser deduzido até que se saiba algo sobre quais contas são afetadas pela transação.

---

mentos da contabilidade em regime de caixa e competência serão discutidos em seções posteriores deste capítulo.

Partidas dobradas contra partida simples

Com um sistema de caixa de partida simples, só é feita uma entrada nos livros para escriturar um recebimento ou dispêndio. Uma venda de trigo teria seu montante registrado sob a coluna "Vendas de grãos" do livro-razão. Um cheque passado para pagar ração teria seu valor lançado sob a coluna "Despesa com ração". Assume-se que o outro lado da transação sempre seja caixa, o que muda o saldo da conta-corrente. Na prática, o canhoto do talão de cheques pode ser visto como a outra entrada, apenas não sendo incluída no livro-razão.

Um sistema de partidas dobradas registra as mudanças no valor dos ativos e passivos, além de receitas e despesas. Deve haver lançamentos iguais em contrapartida para cada transação. Esse sistema resulta em mais transações sendo escrituradas no exercício contábil, mas possui duas vantagens importantes:

1. Mais precisão, pois as contas podem ser mantidas em equilíbrio com mais facilidade;
2. A possibilidade de elaborar demonstrações financeiras completas (incluindo balanço patrimonial) a qualquer momento, diretamente a partir dos dados já registrados no sistema.

A maior precisão da contabilidade em partidas dobradas advém das duas entradas em contrapartida, o que significa que os *débitos* devem ser iguais aos *créditos* para cada transação escriturada. Também significa que a equação contábil básica de

$$\text{Ativos} = \text{Passivos} + \text{Patrimônio líquido}$$

será mantida. O sistema em partidas dobradas mantém os valores atuais dos ativos e passivos no sistema contábil, possibilitando que sejam geradas demonstrações financeiras diretamente a partir do sistema contábil, sem necessidade de informações externas.

Sistema básico contra completo

O sistema contábil mais básico e simples seria manual, usando apenas contabilidade de caixa. Um sistema completo seria computadorizado, com recursos tanto para contabilidade em regime de caixa (para fins tributários) como para contabilidade em regime de competência (para fins gerenciais). Ele também conseguiria acompanhar estoque, calcular depreciação, acompanhar empréstimos, realizar análise de empreendimentos e lidar com toda a contabilidade da folha de pagamento de empregados.

Entre esses dois extremos, há muitas possibilidades. Por exemplo, pode-se manter um sistema básico simples em um computador com qualquer um dos vários programas de finanças pessoais disponíveis. O próximo passo seria um dos vários programas de contabilidade de pequenas empresas, que podem ser usados para contabilidade rural modificando-se os nomes das contas. Esses programas podem fazer contabilidade em regime de caixa ou em regime básico de competência. Eles são, na maioria, programas baratos, mas relativamente eficientes, que costumam fazer um bom trabalho de "disfarçar" o fato de que o usuário está tratando de débitos e créditos. É preciso muito pouco conhecimento de contabilidade para usar esses programas e para conseguir um resultado útil e preciso.

A maioria dos agropecuaristas que desejam um sistema completo utiliza programas de contabilidade feitos especificamente para uso rural. Esses programas usam terminologia rural e são projetados para lidar com muitas das situações exclusivas da agropecuária, como contabilização de animais reprodutores criados, verbas de programas rurais do governo e empréstimos de *commodities* e quantidade de produtos vendidos ou em estoque. Muitos também permitem que o usuário mantenha, no mesmo programa, escrituração em regime tanto de caixa quanto de competência para cada ano. Isso facilita o pagamento de impostos de renda em regime de caixa, ao mesmo tempo em que ainda se tem escrituração completa em regime de competência para tomar decisões gerenciais. Algumas empresas de software vendem um programa básico

acompanhado de diversos módulos periféricos opcionais. Assim, o usuário pode se familiarizar com o programa e seu resultado básico sem ser assoberbado por sua complexidade. Mais tarde, se necessário ou desejado, podem ser acrescentados módulos de estoque, depreciação, folha de pagamento e registros de produção.

Quão completo o sistema de contabilidade deve ser para um determinado negócio rural depende basicamente das respostas a três perguntas:

1. Quanto conhecimento de contabilidade o usuário possui?
2. Quais são o tamanho e a complexidade do negócio rural e de suas atividades financeiras?
3. Quanta e que tipo de informação é necessário ou desejado para a tomada de decisões gerenciais?

A falta de treinamento em contabilidade não deve impedir agropecuaristas de usar um programa de contabilidade dos mais completos. Muitos deles só exigem um conhecimento limitado de contabilidade. Pode-se obter mais informação sobre contabilidade na forma de manuais de aprendizado autônomo, cursos para adultos e institutos especiais de ensino superior. O preço dos programas de contabilidade rural mais completos (e, portanto, mais caros) pode incluir treinamento sobre o uso do programa em questão, assim como assistência técnica gratuita por algum tempo.

Quanto maior o negócio rural, mais empreendimentos envolvidos, mais funcionários contratados, mais ativos depreciáveis detidos e mais dinheiro tomado emprestado, mais necessidade há de um sistema contábil completo. Programas de computador que calculam depreciação, acompanham estoques e preparam folhas de pagamento de funcionários como parte do sistema de contabilidade estão se fazendo cada vez mais necessários e úteis. O tipo e a quantidade das informações fornecidas pelo sistema de contabilidade dependerão do conhecimento e do interesse do usuário e do tamanho do negócio. Entretanto,

Capítulo 3 Aquisição e organização de informação gerencial **41**

usuários que começam com um sistema contábil computadorizado básico seguidamente acabam achando que mais resultados seriam úteis e, talvez, necessários. Essa é uma vantagem de começar com um sistema completo ou que possa facilmente passar por *upgrades*.

FUNDAMENTOS DE CONTABILIDADE EM REGIME DE CAIXA

O termo "caixa" no nome talvez seja a melhor descrição deste regime contábil. Com algumas poucas exceções, nenhuma transação é escriturada sem que haja caixa (dinheiro) gasto ou recebido.

Receita

Só se registra receita quando se recebe caixa pela venda de produtos gerados ou serviços prestados. O exercício contábil no qual os produtos foram gerados ou os serviços foram prestados não é considerado ao se registrar a receita. A receita é registrada no exercício contábil em que se recebe caixa, não importando quando o produto foi gerado ou o serviço foi prestado.

A contabilidade em regime de caixa pode fazer (e muitas vezes faz) com que a receita seja escriturada em um exercício contábil diferente daquele em que o produto foi produzido. Um exemplo comum é uma safra produzida em um ano, armazenada e vendida no ano seguinte. Contas a receber no fim de um exercício contábil também resultam em caixa sendo recebido em um exercício contábil posterior à produção do produto ou prestação do serviço.

Despesas

A contabilidade em regime de caixa escritura as despesas no exercício contábil em que elas são pagas, isto é, quando o dinheiro é gasto. O exercício contábil em que o produto ou serviço foi adquirido não é considerado. Logo, as despesas podem ser registradas em um ano ou exercício contábil completamente diferente daquele em que o produto ou serviço adquirido gerou um produto e a receita relacionada. Pode-se comprar itens e pagá-los no fim de um exercício, não sendo usados até o próximo, e itens usados em um ano podem ser pagos só no ano seguinte. O primeiro caso é um exemplo de despesa antecipada (pré-paga), e o segundo, de conta a pagar (devida). Uma despesa a pagar (despesa acumulada), como juros, é outro exemplo. Aqui, um item (caixa emprestado) está sendo usado em um ano, mas o custo daquele item (juros) só será pago no ano seguinte, quando vence o pagamento anual.[1]

Existe, porém, uma exeção importante à regra: apenas despesas de caixa são registradas em um sistema de contabilidade em regime de caixa. Apesar de a depreciação não ser uma despesa de caixa, ela geralmente é considerada uma despesa quando se utiliza a contabilidade em regime de caixa.

Vantagens e desvantagens

O regime de caixa é um sistema relativamente simples e fácil de usar, exigindo muito pouco conhecimento de contabilidade. Ele possui algumas vantagens evidentes para muitos agropecuaristas ao calcularem o lucro tributável para fins de imposto de renda.[2]

Contudo, essas vantagens são contrabalanceadas por uma grande desvantagem. Como assinalado, é comum que se escriturem receitas e despesas em um ano diferente daquele em que o produto foi gerado ou em que a despesa foi usada para gerar o produto.

---

[1] Contudo, o fisco norte-americano (IRS) impõe alguns limites às despesas na contabilidade em regime de caixa em casos em que o pagamento em caixa ocorre muito antes do benefício de produção ou quando o benefício é de longa duração. Eles dão um exemplo de um contrato de seguro de 36 meses pago no fim de um ano-calendário. Somente uma porção proporcional dessa despesa em caixa seria permitida como dedução tributária. Vide *Farmer's Tax Guide*, Publicação 225, Departamento do Tesouro, Cap. 2.

[2] Pode haver diferenças entre receita de caixa contábil e receita de caixa para fins de imposto de renda. Vide *Farmer's Tax Guide*, Publicação 225, Departamento do Tesouro, Cap. 2.

42 Parte II Mensuração do desempenho gerencial

Portanto, pode ser que nem a receita, nem as despesas tenham qualquer relação direta com as atividades de produção efetivas de um dado ano. O resultado é um lucro estimado que talvez não represente verdadeiramente o lucro advindo das atividades produtivas do ano.

Essa falha do regime de caixa em fazer corresponder receita e despesas no mesmo ano em que a produção relacionada ocorreu é uma grande desvantagem desse método. Comparado ao lucro real, o lucro acusado pela contabilidade em regime de caixa pode ser muito distorcido: ele pode ser superestimado em alguns anos e subestimado em outros. Se essa estimativa de lucro é usada para tomar decisões gerenciais para o futuro, o resultado costuma ser decisões ruins.

FUNDAMENTOS DE CONTABILIDADE EM REGIME DE COMPETÊNCIA

A contabilidade em regime de competência é o padrão da profissão contábil. Ela exige mais lançamentos e conhecimento de contabilidade do que o regime de caixa, mas entretanto, dá uma estimativa do lucro anual muito mais precisa do que o regime de caixa.

Receita

A contabilidade em regime de competência escritura como receita o valor de todos os produtos gerados ou serviços prestados no ano. Quando os produtos são produzidos, vendidos e o caixa é recebido tudo no mesmo ano, ela não difere do regime de caixa. A diferença se dá quando o produto é gerado em um ano e vendido no próximo ou quando o caixa por um serviço só é recebido em um ano posterior. O regime de competência enfatiza que o valor do produto ou serviço deve ser contado como receita no ano em que é gerado, *não importando* quando o caixa é recebido.

O tratamento do estoque é uma grande diferença entre os regimes de caixa e de competência em estabelecimentos rurais.

O regime de competência registra o estoque como receita. Um simples exemplo mostrará por que isso é importante. Imagine que um agricultor produz uma safra, mas a armazena inteira para vendê-la no ano seguinte, quando, espera-se, os preços estarão maiores. No ano de produção, não haveria vendas em caixa, mas presumivelmente haveria algumas despesas de caixa. No regime de caixa, haveria um lucro negativo (prejuízo) no ano. O resultado é um mau indicador dos resultados das atividades produtivas do ano, ignorando completamente o valor da safra armazenada.

O regime de competência inclui uma estimativa do valor da safra armazenada como receita no ano em que ela foi produzida. Isso é feito acrescentando-se um *aumento* de estoque, do início ao fim do ano, a outras receitas. Uma *diminuição* de estoque é deduzida de outras receitas. O resultado é um lucro estimado que representa mais precisamente os resultados financeiros das atividades produtivas do ano. Da mesma maneira, e pela mesma razão, valores não cobrados relativos a serviços prestados (contas a receber) também são registrados como receita.

Despesas

Um princípio da contabilidade é a confrontação. Esse princípio diz que, uma vez que a receita de um ano seja determinada, todas as despesas feitas na produção daquela receita devem ser escrituradas no mesmo ano. Os resultados para itens adquiridos e pagos no mesmo ano são os mesmos nos regimes de caixa e competência. Surgem diferenças quando itens são comprados no ano anterior àquele em que produzem receita (despesas antecipadas) ou quando o pagamento só é feito no ano posterior àquele em que os itens são usados (contas a pagar e despesas a pagar).

Para confrontar despesas com receitas no ano correto, o lançamento contábil deve fazer com que: 1) as despesas antecipadas surjam como despesas no ano subsequente àquele em que o item ou serviço foi adquirido e pago; 2) as contas a pagar sejam registradas como despesas, embora ainda não tenha sido desembolsado caixa para pagar pelos itens; e 3) as despesas a pagar no fim do exercício sejam inscritas como despesas, embora não tenha sido desembolsado caixa. Um exemplo típico deste último caso são os juros acumulados do último pagamento de juros até o fim do exercício. Essa despesa acumulada reconhece que o capital emprestado foi usado para produzir receita em um exercício, mas o próximo pagamento de juros em caixa pode só vencer vários meses depois, já no exercício seguinte.

Vantagens e desvantagens

Uma grande vantagem do regime de competência é que ele dá uma estimativa mais precisa do lucro do que aquela obtida com o regime de caixa. A isso se associa a informação apurada fornecida para análise financeira e tomada de decisão gerencial. Essas vantagens fazem do regime de competência o padrão da atividade contábil, geralmente sendo exigida de todas as empresas com capital aberto em bolsa. Essa exigência assegura que os potenciais investidores possam basear sua decisão de investimento nas melhores informações financeiras possíveis.

As desvantagens do regime de competência são, principalmente, o tempo e o conhecimento extras necessários para utilizar corretamente esse método. Além disso, a contabilidade em regime de competência pode não ser a melhor opção para todos os agropecuaristas usarem ao calcular seu lucro tributável.

UM EXEMPLO DE CAIXA CONTRA COMPETÊNCIA

As diferenças entre os regimes de caixa e de competência, e o efeito decorrente sobre o lucro anual, são mais bem explicadas com um exemplo. Imagine que as informações na tabela a seguir contêm a maioria das transações relevantes associadas à produção de uma safra no ano de 2012. Observe, contudo, que as transações relacionadas ao ano da safra de 2012 ocorrem em três anos. Como essas transações seriam tratadas nos regimes de caixa e de competência e qual seria o lucro estimado em cada método? Cada transação será examinada individualmente, e, então, será calculado o lucro de 2012 em cada regime.

(a) Novembro de 2011

Caixa: Aumentar a despesa com fertilizante em US$ 8.000. O resultado é uma despesa com fertilizante em 2011 US$ 8.000 mais alta do que deveria, pois esse fertilizante só será usado para produzir safra ou receita em 2012.

Competência: Diminuir o caixa em US$ 8.000 e aumentar as despesas antecipadas no mesmo valor. O resultado é a troca de um ativo (caixa) por outro (despesa antecipada), sem efeitos sobre a despesa com fertilizante de 2011.

(b) Maio de 2012

Caixa: Despesas com sementes, químicos e combustível acrescidas na

Mês/ano	Transação
Novembro de 2011	Fertilizante comprado, pago e aplicado, a ser usado na safra de grãos de 2012, US$ 8.000
Maio de 2012	Sementes, químicos, combustível etc. comprados e pagos, US$ 25.000
Outubro de 2012	Combustível para secagem comprado e lançado na conta, US$ 3.000
Novembro de 2012	Metade dos grãos vendida e pagamento recebido, US$ 50.000. A outra metade é armazenada e tem um valor estimado de US$ 50.000
Janeiro de 2013	Conta do combustível usado para secar os grãos paga, US$ 3.000
Maio de 2013	Grãos restantes de 2012 vendidos, US$ 60.000

proporção adequada delas sobre os US$ 25.000.

Competência: Caixa é diminuído em US$ 25.000, e as despesas com sementes, químicos e combustível são acrescidas na proporção adequada delas sobre os US$ 25.000.

(c) Maio de 2012

Em algum ponto de 2012, a despesa antecipada deve ser convertida em despesa com fertilizante.

Caixa: Sem lançamento. Já foi contabilizada como despesa.

Competência: Diminuir a despesa antecipada e aumentar a despesa com fertilizante em US$ 8.000 cada. A despesa antecipada é eliminada, e a despesa com fertilizante de US$ 8.000 agora aparece como uma despesa de 2012, como deveria.

(d) Outubro de 2012

Caixa: Sem lançamento para o combustível de secagem, pois não foi despendido caixa.

Competência: Aumentar a despesa com combustível e aumentar a conta a pagar em US$ 3.000 cada. O resultado põe a despesa com combustível no ano correto (ele foi usado para secar grãos de 2012) e cria um passivo, uma conta a pagar na quantia de US$ 3.000.

(e) Novembro de 2012

Caixa: Aumentar os grãos vendidos em US$ 50.000.

Competência: Aumentar o caixa em US$ 50.000 e a receita com grãos em US$ 50.000. Como parte desse lançamento, ou como um lançamento separado, a receita com grãos deve ser aumentada em mais US$ 50.000, e o estoque (um ativo novo) também deve ser aumentado em US$ 50.000. Esses lançamentos resultam na inclusão de todos os US$ 100.000 dos grãos de 2012 na receita de 2012, muito

embora só tenha sido recebido o caixa de metade deles.

(f) Janeiro de 2013

Caixa: Aumentar a despesa com combustível em US$ 3.000.

Competência: Diminuir o caixa em US$ 3.000, e aumentar as contas a pagar em US$ 3.000. Isso elimina a conta a pagar, mas não aumenta a despesa com combustível, pois isso foi feito em outubro de 2012.

(g) Maio de 2013

Caixa: Aumentar a receita com grãos em US$ 60.000.

Competência: Aumentar o caixa em US$ 60.000, aumentar a receita com grãos em US$ 10.000 e diminuir o estoque em US$ 50.000. Essa venda indica que havia mais grãos no lote do que o estimado em novembro de 2012. Para ajustar em relação a um ou ambos desses resultados, a receita com grãos deve ser aumentada em US$ 10.000. O estoque é diminuído pelo valor original para dar um saldo de US$ 0. Ele deve possuir um saldo de US$ 0, pois agora todos os grãos foram vendidos.

Pode-se ver, a partir desse exemplo, que o regime de competência exige mais lançamentos e mais conhecimento sobre contabilidade do que o regime de caixa. Todavia, diversos benefícios decorrem desses trabalho e conhecimento extras. O mais importante é uma estimativa mais exata dos lucros.

Examine as transações mais uma vez. O negócio produziu grãos com um valor de US$ 100.000 em 2012, mas só vendeu metade. A outra metade estava estocada no fim do ano. As despesas para produzir esses grãos totalizaram US$ 36.000. Contudo, US$ 8.000 desse valor foram pagos em 2011, e US$ 3.000 só foram pagos em 2013. Uma comparação do lucro de 2012 sob os regimes de caixa e competência mostrará como essa

	Lucro de 2012	
	Regime de caixa	**Regime de competência**
Vendas de grãos em caixa	50.000 (e)	50.000 (e)
Aumento do estoque de grãos	NA	50.000 (e)
Receita total	US$ 50.000	US$ 100.000
Fertilizante	0	8.000 (c)
Sementes, químicos, combustível	25.000 (b)	25.000 (b)
Combustível para secagem	0	3.000 (d)
Despesas totais	25.000	36.000
Renda rural líquida (lucro)	US$ 25.000	US$ 64.000

distribuição da receita de caixa e gastos de caixa afeta o lucro.

O regime de caixa inclui apenas os recebimentos de caixa e gastos de caixa em 2012; portanto, só há dois lançamentos. O lucro calculado é de US$ 25.000. O regime de competência, utilizando uma mudança no estoque, inclui o valor de todos os grãos produzidos em 2012, embora nem tudo tenha sido vendido. De forma semelhante, ajustes por meio do uso de uma despesa antecipada e uma conta a pagar escrituram todas as despesas sofridas para produzir esses grãos como despesas de 2012. O resultado é um lucro de US$ 64.000. Essa é uma estimativa muito mais precisa de como as atividades produtivas de 2012 contribuíram à situação financeira desse negócio do que os US$ 25.000 estimados pelo regime de caixa.

Enquanto o regime de caixa exibe um lucro menor do que o regime de competência para 2012, o oposto pode ocorrer em 2013. Imagine que todos os grãos produzidos em 2013 sejam vendidos quando da colheita. O resultado são recebimentos de caixa para metade dos grãos de 2012 e para toda a safra de 2013 sendo recebidos no mesmo ano. O regime de caixa mostraria grandes recebimentos de caixa, despesas de caixa de apenas um ano e, portanto, um lucro grande. O regime de competência mostraria os mesmos recebimentos de caixa, mas eles seriam contrabalanceados por um *decréscimo* de estoque de US$ 50.000, pois não há grãos em estoque no fim de 2013. Assim, a receita total líquida seria apenas o valor dos grãos de 2013 mais o aumento de US$ 10.000 no valor dos grãos de 2012. Novamente, o regime de competência resultaria em uma estimativa mais precisa de como as atividades produtivas de 2013 contribuíram à posição financeira do negócio do que o regime de caixa.

RECOMENDAÇÕES DO CONSELHO DE PADRÕES FINANCEIROS RURAIS

O relatório do Conselho de Padrões Financeiros Rurais norte-americano (Farm Financial Standards Council – FFSC) pressupõe um sistema baseado em competência em toda sua discussão e suas recomendações sobre medidas de análise financeiras. Entretanto, ele também reconhece que a grande maioria dos agropecuaristas atualmente usa contabilidade em regime de caixa e continuará fazendo-o por um bom tempo. Simplicidade, facilidade de uso e, frequentemente, vantagens de imposto de renda são responsáveis pela popularidade do regime de caixa. Por conseguinte, o FFSC aceita o uso do regime de caixa durante o ano, mas recomenda veementemente que sejam feitos ajustes de fim de ano para converter o lucro

46 Parte II Mensuração do desempenho gerencial

Quadro 3-4	Lucro anual contra de vida útil

Os resultados diferentes oriundos de se usar regime de caixa ou de competência só surgem nas estimativas *anuais* do lucro. Ao longo de toda a vida útil do negócio rural, o lucro antes de impostos *da vida útil total* seria o mesmo com qualquer um dos regimes. Ambos os regimes só servem para dividir o lucro da vida útil total de forma diferente entre os diferentes anos da vida útil do negócio. O lucro antes de impostos da vida útil total poderia ser diferente por causa de diferenças de momento de incidência e valores do imposto de renda anual.

do regime de caixa em um lucro "ajustado por competência". Este último deve, então, ser usado para análise e tomada de decisão gerencial.

O tipo e a natureza de alguns desses ajustes por competência talvez sejam evidentes no exemplo dado de regime de caixa contra regime de competência. Uma discussão completa desses ajustes e de como eles devem ser feitos será adiada até o Capítulo 5, "A demonstração de resultados e sua análise".

PLANO DE CONTAS

Um plano de contas (ou elenco de contas) relaciona e organiza todas as contas usadas pelo sistema contábil. Ele inclui as categorias maiores de ativos, passivos, patrimônio líquido, receita e despesas, tendo cada uma delas subcontas, e talvez havendo subcontas dentro dessas. Por exemplo, reparos seriam uma subconta de despesas, podendo ter suas próprias subcontas para reparos em edificações e maquinário. O número de contas varia de negócio para negócio, dependendo do tamanho, número de empreendimentos, necessidades do gestor e muitos outros fatores. Mais contas dão lugar a uma análise mais detalhada, mas demandam mais tempo e conhecimento de contabilidade.

Geralmente atribui-se a cada conta um número para auxiliar no seu controle. Esses números são atribuídos a partir de um espectro alocado a cada categoria maior. Por exemplo, todos os ativos podem receber números entre 100 e 199, os passivos, entre 200 e 299,

e assim por diante. Esse tipo de sistema de numeração permite que a pessoa que está fazendo os lançamentos rapidamente ache, organize e controle as contas. Ao escolher nomes de contas, pode ser útil consultar o Anexo F, Formulário 1040 do IRS, utilizado para declarar renda e despesas rurais para fins de imposto de renda. Se o plano de contas contiver os mesmos nomes do Anexo F, será fácil transferir valores do sistema de contabilidade para o Anexo F.

A Tabela 3-1 é um exemplo de um plano de contas básico para um negócio rural. Seriam necessárias muito mais contas para um negócio grande com vários empreendimentos, pois um negócio assim necessitaria de uma análise gerencial financeira pormenorizada.

RESULTADO DE UM SISTEMA CONTÁBIL

Todo sistema contábil deve conseguir produzir alguns relatórios financeiros básicos. Sistemas computadorizados em regime de competência geram muitos relatórios diferentes. A Figura 3-2 expande a Figura 3-1, mostrando os produtos possíveis de um sistema contábil. O balanço patrimonial e a demonstração de resultados vêm primeiro por duas razões. Primeira, eles são os dois relatórios mais comuns que saem de um sistema contábil; segunda, eles são os temas dos dois próximos capítulos. Outros relatórios possíveis, muitas vezes, são necessários e úteis, mas podem não

Tabela 3-1 Exemplo de plano de contas

Conta	Descrição	Tipo
Contas relacionadas a ativos		
1010	Dinheiro em espécie	Caixa
1020	Conta-corrente	Caixa
1100	Contas a receber	Contas a receber
1200	Cultivos estocados	Estoque
1205	Animais estocados	Estoque
1400	Despesa antecipada	Outros ativos circulantes
1470	Outros ativos circulantes	Outros ativos circulantes
1500	Equipamento	Ativos fixos
1510	Construção	Ativos fixos
1690	Terra	Ativos fixos
1710	Depreciação acumulada	Depreciação acumulada
Contas relacionadas a passivos		
2000	Contas a pagar	Contas a pagar
2420	Porção circulante da dívida de longo prazo	Outros passivos circulantes
2480	Outros passivos circulantes	Outros passivos circulantes
2600	Passivos não circulantes – terra	Passivos não circulantes
2740	Outros passivos não circulantes	Passivos não circulantes
Contas relacionadas a receitas		
4020	Cultivos vendidos	Renda
4080	Animais vendidos	Renda
4100	Verbas governamentais	Renda
4200	Outras rendas	Renda
5000	Ganho/perda com venda de ativos	Renda
Contas relacionadas a despesas		
6400	Despesa agrícola	Despesas
6600	Despesa com depreciação	Despesas
6750	Despesa com ração e grãos	Despesas
6760	Reparos	Despesas
7010	Impostos imobiliários	Despesas
7050	Despesa de seguro	Despesas
7100	Despesa de juros	Despesas
8900	Outra despesa	Despesas

ser possíveis em todos os sistemas, nem ser de uso generalizado.[3]

Balanço patrimonial O balanço patrimonial é o relatório que apresenta a situação financeira de um negócio em um ponto do tempo. Uma discussão pormenorizada desse relatório e de seu uso será feita no Capítulo 4.

Demonstração de resultados Uma demonstração de resultados é um relatório de receita e despesas, terminando com uma estimativa da renda rural líquida. Esse relatório será discutido em detalhes no Capítulo 5.

---

[3]Os 12 relatórios possíveis discutidos aqui foram adaptados de J. F. Guenthner e R. L. Wittman: *Selection and Implementation of a Farm Record System*, Western Regional Extension Publication WREP 99, Cooperative Extension Service, University of Ohio, 1986.

Parte II Mensuração do desempenho gerencial

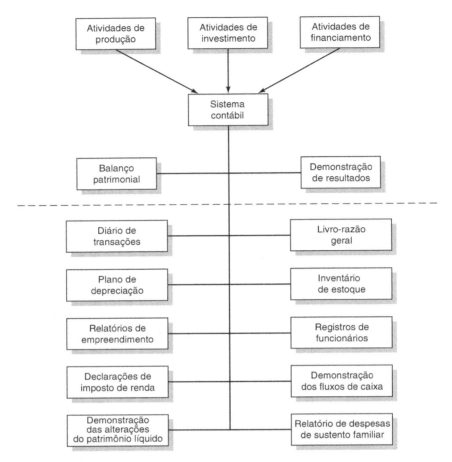

Figura 3-2 Doze relatórios possíveis de um sistema contábil.

Diário de transações É um registro de todas as transações financeiras, incluindo números de cheques e depósitos, datas, sacadores e sacados, quantias e descritivos. Um canhoto de talão de cheques é uma forma de diário de transações, mas não contém todas essas informações. Esse diário é utilizado para fazer lançamentos no livro-razão geral e para oferecer uma pista de auditoria.

Livro-razão geral O livro-razão geral mostra as diferentes contas financeiras do negócio e o saldo dessas contas. Saldos nas contas de receita e despesas são usados para elaborar uma demonstração de resultados, e saldos nas contas de ativos, passivos e patrimônio líquido são usados para elaborar um balanço patrimonial.

Plano de depreciação O plano de depreciação é uma parte necessária de qualquer sistema de contabilidade. A depreciação anual de todos os ativos depreciáveis deve ser calculada e escriturada como despesa antes de se poder elaborar uma demonstração de resultados. Isso se aplica tanto em regime de caixa quanto em regime de competência. A depreciação e as informações constantes no plano de depreciação são discutidas em detalhes no Capítulo 5.

Inventário de estoque Esse é um relatório útil, especialmente para operações agropecuárias de grande porte. Ele controla a quantidade e o valor das safras e dos animais à mão, registrando compras, vendas, nascimentos, mortes, quantidades colhidas e quantidade de ração dada. É útil para monitorar a disponibilidade e o uso de ração, desenvolver um programa de comercialização e monitorar estoques onerados como garantia de um empréstimo.

Relatórios de empreendimento São como demonstrações de resultados para cada empreendimento separado. São úteis para verificar quais empreendimentos estão contribuindo com mais lucro ao negócio, sendo, portanto, candidatos a expansão. Empreendimentos identificados como não lucrativos tornam-se candidatos a eliminação.

Registros de funcionários Toda empresa com funcionários precisa manter uma quantidade considerável de dados sobre cada funcionário. Isso inclui não apenas informações como horas trabalhadas, mas dados financeiros sobre salário bruto, deduções de imposto de renda e previdência social, e assim por diante. Vários relatórios de folha de pagamento devem ser protocolizados dentro do prazo em órgãos estaduais e federais. Todo esse trabalho relacionado à folha de pagamento pode ser feito à mão, mas há muitos programas computacionais projetados especialmente para calcular e registrar salário bruto, deduções e salário líquido. Se o programa de folha de pagamento faz parte do programa de contabilidade geral, toda essa informação pode ser inserida automaticamente no livro-razão geral.

Declarações de imposto de renda As informações provenientes de qualquer sistema de contabilidade rural devem ser suficientes para preencher a declaração de imposto do estabelecimento. Em alguns

sistemas, será necessário pegar valores dos relatórios contábeis e inseri-los no Anexo F do Formulário 1040 do IRS. O processo pode ser mais simples se as contas do livro-razão geral tiverem os mesmos nomes e organização das categorias desse anexo. Alguns sistemas contábeis computadorizados conseguem compilar e imprimir as informações fiscais no mesmo formato, facilitando a transferência dos dados. Outros programas duplicam o Anexo F e imprimem uma declaração preenchida.

Demonstração dos fluxos de caixa Essa demonstração sintetiza todas as fontes e os usos de caixa durante o exercício contábil, sendo útil para analisar as atividades comerciais durante o exercício. Se realizada mensalmente, permite comparar os fluxos de caixa reais com os orçados. Ela também é importante como fonte de dados ao se elaborar um orçamento de fluxo de caixa para o próximo exercício contábil.

Demonstração das alterações do patrimônio líquido Transações financeiras durante o exercício contábil afetam o patrimônio líquido (ou valor líquido) do negócio. Esta demonstração identifica e resume as fontes dessas mudanças.

Relatório de despesas de sustento familiar Embora não seja realmente uma parte das atividades financeiras do negócio, é desejável manter registros detalhados das despesas de sustento da família. Isso se aplica especialmente a gastos que podem ser dedutíveis do imposto de renda. Novamente, isso pode ser feito manualmente ou incluído como parte do sistema de contabilidade rural, desde que se tome cuidado para que os registros comerciais e pessoais não se misturem. Existem também programas de computador bastante baratos projetados unicamente para registrar, sintetizar e analisar despesas e investimentos pessoais.

RESUMO

Este capítulo discorreu sobre a importância, a finalidade e o uso da escrituração como ferramenta gerencial. Registros dão as informações necessárias para medir como o negócio está indo em termos da consecução de suas metas. Eles também dão um retorno para a avaliação dos resultados das decisões passadas, assim como da capacidade de tomada de decisão do gestor. Por fim, registros individualizados por estabelecimento agropecuário talvez sejam a melhor fonte de informação necessária para tomar decisões atuais e futuras.

Todo sistema de contabilidade ou escrituração precisa conseguir lidar com transações oriundas das atividades de produção, investimento e financiamento do negócio rural. As escolhas de exercício contábil, regime de caixa ou de competência, partidas dobradas ou partida simples e sistema básico ou completo são importantes. Elas afetam a quantidade, a qualidade e a precisão das informações oferecidas pelo sistema contábil e o tempo exigido para a escrituração. Também se deve considerar o resultado exigido ou desejado do sistema de contabilidade ao se fazerem essas escolhas.

PERGUNTAS PARA REVISÃO E REFLEXÃO

1. Que fatores afetam a escolha do exercício contábil para agropecuaristas?
2. Como se faria um balanço patrimonial com uma contabilidade de partida simples em regime de caixa?
3. É possível usar partidas dobradas em um sistema de regime de caixa? Se sim, quais são as vantagens e desvantagens?
4. É possível utilizar partida simples em um regime de competência? Por quê?
5. Examine o material de publicidade de diversos software de contabilidade rural. São sistemas em regime de caixa ou competência? Partidas simples ou dobradas? Qual é a disponibilidade dos 12 relatórios de sistema contábil discutidos neste capítulo em cada programa? São possíveis outros relatórios?
6. Coloque um X em cada espaço para indicar se um evento comercial é uma atividade de operação, investimento ou financiamento.

Evento	Operação	Investimento	Financiamento
Pagar em caixa por reparos em um trator			
Tomar US$ 10.000 emprestados			
Pagar juros sobre um empréstimo			
Debitar US$ 1.000 de ração			
Depreciação do equipamento			
Vender US$ 12.000 de milho			
Comprar uma picape			
Pagar o principal de um empréstimo			

7. Explique a diferença entre uma conta a pagar e uma conta a receber.
8. Quais produtos um estabelecimento agropecuário típico possui em estoque ao fim do ano?
9. Qual é a equação básica da contabilidade? O dono de um negócio estaria mais interessado em ver qual de suas partes aumentar ao longo do tempo?
10. Por que se recomenda usar os resultados de um sistema contábil em regime de competência para tomar decisões gerenciais?

CAPÍTULO 4

O balanço patrimonial e sua análise

Objetivos do capítulo

1. Discutir a finalidade do balanço patrimonial.
2. Ilustrar o formato e a estrutura do balanço patrimonial.
3. Discutir os diferentes métodos de avaliar ativos e os métodos de avaliação recomendados para diferentes tipos de ativos.
4. Mostrar a diferença entre um balanço patrimonial com base no custo e com base no mercado.
5. Definir patrimônio líquido ou valor líquido e mostrar sua importância.
6. Analisar a solvência e a liquidez de uma empresa por meio do uso de diversas razões financeiras derivadas do balanço patrimonial.
7. Introduzir a demonstração de alterações do patrimônio líquido e explicar sua construção.

O Capítulo 3 introduziu o balanço patrimonial e a demonstração de resultados como dois dos produtos ou resultados de um sistema de contabilidade. Eles fazem parte de um grupo completo de demonstrações financeiras, mas servem a diferentes finalidades. O balanço resume a condição financeira do negócio *em um momento*, enquanto a demonstração de resultados resume as transações financeiras que afetaram receitas e despesas *ao longo de um período*. A finalidade da demonstração de resultados é dar uma estimativa do lucro ou renda rural líquida, enquanto o balanço patri-monial se concentra em estimar o valor líquido ou patrimônio líquido, avaliando e organizando ativos e passivos.

A maioria das transações afeta tanto o balanço patrimonial quanto a demonstração de resultados. Podem ocorrer transações diariamente; por isso, o balanço pode mudar diariamente. É por isso que o conceito do *momento* é enfatizado ao se falar sobre o balanço patrimonial. Embora concebidos com diferentes propósitos, há uma relação ou conexão vital entre essas duas demonstrações financeiras, como será discutido no Capítulo 5.

FINALIDADE E USO DO BALANÇO PATRIMONIAL

Um balanço patrimonial é a organização sistemática de tudo que é "possuído" e "devido" por uma empresa ou pessoa em um dado momento. Qualquer coisa de valor pertencente a uma empresa ou pessoa é chamada de ativo, e qualquer dívida ou outra obrigação financeira devida a outrem é chamada de passivo. Portanto, um balanço patrimonial é uma lista de ativos e passivos que termina com uma estimativa do valor líquido ou patrimônio líquido, obtido tirando-se a diferença entre o valor dos ativos e passivos. Ele é o valor que os proprietários têm investido no negócio. Embora ambos os termos signifiquem a mesma coisa, convenciona-se que "patrimônio líquido" é geralmente usado para um balanço patrimonial possuindo apenas ativos e passivos comerciais, enquanto "valor líquido" é usado para um balanço patrimonial pessoal ou que combine informações comerciais e pessoais. O "balanço" do balanço patrimonial vem do requisito de que o livro-razão esteja em equilíbrio por meio da equação contábil básica de

$$\text{Ativos} = \text{Passivos} + \text{Patrimônio líquido}$$

Reordenar essa equação permite que se conheça o patrimônio líquido quando são conhecidos os ativos e passivos:

$$\text{Patrimônio líquido} = \text{Ativos} - \text{Passivos}$$

Pode-se elaborar um balanço em qualquer momento de um exercício contábil. Uma das vantagens dos sistemas computadorizados de contabilidade é a facilidade com que um balancete pode ser elaborado, como, às vezes, é necessário para um pedido de empréstimo. Contudo, a maioria dos balanços é elaborada no fim do exercício contábil (na maioria das propriedades rurais, 31 de dezembro).* Esse procedimento faz com que um único balanço patrimonial seja uma demonstração de fim de ano para um exercício contábil e uma demonstração de início de ano para o próximo exercício. Para fins de comparação e análise, é necessário possuir um balanço patrimonial disponível para o início e para o fim de cada ano.

A medição da posição financeira de um negócio em um momento é feita essencialmente utilizando-se dois conceitos:

1. *Solvência*, que mede os passivos do negócio em relação ao patrimônio líquido investido no negócio. Ela também dá uma indicação da capacidade de quitar todas as obrigações financeiras ou passivos se todos os ativos fossem vendidos; isto é, mede o grau em que os ativos são maiores que os passivos. Se os ativos não forem maiores que os passivos, o negócio é insolvente, sendo um possível candidato a processo de falência.

2. *Liquidez*, que mede a capacidade do negócio de honrar as obrigações financeiras à medida que vencerem sem interromper as operações normais do negócio. A liquidez mede a capacidade de gerar caixa nos valores necessários e nos momentos necessários. Esses requisitos de caixa e possíveis fontes de caixa geralmente são medidos somente em relação ao próximo exercício contábil, fazendo da liquidez um conceito de curto prazo.

FORMATO DO BALANÇO PATRIMONIAL

Um formato geral e condensado de balanço patrimonial é exibido na Tabela 4-1. Os ativos ficam na parte esquerda ou superior do balanço, e os passivos são colocados à direita ou abaixo dos ativos.

Ativos

Um ativo possui valor por uma destas duas razões. Primeira: pode ser vendido para gerar caixa, ou; segunda: pode ser usado para produzir outras mercadorias, que, por sua vez, podem ser

---

* N. de R. T. Entretanto, nos países do Hemisfério Sul, é frequente a consideração do ano agrícola, iniciando em 1º de julho e terminando em 30 de junho do ano civil subsequente.

vendidas em troca de caixa em algum momento futuro. Mercadorias que já foram produzidas, como grãos ou animais de engorda, podem ser vendidas rápida e facilmente, sem interromper as atividades de produção futuras. São os chamados *ativos líquidos*. Valores mobiliários negociáveis (ações, títulos de dívida, etc.) e o valor em dinheiro do seguro de vida também são fáceis de converter em caixa, sendo considerados ativos líquidos também. Ativos como máquinas, animais reprodutores e terra são mantidos basicamente para produzir *commodities* agropecuárias, que, então, podem ser vendidas para produzir renda em caixa. Vender ativos produtores de renda para gerar caixa afetaria a capacidade da empresa de produzir renda futura; assim, eles são menos líquidos, ou ilíquidos. Esses ativos são também mais difíceis de vender rápida e facilmente ao seu valor de mercado integral.

Ativos circulantes

Os princípios contábeis exigem que se separem ativos circulantes de outros ativos no balanço patrimonial. Ativos circulantes são os ativos mais líquidos, que serão utilizados ou vendidos no próximo ano como parte das atividades comerciais normais. Dinheiro vivo e saldos de contas-correntes ou poupança são ativos circulantes, sendo os mais líquidos dos

ativos. Outros ativos circulantes incluem ações e títulos de dívida imediatamente negociáveis; contas e promissórias a receber (que representam dinheiro devido ao negócio em razão de empréstimos concedidos, produtos vendidos ou serviços prestados); e estoques de ração, grãos, suprimentos e animais de engorda. Estes últimos são animais mantidos basicamente para venda, e não para fins reprodutivos.

Ganho ou perda de *hedging*, se for o caso, é colocado abaixo da seção de ativo circulante do balanço. Se, por exemplo, o agricultor vende 10.000 sacas de milho no mercado de futuros a US$ 3,50 por saca, sendo o preço de futuros atual US$ 3,40, um ganho de US$ 1.000 (US$ 0,10 × 10.000) seria informado no balanço patrimonial. Se, por outro lado, o preço de futuros atual subisse para US$ 3,60, −US$ 1.000 seriam informados no balanço em ativos circulantes. As 10.000 sacas de milho que foram protegidas seriam incluídas no estoque atual de gêneros, sendo avaliadas ao preço atual de mercado.

Ativos não circulantes

Todo ativo não classificado como circulante é, por definição, um ativo não circulante. Em uma propriedade rural, esses ativos incluiriam basicamente máquinas e equipamentos, animais reprodutores, edificações e terra.

Passivos

Um passivo é uma obrigação ou dívida devida a outrem. Representa a pretensão de um terceiro sobre um ou mais ativos do negócio.

Passivos circulantes

Passivos circulantes devem ser separados de todos os demais passivos para que o balanço patrimonial siga princípios contábeis básicos. Passivos circulantes são obrigações financeiras que vencerão dentro de um ano a partir da data do balanço, portanto exigindo que haja caixa disponível naqueles valores dentro do próximo ano. Exemplos seriam contas a pagar em estabelecimentos de suprimentos

Tabela 4-1 Formato geral de um balanço patrimonial

Ativos		Passivos	
Ativos circulantes	US$ 100	Passivos circulantes	US$ 60
Ativos não circulantes	400	Passivos não circulantes	200
		Total de passivos	US$ 260
		Patrimônio líquido	240
Total de ativos	US$ 500	Total de passivos e patrimônio líquido	US$ 500

rurais por mercadorias e serviços recebidos, mas ainda não pagas, e o montante total de principal e juros acumulados sobre todos os empréstimos de curto prazo ou promissórias a pagar. Empréstimos de curto prazo são os que demandam pagamento integral do principal em um ano ou menos. Geralmente são empréstimos usados para comprar insumos de produção agrícola, animais de engorda e ração para animais de engorda.

Empréstimos obtidos para a compra de maquinário, animais reprodutores e terra costumam ter prazo maior que um ano. Os pagamentos do principal podem se estender por três a cinco anos para máquinas e até 20 anos ou mais para terra. Entretanto, geralmente vence um pagamento do principal a cada ano ou semestre, e esses pagamentos exigem caixa no ano seguinte. Portanto, todos os pagamentos de principal a vencer no ano seguinte, não importando se para empréstimos de curto prazo ou não circulantes, são incluídos como passivos circulantes.

O conceito de momento exige que se identifiquem todos os passivos que existem na data do balanço patrimonial. Em outras palavras, que obrigações teriam que ser satisfeitas se o negócio fosse liquidado e deixasse de existir hoje? Algumas despesas tendem a acumular diariamente, mas só são pagas uma ou duas vezes ao ano. Exemplos disso são juros e impostos imobiliários. Para contabilizá--las adequadamente, *despesas acumuladas* são incluídas como passivos circulantes. Seriam incluídos nessa categoria juros que acumularam desde o último pagamento de juros de cada empréstimo até a data do balanço patrimonial. Impostos imobiliários acumulados seriam tratados da mesma maneira, e pode haver outras despesas acumuladas, como salários e retenções tributárias empregatícias, que incidiram, mas ainda não foram pagas. Os impostos de renda sobre renda rural costumam ser pagos vários meses após o fechamento do exercício contábil. Portanto, o balanço do fim de um exercício contábil também deve apresentar impostos de renda

acumulados (ou impostos de renda a pagar), como um passivo circulante.

Passivos não circulantes

Incluem todas as obrigações que não têm que ser pagas integralmente no próximo ano. Como dito, todos os principais que vencem no ano seguinte seriam mostrados como passivo circulante, e o saldo restante da dívida seria relacionado como passivo não circulante. Deve-se tomar cuidado para que a porção circulante desses passivos seja deduzida, escriturando-se como passivo não circulante apenas o valor restante a ser pago após o pagamento de principal do ano seguinte.

Patrimônio líquido

O patrimônio líquido representa a quantia de dinheiro que sobraria para o proprietário do negócio caso os ativos fossem vendidos e todos os passivos fossem pagos na data do balanço patrimonial. É também chamado de valor líquido, sobretudo quando o balanço contém informações financeiras da família, além do negócio. O patrimônio pode ser encontrado subtraindo-se os passivos totais dos ativos totais, sendo, assim, o valor "balanceador", que faz os ativos totais serem exatamente iguais aos passivos totais mais o patrimônio líquido. O patrimônio líquido é o investimento ou patrimônio atual do proprietário no negócio.

O patrimônio líquido pode mudar, e muda, por diversas razões. Uma mudança comum e periódica advém do uso de ativos para produzir cultivos e animais, com o lucro dessas atividades produtivas sendo, então, usado para comprar mais ativos ou reduzir os passivos. Esse processo produtivo toma tempo, e uma das razões para comparar um balanço patrimonial do início do ano com um do fim do ano é estudar os efeitos da produção do ano sobre o patrimônio líquido e a composição de ativos e passivos. O patrimônio líquido também mudará se houver mudança no valor de um ativo, for recebida uma doação ou herança, contribuir-se ou retirar-se dinheiro ou bens do negócio ou um ativo for vendido por mais ou menos do que seu valor no balanço patrimonial.

Entretanto, mudanças na composição de ativos e passivos podem não ocasionar uma mudança no patrimônio líquido. Por exemplo, se forem usados US$ 10.000 em caixa para comprar uma máquina nova, o patrimônio líquido não muda. Agora há US$ 10.000 a menos de ativos circulantes (caixa), mas há US$ 10.000 a mais de ativos não circulantes (a máquina). Os ativos totais continuam os mesmos, e, portanto, o patrimônio líquido também. Se forem tomados emprestados US$ 10.000 para comprar essa máquina, ativos e passivos aumentarão no mesmo valor, deixando a diferença, ou patrimônio líquido, igual a antes. A aquisição não afetará o patrimônio líquido. No entanto, ao longo do tempo, a perda de valor do item, registrada pela depreciação, afetará o patrimônio líquido. Usar os US$ 10.000 para fazer um pagamento de principal sobre um empréstimo também não afeta o patrimônio. Os ativos foram reduzidos em US$ 10.000, mas os passivos também. O patrimônio fica igual.

Esses exemplos ilustram um ponto importante. O patrimônio líquido de um negócio só muda quando o proprietário coloca mais capital pessoal no negócio (incluindo doações ou heranças), retira capital do negócio ou quando o negócio apresenta um lucro ou prejuízo. Mudanças nos valores de ativos devidas a mudanças nos preços de mercado também afetam o patrimônio se os ativos forem avaliados ao valor de mercado. Contudo, muitas transações comerciais só mudam a combinação ou composição de ativos e passivos, não afetando o patrimônio líquido.

Formato alternativo

Balanços agropecuários, por tradição, incluem três categorias de ativos e passivos, enquanto a profissão contábil utiliza duas, como mostrado na Tabela 4-1. O FFSC reforça o princípio contábil de separar itens circulantes dos não circulantes no balanço patrimonial.

Contudo, ele não restringe todos os itens não circulantes a uma única categoria. Permite-se um balanço de três categorias se a pessoa crê que esse formato acrescenta informação e se for informada a definição usada para ativos e passivos intermediários.

As categorias comuns do balanço agropecuário tradicional são exibidas na Tabela 4-2. Ativos e passivos circulantes são separados dos demais ativos e passivos, como exigido pelos princípios contábeis. Essas categorias conteriam exatamente os mesmos itens mencionados na discussão da Tabela 4-1. A diferença entre os dois formatos reside na divisão de ativos e passivos não circulantes em duas categorias: intermediários e fixos (ou de longo prazo).

Ativos intermediários geralmente são definidos como menos líquidos do que ativos circulantes, com uma vida útil maior que um ano, porém menor que 10 anos. Maquinário, equipamento, cultivos perenes e animais reprodutores seriam os ativos intermediários usuais encontrados em balanços agropecuários. Ativos fixos são os menos líquidos, possuindo uma vida útil maior que 10 anos. Terra e edificações são os ativos fixos usuais.

Tabela 4-2 Formato de um balanço patrimonial com três categorias

Ativos		Passivos	
Ativos circulantes	US$ 100	Passivos circulantes	US$ 60
Ativos intermediários	120	Passivos intermediários	75
Ativos fixos	280	Passivos de longo prazo	125
		Total de passivos	US$ 260
		Patrimônio líquido	US$ 240
Total de ativos	US$ 500	Total de passivos e patrimônio líquido	US$ 500

Passivos intermediários são obrigações de dívida em que o pagamento do principal se dá ao longo de um período superior a um ano, estendendo-se até 10 anos. Normalmente, um pouco do principal e dos juros vence todo ano, e o pagamento de principal do ano corrente seria exibido como passivo circulante, como exposto anteriormente. A maioria dos passivos intermediários seria empréstimos em que o dinheiro foi usado para comprar máquinas, animais reprodutores e outros ativos intermediários. Passivos de longo prazo são obrigações de dívida em que o período de pagamento se estende por mais de 10 anos. Hipotecas rurais e contratos de compra de terra são os passivos de longo prazo usuais, com período de pagamento podendo ser de 20 anos ou mais.

Ativos e passivos intermediários, muitas vezes, são uma parte considerável e importante dos ativos totais e passivos totais dos estabelecimentos agropecuários. Além disso, os valores da terra podem ser voláteis em algumas regiões, sendo afetados por condições econômicas e de mercado não relacionadas à produção rural. Esses fatores talvez expliquem por que o balanço patrimonial de três categorias veio a ser usado na agropecuária. Entretanto, o FFSC incentiva o uso do formato de duas categorias e prevê um distanciamento do uso do balanço patrimonial de três categorias.

AVALIAÇÃO DE ATIVOS

Antes de elaborar um balanço patrimonial, muitas vezes, é necessário estimar o valor dos ativos comerciais. Esses valores podem ser necessários para ativos existentes ou recém-adquiridos ou para aqueles que foram produzidos na atividade comercial normal. Diversos métodos de avaliação podem ser usados, e a escolha depende do tipo de ativo e da finalidade da avaliação.

Valor de mercado

Este método avalia um ativo utilizando seu valor atual de mercado. Às vezes, é chamado de método do valor justo de mercado ou do preço líquido de mercado. Todos os valores normais de comercialização, como frete, comissões de venda e outras cobranças, são subtraídos, encontrando-se o valor de mercado *líquido*. Este método pode ser usado para muitos tipos de propriedade, mas funciona especialmente bem para itens que poderiam ou serão vendidos em um prazo relativamente curto como parte normal das atividades comerciais e para os quais há preços atuais de mercado disponíveis. Exemplos são feno, grãos, animais de engorda, ações e títulos de dívida.

Custo

Itens que foram comprados podem ser avaliados ao seu custo original. Este método funciona bem para itens que foram adquiridos recentemente e para os quais ainda há registros de custo disponíveis. Para uma avaliação conservadora, geralmente avalia-se terra pelo custo. Ração, fertilizante, suprimentos e animais de engorda comprados costumam ser avaliados pelo custo. Itens como edificações e maquinário, que normalmente perdem valor ou depreciam-se ao longo do tempo, *não* devem ser avaliados por este método. Animais criados e safras cultivadas não podem ser avaliados por custo, pois não há preço de compra para usar.

Custo ou mercado, o menor dos dois

Este método de avaliação exige que se avalie um item tanto por seu custo quanto por seu valor de mercado, utilizando-se, então, o que for menor. Este é um método conservador, pois minimiza as chances de se pôr um valor excessivamente alto em um item. Utilizando-se este método, bens cujo valor esteja aumentando por causa da inflação terão um valor igual ao seu custo original. Avaliar esses bens pelo custo elimina os aumentos no valor ao longo do tempo causados unicamente pela inflação ou por um aumento geral dos preços. Se os preços caíram desde que o item foi comprado, este método resulta em avaliação pelo valor de mercado.

Custo de produção rural

Itens produzidos no estabelecimento agropecuário podem ser avaliados pelo custo de produção rural. Esse custo é igual aos custos acumulados de produção do item, mas não deve incluir juros ou qualquer custo de oportunidade associado à produção. Grãos, feno, silagem e animais criados podem ser avaliados por este método se houver bons registros de custo de produção ou de empreendimento. Cultivos estabelecidos, mas verdes, que estão crescendo no campo geralmente são avaliados desta forma, sendo o valor igual às despesas diretas efetivas realizadas até o momento. Não é correto avaliar um cultivo em crescimento usando rendimento e preço esperados, pois mau tempo, granizo ou preços baixos podem mudar drasticamente o valor antes da colheita e da venda final. Este procedimento é outro exemplo de conservadorismo na avaliação. Entretanto, seria necessário um conjunto pormenorizado de contas de empreendimento para usar este método.

Custo menos depreciação acumulada

A depreciação é um método de contabilizar a perda de valor de determinados ativos duráveis ao longo de seus anos de utilização esperada no negócio. Assim, o método de avaliação de custo menos depreciação só é usado para ativos como máquinas, edificações e animais reprodutores comprados, cujo valor deverá cair ao longo de seus anos de uso. *O valor contábil* é definido como custo menos depreciação acumulada. Portanto, este método resulta em um valor estimado de um bem igual ao seu valor contábil atual. Métodos de depreciação são discutidos em detalhes no Capítulo 5.

Qualquer que seja o método de avaliação usado para um ativo, os conceitos contábeis de "conservadorismo" e "consistência" devem ser lembrados. O conservadorismo alerta para não se atribuir um valor alto demais a um ativo, enquanto a consistência enfatiza que se use o mesmo método ou métodos de avaliação ao longo do tempo. O uso desses conceitos torna as demonstrações financeiras comparáveis de ano para ano, evitando uma representação excessivamente otimista da situação financeira da firma.

BALANÇO PATRIMONIAL COM BASE NO CUSTO CONTRA COM BASE NO MERCADO

Há muito se debate a abordagem geral à avaliação de ativos na agropecuária e o método adequado a se usar para ativos específicos. Muito da discussão diz respeito a se a agropecuária deve usar balanço com base no custo ou com base no mercado.

Base no custo

O balanço com base no custo avalia ativos usando os métodos de custo, custo menos depreciação ou custo de produção rural. A única exceção geral seriam estoques de grãos e animais destinados ao mercado. Grãos estocados podem ser avaliados pelo valor de mercado menos os custos de venda, desde que satisfaçam diversas condições gerais, o que geral-

---

Quadro 4-1	Avaliação de estoques agropecuários

Os princípios contábeis permitem que grãos e algumas outras *commodities* sejam avaliados pelo valor de mercado no balanço, desde que preencham as seguintes condições: (1) possuir um preço de mercado confiável, determinável e realizável; (2) possuir despesas de venda relativamente pequenas e conhecidas; (3) estar pronto para entrega imediata após a venda. Como o FFSC sugere, alguns animais destinados ao mercado também satisfariam essas condições.

mente se verifica. Embora animais destinados ao mercado não sejam mencionados especificamente nos princípios contábeis, o FFSC sugere que há pouca diferença entre grãos e animais destinados ao mercado, especialmente quando os animais estão praticamente prontos para o mercado. Eles recomendam avaliação de mercado para animais destinados ao mercado criados, mesmo em um balanço com base em custo. Para animais destinados ao mercado comprados, a avaliação de mercado é aceitável, mas se prefere avaliação de custo ou mercado, o menor dos dois.

Animais reprodutores criados podem gerar um problema de avaliação especialmente difícil em um balanço patrimonial com base no custo. O FFSC recomenda que o pecuarista use ou um método de "absorção do custo integral", ou uma abordagem de "valor de base" para informar valores de reprodutores criados. Na absorção de custo integral, todos os custos de criação do reprodutor são acumulados ao longo do tempo, até o animal atingir sua condição atual (p. ex., uma vaca fértil). Tanto os custos diretos quanto os indiretos necessários para colocar animais reprodutores na produção devem ser incluídos nos custos acumulados ao se usar esse método. Esses custos não são colocados como despesas na demonstração de resultados do exercício em que ocorrem, mas capitalizados no valor do animal. Após o animal alcançar a maturidade, seu valor acumulado é subsequentemente depreciado ao longo da vida útil, como seria o caso com reprodutores adquiridos. Obviamente, esse método de avaliação de reprodutores criados requer muitos registros.

O método de "valor de base" é consideravelmente mais simples. Nesse plano de avaliação, o produtor pode usar: (1) o custo efetivo ou estimado de criar o animal até sua condição atual; (2) o valor de mercado de animais semelhantes, quando o valor de base é estabelecido; (3) valores informados pelo fisco; ou (4) um valor padronizado específico do negócio. O importante é que o valor escolhido permaneça relativamente fixo ao longo do tempo, de modo que só haja mudanças no valor dos re-

produtores resultantes do número de animais. Quando se usa o método de valor de base, os reprodutores criados não são depreciados. Em vez disso, os custos associados à criação dos animais são tomados como despesas no ano em que são despendidos.

As vantagens dos balanços patrimoniais com base no custo incluem conformidade a princípios contábeis geralmente aceitos, conservadorismo e comparabilidade direta com balanços de outros tipos de negócio que usam base de custo. Além disso, modificações no patrimônio só decorrem de renda líquida auferida e mantida no negócio ou, então, de mais ativos pessoais postos no negócio (p. ex., por meio de herança), mas não de mudanças no preço do ativo.

Base no mercado

O balanço patrimonial com base no mercado possui todos os ativos avaliados pelo valor de mercado, menos os custos de venda estimados. A inflação de longo prazo pode fazer com que terra possuída durante muitos anos tenha um valor de mercado maior que seu custo. Inflação e métodos de depreciação rápida também resultariam em valores de mercado de máquinas e reprodutores superiores a seus valores contábeis. Portanto, um balanço com base no mercado geralmente apresentaria um valor de ativos total maior e, consequentemente, um patrimônio maior do que usando avaliação por custo. Uma exceção seriam períodos de preços decrescentes, com diminuições correspondentes nos valores dos ativos.

A principal vantagem dos balanços com base no mercado é uma indicação mais precisa da situação financeira atual do negócio e do valor dos bens disponíveis como garantia de empréstimos. Uma utilidade básica dos balanços agropecuários é mostrar a situação financeira de uma operação quando o operador está solicitando um empréstimo; assim, a avaliação com base no mercado, que mostra o valor atual dos bens disponíveis para garantia, tem uso generalizado.

Avaliação da condição financeira do estabelecimento rural

O FFSC considerou ambos os tipos de balanço patrimonial e concluiu que são necessárias informações de valor tanto de custo quanto de mercado para a análise correta da condição financeira de um negócio agropecuário. As diretivas do FFSC informam como formatos aceitáveis: (1) um balanço com base no mercado, com informações de custo constando como notas de rodapé ou exibidas em anexos de apoio; ou (2) um balanço de duas colunas, uma contendo valores de custo, e a outra, valores de mercado.

A Tabela 4-3 apresenta os métodos recomendados ou aceitos pelo FFSC para avaliar ativos em ambos os tipos de balanço patrimo-

Tabela 4-3 Métodos de avaliação de balanços patrimoniais com base no custo e com base no mercado

Ativo	Com base no custo	Com base no mercado
Valores mobiliários negociáveis	Custo	Mercado
Estoques de grãos e animais destinados ao mercado	Mercado*	Mercado
Contas a receber	Custo	Custo
Despesas antecipadas	Custo	Custo
Investimento no cultivo agrícola	Custo	Custo
Reprodutores comprados	Custo	Mercado
Reprodutores criados	Custo ou valor de base	Mercado
Maquinário e equipamento	Custo	Mercado
Construções e benfeitorias	Custo	Mercado
Terra	Custo	Mercado

* Mercado é um método aceitável para grãos e animais destinados ao mercado criados. O método preferencial para grãos e animais destinados ao mercado comprados é custo ou mercado, o menor dos dois.

nial. A avaliação com base no custo, como usada nessa tabela, representa um de três métodos da avaliação: custo, custo menos depreciação ou custo de produção rural. Custo menos depreciação (ou valor contábil) seria usado para todos os ativos depreciáveis, como maquinário, animais reprodutores comprados e edificações. Custo de produção rural, ou as despesas diretas acumuladas até o momento, seria o valor utilizado para o investimento no cultivo de lavouras.

Mesmo em um balanço com base no mercado, nem todo ativo é avaliado segundo o mercado. Contas a receber e despesas antecipadas são avaliadas segundo o custo, seu valor real em dinheiro. Em ambos os métodos de avaliação, o investimento no cultivo de lavouras é avaliado em um valor igual às despesas diretas sofridas para aquela lavoura até o momento. Avaliá-lo pelo valor de mercado "esperado" seria uma abordagem otimista, não estando em conformidade com princípios contábeis conservadores.

EXEMPLO DE BALANÇO PATRIMONIAL

A Tabela 4-4 é um exemplo de balanço patrimonial com formato e rubricas seguindo as recomendações do FFSC. Ela usa o formato de coluna dupla para apresentar valores de custo e de mercado em um único balanço. Por questão de simplicidade, só foram incluídos os ativos e passivos comerciais do estabelecimento. Muitos balanços agropecuários incluem ativos e passivos pessoais e comerciais. É frequentemente difícil separá-los, e os credores podem preferi-los combinados para sua análise. A apresentação de um balanço patrimonial completo, com valores de custo e de mercado, envolve algumas rubricas e conceitos novos que devem ser discutidos juntamente com uma revisão do processo de avaliação de ativos.

Seção de ativos

Sendo o estoque avaliado pelo mercado em ambos os casos, geralmente há pouca ou ne-

60 Parte II Mensuração do desempenho gerencial

Tabela 4-4 Balanço patrimonial da E. U. Agropecuária, 31 de dezembro de 2012

Ativos			Passivos		
Ativos circulantes:	**Custo**	**Mercado**	**Passivos circulantes:**	**Custo**	**Mercado**
Caixa/conta-corrente	US$ 7.000	US$ 7.000	Contas a pagar	US$ 3.500	US$ 3.500
			Promissórias a pagar dentro de 1 ano	6.000	6.000
Valores mobiliários negociáveis	1.350	3.000			
			Porção circulante da dívida a prazo	22.250	22.250
Estoques					
Agricultura	40.640	40.640	Juros acumulados	12.300	12.300
Pecuária	22.400	22.400	Imposto de renda a pagar	2.300	2.300
Suprimentos	860	860			
Contas a receber	3.570	3.570	Outras despesas a pagar	1.800	1.800
Despesas antecipadas	780	780	Porção circulante dos impostos diferidos	13.698	13.946
Investimento no cultivo agrícola	5.000	5.000	Total do passivo circulante	US$ 61.848	US$ 62.096
Outros ativos circulantes	2.500	2.500	**Passivos não circulantes:**		
Total do ativo circulante	US$ 84.100	US$ 85.750	Promissórias a pagar		
			Maquinário	18.000	18.000
Ativos não circulantes:			Reprodutores	0	0
			Dívida imobiliária	177.500	177.500
Maquinário e equipamento	108.000	120.000	Porção não circulante dos impostos diferidos	17.010	74.318
Reprodutores (comprados)	8.550	9.000	Total de passivos não circulantes	US$ 212.510	US$ 269.818
Reprodutores (criados)	113.400	144.000	Total de passivos	US$ 274.358	US$ 331.914
Construções e benfeitorias	56.000	80.000	**Patrimônio líquido:**		
Terra	315.000	630.000	Aportes de capital	160.000	160.000
Outros ativos não circulantes	0	0	Lucros acumulados	250.692	250.692
			Ajuste de avaliação		326.144
Total de ativos não circulantes	US$ 600.950	US$ 983.000	Total de patrimônio líquido	US$ 410.692	US$ 736.836
Total de ativos	US$ 685.050	US$ 1.068.750	Total de passivos e patrimônio líquido	US$ 685.050	US$ 1.068.750

nhuma diferença entre o valor total dos ativos circulantes segundo os dois métodos de avaliação. Entretanto, valores mobiliários negociáveis, como ações e títulos de dívida que podem facilmente ser vendidos, podem ter valores de mercado consideravelmente diferentes de seu custo original. Nesse exemplo, a diferença de US$ 1.650 entre as duas avaliações dos ativos circulantes é inteiramente devida aos papéis negociáveis.

A maior parte da diferença nos valores de ativos entre balanços com base no custo e no mercado surge na seção de ativos não circulantes. Uma combinação de inflação e depreciação rápida pode fazer com que os valores contábeis de máquinas, equipamentos, reprodutores comprados e edificações sejam muito menores do que seus valores de mercado. Terra possuída há muitos anos, tempo em que só houve inflação moderada, ainda assim pode ter um valor de mercado consideravelmente mais alto do que seu custo original. Esses fatores podem se combinar para tornar o valor dos ativos não circulantes muito mais alto na avaliação por mercado do que na avaliação por custo. Também é possível que os valores de mercado sejam inferiores ao custo em períodos em que os valores dos ativos declinam.

Seção de passivos

Há pouca diferença na avaliação dos passivos comuns em um balanço com base em custo ou mercado. Entretanto, há diversos lançamentos relacionados a imposto de renda na seção de passivo deste balanço que ainda não foram discutidos. *Impostos de renda a pagar* dentro de passivos circulantes representam tributos devidos sobre rendas rurais líquidas tributáveis do exercício passado. Os tributos sobre renda rural geralmente são pagos vários meses após o exercício terminar, mas devem ser pagos. Gerados pela atividade do exercício anterior, mas ainda não pagos, eles são como uma conta a pagar, que teria que ser paga mesmo se o negócio deixasse de operar em 31 de dezembro. É preciso contabilizar os impostos de renda a pagar, qualquer que seja o método de avaliação empregado.

Impostos diferidos

A porção atual de impostos de renda diferidos representa os tributos que seriam pagos sobre a receita advinda da venda dos ativos circulantes menos os passivos circulantes que seriam

despesas dedutíveis do imposto. São chamados de *impostos diferidos* porque os ativos ainda não foram vendidos nem as despesas foram pagas. Logo, não há imposto devido no momento. Se for usado o regime de caixa para fins tributários, os impostos são diferidos para um exercício contábil futuro, quando os ativos forem convertidos em caixa e as despesas forem pagas. No entanto, como os ativos existem e as despesas foram sofridas, não há dúvida de que haverá fatos geradores de tributos no futuro.

Em geral, itens que aumentam a renda incluem: (1) estoques de safras, ração, animais de engorda e produtos pecuários; (2) contas a receber; (3) investimento de caixa no cultivo agrícola; e (4) despesas antecipadas. As diferenças entre os valores de balanço e as bases tributárias (em regime de caixa, geralmente zero) para esses itens são totalizadas; então, as despesas acumuladas que reduziriam o passivo fiscal quando pagas são subtraídas. Depois, os impostos de renda federal e estadual estimados e as contribuições previdenciárias são calculados usando-se uma alíquota estimada.

Para o estabelecimento do exemplo, os valores dos estoques de cultivos e animais, as contas a receber, o investimento no cultivo agrícola e as despesas antecipadas totalizam US$ 72.390. Desse montante, subtraem-se US$ 17.600 para as contas a pagar, os juros acumulados e outras despesas acumuladas. O líquido de US$ 54.790 é, então, sujeito a uma alíquota estimada de 25% para se obter a porção atual de impostos diferidos, US$ 13.698, que é mostrada no balanço patrimonial com base em custo.

Em um balanço com base em mercado, outros impostos diferidos relacionados aos ativos circulantes talvez tenham que ser calculados, caso haja ativos circulantes que estariam sujeitos a ganhos de capital se vendidos. Para itens passíveis de ser tratados como ganhos de capital, a alíquota estimada geralmente é menor, e esses ganhos não estariam sujeitos a contribuições previdenciárias, como será discutido no Capítulo 16. (Por enquanto, basta saber que a alíquota costuma ser menor do que sobre renda comum.) O possível tributo sobre ganhos de capital da venda dos ativos circulantes é acrescentado a esse total. Neste exemplo, a diferença de US$ 1.650 entre ativos circulantes em avaliação por mercado contra por custo é sujeita a uma alíquota estimada de imposto sobre ganhos de capital de 15%, dando mais US$ 248 na porção atual dos impostos diferidos. Portanto, no balanço patrimonial com base em mercado, a porção atual dos impostos diferidos totaliza US$ 13.946.

Animais reprodutores criados podem ser outra fonte de impostos diferidos, uma fonte não circulante. Se os custos de criação dos reprodutores forem assumidos como despesas na declaração de imposto do exercício incorrido, então a base de cálculo dos reprodutores criados será zero. Toda a renda oriunda de sua venda (menos os custos de venda) é tributada como ganho de capital, não estando sujeita a imposto de autônomo. Para ser considerado reprodutor, um animal precisa ser mantido para fins de reprodução ou ordenha por ao menos 24 meses para bovinos e equinos ou por ao menos 12 meses para outras espécies. (Se for usado um método de absorção de custo integral, somente a porção do valor que exceder a base de cálculo será sujeita a tributação.) No estabelecimento agropecuário do nosso exemplo, assumiu-se que os reprodutores criados tinham um valor em base de custo determinado usando-se o método do "valor de base". Assim, assumindo-se uma base de cálculo de zero para reprodutores criados e ignorando-se despesas de venda, os impostos diferidos associados aos reprodutores criados seriam de US$ 17.010 no balanço com base em custo e de US$ 21.600 no balanço com base em mercado, supondo-se uma alíquota de 15%. Para o balanço patrimonial com base em custo, os reprodutores criados são a única fonte de impostos diferidos não circulantes.

No balanço com base no mercado, surgirão impostos diferidos não circulantes também da diferença entre os valores de custo e de mercado dos ativos não circulantes. Os valores de mercado, muitas vezes, são maiores do que o custo, resultando em um balanço com base no mercado que apresenta uma posição financeira mais forte do que com base no custo. Se os ativos fossem vendidos ao preço de mercado, o negócio teria que pagar impostos sobre ganhos de capital sobre a diferença entre o valor de mercado e o custo ou base de cálculo de cada ativo. Ignorar esses impostos em um balanço com base no mercado resulta em patrimônio líquido superior ao que resultaria de uma liquidação completa do negócio. Por conseguinte, esses impostos diferidos não

---

Quadro 4-2	Observações do balanço

Os números apresentados no balanço dão pouca informação sobre a natureza do negócio, seus procedimentos contábeis e os cálculos realizados para chegar ao valor do balanço. Os princípios contábeis exigem que essas e outras informações sejam dadas em observações incluídas no balanço.

O FFSC recomenda que, no mínimo, três tipos de informação sejam incluídos no balanço como observações:

1. *Base contábil* Uma descrição curta dos métodos, procedimentos e políticas contábeis usados e se o balanço é baseado em valores de mercado ou de custo.

2. *Natureza da operação* Uma descrição curta sobre a operação, incluindo a área própria ou arrendada, tipos e número de cultivos e animais produzidos e a natureza jurídica do negócio.

3. *Métodos de depreciação* Informações sobre os anos de vida útil depreciável e os métodos de depreciação usados para cada tipo de ativo depreciável.

circulantes são incluídos no balanço patrimonial com base no mercado, sendo uma estimativa dos tributos que resultariam de uma liquidação dos ativos ao seu valor de mercado. Para o balanço com base no mercado do exemplo, a diferença entre os valores com base no mercado e os valores com base no custo de todos os ativos não circulantes (afora os reprodutores criados) é calculada e sujeita a uma alíquota estimada de 15%. Quando esse valor é acrescentado aos impostos diferidos associados aos reprodutores criados, os impostos diferidos não circulantes totalizam US$ 74.318 para o balanço patrimonial com base no mercado.

Seção de patrimônio líquido

O patrimônio líquido possui três fontes básicas: (1) aportes de capital do proprietário ao negócio; (2) rendimento ou lucro comercial que foi deixado no negócio, em vez de retirado; e (3) mudanças causadas por valores de mercado flutuantes, quando se usa avaliação por mercado, e não por custo. O FFSC recomenda apresentar todas as três fontes de patrimônio separadamente em vez de combiná-las em um só valor. Essa discriminação dará mais informações a quem analisar o balanço patrimonial.

O exemplo da Tabela 4-4 acusa US$ 160.000 de capital de aporte. Esse é o valor do dinheiro ou dos bens pessoais que o proprietário usou para começar o negócio mais qualquer um que tenha sido ajuntado desde então. Na ausência de outros aportes ou retiradas debitadas contra o capital contribuído, esse valor permanecerá o mesmo em todos os balanços patrimoniais futuros.

Toda renda rural líquida antes de impostos não utilizada para despesas de sustento da família, impostos de renda ou retiradas para outros fins fica no negócio. Esses lucros acumulados serão usados para ampliar os ativos (não necessariamente o caixa), diminuir os passivos ou fazer uma combinação de ambos. Os lucros acumulados (e, portanto, o patrimônio líquido) aumentam em todo ano

em que a renda rural líquida for maior que o total combinado de impostos de renda pagos e retiradas líquidas. Se esses dois últimos itens forem maiores que a renda rural líquida, os lucros acumulados e o patrimônio líquido com base no custo diminuirão. No exemplo, foi retido um total de US$ 250.692 desde que o negócio iniciou. Lucros acumulados serão discutidos novamente, em mais detalhes, no Capítulo 5.

Não existe ajuste de avaliação em um balanço com base em custo. O patrimônio líquido só muda quando há mudanças no capital de aporte ou nos lucros acumulados. Sempre que um balanço patrimonial com base no mercado inclui um ativo avaliado em mais do que seu custo, ele cria um patrimônio que não é nem aporte de capital, nem lucros acumulados. Por exemplo, em períodos inflacionários, o valor de mercado da terra pode aumentar consideravelmente. Um balanço de mercado com valores de mercado incluiria um aumento no valor da terra a cada ano, o que ocasionaria um aumento igual no patrimônio. Entretanto, esse aumento só se deve à propriedade da terra, e não a seu uso direto na produção de gêneros agropecuários. As diferenças entre os valores de custo e de mercado, que podem ser positivas ou negativas, devem ser exibidas como um ajuste de avaliação na seção de patrimônio do balanço. Um lançamento de ajuste de avaliação facilita que um analista determine qual parte do patrimônio total de um balanço com base no mercado é resultado de diferenças de avaliação. No balanço com base no mercado, o patrimônio líquido total é igual à soma de aporte de capital, lucro retido e ajuste de avaliação.

ANÁLISE DO BALANÇO PATRIMONIAL

O balanço patrimonial é utilizado para medir a condição financeira de um negócio e, mais especificamente, sua liquidez e sua solvência. Analistas, muitas vezes, querem comparar a condição financeira relativa de diferentes negócios e do mesmo negócio ao longo do tempo. Diferenças no tamanho do negócio causam diferenças potencialmente grandes nos valores em dinheiro do balanço, assim causando problemas na comparação de sua condição financeira *relativa*. Um negócio grande pode ter sérios problemas de liquidez e solvência, assim como um negócio pequeno, mas a dificuldade é medir o tamanho do problema em relação ao tamanho do negócio.

Para contornar esse problema, são usadas razões (índices, quocientes ou coeficientes) na análise de balanços patrimoniais. Elas proporcionam um procedimento padrão para análise e possibilitam a comparação ao longo do tempo e entre negócios de tamanhos diferentes. Um negócio grande e um pequeno teriam diferenças consideráveis nos valores em dinheiro de seus balanços, mas o mesmo valor de razão indicaria o mesmo grau relativo de saúde financeira. Valores de razões podem ser usados como metas, sendo facilmente comparados aos mesmos valores de outros negócios. Além disso, muitas instituições mutuantes usam análises de razões derivadas de informações do balanço patrimonial para tomar decisões de empréstimo e monitorar o progresso financeiro de seus clientes.

A maioria dos balanços agropecuários é usada para fins de empréstimo, quando os valores de mercado são os de maior interesse para o mutuante. Portanto, a análise do balanço patrimonial utiliza valores da coluna "mercado".

Análise de liquidez

A análise de liquidez se concentra nos ativos circulantes e passivos circulantes. Os primeiros representam a necessidade de caixa nos próximos 12 meses; os últimos, as fontes de caixa. Liquidez é um conceito relativo, e não absoluto, pois é difícil dizer se um negócio é líquido ou não. Com base em análise, porém, é possível dizer se um negócio é mais líquido do que outro.

Razão de liquidez corrente

A razão de liquidez corrente é uma das medidas mais comuns de liquidez, sendo calculada a partir da equação:

$$\text{Razão de liquidez corrente} = \frac{\text{Valor do ativo circulante}}{\text{Valor do passivo circulante}}$$

A razão de liquidez corrente para o balanço patrimonial exemplificado na Tabela 4-4 seria:

$$\text{Razão de liquidez corrente} = \frac{US\$\ 85.750}{US\$\ 62.096} = 1,38$$

Essa razão mede a quantidade de ativos circulantes em relação aos passivos circulantes. Um valor de 1,0 significa que os passivos circulantes são iguais aos ativos circulantes, e, embora haja ativos circulantes suficientes para cobrir os passivos circulantes, não há margem de segurança. Os valores do ativo podem mudar (e de fato mudam) com as alterações dos preços de mercado; assim, preferem-se valores maiores que 1,0 para dar uma margem de segurança para alterações de preço e outros fatores. Quanto maior o valor da razão, mais líquido o negócio, e vice-versa. Não existe uma regra simples e rápida para quão alta deve ser a razão. Se uma razão de liquidez corrente indica liquidez suficiente, isso dependerá de muitos fatores, inclusive os momentos de venda planejada do estoque e o cronograma de pagamentos de empréstimo. Um orçamento de fluxo de caixa, que será discutido em pormenores no Capítulo 13, fornece muito mais informação sobre possíveis problemas de liquidez.

Capital de giro

O capital de giro é a diferença entre ativos circulantes e passivos circulantes:

$$\text{Capital de giro} = \text{Ativos circulantes} - \text{Passivos circulantes}$$

Essa equação calcula o dinheiro que restaria após a venda de todos os ativos circulantes e o pagamento de todos os passivos circulantes.

É uma indicação da margem de segurança de liquidez, medida em unidades monetárias. O balanço patrimonial da E. U. Agropecuária da Tabela 4-4 apresenta um capital de giro de US$ 23.654, obtido subtraindo-se US$ 62.096 de US$ 85.750.

O capital de giro mede o dinheiro que poderia, em tese, estar disponível para comprar novos insumos ou outros itens após a venda dos ativos circulantes e o pagamento dos passivos circulantes. O capital de giro também está à disposição para pagar despesas de sustento familiar se o negócio e a família não são tratados separadamente. O capital de giro é um valor em dinheiro, e não uma razão. Isso torna difícil usar o capital de giro para comparar a liquidez de negócios com tamanhos diferentes. Espera-se que um negócio maior tenha ativos e passivos circulantes maiores, precisando de mais capital de giro para ter a mesma liquidez relativa de um negócio menor. Portanto, é importante relacionar o valor do capital de giro ao tamanho do negócio.

Análise de solvência

A solvência mede as relações entre ativos, passivos e patrimônio. É um jeito de analisar a dívida do negócio e ver se todos os passivos poderiam ser quitados pela venda de todos os ativos. Isso exigiria que os ativos fossem maiores que os passivos, indicando um negócio solvente. Entretanto, a solvência geralmente é discutida em termos relativos, medindo-se o grau em que os ativos excedem os passivos.

Comumente, três razões são usadas para medir a solvência, sendo recomendadas pelo FFSC. Cada uma delas usa dois dos itens mencionados anteriormente, relacionando-os todos uns aos outros. Qualquer uma dessas razões, quando calculada e analisada corretamente, dará informações completas sobre solvência. Porém, todas as três são de uso geral, e algumas pessoas preferem uma à outra.

Não há padrões uniformes para essas medidas de solvência. Segundo o FFSC, o espectro de valores aceitáveis varia de mutuante para mutuante, dependendo da variabilidade da renda e outros riscos produtivos dos empreendimentos agropecuários, do tipo de ativos possuídos pelo negócio e de potenciais flutuações nos valores dos ativos rurais.

Razão de endividamento

A razão de endividamento é calculada a partir da equação:

$$\text{Razão de endividamento} = \frac{\text{Passivos totais}}{\text{Ativos totais}}$$

e mede qual parte dos ativos totais é devida a mutuantes. Esta razão deve ter um valor igual a 1,0, e valores ainda menores são preferíveis. Uma razão de endividamento de 1,0 significa que a dívida ou passivo é igual aos ativos, e, portanto, o patrimônio é zero. Obtêm-se razões maiores que 1,0 em negócios insolventes. A E. U. Agropecuária possui uma razão de endividamento de US$ 331.914 / US$ 1.068.750, ou 0,31, usando valores de mercado.

Razão de patrimônio sobre ativo

Esta razão é calculada a partir da equação:

$$\text{Razão de patrimônio sobre ativo} = \frac{\text{Patrimônio total}}{\text{Ativos totais}}$$

e mede qual parte dos ativos totais é financiada pelo capital próprio do proprietário. Valores altos são preferíveis, mas a razão de patrimônio sobre ativo não pode exceder 1,0. Um valor de 1,0 é obtido quando o patrimônio é igual aos ativos, o que quer dizer que os passivos são zero. Um negócio insolvente teria uma razão de patrimônio sobre ativo negativa, pois o patrimônio seria negativo. No exemplo da Tabela 4-4, a razão de patrimônio sobre ativo é de US$ 736.836 / US$ 1.068.750, ou 0,69, usando valores de mercado.

Razão de dívida sobre patrimônio

A razão de dívida sobre patrimônio (ou capital de terceiros sobre capital próprio), também cha-

66 Parte II Mensuração do desempenho gerencial

mada de índice de alavancagem por alguns analistas, é calculada a partir da seguinte equação:

$$\text{Razão de capital de terceiros sobre capital próprio} = \frac{\text{Passivos totais}}{\text{Patrimônio total}}$$

Esta razão compara a proporção de financiamento provido por mutuantes com aquele provido pelo proprietário do negócio. Quando a razão de dívida sobre patrimônio é igual a 1,0, os mutuantes e o proprietário proveem uma porção igual de financiamento. São preferíveis valores menores, e a razão de dívida sobre patrimônio se aproxima de zero quando os passivos se aproximam de zero. Valores grandes decorrem de patrimônio pequeno, o que significa uma possibilidade maior de insolvência. A E. U. Agropecuária possui uma razão de dívida sobre patrimônio de US$ 331.914 / US$ 736.836, ou 0,45.

Todas as três medidas de solvência estão ligadas matematicamente pelas seguintes fórmulas:

Passivos/Ativo =
(Passivos/Patrimônio) × (Patrimônio/Ativos)

e

Patrimônio/Ativos = 1 – (Passivos/Ativos)

Resumo da análise

A Tabela 4-5 sintetiza os valores obtidos na análise do balanço patrimonial da E. U. Agropecuária. Esses valores mostram que os ativos circulantes são 38% superiores aos passivos circulantes. Usando valores de mercado, o financiamento do negócio é quase um terço financiado por dívida, vindo o resto de capital societário.

Realizar uma análise desse balanço usando valores de custo apresentaria dois resultados gerais. Primeiro, haveria pouca diferença nas medidas de liquidez, pois há pouca diferença nos valores dos ativos circulantes e passivos circulantes segundo os dois métodos de avaliação. Segundo, os valores de custo, por

Tabela 4-5 Resumo da condição financeira da E. U. Agropecuária

Medida	Com base no mercado
Liquidez:	
Razão de liquidez corrente	1,38
Capital de giro	US$ 23.654
Solvência:	
Razão de endividamento	0,31
Razão de patrimônio sobre ativo	0,69
Razão de dívida sobre patrimônio	0,45
Outros:	
Razão de estrutura de endividamento	0,19

serem menores, acusariam uma situação mais fraca de solvência. Esses resultados seriam comuns. A avaliação por mercado tem pouco efeito sobre as medidas de liquidez, mas pode ter um impacto forte nas medidas de solvência. Este exemplo ilustra a importância de saber como os ativos foram avaliados no balanço patrimonial sob análise e mostra por que o FFSC recomenda que constem informações tanto de valores de custo quanto de mercado. Apresentar informações completas garante uma análise mais completa e elimina possíveis confusões quanto ao método de avaliação utilizado.

Outras medidas

O FFSC recomenda o uso das cinco medidas analíticas já apresentadas. Contudo, existem outras que foram e ainda são amplamente usadas. Uma delas é a razão de capital líquido, outra medida de solvência. Ela é calculada pela seguinte equação:

$$\text{Razão de capital líquido} = \frac{\text{Ativos totais}}{\text{Passivos totais}}$$

Uma razão de capital líquido de 1,0 resulta de patrimônio zero, e valores maiores indicam um grau maior de solvência. Por exemplo, um va-

Capítulo 4 O balanço patrimonial e sua análise **67**

lor de 2,0 significa que os passivos são metade dos ativos e iguais ao patrimônio. Esse é geralmente considerado o valor mínimo seguro.

Outro coeficiente popular é a razão de estrutura de dívida, calculada como:

$$\text{Razão de estrutura de dívida} = \frac{\text{Passivos circulantes}}{\text{Passivos totais}}$$

Esse índice mostra qual é a proporção de passivos circulantes sobre os passivos totais, podendo ser convertido em porcentagem multiplicando-se por 100. Ele não pode ser maior que um ou 100%, que seria o caso quando todos os passivos são passivos circulantes. Todos os passivos circulantes devem ser pagos no ano posterior, então se preferem números menores. Valores maiores significam que uma grande proporção dos passivos totais deve ser paga no ano posterior, o que pode exigir mais caixa do que o que estará à disposição. Isso pode indicar a necessidade de converter alguns passivos circulantes em não circulantes, o que reduziria os pagamentos circulantes ao espalhar os pagamentos ao longo de mais anos. Contudo, uma razão de estrutura de dívida relativamente alta pode não indicar um problema se tanto os passivos circulantes quanto os não circulantes forem quantias pequenas. No estabelecimento do exemplo, a razão de estrutura de dívida é de 0,19, ou 19%.

DEMONSTRAÇÃO DAS ALTERAÇÕES DO PATRIMÔNIO LÍQUIDO

O balanço patrimonial mostra o valor do patrimônio líquido em um *momento do tempo*, mas não o que causou mudanças nesse valor *ao longo do tempo*. Assim, o FFSC recomenda que uma demonstração das alterações do patrimônio líquido faça parte do conjunto completo de registros financeiros. Esta demonstração mostra as fontes de alterações no patrimônio líquido e o valor oriundo de cada fonte. Também serve para conciliar o patrimônio líquido inicial com o final.

Um exemplo

O balanço patrimonial da E. U. Agropecuária na Tabela 4-4 apresenta um patrimônio líquido de US$ 736.836, usando avaliação com base no mercado. Entretanto, ele não mostra como esse total mudou ao longo do ano passado. Com um balanço de um ano anterior, a mudança poderia ser calculada por subtração, mas as fontes ou causas de alterações ainda não ficariam evidentes. Para mostrar as fontes e os valores das mudanças, é necessária uma demonstração das alterações do patrimônio líquido.

A Tabela 4-6 é um exemplo de demonstração das alterações do patrimônio líquido da E. U. Agropecuária. Ela registra um patrimônio líquido de US$ 714.739 no início do ano de 2012, que subiu para US$ 736.836 no fim do ano. De onde veio esse aumento de US$ 22.097? Um item que sempre afeta o patrimônio é a renda rural líquida no ano, que, no caso, foi de US$ 46.286. Porém, houve impostos de renda em caixa pagos durante o ano, e uma alteração nos impostos a pagar, totalizando US$ 12.800. Logo, o efeito líquido do lucro *após impostos* do ano é um aumento de US$ 33.486 no patrimônio.

Todo o dinheiro que a E. U. tira do negócio, para uso pessoal ou outro, reduz o patrimônio do estabelecimento agropecuário. Um acréscimo de US$ 1.600 na porção corrente dos impostos de renda diferidos, associado a valores maiores de ativos circulantes e/ou níveis menores de dívidas com despesas circulantes ao longo do exercício contábil, reduz o valor líquido, sendo lançado como um número negativo. Essa demonstração mostra que foram retirados US$ 36.000 do negócio durante o ano. Entretanto, uma renda não rural de US$ 9.500 foi colocada como aporte no negócio, deixando-nos com uma retirada líquida de US$ 26.500. Essa retirada líquida é mostrada como um valor negativo porque reduz o patrimônio. Também podem vir outras possíveis alterações no patrimônio provenientes de outros aportes para ou do negócio. Podem ser feitos aportes ao negócio na forma de doações ou heranças, em dinheiro ou bens. Da mesma

68 Parte II Mensuração do desempenho gerencial

Tabela 4-6 Demonstração das mutações do patrimônio líquido da E. U. Agropecuária no exercício com fim em 31 de dezembro de 2012 (avaliação pelo mercado)

Patrimônio líquido em 1º de janeiro de 2012		US$ 714.739
Renda rural líquida em 2012	46.286	
Menos ajuste de imposto de renda pago e devido	(12.800)	
Renda rural líquida após impostos		33.486
Menos aumento da porção circulante do imposto de renda diferido		(1.600)
Retiradas do negócio rural por parte do proprietário	(36.000)	
Renda não rural contribuída ao negócio rural	9.500	
Retiradas líquidas do negócio rural por parte do proprietário		(26.500)
Outras contribuições de capital ao negócio rural		0
Outras distribuições de capital por parte do negócio rural		0
Aumento no valor de mercado dos ativos rurais	19.660	
Menos aumento da porção não circulante do imposto de renda diferido	(2.949)	
Aumento líquido do patrimônio avaliado		16.711
Patrimônio líquido em 31 de dezembro de 2012		US$ 736.836

forma, podem-se retirar bens do negócio, doando-os a alguém ou convertendo-os para uso pessoal, e não comercial. Aportes ao negócio aumentariam o patrimônio, e aportes partindo do negócio diminuiriam o patrimônio.

A demonstração das alterações do patrimônio líquido de alguém usando balanços com base no custo terminaria aqui, registrando um aumento de patrimônio de US$ 5.386. As únicas coisas que afetam o patrimônio em um balanço com base no custo são a renda rural líquida, retirada pelo proprietário, e outros aportes para ou partindo do negócio. Todavia, quando se usam valores de mercado, modificações no valor de mercado dos ativos afetam o patrimônio.

Esse balanço assume que o aumento nos valores de mercado no ano totalizou US$ 19.660. Um aumento nos valores da terra, um aumento na diferença entre valor de mercado e valor contábil de ativos depreciáveis e outros fatores podem contribuir para esse aumento. Porém, caso esses ativos sejam vendidos, seriam devidos impostos de renda sobre esse aumento, diminuindo o

efeito líquido sobre o patrimônio. Estimam-se os impostos de renda adicionais devidos em US$ 2.949. Esse valor deve refletir o aumento, entre 1º de janeiro 31 de dezembro, da porção não circulante dos impostos diferidos. Portanto, o efeito após impostos líquido do aumento nos valores de mercado durante o ano é um aumento de US$ 16.711. Esse valor, *mais* a renda rural líquida após impostos de US$ 33.486, *menos* as retiradas líquidas do proprietário de US$ 26.500, *menos* o aumento de US$ 1.600 na porção corrente de impostos diferidos, justifica e concilia o aumento de US$ 22.097 no patrimônio líquido em valor de mercado em 2012.

A demonstração das alterações do patrimônio líquido reúne informações contábeis de diversas fontes para documentar e conciliar as razões por trás de mudanças no patrimônio líquido. Não explicar completamente as mudanças indica um sistema de contabilidade abaixo do adequado. Precisa-se de um sistema de contabilidade que seja completo, preciso, detalhado e consistente para se obter as informações necessárias.

RESUMO

O balanço patrimonial apresenta a posição financeira de um negócio em um momento no tempo. Ele o faz mostrando uma relação organizada de todos os ativos e passivos pertencentes ao negócio. A diferença entre ativos e passivos é o patrimônio líquido, que representa o investimento que o proprietário possui no negócio.

Uma consideração importante ao elaborar e analisar balanços patrimoniais é o método usado para avaliar ativos. Eles podem ser avaliados usando-se métodos de custo, que geralmente refletem o valor ou custo do investimento original, ou usando-se avaliações pelo mercado atual. Este último geralmente resulta em valores de ativos mais altos e, portanto, maior patrimônio líquido, mas reflete com mais exatidão o valor atual dos ativos como garantia. Cada método tem suas vantagens, e o FFSC recomenda informar valores de custo e de mercado em balanços patrimoniais agropecuários. Isso fornece informações completas ao usuário do balanço.

São utilizados dois fatores, liquidez e solvência, para analisar a posição financeira de um negócio, como apresentada no balanço patrimonial. A liquidez diz respeito à capacidade de gerar o caixa necessário para satisfazer os requisitos de caixa do ano seguinte sem interromper as atividades produtivas do negócio. A solvência mede a estrutura de endividamento do negócio e se todos os passivos poderiam ser pagos vendendo-se todos os ativos, isto é, se os ativos são maiores que os passivos. São usadas diversas razões para medir a liquidez e a solvência e para analisar a saúde relativa do negócio nessas áreas.

A demonstração das alterações do patrimônio líquido completa a análise do balanço, exibindo as fontes e os valores das alterações no patrimônio líquido durante o exercício contábil. Sem os detalhes apresentados por essa demonstração, é difícil identificar e explicar o que fez o patrimônio líquido mudar e o valor em dinheiro de cada fator de mudança.

PERGUNTAS PARA REVISÃO E REFLEXÃO

1. Verdadeiro ou falso? Se a razão de passivos sobre patrimônio aumentar, a razão de endividamento também aumentará. Justifique.
2. Verdadeiro ou falso? Um negócio com mais capital de giro também terá um maior índice de liquidez. Justifique.
3. Use seu conhecimento sobre balanços patrimoniais e análise de quocientes para completar o seguinte balanço abreviado. A razão de liquidez é 2,0, e a razão de dívida sobre patrimônio é 1,0.

Ativos		Passivos	
Ativos circulantes	US$ 80.000	Passivos circulantes	_____
Ativos não circulantes	_____	Passivos não circulantes	_____
	_____	Passivos totais	_____
	_____	Patrimônio líquido	US$ 100.000
Ativos totais	_____	Passivos totais e patrimônio líquido	_____

4. Um negócio pode ser solvente sem ser líquido? E líquido sem ser solvente? Como?
5. O balanço patrimonial mostra a renda rural líquida anual do negócio agropecuário? Por quê?
6. Verdadeiro ou falso? Ativos + passivos = patrimônio líquido?

70 Parte II Mensuração do desempenho gerencial

7. Imagine que você é gerente de empréstimos rurais de um banco, e um cliente pede um empréstimo com base no seguinte balanço. Execute uma análise de coeficientes e apresente seus motivos para conceder ou negar um empréstimo adicional. Qual é a parte mais fraca da condição financeira do seu cliente?

Ativos		Passivos	
Ativos circulantes	US$ 40.000	Passivos circulantes	US$ 60.000
Ativos não circulantes	US$ 240.000	Passivos não circulantes	US$ 50.000
		Passivos totais	US$ 110.000
		Patrimônio líquido	US$ 170.000
Ativos totais	US$ 280.000	Passivos totais mais patrimônio	US$ 280.000

8. Por que não há ajuste de valores em um balanço patrimonial com base em custos?

9. Imagine que foi cometido um erro e o valor dos animais destinados ao mercado no balanço está US$ 10.000 superior ao que deveria. Como esse erro afeta as medidas de liquidez e solvência? Ocorreriam os mesmos resultados se a terra tivesse sido supervalorizada em US$ 10.000?

10. Os seguintes lançamentos em um balanço rural seriam classificados como ativos ou passivos? Circulantes ou não circulantes?

    a. Galpão de máquinas
    b. Conta de ração na loja de rações
    c. Contrato de hipoteca rural de 20 anos
    d. Certificado de depósito de 36 meses
    e. Terneiros recém-nascidos

CAPÍTULO **5**

A demonstração de resultados e sua análise

Objetivos do capítulo

1. Discutir a finalidade e a utilidade da demonstração de resultados.

2. Ilustrar a estrutura e o formato da demonstração de resultados.

3. Definir depreciação e ilustrar os diferentes métodos de cálculo de depreciação.

4. Definir as fontes e os tipos de receitas e despesas que devem ser incluídos na demonstração de resultados.

5. Mostrar como o lucro (ou renda rural líquida) é calculado a partir da demonstração de resultados, o que ele significa e o que ele mede.

6. Analisar a lucratividade do estabelecimento agropecuário calculando retorno sobre ativos e patrimônio e estudando outras medidas de lucratividade.

A demonstração de resultados é um resumo das receitas e despesas de um dado exercício contábil. Às vezes, é chamada de demonstração de resultado do exercício ou demonstrativo de lucros e perdas. Contudo, demonstração de resultados é o termo preferencial, sendo utilizado pelo Conselho de Padrões Financeiros Rurais (FFSC). Sua finalidade é medir a diferença entre receitas e despesas. Uma diferença positiva indica um lucro, ou renda rural líquida positiva, e um valor negativo indica um prejuízo, ou renda rural líquida negativa, para aquele exercício contábil. Portanto, a demonstração de resultados responde à pergunta: o estabelecimento agropecuário teve lucro ou prejuízo no último exercício contábil, e de que magnitude?

O balanço patrimonial e a demonstração de resultados são duas demonstrações financeiras diferentes, porém relacionadas. O balanço apresenta a posição financeira em um *momento no tempo*, enquanto a demonstração de resultados é um resumo das receitas e despesas registradas ao longo de um *período de tempo*. Essa distinção é mostrada na Figura 5-1. Usando um exercício contábil de ano-calendário, elabora-se o balanço no fim de cada ano, podendo também servir como o balanço do início do ano seguinte. O resultado é um registro da posição financeira no início e no fim de cada exercício contábil. Porém, comparar esses balanços não possibilita um cálculo direto da renda líquida rural do ano. Essa é a finalidade da demonstração de resultados.

Embora o balanço patrimonial e a demonstração de resultados contenham informações diferentes e possuam finalidades e utilidades diferentes, ambos são demonstrações financeiras para o mesmo negócio. É bastante lógico que receitas, despesas e o lucro ou prejuízo resultante afetem a posição financeira do negócio, e de fato o fazem. Contudo, a explicação dessa relação será postergada até o fim do capítulo, após uma exposição completa da estrutura e dos componentes da demonstração de resultados.

IDENTIFICAÇÃO DE RECEITAS E DESPESAS

Para elaborar uma demonstração de resultados que mostre a diferença entre receitas e despesas, um primeiro passo necessário é identificar todas as receitas e despesas que devem ser incluídas no cálculo da renda rural líquida. A exposição sobre regime de caixa contra competência do Capítulo 3 introduziu algumas das dificuldades que podem surgir nessa tarefa aparentemente simples. O Capítulo 4 apresentou o problema da avaliação de ativos e introduziu o conceito de depreciação. Esta seção expandirá essas ideias anteriores antes de introduzir o formato e a elaboração de uma demonstração de resultados.

Receitas

A demonstração de resultados deve incluir todas as receitas comerciais auferidas durante o exercício contábil, mas não outras receitas. O problema é determinar quando a receita deve ser reconhecida, isto é, em que exercício fiscal ela foi auferida. Esse problema é agravado porque a receita pode ser tanto em caixa quanto não em caixa.

Quando a receita é recebida na forma de caixa por uma *commodity* produzida ou vendida no mesmo exercício contábil, o reconhecimento é fácil e direto. No entanto, também se deve reconhecer receita sempre que uma *commodity* agropecuária esteja pronta para vender. Estoques de grãos e animais de mercado se encaixam nessa classificação, e alterações nesses estoques (valor final menos valor inicial) são incluídas na demonstração de resultados por competência. Contas a receber representam receita ganha, que deve ser reconhecida, mas é receita para a qual ainda não se recebeu pagamento em caixa. Qualquer mudança em seu valor entre o início e o fim do ano deve ser incluída como receita. Esses dois itens representam fontes de receita que podem ser reconhecidas em um dado exercício contábil mesmo que só se vá receber caixa em um exercício posterior.

Quando um estoque ou conta a receber é reconhecido como receita, é receita não monetária (não caixa) naquele momento, mas é algo pelo qual normalmente se receberá um

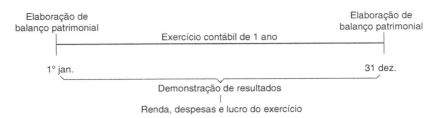

Figura 5-1 Relação entre o balanço patrimonial e a demonstração de resultados.

Capítulo 5 A demonstração de resultados e sua análise **73**

Quadro 5-1	**Todos os recebimentos de caixa são contados como receita?**

A resposta é: NÃO! Nem todos os recebimentos de caixa resultam em receita. Caixa recebido de doação ou herança obviamente não é receita comercial. Um novo empréstimo do banco resulta em recebimento de caixa, mas também não é receita. Renda não rural, como renda de salário e investimento, não seria contada como receita comercial rural. Vendas de terra ou ativos depreciáveis só resultam em receita na medida em que forem realizados ganhos ou perdas. A receita comercial rural só vem da produção de *commodities* agropecuárias, serviços prestados e ganho ou perda na venda de ativos utilizados nessa produção.

pagamento monetário (em caixa) em uma data posterior. Todavia, às vezes, podem ser recebidos pagamentos na forma de mercadorias ou serviços em vez de dinheiro. Esse pagamento não monetário deve ser tratado da mesma maneira que um pagamento em caixa. O valor da ração ou do animal recebido em pagamento por trabalho customizado deve ser incluído na receita, pois uma *commodity* foi recebida no lugar de dinheiro.

Ganho ou perda na venda de ativos de capital

O ganho ou perda na venda de um ativo de capital (ou bem de capital) é um lançamento que amiúde surge na seção de receita de uma demonstração de resultados. É a diferença entre o preço de venda e o custo de um ativo de capital, como terra. Para ativos depreciáveis, como maquinário, pomares e animais reprodutores comprados, é a diferença entre o preço de venda e o valor contábil do ativo. Só se reconhece ganho ou perda quando o ativo é efetivamente vendido. Antes disso, o valor de mercado ou preço de venda está sujeito a uma incerteza considerável.

Todo ganho ou perda na venda de um ativo não depreciável, como terra, é resultado direto de um aumento ou decréscimo do preço de mercado desde sua aquisição. Para ativos depreciáveis, mudanças no valor de mercado afetam ganhos e perdas, assim como a precisão com que se estimou a depreciação. Se um ativo é vendido exatamente por seu valor contábil, não há ganho ou perda. A depreciação ao longo de sua vida útil correspondeu perfeitamente a seu declínio em valor de mercado. Um preço de venda maior que o valor contábil implica que foi computada muita depreciação total (talvez por causa de força imprevista dos valores de mercado) e que as despesas de depreciação anual anteriores foram altas demais. Reconhecer o ganho como receita corrige o fato de que a despesa de depreciação não estava correta nos anos anteriores. Vender um ativo depreciável por menos que seu valor contábil significa que ele perdeu valor de mercado mais rapidamente do que o contabilizado pela depreciação anual. Deveria ter havido uma despesa de depreciação mais alta no passado, e é feito um ajuste na forma de um lançamento de "perda na venda" na demonstração de resultados.

Dado que (1) vidas úteis e valores residuais são apenas estimativas feitas no momento da compra e que (2) a escolha do método de depreciação afeta o valor da depreciação anual, geralmente há que se reconhecer um ganho ou perda quando um ativo depreciável é vendido.

Quando um ativo de capital já possuído é trocado por outro ativo semelhante, como uma nova peça de equipamento, não se reconhece ganho ou perda. O valor contábil do ativo trocado é somado ao dinheiro pago para concluir a troca, a fim de se calcular o valor inicial do item novo. Por exemplo, se

74 Parte II Mensuração do desempenho gerencial

um agricultor troca um pulverizador usado, com valor contábil de US$ 30.000, por um novo, precisando pagar ao revendedor mais US$ 60.000 em caixa, o valor inicial do novo item é de US$ 90.000. Só se reconhece um ganho ou perda de capital quando o ativo de capital é vendido diretamente.

Despesas

Uma vez que toda a receita de um exercício contábil tenha sido identificada, o próximo passo é identificar todas as despesas assumidas na produção daquela receita. Podem ser despesas em caixa ou não. Por exemplo, despesas em caixa incluiriam compras e pagamento de ração, fertilizante, sementes, animais de mercado e combustível. Despesas não monetárias incluiriam depreciação, contas a pagar, juros acumulado e outras despesas acumuladas. Há também um ajuste para despesas antecipadas.

A depreciação é uma despesa não monetária que reflete diminuições no valor de ativos usados para produzir a receita. A depreciação será discutida em pormenores no fim deste capítulo. Contas a pagar, juros acumulados e outras despesas acumuladas, como impostos imobiliários, são despesas que incidiram no exercício contábil anterior, mas que ainda não foram pagas. Para confrontar corretamente as despesas com a receita que elas ajudaram a produzir, as despesas devem ser incluídas na demonstração de resultados desse ano. Elas também devem ser subtraídas da demonstração de resultados do ano seguinte, quando

será despendido o caixa para seu pagamento. A diferença de tempo entre o ano em que se incorreu na despesa e o ano em que ela será paga cria a necessidade desses lançamentos.

As contas a pagar e despesas acumuladas são pagas em um exercício contábil posterior àquele em que os produtos ou serviços foram utilizados. É o oposto das despesas antecipadas, mercadorias e serviços pagos em um ano, mas só usados para produzir receita no ano seguinte. Exemplos de despesas antecipadas seriam sementes, fertilizante, pesticidas e ração adquiridos e pagos em dezembro para aproveitar descontos no preço, deduções de imposto de renda ou para garantir disponibilidade. Contudo, como só serão usados no ano-calendário seguinte, a despesa deve ser diferida até lá, para confrontar adequadamente as despesas com a receita gerada por elas. A cronologia do pagamento da despesa e do uso do produto é exatamente o oposto de uma conta a pagar; assim, o procedimento contábil é o oposto. Despesas antecipadas não devem ser incluídas nas despesas desse ano, pois não produziram receita nesse ano. Elas devem ser incluídas nas despesas do ano seguinte, garantindo que a escrituração do negócio confronte corretamente as despesas com sua receita relacionada no mesmo exercício.

O FFSC recomenda que os impostos de renda sejam incluídos na demonstração de resultados, tornando o resultado final a renda rural líquida *após impostos*. Porém, eles reconhecem que pode ser difícil estimar os

---

Quadro 5-2	Todos os gastos de caixa são uma despesa?

A resposta é: NÃO! Nem todos os gastos de caixa são despesas comerciais. Gastos de caixa com alimentação, vestuário, presentes e outros itens pessoais não são despesas comerciais. Despesas comerciais são apenas os itens necessários para produzir *commodities* agropecuárias e serviços, e, portanto, receita. Principal pago de empréstimos não é uma despesa, pois representa somente a devolução de bens emprestados. Juros, porém, são uma despesa, pois são o "aluguel" pago pelo uso do bem emprestado. Caixa pago para adquirir ativos depreciáveis não é uma despesa no ano da compra. Entretanto, é convertido em despesa ao longo do tempo por meio de uma despesa de depreciação anual.

Capítulo 5 A demonstração de resultados e sua análise **75**

tributos devidos sobre a renda rural, especialmente quando também houver renda não rural a se considerar. Para simplificar e por outras razões, os exemplos utilizados neste texto omitirão impostos de renda da demonstração de resultados, concentrando-se em estimar a renda rural líquida *antes de impostos*. Toda a discussão e o uso do termo renda rural líquida se referem à renda rural líquida antes de impostos, salvo se indicado de outra forma.

DEPRECIAÇÃO

Maquinário, construções e ativos semelhantes são comprados porque são necessários ou úteis na produção dos produtos agropecuários, que, por sua vez, produzem renda. Seu uso no processo produtivo ao longo do tempo faz com que eles envelheçam, desgastem-se e se tornem menos valiosos. Essa perda em valor é considerada uma despesa comercial, pois é um resultado direto do uso do ativo na produção de receita e lucro.

A *depreciação* é frequentemente definida como a perda anual de valor devida a uso,

desgaste, dano, idade e obsolescência técnica. É tanto uma despesa comercial que reduz o lucro anual como uma redução no valor do ativo. Que tipos de ativos seriam depreciados? Para ser depreciável, um ativo precisa ter as seguintes características:

1. Vida útil superior a um ano;
2. Vida útil determinável, mas não ilimitada;
3. Utilidade no negócio, para que a depreciação seja uma despesa *comercial* (perda de valor de um automóvel ou residência pessoal não é uma despesa comercial).

Exemplos de ativos depreciáveis em um estabelecimento rural seriam veículos, máquinas, equipamentos, construções, cercas, poços para animais e de irrigação e reprodutores comprados. Terra não é um ativo depreciável, pois tem uma vida útil ilimitada. Contudo, algumas benfeitorias da terra, como leitos de drenagem, podem ser depreciadas.

Quanto um ativo deprecia a cada ano? Podem ser usados diversos métodos ou equações matemáticas para calcular a depreciação anual. Entretanto, sempre se deve lembrar que são apenas estimativas da perda real de valor. A depre-

---

Quadro 5-3	Estimativa rápida da depreciação econômica

Um jeito rápido e fácil de estimar a depreciação econômica, utilizado pela Associação Comercial Rural de Iowa, é somar todos os valores de máquinas e equipamentos no início do ano, ajustar para compras, trocas ou vendas e, então, retirar 10% do valor. Para edificações, a Associação usa o mesmo tipo de fórmula, mas com um fator de 5% para se aproximar de um cálculo de saldo decrescente de 20 anos. Uma vantagem do uso deste método é que não é necessário controlar o valor de cada item.

Para maquinário e equipamento, a fórmula é:

Depreciação econômica = (Valor inicial + Compras ou trocas – Vendas) × 10%

Por exemplo, se o valor total de máquinas e equipamentos em 1º de janeiro

é US$ 345.000, um item avaliado em US$ 80.000 é adquirido e outro item avaliado em US$ 50.000 é vendido, a depreciação econômica de todas as máquinas e equipamentos seria aproximada como:

(US$ 345.000 + US$ 80.000 – US$ 50.000) × 10% = US$ 37.500

Este método se aproxima de um método de saldo decrescente de 100% em uma vida útil de 10 anos.

Após contabilizar a depreciação, o valor final das máquinas e equipamentos ao fim do ano seria:

(US$ 345.000 + US$ 80.000 – US$ 50.000 – US$ 37.500) = US$ 337.500.

ciação verdadeira só pode ser determinada encontrando-se o valor de mercado atual do ativo e comparando-o ao custo original. Isso exigiria uma avaliação profissional ou a venda do ativo.

Diversos termos utilizados em depreciação precisam ser definidos antes de examinarmos os métodos de depreciação. O *custo* é o preço pago pelo ativo, incluindo tributos, frete, instalação e demais despesas diretamente relacionadas à colocação do ativo em uso. A *vida útil* é o número esperado de anos em que o ativo será usado no negócio. Pode ser um pouco menor do que a vida potencial total do ativo, caso ele seja trocado ou vendido antes de ser completamente esgotado. O *valor residual* é o valor de mercado esperado do ativo ao fim de sua vida útil atribuída. Portanto, a diferença entre custo e valor residual é a depreciação total ou perda de valor esperada ao longo da vida útil.

O valor residual costuma ser um valor positivo. Contudo, pode ser zero se o ativo for usado até estar completamente esgotado, não possuindo valor como sucata ou ferro-velho naquele momento. Deve haver uma relação entre vida útil e valor residual. Quanto mais curta a vida útil, maior o valor residual, e vice-versa.

Valor contábil é outro termo relacionado à depreciação. Ele é igual ao custo do ativo menos a depreciação acumulada. Esta última é toda a depreciação entre a data de aquisição e a data corrente. O valor contábil está sempre entre o custo e o valor residual. Ele nunca é inferior ao valor residual, e é igual ao valor residual no fim da vida útil do ativo. Embora o valor contábil seja um modo de determinar o valor de um ativo, ele não deve ser confundido com valor de mercado. Tanto vida útil quanto valor residual são apenas estimativas feitas no momento em que o ativo é adquirido. É pouco provável que um ou ambos realmente sejam os valores efetivos. Portanto, o valor contábil e o valor de mercado só são iguais por acaso.

Métodos de depreciação

Podem ser empregados diversos métodos ou equações para calcular a depreciação anual. Não há uma única escolha correta para todos os negócios ou todos os ativos. A opção certa dependerá do tipo de ativo, seu padrão de uso ao longo do tempo, a velocidade com que seu valor de mercado declina e outros fatores. Os dois métodos de depreciação mais comuns são ilustrados nesta seção. Esses dois métodos, que podem ser usados para fins gerenciais, também formam a base dos métodos de depreciação usados para fins de imposto de renda, como exposto no Capítulo 16.

Linear

O método de cálculo de depreciação linear é amplamente usado. Este método fácil de usar atribui a mesma depreciação anual para cada ano inteiro da vida útil do item.

A depreciação anual pode ser calculada a partir da seguinte equação:

$$\frac{\text{Depreciação}}{\text{anual}} = \frac{\text{Custo} - \text{Valor residual}}{\text{Vida útil}}$$

A depreciação linear também pode ser calculada por um método alternativo, usando-se a equação:

$$\frac{\text{Depreciação}}{\text{anual}} = (\text{Custo} - \text{Valor residual}) \times R$$

tal que R é a taxa percentual linear anual, encontrada dividindo-se 100% pela vida útil (100% / vida útil). Por exemplo, imagine a compra de uma máquina por US$ 100.000, à qual é atribuído um valor residual de US$ 20.000 e uma vida útil de 10 anos. A depreciação anual usando a primeira equação seria:

$$\frac{\text{US\$ } 100.000 - \text{US\$ } 20.000}{10 \text{ anos}} = \text{US\$ } 8.000$$

Utilizando a segunda equação, a taxa percentual seria 100% / 10, ou 10%, e a depreciação anual seria:

$$(\text{US\$ } 100.000 - \text{US\$ } 20.000) \times 10\%$$
$$= \text{US\$ } 8.000$$

O resultado é o mesmo em ambos os procedimentos, e a depreciação total ao longo de 10 anos seria US$ 8.000 × 10 anos =

Capítulo 5 A demonstração de resultados e sua análise **77**

US$ 80.000, reduzindo o valor contábil da máquina ao seu valor residual de US$ 20.000.

Saldo decrescente

Há algumas variações ou tipos de depreciação de saldo decrescente. A equação básica de todos os tipos é:

$$\text{Depreciação anual} = (\text{Valor contábil no início do ano}) \times R$$

tal que R é um valor ou taxa percentual constante.

O mesmo valor R é usado para cada ano da vida útil do item, sendo multiplicado pelo valor contábil, que decresce todo ano em um valor igual à depreciação do ano anterior. Portanto, a depreciação anual decresce todo ano neste método. A taxa percentual é multiplicada pelo valor contábil de cada ano, e *não* pelo custo menos valor residual, como era feito pelo método linear.

Os diversos tipos de saldo decrescente advêm da determinação do valor de R. Em todos os tipos, o primeiro passo é calcular a taxa percentual linear (em nosso exemplo anterior, 10%). O método do saldo decrescente usa, então, um múltiplo da taxa linear, como 200% (ou o dobro), 150% ou 100%, como o valor de R. Se for escolhido um saldo decrescente duplo, R seria 200%, ou duas vezes a taxa linear. O valor de R seria determinado de forma semelhante para as outras variações da depreciação de saldo decrescente.

Utilizando o exemplo anterior, a taxa do saldo decrescente duplo seria 2 vezes 10%, ou 20%, e a depreciação anual seria calculada da seguinte maneira:

Ano 1: US$ 100.000 × 20% = US$ 20.000
Ano 2: US$ 80.000 × 20% = US$ 16.000
Ano 3: US$ 64.000 × 20% = US$ 12.800
Ano 4: US$ 51.200 × 20% = US$ 10.240
Ano 5: US$ 40.960 × 20% = US$ 8.192
Ano 6: US$ 32.768 × 20% = US$ 6.554
Ano 7: US$ 26.214 × 20% = US$ 5.243
Ano 8: US$ 20.791 × 20% = US$ 4.194

No ano 8, se fossem descontados US$ 4.194 como depreciação, o valor contábil cairia para US$ 16.777, US$ 3.223 a menos do que o valor residual de US$ 20.000. Correspondentemente, a depreciação no ano 8 deve ser ajustada para US$ 972, o valor de depreciação restante após se atingir o valor residual. Nos anos 9 e 10, não há depreciação restante.

Esse exemplo não é incomum, já que o saldo decrescente duplo, com um valor residual diferente de zero, geralmente faz com que a depreciação permissível máxima seja registrada antes do fim da vida útil, com a depreciação devendo parar quando o valor contábil se iguala ao valor residual.

Observe também que o método do saldo decrescente nunca reduz o valor contábil a zero. Com um valor residual de zero, é necessário passar para depreciação linear em algum momento, a fim de obter toda a depreciação permissível ou tomar toda a depreciação permissível no último ano. A prática comum é passar para linear sobre o valor restante pela vida útil restante quando resulta uma depreciação igual ou maior em comparação a continuar usando saldo decrescente duplo. Se a máquina de US$ 100.000 do exemplo anterior tivesse um valor residual de zero, então, no ano 7, aplicar linear ao valor restante (US$ 26.214) pela vida útil restante (4 anos) resultaria em uma depreciação de US$ 6.554, o mesmo que o saldo decrescente duplo, e a troca seria feita aí. Nesse método, para os anos 7, 8, 9 e 10, a depreciação anual seria, então, de US$ 6.554, sendo atingido um valor residual de zero.

Se for usado um saldo decrescente de 150%, R é uma vez e meia maior que a taxa linear, ou 15%, no caso. A depreciação anual dos 3 primeiros anos seria:

Ano 1: US$ 100.000 × 15% = US$ 15.000
Ano 2: US$ 85.000 × 15% = US$ 12.750
Ano 3: US$ 72.250 × 15% = US$ 10.838

A depreciação de cada ano é menor do que se fosse usado o saldo decrescente duplo, e, portanto, o valor contábil cai a uma taxa mais lenta.

Depreciação para ano parcial

O exemplo usado aqui pressupôs que o ativo fora comprado no início do ano, com uma depreciação de ano completo naquele ano. Um ativo adquirido durante o ano teria a depreciação do primeiro ano dividida proporcionalmente de acordo com a porção do ano em que foi possuído. Por exemplo, um trator comprado em 1º de abril faria jus a 9/12 da depreciação de um ano inteiro, e uma picape comprada em 1º de outubro só teria 3/12 da depreciação anual no ano da compra. Sempre que houver uma depreciação de ano parcial no primeiro ano, haverá menos que um ano inteiro de depreciação no ano final de depreciação. Como será discutido no Capítulo 16, o fisco norte-americano possui regras específicas para depreciação de itens com base na data de aquisição.

Comparação dos métodos de depreciação

A Figura 5-2 traça a depreciação anual em ambos os métodos de depreciação, com base em um ativo de US$ 100.000, com valor residual de US$ 20.000 e vida útil de 10 anos. A depreciação anual é diferente nos dois métodos. O saldo decrescente duplo possui uma depreciação anual mais alta nos primeiro anos do que a linear, sendo o inverso verdadeiro nos últimos anos.

A escolha do método de depreciação não muda a depreciação *total* ao longo da vida útil. Isso é determinado pelo custo e pelo valor residual (US$ 100.000 − US$ 20.000 = US$ 80.000, nesse exemplo), sendo o mesmo qualquer que seja o método de depreciação. Os diferentes métodos só espalham ou alocam os US$ 80.000 em padrões diferentes ao longo da vida útil de 10 anos. O método de depreciação mais apropriado dependerá do tipo de ativo e do uso a ser feito do valor contábil resultante. Por exemplo, o valor de mercado de veículos, tratores e outras máquinas motorizadas tende a cair mais rapidamente nos primeiros anos de vida e mais lentamente nos últimos. Se for importante que a depreciação desses itens se aproxime o máximo possível de seu declínio em valor, provavelmente se deverá usar o saldo decrescente. Ativos como

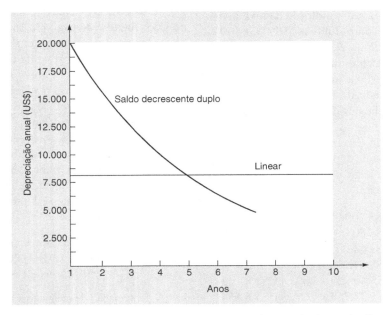

Figura 5-2 Comparação da depreciação anual com dois métodos de depreciação.

cercas e edificações possuem pouco ou nenhum valor de mercado sem a terra à qual estão ligados e proporcionam um fluxo de serviços produtivos razoavelmente uniforme ao longo do tempo. A depreciação linear talvez seja o método de depreciação mais adequado para usar. Uma vez que o valor da depreciação anual depende do método de depreciação utilizado, o mesmo vale para o valor contábil ao fim de cada ano. Com a linear, o valor contábil diminui na depreciação anual constante de cada ano, por exemplo, de US$ 100.000 para US$ 20.000 ao longo da vida útil. Usar o saldo decrescente duplo faz com que o valor contábil diminua mais rapidamente nos primeiros anos, pois a depreciação anual é mais alta. O valor contábil cai mais devagar nos anos finais da vida útil do que com a linear. Qualquer que seja o método empregado, o valor contábil será igual ao valor residual no fim da vida útil. Também deve ser observado que o fisco norte-americano possui métodos de depreciação

específicos que devem ser usados e que talvez não reflitam a depreciação econômica. Esses métodos serão apresentados no Capítulo 16.

FORMATO DA DEMONSTRAÇÃO DE RESULTADOS

A maioria dos lançamentos da demonstração de resultados já foi mencionada, mas diversos itens ainda precisam ser mais bem explicados. As linhas gerais da demonstração de resultados apresentada na Tabela 5-5 seguem um dos formatos recomendados pelo FFSC. De forma muito condensada, a estrutura básica é:

Receita total

Menos despesas totais

Igual a renda rural líquida das operações

Mais ou *menos* ganho/perda com venda de ativos de capital

Igual a renda rural líquida

Tabela 5-1 Formato da demonstração de resultados

Receita:	Impostos imobiliários
	Seguro
Venda de cultivos à vista	Arrendamento de terra à vista
Venda de animais à vista	Outros: _____
Vendas de produtos pecuários	_____
Verbas de programas governamentais	_____
Outras rendas rurais	Ajustes
Mudanças no estoque:	Mudança nas contas a pagar
Cultivos	Mudança nas despesas acumuladas
Animais destinados ao mercado	Mudança nas despesas antecipadas
Alteração no valor do rebanho reprodutor criado	Mudança nos suprimentos não usados
Ganho/perda com venda de rebanho	Mudança no investimento no cultivo agrícola
reprodutor para abate	Depreciação
Mudança nas contas a receber	Total de despesas operacionais
Receita total	Juros pagos em caixa
	Mudança nos juros acumulados
Despesas:	Despesa total com juros
	Despesas totais
Ração e grãos comprados	Renda rural líquida de operações
Animais destinados ao mercado comprados	Ganho/perda com venda de ativos de capital:
Outras despesas operacionais de caixa:	Maquinário
Despesas agrícolas	Terra
Despesas pecuárias	Outros
Combustível, óleo	Renda rural líquida
Mão de obra	
Reparos, manutenção	

Todos os ganhos/perdas com a venda de animais de criação descartados são exibidos na seção de receitas, mas outros ganhos/perdas constam em uma seção separada no fim da demonstração de resultados. A razão para colocar estes últimos na receita é que a venda de animais de criação descartados é uma parte normal, esperada e usual das atividades produtivas correntes do negócio. Embora o FFSC recomende a inclusão de todos os ganhos/perdas na renda rural líquida, ele recomenda que aqueles relativos a maquinário e terra – juntamente com benfeitorias, como edificações e cultivos permanentes – sejam apresentados separadamente. Ganhos/perdas advindos da venda desses ativos são menos frequentes, resultam de investimento, em vez de atividades produtivas, e podem ser grandes. Logo, a renda rural líquida das operações é o lucro oriundo das atividades produtivas correntes e normais. A renda rural líquida inclui esse valor mais todos os ganhos/perdas com venda de terra e suas benfeitorias, edifícios e maquinário. Apresentar esses itens separadamente no final da demonstração de resultados permite que o usuário verifique rapidamente se eles tiveram um efeito desmesurado sobre a renda rural líquida.

Juros de caixa pagos, juros acumulados e juros totais são postos separados das demais despesas. Embora amiúde categorizados como uma despesa operacional, a posição do FFSC é de que juros são um resultado de atividades financeiras, e não produtivas. Portanto, não devem ser incluídos nas despesas operacionais diretas associadas à produção agropecuária. Essa separação também facilita ao usuário encontrar e registrar o valor da despesa com juros ao realizar uma análise da demonstração de resultados.

O outro formato de demonstração de resultados recomendado pelo FFSC calcula o *valor da produção rural* como etapa intermediária. De forma condensada, esse formato possui a seguinte estrutura:

Receita total

Menos custo da ração e grãos adquiridos

Menos custo de animais destinados ao mercado adquiridos

Igual a valor da produção rural

Menos todas as outras despesas

Igual a renda rural líquida das operações

Mais ou *menos* ganho/perda com venda de ativos de capital

Igual a renda rural líquida

O valor da produção rural mede o valor em dinheiro de todas as mercadorias e serviços produzidos pelo negócio rural. Toda a ração, grãos e animais de mercados comprados foram produzidos por outro estabelecimento agropecuário, não devendo ser creditados a este negócio. Subtrair o custo desses itens da receita total resulta em um valor de produção "líquido". Qualquer aumento no valor obtido dando-se ração e grãos comprados a animais comprados acabará sendo creditado ao negócio analisado por meio de receita com vendas ou aumento de estoque.

O valor da produção rural é uma medida útil da escala do estabelecimento ao se analisar um negócio rural, sendo usado também para calcular outras medidas. Embora o FFSC não exija o uso do formato que apresenta o valor da produção rural, ele reconhece sua utilidade. Portanto, para o formato mostrado na Tabela 5-1, eles recomendam que o custo da ração e dos grãos comprados e animais destinados ao mercado comprados seja apresentado primeiro, separado das outras despesas operacionais. Isso facilita ao usuário encontrar os valores necessários para calcular o valor da produção rural.

AJUSTES POR COMPETÊNCIA EM UMA DEMONSTRAÇÃO DE RESULTADOS COM BASE EM CAIXA

Apesar de o FFSC incentivar o uso do regime de competência, ele reconhece que o regime de caixa ainda é usado e provavelmente continuará sendo usado por algum tempo pela maioria dos agropecuaristas. A simplicidade e vantagens de imposto de renda explicam sua popularidade. No entanto, a renda rural líquida obtida com um sistema contábil por caixa pode ser enganosa, resultando em decisões ruins se usada para fins gerenciais.

O FFSC recomenda que todos que usam o regime de caixa convertam a renda rural líquida resultante para uma renda rural líquida *ajustada por competência* ao fim de cada ano. Esse valor pode, então, ser usado para análise e tomada de decisão. A demonstração de resultados com base em caixa só inclui recebimentos em caixa, despesas em caixa e depreciação, então há diversos ajustes a se fazer. A Figura 5-3 mostra os ajustes necessários e o procedimento recomendado.

Ajuste dos recebimentos

Há dois ajustes para recebimentos de caixa: mudança nos valores de estoque e nas contas a receber. Devem ser feitos ajustes nos estoques de grãos, animais de mercado e animais de criação própria. O valor inicial de estoque é subtraído dos recebimentos de caixa, pois esse estoque foi vendido (ou consumido de outro modo) ao longo do ano, e as vendas foram incluídas como recebimentos de caixa. O valor final de estoque é somado aos recebimentos de caixa, pois essa é a produção do ano corrente que ainda não foi vendida.

O processo para as contas a receber é o mesmo. As contas a receber iniciais são subtraídas dos recebimentos de caixa, já que esse valor foi cobrado durante o ano e lançado

Figura 5-3 Ajustes para obter a renda rural líquida ajustada por competência a partir de uma demonstração de resultados com base em caixa.

Fonte: Adaptado de *Financial Guidelines for Agricultural Producers*, Recomendações do Conselho de Padrões Financeiros Rurais (Revisado), 1997.

como recebimentos de caixa. As contas a receber finais são somadas, pois representam a produção durante o ano passado que ainda não apareceu nos recebimentos de caixa. Um procedimento alternativo para estoques e contas a receber é subtrair os valores iniciais dos valores finais e registrar apenas a diferença ou mudança. Essa mudança pode ser um ajuste positivo ou negativo aos recebimentos de caixa.

Ajustes das despesas

Existem diversos ajustes aos desembolsos de caixa ou despesas, incluindo contas a pagar e despesas acumuladas. Eles frequentemente são os maiores ajustes de despesas, e os juros acumulados costumam ser a maior despesa acumulada. Tanto contas a pagar quanto despesas acumuladas são despesas que ajudaram a produzir renda durante o exercício contábil, mas para as quais ainda não foi gasto caixa. O caixa será gasto no ano seguinte. Fazer os ajustes exibidos na Figura 5-3 coloca essas despesas no ano correto, aquele em que elas ajudaram a produzir receita.

Despesas antecipadas, suprimentos e investimento no cultivo agrícola são outros ajustes às despesas de caixa, mas preste atenção ao procedimento diferente de ajuste. Os valores *iniciais* são acrescentados aos desembolsos de caixa, enquanto os valores *finais* são subtraídos. Este procedimento é diferente dos outros dois ajustes de despesa, pois a cronologia dos desembolsos de caixa é diferente. Nas despesas antecipadas, estoques de suprimentos e investimento no cultivo agrícola, foi gasto caixa durante o exercício contábil anterior, mas ele só gerará receita no exercício seguinte. Os sinais diferentes nos valores iniciais e finais dão conta de forma adequada da diferença na cronologia, resultando nas despesas operacionais ajustadas por competência corretas.

Esse processo de ajuste é bastante simples, mas demanda algum esforço e atenção a detalhes. É preciso saber o valor em dinheiro de cada item no início do ano e, novamente, no fim do ano. Esses valores não fazem parte de um sistema contábil em regime de caixa; assim, precisam ser medidos e registrados de algum outro jeito. Esse processo de ajuste resultará na renda rural líquida ajustada por competência correta somente se todos os ajustes lançados possuírem os mesmos valores que teriam tido se tivesse sido usado um sistema em regime de competência. O método mais exato (e o que mantém todos os registros financeiros coerentes e correlacionados) é usar valores retirados dos balanços de início e de fim de ano.

A Tabela 5-2 apresenta o cálculo dos ajustes de competência que a E. U. Agropecuária terá que fazer para elaborar sua demonstração de resultados. Para completar uma tabela de ajuste de competência, são tirados valores dos dois balanços patrimoniais correspondentes ao primeiro e ao último dia do exercício contábil (no caso, um ano), encontrando-se a diferença entre esses valores. Por exemplo, os estoques de cultivos foram avaliados em US$ 32.000 no início do ano e em US$ 40.640 no fim do ano – um aumento de US$ 8.640. Esse aumento é mostrado como um número positivo na coluna que reflete a mudança em valor. Cálculos similares são realizados para todos os outros ajustes de competência. Para as contas a pagar, por exemplo, o valor inicial é subtraído, e o valor final é acrescentado, como indicado na Figura 5-3. Para despesas antecipadas, em contraste, o valor inicial é acrescentado, e o valor final é subtraído para encontrar o ajuste de competência, como também é indicado na Figura 5-3.

ANÁLISE DA RENDA RURAL LÍQUIDA

A Tabela 5-3 contém uma demonstração de resultados completa com base em competência para a E. U. Agropecuária. Ela apresenta uma renda rural líquida de operações de US$ 45.486 e uma renda rural líquida de US$ 46.286. O negócio apresenta lucro no ano, mas ele é um negócio "lucrativo"? A lucratividade diz respeito ao tamanho do lucro em relação ao tamanho do negócio. O tamanho é

Tabela 5-2 Ajustes de competência na demonstração de resultados

	Valor no início do exercício	Valor no fim do exercício		Mudança no valor
Itens de receita				
Estoques de cultivos	–32.000	+40.640	=	8.640
Estoques de animais destinados ao mercado	–22.000	+22.400	=	400
Contas a receber	–2.120	+3.570	=	1.450
Itens de despesa acumulados e não pagos				
Contas a pagar	–3.620	+3.500	=	–120
Despesas a pagar	–1.290	+1.800	=	510
Juros acumulados	–12.080	+12.300	=	220
Itens de despesa pagos e não acumulados				
Despesas antecipadas	+646	–780	=	–134
Suprimentos não usados	+520	–860	=	–340
Investimento no cultivo agrícola	+5.000	–5.000	=	0

medido pelo valor dos recursos empregados para produzir o lucro. Um negócio pode registrar lucro, mas possuir uma classificação de lucratividade ruim se o lucro for pequeno em comparação ao tamanho do negócio. Por exemplo, dois estabelecimentos agropecuários com a mesma renda rural líquida não são igualmente lucrativos se um utilizou o dobro de terra, mão de obra e capital do que o outro para produzir seu lucro.

A lucratividade é uma medida da eficiência do negócio no uso de seus recursos para gerar lucro ou renda rural líquida. O FFSC recomenda cinco medidas de lucratividade: (1) renda rural líquida; (2) taxa de retorno sobre ativos rurais; (3) taxa de retorno sobre patrimônio rural; (4) razão de margem de lucro operacional; e (5) lucro antes de juros, impostos, depreciação e amortização (LAJIDA). Também é possível calcular o retorno sobre a mão de obra não remunerada e a gestão do operador, separadas ou juntas, outra medida comum de lucratividade.

Renda rural líquida

Como apresentado na demonstração de resultados, a renda rural líquida é o valor em que as receitas excedem as despesas mais qualquer ganho ou perda na venda de ativos de capital. Ela também pode ser pensada como o valor disponível para dar um retorno ao operador pela mão de obra não remunerada, gestão e capital social usado para produzir aquela renda rural líquida. Como discutido anteriormente, ela é um valor absoluto em dinheiro, o que dificulta a utilização da renda rural líquida por si só como uma medida de lucratividade. Ela deve ser considerada mais um ponto de partida para analisar a lucratividade do que uma boa medida de lucratividade em si.

Rentabilidade dos ativos

Rentabilidade dos ativos (RDA) é o termo usado pelo FFSC, mas o mesmo conceito já foi chamado de retorno sobre capital ou retorno sobre investimento (RSI). Ela mede a lucratividade por meio de um coeficiente obtido dividindo-se o retorno em dinheiro dos ativos pelo valor médio dos ativos rurais durante o ano. Este último valor é encontrado fazendo-se a média entre os valores inicial e final dos ativos totais a partir dos balanços patrimoniais do estabelecimento. Expressar a RDA como

84 Parte II Mensuração do desempenho gerencial

Tabela 5-3 Demonstração de resultados da E. U. Agropecuária no exercício com fim em 31 de dezembro de 2012

Receita:			
Venda de cultivos à vista	US$ 284.576	Reparos, manutenção	7.960
Venda de animais à vista	88.112	Impostos imobiliários	2.700
Vendas de produtos pecuários	0	Seguro	3.240
Verbas de programas governamentais	22.500	Arrendamento de terra à vista	8.500
Outras rendas rurais	0	Outros: Contas de serviços essenciais	3.780
Mudanças no estoque:		Ajustes	
Cultivos	8.640	Mudança nas contas a pagar	(120)
Animais destinados ao mercado	400	Mudança nas despesas acumuladas	510
Alteração no valor do rebanho reprodutor criado	0	Mudança nas despesas antecipadas	(134)
Ganho/perda com venda de rebanho reprodutor para abate	870	Mudança nos suprimentos não usados	(340)
Mudança nas contas a receber	1.450	Mudança no investimento no cultivo agrícola	0
Receita total	US$ 406.548	Depreciação	16.000
		Total de despesas operacionais	US$ 342.991
Despesas:			
Ração e grãos comprados	11.550	Juros pagos em caixa	17.851
Animais de mercado comprados	22.720	Mudança nos juros acumulados	220
Outras despesas operacionais de caixa:		Despesa total com juros	US$ 18.071
Despesas agrícolas	190.940	Despesas totais	US$ 361.062
Despesas pecuárias	43.845	Renda rural líquida de operações	US$ 45.486
Combustível, óleo	31.840	Ganho/perda com venda de ativos de capital	
Mão de obra	0	Maquinário	800
		Terra	0
		Outros	0
		Renda rural líquida	US$ 46.286

uma porcentagem oferece uma comparação fácil com os mesmos valores de outras propriedades, ao longo do tempo para a mesma propriedade e com a rentabilidade de outros investimentos. A equação é:

$$\text{Rentabilidade dos ativos (\%)} = \frac{\text{Retorno dos ativos (US\$)}}{\text{Média dos ativos (US\$)}} \times 100$$

A rentabilidade dos ativos é o retorno em dinheiro sobre o capital próprio e de terceiros; portanto, a renda rural líquida de operações precisa ser ajustada. Os juros sobre capital de terceiros foram deduzidos como despesa ao se calcular a renda rural líquida de operações. Esses juros devem ser acrescentados de volta à renda rural líquida de operações ao se calcular o retorno dos ativos. Essa etapa elimina as despesas provenientes do tipo e valor de financiamento usado pelo negócio. O resultado é igual ao que a renda rural líquida de operações *teria sido* se não tivesse havido capital de terceiros e, portanto, despesas com juros. Para a E. U. Agropecuária, os cálculos são:

Renda rural líquida de operações US$ 45.486
Mais despesa com juros US$ 18.071
Igual a renda rural líquida de
operações ajustada US$ 63.557

Essa teria sido a renda rural líquida de operações da Agropecuária se não tivesse havido capital emprestado ou se tivesse havido 100% de capital patrimonial no negócio.

Também é preciso fazer um ajuste para a mão de obra não remunerada e a gestão provida pelo operador rural e sua família. Sem esse ajuste, a parte da renda rural líquida de operações creditada aos ativos também incluiria a contribuição da mão de obra e gestão à geração daquela renda. Portanto, deve-se subtrair uma taxa de mão de obra não remunerada e gestão da renda rural líquida de operações ajustada a fim de se encontrar a rentabilidade efetiva dos ativos em dinheiro. Não há como saber exatamente qual parte dessa renda foi obtida com essa mão de obra e gestão, então são usados custos de oportunidade como estimativas.

Assumindo-se um custo de oportunidade de US$ 40.000 pela mão de obra não remunerada fornecida por E. U. e outros familiares, mais US$ 5.000 pela gestão, os cálculos são:

Renda rural líquida de
operações ajustada US$ 63.557
Menos custo de oportunidade da
mão de obra não remunerada US$ –40.000
Menos custo de oportunidade
da gestão US$ –5.000
Igual a rentabilidade dos ativos US$ 18.557

A etapa final é converter essa rentabilidade dos ativos em dinheiro para uma porcentagem dos ativos totais, o valor em dinheiro de todo o capital investido no negócio. Um problema imediato é: qual valor de ativos totais usar, com base em custo ou mercado? Embora qualquer um deles possa ser utilizado, o valor com base no mercado é geralmente usado, pois representa o investimento corrente no negócio e possibilita uma comparação melhor das RDAs entre estabelecimentos. Também torna a RDA resultante comparável à rentabilidade que esses ativos poderiam atingir em outros investimentos, caso os ativos fossem convertidos em caixa aos valores de mercado atuais e investidos alhures. Contudo, a base de custo dá uma indicação melhor do retorno sobre os fundos reais investidos, sendo o melhor indicador para análise de tendências.

Como mostrado no Capítulo 4, o valor total de ativos da E. U. Agropecuária, com base no mercado, era US$ 1.068.750 em 1º de janeiro de 2012. Supondo-se um valor de US$ 1.030.755 em 31 de dezembro de 2012, o valor médio dos ativos nesse período foi US$ 1.049.753. Logo, a rentabilidade dos ativos da E. U. Agropecuária em 2012 foi:

$$\text{RDA} = \frac{\text{US\$ 18.557}}{\text{US\$ 1.049.753}} = 0,0177 \text{ ou } 1,77\%$$

Essa RDA de 1,77% representa o retorno do capital investido no negócio após se ajustar a renda rural líquida de operações pelo custo de

86 Parte II Mensuração do desempenho gerencial

oportunidade de mão de obra e gestão. A "lucratividade" do estabelecimento agropecuário pode agora ser julgada comparando-se essa RDA à de estabelecimentos semelhantes, às rentabilidades de outros investimentos possíveis, ao custo de oportunidade do capital do estabelecimento e a RDAs anteriores do mesmo estabelecimento.

Outras considerações

Devem ser observadas várias coisas quando se calcula e analisa a RDA. Primeiro, o FFSC recomenda que se use a renda rural líquida de operações em vez da renda rural líquida. Ganhos ou perdas com venda de ativos de capital incluídos neste último valor são de natureza esporádica, podem ser muito grandes e não representam a renda gerada pelo uso dos ativos nas atividades produtivas normais do negócio, portanto não devem ser incluídos em cálculos da eficiência do uso dos ativos na geração de lucro. Segundo, os custos de oportunidade de mão de obra e gestão são estimativas, e alterá-los afetaria a RDA. Terceiro, só devem ser feitas comparações de RDAs após se certificar de que todas elas foram calculadas da mesma forma e que foi usado o mesmo método de avaliação de ativos. Recomenda-se avaliação por mercado para fins de comparação; avaliação por custo é recomendada para a verificação de tendências no mesmo estabelecimento. Quarto, o valor de ativos pessoais ou não rurais que tenham sido incluídos no balanço patrimonial deve ser subtraído dos ativos totais. Da mesma forma, rendimentos não rurais, como juros sobre poupanças pessoais, não devem se incluídos na renda rural. A RDA calculada deve ser relativa a rendimentos rurais gerados por ativos rurais. Por fim, a RDA é uma rentabilidade média, e não marginal. Ela não deve ser usada ao se tomarem decisões sobre investimento em ativos adicionais, quando o retorno marginal é o valor importante.

Taxa de retorno sobre patrimônio

O retorno sobre ativos é o retorno sobre todos os ativos ou capital investidos no negócio. Na maioria dos estabelecimentos agropecuários, há uma mistura de capital de dívida e patrimonial (social ou societário). Outra medida importante da lucratividade é o retorno sobre patrimônio (RSP), o retorno sobre a porção do proprietário do capital investido. Caso o negócio fosse liquidado e os passivos fossem quitados, somente o capital patrimonial estaria disponível para investimentos alternativos.

O cálculo do retorno sobre patrimônio começa diretamente com a renda rural líquida de operações. Não são necessários ajustes de despesa com juros. Juros são o pagamento pelo uso de capital emprestado e devem ser deduzidos como despesa antes de se calcular o retorno sobre patrimônio. Os juros já foram deduzidos ao se calcular a renda rural líquida de operações. Contudo, o custo de oportunidade da mão de obra e gestão do operador e sua família deve novamente ser subtraído; assim, o RSP não inclui a contribuição deles para a geração de renda.

Continuando com o exemplo da E. U. Agropecuária, o retorno sobre patrimônio em dinheiro seria:

Renda rural líquida de operações	US$ 45.486
Menos custo de oportunidade da mão de obra não remunerada	– 40.000
Menos custo de oportunidade da gestão	– 5.000
Igual a retorno sobre patrimônio	US$ 486

A taxa de retorno sobre o patrimônio é calculada a partir da equação:

$$\text{Taxa de retorno sobre patrimônio (\%)} = \frac{\text{Retorno sobre patrimônio (US\$)}}{\text{Patrimônio médio (US\$)}} \times 100$$

O patrimônio médio do ano é usado como divisor, sendo a média do patrimônio inicial e final (com base em custo ou mercado) do ano. O retorno sobre patrimônio também é expressado como porcentagem, para permitir uma fácil comparação entre estabelecimentos e com outros investimentos.

Supondo um patrimônio médio com base no mercado de US$ 725.788, o retorno sobre patrimônio da E. U. Agropecuária seria:

$$RSP = \frac{US\$\ 486}{US\$\ 725.788} = 0,0007 = 0,07\%$$

O RSP pode ser maior ou menor que a rentabilidade dos ativos, dependendo da relação da RDA com a taxa de juros média sobre o capital emprestado. Se a RDA for maior que a taxa de juros paga sobre o capital emprestado, essa margem extra, ou retorno acima da taxa de juros, acumula em favor do capital patrimonial. Seu retorno torna-se maior do que o retorno médio sobre ativos totais. Inversamente, se o retorno sobre ativos for menor que a taxa de juros sobre capital emprestado, o retorno sobre patrimônio será menor que o retorno sobre ativos. Um pouco dos rendimentos do capital patrimonial teve que ser usado para compensar a diferença quando os juros foram pagos, assim reduzindo o RSP. Sendo i a taxa de juros sobre a dívida, essas relações podem ser sintetizadas como segue:

Se RDA > i, então RSP > RDA
Se RDA < i, então RSP < RDA

Em ambas essas relações, a diferença absoluta entre os dois valores depende de outro fator: o montante da dívida comparada ao patrimônio. Se RDA > i e a dívida for grande em relação ao patrimônio, o RSP poderá ser muito maior que a RDA. O montante relativamente grande de dívida gera muito dinheiro de retorno acima do custo dos juros, o que, por sua vez, contribui para o retorno auferido pelo montante relativamente pequeno do capital patrimonial em si. Isso pode resultar em um RSP grande. Contudo, uma combinação de dívida relativa grande e RDA < i tem o efeito oposto. Pode ser necessário todo ou mais que o retorno sobre patrimônio para compensar a diferença entre o retorno gerado pelo capital de dívida e os juros pagos por ele. O RSP pode ficar negativo, significando que deve ser usado patrimônio para pagar parte dos juros. Muitos anos dessa relação podem levar à insolvência.

Embora o RSP seja positivo nesse exemplo, ele está muito próximo de zero, sendo inferior à RDA. Assim, apesar de a renda rural líquida desse estabelecimento agropecuário ter sido positiva em 2012, ele não parece muito lucrativo. No próximo capítulo, a lucratividade do estabelecimento será comparada à de outros estabelecimentos semelhantes, e possíveis problemas serão investigados.

Razão de margem de lucro operacional

Este índice calcula o lucro operacional como porcentagem da receita total. Um valor mais alto quer dizer que o negócio está obtendo mais lucro por unidade monetária de receita. A primeira etapa para calcular a razão de margem de lucro operacional é encontrar o valor absoluto em dinheiro do lucro operacional. O processo é:

Renda rural líquida de operações

Mais despesa com juros

Menos custo de oportunidade de mão de obra não remunerada

Menos custo de oportunidade de gestão

Igual a lucro operacional

Acrescentam-se os juros de volta à renda rural líquida de operações para eliminar o efeito da dívida sobre o lucro operacional. Isso possibilita que a razão de margem de lucro operacional se concentre exclusivamente no lucro auferido com a produção de *commodities* agropecuárias, sem contabilizar o montante da dívida, que pode variar consideravelmente de estabelecimento para estabelecimento. Eliminar essa variável permite uma comparação válida desse coeficiente entre diferentes estabelecimentos. Para reconhecer que a mão de obra não remunerada e a gestão contribuíram para gerar o lucro, os custos de oportunidade são sub-

88 Parte II Mensuração do desempenho gerencial

Quadro 5-4	Fontes de dados comparativos

Muitas vezes, é difícil julgar os pontos fortes ou fracos dos resultados de uma análise de renda rural líquida sem comparar os resultados aos de estabelecimentos semelhantes. Uma fonte de dados comparativos são associações de gestão de negócios rurais, que existem em muitos Estados com um número grande de estabelecimentos agropecuários. Essas associações auxiliam agricultores e pecuaristas em sua escrituração durante o ano, fazendo uma análise financeira rural completa para eles no fim do ano. Os valores médios e os dos quartos ou terços superior e inferior de todos os associados geralmente são divulgados para o público. Muitas vezes, os valores médios dos estabelecimentos classificados por tamanho, região ou principal empreendimento são disponibilizados também. Pode-se obter informação sobre as associações do seu Estado e informações publicadas junto aos diretores de extensão do seu condado ou no site do departamento de economia rural das faculdades de agronomia.

---

traídos. Isso torna os resultados comparáveis aos de negócios em que toda a mão de obra e gestão é contratada, já que essas despesas já foram deduzidas no cálculo da renda rural líquida de operações.

A equação da razão de margem de lucro operacional é:

$$\text{Razão de margem de lucro operacional} = \frac{\text{Lucro operacional}}{\text{Receita total}} \times 100$$

A razão de margem de lucro operacional da E. U. Agropecuária seria:

$$\frac{\text{US\$ } 45.486 + 18.071 - 40.000 - 5000}{\text{US\$ } 406.548} = \frac{0{,}0456}{\text{ou } 4{,}6\%}$$

Isso significa que, em média, para cada dólar de receita, restaram 4,6 centavos de lucro após se pagar a despesa operacional necessária para gerar esse dólar. Estabelecimentos com uma razão de margem de lucro operacional baixa devem se concentrar em melhorar esse coeficiente antes de expandir a produção. É de pouca valia aumentar a receita total se há pouco ou nenhum lucro por dólar de receita. A renda rural líquida está relacionada tanto à razão de margem de lucro operacional, uma medida de lucratividade, quanto à receita total, que mede o volume do negócio.

Lucro antes de juros, impostos, depreciação e amortização

O FFSC observa que os analistas comerciais geralmente começam com o lucro antes de juros, impostos, depreciação e amortização (LAJIDA, também conhecido como EBITDA, do inglês *earnings before interest, taxes, depreciation and amortization*) como uma medida da capacidade potencial de pagamento de dívida, comparando essa cifra aos pagamentos totais de juros ou aos pagamentos de principal e juros.[1] A fórmula básica é:

Renda rural líquida de operações	US$ 45.486
Mais despesa de juros	18.071
Mais despesa de depreciação e amortização	16.000
Igual a lucro antes de juros, impostos, depreciação e amortização (LAJIDA)	US$ 79.557

O estabelecimento rural do nosso exemplo não possui despesas de amortização. Despesas de amortização podem decorrer do tratamento contábil de ativos intangíveis (ou bens incorpóreos), como patentes de inven-

---

[1] Nos termos dos GAAP (princípio contábeis geralmente aceitos), não há exigência jurídica de que empresas negociadas em bolsa informem o LAJIDA.

ções, para distribuir o custo ao longo da vida útil esperada do benefício associado.

É importante observar que o LAJIDA ignora gastos de capital, que podem ser grandes em algumas operações, assim superestimando significativamente o caixa à disposição para capacidade de pagamento (pagamento de empréstimos). Aprenderemos mais sobre medidas de capacidade de pagamento no Capítulo 6, e, no Capítulo 13, aprenderemos sobre o orçamento de fluxo de caixa, o modo mais exato de estimar fluxo de caixa ao longo do próximo exercício contábil.

Retorno sobre mão de obra e gestão

A renda rural líquida foi descrita como a quantia disponível para dar retorno por mão de obra não remunerada, gestão e capital patrimonial. Foi calculada uma taxa de retorno sobre patrimônio em uma seção anterior, e, de maneira parecida, é possível calcular um retorno sobre mão de obra e gestão. Esta medida de lucratividade não é uma das recomendadas pelo FFSC, mas é amplamente usada. O retorno sobre mão de obra e gestão é um montante em dinheiro que representa a parte da renda rural líquida de operações que resta para pagar pela mão de obra e gestão do operador depois que todo o capital (valor total de ativos) recebe um retorno igual ao seu custo de oportunidade.

O procedimento é semelhante ao usado para calcular retornos sobre ativos e patrimônio, exceto que o resultado é expressado em moeda, e não como razão ou porcentagem. O retorno sobre mão de obra e gestão é calculado como segue, usando-se a mesma renda rural líquida de operações ajustada da seção sobre RDA:

Renda rural líquida de operações ajustada

Menos custo de oportunidade de todo o capital

Igual a retorno sobre mão de obra e gestão

Se assumirmos o custo de oportunidade do capital da E. U. Agropecuária como 5%, o custo de oportunidade de todo o capital (valor médio dos ativos) é de US$ 1.049.753 × 5% = US$ 52.488. Portanto, após ser atribuído a todo o capital um retorno igual ao seu custo de oportunidade, a mão de obra e gestão da E. U. Agropecuária gerou US$ 63.557 – 52.488 = US$ 11.069.

Assumindo-se que os custos de oportunidade da mão de obra e gestão da E. U. Agropecuária eram de US$ 40.000 e US$ 5.000, respectivamente, os US$ 11.069 indicam que capital, mão de obra, gestão ou alguma combinação dos três não recebeu um retorno igual ao seu custo de oportunidade. Infelizmente, não há como determinar qual teve ou não teve um retorno igual ou superior ao seu custo de oportunidade.

Retorno sobre mão de obra

O retorno sobre mão de obra e gestão pode ser usado para calcular o retorno sobre mão de obra apenas. Com o custo de oportunidade do capital já deduzido, o único passo remanescente é subtrair o custo de oportunidade de gestão.

Retorno sobre mão de obra
e gestão   US$ 11.069
Menos custo de oportunidade
da gestão   – 5.000
Igual a retorno sobre mão de obra US$ 6.069

O resultado é mais uma confirmação de que, neste exemplo, a renda rural líquida não foi suficiente para dar à mão de obra, à gestão e ao capital um retorno ao menos igual aos seus custos de oportunidade.

Retorno sobre gestão

A gestão, muitas vezes, é considerada o último quesito com pretensões sobre a renda rural líquida, por diversas razões. Ela é difícil de estimar e, de certo modo, mede quão bem o gestor organizou os outros recursos para gerar lucro. O retorno sobre gestão dos estabelecimentos agropecuários médios ou típicos, muitas vezes, é informado em diversas publicações, sendo calculado pela subtração do custo de oportunidade da mão de obra do retorno sobre mão de obra e gestão.

Retorno sobre mão de obra e gestão	US$ 11.069
Menos custo de oportunidade da mão de obra	– 40.000
Igual a retorno sobre gestão	–US$ 28.931

O retorno sobre gestão é altamente variável de ano para ano. Um retorno negativo é bastante comum em muitos estabelecimentos, assumindo-se (como esse processo assume) que capital e mão de obra renderam seus custos de oportunidade. Todavia, um retorno negativo quer dizer que a renda rural líquida não foi suficiente para dar um retorno ao capital, à mão de obra e à gestão igual ou maior que seus custos de oportunidade. A renda rural líquida pode ter sido um valor substancial, especialmente em um estabelecimento grande, mas deveria ter sido melhor, a fim de dar à mão de obra, à gestão e ao capital um retorno igual a seus custos de oportunidade individuais.

MUDANÇA DO PATRIMÔNIO LÍQUIDO

Após calcular e analisar a renda rural líquida, diversas questões podem vir à mente. Em que se usou esse lucro? Onde está esse dinheiro agora? Esse lucro afetou o balanço patrimonial? Se sim, como? As respostas a essas perguntas estão relacionadas e ilustram a relação entre a demonstração de resultados e os balanços inicial e final.

Qualquer renda rural líquida deve acabar em um de quatro usos: (1) retiradas pelo proprietário para despesas de sustento familiar e outros usos; (2) pagamento de imposto de renda e contribuições previdenciárias (outro motivo para retiradas); (3) aumentos no caixa ou outros ativos rurais; ou (4) uma redução dos passivos por meio de pagamentos do principal de empréstimos ou pagamento de outros passivos. A Tabela 4-6, no capítulo anterior,

deu um exemplo de como o patrimônio líquido mudou para a E. U. Agropecuária entre 1º de janeiro e 31 de dezembro de 2012. A Figura 5-4 oferece um diagrama que mostra o que acontece com a renda rural líquida e como ela afeta o balanço patrimonial. Retiradas do negócio para cobrir despesas de sustento familiar, imposto de renda, contribuições previdenciárias e para outros fins diminuem o montante de renda rural líquida disponível para uso no negócio agropecuário. O que resta se chama *lucro rural acumulado* (ou *retido*).

Como o nome sugere, o lucro rural acumulado é a parte do lucro rural, após retiradas pessoais e impostos, retida para uso no negócio agropecuário. Os valores de ativo e passivo terão mudado, mas, se o lucro rural acumulado for positivo, o patrimônio deve ter aumentado. O lucro rural acumulado representa ativos maiores ou passivos menores, ou alguma outra combinação de mudanças que ampliam a diferença entre ativos e passivos e, em consequência, aumentam o patrimônio. Essa alteração no patrimônio pode não ser positiva. Se as despesas de sustento, impostos e outras retiradas forem superiores à renda rural líquida, o lucro rural retido será negativo. Nesse caso, ativos tiveram que ser retirados do negócio agropecuário, ou foram necessários mais empréstimos para fazer frente a despesas de sustento, impostos de renda e outras retiradas.

A relação direta entre lucro rural retido e mudança no patrimônio mostrada na Figura 5-4 só se aplica a balanços com base em custo. Quando os ativos depreciáveis são avaliados pelo valor contábil, seu decréscimo em valor corresponde à despesa de depreciação da demonstração de resultados. O valor da terra não muda, e se não houver novos ativos rurais advindos de doações, herança ou renda não rural, o lucro rural retido será igual à alteração do patrimônio líquido no ano. Nessas condições, o patrimônio em um balanço com base no custo só aumentará se o lucro rural retido for positivo, isto é, se a renda rural líquida for maior do que a soma de despesas de sustento, impostos e outras retiradas. Isso enfatiza ainda mais a necessidade de gerar um lucro substancial se o operador/gestor da propriedade deseja viver bem e aumentar o patrimônio do negócio ao mesmo tempo.

Em um balanço patrimonial com base no mercado, ocorrerão alterações no patrimônio originárias não apenas de lucro rural retido, mas também de qualquer modificação no valor dos ativos devida a mudanças em seu valor de mercado. Como mostrado na Figura 5-4, a alteração no patrimônio com base em custo precisa ser ajustada para qualquer mudança na avaliação de mercado de ativos e impostos de renda diferidos relacionados. Estabelecimentos agropecuários com uma grande proporção de seus ativos em terra podem ter rápidos ganhos ou perdas de patrimônio em razão de flutuações nos valores da terra. Sem esse ajuste, é impossível correlacionar e contabilizar todas as mudanças no patrimônio.

DEMONSTRAÇÃO DOS FLUXOS DE CAIXA

O FFSC recomenda que o conjunto de demonstrações financeiras de uma operação agropecuária inclua uma demonstração dos fluxos de caixa, juntamente com o balanço patrimonial, a demonstração das alterações do patrimônio líquido e a demonstração de resultados. A demonstração dos fluxos de caixa, como o nome sugere, é uma síntese das entradas de caixa e saídas de caixa reais ocorridas no negócio durante um exercício contábil. A Tabela 5-4 é a demonstração dos fluxos de caixa da E. U. Agropecuária do exercício com fim em 31 de dezembro de 2012. Essa demonstração é organizada em torno de cinco grandes categorias: operacional, por exemplo, despesas e receitas rurais de caixa; investimento, por exemplo, ativos de capital; financiamento, por exemplo, empréstimos e amortizações; itens não rurais; e uma seção de saldo para dinheiro em caixa. Transações não monetárias, embora afetem o lucro ou valor líquido do estabelecimento, não são incluídas na demonstração dos fluxos de caixa.

A E. U. Agropecuária registrou entradas de caixa de US$ 395.188 vindas de operações, US$ 372.688 de vendas de cultivos e animais por caixa e US$ 22.500 por verba de programa governamental. Ela pagou US$ 34.270 em caixa por animais destinados ao mercado comprados e rações e grãos adquiridos,

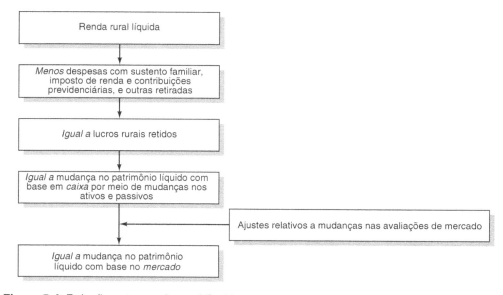

Figura 5-4 Relação entre renda rural líquida e mudança no patrimônio líquido.

92 Parte II Mensuração do desempenho gerencial

Tabela 5-4 Demonstração dos fluxos de caixa da E. U. Agropecuária no exercício com fim em 31 de dezembro de 2012

	Caixa entrando	Caixa saindo	Fluxo de caixa líquido
Operacional (rendas e despesas rurais em caixa)			
Caixa recebido de operações	US$ 395.188	NA	
Caixa pago por animais de engorda, ração comprada e outros itens para revenda	NA	US$ 34.270	
Caixa pago para despesas operacionais	NA	292.805	
Caixa pago para juros	NA	17.851	
Caixa líquido – imposto de renda e contribuições previdenciárias	NA	10.500	
Caixa líquido – outras rendas variadas	0	NA	
Caixa líquido fornecido por atividades operacionais			US$ 39.762
Investimento (ativos de capital)			
Caixa recebido da venda de animais reprodutores	19.140		
Caixa recebido da venda de máquinas e equipamentos	8.600	NA	
Caixa recebido da venda de imóveis	0	NA	
Caixa recebido da venda de valores mobiliários negociáveis	0	NA	
Caixa pago para comprar animais reprodutores	NA	1.500	
Caixa pago para comprar máquinas e equipamentos	NA	53.400	
Caixa pago para comprar imóveis	NA	0	
Caixa pago para comprar valores mobiliários negociáveis	NA	0	
Caixa líquido fornecido por atividades de investimento			(27.160)
Financiamento (empréstimos)			
Novos empréstimos recebidos	238.148		
Principal pago		222.250	
Caixa líquido fornecido por atividades de financiamento			15.898
Não rural			
Renda não rural (salários, aluguéis, juros, etc.)	9.500	NA	
Gastos não rurais (sustento familiar, etc.)	NA	36.000	
Caixa em espécie (caixa do estabelecimento, conta-corrente, poupança)			(26.500)
Início do ano	5.000	NA	
Fim do ano	NA	7.000	(2.000)
			Discrepância
Total	US$ 675.576	US$ 675.576	US$ 0

US$ 17.851 em juros de caixa e US$ 292.805 em caixa por outras despesas operacionais. Além disso, recolheu US$ 10.500 em impostos de renda e contribuições previdenciárias sobre a renda tributável do ano anterior. (Por causa da cronologia dos pagamentos tributá-rios, esses gastos de caixa não corresponderão exatamente ao período em que os tributos incidiram.) Quando se subtraem despesas com operações dos recebimentos de caixa, há um fluxo de caixa líquido do operacional, ajustado pelos tributos pagos, de US$ 39.762.

Capítulo 5 A demonstração de resultados e sua análise **93**

A próxima seção, sobre ativos de capital, mostra que a E. U. Agropecuária comprou e vendeu alguns itens de capital nesse período. Gastos de caixa para itens de capital adquiridos excederam os recebimentos de caixa para itens de capital vendidos, então o fluxo de caixa líquido para as atividades de ativos de capital foi de US$ 27.160 negativos. O total de novos empréstimos recebidos (US$ 238.148) foi maior do que o montante de principal pago (US$ 222.250), resultando em um fluxo de caixa líquido positivo para as atividades de financiamento de US$ 15.898. Por fim, a renda de caixa não

rural de US$ 9.500 e os gastos não rurais de US$ 36.000 resultam em um fluxo de caixa líquido negativo para atividades não rurais, isto é, uma quantia líquida de US$ 26.500 foi retirada da conta rural. Se esses itens da coluna de fluxo de caixa líquido forem totalizados, resultam em um aumento de caixa de US$ 2.000, exatamente a diferença entre o dinheiro em caixa no início e no fim do ano. O caixa total entrando, incluindo o saldo inicial de US$ 5.000, é exatamente igual ao caixa total saindo, incluindo o saldo final de US$ 7.000. Logo, não há discrepância a conciliar.

RESUMO

A demonstração de resultados organiza e sintetiza as receitas e despesas de um exercício contábil, calculando a renda rural líquida daquele exercício. Primeiro, toda a receita auferida durante o exercício deve ser identificada e registrada. A seguir, a mesma coisa é feita para todas as despesas sofridas na produção daquela receita. A depreciação é uma despesa não monetária que pode ser importante na agropecuária; logo, devem ser mantidos registros precisos de depreciação. A renda rural líquida é o valor em que as receitas superam as despesas. Se a escrituração é feita usando regime de caixa, devem ser realizados ajustes por competência no fim de cada exercício contábil para derivar a renda rural líquida por competência. Uma renda rural líquida em regime de caixa pode ser enganosa, e decisões gerenciais só devem ser tomadas com base em informações obtidas da renda rural líquida por competência.

A renda ou lucro rural líquido é um montante efetivo em dinheiro, enquanto a lucratividade se refere ao tamanho do lucro em relação aos recursos usados para produzi-lo. Deve-se realizar uma análise de lucratividade todo ano para se ter um meio de comparar os resultados com os dos anos anteriores e com os de outros negócios rurais. A renda rural líquida, a rentabilidade dos ativos, a taxa de retorno sobre patrimônio e a razão de margem de lucro operacional são medidas de lucratividade recomendadas.

Parte da renda rural líquida é retirada do negócio para cobrir despesas de sustento familiar, impostos de renda, contribuições previdenciárias e outros itens. O restante da renda rural líquida é chamado de lucro rural retido (ou acumulado), pois foi retido para uso no negócio agropecuário. Um lucro rural retido positivo acaba sendo um aumento nos ativos, um decréscimo nos passivos ou alguma outra combinação de alterações nos ativos e passivos que faz o patrimônio aumentar. Inversamente, um lucro rural retido negativo significa que parte do patrimônio rural foi usada em despesas de sustento, impostos e outras retiradas pessoais. O patrimônio baseado em valores de mercado para ativos também se modifica com o valor da modificação desses valores de mercado durante o ano. Deve-se desenvolver também uma demonstração dos fluxos de caixa como parte de um jogo completo de registros.

PERGUNTAS PARA REVISÃO E REFLEXÃO

1. Imagine que um novo trator é adquirido em 1º de janeiro, por US$ 124.000, tendo um valor residual de US$ 20.000 e uma vida útil de oito anos. Qual seria a depreciação anual para os dois primeiros anos segundo cada método de depreciação?

	Ano 1	Ano 2
Linear	_____	_____
Saldo decrescente duplo	_____	_____

2. Para o problema anterior, qual seria o valor contábil do trator no fim do ano 2 segundo cada método de depreciação?

3. Reelabore as respostas à pergunta 1 assumindo que a data da compra foi 1º de maio.

4. Por que a mudança no estoque é incluída na demonstração de resultados por competência? Que efeito um aumento no valor do estoque tem sobre a renda rural líquida? Um decréscimo?

5. Quais são as diferenças entre a renda rural líquida calculada em regime de competência e aquela em regime de caixa? Qual é a melhor medida da renda rural líquida? Por quê?

6. Quais fatores determinam a mudança no patrimônio com base no custo? E no patrimônio com base no mercado?

7. Por que alterações nos valores da terra não são incluídas nas mudanças no estoque mostradas na demonstração de resultados?

8. Por que não há lançamentos para o preço de compra de máquinas novas em uma demonstração de resultados? Como a compra de uma máquina nova afeta a demonstração de resultados?

9. Utilize as seguintes informações para calcular valores para cada um dos seguintes itens:

Renda rural líquida	US$ 36.000	Custo de oportunidade da mão de obra	US$ 16.000
Patrimônio médio	US$ 220.000	Custo de oportunidade da gestão	US$ 8.000
Valor médio dos ativos	US$ 360.000	Despesas de sustento familiar	US$ 20.000
Despesa com juros	US$ 11.000	Impostos de renda e contribuições previdenciárias	US$ 4.000
Receita total	US$ 109.500	Custo de oportunidade do capital	10%

    a. Rentabilidade dos ativos _____%
    b. Taxa de retorno sobre patrimônio _____%
    c. Razão de margem de lucro operacional _____%
    d. Alteração do patrimônio _____%
    e. Retorno sobre gestão _____%

10. Utilize as seguintes informações para calcular os valores:

Despesas de caixa	US$ 110.000	Valor inicial do estoque	US$ 42.000
Receita de caixa	US$ 167.000	Valor final do estoque	US$ 28.000
Depreciação	US$ 8.500	Custo do trator novo	US$ 48.000
Contas a receber iniciais	US$ 2.200	Contas a receber finais	US$ 0
Contas a pagar iniciais	US$ 7.700	Contas a pagar finais	US$ 1.500

    a. Renda rural líquida em regime de caixa US$ _____
    b. Receita total em regime de competência US$ _____
    c. Renda rural líquida em regime de competência US$ _____

CAPÍTULO 6

Análise do negócio rural

Objetivos do capítulo

1. Mostrar como a análise do negócio rural contribui para a função de controle da gestão.
2. Sugerir padrões de comparação para utilizar na análise do negócio rural.
3. Identificar medidas de escala do negócio.
4. Definir um procedimento para localizar áreas de problemas econômicos ou financeiros no negócio agropecuário.
5. Examinar medidas que podem ser usadas para analisar a solvência, a liquidez e a lucratividade do negócio.
6. Ilustrar o conceito de eficiência econômica e mostrar como ela é afetada por eficiência física, preços dos produtos e preços dos insumos.

Gestores e economistas rurais sempre se interessaram pelas razões por que alguns estabelecimentos têm rendas líquidas mais altas do que outros. A observação e o estudo dessas diferenças e suas causas começaram no início dos anos 1900, marcando o início da análise da gestão rural e do negócio agropecuário. Diferenças de gestão são uma explicação comum para rendas rurais líquidas diferentes, mas essa explicação não é completa. Apenas se diferenças específicas de gestão puderem ser identificadas é que poderá haver recomendações precisas para aprimorar a renda líquida de estabelecimentos com "má gestão".

As diferenças de lucratividade de estabelecimentos semelhantes podem ser ilustradas de muitas formas. A Tabela 6-1 apresenta algumas diferenças observadas entre estabelecimentos de um grupo de bovinocultores do Alabama, mas diferenças do mesmo tipo podem ser encontradas em outros Estados e para outros tipos de estabelecimentos rurais. A renda operacional líquida média por cabeça de gado era de −US$ 41 nas criações de lucro baixo e de US$ 137 no grupo mais lucrativo. Diversas perguntas pedem uma resposta: O que ocasiona as diferenças das operações? O que pode ser feito para melhorar o retorno das criações

Tabela 6-1 Comparações de estabelecimentos bovinocultores do Alabama por renda operacional líquida

Item	Terço inferior	Terço intermediário	Terço superior
Renda operacional líquida (US$/vaca)	–US$ 41	US$ 47	US$ 137
Peso médio do novilho (lb)	657	642	650
Libras de novilho de engorda por vaca	520	528	576
Feno de ração (toneladas/vaca)	2,3	1,8	1,6
Sementes, fertilizante, químicos (US$/vaca)	US$ 119	US$ 91	US$ 78
Ração comprada (US$/vaca)	US$ 116	US$ 91	US$ 64
Preço de equilíbrio (US$/lb)	US$ 1,29	US$ 0,99	US$ 0,82
Número de vacas reprodutoras	262	272	278

Fonte: Associação de Análise Rural do Alabama.

menos lucrativas? Diferenças nas metas dos operadores ou na qualidade dos recursos disponíveis podem ser respostas parciais.

Outras informações dessa tabela lançam alguma luz sobre as diferenças de lucratividade. O número de cabeças de gado era mais ou menos parecido em todos os três grupos, assim como o peso médio dos novilhos de engorda produzidos. Entretanto, o grupo de lucro alto produziu mais libras* de novilho de engorda por vaca de cria, com menos feno de ração e menos dinheiro gasto em outros insumos adquiridos. Só se pode chegar a respostas mais pormenorizadas realizando-se uma análise completa do negócio rural. Isso faz parte da função de controle da gestão.

O controle é crucial para todo o negócio rural, assim como para os empreendimentos individuais. Os três passos da função de controle são: (1) fixar padrões para comparar resultados; (2) medir o desempenho efetivo do negócio; e (3) tomar medidas corretivas para melhorar o desempenho após serem identificadas as áreas com problemas. A recompensa pelo tempo gasto controlando o negócio é a melhoria do desempenho.

TIPOS DE ANÁLISE

A análise do negócio rural pode ser dividida em quatro áreas de investigação:

1. *Lucratividade* A lucratividade é analisada comparando-se rendas e despesas. A renda rural líquida alta é geralmente uma meta importante do gestor rural, embora não necessariamente a única.
2. *Escala da propriedade* Não possuir recursos adequados, muitas vezes, é motivo de lucros baixos. Crescer rápido demais ou exceder a escala que o operador consegue gerir eficazmente também pode reduzir os lucros.
3. *Financeiro* A análise financeira se concentra na posição de capital do negócio, incluindo solvência, liquidez e alterações do patrimônio líquido.
4. *Eficiência* Baixa lucratividade, muitas vezes, pode ter sua origem no uso ineficiente dos recursos em uma ou mais áreas do negócio. Devem ser examinadas medidas de eficiência econômica e física.

PADRÕES DE COMPARAÇÃO

O restante deste capítulo examinará algumas medidas e índices que podem ser usados para

---

* N. de T.: Uma libra (em inglês, *pound*; abreviatura: lb) pesa 453,6 gramas.

Capítulo 6 Análise do negócio rural **97**

Quadro 6-1	Análise comercial rural: uma arte antiga

As seguintes conclusões sobre análise comercial rural são retiradas de *Iowa Farm Management Surveys*, um estudo de 965 estabelecimentos rurais do Centro-Norte de Iowa, sintetizado por H. B. Munger em 1913:

Conclusões

"De um ponto de vista comercial, não pode ser chamada de bem-sucedida uma fazenda que não paga despesas operacionais, uma taxa de juros de hipoteca atual sobre capital e um retorno justo como paga pela mão de obra e gestão do agricultor. Analisando os negócios de grandes números de fazendas em uma área, as razões pelas quais algumas fazendas são mais lucrativas do que outras se delineiam claramente.

A primeira consideração é ter um tipo de agropecuária adaptado à região. Agropecuaristas fazendo a coisa errada não devem esperar renda do trabalho. Mudança nas demandas do mercado, aumento do valor da terra e outros fatores tornam necessário um reajuste das culturas e rebanhos cultivados. No período desta pesquisa, o fazendeiro dessa região que tem mais milho e porcos do que a média e menos pasto e gado de corte tem mais chances de sucesso. A maioria dos produtores leiteiros estava bem nos negócios.

Em Iowa, onde são cultivados os gêneros e animais comuns, uma agropecuária eficiente necessita de ao menos 160 acres a fim de aproveitar bem mão de obra, cavalos e máquinas. Muitos agropecuaristas que possuem menos que 160 acres arrendam mais terra a fim de utilizar mão de obra, equipes e ferramentas com eficiência.

Bons rendimentos de safra são fundamentais para uma agricultura de sucesso. Independentemente de outros fatores, a maioria das fazendas com safras ruins não era altamente lucrativa. Deve-se almejar obter rendimentos ao menos um quinto melhores do que a média das outras propriedades com solo semelhante.

Em uma região onde a maioria das receitas rurais vem da venda de animais, o retorno por cabeça é da mais alta importância. Não importa o quão boas sejam as safras: se elas servem de alimento para rebanhos improdutivos, as chances de sucesso são parcas.

Os lucros mais altos vêm de um negócio bem equilibrado. Deve-se ter uma fazenda grande o suficiente para proporcionar um uso econômico de mão de obra, cavalos e maquinário moderno. Devem-se cultivar lavouras melhores do que a média e dá-las de comer a animais que consigam usá-las lucrativamente. Cada um desses fatores é importante, e a combinação de todos em uma propriedade só traz o mais alto nível de sucesso."

---

executar uma análise rural completa. Após uma medida ter sido calculada, o problema é avaliar o resultado. O valor é bom, ruim ou médio? Comparado a quê? Ele pode ser melhorado? Essas perguntas enfatizam a necessidade de se ter alguns padrões com os quais as medidas e os coeficientes possam ser comparados. Há três padrões básicos a se usar na análise de resultados de negócios rurais: orçamentos, estabelecimentos comparáveis e tendências históricas.

Orçamentos

Na análise de orçamento, as medidas ou razões são comparados com metas orçadas ou objetivos identificados durante o processo de planejamento. Quando os resultados de alguma área constantemente falham em relação aos objetivos, ou a área necessita de mais trabalho gerencial, ou os orçamentos precisam ser mais realistas.

Estabelecimentos comparáveis

Infelizmente, mau tempo ou preços baixos podem impedir que um estabelecimento alcance suas metas, mesmo em anos em que não haja problemas gerenciais sérios. Portanto, uma segunda fonte de padrões úteis de comparação são os resultados de outros estabelecimentos

98 Parte II Mensuração do desempenho gerencial

de tamanho e tipo semelhantes no mesmo ano. Eles talvez não representem os padrões ideais, mas indicarão se o estabelecimento sendo analisado ficou acima ou abaixo da média, dadas as condições meteorológicas e de mercado verificadas. Serviços organizados de registros podem ser obtidos por meio de instituições mutuantes, escritórios de contabilidade, cooperativas rurais e serviços de extensão universitária. Uma das vantagens de participar de um serviço desses é o resumo de registros anual fornecido a todos os estabelecimentos que utilizam o serviço.

Esses resumos contêm médias e variações de valores para diferentes medidas para todos os estabelecimentos, assim como para grupos de estabelecimentos classificados por tamanho e tipo. Esses resultados proveem um excelente conjunto de padrões de comparação, contanto que os estabelecimentos comparados sejam similares e estejam na mesma área geográfica geral.

Tendências históricas

Ao usar análise de tendências, o gestor registra as diversas medidas e índices do mesmo estabelecimento rural por vários anos e observa eventuais tendências nos resultados. O gestor procura melhoria ou deterioração em cada medida ao longo do tempo. As áreas que apresentam queda merecem análise mais de perto para se verificarem as causas. Este método não compara resultados com padrões específicos, apenas com o desempenho anterior. O objetivo é mostrar melhoria em relação aos resultados do passado. A análise de tendências deve levar em conta mudanças anuais em meteorologia, preços e outras variáveis aleatórias.

Qualquer uma das medidas analíticas discutidas no restante deste capítulo pode ser usada em análise de orçamentos, estabelecimentos comparáveis e tendências históricas. Muitas dessas medidas são apresentadas em tabelas nas quais constam resultados de um estabelecimento exemplificativo, assim como

valores médios de um grupo de estabelecimentos parecidos.[1]

DIAGNÓSTICO DE UM PROBLEMA COMERCIAL RURAL

Pode-se realizar uma análise comercial completa do estabelecimento utilizando-se um procedimento sistemático para identificar a fonte do problema. A Figura 6-1 ilustra um procedimento que pode tornar o processo mais eficiente.

A *lucratividade* é geralmente a primeira área de interesse. Baixa renda rural líquida ou mau retorno sobre gestão podem ter muitas causas. O estabelecimento agropecuário pode não ser grande o suficiente para gerar o nível de produção necessário para uma renda adequada. Se recursos inapropriados forem um problema, o operador deverá procurar modos de lavrar mais área, aumentar a oferta de mão de obra, expandir o rebanho ou obter mais capital. Se o tamanho do estabelecimento não puder ser ampliado, então os custos fixos (como depreciação de máquinas e edificações, juros e custos acessórios rurais gerais) devem ser cuidadosamente avaliados. Devem ser tomadas providências para diminuir os custos que tenham o mais leve efeito no nível de produção. Emprego não rural ou outros tipos de autoemprego podem também ter que ser considerados como um modo de aumentar a renda familiar.

Se houver recursos adequados à disposição, mas os níveis produtivos estiverem baixos, os recursos não estão sendo usados com eficiência. Calcular diversas medidas de *eficiência econômica* pode ajudar a isolar o problema. Má eficiência econômica pode ser devida a baixa eficiência física, baixos preços de venda e/ou altos custos de insumos. Se a eficiência dos em-

---

[1] As medidas de análise expostas no restante deste capítulo incluem aquelas recomendadas pelo Conselho de Padrões Financeiros Rurais, assim como diversas outras. Aquelas recomendadas pelo Conselho são identificadas pela abreviatura (FFSC) inserida após seu nome.

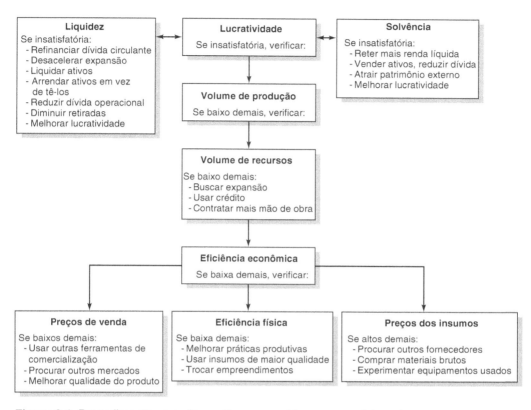

Figura 6-1 Procedimento para diagnosticar um problema comercial rural.

preendimentos atuais não puder ser melhorada, isso pode significar que há empreendimentos errados no plano atual do estabelecimento rural. Análise de empreendimentos e orçamentos por empreendimento podem ser empregados para identificar os empreendimentos mais lucrativos e desenvolver um novo plano completo do estabelecimento agropecuário. Esse procedimento deve ajudar os gestores a isolar e identificar as causas de um problema de lucratividade de forma rápida e sistemática. Porém, mesmo estabelecimentos lucrativos precisam se preocupar com *liquidez* e *solvência*. Se o fluxo de caixa parece estar sempre apertado, mesmo quando a renda rural líquida é satisfatória, a operação pode precisar refinanciar um pouco da dívida atual, desacelerar a expansão, vender alguns ativos, diminuir as retiradas não rurais ou pagar dívida operacional. Se a solvência não for tão forte quanto o operador gostaria, pode ser preciso reter mais da renda rural líquida no negócio todo ano, ou podem-se vender alguns ativos para reduzir os níveis de endividamento. As três áreas da gestão comercial rural – lucratividade, solvência e liquidez – são todas intimamente relacionadas, e os grandes gestores rurais fazem um trabalho acima da média em todas elas.

MEDIDAS DE LUCRATIVIDADE

A análise de lucratividade começa com a demonstração de resultados, como explicado no Capítulo 5, no qual várias medidas de lucratividade foram expostas. Essas medidas para nosso estabelecimento exemplificativo são mostradas na Tabela 6-2, juntamente com valores médios baseados em um grupo de operações de gado e plantio em linha do Alabama, que podem ser usados para comparação.

Tabela 6-2 Medidas de lucratividade rural

Item	Média do grupo de comparação	Nosso estabelecimento	Comentários
1. Renda rural líquida de operações	US$ 130.230	US$ 45.486	muito menor
2. Retorno sobre mão de obra e gestão	US$ 87.320	US$ 11.069	muito menor
3. Retorno sobre gestão	US$ 64.654	–US$ 28.931	muito menor
4. Rentabilidade dos ativos rurais	5,5%	1,8%	muito menor
5. Rentabilidade do patrimônio rural	5,6%	0,1%	muito menor
6. Razão de margem de lucro operacional	20,1%	4,6%	muito menor

Números do grupo de comparação baseados em informações da Associação de Análise Rural do Alabama.

Renda rural líquida (FFSC)

Um método para estabelecer uma meta de renda rural líquida é estimar a renda que a mão de obra, a gestão e o capital do proprietário poderiam auferir em usos não agropecuários. Em outras palavras, o custo de oportunidade total desses fatores de produção torna-se a meta ou padrão mínimo da renda rural líquida. Em um ano em que a demonstração de resultados apresenta uma renda rural líquida mais baixa, um ou mais desses fatores não rendeu seu custo de oportunidade. Outra meta seria atingir um nível de renda específico em algum ponto do futuro, como ao fim de cinco anos. O progresso rumo a essa meta pode ser medido ao longo do tempo.

Embora a renda rural líquida seja fortemente influenciada pela lucratividade do estabelecimento rural, ela também depende de qual proporção dos recursos totais é de contribuição do operador. Substituir capital emprestado por capital próprio, terra arrendada por terra própria ou mão de obra contratada por mão de obra do operador pode aprimorar a renda rural líquida. A Figura 6-2 mostra como a "pizza" da renda rural bruta é dividida entre aqueles que fornecem recursos ao negócio agropecuário. O tamanho da fatia de pizza do agropecuarista depende de quantos recursos são de sua contribuição, assim como do tamanho da pizza. Outros contribuintes de recursos, como mutuantes, arrendantes, empregados e fornecedores de insumos devem

Figura 6-2 Como é dividida a pizza da receita total?

ser pagos em primeiro lugar. O que sobra é a renda rural líquida. Estabelecimentos com renda rural líquida alta geralmente são os que acumularam um patrimônio grande ao longo do tempo ou que dependem fortemente da mão de obra do operador e sua família.

Retorno sobre mão de obra e gestão

Alguns negócios rurais possuem mais ativos ou tomam mais dinheiro emprestado do que outros. Como mostrado no Capítulo 5, uma comparação justa exige que a despesa de juros assumida pelo negócio seja acrescentada de volta à renda rural líquida de operações para se obter a renda rural líquida ajustada. Em seguida, subtrai-se um custo de oportunidade do investimento em ativos rurais totais. O que sobra é o retorno sobre a mão de obra não remunerada e a gestão utilizadas pelo negócio. Uma meta ou padrão de retorno sobre mão de obra e gestão é o custo de oportunidade da mão de obra e gestão do operador em outra aplicação.

Retorno sobre gestão

O retorno sobre gestão é a porção da renda rural líquida ajustada que resta após se subtraírem os custos de oportunidade da mão de obra não remunerada e do capital próprio. Ele representa o retorno residual para o proprietário pela contribuição de gestão, podendo ser altamente variável de ano para ano. Retornos sobre gestão negativos em anos de preços ou produção baixos não são incomuns, mas a meta deve ser obter um retorno positivo no longo prazo.

Rentabilidade dos ativos rurais (FFSC)

A rentabilidade dos ativos rurais (RDA) foi discutida no Capítulo 5. Esse valor pode ser comparado às rentabilidades de outros investimentos de longo prazo, embora se devam considerar diferenças de risco e ganhos potenciais nos valores dos ativos. Ele também permite a comparação entre estabelecimentos de tamanhos e tipos diferentes. A RDA inclui o retorno tanto sobre capital patrimonial quanto sobre o capital de dívida (juros sobre empréstimos). Contudo, inclui somente a renda líquida de operações, e não ganhos ou perdas de capital.

Taxa de retorno sobre patrimônio rural (FFSC)

O retorno sobre patrimônio (RSP) talvez seja mais indicativo do progresso financeiro do que a RDA, pois mede o retorno percentual sobre o patrimônio comercial líquido. Se o negócio rural não possui dívidas, a taxa de retorno sobre

patrimônio rural será igual à rentabilidade dos ativos rurais, pois eles são uma coisa só. Quando é usado capital de dívida, porém, devem-se pagar juros. O dinheiro disponível como retorno sobre patrimônio é, então, apenas a parte da renda rural líquida que resta após os juros serem pagos. Também se subtraem os custos de oportunidade de mão de obra e gestão antes de se calcular a taxa de retorno sobre patrimônio. Consulte o Capítulo 5 para mais detalhes sobre como calcular a RDA e o RSP.

Razão de margem de lucro operacional (FFSC)

Como explicado no Capítulo 5, a razão de margem de lucro operacional (RMLO, do inglês *operating profit margin ratio*) mede a proporção de receita bruta restante após se pagarem todas as despesas. Ele é encontrado dividindo-se o retorno em dinheiro sobre os ativos rurais (renda rural líquida ajustada menos o custo de oportunidade de mão de obra e gestão) pela receita bruta do estabelecimento. Estabelecimentos com grandes investimentos em ativos fixos, como terra e prédios, e poucas despesas operacionais, como custo do dinheiro, geralmente apresentam coeficientes altos de margem de lucro operacional. Inversamente, estabelecimentos com mais ativos arrendados geralmente têm uma rentabilidade de ativos rurais (RDA) mais alta, mas uma RMLO menor. Ativos arrendados e próprios são substitutos uns dos outros. Quanto mais se usa um, mais a taxa de retorno do outro aumenta, via de regra. Logo, essas duas medidas de lucratividade devem ser consideradas juntas. Uma operação pode ter um coeficiente alto e o outro baixo por causa da composição de ativos próprios e arrendados utilizada. Se ambas as medidas estiverem abaixo da média ou da meta, há evidentes problemas de lucratividade.

Comentários gerais

Há duas advertências pertinentes aos procedimentos empregados para calcular retornos sobre mão de obra, gestão, ativos e patrimô-

Parte II Mensuração do desempenho gerencial

Tabela 6-3 Medidas do tamanho do estabelecimento agropecuário

Item	Média do grupo de comparação	Nosso estabelecimento	Comentários
1. Receita bruta	US$ 565.179	US$ 406.548	menor
2. Total de ativos rurais	US$ 1.427.154	US$ 1.068.750	menor
3. Total de acres cultiváveis trabalhados	930	720	menor
4. Número de vacas reprodutoras	180	150	menor
5. Total de mão de obra (pessoa-ano)	2,2	1,5	menor

Números do grupo de comparação baseados em informações da Associação de Análise Rural do Alabama.

nio. A primeira é a natureza um tanto arbitrária da estimativa dos custos de oportunidade usados nos cálculos. Não há regras rígidas a serem seguidas, e as pessoas podem ter opiniões diferentes quando aos valores apropriados a usar. O retorno calculado sobre qualquer fator mudará se custos de oportunidade diferentes forem usados para os outros. A segunda advertência é que esses valores são retornos *médios* sobre os fatores, e não os retornos marginais. Por exemplo, a rentabilidade dos ativos é a taxa média do retorno sobre todo o capital investido no negócio, e não o retorno marginal sobre cada dólar investido. As rentabilidades marginais seriam muito mais proveitosas para fins de planejamento, especialmente para novos investimentos. Ainda assim, se os custos de oportunidade forem estimados cuidadosamente e usados coerentemente de ano para ano, tendo-se em mente a natureza média do resultado, essas medidas podem oferecer um meio satisfatório para fazer comparações de lucratividade históricas e entre estabelecimentos. São, contudo, menos úteis para avaliar as mudanças marginais na organização e operação do negócio rural.

As medidas de lucratividade presentes na Tabela 6-2 podem ser usadas para identificar a existência de um problema. Contudo, essas medidas não identificam a fonte exata do problema. É necessária mais análise para esclarecer a causa do problema e sugerir a ação corretiva necessária. As próximas três seções se ocupam de uma análise mais aprofundada do negócio rural, a fim de isolar áreas de problema mais específicas.

MEDIDAS DE TAMANHO

Problemas de renda ou lucratividade podem ocorrer em qualquer ano em que haja baixos preços de venda ou maus rendimentos de safra. Se o problema persiste mesmo em anos com preços e rendimentos acima da média, pode estar sendo causado por tamanho insuficiente do estabelecimento. Historicamente, a renda rural líquida tem alta correlação com o tamanho do estabelecimento. Estabelecimentos rurais pequenos, às vezes, fazem uso ineficiente de investimentos de capital fixo e mão de obra. Estabelecimentos pequenos que fazem uso eficiente de recursos podem, ainda assim, não conseguir gerar renda líquida suficiente para sustentar o operador e sua família. Na Tabela 6-3, são apresentadas diversas medidas comuns de tamanho do estabelecimento. Algumas registram a quantidade ou o valor da produção gerada; já outras medem o volume de recursos utilizados.

Receita total ou bruta

O volume de produção de um estabelecimento agropecuário que gera vários produtos diferentes pode ser medido pela receita total. A Tabela 5-3 do capítulo anterior mostra os cálculos, em que *receita total* é definida como vendas totais ou outras rendas de caixa, ajustada pelas mudanças no estoque, contas a receber e eventuais ganhos/perdas com a venda de animais de criação.

Ativos rurais totais

Outra medida de tamanho é o capital total investido em terra, edificações, maquinário, rebanhos, cultivos e outros ativos. O valor de mercado dos ativos rurais totais, retirado do balanço patrimonial, é o lugar mais fácil para obter esse valor. Com todos os valores em termos monetários, essa medida possibilita uma comparação fácil do tamanho do estabelecimento entre diferentes tipos de estabelecimento. Entretanto, não leva em conta o valor dos ativos arrendados ou alugados.

Total de acres trabalhados

O número de acres trabalhados inclui terra tanto própria quanto arrendada. É útil para comparar tipos semelhantes de estabelecimentos, mas não é muito bom para comparar estabelecimentos com tipos de terra diferentes. Um estabelecimento na Califórnia com 200 acres de hortaliças irrigadas não é comparável a uma operação de 200 acres de trigo de sequeiro no Oeste do Kansas ou a um confinamento de gado de 200 acres no Texas. O número de acres é mais bem usado para comparar o tamanho de estabelecimentos agrícolas do mesmo tipo geral, em uma região com clima e recursos de solo semelhantes.

Número de animais

É comum falar de uma criação de 500 bovinos, uma propriedade de gado leiteiro de 250 cabeças ou uma criação de 500 suínos. Essas medidas de tamanho são úteis para comparar o tamanho de estabelecimentos com a mesma classe de animais.

Mão de obra total usada

A mão de obra é um recurso comum a todos os estabelecimentos rurais. Termos como unidade de uma pessoa ou duas pessoas são frequentemente empregados para descrever o tamanho de um estabelecimento agropecuário. O equivalente a um trabalhador em turno integral pode ser calculado somando-se os meses de mão de obra providos pelo operador, sua família e mão de obra contratada e dividindo-se o resultado por 12. Por exemplo, se o operador trabalhar 12 meses, familiares contribuírem com 4,5 meses de mão de obra e forem contratados 5 meses de mão de obra, o equivalente em trabalhador em tempo integral é 21,5 meses divididos por 12, ou 1,8 ano de mão de obra. Essa medida de tamanho é afetada pela quantidade de tecnologia poupadora de mão de obra utilizada e, portanto, deve ser interpretada cuidadosamente ao se comparar tamanho de estabelecimento.

Quantidade de vendas

Para estabelecimentos rurais especializados, o número de unidades de produção vendidas anualmente é uma medida conveniente de tamanho. Exemplos são 5.000 cabeças de suínos prontos para abate ou 25.000 caixas de maçãs. Em um estabelecimento diversificado, pode ser necessário registrar as unidades vendidas de diversos empreendimentos diferentes a fim de se refletir mais precisamente o tamanho do estabelecimento. Quando se está usando uma parceria rural, as parcelas de produção tanto do proprietário quanto do arrendatário devem ser incluídas ao se comparar com outros estabelecimentos.

Valor da produção rural

Algumas operações pecuárias compram animais de engorda e ração, enquanto outras produzem todas as suas rações e seus animais. Para fazer uma comparação justa de tamanho de negócio, o valor das compras de ração e animais é subtraído da receita bruta, chegando-se ao *valor da produção rural*. Nesta medida, somente o valor agregado à ração e aos animais adquiridos é creditado ao valor da produção. Detalhes do cálculo foram dados no Capítulo 5.

O valor da produção rural de um dado estabelecimento agropecuário pode variar consideravelmente de ano para ano, dependendo do tempo, doenças, pragas e preços de produção. Contudo, é uma forma conveniente de comparar o tamanho de diferentes tipos de estabelecimentos.

MEDIDAS DE EFICIÊNCIA

Alguns gestores conseguem gerar mais produção ou usar menos recursos do que seus vizinhos por utilizarem seus recursos com mais eficiência. Uma definição geral de eficiência é a quantidade ou o valor de produção obtido por unidade de recurso empregado.

$$\text{Eficiência} = \frac{\text{Produção}}{\text{Recursos empregados}}$$

Se uma comparação com outros estabelecimentos ou com uma meta orçamentária mostrar que uma operação possui um volume adequado de recursos, mas não está atingindo suas metas de produção, então alguns recursos não estão sendo usados eficientemente. Um negócio agropecuário pode usar muitos tipos de recursos, portanto há muitas maneiras de medir eficiência econômica e física. Algumas das mais úteis e comuns serão discutidas aqui.

Eficiência econômica

Medidas de eficiência econômica são calculadas ou como valores em dinheiro por unidade de recurso, ou como alguma taxa ou porcentagem relacionada a uso de capital. As medidas de eficiência econômica devem ser interpretadas com cuidado. Elas medem valores médios, não os valores marginais ou o efeito que pequenas mudanças teriam sobre o lucro geral. Algumas das medidas discutidas são apresentadas na Tabela 6-4.

Razão de giro de ativos (FFSC)

Este índice mede o quão eficientemente o capital investido em ativos rurais está sendo usado. Ele é obtido dividindo-se a receita bruta gerada pelo valor de mercado dos ativos rurais totais. Por exemplo, uma razão de giro de ativos igual a 0,25, ou 25%, indica que a receita bruta do ano foi igual a 25% do capital total investido no negócio. A essa taxa, levaria quatro anos para se produzirem produtos agrope-

Tabela 6-4 Medidas de eficiência econômica

Item	Média do grupo de comparação	Nosso estabelecimento	Comentários
Eficiência de capital			
1. Razão de giro dos ativos	0,40	0,38	quase o mesmo
2. Razão de despesa operacional	0,67	0,80	muito maior
3. Razão de depreciação	0,07	0,04	menor
4. Razão de despesa de juros	0,03	0,04	um pouco maior
5. Razão de renda rural líquida de operações	0,23	0,11	muito menor
Eficiência da mão de obra			
6. Receita bruta por pessoa	US$ 256.899	US$ 271.032	maior
Comercialização			
7. Preço recebido por novilhos (US$/cwt)	US$ 106,00	US$ 95,00	menor
8. Preço recebido por fibra de algodão (US$/lb)	US$ 0,55	US$ 0,56	quase o mesmo
Eficiência pecuária			
9. Ração comprada (US$/vaca)	US$ 68	US$ 77	maior
10. Produção por US$ 100 de ração consumida	US$ 178	US$ 142	menor

Números do grupo de comparação baseados em informações da Associação de Análise Rural do Alabama

cuários com um valor igual aos ativos totais. A razão de giro de ativos varia por tipo de estabelecimento. Gado leiteiro, suinocultura e avicultura geralmente possuem índices maiores, gado de corte costuma possuir valores menores e produção de cultivos usualmente tem valores intermediários. Os estabelecimentos agropecuários que são donos da maioria dos seus recursos geralmente terão razões de giro de ativos menores do que os que arrendam terra e outros ativos. Portanto, a razão de giro de ativos só deve ser comparada entre estabelecimentos do mesmo tipo geral.

Razão de despesa operacional (FFSC)

São recomendados quatro índices para mostrar qual porcentagem da receita bruta foi para despesas operacionais, depreciação, juros e renda líquida. A razão de despesa operacional é calculada dividindo-se as despesas operacionais totais (excluindo depreciação) pela receita bruta. Estabelecimentos com uma alta proporção de terra e máquinas arrendadas ou mão de obra contratada tenderão a possuir razões de despesa operacional maiores.

Razão de despesa de depreciação (FFSC)

Este coeficiente é calculado dividindo-se a despesa de depreciação total pela receita bruta. Estabelecimentos com um investimento relativamente grande em máquinas, equipamentos e edificações mais novos terão razões de despesa de depreciação maiores. Um coeficiente maior que a média pode apontar para ativos de capital subutilizados.

Razão de despesa de juros (FFSC)

A despesa total de juros rurais (ajustada pelos juros acumulados vencidos no início e no fim do ano) é dividida pela receita bruta para se encontrar este índice. Coeficientes maiores que a média, ou maiores do que o desejado, podem indicar dependência excessiva de capital emprestado ou altas taxas de juros sobre a dívida existente.

Razão de renda rural líquida de operações (FFSC)

Dividir a renda rural líquida de operações pela receita bruta mede qual porcentagem da receita bruta resta após o pagamento de todas as despesas (mas antes da subtração dos custos de oportunidade). Esses quatro quocientes operacionais somarão 1,00, ou 100%. Eles também podem ser calculados usando-se o valor da produção rural como base em vez da receita bruta. Nesse caso, o custo de ração e animais adquiridos não deve ser incluído nas despesas operacionais. Utilizar o valor da produção rural como base é mais preciso ao comparar operações que adquirem grandes quantidades de ração e animais com operações que não o fazem.

Receita bruta por pessoa

A eficiência com que a mão de obra está sendo usada pode ser medida dividindo-se a receita bruta do ano pelo número de equivalentes de turno integral da mão de obra utilizada, incluindo trabalhadores contratados. Capital e mão de obra substituem-se um ao outro, então as medidas de eficiência de capital e mão de obra devem ser avaliadas conjuntamente.

Produção pecuária por US$ 100 de ração consumida

Esta é uma medida comum de eficiência econômica na produção pecuária. Ela é calculada dividindo-se o valor da produção pecuária em um período pelo valor total de toda a ração consumida no mesmo período, multiplicando-se o resultado por 100. O valor da produção pecuária é igual a:

- Renda de caixa total originada de pecuária
- *Mais* ou *menos* mudanças no estoque pecuário
- *Menos* valor dos animais comprados
- *Igual a* valor da produção pecuária

A produção pecuária por US$ 100 de ração consumida é calculada a partir da seguinte fórmula:

$$\frac{\text{Valor da produção pecuária}}{\text{Valor da ração consumida}} \times 100$$

É importante incluir no denominador o valor da ração produzida no estabelecimento, além da ração comprada. Um coeficiente igual a US$ 100 indica que os animais pagaram apenas a ração consumida, mas nenhuma outra despesa. O retorno por US$ 100 de ração consumida também depende do tipo de animal, como mostrado na seguinte tabela:

Empreendimento pecuário	Produção por US$ 100 de ração consumida (média de 10 anos, 1999–2008)
Gado de corte	US$ 172
Gado leiteiro	US$ 205
Gado de engorda	US$ 159
Suínos (abate)	US$ 170

Fonte: Custos e Retornos Rurais em Iowa, Universidade Estadual de Iowa, 1999–2008.

Valores maiores para alguns empreendimentos pecuários não necessariamente significam que esses empreendimentos são mais lucrativos. Empreendimentos com custos maiores de instalações e mão de obra ou outros custos além de ração (como produção leiteira ou de suínos de engorda) necessitam de retornos sobre ração maiores para serem tão lucrativos quanto empreendimentos com baixos custos além de ração, como finalização de animais de engorda. Por causa dessas diferenças, a produção por US$ 100 de ração consumida deve ser calculada para cada empreendimento pecuário individual, comparando-se apenas com valores para o mesmo empreendimento.

Custo de ração por 100 libras de produção

O custo de ração por 100 libras de ganho de peso ou por 100 libras de leite em um empreendimento leiteiro é encontrado dividindo-se o custo total de ração de cada empreendimento pelas libras totais de produção, multiplicando-se o resultado por 100. As libras totais de produção do ano devem ser iguais às libras vendidas e consumidas, menos as libras compradas e mais ou menos as mudanças de estoque. Esta medida é afetada pelos preços da ração e pela eficiência da conversão alimentar, e os valores só devem ser comparados entre estabelecimentos com o mesmo empreendimento pecuário.

Valor de cultivo por acre

Este valor mede a intensidade da produção agrícola e se cultivos de alto valor estão incluídos no plano agrícola. É calculado dividindo-se o valor total de todos os cultivos produzidos no ano pelo número de acres cultivados. O resultado não leva em conta os custos de produção e, por isso, não mede o lucro.

Custo de maquinário por acre cultivado

Para calcular essa medida, o total dos custos anuais relacionados a maquinário é dividido pelo número de acres cultivados. Os custos de maquinário anuais totais incluem todos os custos de propriedade e operação, mais o custo de trabalho customizado contratado e pagamentos de arrendamento e locação de maquinário. O custo de máquinas usadas majoritariamente para pecuária deve ser excluído. Esta é outra medida que pode ser alta ou baixa demais. Um valor alto indica que os investimentos em maquinário talvez sejam excessivos, enquanto valores baixos podem indicar que o maquinário é velho demais e pouco confiável, ou pequeno demais para os acres trabalhados. Existe uma importante interação entre investimento em maquinário, requisitos de mão de obra, tempestividade das operações no campo e a quantidade de trabalho customizado contratado. Esses fatores são examinados com mais cuidado no Capítulo 22.

Eficiência física

Má eficiência física pode decorrer de diversos tipos de problema. A *eficiência física*, como a velocidade com que sementes, fertilizante e água são convertidos em cultivos, ou a taxa à qual ração é transformada em produtos pecuários, pode ser baixa demais. Medidas de eficiência física incluem *bushels** colhidos por acre, leitões desmamados por porca e libras de leite vendidas por vaca. Exemplos de medidas de eficiência física são apresentados na Tabela 6-5. Assim como as medidas de eficiência econômica, são valores médios, devendo ser interpretados como tais. Não se deve usar um valor médio no lugar de um valor marginal ao se determinar o nível de insumo ou produção maximizador de lucro.

Preços de venda

O preço médio recebido por um produto pode ser menor que o desejado, por diversas razões. Em alguns anos, as condições de oferta e demanda fazem com que os preços em geral sejam baixos. Entretanto, se o preço médio recebido for inferior ao de outros estabelecimentos rurais semelhantes no mesmo ano, o operador talvez faça bem em procurar canais de venda diferentes ou passar mais tempo aprimorando habilidades de comercialização. Má qualidade do produto também pode fazer com que os preços de venda fiquem abaixo da média.

---

* N. de T.: O *bushel* é uma medida do sistema imperial para volumes secos, utilizada tradicionalmente para quantificar cereais. O *bushel* dos Estados Unidos equivale a 35,24 litros.

Preços de compra

Às vezes, a eficiência física é boa e os preços de venda são aceitáveis, mas os lucros são baixos porque os recursos foram adquiridos a preços altos. Exemplo são comprar terra a um preço maior do que o que ela sustentará, pagar aluguéis à vista altos, pagar preços altos por sementes e produtos químicos, comprar máquinas caras demais, comprar animais de engorda a preços altos, tomar dinheiro emprestado a taxas de juros altas, e assim por diante. Os custos dos insumos podem ser reduzidos comparando-se preços entre fornecedores diferentes, comprando-se equipamentos usados ou menores, comprando-se quantidades maiores, quando possível, e substituindo-se produtos refinados ou mais convenientes por matérias brutas.

Eficiência física, preço de venda e preço de compra se combinam para determinar a eficiência econômica, como mostrado pelas seguintes equações:

$$\frac{\text{Eficiência}}{\text{econômica}} = \frac{\text{Valor do produto gerado}}{\text{Custo dos recursos utilizados}}$$

$$ou \quad \frac{\text{Quantidade de produto} \times \text{Preço de venda}}{\text{Quantidade de recurso} \times \text{Preço de compra}}$$

MEDIDAS FINANCEIRAS

Mesmo estabelecimentos lucrativos, às vezes, sofrem com fluxos de caixa apertados ou altas

---

Tabela 6-5   Medidas de eficiência física

Item	Média do grupo de comparação	Nosso estabelecimento	Comentários
1. Novilhos de engorda produzidos (lb/novilho)	650	540	menor
2. Novilhos de engorda produzidos (lb/vaca)	576	473	menor
3. Feno de ração (toneladas/vaca)	1,6	2,1	maior
4. Rendimento do algodão (lb/acre)	762	750	ligeiramente menor
5. Rendimento do milho (bu/acre)	118	120	quase o mesmo

Números do grupo de comparação baseados em informações da Associação de Análise Rural do Alabama.

cargas de dívida. A porção financeira de uma análise completa do estabelecimento agropecuário é concebida para medir a solvência e a liquidez do negócio e identificar pontos fracos na estrutura ou composição dos vários tipos de ativos e passivos. O balanço patrimonial e a demonstração de resultados são as principais fontes de dados para calcular as medidas relacionadas à posição financeira do negócio. Essas medidas e índices financeiros foram apresentados nos Capítulos 4 e 5, mas serão reexaminadas brevemente para mostrar como se encaixam em uma análise completa do estabelecimento rural. É conveniente comparar o desempenho financeiro efetivo a valores de um grupo de comparação em uma forma como a exibida na Tabela 6-6. Os valores correntes devem também ser comparados a valores históricos, a fim de identificar tendências que possam estar se desenvolvendo.

Solvência

A solvência diz respeito ao valor dos ativos de propriedade do negócio comparado ao montante de passivos, ou à relação entre capital próprio e de dívida.

Razão de endividamento (FFSC)

A razão de endividamento é uma medida comum de solvência comercial, sendo calculada dividindo-se os passivos rurais totais pelos ativos rurais totais, usando-se valores atuais de mercado para os ativos. Valores menores são preferíveis a maiores, pois indicam uma chance maior de manter a solvência do negócio caso ele se depare com um período de condições econômicas adversas. Porém, coeficientes de endividamento baixos podem também indicar que o gestor reluta em usar capital de dívida para aproveitar oportunidades lucrativas de investimento. Nesse caso, o índice baixo viria à custa de desenvolver um negócio potencialmente maior e gerar uma renda rural líquida mais alta. Uma discussão mais completa sobre o uso de capital de dívida e capital social pode ser encontrada no Capítulo 19.

Duas outras medidas comuns de solvência são a razão de patrimônio sobre ativo (FFSC) e a razão de dívida sobre patrimônio (FFSC). Elas foram discutidas no Capítulo 4. São transformações matemáticas da razão de endividamento, dando as mesmas informações.

Alterações do patrimônio

Um indicador importante do progresso financeiro de um negócio é o aumento do patrimônio líquido ao longo do tempo. Ele é uma indicação de que o negócio está gerando mais renda líquida do que a que é retirada. Reinvestir lucros permite a aquisição de mais ativos ou a redução da dívida. Como exposto no Capítulo 4, o patrimônio deve ser medido tanto com quanto sem o benefício da inflação e seu efeito sobre o valor de ativos como terra. Isso exige um balanço patrimonial elaborado com base no custo e com base no mercado, de forma que aumentos no patrimônio possam ser separados em resultado de lucros gerados pelas atividades produtivas durante o exercício contábil e efeito de mudanças nos valores dos ativos.

Tabela 6-6   Análise da condição financeira do negócio

Item	Média do grupo de comparação	Nosso estabelecimento	Comentários
1. Valor líquido	US$ 1.013.210	US$ 736.836	menor
2. Razão de endividamento	0,29	0,31	maior
3. Razão de liquidez corrente	7,18	1,38	muito menor
4. Capital de giro	US$ 140.187	US$ 23.654	muito menor
5. Razão entre capital de giro e receita bruta	24,8%	5,8%	muito menor

Números do grupo de comparação baseados em informações da Associação de Análise Rural do Alabama.

Liquidez

A capacidade de um negócio de honrar suas obrigações de fluxo de caixa à medida que elas vencem é chamada de *liquidez*. Manter a liquidez é importante para que as transações financeiras do negócio se deem sem percalços.

Razão de liquidez corrente

Este índice é um indicador rápido da liquidez da propriedade. A razão de liquidez corrente é calculada dividindo-se os ativos rurais circulantes pelos passivos rurais circulantes, como mostrado no Capítulo 4. Os ativos circulantes (ou de curto prazo) serão vendidos ou convertidos em produtos comercializáveis no futuro próximo. Eles gerarão caixa para pagar os passivos circulantes, isto é, as obrigações de dívida que vencem nos próximos 12 meses.

Capital de giro (FFSC)

O capital de giro é a diferença entre os ativos circulantes e os passivos circulantes. Representa o dinheiro que restaria dos ativos circulantes após os passivos circulantes serem pagos, como mostrado no Capítulo 4. Como as necessidades de capital de giro podem variar com o tamanho da operação, o FFSC também recomenda o cálculo do quociente de capital de giro sobre receita bruta. Isso se obtém dividindo-se o capital de giro pela receita bruta. Índices mais altos apontam maior liquidez.

Essas medidas de liquidez são fáceis de calcular, mas não levam em conta custos operacionais futuros, despesas acessórias, necessidades de substituição de capital e gastos não comerciais. Também não incluem vendas originadas de produtos ainda a serem produzidos, nem consideram a cronologia dos recebimentos e gastos de caixa ao longo do ano. Uma operação que concentra sua produção em uma ou duas épocas do ano, como estabelecimentos focados em grãos, precisa ter um alto índice de liquidez corrente no início do ano, pois não haverá produção nova para vender até perto do fim do ano. Por outro lado, produtores de laticínios ou outras operações pecuárias com ven-

das contínuas durante todo o ano podem funcionar com segurança com razões de liquidez corrente e margens de capital de giro menores.

O Capítulo 13 discute como elaborar um orçamento de fluxo de caixa e como utilizá-lo para gerenciar a liquidez. Embora desenvolver um orçamento de fluxo de caixa leve mais tempo do que calcular uma razão de liquidez corrente, o primeiro leva em conta todas as fontes e aplicações de caixa, assim como os momentos de sua ocorrência ao longo do ano. Todo estabelecimento agropecuário com dúvidas quanto à sua capacidade de satisfazer as necessidades de fluxo de caixa deve estar sempre elaborando orçamentos de fluxo de caixa e acompanhá-los em relação aos fluxos de caixa efetivos ao longo ano. Assim, podem-se detectar problemas de liquidez cedo.

Testes de problemas de liquidez

Quando o fluxo de caixa fica apertado, há vários testes simples que podem ser realizados para tentar identificar a fonte do problema.

1. Analise a estrutura de endividamento, calculando o percentual de passivos rurais totais classificados como circulantes e não circulantes. Faça o mesmo com os ativos rurais totais. Se a estrutura de endividamento for "pesada em cima", isto é, se uma proporção maior dos passivos do estabelecimento estiver na categoria circulante do que dos ativos, pode ser recomendável converter uma parte da dívida circulante em um passivo de prazo maior. Isso reduzirá os pagamentos anuais de principal e melhorará a liquidez.

2. Compare as mudanças nos ativos circulantes ao longo do tempo, especialmente os estoques de cultivos e animais. Isso pode ser feito consultando-se os balanços anuais de fim de ano. Acumular estoque pode ocasionar escassez temporária de fluxo de caixa. Por outro lado, se o fluxo de caixa foi satisfeito reduzindo-se o estoque atual por vários anos sucessivos, o problema de liquidez foi meramente postergado.

110 Parte II Mensuração do desempenho gerencial

3. Compare as aquisições de ativos de capital com vendas e depreciação. Aumentar continuamente o estoque de ativos de capital pode não deixar caixa suficiente para fazer frente a outras obrigações. Por outro lado, liquidar ativos de capital pode ajudar a satisfazer necessidades de fluxo de caixa no curto prazo, mas pode afetar a lucratividade no futuro.

4. Compare o montante de dívida operacional postergada de um ano para o ano seguinte em um período de vários anos. Tomar emprestado mais do que o que é amortizado a cada ano acabará reduzindo a capacidade de endividamento e aumentando os custos com juros, tornando a amortização futura ainda mais difícil. Isso só esconde o problema real de baixa lucratividade.

5. Compare o fluxo de caixa necessário para terra (pagamentos de principal e juros, impostos imobiliários e aluguéis à vista) por acre com o valor de um arrendamento à vista típico para terra semelhante. Assumir dívida por terra demais, tentar amortizá-la rápido demais ou pagar aluguéis à vista altos podem causar graves problemas de liquidez.

6. Compare retiradas para sustento familiar e impostos de renda pessoais com o custo de oportunidade da mão de obra não remunerada. O negócio pode estar tentando sustentar mais pessoas do que as que estão plenamente empregadas, ou em um nível mais alto do que o possibilitado pela renda rural líquida. Qualquer desses sintomas pode causar má liquidez, mesmo em um estabelecimento lucrativo, podendo levar a graves problemas financeiros.

Medidas de capacidade de pagamento

São recomendadas diversas medidas para avaliar a capacidade de pagamento de empréstimo do negócio. A primeira é a *capacidade de pagamento de dívida de capital* (FFSC). Essa medida dá uma estimativa da capacidade da operação de gerar os fundos necessários para pagamento e/ou substituição da dívida.

Ela é calculada por meio da seguinte fórmula:

- Renda rural líquida de operações
- *Mais* ou *menos* outras receitas/despesas totais
- *Mais* renda não rural total
- *Mais* despesa de depreciação/amortização
- *Menos* retiradas totais para sustento familiar e impostos de renda
- *Mais* despesa de juros para dívida a prazo e arrendamentos mercantis
- *Igual a* capacidade de pagamento de dívida de capital

A *margem de pagamento de dívida de capital* (FFSC) é a diferença em dinheiro entre a capacidade de pagamento de dívida de capital e as aplicações totais da capacidade de pagamento. As aplicações totais da capacidade de pagamento são calculadas assim:

- Porção circulante do ano anterior da dívida de longo prazo
- *Mais* porção circulante do ano anterior de arrendamentos mercantis
- *Mais* despesa de juros da dívida a prazo
- *Mais* dívida operacional não paga do exercício anterior
- *Mais* pagamentos anuais totais sobre passivos pessoais
- *Igual a* aplicações totais da capacidade de pagamento

A *margem de reposição* (FFSC) é encontrada subtraindo-se os gastos com provisão de reposição/capital não financiado da margem de pagamento de dívida de capital. Essa medida pode ser utilizada para avaliar a capacidade da operação tanto de pagar dívida quanto de repor ativos.

A *razão de cobertura de dívida a prazo e arrendamento mercantil* (FFSC) é encontrada dividindo-se a capacidade de pagamento de dívida de capital pelos pagamentos de dívida a prazo a vencer no ano seguinte

Capítulo 6 Análise do negócio rural **111**

Quadro 6-2	Estudo de caso de análise do negócio rural

Nas Tabelas 6-2 a 6-6, nosso estabelecimento exemplificativo foi comparado a um grupo de estabelecimentos semelhantes por meio de uma variedade de medidas de lucratividade, eficiência e saúde financeira. A renda rural líquida do nosso estabelecimento era consideravelmente menor do que a média do grupo de comparação. O retorno sobre gestão era negativo no nosso estabelecimento, e a taxa de retorno sobre patrimônio rural estava muito próxima de zero. Além disso, como a rentabilidade dos ativos rurais era maior do que a taxa de retorno sobre patrimônio rural, o dinheiro emprestado estava operando a um prejuízo médio.

O estabelecimento agropecuário que tomamos como exemplo tinha menos recursos do que a média dos estabelecimentos de comparação; assim, pode-se explicar uma parte da causa da renda rural líquida menor pelo tamanho. Entretanto, somente a diferença de tamanho provavelmente não explicaria o retorno sobre gestão negativo ou o valor extremamente baixo da taxa de retorno do patrimônio rural.

A eficiência física parece ser um problema no empreendimento de novilhos. Os novilhos produzidos são consideravelmente mais leves do que os do grupo de comparação, levando a baixa produção em termos de libras de novilho por vaca. Ao mesmo tempo, o feno consumido por vaca é maior do que no grupo de comparação, talvez por causa de má qualidade do pasto ou desperdício de ração. Os preços recebidos pelos novilhos também são baixos, indicando um problema de qualidade ou estratégias de comercialização fracas. Os rendimentos do algodão, embora um pouco mais baixos do que a média do grupo de comparação, não estão terrivelmente fora do padrão, e o preço recebido pelo algodão é aproximadamente o mesmo do grupo de comparação.

O exame das medidas de eficiência econômica indica que esse estabelecimento rural parece estar gastando demais em despesas operacionais em comparação ao que está sendo produzido. O quociente de depreciação menor do que a média pode indicar que a propriedade possui máquinas mais velhas ou menores do que o grupo de comparação, o que pode contribuir para os rendimentos médios de algodão um pouco menores.

A saúde financeira geral do negócio, medida pela razão de endividamento, é mais ou menos a mesma do grupo de comparação. Todavia, a razão de liquidez corrente é muito inferior à média do grupo de comparação, e o capital de giro também é consideravelmente menor.

Em suma: o empreendimento de novilhos parece estar operando com menos eficiência do que deveria, contribuindo para o lucro geral baixo. Uma análise em mais pormenores desse empreendimento seria desejável. O operador talvez precise também examinar com cuidado o complemento das máquinas, para ver se elas são adequadas para o estabelecimento.

(incluindo principal e juros) para empréstimos amortizados mais pagamentos de arrendamento mercantil. Quanto mais o coeficiente passar de 1,0, maior é a margem para cobrir pagamentos. É importante assinalar que essa medida não indica se os pagamentos podem ser feitos no prazo. É necessário um orçamento de fluxo de caixa para verificar possíveis problemas com pagamentos pontuais.

RESUMO

Uma análise comercial completa do estabelecimento rural é parecida com um exame médico completo: deve ser realizada periodicamente para ver se existem sintomas que indiquem que o negócio não está funcionando como deveria. Padrões de comparação podem ser metas orçadas, resultados de outros estabelecimentos semelhantes ou resultados anteriores do mesmo estabelecimento. Pode-se empregar uma abordagem sistemática para comparar esses padrões aos resultados reais.

112 Parte II Mensuração do desempenho gerencial

Pode-se medir a lucratividade por meio da renda rural líquida e retornos sobre mão de obra, gestão, ativos totais e patrimônio. Se for constatado um problema de renda ou lucratividade, a primeira área a ser examinada é o tamanho do estabelecimento. Uma análise de tamanho verifica se há recursos suficientes para gerar uma renda líquida adequada e quantos dos recursos são de contribuição do operador. Em seguida, podem ser calculadas diversas medidas relativas ao uso eficiente de máquinas, mão de obra, capital e outros insumos. A eficiência econômica depende da eficiência física, do preço de venda dos produtos e do preço de compra dos insumos.

A análise financeira utiliza os valores do balanço patrimonial para avaliar a solvência e a liquidez do negócio. As várias medidas calculadas para uma análise completa do estabelecimento agropecuário fazem parte da função de controle da gestão. Como tais, elas devem ser usadas para identificar e isolar um problema antes que ele tenha um impacto negativo sobre o negócio.

PERGUNTAS PARA REVISÃO E REFLEXÃO

1. Quais são as etapas da função de controle da gestão rural?
2. Que tipos de padrões ou valores podem ser usados para comparar e avaliar medidas de eficiência e lucratividade para um estabelecimento rural específico? Quais são as vantagens e desvantagens de cada um?
3. Quais são as diferenças entre "receita bruta" e "valor da produção rural"? E entre "renda rural líquida" e "retorno sobre gestão"?
4. Use os seguintes dados para calcular as medidas de lucratividade e eficiência listadas:

Receita bruta		US$ 185.000
Valor da produção rural		US$ 167.000
Renda rural líquida		US$ 48.000
Despesa com juros		US$ 18.000
Valor da mão de obra não remunerada		US$ 31.000
Custo de oportunidade do patrimônio rural		US$ 17.300
Valor total dos ativos:	inicial	US$ 400.000
	final	US$ 430.000
Patrimônio rural:	inicial	US$ 340.000
	final	US$ 352.000

    a. Rentabilidade dos ativos ___%
    b. Taxa de retorno sobre patrimônio ___%
    c. Razão de giro dos ativos ___
    d. Retorno sobre gestão US$ ____
    e. Razão de renda rural líquida de operações _____
5. Quais três fatores gerais determinam a eficiência econômica?
6. Diga se cada uma das seguintes medidas de análise comercial diz respeito a volume de negócios, lucratividade, eficiência econômica ou eficiência física.
    a. Libras de algodão colhidas por acre
    b. Retorno sobre gestão
    c. Retorno pecuário por US$ 100 de ração consumida
    d. Receita bruta
    e. Ativos rurais totais
    f. Razão de giro dos ativos
7. Um estabelecimento agrícola que arrenda à vista 1.200 acres cultiváveis e é dono de 240 acres tem mais chances de possuir uma *razão de giro dos ativos* ou uma *razão de despesa operacional* melhor que a média? Justifique.
8. Explique a diferença entre solvência e liquidez. Liste três testes que podem ser usados para diagnosticar problemas de liquidez.

PARTE III

Aplicação de princípios econômicos

Os Capítulos 7, 8 e 9 discorrem sobre princípios econômicos e conceitos de custo e sua aplicação na tomada de decisão na agropecuária. Os princípios econômicos são importantes porque oferecem um procedimento sistemático e organizado para identificar a melhor alternativa quando a meta é maximização de lucro. As regras de decisão derivadas desses princípios exigem a compreensão de alguns conceitos marginais e diferentes tipos de custo. Entretanto, após serem aprendidos, eles podem ser aplicados a muitos tipos diferentes de problemas gerenciais.

O Capítulo 7 introduz o conceito de função de produção e a lei dos retornos marginais decrescentes. Usa-se análise marginal para determinar os níveis maximizadores de lucro de insumo e produto. No Capítulo 8, a análise marginal é estendida para responder às perguntas de qual combinação de insumos maximiza os lucros para um dado nível de produto e qual combinação de empreendimentos maximiza os lucros para um dado conjunto de recursos. Diversos conceitos de custo são explorados no Capítulo 9, incluindo custo total, marginal e médio e custos fixos e variáveis. Por fim, usam-se conceitos de custo para explicar como o aumento da escala do estabelecimento agropecuário pode resultar em economias e deseconomias da escala para diferentes níveis de produto.

CAPÍTULO 7

Princípios econômicos – escolha de níveis de produção

Objetivos do capítulo

1. Explicar o conceito de análise marginal.
2. Mostrar a relação entre um insumo variável e um produto usando uma função de produção.
3. Descrever os conceitos de produto físico médio e produto físico marginal.
4. Ilustrar a lei dos retornos marginais decrescentes e sua importância na agropecuária.

5. Mostrar como obter a quantidade maximizadora de lucro de um insumo variável usando os conceitos de receita marginal e custo marginal.
6. Explicar o uso do princípio da igualdade marginal para alocar recursos limitados.

O conhecimento de princípios econômicos dá ao gestor um conjunto de procedimentos e regras de tomada de decisão. Esse conhecimento é útil ao elaborar planos de organização e operação de um negócio agrícola ou pecuário. Ele também dá auxílio e orientação ao se passar pelas etapas do processo de tomada de decisão. Após um problema ser identificado e definido, o próximo passo é obter dados e informações. As informações necessárias para aplicar princípios econômicos dão foco e direção a essa busca, evitando que se perca tempo procurando dados desnecessários. Após os dados serem adquiridos, os prin-

cípios econômicos oferecem diretivas para transformar os dados em informações úteis e para analisar as alternativas potenciais.

Os princípios econômicos consistem em um conjunto de regras para fazer uma escolha ou decisão que resultará no lucro máximo. Vários desses princípios serão apresentados nos próximos dois capítulos. A aplicação dessas regras segue três etapas: (1) adquirir dados físicos e biológicos e observar como certos recursos criam produtos comercializáveis; (2) adquirir dados de preço para recursos e produtos; e (3) aplicar a regra de tomada de decisão econômica apropriada para maximizar o lucro. O leitor deve procurar cada uma dessas etapas à medida que cada princípio econômico novo é apresentado.

A FUNÇÃO DE PRODUÇÃO

A base fundamental da agropecuária é o processo biológico de combinar diversos recursos para produzir um produto útil. A Figura 7-1 ilustra um exemplo desse processo produtivo. Um modo sistemático de apresentar a relação entre os recursos ou insumos que podem ser usados para produzir um produto e o resultado correspondente é a chamado de *função de produção*. Em algumas disciplinas agropecuárias, a mesma relação pode ser chamada de curva de resposta, curva de rendimento ou relação insumo/produto. Uma função de produção pode ser apresentada na forma de tabela, gráfico ou equação matemática.

As três primeiras colunas da Tabela 7-1 são uma apresentação tabular de uma função de produção. Fertilizante nitrogenado é um insumo, e o milho é o produto. Assume-se que todos os demais insumos possuem oferta fixa. Na segunda coluna, são exibidos diferentes níveis de nitrogênio. Para simplificar a análise, o insumo de nitrogênio é medido em unidades de 25 libras por acre. A quantidade de produção de milho esperada (com base em testes de rendimento) do uso de cada nível de insumo de nitrogênio é apresentada na terceira coluna.

Tabela 7-1 Função de produção para fertilizante de nitrogênio e milho – um acre

Nível de insumo	Nitrogênio aplicado (lb)	Rendimento (bu)	Produto físico total (PFT) (bu)	Produto físico médio (PFMe) (bu)	Produto físico marginal (PFMg) (bu)
0	0	130	0	—	
					18
1	25	148	18	18,00	
					14
2	50	162	32	16,00	
					8
3	75	170	40	13,33	
					7
4	100	177	47	11,75	
					3
5	125	180	50	10,00	
					2
6	150	182	52	8,67	
					1
7	175	183	53	7,57	
					0
8	200	183	53	6,62	

Fonte: Departamento de Agronomia, Universidade Estadual de Iowa.

na. Na quarta coluna, o rendimento adicional fruto da aplicação de nitrogênio é chamado de "Produto físico total", abreviado como PFT. Sem nenhum nitrogênio acrescentado, espera-se um rendimento de 130 *bushels* de milho por acre. Isso porque já há um certo nível de fertilidade presente no solo. Aplicar mais nitrogênio, porém, possibilita um rendimento ainda maior.

É possível calcular a quantidade média de produto gerado por unidade de insumo para cada nível de insumo. Esse valor é chamado de *produto físico médio* (PFMe), sendo exibido na quinta coluna da Tabela 7-1. O PFMe é calculado pela seguinte fórmula:

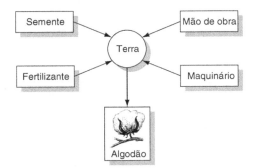

Figura 7-1 Exemplo de processo produtivo na agricultura.

$$PFMe = \frac{\text{Produto físico total}}{\text{Nível de insumo}}$$

Nesse exemplo, podem ser produzidos 148 *bushels* de milho aplicando-se uma unidade (25 libras) de nitrogênio. São produzidos centro e trinta *bushels* sem aplicar nitrogênio, então 18 *bushels* são o produto físico que pode ser atribuído à primeira unidade de nitrogênio aplicada. O produto físico médio do acréscimo da primeira unidade de nitrogênio, portanto, é 18 / 1 = 18,00. Da mesma forma, aplicar 4 unidades de nitrogênio produz 177 – 130 = 47 *bushels* a mais de milho, então o PFMe por unidade de 25 libras é 47 /4 = 11,75. A função de produção da Tabela 7-1 possui um PFMe que cai continuamente após a primeira unidade de insumo, uma ocorrência comum na agropecuária.

ANÁLISE MARGINAL

Muito da economia da produção agropecuária está relacionado ao conceito de *análise marginal*. Economistas e gestores, muitas vezes, interessam-se em quais mudanças ocorrerão com a alteração de um ou mais fatores sob seu controle. Por exemplo, eles podem se interessar em como o rendimento do algodão muda com o uso de 50 libras a mais de fertilizante, como 2 libras a mais de grão na ração diária afetam a produção de leite de uma vaca ou como o lucro muda quando se cultivam 20 acres a mais de milho e se reduz a produção de soja em 20 acres.

O termo *marginal* será usado extensivamente em todo este capítulo. Ele se refere a mudanças incrementais, aumentos ou diminuições que ocorrem no limite ou na margem. Talvez seja útil substituir mentalmente a palavra marginal por "extra" ou "adicional" sempre que ela ocorrer, lembrando que o "extra" pode ser um valor negativo ou mesmo zero. Além disso, toda mudança marginal sendo medida ou calculada é o resultado de uma mudança marginal em algum outro fator.

Para calcular uma mudança marginal de qualquer tipo, é necessário encontrar a diferença entre um valor original e o novo valor que resultou da mudança no fator controlador. Em outras palavras, precisa-se da mudança em algum valor causada pela mudança marginal em outro fator. Em todo este texto, um pequeno triângulo (a letra grega delta) será usado como abreviatura de "a mudança em". Por exemplo, Δ rendimento do milho seria lido como "a mudança no rendimento do milho", sendo a diferença em rendimento do milho antes e depois de uma mudança em um insumo que afetasse o rendimento, como semente, fertilizante ou água de irrigação. Embora talvez sejam necessários outros insumos, assume-se que eles estão presentes em uma quantidade fixa ou constante no curto prazo. Isso não quer dizer que eles não sejam importantes: essa suposição serve para simplificar a análise.

Produto físico marginal

Podem-se usar dados de análise marginal e função de produção para derivar informações extras sobre a relação entre o insumo e o PFT.

O primeiro conceito marginal a ser introduzido é o *produto físico marginal* (PFMg), mostrado na sexta coluna da Tabela 7-1. Lembrando que marginal significa adicional ou extra, o PFMg é o PFT adicional ou extra produzido usando-se uma unidade adicional de insumo. Ele exige que se meçam as mudanças no produto e no insumo.

O produto físico marginal é calculado como:

$$PFMg = \frac{\Delta \text{ produto físico total}}{\Delta \text{ nível de insumo}}$$

O numerador é a mudança no PFT causada por uma mudança no insumo variável, e o denominador é o valor real de mudança do insumo. Por exemplo, a Tabela 7-1 indica que utilizar 4 unidades de nitrogênio em vez de 3 faz com que o PFT aumente em 7 *bushels*. Logo, o valor do PFMg nesse nível é de 7 / 1 = 7. O produto físico marginal pode ser positivo ou negativo. Também pode ser zero, se alterar o nível do insumo não ocasionar mudança no PFT. No exemplo da Tabela 7-1, o insumo aumenta em incrementos de 1 unidade, o que simplifica o cálculo do PFMg. Outros exemplos e problemas podem apresentar o insumo aumentando em incrementos de valores variáveis.

O resultado para o PFMg não é uma determinação exata para a última libra de nitrogênio, mas um PFMg médio para a última unidade de 25 libras acrescentada. Muitas vezes, esse cálculo dará informações suficientes para a tomada de decisão, salvo se a mudança em insumo entre os dois níveis possíveis de insumo for bastante grande. Nesse caso, ou devem-se obter mais informações sobre os níveis esperados de produto para níveis intermediários do insumo variável, ou devem ser usadas outras técnicas matemáticas, como gráficos ou cálculo.[1]

LEI DOS RETORNOS MARGINAIS DECRESCENTES

A Tabela 7-1 e a Figura 7-2 podem ser usadas para ilustrar um princípio importante de um ponto de vista tanto teórico quanto prático. O termo *retornos marginais decrescentes* é usado para descrever o que acontece com o PFMg quando se usa mais insumo. A lei dos retornos marginais decrescentes diz que, à medida que mais unidades de um insumo marginal forem usadas em combinação com um ou mais insumos fixos, o produto físico marginal acabará caindo. Quando o PFMg começa a cair depende inteiramente das características biológicas do processo produtivo sob análise. Devemos salientar três propriedades dessa lei e de sua definição. Primeiro: para existirem retornos decrescentes, devem-se usar um ou mais insumos fixos no processo de produção, além do insumo variável. Um acre de terra ou uma cabeça de gado muitas vezes é o insumo fixo utilizado

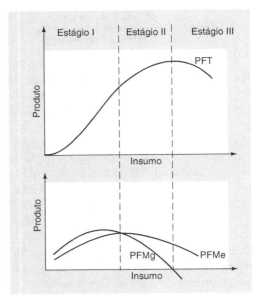

Figura 7-2 Ilustração gráfica de uma função de produção.

para definir a função de produção e, portanto, para ilustrar os retornos marginais decrescentes. Segundo: a definição não impede que os retornos marginais decrescentes comecem com a primeira unidade do insumo variável. É frequentemente o caso em aplicações rurais dessa lei. Terceiro: essa lei se baseia nos processos biológicos verificados na produção agropecuária. Ela resulta da incapacidade das plantas e dos animais de darem a mesma resposta indefinidamente a aumentos sucessivos de nutrientes ou algum outro insumo.

Existem diversos exemplos de retornos marginais decrescentes na produção agropecuária. À medida que se aplicam unidades adicionais de semente, fertilizante ou água de irrigação em uma área fixa de um cultivo, o produto adicional ou PFMg acabará começando a cair. O PFMg fica cada vez menor com a aproximação do cultivo à sua capacidade biológica de utilizar o insumo. Um resultado semelhante é obtido com a ração diária adicional consumida por vacas leiteiras, suínos ou gado em engorda. A importância e a significa-

---

[1] O leitor que tiver cursado uma disciplina de Cálculo deverá reconhecer que, para uma função de produção expressa como uma equação matemática contínua, o valor exato do PFMg pode ser encontrado pela 1ª derivada do PFT com relação ao nível do insumo.

ção prática desses exemplos ficarão aparentes nas próximas duas seções.

Uma análise gráfica

Uma função de produção (PFT) e seus PFMg e PFMe correspondentes também podem ser apresentados de forma gráfica, como na Figura 7-2. A porção superior da Figura 7-2 mostra o PFT, ou produto, aumentando a uma taxa crescente à medida que o nível de insumo aumenta a partir do zero. Com o nível de insumo continuando a aumentar, o PFT continua a subir, mas a uma taxa decrescente, e acaba chegando a um pico e começando a cair.

A Figura 7-2 ilustra várias relações importantes entre PFT, PFMe e PFMg. Enquanto o PFT estiver crescendo a uma taxa crescente, tanto o PFMg quanto o PFMe crescem também. No ponto em que o PFT passa de subir a uma taxa crescente a subir a uma taxa decrescente, o PFMg chega a seu máximo, passando a cair continuamente. Onde o PFT chega ao seu máximo, o PFMg tem valor zero, e onde o PFT está caindo, o PFMg é negativo.

O produto físico médio sobe ao longo de um espectro ligeiramente maior do que o PFMg antes de começar a cair, o que demonstra uma relação interessante entre PFMe e PFMg. Sempre que o PFMg for superior ao PFMe, o PFMe estará crescendo, e sempre que o PFMg for inferior ao PFMe, o PFMe estará diminuindo. Essa relação pode ser explicada rememorando que, para aumentar (diminuir) um valor médio, o valor adicional ou marginal usado para calcular a nova média precisa estar acima (abaixo) da média antiga. O único modo de um jogador de beisebol aumentar suas médias de rebatidas é ter uma média diária de rebatidas (o valor marginal ou adicional) acima da sua média na temporada atual. A curva de PFMe está no seu máximo onde a curva de PFMg a cruza.

A relação entre PFT, PFMe e PFMg, muitas vezes, é utilizada para dividir esse tipo específico de função de produção em três estágios, como mostrado na Figura 7-2. A importância desses estágios na determinação da quantidade correta de insumo a usar será discutida mais adiante. O estágio I começa no nível de insumo zero, continuando até o ponto em que o PFMe está no máximo e igual ao PFMg. O estágio II inicia onde o PFMe está no máximo, terminando onde o PFMg é zero (ou o PFT está no máximo). O estágio II é o espectro de valores de insumo onde o PFMg é negativo e o PFT está caindo absolutamente. Os dados da Tabela 7-1 mostram somente o estágio II da função de produção de nitrogênio e milho, isto é, o estágio onde o PFMg está caindo, mas ainda não é negativo.

QUANTO INSUMO USAR

Uma aplicação importante das informações derivadas de uma função de produção é determinar quanto usar do insumo variável. Dada uma meta de maximizar o lucro, o gestor precisa escolher, dentre todos os níveis possíveis de insumo, aquele que resultará no maior lucro.

Pode-se obter algum auxílio para esse processo de seleção consultando-se os três estágios da Figura 7-2. Podem-se desconsiderar todos os níveis de insumo do estágio III, pois mais insumo faz com que o PFMg fique negativo e o PFT caia.

O estágio I abrange a área em que acrescentar mais unidades de insumo faz com que o produto físico médio aumente. Nesse estágio, adicionar outra unidade de insumo aumenta a produtividade de todos os insumos anteriores, medindo-se pela produtividade média ou PFMe. Se deve-se usar um insumo, parece razoável que o gestor gostaria de usar ao menos o nível de insumo que resultasse no maior produto físico médio por unidade de insumo. Esse ponto é a fronteira entre o estágio I e o estágio II, representando a maior eficiência no uso do insumo variável. Contudo, o lucro geralmente pode ser aumentando ainda mais utilizando-se mais insumo, mesmo que o PFMe esteja caindo junto com o PFMg. Mas, usando somente as informações físicas disponibilizadas pelo

Parte III Aplicação de princípios econômicos

Quadro 7-1	Outros retornos decrescentes

A lei é descrita expressamente como a lei dos retornos marginais decrescentes, sendo definida em termos de PFMg. Contudo, após um certo nível de insumo, tanto o PFT quanto o PFMe também podem começar a cair, sendo o termo "retornos decrescentes" ocasionalmente usado para descrever esses resultados. Porém, o PFMg é o conceito mais interessante e útil.

PFT, PFMe e PFMg, não é possível determinar qual nível de insumo no estágio II maximizará o lucro. Precisa-se de mais informação: informações específicas sobre preços de insumo e produto, somadas a alguma forma de incorporá-las ao processo de tomada de decisão.

Custo total, receita total e lucro

Se presumirmos que a meta do gestor é maximizar o lucro, ao menos no que tange ao uso de fertilizante, precisamos saber quanto o fertilizante custará e por que preço o milho poderá ser vendido. Na Tabela 7-2, é mostrado o nível esperado de produção de milho (PFT) para cada nível de aplicação de nitrogênio, assim como na Tabela 7-1. Todavia, foram acrescentadas colunas de custo total (CT), receita total (RT) e lucro.

No nível de nitrogênio zero, o custo total é de US$ 500. Ele representa todos os outros custos de se produzir milho (além do nitrogênio). Presumiremos que eles permanecem constantes enquanto acrescentamos mais nitrogênio. Se multiplicarmos cada nível de nitrogênio pelo preço de uma libra de nitrogênio (assuma US$ 0,35) e acrescentarmos isso aos demais custos de US$ 500, podemos apresentar o CT da produção de milho para cada nível de nitrogênio usado na quarta coluna da Tabela 7-2.

Da mesma forma, se multiplicarmos os *bushels* produzidos em cada nível de nitrogênio aplicado pelo preço do milho (assuma US$ 3,50), podemos mostrar a RT em cada nível da quinta coluna. Por fim, subtraindo o CT da RT em cada nível, chegamos ao lucro, apresentado na sexta coluna. Uma comparação rápida mostra que o nível de lucro máximo é US$ 86,25, que ocorre quando 125 libras de nitrogênio são aplicadas para produzir 180 *bushels* de milho por acre.

USO DE CONCEITOS MARGINAIS

O nível maximizador de lucro de uso de um insumo também pode ser encontrado examinando-se as mudanças marginais ou incrementais em custos e receitas à medida que se adiciona mais insumo.

A Tabela 7-3 é semelhante à tabela anterior, salvo que as duas últimas colunas agora se chamam receita marginal e custo marginal. A *receita marginal* (RMg) é definida como a mu-

Tabela 7-2 Custo total, receita total e lucro (preço do nitrogênio = US$ 0,35/lb; preço do milho = US$ 3,50/bu)

Nível de insumo	Nitrogênio aplicado (lb)	Produto físico total (PFT) (bu)	Custo total (CT) (US$)	Receita total (RT) (US$)	Lucro (US$) (RT – CT)
0	0	130	500,00	455,00	(45,00)
1	25	148	508,75	518,00	9,25
2	50	162	517,50	567,00	49,50
3	75	170	526,25	595,00	68,75
4	100	177	535,00	619,50	84,50
5	**125**	**180**	**543,75**	**630,00**	**86,25**
6	150	182	552,50	637,00	84,50
7	175	183	561,25	640,50	79,25
8	200	183	570,00	640,50	70,50

Capítulo 7 Princípios econômicos – escolha de níveis de produção 121

Tabela 7-3 Receita marginal, custo marginal e níveis ideais de produto (preço do nitrogênio = US$ 0,35/lb; preço do milho = US$ 3,50/bu)

Nível de insumo	Nitrogênio aplicado (lb)	Produto físico total (PFT) (bu)	Produto físico marginal (PFMg)	Receita total (RT) (US$)	Custo total (CT) (US$)	Receita marginal (RMg) (US$) ($\Delta$RT/ PFMg)		Custo marginal (CMg) (US$) ($\Delta$CT/ PFMg)
0	0	130		455,00	500,00			
			18			3,50	>	0,49
1	25	148		518,00	508,75			
			14			3,50	>	0,63
2	50	162		567,00	517,50			
			8			3,50	>	1,09
3	75	170		595,00	526,25			
			7			3,50	>	1,25
4	100	177		619,50	535,00			
			3			3,50	>	2,92
5	**125**	**180**		**630,00**	**543,75**			
			2			3,50	<	4,38
6	150	182		637,00	552,50			
			1			3,50	<	8,75
7	175	183		640,50	561,25			
			0			3,50	<	infinito
8	200	183		640,50	570,00			

dança na receita total ou a renda extra recebida com a venda de uma unidade a mais de produto. Ela é calculada a partir da seguinte equação:

$$RMg = \frac{\Delta \text{ receita total}}{\Delta \text{ produto físico total (PFMg)}}$$

Por exemplo, quando se adiciona a primeira unidade de 25 libras de nitrogênio, a RT cresce US$ 63, e o PFMg é de 18 *bushels*, portanto RMg = US$ 63 / 18 = US$ 3,50. É aparente a partir da Tabela 7-3 que a RMg é constante para todos os níveis de insumo e igual ao preço de venda do produto, isto é, US$ 3,50 por *bushel* de milho. Isso não deveria surpreender, dada a definição de RMg. Desde que

o preço do produto não mude em função de se é vendido mais ou menos produto, o que é o normal para um agricultor ou pecuarista, a RMg será sempre igual ao preço do produto. Entretanto, se o preço de venda varia com mudanças na quantidade de produto vendida, a RMg precisa ser calculada, utilizando-se a equação dada antes, para cada nível de produto. Um exemplo é quando suínos e gado são engordados a pesos cada vez maiores, sendo que o preço recebido por libra acaba caindo devido a descontos.

O *custo marginal* (CMg) é definido como a mudança em custo, ou o custo adicional que incide, com a produção de mais uma unidade de produto. Ele é calculado a partir da seguinte equação:

$$CMg = \frac{\Delta \text{ custo total}}{\Delta \text{ produto físico total (PFMg)}}$$

tal que custo total é o mesmo definido anteriormente na Tabela 7-2. Por exemplo, quando o nível de nitrogênio aplicado sobe de zero a uma unidade, o custo total cresce US$ 0,35 × 25 libras = US$ 8,75, e o PFMg é de 18 *bushels*, então CMg = US$ 8,75 / 18 = US$ 0,49. Na Tabela 7-3, o custo marginal começa a subir à medida que se usa mais insumo. Observe a relação inversa entre PFMg e CMg. Quando o PFMg está caindo (retornos marginais decrescentes), o CMg está subindo, pois é preciso relativamente mais insumo para produzir uma unidade a mais de produto. Portanto, o custo adicional de mais uma unidade de produto está crescendo.

Regra de decisão

A seguir, RMg e CMg são comparados para se encontrar os níveis maximizadores de lucro de insumo e produto. Contanto que a RMg seja maior que o CMg, uma unidade extra de produto aumenta o lucro, pois a renda extra excede o custo extra de produzi-la. Inversamente, se a RMg for inferior ao CMg, produzir a unidade adicional de produto diminui o lucro. O nível de produto maximizador de lucro, portanto, é onde a receita marginal é igual ao custo marginal.

Na Tabela 7-3, quando o nível de N aplicado é aumentado de 100 para 125 libras, a RMg é US$ 3,50, e o CMg é somente US$ 2,92, então claramente vale a pena acrescentar mais nitrogênio. Entretanto, aumentar a taxa de aplicação de N de 125 para 150 libras tem um CMg de US$ 4,38, o que passa da RMg de US$ 3,50. Logo, o lucro é maximizado aplicando-se 5 unidades (125 libras) de nitrogênio por acre. Como era de se esperar, essa é a mesma conclusão obtida comparando-se o lucro esperado de cada nível de uso de insumo. Neste exemplo, não é possível determinar o nível de aplicação de nitrogênio em que o custo marginal é exatamente igual à receita marginal, então precisamos ver onde o CMg passa de menos que a RMg para mais que a RMg.

O que aconteceria com o nível maximizador de lucro se um ou mais preços mudassem? Uma mudança no preço do nitrogênio faria com que o CMg mudasse, e uma mudança no preço do milho faria com que a RMg mudasse. Essas alterações provavelmente mudariam a solução maximizadora de lucro. Assumindo que o preço do milho é constante em US$ 3,50 e que o preço do nitrogênio aumentou para US$ 0,60 por libra, o custo marginal de aumentar a aplicação de N de 100 para 125 libras por acre agora é de US$ 5,00 por *bushel* de milho (Tabela 7-4),

---

Quadro 7-2	Novas tecnologias e decisões de produção

No passado, os agropecuaristas tinham pouca opção além de otimizar os níveis de insumo e produto utilizando valores marginais calculados a partir da resposta "média" do campo a mudanças nos níveis de insumo. Porém, a maioria dos campos possui áreas com diferentes tipos de solo, níveis de fertilidade, inclinação, escoamento, pH, problemas com inço, e assim por diante. Agora há novas tecnologias à disposição, inclusive sistemas de posicionamento global (GPS) para encontrar localizações exatas em um campo; monitores de rendimento que usam GPS para registrar rendimento por local em um campo;

e equipamentos de aplicação de precisão que ajustam taxas de aplicação de sementes, fertilizantes e pesticidas "em trânsito", com base na localização no campo. Os produtores rurais hoje possuem novas informações e os equipamentos necessários para aplicar os princípios marginais e otimizar os níveis de insumo e produto em cada área diferente do campo. Isso pode ser feito de acordo com tipo de solo, nível de fertilidade, pH do solo ou qualquer outro fator que afete a produtividade. Otimizar a aplicação de insumos agrícolas em pequenas áreas de terra é chamado de *agricultura de precisão*.

Capítulo 7 Princípios econômicos – escolha de níveis de produção **123**

Tabela 7-4 Receita marginal e custo marginal com preços variantes

Nível de insumo	Nitrogênio aplicado	Produto físico total (PFT) (bu)	Receita marginal (RMg) (US$) (preço do milho = US$ 3,50)		Custo marginal (CMg) (US$)* (preço do N = US$ 0,60)	Receita marginal (RMg) (US$) (preço do milho = US$ 4,50)		Custo marginal (CMg) (US$)* (preço do N = US$ 0,35)
0	0	130						
			3,50	>	0,83	4,50	>	0,49
1	25	148						
			3,50	>	1,07	4,50	>	0,63
2	50	162						
			3,50	>	1,88	4,50	>	1,09
3	75	170						
			3,50	>	2,14	4,50	>	1,25
4	**100**	**177**						
			3,50	<	5,00	4,50	>	2,92
5	125	180						
			3,50	<	7,50	4,50	>	4,38
6	**150**	**182**						
			3,50	<	15,00	4,50	<	8,75
7	175	183						
			3,50	<	infinito	4,50	<	infinito
8	200	183						

* O custo marginal é obtido dividindo-se o custo de 25 libras de N pelo PFMg.

muito mais alto do que o preço do milho (RMg). Assim, o nível maximizador de lucro agora é 100 libras de N, onde o CMg é igual a US$ 2,14, aplicadas para produzir 177 *bushels* de milho.

De forma semelhante, se o preço do N ficasse em US$ 0,35 por libra, mas o preço do milho subisse para US$ 4,50 por *bushel*, poderíamos aplicar até 150 libras de N e produzir 182 *bushels* de milho antes que o custo marginal excedesse a receita marginal. Isso é mostrado nas últimas duas colunas da Tabela 7-4. Deve haver uma mudança nos preços *relativos*. Dobrar ambos os preços ou diminuí-los pela metade muda os números da Tabela 7-4, mas não muda a escolha dos níveis de insumo e produto. Um preço deve se movimentar proporcionalmente mais do que o outro, permanecer constante ou se movimentar na direção oposta para causar uma mudança nos preços relativos.

Razões de preço e maximização de lucro

A relação entre preços e a função de produção pode ser vista de outra forma. Dados preços constantes, $RMg = P_p$, onde P_p é o preço do produto, e $CMg = P_i/PFMg$, onde P_i é o preço do insumo. Inserindo-se essas igualdades no lugar de RMg e CMg na regra maximizadora de lucro $MRg = MCg$, obtém-se $P_p = P_i/PFMg$. Em seguida, divida cada lado dessa equação por P_i e multiplique por PFMg. O resultado é:

$$PFMg = P_i / P_p$$

o que diz que o PFMg será igual à razão do preço do insumo e do preço do produto no nível maximizador de lucro de insumo.

O que acontece se a razão muda? Se ela diminui (P_i cai ou P_p sobe), o PFMg deve ser menor para maximizar o lucro. Deve-se usar mais insumo, pois o PFMg diminui com níveis maiores de insumo. Inversamente, se a razão de preço aumenta (P_i aumenta ou P_p diminui), deve-se usar menos insumo para chegar a um PFMg mais alto, necessário para manter a igualdade. Esses resultados mostram a importância dos preços, especialmente a relação entre os preços de insumo e produto, na determinação do nível de insumo maximizador de lucro.

Olhe de novo a Tabela 7-3. A razão de preço desse exemplo é de US$ 8,75 por unidade de nitrogênio (25 libras a US$ 0,35) dividido por US$ 3,50, o preço do milho, ou 2,5. Contanto que o PFMg seja maior que 2,5, compensa acrescentar mais N. Porém, assim que o PFMg cai abaixo de 2,5 (passando do nível 5 para o nível 6), adicionar mais N reduz os lucros.

VALOR DO PRODUTO MARGINAL E CUSTO DE INSUMO MARGINAL

Para algumas decisões, é conveniente comparar a receita extra e o custo extra medidos em termos de US$ por unidade de insumo, em vez de produto. O valor da receita produzida acrescentando-se uma unidade a mais de insumo é chamado de *valor do produto marginal* (VPMg). Ele é calculado dividindo-se a mudança em receita ao se passar de um nível de insumo para o próximo pelas unidades de insumo adicionadas. O VPMg pode ser comparado ao *custo de insumo marginal* (CIMg), o preço unitário do insumo sendo acrescentado. O CIMg é semelhante ao custo marginal, mas é medido em US$ por unidades de insumo, e não por unidade de produto.

Teoricamente, a regra RMg = CMg deveria ser utilizada para encontrar o nível de produto maximizador de lucro, e a regra VPMg = CIMg deveria ser utilizada para encontrar o nível de insumo maximizador de lucro. Contudo, após um desses níveis ser obtido, o outro pode ser encontrado recorrendo-se ao valor correspondente da função de produção. O importante é ser coerente ao compará-las. Sempre use VPMg e CIMg juntos, pois ambos são calculados por unidade de *insumo*. Da mesma forma, sempre use RMg e CMg juntos, pois ambos são calculados por unidade de *produto*.

O PRINCÍPIO DA IGUALDADE MARGINAL

Até este ponto do capítulo, a discussão presumiu que há insumo suficiente disponível ou para se comprar para tornar a RMg igual ao CMg para cada acre ou cabeça. Outra situação, certamente mais provável, é quando só há uma quantidade limitada de insumo à disposição, o que impede que se alcance o ponto RMg = CMg para todas as aplicações possíveis. Aí, o gestor precisa decidir como o insumo limitado deve ser alocado ou dividido entre diversas aplicações ou alternativas possíveis. Devem ser tomadas decisões sobre a melhor alocação da mão de obra em muitos acres, campos e cultivos diferentes; água de irrigação entre campos e cultivos; e pasto entre diferentes tipos e pesos de animais. Se o capital é limitado, ele deve, de alguma forma, ser alocado entre compras de animais, máquinas, terra e outros insumos.

O *princípio da igualdade marginal* provê as diretivas e regras para que a alocação seja feita de tal forma que o lucro geral seja maximizado a partir do uso de qualquer insumo limitado. O princípio pode ser enunciado assim: *um insumo limitado deve ser alocado entre aplicações alternativas de tal modo que os valores do produto marginal da última unidade usada em cada alternativa sejam iguais*. A Tabela 7-5 mostra uma aplicação desse princípio, em que água de irrigação precisa ser alocada entre três plantações em três campos de tamanho igual. Os VPMg são obtidos a partir

Tabela 7-5 Aplicação do princípio da igualdade marginal na alocação de água de irrigação*

Água de irrigação (acre-polegada)	Valores do produto marginal (US$)		
	Trigo (100 acres)	Sorgo granífero (100 acres)	Algodão (100 acres)
0			
	$1.200^{4º}$	$1.600^{2º}$	$1.800^{1º}$
4			
	800	$1.200^{5º}$	$1.500^{3º}$
8			
	600	800	$1.200^{6º}$
12			
	300	500	800
16			
	50	200	400
20			

* Cada aplicação de 4 acres-polegada em um cultivo é um uso total de 400 acres-polegada (4 polegadas vezes 100 acres).

das funções de produção que relacionam o uso da água ao rendimento de cada plantação e dos respectivos preços de safra. Imagine que há um máximo de 2.400 acres-polegada de água disponível, podendo ser aplicados apenas em incrementos de 4 acres-polegada. A oferta limitada de água seria alocada entre os três cultivos da seguinte maneira, usando os VPMg para tomar as decisões: os 400 primeiros acres-polegada (4 acres-polegada em 100 acres) seriam alocados ao algodão, pois ele possui o VPMg mais alto, de US$ 1.800. Os segundos 400 acres-polegada seriam alocados ao sorgo granífero, pois ele possui o segundo VPMg mais alto, de US$ 1.600. De forma semelhante, os terceiros 400 acres-polegada seriam usados no algodão (VPMg = US$ 1.500), e o quarto, quinto e sexto incremento de 400 acres-polegada seriam usados em trigo, sorgo granífero e algodão, respectivamente (US$ 1.200 cada). Cada incremento

sucessivo de 400 acres-polegada seria alocado ao campo com o VPMg mais alto após as alocações anteriores.

A alocação final é de 4 acres-polegada em trigo, 8 em sorgo granífero e 12 em algodão. Cada incremento final de 4 acres-polegada em cada cultivo possui um VPMg de US$ 1.200, o que satisfaz o princípio da igualdade marginal. Se houvesse mais água, a alocação final poderia ser diferente. Por exemplo, se houvesse 3.600 acres-polegada disponíveis, seriam alocados 8 acres-polegada em trigo, 12 em sorgo granífero e 16 em algodão. Isso iguala os VPMg do último incremento de 4 acres-polegada de cada cultivo em US$ 800, o que, mais uma vez, satisfaz o princípio da igualdade marginal. Quando os insumos devem ser aplicados em incrementos fixos, pode não ser possível igualar exatamente os VPMg das últimas unidades aplicadas em todas as alternativas. Porém, o VPMg da última unidade alocada deve sempre ser igual ou maior do que o VPMg disponível com qualquer outro uso alternativo.

Ao se alocar um insumo que se considera limitado, deve-se tomar cuidado para não usá-lo além do ponto em que o VPMg é igual ao CIMg em qualquer alternativa. Isso resultaria em um lucro menor que o máximo. O insumo não é realmente limitado se houver uma quantidade suficiente para alcançar ou superar o ponto em que o VPMg se iguala ao CIMg.

A propriedade maximizadora de lucro desse princípio pode ser demonstrada para o exemplo de 2.400 acres-polegada dado. Se os 4 acres-polegada usados no trigo fossem alocados a sorgo granífero ou algodão, US$ 1.200 de renda seriam perdidos e US$ 800 seriam ganhos, dando uma perda líquida de US$ 400. A mesma perda ocorreria se o último incremento de 4 acres-polegada fosse retirado do sorgo granífero ou do algodão e realocado a outro cultivo. Quando os VPMg são iguais, não se pode aumentar o lucro com uma alocação diferente do insumo limitado.

O princípio da igualdade marginal também pode ser apresentado de forma gráfica,

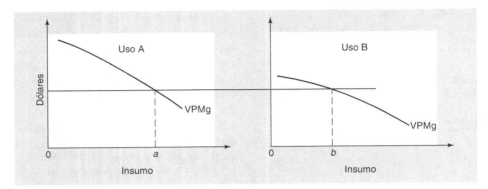

Figura 7-3 Ilustração do princípio da igualdade marginal.

Quadro 7-3 — Produção pecuária e retornos marginais decrescentes

A lei dos retornos marginais decrescentes se aplica à pecuária, além da agricultura. A Figura 7-4 mostra como o custo de produzir uma libra a mais de ganho em gado de corte aumenta à medida que o gado fica mais pesado. São usados mais nutrientes da ração para manutenção e menos para mais ganho, de forma que a taxa de conversão de ração em peso fica menos eficiente. Quando o custo marginal de ganho fica maior do que a receita marginal recebida por mais uma libra de carne (o preço de venda é US$ 0,85 por libra), não vale mais a pena engordar o gado até um peso superior. Isso se dá em aproximadamente 1.220 libras na figura apresentada. É o custo marginal de acrescentar a última libra que deve ser considerado, e não o custo médio de ganho até o momento.

A decisão sobre o peso no qual se vende o gado é complicada pelo fato de que o preço de mercado do boi muda todo dia. Além disso, o preço de venda provavelmente será ajustado com base no tipo e rendimento do gado. Ainda assim, quem engorda gado precisa monitorar diária e cuidadosamente o consumo diário de ração e a taxa de ganho, para evitar ficar com animais acima do peso de venda ideal.

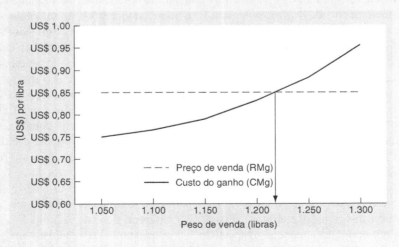

Figura 7-4 Peso ideal de venda de gado de corte.

Capítulo 7 Princípios econômicos – escolha de níveis de produção **127**

como na Figura 7-3, onde só há dois usos alternativos para o insumo limitado. O problema é alocar o insumo entre os dois usos, mantendo os VPMg iguais, de forma que a quantidade de insumo $0a$ mais a quantidade $0b$ chegue a se igualar à quantidade total de insumo disponível. Se $0a$ mais $0b$ for inferior ao insumo total disponível, deve-se alocar mais para cada uso, novamente mantendo-se os VPMg iguais, até que o insumo seja totalmente utilizado. Teria que haver um aumento no insumo usado em ambas as alternativas se $0a$ mais $0b$ excedesse o insumo total disponível.

O princípio da igualdade marginal se aplica não apenas a insumos adquiridos, mas também àqueles já detidos ou disponíveis, como terra, tempo do gestor e tempo de maquinário. Sua utilização também evita o erro de maximizar o lucro de um empreendimento e não ter insumo suficiente de sobra para utilizar em outros empreendimentos. Maximizar o lucro do negócio *total* exige a alocação correta de insumos limitados entre empreendimentos concorrentes, o que não necessariamente resultará na maximização do lucro de um dado empreendimento *avulso*.

RESUMO

Princípios econômicos que usam o conceito de análise marginal oferecem diretivas úteis para a tomada de decisão gerencial. Eles possuem aplicação direta nas decisões básicas de quanto produzir, como produzir e o que produzir. A função de produção que descreve a relação entre níveis de insumo e os níveis correspondentes de produto fornece algumas informações técnicas básicas. Quando essas informações são combinadas com informações de preço, podem-se encontrar os níveis maximizadores de lucro de insumo e produto.

Receita marginal e custo marginal são equacionados para se obter o nível maximizador de lucro de insumo/produto. Esses são conceitos marginais que medem as mudanças em receita e custo que resultam de pequenas mudanças nos níveis de insumo. Quando há uma quantidade limitada de insumo à disposição e há diversos usos alternativos para ele, o princípio da igualdade marginal dá a regra para alocar o insumo e maximizar o lucro nessas condições.

O gestor, muitas vezes, não possui informações suficientes para utilizar completamente os princípios econômicos expostos neste capítulo. Isso não desfaz da importância desses princípios, mas sua aplicação e seu uso, muitas vezes, são prejudicados por dados físicos e biológicos insuficientes. Os preços também devem ser estimados antes de o produto estar à venda, o que traz mais incerteza ao processo de tomada de decisão. Contudo, uma compreensão completa dos princípios econômicos permite que se façam alterações na direção certa, respondendo-se ao preço e a outra mudanças. O gestor deve estar continuamente buscando informações melhores para utilizar no refinamento das decisões tomadas por meio do uso desses princípios econômicos básicos.

PERGUNTAS PARA REVISÃO E REFLEXÃO

1. Na Tabela 7-2, assuma que os preços do insumo e do produto dobraram. Calcule os novos CTs e RTs e determine o nível maximizador de lucro de insumo para os novos preços. Então, assuma que ambos os preços caíram pela metade e repita o processo. Explique seus resultados.

2. Utilize várias outras combinações de preço para os dados de função de produção da Tabela 7-3, encontrando o insumo e o produto maximizadores de lucro para cada combinação de preços. Preste muita atenção ao que acontece com esses níveis quando o preço do insumo aumenta ou diminui ou quando o preço do produto aumenta o diminui.

3. Na Tabela 7-3, qual seria o nível de insumo maximizador de lucro se o preço do insumo fosse US$ 0? O que se poderia dizer sobre o PFT e o PFMg nesse ponto?

4. Como a lei dos retornos marginais decrescentes faz com que o CMg aumente?

5. Encontre uma publicação de um serviço de extensão ou estação de experimentos em seu Estado que

128 Parte III Aplicação de princípios econômicos

mostre os resultados de uma experiência com taxa de semeadura, fertilização ou irrigação. Os resultados apresentam retornos decrescentes? Empregue os conceitos deste capítulo e os preços atuais para obter a quantidade maximizadora de lucro do insumo a ser usada.

6. O princípio da igualdade marginal se aplica a decisões pessoais quando você possui renda e tempo limitados? Como você aloca uma quantidade limitada de tempo de estudo quando tem três provas no mesmo dia?

7. Freda Agro pode investir capital em incrementos de US$ 100 e tem três usos alternativos para o capital, como mostrado na tabela a seguir. Os valores da tabela são os valores do produto marginal de cada US$ 100 sucessivos de capital investido.

Capital investido	Fertilizante (US$)	Sementes (US$)	Químicos (US$)
Primeiro incremento de US$ 100	400	250	350
Segundo incremento de US$ 100	300	200	300
Terceiro incremento de US$ 100	250	150	250
Quarto incremento de US$ 100	150	105	200
Quinto incremento de US$ 100	100	90	150

a. Se Freda tem uma quantidade ilimitada de capital à disposição e nenhum uso alternativo para ele, quanto ela deveria alocar para cada alternativa?

b. Se Freda pode tomar emprestado todo o capital de que precisar durante 1 ano, a juros de 10%, quanto ela deveria pegar emprestado e como deveria usá-lo?

c. Imagine que Freda só tem US$ 700 disponíveis. Como essa quantidade limitada de capital deve ser alocada entre os três usos? A sua resposta satisfaz o princípio da igualdade marginal?

d. Imagine que Freda só tem US$ 1.200 disponíveis. Como esse valor deve ser alocado? Qual é a renda total vinda de usar os US$ 1.200 dessa forma? Uma alocação diferente aumentaria a renda total?

CAPÍTULO 8

Princípios econômicos – escolha de combinações de insumo e produto

Objetivos do capítulo

1. Explicar o conceito de substituição como ele é usado em análise marginal e tomada de decisão.
2. Demonstrar como calcular uma razão de substituição e uma razão de preço para dois insumos.
3. Mostrar como usar substituição e razões de insumo para encontrar a combinação minimizadora de custos de dois insumos.
4. Descrever as características de empreendimentos concorrentes, suplementares e complementares.
5. Mostrar o uso da substituição de produto e razões de lucro para encontrar a combinação maximizadora de lucro de dois produtos.

A substituição ocorre no dia a dia da maioria das pessoas. Ela acontece sempre que um produto é adquirido ou utilizado no lugar de outro, ou quando gasta-se renda pessoal em um tipo ou classe de produto em vez de em outro. Filé substitui o hambúrguer na mesa de jantar, um carro novo entra no lugar do modelo antigo na garagem e uma marca nova de sabonete ou pasta de dente é comprada em vez da marca antiga. Algumas substituições ou reposições são feitas por causa de um aumento (ou diminuição) na renda pessoal. O motivo para outras vem de mudanças nos preços relativos ou diferenças percebidas de qualidade.

A substituição também ocorre na produção de mercadorias e serviços. Geralmente, há mais de um modo de produzir um produto ou prestar um serviço. Máquinas, computadores e robótica podem substituir mão de obra, e um ingrediente de ração animal pode ser substituído por outro. Preços, especificamente os preços relativos, desempenham um papel importante para decidir se e quanta substituição deve ocorrer. Em muitas atividades produtivas, inclusive em estabelecimentos agropecuários, a substituição não é uma decisão de tudo ou nada. Frequentemente, é uma questão de efetuar algumas mudanças relativamen-

130   Parte III Aplicação de princípios econômicos

te pequenas na proporção ou composição de dois ou mais insumos sendo usados. Portanto, a substituição é outro tipo de análise marginal que leva em consideração as mudanças em custos e/ou receitas ao se tomar a decisão de substituição.

COMBINAÇÕES DE INSUMOS

Uma decisão básica de produção que o gestor rural precisa tomar – quanto produzir de um produto – foi discutida no Capítulo 7.

Uma segunda decisão básica é quais recursos utilizar para produzir uma dada quantidade de um produto. A maioria dos produtos exige dois ou mais insumos no processo produtivo, mas o gestor, muitas vezes, pode escolher a combinação ou proporção de insumos que vai usar. O problema é determinar se mais de um insumo pode substituir menos do outro e, portanto, reduzir o custo total de insumos. Isso leva à combinação de menor custo de insumos para produzir uma dada quantidade de produto.

A substituição de um insumo por outro ocorre frequentemente na produção agropecuária. Um tipo de grão pode substituir outro em uma ração animal. Herbicidas podem substituir capina mecânica, e computadores podem substituir mão de obra. O gestor precisa selecionar a combinação de insumos que produzirá uma dada quantidade de produto ou executará uma determinada tarefa pelo custo mínimo. Em outras palavras, o problema é encontrar a combinação menos custosa de insumos, pois essa combinação maximizará o lucro de se produzir uma dada quantidade de produto. O gestor alerta está sempre procurando uma combinação diferente de insumos que faça o mesmo serviço com menos custo.

A combinação de insumos de menor custo nem sempre é a mesma. Mudanças no preço de um ou mais insumos podem fazer com que seja mais lucrativo substituir um recurso por outro, ou ao menos mudar a proporção em que eles são usados.

Razão de substituição de insumo

A primeira etapa ao analisar um problema de substituição é determinar se é fisicamente possível fazer uma substituição e a que taxa. A Figura 8-1 ilustra os tipos mais comuns de substituição entre dois insumos. Na Figura 8-1a, a linha PP' é uma *isoquanta* (de isoquantidade, querendo dizer "mesma quantidade") e mostra o número de combinações possíveis de milho e cevada em uma ração animal. Essa linha é chamada de isoquanta porque qualquer uma dessas combinações gerará a mesma quantidade de produto (ou ganho de peso, no caso).

A razão de substituição de insumo, ou a taxa à qual um insumo substitui o outro, é determinada pela seguinte equação:

$$\text{Razão de substituição de insumo} = \frac{\text{Quantidade de insumo substituído}}{\text{Quantidade de insumo adicionado}}$$

onde tanto o numerador quanto o denominador são as diferenças ou mudanças na quantidade de insumos sendo utilizados entre dois pontos diferentes da isoquanta PP', medidas em unidades físicas.

Razão de substituição constante

Na Figura 8-1a, passar do ponto A ao ponto B significa que 4 libras de milho estão sendo substituídas por 5 libras adicionais de cevada para produzir o mesmo ganho de peso ou produto. A razão de substituição de insumo é 4 / 5 = 0,8, o que quer dizer que 1 libra de cevada substitui 0,8 libra de milho. PP' é uma linha reta, então a razão de substituição de insumo será sempre 0,8 entre quaisquer dois pontos dessa isoquanta. Esse é um exemplo de uma taxa constante de substituição entre dois insumos. Sempre que a razão de substituição de insumo for igual ao mesmo valor numérico ao longo de toda a gama de combinações possíveis de insumo, os insumos apresentam uma taxa constante de substituição. Isso ocorre com mais frequência quando os dois insumos contribuem com o mesmo (ou quase o mes-

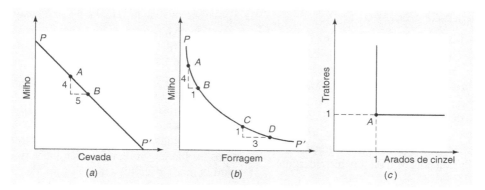

Figura 8-1 Três tipos possíveis de substituição.

mo) fator ao processo produtivo. Milho e cevada, por exemplo, contribuem ambos com energia à ração.

Razão de substituição decrescente

Outro exemplo, talvez mais comum, de substituição física é apresentado na Figura 8-1*b*. Ali, a isoquanta *PP'* mostra as diferentes combinações de milho e forragem que podem produzir o mesmo ganho de peso em um boi castrado ou a mesma produção de leite em uma vaca leiteira. A quantidade de milho que pode substituir uma dada quantidade de forragem muda, dependendo se é usado mais milho ou mais forragem. A razão de substituição de insumo é 4 / 1 = 4 quando se passa do ponto *A* para o ponto *B* na isoquanta *PP'*, mas é 1 / 3 = 0,33 quando se passa do ponto *C* para o ponto *D*. Nesse exemplo, a razão de substituição de insumo depende da localização na isoquanta, caindo com movimentos para baixo e para a direita da curva. Essa é uma ilustração de uma taxa decrescente de substituição.

Muitos problemas de substituição agropecuária possuem uma razão de substituição de insumo decrescente, o que ocorre quando os dois insumos são distintos ou contribuem com fatores diferentes ao processo de produção. À medida que mais de um insumo substitui o outro, torna-se cada vez mais difícil fazer qualquer substituição a mais mantendo o mesmo nível de produto. É necessário mais e mais do insumo acrescentado para substituir uma unidade do insumo sendo substituído, o que faz com que a razão de substituição de insumo caia. Isso é uma indicação de que os insumos funcionam melhor juntos quando utilizados em uma combinação contendo uma proporção relativamente grande de cada. Em níveis baixos de um deles, há um quase excesso do outro, e essa geralmente não é uma combinação eficiente ou produtiva.

Ausência de substituição possível

Uma outra situação é quando não há substituição possível. A Figura 8-1*c* ilustra um exemplo com tratores e arados de cinzel. É preciso um de cada para formar uma combinação operante, como mostrado pelo ponto *A*. A isoquanta em ângulo reto indica que mais que um trator com apenas um arado de cinzel não aumenta a produção, mas aumenta os custos. O mesmo se aplica a mais que um arado de cinzel. Portanto, a única combinação eficiente, e de menor custo, é um trator e um arado de cinzel. Outros exemplos seriam a combinação de insumos de mourões e arame para um dado tipo de cerca e muitas reações químicas que exigem uma proporção fixa de químicos para se obter a reação química e o produto desejados.

132 Parte III Aplicação de princípios econômicos

A regra de decisão

Identificar o tipo de substituição física que existe e calcular a razão de substituição de insumo são etapas necessárias, mas só elas não permitem determinar a combinação de insumos de menor custo. São necessários também os *preços* dos insumos, e a razão dos preços dos insumos precisa ser comparada à razão de substituição de insumo. A razão de preço de insumo é calculada por meio da seguinte equação:

$$\text{Razão de preço de insumo} = \frac{\text{Preço do insumo sendo adicionado}}{\text{Preço do insumo sendo substituído}}$$

Ela, às vezes, é chamada de razão de preço *inversa*, pois é a razão do preço do insumo *adicionado* dividida pelo preço do insumo *substituído*. Isso é o inverso da razão de substituição de insumo – a quantidade do insumo *substituído* dividida pela quantidade do insumo *adicionado*.

Com esse quociente, pode-se encontrar a combinação de insumos com o menor custo. A regra de decisão para encontrar essa combinação é quando

$$\text{Razão de substituição de insumo} = \text{Razão de preço de insumo}$$

A Tabela 8-1 é uma aplicação desse procedimento. Cada uma das rações é uma combinação de grão e feno que engorda o mesmo número de libras em um boi castrado de engorda. O problema é selecionar a ração que gera esse ganho com o menor custo. As quarta e quinta colunas da Tabela 8-1 contêm a razão de substituição de insumo e a razão de preço de insumo para cada ração. A razão de substituição de insumo decresce à medida que é usado mais grão e menos feno, enquanto a razão de preço de insumo é constante para os preços dados. Enquanto a razão de substituição for maior do que a razão de preço, o custo total da ração poderá ser reduzido passando-se para a próxima combinação de ração abaixo na tabela. O inverso é verdadeiro se a razão de substituição for menor do que a razão de preço. Isso

pode ser verificado calculando-se o custo total de cada ração, como exibido na última coluna da Tabela 8-1. A combinação de ração de menor custo é 1.125 libras de grão e 625 libras de feno, tendo um custo de US$ 92,50.

A regra de decisão diz que a combinação de menor custo é a em que a razão de substituição de insumo se iguala à razão de preço de insumo. Contudo, na Tabela 8-1 e em muitos outros problemas em que as escolhas envolvem um número discreto, e não infinito, de combinações, não há nenhuma combinação na qual as duas razões são exatamente iguais. Nesses casos, escolha a combinação em que a razão de substituição de insumo muda de maior que a razão de preço de insumo para menor do que a razão de preço de insumo. Assim, a Ração E é a combinação de menor custo para esse problema. Passando-se da Ração E para a próxima escolha, a Ração F, a razão de substituição fica menor do que a razão de preço, assim representando um deslocamento para uma ração de custo maior: US$ 0,50 maior – US$ 93,00 contra US$ 92,50 pela Ração E.

Utilizar as razões de substituição e de preço de insumo é um método prático de comparar o custo adicional de usar mais de um insumo contra a redução de custo de usar menos do outro. Sempre que o custo adicional for inferior à redução de custo, o custo total será menor, e a substituição deverá ser feita. É o caso quando a razão de substituição do insumo é maior do que a razão de preço do insumo.

Mudanças nos preços

Em todo problema de substituição de insumo, a combinação de menor custo depende da razão de substituição e da razão de preço. As razões de substituição permanecerão as mesmas ao longo do tempo enquanto as relações físicas ou biológicas subjacentes não mudarem. Entretanto, a razão de preço muda sempre que os preços relativos dos insumos mudam, o que faz com que uma combinação diferente de insumos se torne a nova combinação de menor

Capítulo 8 Princípios econômicos – escolha de combinações de insumo e produto

Tabela 8-1 Seleção da ração de menor custo*

Ração	Grãos (lb)	Feno (lb)	Razão de substituição de insumos		Razão de preço de insumos**	Custo total da ração**
A	825	1.350				US$ 103,50
			2,93	>	1,50	
B	900	1.130				US$ 99,20
			2,60	>	1,50	
C	975	935				US$ 95,90
			2,20	>	1,50	
D	1.050	770				US$ 93,80
			1,93	>	1,50	
E	**1.125**	**625**				**US$ 92,50**
			1,33	>	1,50	
F	1.200	525				US$ 93,00
			1,07	>	1,50	
G	1.275	445				US$ 94,30

* Pressupõe-se que cada ração proporciona o mesmo ganho de peso para um boi de engorda com um dado peso inicial.

** O preço dos grãos é US$ 0,06 por libra, e o preço do feno é US$ 0,04 por libra.

custo. À medida que o preço de um insumo aumenta em relação ao outro, a nova combinação de insumos de menor custo tende a ter menos do insumo de preço alto e mais do insumo que agora é relativamente mais barato.

Quando dois insumos apresentam uma razão de substituição de insumo decrescente, como na Tabela 8-1, a combinação de menor custo geralmente incluirá ao menos um pouco de ambos os insumos. Porém, são obtidos resultados diferentes quando a razão de substituição de insumo é constante.

O painel (*a*) da Figura 8-1 é um exemplo de uma razão de substituição de insumo constante: no caso, 0,8 libra de milho substitui 1,0 libra de cevada entre quaisquer dois pontos da isoquanta. Assuma que o preço da cevada é US$ 0,03 por libra e o preço do milho é US$ 0,05 por libra, para uma razão de preço de insumo de 0,6. Começando no topo da isoquanta e indo para baixo, qualquer ponto teria uma razão de substituição maior do que a razão de preço.

A regra diz para fazer essa substituição e passar para o próximo ponto, onde o resultado é exatamente o mesmo. Quando o eixo horizontal é alcançado, o resultado é uma ração feita toda de cevada, sem milho. Se a razão de preço de insumo deve ser maior que 0,8 (digamos, 1,0 – os preços por libra de milho e cevada são iguais), todos os pontos da isoquanta possuem uma razão de substituição menor do que a razão de preço. Cada movimento para baixo na isoquanta representa uma ração de maior custo do que a anterior. Portanto, a solução de menor custo é apenas milho, sem cevada.

Se a razão de substituição e a razão de preço forem exatamente iguais, qualquer combinação de milho e cevada teria o mesmo custo. Isso aconteceria se o preço da cevada fosse US$ 0,04 por libra e o preço do milho fosse US$ 0,05 por libra, por exemplo.

Esses resultados, e os da razão decrescente de substituição de insumo, podem ser sintetizados da seguinte forma:

134 Parte III Aplicação de princípios econômicos

Quadro 8-1 — Preços de insumos, razão de preço e lucro

A combinação de insumos de menor custo sempre depende dos preços *relativos*, como informado pela *razão* de preço de insumo, e não dos preços absolutos. Dobrar ou cortar pela metade ambos os preços resulta na mesma razão de preço e na mesma combinação de menor custo. Porém, dobrar os preços dos insumos reduz o lucro, e cortar pela metade os preços aumenta o lucro, embora a combinação de insumos de menor custo permaneça intocada.

1. Dada uma taxa constante de substituição entre dois insumos, a combinação de menor custo será apenas um insumo ou apenas o outro. A única exceção se dá quando as razões de substituição e de preço do insumo são iguais. Aí, qualquer combinação será a de menor custo, pois todas possuem o mesmo custo total.

2. Com uma taxa decrescente de substituição entre dois insumos, a combinação de menor custo geralmente inclui um pouco de cada insumo. Primeiro, os tipos de insumo que possuem uma taxa decrescente de substituição geralmente precisam ser usados em alguma combinação para produzir um produto. Apenas um ou apenas o outro talvez nem seja uma opção. Segundo, mesmo que seja física e biologicamente possível produzir o produto com apenas um dos insumos, a razão de substituição de insumo nesse ponto será tão alta ou tão baixa, que uma razão de preço de insumo provavelmente nunca alcançaria esses extremos.

COMBINAÇÕES DE PRODUTOS

A terceira decisão básica a ser tomada por um gestor rural é o que produzir, ou qual combinação de produtos maximiza o lucro. Deve-se fazer uma escolha entre todos os empreendimentos possíveis, o que pode incluir hortaliças, trigo, soja, algodão, gado de corte, suínos, galináceos e outros. Clima, solo, vegetação nativa e outros insumos fixos podem restringir o elenco de empreendimentos possíveis a uns poucos em determinados estabelecimentos agropecuários. Em outros, o gestor pode ter um grande número de empreendimentos possíveis dentre os quais escolher a combinação maximizadora de lucro. Em todos os casos, assume-se que um ou mais insumos são limitados, o que impõe um limite máximo a quanto pode ser produzido de um produto ou de qualquer combinação de produtos.

Empreendimentos concorrentes

O primeiro passo para determinar uma combinação de empreendimentos maximizadora de lucro é determinar a relação física entre os empreendimentos sob análise. Dada uma quantidade limitada de terra, capital ou outro insumo, a produção de um empreendimento geralmente só pode ser aumentada diminuindo-se a produção de outro. Uma porção do insumo limitado precisa ser passada de uso em empreendimento para uso em outro, ocasionando as mudanças nos níveis de produção. Há um *trade-off*, ou substituição, a se considerar quando se muda uma combinação de empreendimentos. Eles são chamados de *empreendimentos concorrentes*, pois concorrem pelo uso do mesmo insumo limitado ao mesmo tempo.

A Figura 8-2 ilustra dois tipos de empreendimentos concorrentes. No primeiro gráfico, milho e soja concorrem pelo uso dos mesmos 100 acres de terra. Plantar apenas milho resultaria na produção de 15.000 *bushels* de milho, e plantar apenas soja produziria um total de 5.000 *bushels* de soja. Outras combinações de milho e soja que totalizem 100

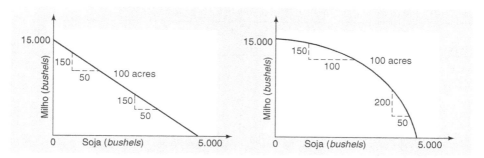

Figura 8-2 Curvas de possibilidades de produção para empreendimentos concorrentes.

acres produziriam as combinações de milho e soja mostradas na linha que conecta esses dois pontos. Essa linha é chamada de *curva de possibilidade de produção* (CPP): ela mostra todas as combinações possíveis de milho e soja que podem ser produzidas com os 100 acres.

Começando com produção apenas de milho, substituir um acre de milho por um acre de soja resulta na perda de 150 *bushels* de milho e em um ganho de 50 *bushels* de soja. O *trade-off*, ou razão de substituição de produto, é 3,0, pois deve-se abrir mão de três *bushels* de milho para ganhar um *bushel* de soja. Com uma curva de possibilidade de produção em linha reta, essa razão de substituição é a mesma para quaisquer duas combinações. Esse é um exemplo de empreendimentos concorrentes com uma razão de substituição constante.

Ao longo do tempo, uma combinação de empreendimentos agrícolas pode beneficiar ambos, em razão de melhor controle de pragas, fertilidade do solo, controle de erosão e mais agilidade no plantio e na colheita de áreas extensas. Essa situação é mostrada no segundo gráfico da Figura 8-2. A curva de possibilidade de produção arqueada indica que a produção total de milho aumenta a uma taxa mais lenta à medida que se usa uma proporção maior de terra com produção de milho. A situação inversa é verdadeira para a soja. Isso faz com que a razão de substituição de produto seja diferente para diferentes combinações dos dois empreendimentos. A razão de substituição é 150 / 100 = 1,5 próximo ao topo da curva, subindo para 200 / 5 = 4,0 próximo ao final do arco. Esses empreendimentos ainda são concorrentes, mas possuem uma razão crescente de substituição de produto.

Exemplo de combinação de empreendimentos

Os dados da Tabela 8-2 apresentam os resultados de várias combinações de dois cultivos concorrentes: alfafa e sorgo granífero. O número de acres que podem ser cultivados com cada cultivo pode ser limitado pela disponibilidade de diversos recursos fixos, como terra própria para cultivo, mão de obra na época de colheita e água para irrigação. Se somente um cultivo é plantado, a área máxima possível é 1.000 acres de sorgo granífero ou 800 acres de alfafa. À medida que os recursos são desviados da produção de sorgo granífero para a produção de alfafa, é necessário um decréscimo cada vez maior dos acres de sorgo granífero para aumentar a alfafa em 100 acres.

A terceira e a quarta colunas da Tabela 8-2 mostram o lucro total de cada cultivo, assumindo que a alfafa gera um lucro de US$ 50 por acre e o sorgo granífero produz um lucro de US$ 30 por acre. A última coluna mostra o lucro total de ambos os cultivos.

Comparar o lucro total para cada combinação de acres mostra que o lucro é maximizado quando 600 acres são dedicados à alfafa e 470 acres são dedicados ao sorgo granífero. As demais combinações geram um lucro total menor.

136 Parte III Aplicação de princípios econômicos

Tabela 8-2 Lucro de várias combinações de alfafa e sorgo granífero*

Acres de alfafa	Acres de sorgo granífero	Lucro da alfafa (US$)	Lucro do sorgo granífero (US$)	Lucro total (US$)
0	1.000	0	30.000	30.000
100	975	5.000	29.250	34.250
200	925	10.000	27.750	37.750
300	845	15.000	25.350	40.350
400	745	20.000	22.350	42.350
500	620	25.000	18.600	43.600
600	**470**	**30.000**	**14.100**	**44.100**
700	270	35.000	8.100	43.100
800	0	40.000	0	40.000

* O lucro é de US$ 50 por acre de alfafa e US$ 30 por acre de sorgo granífero.

Razões de substituição e lucro

A combinação mais lucrativa de dois empreendimentos concorrentes também pode ser determinada comparando-se a razão de substituição de produto e a razão de lucro de produto. A razão de substituição de produto é calculada por meio da seguinte equação:

$$\text{Razão de substituição de produto} = \frac{\text{Quantidade de produto reduzida}}{\text{Quantidade de produto aumentada}}$$

onde as quantidades aumentada e reduzida são as *mudanças* na produção entre dois pontos da CPP. A razão de lucro de produto é encontrada por meio da seguinte equação:

$$\text{Razão de lucro de produto} = \frac{\text{Lucro do produto aumentado}}{\text{Lucro do produto reduzido}}$$

A regra de decisão para encontrar a combinação maximizadora de lucro de dois empreendimentos concorrentes é o ponto em que:

$$\text{Razão de substituição de produto} = \text{Razão de lucro de produto}$$

A Tabela 8-3 apresenta o mesmo exemplo de dois empreendimentos concorrentes, alfafa e sorgo granífero, que possuem uma razão crescente de substituição de produto.

Tabela 8-3 Combinação maximizadora de lucro de dois empreendimentos concorrentes

Acres de alfafa	Acres de sorgo granífero	Razão de substituição de produto*		Razão de lucro**
0	1000			
		0,25	<	1,67
100	975			
		0,50	<	1,67
200	925			
		0,80	<	1,67
300	845			
		1,00	<	1,67
400	745			
		1,25	<	1,67
500	620			
		1,50	<	1,67
600	**470**			
		2,00	>	1,67
700	270			
		2,70	>	1,67
800	0			

* Decréscimo dos acres de sorgo dividido pelo aumento dos acres de alfafa.
** O lucro é de US$ 50 por acre de alfafa e US$ 30 por acre de sorgo granífero.

Capítulo 8 Princípios econômicos – escolha de combinações de insumo e produto

Quadro 8-2 | Razão de preço ou razão de lucro?

Tradicionalmente, os exemplos de dois empreendimentos concorrentes pressupõem que podem ser produzidas diversas combinações de produtos de dois empreendimentos a partir do mesmo conjunto de recursos fixos. Isto é: os custos totais de produção são os mesmos para todas as combinações. Dessa forma, a combinação maximizadora de lucro pode ser obtida comparando-se a razão de substituição dos produtos (como *bushels*) à razão inversa do preço de venda dos mesmos produtos. Na vida real, contudo, dois empreendimentos quase sempre utilizam insumos variáveis diferentes, e o custo total muda junto com as alterações do número de unidades de produto geradas. No exemplo da Tabela 8-2, a alfafa e o sorgo granífero precisam de quantidades diferentes de sementes, fertilizante e outros insumos. Além disso, o custo total de produção está mais diretamente relacionado ao número de acres plantados com cada cultivo do que com o número de toneladas ou *bushels* de

produto obtidos. Por essas razões, o exemplo da Tabela 8-2 assume que podem-se produzir combinações diferentes de acres de dois cultivos a partir de um conjunto fixo de recursos, como mão de obra e máquinas, comparando-se o lucro por acre de cada cultivo. Os custos de produção e a receita bruta por acre são constantes (um pressuposto mais realista). Obter a combinação para a qual a razão de substituição (usando acres como unidade) é igual à razão inversa de lucro por acre leva ao lucro máximo. Se os dois empreendimentos usam os mesmos recursos fixos, a razão de suas respectivas margens brutas pode ser usada no lugar da razão de lucro.

O Capítulo 12 contém uma discussão de como se pode usar programação linear para obter combinações maximizadoras de lucro de mais de dois empreendimentos utilizando a mesma abordagem. Para os empreendimentos agrícolas, usa-se um acre como a unidade orçamentária.

O método para determinar o empreendimento maximizador de lucro é basicamente o mesmo para determinar a combinação de insumos de menor custo, mas com uma exceção importante. Para combinações de empreendimentos, quando a razão de lucro de produto é maior do que a razão de substituição de produto, a substituição deve prosseguir deslocando-se para baixo e para a direita da CPP, até a próxima combinação inferior da Tabela 8-3. Inversamente, uma razão de lucro menor do que a razão de substituição significa que foi feita substituição demais, e deve ser feito um ajuste para cima e para a esquerda na CPP, até a próxima combinação superior da tabela.

Enquanto a razão de lucro for maior que a razão de substituição, o lucro continuará crescendo. A última combinação em que essa relação passa de maior do que quando vinha da última combinação para menor do que quando se passar para a próxima combinação será a combinação maximizadora de lucro. Nun-

ca passe para uma nova combinação quando a razão de substituição de produto for maior do que a razão de lucro de produto. Embora os valores das razões fiquem mais próximos da igualdade, o lucro será inferior àquele da combinação anterior.

Dadas as nove combinações possíveis da Tabela 8-3, a combinação maximizadora de lucro novamente é 600 acres de alfafa e 470 acres de sorgo granífero. A razão de lucro é igual ao lucro da alfafa por acre (US$ 50) dividido pelo lucro do sorgo granífero por acre (US$ 30), ou 1,67. À medida que é produzido menos sorgo granífero e mais alfafa, a razão de substituição de produto aumenta de 0,25 para 1,50 com 600 acres de alfafa, o que ainda é inferior à razão de lucro. Passar para 700 acres de alfafa altera a razão de substituição para 2,00, porém, indicando uma diminuição no lucro total.

Uma razão crescente de substituição geralmente resulta na produção de uma combinação de empreendimentos, com a combinação dependendo da razão de lucro atual. Toda alteração nos preços ou custos dos empreendimentos que mude a razão de lucro afetará a combinação de empreendimentos maximizadora de lucro quando há uma razão crescente de substituição de produto. Assim como na substituição de insumos, o importante é a *razão* de lucro, e não apenas o nível de lucro.

Quando os empreendimentos possuem uma razão *constante* de substituição de produto, a solução maximizadora de lucro é produzir apenas um ou apenas outro empreendimento, e não uma combinação. Isso porque a razão de lucro será ou maior, ou menor do que a razão de substituição para todas as combinações.

No Capítulo 12, é exposta uma técnica para escolher entre mais de dois empreendimentos concorrentes. A *programação linear* usa o mesmo princípio de comparar razões de substituição e razões de lucro de produto, mas pode comparar um número maior de empreendimentos possíveis de uma vez. A solução maximizadora de lucro leva em conta os limites de oferta dos principais recursos.

Empreendimentos suplementares

Embora empreendimentos concorrentes sejam os mais comuns, existem outros tipos de relações entre empreendimentos. Uma dessas é a relação *suplementar*, e um exemplo é mostrado no diagrama esquerdo da Figura 8-3. Dois empreendimentos são suplementares se a produção de um pode ser aumentada sem afetar o nível de produção do outro.

O exemplo da Figura 8-3 mostra que a produção de carne de bois de cria em pasto de trigo de inverno pode ser ampliada dentro de um espectro sem afetar a quantidade de trigo produzida. Contudo, a CPP mostra uma relação que acaba tornando-se concorrente, pois a produção de carne não pode ser ampliada indefinidamente sem afetar a produção de trigo. Um exemplo de dois empreendimentos puramente suplementares poderia ocorrer em Estados onde os proprietários de terras podem arrendar direitos de caça a caçadores. Esse empreendimento de arrendamento poderia ser suplementar à produção pecuária ou agrícola.

O gestor deve aproveitar as relações suplementares, aumentando a produção do empreendimento suplementar. Isso deve prosseguir até, no mínimo, o ponto em que os empreendimentos se tornam concorrentes. Se o empreendimento suplementar apresentar lucro, por menor que seja, o lucro total será aumentado produzindo-se um pouco dele, pois a produção do empreendimento principal não se altera. Podem-se obter duas conclusões gerais sobre a combinação maximizadora de lucro de empreendimentos suplementares. Primeira, essa combinação não estará dentro do espectro suplementar. Estará, no mínimo, no ponto em que a relação passa de suplementar para concorrente. Segunda, muito pro-

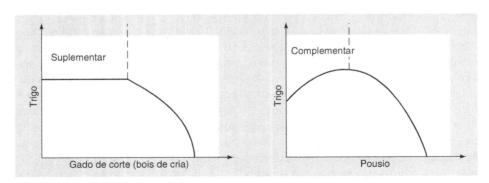

Figura 8-3 Relação suplementar e complementar entre empreendimentos.

Capítulo 8 Princípios econômicos – escolha de combinações de insumo e produto **139**

vavelmente estará na porção concorrente da curva de possibilidade de produção. O local exato dependerá (como sempre é o caso com empreendimentos concorrentes) das razões de substituição e do lucro de produto.

Empreendimentos complementares

Outro tipo possível de relação entre empreendimentos é o *complementar*. Esse tipo de relação se verifica sempre que aumentar a produção de um empreendimento faz com que a produção do outro aumente ao mesmo tempo. O gráfico à direita da Figura 8-3 ilustra uma relação complementar possível entre produção de trigo e terra em pousio.

Em muitas regiões de produção de trigo de sequeiro, uma parte da terra é deixada em pousio (ou sem plantio) a cada ano, como um modo de armazenar parte da precipitação pluvial de um ano para que seja usada pela safra de trigo do ano seguinte. Deixar alguns acres em pousio reduz os acres de trigo, mas o rendimento por acre pode crescer por causa da umidade extra à disposição. Essa ampliação do rendimento pode ser suficiente para que a produção total de trigo seja maior do que

aquela do plantio de todos os acres com trigo todos os anos.

Um empreendimento complementar deve ser aumentado, no mínimo, até o ponto em que a produção do empreendimento principal (nesse exemplo, trigo) esteja no máximo. Isso se aplica mesmo se o empreendimento complementar não possuir valor, pois a produção do empreendimento principal está aumentando ao mesmo tempo. Via de regra, empreendimentos só são complementares dentro de um espectro limitado, depois do qual se tornam concorrentes.

Assim como para os empreendimentos suplementares, podem ser extraídas duas conclusões sobre a combinação maximizadora de lucro de empreendimentos complementares. Primeira, essa combinação não estará dentro do espectro complementar. Estará, no mínimo, no ponto em que a relação passa de complementar para concorrente. Segunda, assumindo-se que ambos os empreendimentos produzam alguma receita, estará em algum lugar dentro do espectro concorrente. A combinação certa pode ser encontrada utilizando-se a regra de decisão da razão de substituição e da razão de lucro para empreendimentos concorrentes.

RESUMO

Este capítulo deu continuidade à discussão dos princípios econômicos iniciada no Capítulo 7. Aqui, a ênfase foi no uso dos princípios de substituição para proporcionar ao gestor um procedimento para responder às perguntas de como e o que produzir. A pergunta de como produzir diz respeito a encontrar a combinação menos custosa de insumos para produzir uma dada quantidade de produto. Foi mostrado o cálculo e o uso das razões de substituição e de preço de insumos, assim como a regra de decisão para encontrar o ponto no qual esses dois valores são iguais. Essa regra de decisão determina a combinação de menor custo de dois insumos. A perspectiva marginal ainda é um conceito importante aqui, pois as razões de substituição de insumo são calculadas a partir de mudanças pequenas ou marginais nas quantidades dos dois insumos usados.

A pergunta de o que produzir trata de encontrar a combinação maximizadora de lucro de empreendimentos quando a quantidade de um ou mais insumos é limitada. Essa combinação depende, em primeiro lugar, do tipo de relação entre empreendimentos que se verifica: concorrente, suplementar ou complementar. A combinação maximizadora de lucro para empreendimentos concorrentes é encontrada calculando-se razões de substituição de produto e a razão de lucro de produto. Achar o ponto no qual eles são iguais determina a combinação correta. Empreendimentos suplementares e complementares possuem propriedades exclusivas dentro de um espectro limitado, mas acabam se tornando concorrentes quando começam a concorrer pelo uso de algum insumo limitado. A combinação maximizadora de lucro para esses dois tipos de relação entre empreendimentos não estará dentro desses espectros, costumando estar dentro de seu espectro de concorrência.

140 Parte III Aplicação de princípios econômicos

PERGUNTAS PARA REVISÃO E REFLEXÃO

1. Primeiro dobre, depois corte pela metade ambos os preços utilizados na Tabela 8-1 e obtenha a nova combinação de insumos de menor custo para cada caso. Por que não há mudança? E o que ocorreria com o lucro em cada caso?

2. Existe sempre uma ração animal que é a "melhor"? Ou depende dos preços? Você acha que os fabricantes de ração conhecem substituição de insumos e combinações de insumos de menor custo? Explique como eles poderiam aplicar esse conhecimento.

3. Explique como a inclinação da isoquanta afeta a razão de substituição de insumos.

4. Explique meticulosamente a diferença entre uma isoquanta e uma curva de possibilidade de produção.

5. Reduza o lucro com alfafa da Tabela 8-2 para US$ 36 por acre, calcule a nova razão de lucro de produto e obtenha a nova combinação maximizadora de lucro. Você produz mais ou menos do empreendimento com o lucro agora inferior? Por quê? Qual seria o efeito de dobrar ambos os lucros por acre? E de cortar pela metade ambos os lucros por acre?

6. Por que a combinação maximizadora de lucro até mesmo de empreendimentos suplementares e complementares geralmente fica no espectro de concorrência?

7. Onde o clima e a precipitação pluvial permitem, a maioria dos estabelecimentos rurais produz dois ou mais cultivos. Explique o motivo dessa prática produtiva em termos da forma da CPP e da razão de lucro de produto.

8. Para dois insumos semelhantes, como farelo de soja e farelo de algodão em uma ração animal, você esperaria que a razão de substituição fosse praticamente constante ou caísse abruptamente quando um insumo é substituído pelo outro? Por quê?

CAPÍTULO 9

Conceitos de custo em economia

Objetivos do capítulo

1. Explicar a importância do custo de oportunidade e sua utilização na tomada de decisão gerencial.
2. Esclarecer a diferença entre curto prazo e longo prazo.
3. Discutir a diferença entre custos fixos e variáveis.
4. Identificar custos fixos e mostrar como calculá-los.
5. Demonstrar o uso de custos fixos e variáveis na tomada de decisões de produção de curto prazo e de longo prazo.
6. Explorar economias e deseconomias de tamanho e como elas ajudam a explicar mudanças em tamanho do estabelecimento e lucratividade.

Uma boa compreensão dos custos de produção é importante na economia e muito útil para tomar decisões gerenciais. Custos podem ser classificados de diferentes maneiras, dependendo se são fixos ou variáveis e de caixa (monetários) ou não. *Custo de oportunidade* é outro tipo de custo que não consta nas despesas contábeis do negócio, mas é um custo econômico importante, de qualquer maneira. Ele será muito usado nos capítulos posteriores, sendo o primeiro custo discutido neste capítulo.

CUSTO DE OPORTUNIDADE

Custo de oportunidade é um conceito econômico, e não um custo que se encontra no livro-razão de um contador ou em uma declaração de imposto de renda. No entanto, é um conceito importante e básico, que deve ser levado em consideração ao tomar decisões gerenciais. O custo de oportunidade se fundamenta no fato de que, após um ativo ser adquirido, ele pode ter um ou mais usos alternativos. Após o ativo ser comprometido com um determinado uso, não estará mais disponível para um uso alternativo, e perde-se a renda advinda da alternativa.

O custo de oportunidade pode ser definido de uma entre duas maneiras:

1. A renda que poderia ter sido obtida com a venda ou o aluguel do insumo a outrem; ou
2. A renda extra que teria sido recebida se o insumo tivesse sido utilizado em seu uso alternativo mais lucrativo.

Esta última definição talvez seja a mais comum, mas ambas devem ser lembradas quando o gestor toma decisões sobre uso de insumos. O custo real de um insumo pode não ser seu preço de compra. Seu custo real, ou custo de oportunidade, em qualquer uso específico é a renda que ele teria auferido em seu melhor uso alternativo. Se ele for maior do que a renda esperada do uso planejado do insumo, o gestor deve reconsiderar a decisão: a alternativa parece ser um uso mais lucrativo do insumo.

Custos de oportunidade são muito usados em análise econômica. Por exemplo, os custos de oportunidade da mão de obra, gestão e capital de um operador rural são utilizados em vários tipos de orçamentos empregados para analisar a lucratividade do estabelecimento agropecuário.

Mão de obra

O custo de oportunidade da mão de obra do operador rural (e talvez da mão de obra de outros parentes não remunerados) seria o que essa mão de obra renderia em seu melhor uso alternativo. Esse uso alternativo poderia ser emprego não rural, mas, dependendo das habilidades, qualificação e experiência, pode também ser emprego em outro empreendimento agrícola ou pecuário. Alguns operadores dizem que seu próprio tempo é "gratuito", mas ele deve ser valorado ao menos tão alto quanto o valor que eles dão a seu tempo de lazer.

Gestão

A gestão é o processo de tomar e executar decisões; é diferente da mão de obra física usada na agropecuária. O custo de oportunidade da gestão é difícil de estimar. Por exemplo, qual é o valor de gestão por acre de plantação? Geralmente, usa-se uma porcentagem de todos os outros custos, ou a renda bruta por acre, mas qual é a porcentagem certa? Em outros casos, é preciso um custo de oportunidade anual de gestão. Nesses e em outros casos, o analista deve tomar cuidado para excluir a mão de obra da estimativa. Por exemplo, se o custo de oportunidade da mão de obra é estimado em US$ 30.000 por ano, e a pessoa poderia conseguir um trabalho de "gestão" que pagaria US$ 40.000 por ano, o custo de oportunidade da gestão é estimado como a diferença, US$ 10.000 por ano. O custo de oportunidade da mão de obra mais o da gestão não pode ser maior do que o salário total no melhor trabalho alternativo. É difícil estimar o custo de oportunidade da gestão, então os custos de oportunidade de mão de obra e gestão são, muitas vezes, combinados em um só valor.

Capital

O capital apresenta um grupo diferente de problemas na estimativa de custos de oportunidade. Há usos demais para o capital, e geralmente um espectro grande de possíveis retornos. Contudo, usos alternativos de capital com retornos esperados maiores podem trazer um grau maior de risco, também. Para evitar o problema de identificar um uso com um nível comparável de risco, o custo de oportunidade do capital rural geralmente é igualado à taxa de juros da poupança ou ao custo corrente do capital emprestado. Isso pressupõe que o capital investido em um empreendimento agrícola ou pecuário poderia ter sido depositado em poupança ou utilizado para pagar dívida vencida. Isso representa um custo de oportunidade mínimo, sendo uma abordagem um tanto conservadora. Se a rentabilidade esperada de um investimento com nível comparável de ris-

Capítulo 9 Conceitos de custo em economia **143**

co puder ser determinada, seria adequado usar essa taxa ao analisar investimentos rurais.

Um problema especial é como determinar o custo de oportunidade do serviço anual fornecido por insumos de vida útil longa, como terra, prédios, animais reprodutores e máquinas. Talvez seja possível usar preços de aluguel para terra e serviços de maquinário. Entretanto, isso não funciona bem para todos esses itens, e o custo de oportunidade desses insumos, muitas vezes, deve ser determinado pelo uso alternativo mais lucrativo do capital neles investido fora do negócio rural. Esse é o custo real ou verdadeiro de usar insumos para produzir produtos agropecuários.

Alguns ativos rurais, como máquinas, edificações, cercas e equipamento pecuário, perdem valor ao longo do tempo – eles depreciam. O custo de oportunidade deles deve ser ajustado todo ano, multiplicando-se a taxa de retorno do custo de oportunidade pelo valor pelo qual o ativo poderia ser vendido, também chamado de valor residual. Às vezes, uma análise de investimento de longo prazo usa o valor residual médio de um ativo ao longo da sua vida útil para calcular o custo de oportunidade de se investir capital nele. Isso será ilustrado mais adiante no capítulo.

DESPESAS MONETÁRIAS E NÃO MONETÁRIAS

Custos fixos podem ser despesas *monetárias* (caixa) ou *não monetárias* (não caixa). Eles podem facilmente ser ignorados ou subestimados, pois uma grande parte do custo fixo total pode ser despesas não monetárias, como mostrado na Tabela 9-1.

Depreciação e custos de oportunidade são sempre despesas não monetárias, pois não há um dispêndio anual em caixa para eles. Consertos e impostos imobiliários são sempre despesas de caixa, e juros e seguros podem ser qualquer um dos dois. Se for tomado dinheiro emprestado para comprar um ativo, haverá despesa de juros em caixa.

Tabela 9-1 Itens de despesa monetária e não monetária

Item de despesa	Despesa monetária	Despesa não monetária
Depreciação		X
Juros (capital próprio)		X
Juros (capital emprestado)	X	
Valor da mão de obra do operador		X
Salário da mão de obra contratada	X	
Ração produzida no estabelecimento		X
Ração comprada	X	
Terra própria		X
Terra arrendada à vista	X	
Sementes, fertilizante, combustível, reparos	X	
Impostos patrimoniais, seguro	X	

Quadro 9-1   **Despesas monetárias e não monetárias**

Distinções entre despesas monetárias (caixa) e não monetárias (não caixa) não implicam que as despesas não monetárias sejam menos importantes do que as monetárias. No curto prazo, despesas não monetárias significam que é necessário menos caixa para cobrir as despesas circulantes. No entanto, se se quer que o negócio sobreviva, prospere, substitua ativos de capital e obtenha lucro econômico, a renda deve bastar para cobrir todas as despesas no longo prazo.

144 Parte III Aplicação de princípios econômicos

Quando o item é adquirido inteiramente com o capital próprio do comprador, o valor equivalente aos juros seria o custo de oportunidade desse capital, não havendo pagamento em caixa a um mutuante. O seguro seria uma despesa de caixa se fosse realizado com uma seguradora ou não monetária se o risco do prejuízo fosse assumido pelo proprietário. Neste último exemplo, não haveria dispêndio anual de caixa, mas o preço do seguro ainda assim seria incluído nos custos fixos para cobrir a possibilidade de dano ou perda do item por causa de incêndio, tempestade, roubo, etc.

Alguns custos variáveis podem ser custos não monetários também. Quando são produzidos cultivos para alimentar animais produzidos no mesmo estabelecimento, não há dispêndio de caixa, como seria o caso para ração comprada. Entretanto, há um custo de oportunidade igual à receita que poderia ter sido recebida com a venda do cultivo no mercado.

CUSTOS FIXOS, VARIÁVEIS E TOTAIS

Diversos importantes conceitos de custo foram apresentados no Capítulo 7. Sete conceitos úteis de custo e suas abreviaturas são:

1. Custo fixo total (CFT)
2. Custo fixo médio (CFMe)
3. Custo variável total (CVT)
4. Custo variável médio (CVMe)
5. Custo total (CT)
6. Custo total médio (CTMe)
7. Custo marginal (CMg)

Esses custos estão relacionados ao *produto*. Custo marginal, também estudado no Capítulo 7, é o custo adicional de produzir uma unidade adicional de produto. Os demais são ou o custo total, ou o custo unitário de produzir uma dada quantidade de produto.

Curto prazo e longo prazo

Antes de esses custos serem discutidos em mais detalhes, é preciso distinguir entre o que os economistas chamam de curto prazo e longo prazo. Eles são conceitos cronológicos, mas não são definidos como períodos fixos de tempo no calendário. *Curto prazo* é o período em que a quantidade disponível de um ou mais insumos de produção é fixa e não pode ser alterada. Por exemplo, no início da época de plantio, pode ser tarde demais para aumentar ou diminuir a quantidade de terra de cultivo própria ou arrendada. O ciclo atual de produção agrícola seria um período de curto prazo, pois a quantidade de terra à disposição é fixa.

Ao longo de um período maior, pode-se comprar, vender ou arrendar terra, ou o prazo dos arrendamentos pode acabar, fazendo com que a quantidade de terra disponível aumente ou diminua. *Longo prazo* é definido como o período em que a quantidade de todos os insumos produtivos necessários pode ser alterada. No longo prazo, o negócio pode expandir, adquirindo mais insumos, ou desaparecer, vendendo todos os seus insumos. Gestores e empregados podem chegar ou ir embora. O comprimento real do longo prazo no calendário, assim como do curto prazo, varia de acordo com a situação e as circunstâncias. Dependendo de quais insumos são fixos, o curto prazo pode ir de vários dias a vários anos. Um ano ou um ciclo produtivo agrícola ou pecuário são períodos de curto prazo comuns na agropecuária.

Custos fixos

Os custos associados à propriedade de um insumo fixo são chamados de *custos fixos*. São os custos que incidem mesmo se o insumo não é usado. Depreciação, seguro, impostos (impostos imobiliários, e não de renda) e taxa de juros são os custos comuns que se consideram fixos. Reparos e manutenção também podem ser incluídos como custo fixo. (Vide Quadro 9-2.) Custos fixos não mudam com as mudanças do nível de produção no curto prazo, mas podem mudar no longo prazo à medida que a quantidade do insumo fixo variar. Por definição, não é preciso que haja recursos fixos próprios no longo prazo, então custos fixos existem apenas no curto prazo.

Outra característica dos custos fixos é que eles não estão sob o controle do gestor no curto prazo. Eles existem, e ficam no mesmo nível a despeito de quanto do recurso é usado. O único jeito de evitá-los é vender o item, o que pode ser feito no longo prazo.

Custo fixo total (CFT) é a soma dos diversos tipos de custos fixos. Calcular o CFT anual médio para um insumo fixo exige que se obtenha a depreciação anual média e os custos de juros, entre outros. O método de depreciação linear exposto no Capítulo 4 também dá a depreciação anual média a partir da seguinte equação:

$$\text{Depreciação} = \frac{\text{Preço de compra} - \text{Valor residual}}{\text{Vida útil}}$$

em que o preço de compra é o custo inicial do ativo, vida útil é o número de anos pelos quais se possuirá o item e valor residual é seu valor esperado no fim dessa vida útil. Embora possam ser utilizados outros métodos para estimar a depreciação para cada ano da vida útil do ativo, como exposto no Capítulo 5, essa equação sempre pode ser usada para obter a depreciação anual *média*.

O capital investido em um insumo fixo tem um custo de oportunidade, então os juros sobre esse investimento também são incluídos como parte do custo fixo. Entretanto, não é correto aplicar juros sobre o preço de compra ou custo original de um ativo depreciável todo ano, pois seu valor está caindo ao longo do tempo. Portanto, o componente de juros do custo fixo total costuma ser calculado a partir das seguintes fórmulas:

$$\frac{\text{Valor médio}}{\text{do ativo}} = \frac{\text{Preço de compra} + \text{Valor residual}}{2}$$

$$\text{Juros} = \text{Valor médio do ativo} \times \text{Taxa de juros}$$

em que a taxa de juros é o custo do capital para o estabelecimento agropecuário.[1] Essa equação informa os juros cobrados pelo valor médio do item ao longo de sua vida útil, refletindo seu decréscimo em valor ao longo do tempo. A depreciação está sendo cobrada para dar conta desse declínio em valor. Para encontrar o custo de juros do ano atual, em vez do custo médio ao longo de toda a vida útil do ativo, utilize a seguinte fórmula:

$$\text{Juros} = \text{Valor atual do ativo} \times \text{Taxa de juros}$$

Outros custos de propriedade de recursos fixos, como impostos imobiliários e seguro, podem ser estimados como uma porcentagem do valor médio do ativo ao longo de sua vida útil (custo de longo prazo) ou de seu valor atual (custo do ano corrente). A quantia monetária efetiva de custo pago ou a ser pago em impostos e seguro também pode ser usada.

Como exemplo, imagine a compra de uma colheitadeira por US$ 120.000, com um valor residual de US$ 50.000 e uma vida útil de 5 anos. Estimam-se os impostos imobiliários anuais em US$ 400 e o seguro anual em US$ 500, e o custo do capital é de 8%. Aplicando-se esses valores e as duas equações precedentes, obtém-se o seguinte custo fixo total anual:

$$\text{Valor médio} = \frac{\text{US\$ } 120.000 + 50.000}{2} = \text{US\$ } 85.000$$

$$\text{Juros} \quad = \text{US\$ } 85.000 \times 8\% \quad = \text{US\$ } 6.800$$

$$\text{Depreciação} = \frac{\text{US\$ } 120.000 - 50.000}{5 \text{ anos}} = \text{US\$ } 14.000$$

Impostos	400
Seguro	500
Custo fixo total anual	US$ 21.700

---

[1] Essa equação é muito usada, mas é apenas uma boa aproximação do verdadeiro custo de oportunidade. Os métodos de recuperação de capital discutidos no Capítulo 17 podem ser usados para obter o montante verdadeiro, que combina depreciação e juros em um só valor. Esse valor recupera o investimento no ativo, mais juros compostos ao longo de sua vida útil.

146 Parte III Aplicação de princípios econômicos

Quadro 9-2	Reparos como custo fixo?

Reparos, às vezes, são encontrados em listas de custos fixos. Porém, reparos geralmente aumentam à medida que o uso do ativo aumenta, o que não se encaixa na definição de custo fixo. O argumento para a inclusão de reparos nos custos fixos é que é necessário um nível mínimo de manutenção para manter o ativo em condições de trabalho, mesmo se ele não estiver em utilização. Logo, essa despesa de manutenção está mais para um custo fixo. O problema prático disso é calcular qual parte da despesa total com reparos e manutenção do ativo deve ser um custo fixo.

Na prática, todos os reparos de maquinário costumam ser considerados custos variáveis, pois a maioria dos consertos se faz necessária pela utilização. Reparos em construções provavelmente serão registrados como custo fixo. Esses consertos derivam mais frequentemente da manutenção de rotina causada por tempo e intempérie do que do uso. Isso se aplica especialmente a instalações de armazenagem e muitos prédios de uso geral. Para fins de conveniência, todos os custos de reparo serão classificados como custos variáveis quando desenvolvermos orçamentos nos capítulos posteriores deste livro.

Os custos fixos totais anuais são quase 20% do preço de compra. Em geral, os custos fixos anuais totais perfazem de 15% a 25% do preço de compra de um ativo depreciável.

O custo fixo pode ser expressado como um custo médio por unidade de produto. O custo fixo médio (CFMe) é obtido por meio da seguinte equação:

$$CFMe = \frac{CFT}{Produto}$$

em que o produto é medido em unidade físicas, como *bushels*, fardos ou quintais curtos. Acres ou horas, muitas vezes, são usados como a medida de produto para máquinas, embora não sejam unidades de produção. Por definição, o CFT é um valor fixo ou constante; logo, o CFMe cai continuamente à medida que o produto aumenta. Um modo de abaixar o custo unitário de produzir uma dada *commodity* é extrair mais produto do recurso fixo. Isso sempre diminui o CFMe por unidade de produto.

Custos variáveis

Custos variáveis são aqueles sobre os quais o gestor tem controle em um dado momento. Eles podem ser aumentados ou diminuídos a critério do gestor, subindo com a ampliação da produ-

ção. Itens como ração, fertilizante, sementes, pesticidas, combustível e despesas veterinárias são exemplos de custos variáveis. O gestor tem controle sobre essas despesas no curto prazo, e elas não são realizadas se não há produção.

O custo variável total (CVT) pode ser encontrado somando-se os custos variáveis individuais, sendo cada um deles igual à quantidade do insumo usado vezes seu preço. O custo variável médio (CVMe) é calculado por meio da seguinte equação:

$$CVMe = \frac{CVT}{Produto}$$

em que o produto é novamente medido em unidades físicas. O custo variável médio pode ser crescente, constante ou decrescente, dependendo da função de produção que lhe serve de fundamento e do nível de produto. Para a função de produção ilustrada na Figura 7-2, o CVMe começa caindo quando o produto é aumentado, e depois aumenta, começando no ponto no qual o produto físico médio começa a cair.

Existem custos variáveis tanto no curto quanto no longo prazo. Todos os custos podem ser considerados variáveis no longo prazo, pois não há insumos fixos. A distinção entre custos fixos e variáveis também depende do momento exato em que a próxima decisão será tomada. Fertilizante costuma ser um custo variável. Ainda assim, após ser comprado e aplicado, o gestor não tem mais nenhum controle sobre o tamanho desse gasto. Ele deve ser considerado um custo fixo pelo restante da safra, o que pode afetar decisões futuras durante o período da safra. Custos de mão de obra e arrendamento de terra à vista são exemplos semelhantes. Após um contrato de trabalho ou de arrendamento ser firmado, o gestor não pode alterar o montante de dinheiro empenhado, e o salário ou aluguel deve ser considerado um custo fixo por todo o prazo do contrato. Custos que são fixos porque já foram incorridos ou pagos são ocasionalmente chamados de *custos irrecuperáveis*.

Custos totais

O custo total (CT) é a soma do custo fixo total com o custo variável total (CT = CFT + CVT). No curto prazo, ele sobe só quando o CVT sobe, pois o CFT é um valor constante. O custo total médio (CTMe) pode ser obtido por meio de dois métodos. Para um dado nível de produto, ele é igual a CFMe + CVMe. Ele também pode ser calculado por meio da equação abaixo:

$$CTMe = \frac{CT}{Produto}$$

o que dá o mesmo resultado. O custo total médio geralmente será decrescente em níveis baixos de produto, já que o CFMe está caindo rapidamente e o CVMe talvez esteja caindo também. Em níveis maiores de produto, o CFMe estará diminuindo menos rapidamente, e o CVMe acabará aumentando, e a uma taxa mais veloz do que a taxa de aumento do CFMe. Essa combinação faz com que o CTMe suba.

Custos marginais

O custo marginal (CMg) é definido como a mudança no custo total dividida pela mudança no produto:

$$CMg = \frac{\Delta\ CT}{\Delta\ Produto} \text{ ou } CMg = \frac{\Delta\ CVT}{\Delta\ Produto}$$

Ele também é igual à mudança no custo variável total dividida pela mudança no produto. CT = CFT + CVT, e o CFT é constante; assim, o único jeito de o CT mudar é com uma mudança no CVT. Portanto, o CMg pode ser calculado de ambos os modos, com o mesmo resultado.

APLICAÇÃO DOS CONCEITOS DE CUSTO

A Tabela 9-2 é um exemplo de algumas cifras de custo para o problema comum de determinar a taxa de lotação maximizadora de lucro para bois em uma quantidade fixa de pastagem. Ela ilustra muitos problemas similares em que a compreensão dos diferentes conceitos e relações de custo ajuda o gestor no planejamento e na tomada de decisão.

O tamanho do pasto e a quantidade de forragem disponível são ambos limitados; assim, acrescentar mais bois acabará fazendo com que o ganho médio de peso por boi caia ao longo de um período fixo. Isso se reflete em retornos decrescentes e em um PFMg em queda quando mais de 30 bois são colocados no pasto. Os quintais curtos de carne vendidos desse pasto continuam crescendo, mas a uma taxa decrescente à medida que mais bois disputam a forragem limitada.

Os custos fixos totais são fixados em US$ 5.000 ao ano nesse exemplo. Isso cobriria o custo de oportunidade anual da terra e demais benfeitorias, depreciação de cercas e instalações hídricas e seguro. Os custos variáveis são fixados em US$ 495 por boi (bois são o único insumo variável desse exemplo). Isso inclui o custo do boi, transporte, despesas veterinárias, ração, juros sobre o investimento no boi e demais despesas que aumentam diretamente junto com o número de bois adquiridos.

Os números de custo total e médio da Tabela 9-2 possuem o padrão comum ou esperado à medida que se aumenta a produção

148 Parte III Aplicação de princípios econômicos

ou o produto. O custo fixo total permanece constante por definição, enquanto tanto o CVT quanto o CT estão crescendo. O custo fixo médio cai velozmente no início e depois continua caindo, mas a uma taxa menor. O custo variável médio e o custo marginal são constantes enquanto o número de bois sobe de 0 a 30, e depois começam a aumentar.

Produto maximizador de lucro

O nível de produto maximizador de lucro foi definido no Capítulo 7 como estando onde RMg = CMg, mas esse ponto exato não existe na Tabela 9-2. Entretanto, o CMg é inferior à RMg quando se passa de 50 para 60 bois, mas é superior à RMg quando se passa de 60 para 70 bois. Isso torna 60 bois e 420 quintais curtos de carne os níveis maximizadores de lucro de insumo e produto para esse exemplo. Quando o CMg é maior que a RMg, o custo adicional por quintal curto de carne produzido a partir dos 10 bois extras é maior do que a renda adicional por quintal curto. Portanto, colocar 70 bois no pasto resultaria em menos lucro do que colocar 60 bois.

O ponto maximizador de lucro dependerá do preço de venda (ou RMg) e do CMg. Os preços de venda mudam frequentemente, e o CMg pode mudar com alterações do custo variável (principalmente por causa de alteração no custo do boi, no caso). Os valores da coluna CMg indicam que o número mais lucrativo de bois seria 70 se o preço de venda for superior a US\$ 90,00, mas inferior a US\$ 99,00. O número cairia para 50 bois se o preço de venda caísse para qualquer ponto entre US\$ 76,15 e US\$ 82,50. Como mostrado no Capítulo 7, os níveis maximizadores de

---

Quadro 9-3 — Mão de obra é um custo variável ou fixo?

O custo da mão de obra usada na agropecuária nem sempre é fácil de classificar como custo variável ou custo fixo. A mão de obra só é usada se um determinado empreendimento é realizado, e a quantidade de mão de obra utilizada depende do tamanho do empreendimento. Isso se encaixa na definição de custo variável. Por outro lado, os recursos de mão de obra devem ser pagos a despeito de quanto trabalho foi executado, e certos serviços rurais, como escrituração e manutenção, têm que ser feitos sem depender de quais empreendimentos são realizados.

Podem ocorrer diversas situações:

1. A mão de obra é contratada somente conforme necessária, sendo paga por hora, dia ou quantidade de trabalho realizado. Neste caso, é um custo variável.

2. A mão de obra recebe um salário fixo, a despeito de quanto é usada, caso em que pode ser considerada um custo fixo, ao menos pelo prazo do contrato de trabalho.

3. Se a mão de obra é avaliada pelo seu custo de oportunidade, como muitas vezes ocorre com mão de obra não remunerada por parte do operador, e se usá-la em um empreendimento reduz a mão de obra à disposição para outro empreendimento, então ela pode ser considerada um custo variável.

4. Se há recursos laborais permanentes em oferta excessiva, isto é, eles não possuem um custo de oportunidade significativo, eles podem ser tratados como recursos fixos, sendo seu custo ignorado na análise de curto prazo.

Alguns produtores utilizam os custos de sustento familiar como uma estimativa do valor da mão de obra não remunerada. Embora as retiradas feitas para o sustento da família devam constar no orçamento dos fluxos de caixa (consulte o Capítulo 13), a quantia retirada depende do tamanho da família, padrões de consumo, localidade e outras fontes de renda disponíveis. Contudo, não há razão para crer que os custos de sustento reflitam precisamente o custo econômico da mão de obra utilizada na operação agropecuária.

lucro de insumo e produto sempre dependem dos preços do insumo e do produto.

Lucro total

Para o preço de venda de US$ 87,50 por quintal curto e uma taxa de lotação de 60 bois, a RT é de US$ 36.750 (420 quintais curtos × US$ 87,50), e o CT é de US$ 34.700, deixando um lucro de US$ 2.050. Para um preço de US$ 78,00, contudo, a regra RMg = CMg indica um ponto maximizador de lucro de 50 bois e

360 quintais curtos. O CTMe por quintal curto nesse ponto é de US$ 82,64, o que significaria uma perda de US$ 4,64 por quintal curto (US$ 78,00 – US$ 82,64 = –US$ 4,64), ou uma perda total de US$ 1.670,40 (US$ 4,64 × 360 quintais curtos). O que o gestor deveria fazer nessa situação? Devem ser comprados bois se o preço de venda esperado for menor do que o CTMe, resultando em uma perda?

A resposta é "sim" para algumas situações e "não" para outras. Os dados da Tabela 9-2 in-

Tabela 9-2 Ilustração de conceitos de custo aplicados a um problema de taxa de criação*

Número de bois	Produto (quintal curto de carne)	PFMg	Custos totais			Custos médios			Custos marginais			Lucro total (US$)
			CFT (US$)	CVT (US$)	CT (US$)	CFMe (US$)/ cwt	CVMe (US$)/ cwt	CTMe (US$)/ cwt	CMg (US$)/ cwt		RMg (US$)/ cwt	
0	0		5.000	0	5.000	—	—	—				(5.000)
		7,5							66,00	<	87,50	
10	75		5.000	4.950	9.950	66,67	66,00	132,67				(3.387)
		7,5							66,00	<	87,50	
20	150		5.000	9.900	14.900	33,33	66,00	99,33				(1.775)
		7,5							66,00	<	87,50	
30	225		5.000	14.850	19.850	22,22	66,00	88,22				(162)
		7,0							70,71	<	87,50	
40	295		5.000	19.800	24.800	16,95	67,12	84,07				1.012
		6,5							76,15	<	87,50	
50	360		5.000	24.750	29.750	13,89	68,75	82,64				1.750
		6,0							82,50	<	87,50	
60	**420**		**5.000**	**29.700**	**34.700**	**11,90**	**70,71**	**82,62**				**2.050**
		5,5							90,00	>	87,50	
70	475		5.000	34.650	39.650	10,53	72,95	83,47				1.912
		5,0							99,00	>	87,50	
80	525		5.000	39.600	44.600	9,52	75,43	84,95				1.337
		4,5							110,00	>	87,50	
90	570		5.000	44.550	49.550	8,77	78,16	86,93				325
		4,0							123,75	>	87,50	
100	610		5.000	49.500	54.500	8,20	81,15	89,34				(1.125)

* O custo fixo total é US$ 5.000, e os custos variáveis são US$ 495 por boi. Assume-se que o preço de venda dos bois é de US$ 87,50 por quintal curto.

dicam que haveria uma perda igual ao CFT de US$ 5.000 se não fossem comprados bois. Esse prejuízo ocorreria no curto prazo, contanto que a terra fosse própria. Ele poderia ser evitado no longo prazo vendendo-se a terra, o que eliminaria os custos fixos. Porém, os custos fixos não podem ser evitados no curto prazo, e a pergunta relevante é: pode-se obter lucro ou reduzir a perda para menos que US$ 5.000 no curto prazo comprando-se alguns bois? Não devem ser comprados bois se isso resultaria em uma perda maior que US$ 5.000, pois a perda pode ser minimizada a US$ 5.000 não comprando nenhum.

Os custos variáveis estão sob o controle do gestor e podem ser reduzidos a zero não comprando nenhum boi. Portanto, só devem incidir custos variáveis se o preço de venda esperado for ao menos igual ou maior que o CVMe mínimo. Isso gerará receita total suficiente para cobrir os custos variáveis totais. Se o preço de venda for maior do que o CVMe mínimo, mas menor do que o CTMe mínimo, a renda cobrirá todos os custos variáveis, com um resto para pagar parte dos custos fixos. Haveria uma perda, mas ela seria menor que US$ 5.000 nesse exemplo. Para responder à pergunta anterior: sim, devem ser comprados bois quando o preço de venda mínimo for menor que o CTMe mínimo, mas somente se estiver acima do CVMe mínimo. Essa ação resultará em uma perda, mas ela será menor do que a perda que ocorreria se não fossem comprados bois.

Se o preço de venda esperado for inferior ao CVMe mínimo, a receita total será inferior ao CVT: haverá uma perda, e ela será maior que US$ 5.000. Nessas condições, não devem ser comprados bois, o que minimizará a perda a US$ 5.000. Na Tabela 9-2, o CVMe mais baixo é US$ 66,00, e o CTMe mais baixo é US$ 82,62. A perda seria minimizada não comprando bois quando o preço de venda esperado fosse menor que US$ 66,00 e comprando bois quando o preço de venda esperado estivesse entre US$ 66,00 e US$ 82,62. Nesta última situação, o nível de produto minimizador de perda está onde $RMg = CMg$.

Regras de produção para o curto prazo

A discussão anterior leva a três regras para tomar decisões de produção no curto prazo. São elas:

1. O preço de venda esperado é maior do que o CTMe mínimo (preço de venda de US$ 87,50 na tabela que segue). Pode-se obter e maximizar o lucro produzindo-se onde $RMg = CMg$.

2. O preço de venda esperado é inferior ao CTMe mínimo, mas superior ao CVMe mínimo (preço de venda de US$ 78,00 na tabela que segue). A perda não pode ser evitada, mas é minimizada produzindo-se no nível de produto em que $RMg = CMg$. A perda ficará em algum ponto entre zero e o custo fixo total.

3. O preço de venda esperado é inferior ao CVMe mínimo (preço de venda de US$ 63,00 na tabela que segue). A perda não pode ser evitada, mas é minimizada não se produzindo. A perda será igual ao CFT.

Preço de venda (US$/cwt)	Número de bois a comprar	Receita total (US$)	Custos totais (US$)	Lucro (USS)
US$ 87,50	60	US$ 36.750	US$ 34.700	US$ 2.050
US$ 78,00	50	US$ 28.080	US$ 29.750	–US$ 1.670
US$ 63,00	0	US$ 0	US$ 5.000	–US$ 5.000

A aplicação dessas regras é ilustrada graficamente na Figura 9-1. Com um preço de venda igual a RMg_1, a interseção de RMg e CMg está bem acima do CTMe, e está sendo obtido lucro. Quando o preço de venda é igual a RMg_2, a renda não será suficiente para cobrir os custos totais, mas cobrirá todos os custos variáveis, com um resto para pagar parte dos custos fixos. Nessa situação, a perda é minimizada produzindo-se onde $RMg = CMg$, pois a perda será inferior ao CFT. Se o preço de venda fosse baixo como RMg_3, a renda sequer cobriria os custos variáveis, e a perda seria minimizada interrompendo-se completamente a produção. Isso minimizaria a perda a um valor igual ao CFT.

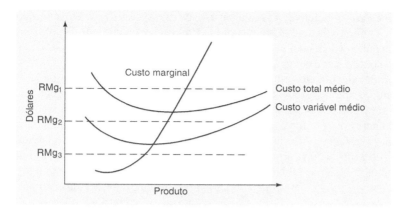

Figura 9-1 Ilustração de decisões de produção de curto prazo.

Regras de produção para o longo prazo

As três regras de decisão de produção se aplicam somente ao curto prazo, em que existem custos fixos. E quanto ao longo prazo, em que não há custos fixos? Perdas contínuas sofridas pela produção no longo prazo acabarão levando a firma à falência.

Só há duas regras para tomar decisões de produção no longo prazo:

1. O preço de venda é maior que o CTMe (ou a RT é maior que o CT). Continue produzindo, porque está sendo obtido lucro. Esse lucro é maximizado produzindo-se no ponto em que RMg = CMg.
2. O preço de venda é menor que o CTMe (ou a RT é menor que o CT). Haverá uma perda contínua. Pare a produção e venda os ativos fixos, o que elimina os custos fixos. O dinheiro recebido deve ser investido em uma alternativa mais lucrativa.

Isso não quer dizer que os ativos devem ser vendidos na primeira ocorrência de perda. Perdas de curto prazo ocorrem sempre que há uma queda temporária no preço de venda. A regra número dois para o longo prazo só deve ser invocada quando a queda de preço parece ser duradoura ou permanente.

Em alguns casos, o preço de venda é conhecido no momento em que a decisão de produzir ou não é tomada, como quando há um contrato a termo disponível. Na maior parte do tempo, contudo, o gestor precisa decidir com base em uma previsão ou estimativa do preço de venda final. No Capítulo 15, serão discutidas algumas técnicas que o gestor pode utilizar para lidar com o efeito de preços incertos.

ECONOMIAS DE ESCALA

Economistas e gestores se interessam pelo tamanho do estabelecimento rural e pela relação entre custos e escala, por diversas razões. Seguem exemplos de perguntas relacionadas a escala e custos: Qual é o tamanho de estabelecimento mais lucrativo? Estabelecimentos maiores produzem alimentos e fibras mais baratos? Estabelecimentos grandes são mais eficientes? Os estabelecimentos familiares desaparecerão e serão substituídos por grandes estabelecimentos corporativos? O número de agropecuaristas e estabelecimentos continuará caindo? As respostas a essas perguntas dependem, ao menos em parte, do que acontece com os custos e o custo unitário de produto à medida que o estabelecimento aumenta de tamanho.

Primeiro: como se mede o tamanho do estabelecimento? Número de animais, número de acres, número de trabalhadores em turno integral, patrimônio, ativos totais, lucro e outros fatores são usados para medir tamanho, e todos possuem suas vantagens e desvantagens. Por exemplo, o número de acres é uma medida comum e conveniente de tamanho de estabelecimento, mas só deve ser usada para comparar tamanhos de estabelecimentos em uma região geográfica onde o tipo de estabelecimento, os tipos de solo e o clima são semelhantes. Por exemplo, 100 acres de hortaliças irrigadas na Califórnia não possuem a mesma escala de operação de 100 acres de terra árida nativa nos Estados vizinhos de Arizona ou Nevada.

Escala no curto prazo

No curto prazo, a quantidade de um ou mais insumos é fixa, com a terra, muitas vezes, sendo o insumo fixo. Dado esse insumo fixo, haverá uma curva de custo total médio de curto prazo, como exibido na Figura 9-2. As curvas de custo médio de curto prazo costumam ter forma de U, com o custo médio aumentando nos níveis maiores de produção, pois o insumo fixo limitado torna a produção adicional cada vez mais difícil, assim ampliando o custo médio por unidade de produto.

Por questões de simplicidade, o tamanho é medido pela produção de um produto específico na Figura 9-2. O produto pode ser gerado com o menor custo unitário médio que produza a quantidade $0a$. Entretanto, essa pode não ser a quantidade maximizadora de lucro, pois o lucro é maximizado no nível de produto em que a receita marginal é igual ao custo marginal. A receita marginal é igual ao preço do produto, então um preço de P' faria com que o lucro fosse maximizado produzindo-se a quantidade de $0b$. Um preço maior ou menor faria com que o produto crescesse ou diminuísse para corresponder ao ponto em que o novo preço é igual ao custo marginal.

Em virtude de um insumo fixo, como a terra, o produto só pode ser aumentado no curto prazo intensificando-se a produção. Isso significa que mais insumos variáveis, como fertilizante, químicos, água para irrigação, mão de obra e tempo de maquinário, precisam ser usados. Porém, o insumo fixo limitado tende a aumentar os custos médio e marginal à medida que a produção é ampliada além de um certo ponto e um limite de produção absoluta acaba sendo alcançado. Produção extra só é possível adquirindo-se mais do insumo fixo, um problema de longo prazo.

Escala no longo prazo

A economia do tamanho do estabelecimento é mais interessante se analisada em um contexto de longo prazo. Isso dá ao gestor tempo para ajustar todos os insumos ao nível que renderá o tamanho de estabelecimento desejado. Uma medida da relação entre produto e custos à medida que o tamanho do estabelecimento aumenta é expressada pela seguinte razão:

$$\frac{\text{Mudança porcentual dos custos}}{\text{Mudança porcentual no valor do produto}}$$

Ambas as mudanças são calculadas em termos monetários, para que se possa combinar o custo dos diversos insumos e o valor de diversos produtos em uma cifra. Esse quociente pode ter três resultados possíveis, chamados de custos decrescentes, custos constantes ou custos crescentes.

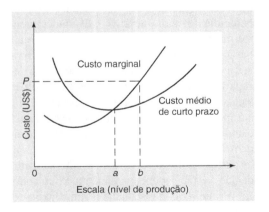

Figura 9-2 Tamanho do estabelecimento no curto prazo.

Valor da razão	Tipo de custo
< 1	Decrescente
= 1	Constante
> 1	Crescente

Esses três retornos possíveis também são denominados, respectivamente, retornos crescentes da escala, retornos constantes da escala e retornos decrescentes de escala. Custos decrescentes significam retornos crescentes de escala, e vice-versa. Essas relações são mostradas na Figura 9-3 usando a curva de custo médio de longo prazo por unidade de produto. Quando ocorrem custos decrescentes, o custo médio por unidade de produto é decrescente, de forma que o lucro médio por unidade de produto é crescente. Portanto, diz-se que existem retornos crescentes de escala. A mesma linha de raciocínio explica a relação entre custos constantes e retornos constantes e entre custos crescentes e retornos decrescentes.

Economias de escala ocorrem sempre que a curva de custo médio de longo prazo cai dentro de um certo espectro de produto (custos decrescentes e retornos crescentes de escala). *Deseconomias de escala* ocorrem quando os custos médios de longo prazo sobem (custos crescentes e retornos decrescentes de escala). A existência ou inexistência de cada uma e o espectro de tamanhos de estabelecimento em que cada uma ocorre ajudam a explicar e prever o tamanho do estabelecimento. Estabelecimentos agropecuários com um tamanho em que os custos médios de longo prazo estão caindo têm um incentivo para se tornar maiores. Estabelecimentos tão grandes, que seus custos médios de longo prazo estão aumentando têm menos incentivo para crescer, e logo alcançarão seu tamanho maximizador de lucro de longo prazo, se é que já não o alcançaram.

Causas das economias de escala

Muitos estudos de estabelecimentos rurais norte-americanos documentaram a existência de economias de escala ao menos dentro de um espectro inicial de tamanho. O que nem sempre é claro são as causa exatas desses custos médios menores à medida que o tamanho cresce. Seguem algumas possíveis razões das economias de escala que foram identificadas.

Uso pleno dos recursos existentes

Uma das causas básicas das economias de escala é o uso mais completo da mão de obra, maquinário, capital e gestão existentes. Esses recursos possuem custos fixos, não importando se são utilizados ou não. Seu uso pleno não aumenta os custos fixos totais, mas abaixa o custo fixo médio por unidade de produto. Pense no agricultor que arrenda um pouco de terra extra e a lavra com a mão de obra e as máquinas que já tem. O custo fixo médio por unidade de produto agora é menor não só para a produção adicional, mas também para toda a produção original.

Tecnologia

Tecnologia nova costuma ser cara, mas pode reduzir o custo médio por unidade de produto, combinando substituição de alguns insumos atuais e ampliação da produção por acre ou cabeça. Entretanto, em virtude do alto investimento inicial, a nova tecnologia, muitas vezes, precisa ser usada em um número maior de acres ou cabeças para obter esses custos menores. Isso gera economias de escala para estabelecimentos maiores, mas deixa os menores com tecnologia mais antiga e menos eficiente.

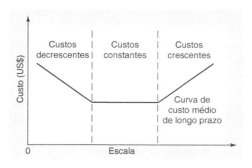

Figura 9-3 Possíveis relações tamanho/custo.

Economias de engenharia

À medida que unidades maiores de maquinário rural são disponibilizadas, o preço de compra geralmente não cresce tão rápido quanto a capacidade. Isso porque alguns componentes como cabines, mecanismos de direção e controles eletrônicos custam mais ou menos o mesmo para qualquer tamanho de máquina. O mesmo se aplica a muitas edificações. Só são necessárias duas paredes transversais para qualquer comprimento de construção, e sistemas de alimentação e manejo de estrume podem não dobrar quando o espaço físico é dobrado. Isso leva a custos fixos menores por unidade de capacidade.

Uso de recursos especializados

Em estabelecimentos agropecuários menores, mão de obra e equipamento frequentemente precisam ser usados para muitas tarefas diferentes e em vários empreendimentos diferentes, talvez tanto para agricultura quanto para pecuária. Nenhum empreendimento é grande o suficiente para justificar equipamento especializado que poderia fazer o serviço com mais eficiência e menos custo. A mão de obra precisa executar tantas tarefas diferentes, que as pessoas não têm tempo para obter experiência suficiente para se tornar qualificadas em qualquer uma delas. É gasto tão pouco tempo em cada tarefa individual durante o ano que é difícil justificar o treinamento laboral necessário para se tornar mais proficiente. Estabelecimentos maiores conseguem fazer uso integral de equipamentos especializados, e um trabalhador pode trabalhar todo o tempo em um só empreendimento, talvez em uma só tarefa. Um grande produtor de leite, onde alguns trabalhadores podem trabalhar o tempo todo no galpão de ordenha, enquanto outros ficam na área de alimentação, é um exemplo. A especialização, muitas vezes, aumenta a eficiência e reduz os custos por unidade de produto.

Preços de insumo

Descontos ao comprar quantidades grandes de insumos e por compra a granel são comuns na maioria das indústrias, incluindo a agropecuária. Estabelecimentos grandes podem obter descontos consideráveis comprando ração por carga completa de caminhão em vez de algumas sacas por vez, por exemplo. Pesticidas, fertilizantes, sementes, combustível e suprimentos como vacinas animais e peças sobressalentes também podem ter descontos por compra em volume. Esses descontos, muitas vezes, são o resultado de menores custos unitários com frete e manuseio por parte do fornecedor ou do desejo do fornecedor de aumentar sua participação de mercado. Mesmo se não houver desconto por compra a granel, a mão de obra poupada pela comodidade, facilidade e velocidade de manuseio do material pode facilmente compensar o armazenamento e o equipamento de manuseio extras necessários.

Preços de produto

Produtores de grandes volumes podem também ter uma vantagem de preço em relação aos menores quando vendem sua produção. Produtores de cereais podem receber um preço melhor se entregarem uma quantidade grande de uma só vez ou se garantirem a entrega de uma quantidade fixa todo mês a um confinamento, fábrica de ração ou usina de etanol. Pecuaristas que conseguem entregar uma carga completa de gado com peso uniforme diretamente a um confinamento costumam receber um preço líquido maior do que aqueles que vendem alguns por vez por meio de um leilão de gado local.

Nos últimos anos, foram desenvolvidas muitas novas variedades de grãos de uso especial. Os agricultores conseguem um preço melhor ao cultivar esses grãos especializados, mas eles exigem manuseio especial e armazenagem separada das demais variedades. Muitas vezes, colheitadeiras e caminhões precisam ser minuciosamente limpos antes e depois de ceifar e transportar essas variedades. Esse é outro caso em que apenas produtores de grande volume conseguem justificar a despesa de armazenagem separada e adequada e outras despesas relacionadas a fim de receber o preço adicional por produzir o cultivo.

Gestão

Muitas das funções e tarefas de gestão podem contribuir às economias de escala. Compra de insumos, comercialização de produtos, contabilidade, coleta de informações, planejamento e supervisão do trabalho são exemplos disso. Duplicar o tamanho do negócio pode aumentar o tempo empregado em cada uma dessas atividades, mas não em 100%. Aprender novas habilidades de gestão pode demorar o mesmo tempo, a despeito do número de unidades de produção às quais são aplicadas.

Causas das deseconomias de escala

É claro que existem economias de escala em um espectro inicial de tamanhos de estabelecimento para quase todos os tipos de agropecuários. A existência de deseconomias de escala é menos clara, assim como o tamanho em que as deseconomias podem começar. Podem ocorrer deseconomias por qualquer dos seguintes motivos.

Gestão

Capacidade limitada de gestão sempre foi considerada uma causa clássica de deseconomias de tamanho. À medida que o negócio agropecuário fica maior, torna-se mais difícil o gestor conhecer todos os aspectos de todos os empreendimentos e organizar e supervisionar corretamente todas as atividades. Múltiplos operadores podem não ter tanta facilidade para chegar a um acordo sobre decisões gerenciais ou para reagir rapidamente a problemas. A agilidade das operações e a atenção aos detalhes começam a piorar. O negócio se torna menos

eficiente, e os custos médios aumentam por meio de uma combinação de despesas crescentes e produção decrescente.

Supervisão da mão de obra

Relacionada à gestão, há a dificuldade maior de gerenciar uma mão de obra maior à medida que o tamanho aumenta. Em muitos tipos de agropecuária, isso é ainda mais complicado quando há pessoas trabalhando sozinhas ou em pequenos grupos espalhados pelo campo ou muitos campos diferentes em vários estabelecimentos diferentes. Isso talvez exija mais supervisores ou bastante tempo improdutivo de viagem por parte de um único supervisor.

Dispersão geográfica

Operações rurais como produção em estufa, currais de engorda de gado, confinamento de suínos e produção avicultora podem ter uma grande operação concentrada em uma área relativamente pequena. Porém, aumentar o tamanho de uma operação de plantio demanda mais terra, que pode não estar disponível nas imediações. Isso aumenta o tempo e as despesas necessárias para transportar mão de obra e equipamentos de estabelecimento para estabelecimento e os produtos do campo para as instalações centralizadas de armazenamento ou processamento.

Riscos biológicos

Controle de odores, descarte de esterco e maior risco de doenças em concentrações grandes de animais são fontes potenciais de deseconomias em operações pecuárias grandes. Regulamentações estaduais e federais, muitas vezes, exigem que operações acima de um determinado tamanho implantem procedimentos rigorosos de controle de odores e descarte de esterco, o que pode aumentar os custos em comparação com uma operação menor a salvo dessas normas. Pode ser preciso controlar mais terras adjacentes para descartar esterco e evitar que os odores cheguem a vizinhos.

CURVA DE CUSTO MÉDIO DE LONGO PRAZO

Com o aumento de tamanho dos estabelecimentos rurais, muitas das economias e deseconomias de escala ocorrem simultaneamente, compensando-se mutuamente, em certa medida. O resultado é que a eficiência, medida em custo médio de longo prazo (CMeLP) por unidade de produto, pode ficar relativamente constante dentro de um espectro amplo de níveis de produto.

Duas curvas de CMeLP possíveis são mostradas na Figura 9-4. A Figura 9-4a assume que as economias de escala dominam à medida que um negócio pequeno aumenta. Em um determinado tamanho, todas as economias terão sido realizadas, estando o CMeLP no mínimo. É possível que esse custo mínimo seja constante, ou quase, dentro de uma gama de tamanhos. (Vide Fig. 9-3.) Porém, as deseconomias acabam dominando quando o tamanho cresce além de um determinado ponto, com o CMeLP começando a crescer. A gestão como o insumo limitador é frequentemente citada como o motivo dos custos crescentes.

A curva de CMeLP da Figura 9-4b é seguidamente chamada de curva em forma de L. Ela descreve os resultados obtidos com diversos estudos de custo sobre estabelecimentos rurais de diferentes tamanhos. Os custos médios geralmente caem rapidamente e alcançam o mínimo com um tamanho geralmente associado a um agropecuarista familiar em tempo integral, que contrata ao menos um pouco de mão de obra extra, em turno integral ou meio turno, e utiliza completamente um conjunto de máquinas. Quando o tamanho aumenta além desse ponto, o custo médio fica constante ou quase constante dentro de uma ampla gama de tamanhos, com os gestores replicando conjuntos eficientes de máquinas, edificações e trabalhadores. Esses estudos registram pouco ou nenhum aumento nos custos médios dentro do espectro de tamanhos estudado.

Os dados da Figura 9-5 exibem três exemplos de como os custos por unidade de produção se relacionam ao tamanho do estabelecimento, com base em dados recentes de registros rurais. Nas Figuras 9-5a e 9-5b, milho e soja cultivados em estabelecimento agrícolas de Minnesota apresentam os clássicos custos totais médios decrescentes por *bushel* produzido nos quatro primeiros grupos de tamanho de estabelecimento, mas depois registram um aumento para o maior grupo de tamanho de estabelecimento. Os estabelecimentos leiteiros de Minnesota, por outro lado, registram custos totais médios decrescentes por unidade de leite produzida para todos os tamanhos de estabelecimento, salvo um ligeiro aumento no grupo de estabelecimentos de tamanho médio.

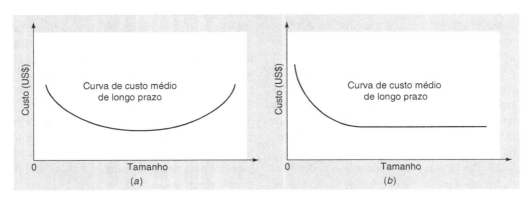

Figura 9-4 Duas possíveis curvas de CMeLP.

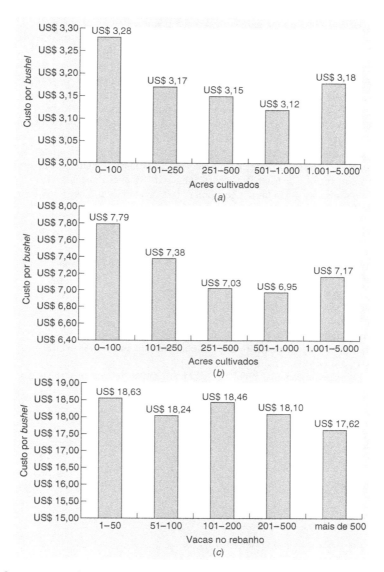

Figura 9-5 Custos por unidade de produção por tamanho de estabelecimento para (*a*) milho, (*b*) soja e (*c*) leite.
Fonte: Centro de Gestão Financeira Rural, Universidade de Minnesota, 2008.

RESUMO

Este capítulo discorreu sobre os diferentes custos econômicos e seu uso na tomada de decisão gerencial. Custos de oportunidade são frequentemente usados em orçamentos e na análise financeira do estabelecimento agropecuário. Esse custo não monetário provém de insumos que possuem mais que um uso. Utilizar um insumo de um modo significa que ele não poderá ser empregado em um uso alternativo, e precisa-se renunciar à renda oriunda da alternativa. A renda renunciada é o custo de oportunidade do insumo.

158 Parte III Aplicação de princípios econômicos

A análise de custos é importante para compreender e aperfeiçoar a lucratividade do negócio. A distinção entre custos fixos e variáveis é importante e útil ao tomar decisões de produção de curto prazo. No curto prazo, só deve haver produção se a renda esperada for exceder os custos variáveis. Senão, as perdas serão minimizadas não se produzindo. Deve haver produção no longo prazo somente se a renda for alta o suficiente para pagar todos os custos. Se não se cobrirem todos os custos no longo prazo, o negócio acabará dando errado ou receberá menos do que o custo de oportunidade de um ou mais insumos.

Entender os custos é necessário também para analisar as economias de escala. A relação entre custo por unidade de produto e tamanho do negócio determina se há retornos de tamanho crescentes, decrescentes ou constantes. Se os custos unitários caem enquanto o tamanho cresce, há retornos de escala crescentes, e o negócio teria um incentivo para crescer, e vice-versa. O tipo de retornos que existe para um dado estabelecimento determina, em grande parte, o sucesso ou o fracasso da expansão do tamanho do estabelecimento. As tendências futuras em tamanho de estabelecimento, número de estabelecimentos e forma de propriedade e controle do negócio serão influenciadas por economias e deseconomias nos negócios agropecuários.

PERGUNTAS PARA REVISÃO E REFLEXÃO

1. Como você estimaria o custo de oportunidade de cada um dos itens seguintes? Qual você acha que seria o custo de oportunidade efetivo?
   a. Capital investido em terra
   b. Sua mão de obra utilizada em um negócio rural
   c. Sua gestão utilizada em um negócio rural
   d. Uma hora de tempo de trator
   e. A hora que você desperdiçou em vez de estudar para sua próxima prova
   f. O tempo que você passou na faculdade
2. Para cada um dos seguintes itens, indique se se trata de um custo fixo ou variável e de uma despesa de caixa ou não. (Assuma curto prazo.)

	Fixo ou variável?		Caixa ou não?	
a. Gasolina e óleo	——	——	——	——
b. Depreciação	——	——	——	——
c. Impostos imobiliários	——	——	——	——
d. Sal e minerais	——	——	——	——
e. Mão de obra contratada por hora	——	——	——	——
f. Mão de obra contratada antecipadamente por 1 ano	——	——	——	——
g. Prêmios de seguro	——	——	——	——
h. Eletricidade	——	——	——	——

3. Imagine que Freda Agro recém adquiriu uma nova colheitadeira conjugada. Ela recalculou o custo fixo total como US$ 22.500 ao ano e estima um custo variável total de U$ 9,50 por acre.
   a. Qual será seu custo fixo médio se ela trabalhar 1.200 acres por ano? E 900 acres por ano?
   b. Qual é o custo adicional de trabalhar um acre extra?
   c. Imagine que Freda planeje usar a conjugada somente para trabalho customizado em 1.000 acres por ano. Quanto ela deve cobrar por acre para que todos os custos sejam cobertos? E se ela fizesse colheita customizada de 1.500 acres por ano?

Capítulo 9 Conceitos de custo em economia **159**

4. Imagine a compra de uma colheitadeira por US$ 152.500, com um valor residual estimado em US$ 42.000 e uma vida útil de 8 anos. O custo de oportunidade do capital é de 10%. Ao calcular o custo fixo total anual, quanto se deve incluir a título de depreciação? E de juros?

5. Utilizando os dados da Tabela 7-3 e um CFT de US$ 50, calcule os três custos totais e os três custos médios.
    a. Qual é o lucro máximo que pode ser obtido com os preços informados?
    b. Para continuar produzindo no longo prazo, o preço do produto deve ser igual ou maior que US$ _____.
    c. No curto prazo, a produção deve ser encerrada sempre que o preço do produto cair abaixo de US$ _____.

6. Por que os juros são incluídos como custo fixo mesmo quando não é tomado emprestado dinheiro para comprar o item?

7. Qual será o lucro se a produção se der onde RMg = CMg, exatamente no ponto em que o CTMe é mínimo? E no ponto em que RMg = CMg e o CVMe está em seu mínimo?

8. Explique por que e em quais circunstâncias é racional que um agropecuarista gere um produto com prejuízo.

9. Imagine um estabelecimento agropecuário típico da sua região. Suponha que ele dobre de tamanho, passando a gerar o dobro de cada produto em relação a antes.
    a. Se o custo total também dobra, o resultado são retornos de escala crescentes, decrescentes ou constantes? E se o custo total só aumenta 90%?
    b. Você esperaria que quais custos específicos dobrassem exatamente? Qual poderia aumentar em mais de 100%? E em menos de 100%?
    c. Você esperaria que esse estabelecimento rural tivesse retornos de escala crescentes, decrescentes ou constantes? Economias ou deseconomias de escala? Por quê?

APÊNDICE

Curvas de custo

As relações entre os sete conceitos de custo relacionados ao produto podem ser ilustradas graficamente por uma série de curvas. A forma dessas curvas de custo depende das características da função de produção subjacente. A Figura 9-6 contém curvas de custo que representam a função de produção geral exibida na Figura 7-2. Outros tipos de funções de produção teriam curvas de custo com formas diferentes.

As relações entre os três custos totais são exibidas na Figura 9-6. O custo fixo total é constante e não é afetado pelo nível do produto. O custo variável total é sempre crescente, primeiro a uma taxa decrescente, depois a uma taxa crescente. O custo total é a soma do custo fixo total e do custo variável total, então sua curva possui a mesma forma da curva de custo variável total. Porém, ela é sempre mais alta, com uma distância vertical exatamente igual ao custo fixo total.

A forma e a relação gerais das curvas de custos médio e marginal são mostradas na Figura 9-7. O custo fixo médio está sempre caindo, mas a uma taxa decrescente. A curva do custo variável médio (CVMe) tem forma de U, primeiro caindo, alcançando um mínimo, e depois aumentando nos níveis mais altos de produto. A curva do custo total médio (CTMe) possui uma forma semelhante à da curva do CVMe. Elas não têm uma distância igual entre si. A distância vertical entre elas é igual ao custo fixo médio, que se altera com o nível de produto. Isso é responsável por sua forma ligeiramente diferente e pelo fato de que seus pontos mínimos estão em níveis de produto diferentes.

A curva de custo marginal (CMg) geralmente será crescente. Porém, para esta função de produção em particular, ela cai ao longo de uma curta extensão antes de começar a crescer. A curva de custo marginal corta ambas as curvas médias em seus pontos mínimos. Enquanto o valor do custo marginal estiver abaixo do valor do custo médio, o custo médio será decrescente, e vice-versa. Por essa razão, a curva de custo marginal sempre corta as curvas de custo variável médio e custo total médio em seus pontos mínimos.

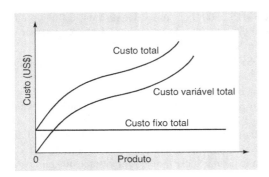
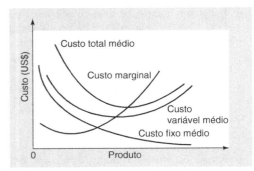

Figura 9-6 Curvas de custo total típicas.   **Figura 9-7** Curvas de custo médio e marginal.

Outras curvas de custo possíveis

Como afirmado anteriormente, a forma das curvas de custo está diretamente relacionada à natureza da função de produção subjacente. As curvas de custo das Figuras 9-6 e 9-7 são todas derivadas da forma da função de produção generalizada da Figura 7-2. Existem outros tipos de funções de produção na agropecuária, em especial aquelas que começam com uma taxa *decrescente* a partir da primeira unidade de insumo. Elas não possuem um estágio I, portanto iniciam com retornos marginais decrescentes. Os dados da Tabela 7-1 ilustram uma função desse tipo.

A Figura 9-8 mostra as curvas de custos total, médio e marginal para esse tipo de função de produção. A função de produção começa de verdade no estágio II, com retornos marginais decrescentes; assim, a curva do CVT sobe a uma taxa crescente a partir do início. Isso, por sua vez, faz com que a curva do CVMe sempre suba a uma taxa crescente. No entanto, como a curva do CTMe é a soma do CVMe e do CFMe, ela começa alta por causa do alto CFMe. Inicialmente, os custos fixos médios caem a uma taxa veloz, com mais rapidez do que o aumento do CVMe. Essa combinação resulta em um CTMe que inicialmente diminui, mas acaba crescente à medida que a curva do CVMe começa a aumentar a uma taxa mais veloz do que o decréscimo da curva do CFMe.

Podem ocorrer curvas de custo com uma forma diferente quando o produto é medido de uma forma diferente das *commodities* agropecuárias normais. O produto de serviços de maquinário é um exemplo. É difícil, se não impossível, medir produto de máquinas em *bushels*, libras ou toneladas, especialmente se a máquina é usada na produção de diversos produtos. Portanto, o produto de tratores, especificamente (e, em muitos casos, de outras máquinas), é medido em horas de uso ou acres trabalhados no ano. Não há um produto marginal decrescente nesse caso, pois outra hora é outra hora da mesma duração, e a mesma

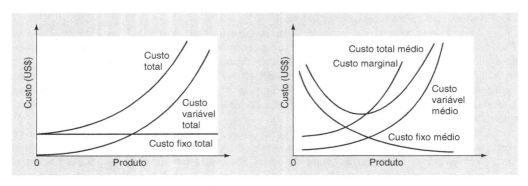

Figura 9-8 Curvas de custo para uma função de produção com retornos marginais decrescentes.

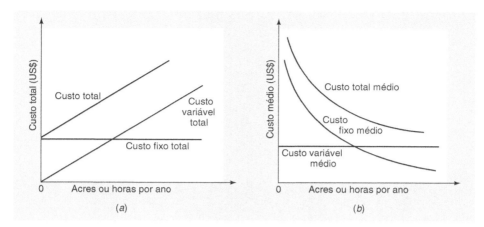

Figura 9-9 Curvas de custo para uma função de produção com retornos marginais constantes.

quantidade de trabalho pode ser executada naquela hora. Surge um produto físico marginal constante com cada hora adicional de uso, isto é, outra hora de trabalho executado.

A Figura 9-9 ilustra as curvas de custo para esse exemplo. Com um produto físico marginal constante, o CVT aumenta a uma taxa constante, o que, por sua vez, faz com que o CVMe seja constante *por hora* de uso. Todavia, o CFMe está caindo à medida que as horas de uso aumentam. O CTMe é a soma do CVMe e do CFMe, portanto também estará constantemente diminuindo à medida que as horas anuais de uso aumentarem. (Vide Capítulo 22 para mais explanações sobre custos de maquinário.)

PARTE IV

Orçar para obter mais lucro

A Parte III discorreu sobre alguns princípios econômicos básicos e conceitos de custo. Uma aplicação prática desses conceitos é seu uso em diversos tipos de orçamento. Os orçamentos são uma poderosa ferramenta de planejamento antecipado, utilizada para comparar alternativas no papel antes de comprometer recursos em um determinado plano ou linha de ação. Eles podem ser aplicados a um único insumo, a todo um empreendimento ou a todo o negócio agropecuário.

Os orçamentos refletem a melhor estimativa do gestor quanto ao que acontecerá no futuro se um certo plano for seguido. Papel, lápis, calculadoras e computadores são as ferramentas orçamentárias e, como tais, talvez sejam as ferramentas mais importantes usadas pelo gestor. Podem-se usar orçamentos para comparar a lucratividade de diferentes empreendimentos e encontrar a melhor combinação de empreendimentos para um estabelecimento rural. Eles também podem desempenhar um papel na função de controle da gestão. Os resultados reais podem ser comparados às projeções nos orçamentos, examinando-se as discrepâncias.

São explorados quatro tipos de orçamento nos Capítulos 10, 11, 12 e 13. No Capítulo 10, explicam-se e examinam-se orçamentos para um único empreendimento. No Capítulo 11, discutem-se planejamento e orçamento de todo o estabelecimento agropecuário. Orçamentos parciais, o tema do Capítulo 12, proporcionam um marco para analisar mudanças no plano do estabelecimento envolvendo interações entre diversos empreendimentos. Orçamento de fluxo de caixa é o tópico do Capítulo 13.

Os princípios econômicos, combinados com os orçamentos de empreendimento, de fluxo de caixa e de parte ou todo o estabelecimento rural, dão ao gestor rural um poderoso conjunto de ferramentas para analisar e escolher alternativas a incluir nos planos gerenciais. Um orçamento cuidadoso pode aprimorar os lucros e evitar erros dispendiosos.

CAPÍTULO 10

Orçamento de empreendimento

Objetivos do capítulo

1. Definir orçamento de empreendimento e discutir suas finalidade e aplicação.
2. Ilustrar as diferentes seções de um orçamento de empreendimento.
3. Aprender a elaborar um orçamento de empreendimento agrícola.
4. Apresentar problemas e etapas extras a serem considerados na elaboração de um orçamento de empreendimento pecuário.
5. Mostrar como dados de um orçamento de empreendimento podem ser analisados e utilizados para calcular custo de produção e preços e rendimentos de equilíbrio.

Um orçamento de empreendimento dá uma estimativa das receitas, despesas e lucro potenciais de um empreendimento separado. Cada cultivo ou tipo de rebanho que pode ser produzido é um empreendimento. Portanto, pode haver orçamentos de empreendimento para algodão, milho, trigo, gado de corte, gado leiteiro, suínos para abate, melancia, soja, amendoim, e assim por diante. Eles podem ser criados para diferentes níveis de produção ou tipos de tecnologia; logo, pode haver mais de um orçamento para um dado empreendimento. A unidade básica dos orçamentos de empreendimento costuma ser um acre para agricultura. Para pecuária, alguns gestores desenvolvem orçamentos de empreendimento com base no número de animais (cabeças), enquanto outros escolhem uma operação de tamanho "típico" (p. ex., uma operação de novilhos de 30 cabeças) como base orçamentária. Utilizar unidades comuns permite comparação fácil e justa entre diferentes empreendimentos. O escritório de Extensão Cooperativa do condado ou do Estado costuma disponibilizar orçamentos para muitos empreendimentos. Esses orçamentos, elaborados para representar uma situação "típica", podem ou não ser exatos para uma dada operação, amiúde tendo que ser ajustados.

FINALIDADE, APLICAÇÃO E FORMATO DE ORÇAMENTOS DE EMPREENDIMENTO

A finalidade precípua dos orçamentos de empreendimento é estimar os custos, retornos e lucro unitário projetados para os empreendimentos. Após isso ser feito, os orçamentos possuem várias aplicações. Eles ajudam a identificar os empreendimentos mais lucrativos a serem incluídos no plano completo do estabelecimento agropecuário. Um plano completo do estabelecimento agropecuário costuma consistir em vários empreendimentos; assim, os orçamentos de empreendimento, muitas vezes, são chamados de "componentes" do plano e orçamento completos do estabelecimento agropecuário. (Vide Capítulo 11 para mais sobre orçamento completo do estabelecimento agropecuário.) Embora o preparo de um orçamento de empreendimento exija uma grande quantidade de dados, após concluído, ele é fonte de dados para outros tipos de orçamentos. O gestor seguidamente consulta orçamentos de empreendimento para conseguir informações e dados ao tomar muitos tipos de decisões. Adiaremos a ilustração de outras aplicações dos orçamentos de empreendimento para depois da discussão acerca de suas organização e elaboração.

Exemplo de orçamento de empreendimento

A Tabela 10-1 é um exemplo que será empregado para discutir o teor, a organização e a estrutura de um orçamento de empreendimento agrícola. Embora não haja uma única organização ou estrutura usada por todos, a maioria dos orçamentos contém as seções ou partes constantes na Tabela 10-1. Esse exemplo não inclui todos os pormenores sobre quantidades físicas e preços geralmente presentes em um orçamento de empreendimento, mas servirá para ilustrar a organização e o teor básicos.

O nome do empreendimento sendo orçado e a unidade de orçamento são mostrados no início. A maioria dos orçamentos de empreendimento cobre um ano ou menos, mas, para alguns empreendimentos com processo produtivo longo, um orçamento de vários anos é mais útil. Se o período for maior do que um ano, vale a pena

Tabela 10-1 Exemplo de orçamento de empreendimento para produção de melancia (um acre)

Item		Valor por acre	
Receita			
250 cwt a US$ 5,50 por cwt		US$ 1.375,00	
Custos variáveis			
Sementes	US$ 80,00		
Fertilizante	95,50		
Pesticidas	97,75		
Combustível, lubrificante e reparos das máquinas	35,15		
Pulverização customizada	8,00		
Colheita e transporte	500,00		
Mão de obra	320,00		
Juros a 10% por 6 meses	56,82		
Custo variável total		US$ 1.193,22	
Renda acima do custo variável		US$ 181,78	
Custos fixos			
Depreciação do maquinário, juros, impostos e seguro	US$ 62,00		
Ônus da terra	100,00		
Custos fixos totais		US$ 162,00	
Custos totais		US$ 1.355,22	
Lucro estimado (retorno sobre gestão)		US$ 19,78	

Capítulo 10 Orçamento de empreendimento **167**

informar o período coberto. Em geral, a renda ou receita advinda do empreendimento é mostrada em seguida. Quantidade, unidade e preço devem ser incluídos para dar ao usuário uma informação completa. A seção de custo vem a seguir, sendo geralmente dividida em duas partes: custos variáveis (operacionais) e custos fixos (ou de propriedade). Alguns orçamentos dividem ainda os custos variáveis em custos variáveis pré-colheita (os que ocorrem antes da colheita) e custos de colheita (ou aqueles que resultam diretamente da colheita). A renda ou receita acima dos custos variáveis é um cálculo intermediário, registrando a receita remanescente a ser aplicada aos custos fixos. A renda acima dos custos variáveis é ocasionalmente chamada de margem bruta do empreendimento.

Os custos fixos de um orçamento de empreendimento agrícola costumam incluir os custos fixos do maquinário necessário para produzir o cultivo e uma quantia pelo uso da terra. Esses custos provavelmente são os mais difíceis de estimar, e a discussão sobre os procedimentos a empregar será adiada até a próxima seção.

O lucro unitário estimado é o valor final, sendo encontrando subtraindo-se os custos totais da receita total. Todos estão interessados nesse valor, sendo importante que ele seja interpretado corretamente.

Orçamento econômico

A maioria dos orçamentos de empreendimento como o da Tabela 10-1 são orçamentos econômicos. Isso quer dizer que, além das despesas de caixa e da depreciação, devem-se incluir também alguns custos de oportuni-

dade. Via de regra, haveria custos de oportunidade por mão de obra do operador, capital usado em custos variáveis, capital investido em máquinas e, possivelmente, capital investido em terra. Por conseguinte, o lucro ou retorno apresentado no orçamento de empreendimento é um lucro econômico estimado. Esse lucro é diferente do lucro contábil, em que os custos de oportunidade não são reconhecidos. Ao trabalhar com orçamentos de empreendimento desenvolvidos por outros, os gestores devem se certificar se foram incluídos os custos de oportunidade nas cifras de custo.

Orçamentos de empreendimentos e de outros tipos frequentemente empregam uma terminologia ligeiramente diferente para descrever os vários tipos de custos. Custos econômicos variáveis podem ser chamados de custos operacionais ou diretos, salientando que eles decorrem da operação concreta do empreendimento. Esses custos não existiriam se não fosse pela produção por parte desse empreendimento.

Custos fixos podem ser chamados de custos de propriedade ou indiretos. O termo "custos de propriedade" diz respeito aos custos fixos originários da propriedade de máquinas, edificações ou terras. Eles são resultado de se possuir ativos próprios e ocorreriam mesmo se estes não fossem usados no empreendimento em questão. Incluem coisas como os custos fixos econômicos comuns e outras despesas rurais, como seguro imobiliário e de responsabilidade civil, honorários jurídicos e contábeis, despesas com picapes e assinaturas de publicações rurais. São despesas necessárias e adequadas, mas não estão diretamente atreladas a nenhum empreen-

Quadro 10-1	Custo de oportunidade da gestão
O custo de oportunidade da gestão, muitas vezes, é omitido no orçamento de empreendimento. Embora seja apropriado incluí-lo, a gestão possui um custo de oportunidade difícil de estimar. Isso talvez explique sua omissão frequente.	Se não é informado um custo de oportunidade de gestão no orçamento, o lucro estimado deve ser interpretado como "retorno sobre gestão e lucro estimados". Essa terminologia é empregada em alguns orçamentos de empreendimento.

dimento específico. Assim, é difícil atribuí-las corretamente quando se faz um orçamento de empreendimento. Geralmente, elas são rateadas de alguma forma entre todos os empreendimentos, para que todas as despesas rurais, diretas e indiretas, sejam contabilizadas na conta dos empreendimentos rurais. Despesas com máquinas, por exemplo, podem ser rateadas com base no número de horas que cada máquina é usada em cada empreendimento específico. Outras despesas operacionais gerais, às vezes, são atribuídas com base na quota do empreendimento sobre os custos variáveis totais ou a receita total do estabelecimento agropecuário.

É importante recordar que o orçamento de empreendimento é uma projeção de como o gestor acha que os retornos brutos, custos e lucros se apresentarão em um período de tempo futuro. Em contraste, a estimativa de custo e retorno (ECER) trata dos custos efetivos incorridos pelo produtor em um dado período de tempo.

ELABORAÇÃO DE UM ORÇAMENTO DE EMPREENDIMENTO AGRÍCOLA

A primeira etapa da elaboração de um orçamento de empreendimento agrícola é estabelecer práticas de preparo de solo e manejo dos cultivos, níveis de insumo, tipos de insumo, e assim por diante. Qual taxa de semeadura? E níveis de fertilizante? Tipo e quantidade de herbicida? Número e tipo de operações de aração? Todas as decisões agronômicas, produtivas e técnicas devem ser tomadas antes de se começar a trabalhar no orçamento de empreendimento.

A Tabela 10-2 é um orçamento de empreendimento que será empregado para discutir as etapas de elaboração de um orçamento de empreendimento agrícola. Esse orçamento pressupõe um proprietário/operador que paga todas as despesas e recebe a safra inteira.

Receita

A seção de receita deve incluir toda a receita monetária e não monetária advinda do cultivo.

Alguns cultivos possuem duas fontes de receita, como fibra e caroço de algodão ou grão e palha de aveia. Em alguns anos e para alguns cultivos, pagamentos de programas governamentais podem ser incluídos como uma fonte de receita. Todas as receitas monetárias devem ser incluídas, e o conceito de custo de oportunidade deve ser utilizado para avaliar todas as fontes não monetárias de receita, como resíduos de cultivos usados por animais.

A exatidão do lucro projetado para o empreendimento talvez dependa mais das estimativas feitas nesta seção do que em qualquer outra. É importante que as estimativas de rendimento e de preço sejam as mais precisas possíveis. O rendimento projetado deve se basear em rendimentos históricos, tendências de rendimento e tipo e quantidade dos insumos que serão usados. O preço de venda apropriado depende, em certa medida, de se o orçamento é apenas para o ano que vem ou para fins de planejamento de longo prazo. Para que o orçamento seja utilizado para planejar a próxima safra, preços de futuros ou de contratos a termo podem oferecer boas estimativas do preço de venda. Em um orçamento para planejamento de longo prazo, deve-se realizar uma revisão dos preços históricos.

Despesas operacionais ou variáveis

Esta seção inclui os custos que só incidirão se o cultivo for produzido. O montante a ser gasto em cada caso está sob o controle do tomador de decisão, podendo ser reduzido a US$ 0 se o cultivo não for produzido.

Sementes, fertilizante, calcário e pesticidas

Os custos desses itens são relativamente fáceis de precisar após os níveis desses insumos terem sido escolhidos. Os preços podem ser obtidos mediante contato com fornecedores de insumos, e o custo total por acre de cada item é encontrado multiplicando-se quantidade por preço.

Tabela 10-2 Orçamento de empreendimento de milho (um acre)

Item	Unidade	Quantidade	Preço	Valor
Receita				
Milho em grãos	bu	120	US$ 4,00	US$ 480,00
Receita total				US$ 480,00
Despesas operacionais				
Sementes	milhares	26	US$ 1,95	US$ 50,70
Taxas técnicas	acre	1	20,00	20,00
Fertilizante: Nitrogênio	lb	167	0,60	100,20
Fósforo	lb	60	0,57	34,20
Potássio	lb	60	0,62	37,20
Calcário (proporcional)	toneladas	0,33	28,00	9,24
Pesticidas	acre	1	38,00	38,00
Custos variáveis de maquinário	acre	1	24,93	24,93
Mão de obra	horas	1,6	10,00	16,00
Transporte	bu	120	0,25	30,00
Seguro de colheita	acre	1	25,00	25,00
Juros (despesas operacionais durante 6 meses)	US$	US$ 192,74	6,5%	12,53
Despesa operacional total				398,00
Renda acima dos custos variáveis				82,00
Despesas de propriedade				
Depreciação do maquinário	acre	1	11,00	11,00
Juros sobre o maquinário	acre	1	10,50	10,50
Impostos e seguro do maquinário	acre	1	2,50	2,50
Ônus da terra	acre	1	50,00	50,00
Outros custos acessórios	acre	1	4,00	4,00
Despesas de propriedade totais				78,00
Despesas totais				476,00
Lucro (retorno sobre gestão)				US$ 4,00

Custos variáveis de maquinário

Os custos variáveis de maquinário incluem custos de combustível, óleo e lubrificantes, assim como reparos. A despesa com combustível e lubrificantes está relacionada ao tipo e ao tamanho das máquinas utilizadas e ao número e ao tipo de operações com máquina realizadas nesse cultivo. Um jeito rápido e simples de obter esse valor é dividir a despesa rural total com combustível e lubrificantes pelo número de acres do cultivo. Entretanto, esse método não é exato se uma parte do maquinário também é usada em produção pecuária e se alguns cultivos tomam mais tempos de maquinário do que outros.

Um método mais preciso é determinar o consumo de combustível por acre para cada operação com máquina e, então, somar o uso de combustível de todas as operações programadas para o cultivo. O resultado pode ser multiplicado pelo preço do combustível para se obter o custo por acre. Outro método é calcular o consumo de combustível por hora de uso de trator e, então, determinar quantas horas serão necessárias para executar as operações com máquina. Esse método é utilizado por muitos programas computacionais feitos para calcular custos de orçamento de empreendimento.

A estimativa dos reparos de maquinário por acre possui muitos dos mesmos problemas da estimativa de uso de combustível. Deve-se conceber um método que aloque a despesa com reparos em relação ao tipo de máquina usado e à quantidade de uso. Todos os métodos apresentados para estimar a despesa com combustível também podem ser usados para estimar a despesa com reparo de máquinas. O Capítulo 22 contém métodos mais detalhados para estimar os custos de reparo de todos os tipos de maquinário.

Mão de obra

Alguns orçamentos de empreendimento entram em detalhes suficientes para dividir os requisitos de mão de obra naqueles providos pelo operador rural e naqueles providos por mão de obra contratada. Porém, a maioria usa apenas uma estimativa de mão de obra, sem indicação da fonte. A mão de obra total necessária para a produção agrícola é fortemente influenciada pelo tamanho do maquinário usado e pelo número de operações com máquina. Além da mão de obra necessária para operar máquinas no campo, deve-se cuidar para incluir no orçamento de empreendimento o tempo necessário para ir e voltar dos campos, ajustar e consertar máquinas e executar outras tarefas diretamente relacionadas ao cultivo.

Frequentemente, usa-se o custo de oportunidade da mão de obra do operador rural para se avaliar a mão de obra. Se for usada mão de obra contratada, o custo de oportunidade deve certamente ser, no mínimo, igual ao custo da mão de obra contratada, incluindo benefícios indiretos. Ao estimar o custo de oportunidade da mão de obra, é importante incluir somente o custo da mão de obra, e não da gestão. Uma taxa de gestão pode ser exibida como uma rubrica separada do orçamento ou (o que é mais comum) ser incluída no retorno líquido estimado. Assim, o "resultado final" é chamado de retorno sobre gestão.

Juros

A despesa com juros diz respeito ao capital empenhado nas despesas operacionais. Para cultivos anuais, geralmente decorre menos de um ano entre o tempo do gasto e a colheita, quando a renda é ou pode ser recebida. Logo, os juros são cobrados por um período inferior a um ano. Esse período deve ser o tempo médio entre o ponto em que os custos operacionais incidem e a colheita. Cobram-se juros sobre as despesas operacionais a despeito de quanto é tomado emprestado, ou mesmo de se é emprestado. Mesmo se não houver capital emprestado, há um custo de oportunidade sobre o capital do operador rural. Se o montante de capital emprestado e capital patrimonial que será usado é conhecido, pode-se usar uma média ponderada da taxa de juros do dinheiro emprestado e do custo de oportunidade do capital patrimonial. Em nosso orçamento de milho, os juros das despesas operacionais são calculados para um período de seis meses.

Transporte e seguro de colheita

Pode haver despesas relativas ao transporte da safra ao mercado. Essas despesas, normalmente, estão relacionadas ao volume de produção. O custo do combustível e outros fatores afetam esses lançamentos.

Nos EUA, seguradoras privadas oferecem seguro de colheita para a maior parte dos principais cultivos. Adquirir seguro de colheita é um modo de reduzir o risco associado à produção agrícola. O Capítulo 15 dá mais informações sobre gestão do risco.

Renda acima dos custos variáveis

Este valor, que também pode ser denominado margem bruta, mostra quanto cada acre do empreendimento contribuirá para o pagamento das despesas fixas ou de propriedade. Ele também mostra quanta receita pode diminuir até que o empreendimento não mais cubra suas despesas variáveis ou operacionais.

Despesas de propriedade ou fixas

Esta seção inclui os custos que existiriam mesmo se o cultivo em questão não fosse produzido. São custos que incidem devido à propriedade de máquinas, equipamentos e terras utilizados na produção agrícola.

Depreciação do maquinário

A quantidade de depreciação de maquinário a se descontar de um empreendimento agrícola depende do tamanho e do tipo das máquinas usadas e do número e do tipo de operações com máquina. Assim como nas despesas operacionais de maquinário, o problema é a necessidade de alocar corretamente a depreciação total do maquinário a um empreendimento específico. A primeira etapa é calcular a depreciação anual média para cada máquina. Isso pode ser feito rápida e facilmente por meio do método de depreciação linear. Em seguida, a depreciação anual de cada máquina pode ser convertida em um valor por acre ou por hora, com base nos acres ou horas utilizados por ano. Então, ela pode ser rateada proporcionalmente a um empreendimento agrícola específico com base no uso.

Juros sobre maquinário

Os juros sobre maquinário são baseados no investimento médio na máquina ao longo de sua vida útil, sendo calculados da mesma forma, não importando se ou quanto dinheiro foi tomado emprestado para adquiri-la. Deve-se empregar a equação utilizada no Capítulo 9 para calcular o componente de juros dos custos fixos totais para obter a quantia de juros anuais médios. Em seguida, deve-se ratear proporcionalmente esse valor de juros entre os empreendimentos, por meio do mesmo método usado para depreciação.

Impostos e seguro do maquinário

Em alguns casos, as máquinas estão sujeitas a impostos sobre bens móveis, e a maioria dos agricultores possui algum tipo de seguro para suas máquinas. A despesa anual com essas rubricas deve ser calculada e, então, alocada por meio do mesmo método dos outros custos de propriedade de maquinário.

Ônus da terra

Há diversos modos de calcular o ônus da terra: (1) quanto custaria arrendar à vista uma terra semelhante; (2) o custo líquido de uma parceria agrícola para esse cultivo em uma terra semelhante; e, (3) para terra própria, o custo de oportunidade do capital investido, isto é, o valor de um acre multiplicado pelo custo de oportunidade do capital patrimonial. Os três métodos podem levar a valores muito diferentes. É especialmente o caso do terceiro método, se utilizado em períodos em que o valor da terra esteja subindo velozmente. Em tempos de inflação, o valor da terra reflete tanto o potencial de valorização da terra quanto seu valor para a produção agrícola.

A maioria dos orçamentos de empreendimento usa um dos valores de arrendamento, mesmo quando se trata de terra própria. Pressupondo um orçamento de empreendimento de curto prazo, o proprietário/operador da terra não pode vender o acre e investir o capital resultante. Se a terra for própria e não estiver sendo cultivada pelo dono, a alternativa é arrendá-la a outro produtor rural. O valor do arrendamento torna-se aí o custo de oportunidade de curto prazo do ônus da terra.

Outros custos acessórios

Muitos orçamentos de empreendimento possuem uma rubrica para outras despesas acessórias. Essa rubrica pode ser utilizada para cobrir muitas despesas, como uma porção das despesas de picape, seguro de responsabilidade civil rural, despesas no comércio rural, e assim vai. São despesas que não podem ser associadas diretamente a um empreendimento específico, mas ainda assim são despesas agropecuárias necessárias e importantes. Com frequência, essas despesas são alocadas com base no quinhão do empreendimento sobre a receita total ou sobre os custos variáveis totais.

Lucro e retorno sobre gestão

O lucro estimado é encontrado subtraindo-se as despesas totais da receita total. Se não consta no orçamento um valor de gestão, deve-se assumir o retorno sobre gestão e o lucro como esse valor. A gestão é um custo econômico, devendo ser reconhecida em um orçamento econômico ou como uma despesa específica, ou como parte do retorno ou prejuízo líquido residual. No caso do nosso exemplo de empreendimento de milho, o retorno sobre gestão é positivo, querendo dizer que a receita gerada pela venda do milho foi suficiente para cobrir todos os custos (inclusive os custos de oportunidade) da produção do cultivo.

Outras considerações sobre orçamentos de empreendimentos agrícolas

O exemplo do milho usado para descrever o processo de elaboração de um orçamento de empreendimento agrícola é bastante simples. Outros cultivos podem ter muito mais insumos variáveis ou receitas e despesas específicas do cultivo. Eis alguns problemas especiais que podem ser encontrados ao elaborar um orçamento de empreendimento agrícola:

1. Cultivo duplo, em que dois cultivos são produzidos na mesma terra no mesmo ano. Neste caso, deve-se desenvolver um orçamento para cada cultivo, sendo os custos de propriedade anuais da terra divididos entre os dois cultivos.

2. Despesas de armazenagem, transporte e comercialização podem ser importantes para alguns cultivos. A maioria dos orçamentos de empreendimento presume venda logo após a colheita, não considerando custos de armazenamento. Assume-se que eles são parte de uma decisão de comer-

cialização, e não de produção. Entretanto, mesmo com venda logo após a colheita, pode haver despesas com transporte e comercialização. Se forem incluídos custos de armazenagem no orçamento, o preço de venda deverá ser aquele esperado ao fim do tempo de armazenamento, e não o preço quando da colheita.

3. Custos de estabelecimento de cultivos perenes, pomares e vinhedos apresentam outro problema. Esses e outros cultivos podem levar um ano ou mais para começar a produzir, mas seus orçamentos de empreendimento costumam ser para um ano de produção completa. Muitas vezes, é proveitoso desenvolver orçamentos separados para a fase de estabelecimento e para a fase de produção. Este último orçamento precisa incluir uma despesa por uma porção proporcional dos custos de estabelecimento e demais custos incorridos antes do recebimento de receita. Isso é feito acumulando-se custos para todos os anos antes do início da produção e, então, fixando o valor presente desses custos. Esse valor pode ser usado para determinar o equivalente anual, incluído como uma despesa anual no orçamento do empreendimento. (Vide o Capítulo 17 para uma discussão de valor presente e equivalente anual.)

4. Os métodos de cálculo de depreciação e juros de máquinas discutidos anteriormente são de fácil aplicação e uso disseminado. No entanto, eles não geram os valores exatos necessários para cobrir a depreciação e resultar nos juros sobre o valor remanescente da máquina de cada ano. O método de recuperação de capital, muito embora mais complexo, informa o valor certo. A recuperação de capital combina depreciação e juros em um só valor.

A equação geral para o valor de recuperação de capital anual é:

$$(DT \times \text{fator de amortização})$$
$$+ (\text{valor residual} \times \text{taxa de juros})$$

Capítulo 10 Orçamento de empreendimento **173**

Quadro 10-2	Computadores e orçamentos de empreendimento

Computadores e planilhas estão bem adaptados e são amplamente usados para elaborar orçamentos de empreendimento. Muitas faculdades de agronomia e serviços de extensão utilizam computadores para desenvolver orçamentos de empreendimento anuais para os principais empreendimentos de seu Estado. Seus programas de computador, muitas vezes, calculam custos de máquinas e construções com base em custos típicos, tamanhos, aplicação e outros fatores de engenharia agrícola. Muitos produtores agropecuários desenvolveram seus próprios modelos de planilha orçamentária de empreendimento.

Os orçamentos de empreendimento são o ponto de partida de alguns grandes software de planejamento financeiro rural. Após eles serem elaborados, é produzido um plano de estabelecimento agropecuário selecionando-se o número de acres ou cabeças para cada empreendimento. Então, o programa calcula rendas e despesas a partir dos orçamentos e transfere os resultados para um orçamento de fluxo de caixa, demonstração de resultado projetada e outras demonstrações financeiras. Aí é fácil fazer pequenas alterações no plano rural e observar os efeitos sobre os fluxos de caixa e lucros antes de escolher um plano rural definitivo.

tal que DT é a depreciação total ao longo da vida útil da máquina, ou o capital que deve ser recuperado. O fator de amortização correspondente à taxa de juros utilizada e à vida útil da máquina pode ser encontrado na Tabela 1 do Apêndice ou com uma calculadora financeira. O montante de recuperação de capital obtido com essa equação é o dinheiro necessário no fim de cada ano para pagar os juros sobre o valor remanescente da máquina e para recuperar o capital perdido por depreciação. Como o valor residual será recuperado ao fim da vida útil da máquina, somente juros são contabilizados sobre esse valor. (Vide Capítulos 17 e 22 para discussões sobre recuperação de capital.)

ELABORAÇÃO DE UM ORÇAMENTO DE EMPREENDIMENTO PECUÁRIO

Os orçamentos de empreendimentos pecuários possuem muitas das mesmas rubricas e problemas dos agrícolas. Porém, orçamentos pecuários também têm alguns problemas exclusivos e particulares, que serão expostos nesta seção. O orçamento de vaca/novilho da Tabela 10-3 será usado como o fundamento da discussão.

Unidade

A unidade orçamentária em pecuária geralmente é uma cabeça, mas podem ser usadas unidades diferentes, como uma ninhada de suínos, uma unidade bovina ou 100 aves. Em alguns casos, podem ser elaborados orçamentos pecuários para diferentes tamanhos típicos do empreendimento (como 30 cabeças, 50 cabeças, etc.), para refletir economias de escala.

Período

Embora muitos empreendimentos pecuários sejam orçados para um ano, alguns empreendimentos de engorda e terminação exigem menos um ano. Alguns tipos de animais, como suínos, dão cria mais de uma vez ao ano. Qualquer que seja o período escolhido, o importante é que todos os custos e as receitas do orçamento sejam calculados para o mesmo período.

Produtos múltiplos

Muitos empreendimentos pecuários possuem mais de um produto gerador de receita. Por exemplo, um bovinocultor tem receita oriunda de vacas de abate, novilhos e leite, enquanto um rebanho ovino tem receita oriunda de re-

174 Parte IV Orçar para obter mais lucro

produtores de abate, cordeiros e lã. Algumas operações podem possuir receita advinda da venda de esterco, que também deve constar no orçamento do empreendimento. Todas as fontes de receita devem ser identificadas, sendo, então, rateadas proporcionalmente para o animal individual médio do empreendimento.

O orçamento de vaca/novilho da Tabela 10-3 apresenta a receita média de vacas de abate, novilhas e novilhos por unidade bovina

Tabela 10-3 Exemplo de um orçamento de vaca/novilho para uma unidade bovina*

Item	Unidade	Quantidade	Preço	Valor
Receita				
Vaca para abate (0,10 cabeça)	cwt	10,00	US$ 49,00	US$ 49,00
Novilhas (0,33 cabeça)	cwt	5,20	94,20	161,65
Novilhos (0,45 cabeça)	cwt	5,40	98,50	239,35
Receita total				450,00
Despesas operacionais				
Feno	ton	1,75	US$ 68,00	119,00
Suplemento	cwt	1,50	12,00	18,00
Sal, minerais	cwt	0,40	9,00	3,60
Manutenção do pasto	acre	2,00	65,00	130,00
Despesas veterinárias	cabeça	1,00	10,00	10,00
Reparo das instalações dos animais	cabeça	1,00	6,50	6,50
Maquinário e equipamento	cabeça	1,00	16,00	16,00
Despesas de reprodução	cabeça	1,00	5,56	5,56
Mão de obra	horas	6,00	10,00	60,00
Outros	cabeça	1,00	11,00	11,00
Juros (sobre metade das despesas operacionais)	US$	189,83	6,5%	12,34
Despesa operacional total				392,00
Renda acima das despesas operacionais				58,00
Despesas de propriedade				
Juros sobre o rebanho reprodutor	US$	750,00	5%	37,50
Instalações dos animais				
Depreciação e juros	cabeça	1,00	10,00	10,00
Maquinário e equipamento				
Depreciação e juros	cabeça	1,00	9,50	9,50
Ônus da terra	acre	2,00	25,00	50,00
Despesas de propriedade totais				107,00
Despesas totais				499,00
Lucro (retorno sobre gestão)				(US$ 49,00)

*(1 unidade bovina = 1 vaca, 0,04 touro, 0,9 novilho, 0,12 novilha sem cria para substituição)

do rebanho produtivo. Uma unidade bovina inclui a vaca e uma porção dos novilhos, touros e novilhas sem cria para substituição. Há uma taxa de substituição implícita de 10% ao ano, com base na taxa de 0,10 vaca de abate vendida por vaca produtiva. Vende-se menos de um novilho por unidade bovina por causa de vários pressupostos: (1) a porcentagem de parição é inferior a 100%; (2) algumas novilhas são retidas para substituir as vacas de abate; e (3) sofre-se alguma perda por morte.

Substituição do rebanho reprodutor

Uma consideração importante nos orçamentos de empreendimento de rebanhos reprodutores é contabilizar corretamente a substituição dos animais produtivos. O exemplo da Tabela 10-3 presume que as fêmeas substitutas são criadas em vez de compradas. Com uma taxa de parição de 90%, há 0,45 novilho disponível para venda por vaca, devendo haver também 0,45 novilha. No entanto, ao menos 0,10 novilha por vaca precisa ser retida para substituição. Esse exemplo mostra que 0,12 (0,45 disponível menos 0,33 vendida) é retida. As novilhas adicionais retidas cobririam uma perda de 2% por morte entre as substitutas e o rebanho produtivo. Sempre que se criam os animais substitutos, o número de crias fêmeas vendidas deve ser ajustado para refletir a porcentagem retida a fim de substituir animais abatidos do rebanho reprodutor e a perda por morte.

Se as substitutas fossem adquiridas, o orçamento do empreendimento acusaria receita advinda da venda de todas as crias fêmeas como novilhas. A inclusão do custo líquido das substitutas pode ser realizada de duas formas. Primeiro, pode-se incluir como despesa uma quantia de depreciação, calculada pelo método linear. Isso leva em consideração o declínio no valor entre o preço de compra e o valor de mercado na época de abate para uma vaca típica do rebanho. Não seria acusada receita originária de animais de abate nem despesa para compra de substitutas. Como alternativa, o preço de compra de uma substituta, dividido pela vida útil, pode ser lançado como uma despesa, e a receita oriunda de animais de abate, dividida pela vida útil, pode ser lançada como receita. A diferença entre esses dois valores deve ter o mesmo valor da depreciação anual do primeiro método.

Ração e pasto

Muitos empreendimentos pecuários consomem tanto ração adquirida quanto cultivada no próprio estabelecimento. A ração comprada é facilmente avaliada pelo custo. A ração cultivada no estabelecimento deve ser avaliada pelo seu custo de oportunidade, ou seja, pelo quanto ela seria vendida fora do estabelecimento. Deve-se tomar cuidado para incluir despesas com sal e minerais, valores anuais de custos de estabelecimento, fertilizante, pulverização ou sega de pastos e a ração necessária para manter o rebanho reprodutor se estiverem sendo criados para substituição. Custos de pasto também incluiriam um ônus pela terra usada, com base no custo do arrendamento do pasto ou, se próprio, em seu custo de oportunidade.

Instalações dos animais

Instalações dos animais incluem edificações, cercas, currais, cochos, bebedouros, poços, moinhos de vento, armazéns de ração, equipamento de ordenha e outros itens especializados empregados na produção pecuária. As despesas operacionais desses itens incluem consertos e o combustível ou eletricidade necessário para operá-los.

Esses itens também ocasionam custos fixos, apresentando alguns dos mesmos problemas de cálculo e alocação apresentados quando falamos sobre máquinas agrícolas. Devem-se calcular depreciação anual, juros, impostos e seguro para cada instalação de animais. Para itens especializados utilizados por somente um empreendimento pecuário, os custos fixos anuais totais podem simplesmente ser divididos pelo número de cabeças que os usam cada ano para obter o valor por cabeça. Quando mais de um empreendimento pecuário usa o item, deve-se usar algum método para alocar os custos fixos entre os empreendimentos.

Maquinário e equipamento

Tratores, picapes e outras máquinas e equipamentos podem ser usados tanto para produção agrícola quanto pecuária. As despesas operacionais e de propriedade devem ambas ser divididas entre os empreendimentos agrícolas e pecuários de acordo com seu uso proporcional do item.

COMENTÁRIOS GERAIS SOBRE ORÇAMENTOS DE EMPREENDIMENTO

É preciso considerar diversos fatores ao elaborar e usar orçamentos de empreendimento. Os princípios econômicos da igualdade entre valor do produto marginal (VPMg) e custo do insumo marginal (CIMg) e das combinações de insumo de menor custo devem ser levados em conta ao escolher os níveis de insumo em um orçamento. Porém, não assuma que todos os orçamentos publicados por terceiros foram elaborados valendo-se desses princípios. Mesmo se tiverem sido, os níveis podem não ser corretos para uma dada situação individual. Os níveis de insumo típicos ou médios aplicados em muitos orçamentos publicados talvez não sejam os níveis maximizadores de lucro para um estabelecimento agropecuário específico.

É possível utilizar diversos níveis e combinações de insumos diferentes, mesmo em um único estabelecimento agropecuário; portanto, não há um único orçamento para cada empreendimento. Existem tantos orçamentos potenciais quantos níveis e combinações possíveis de insumos. Isso, mais uma vez, ressalta a importância de escolher os níveis de insumo maximizadores de lucro para a situação individual ou, caso o capital seja limitado, selecionar os níveis de insumo que satisfaçam o princípio da igualdade marginal.

As estimativas de custo fixo em orçamentos de empreendimento costumam se basear em um tamanho de estabelecimento ou nível de uso presumido. Podem ser necessárias diferentes estimativas caso os custos fixos sejam distribuídos por muito mais ou muito menos unidades de produto do que o nível presumido pelo orçamento.

Orçamentos de empreendimento demandam uma grande quantidade de dados. Registros anteriores do estabelecimento agropecuário são uma fonte excelente, caso estejam disponíveis com detalhes suficientes e para o empreendimento sendo orçado. Muitos Estados publicam um resumo anual das rendas e despesas médias de estabelecimentos rurais que participam de serviços estaduais de registro.

Esses resumos podem conter detalhes suficientes para ser uma útil fonte de dados para orçamentos de empreendimento. Pesquisas realizadas por faculdades de agronomia, pelo Ministério da Agricultura dos Estados Unidos e por empresas de agronegócio são publicados em boletins, panfletos, relatórios especiais e revistas rurais. Essas informações geralmente trazem rendimentos médios e requisitos de insumos para empreendimentos específicos.

Os dados corretos de preço e rendimento talvez dependam da finalidade do orçamento. Um orçamento que vai ser utilizado apenas para fazer ajustes no plano agropecuário do ano seguinte deve possuir estimativas sobre o preço e o rendimento esperado do ano seguinte. Devem-se usar estimativas de preços e rendimentos de longo prazo em orçamentos feitos para auxiliar no desenvolvimento de um plano de longo prazo para o negócio. O rendimento adequado para um dado orçamento de empreendimento também dependerá dos tipos de insumos incluídos no orçamento e dos níveis de insumo. Níveis mais altos de insumos devem ser refletidos por rendimentos maiores, e vice-versa.

INTERPRETAÇÃO E ANÁLISE DE ORÇAMENTOS DE EMPREENDIMENTO

Todo orçamento econômico de empreendimento deve ser interpretado corretamente. Um orçamento econômico inclui custos de oportunidade de mão de obra, capital, terra e (talvez) gestão como despesas. O lucro (ou prejuízo) resultante é a receita que resta após se cobrirem todas as despesas, inclusive os custos de oportunidade. Esse número pode ser pensado como um lucro econômico, o que não é o mesmo que lucro contábil. Este último não inclui custos de oportunidade como despesas operacionais. Em vez disso, o lucro contábil é a receita remanescente para pagar pelo uso de gestão, mão de obra não remunerada e capital patrimonial. Um lucro econômico projetado de zero não é tão ruim quanto pode parecer. Esse resultado quer dizer que toda a mão de obra, o capital e a terra está rendendo exatamente seus custos de oportunidade – nem mais, nem menos. Um lucro projetado positivo significa que um ou mais desses fatores está auferindo mais do que seu custo de oportunidade.

Os dados do orçamento de empreendimento podem ser usados para realizar vários tipos de análises. Entre elas, encontram-se o cálculo do custo de produção e o cálculo dos preços e rendimentos de equilíbrio.

Custo de produção

Custo de produção é um termo empregado para descrever o custo médio de produzir uma unidade da *commodity*. É o mesmo que o custo total médio apresentado no Capítulo 9, desde que se usem os mesmos custos e nível de produção no cálculo dos dois. A equação do custo de produção agrícola é:

$$\text{Custo de produção} = \frac{\text{Custo total}}{\text{Rendimento}}$$

que é o mesmo que a do custo total médio, sendo "produto" e "rendimento" termos intercambiáveis. No exemplo da Tabela 10-2, o custo de produção do milho é de US$ 476 divididos por 120 bushels, ou US$ 3,97 por bushel. O custo de produção muda sempre que os custos ou rendimentos mudam.

Custo de produção é um conceito útil, especialmente ao comercializar o produto. Sempre que o produto pode ser vendido por mais do que seu custo de produção, está sendo obtido lucro. Se os custos de oportunidade estão incluídos

---

Quadro 10-3	Orçamentos de empreendimento de terceiros

Muitas vezes, é cômodo usar orçamentos de empreendimento elaborados por outros. Contudo, é pouco provável que um orçamento feito por um terceiro se encaixe exatamente em uma situação agropecuária específica. A maioria dos orçamentos elaborados utiliza valores típicos ou médios para uma dada área geográfica. Porém, entre os estabelecimentos agropecuários, há diferenças em rendimentos, níveis de insumo e outras práticas gerenciais. Também é importante conhecer os pressupostos e as equações aplicados em um orçamento, pois eles talvez não se encaixem em todas as situações. Diferentes serviços de extensão estaduais e outras organizações frequentemente usam formatos ligeiramente diferentes para organizar e apresentar dados orçamentários. Todavia, as principais rubricas e itens expostos neste capítulo devem ser incluídos, qualquer que seja o formato escolhido.

Orçamentos prontos só devem ser considerados como um guia, sendo vistos como algo que precisa de ajustes para se aplicar a um estabelecimento agropecuário concreto. Muitos orçamentos prontos possuem uma coluna intitulada "Seus valores" ou algo do gênero, para que o usuário possa fazer ajustes específicos para seu estabelecimento.

nas despesas, o lucro é um lucro econômico. O lucro contábil resultante será ainda maior.

Análise de ponto de equilíbrio

Os dados constantes no orçamento de empreendimento podem ser aplicados para realizar uma análise de ponto de equilíbrio de preços e rendimentos. A fórmula para calcular o rendimento de ponto de equilíbrio é:

$$\text{Rendimento de ponto de equilíbrio} = \frac{\text{Custo total}}{\text{Preço por produto}}$$

Esse é o rendimento necessário para fazer frente a todos os custos a um dado preço de produto. No exemplo da Tabela 10-2, seria US$ 476 divididos por US$ 4,00, ou 119 bushels por acre. O preço do produto é apenas uma estimativa; assim, muitas vezes, vale a pena calcular o rendimento de ponto de equilíbrio para uma gama de preços possíveis, como mostrado aqui:

Preço por bushel (US$)	Rendimento de ponto de equilíbrio (bu)
3,00	158,7
3,50	136,0
4,00	119,0
4,50	105,8
5,00	95,2

Essa abordagem pode tornar mais claro como o rendimento de ponto de equilíbrio é sensível a alterações no preço do produto. Como exibido nessa tabela, o rendimento de ponto de equilíbrio pode ser sensível a alterações no preço do produto.

O preço de ponto de equilíbrio é o preço de produto necessário para cobrir exatamente todos os custos em um dado nível de produto, sendo encontrado a partir da seguinte equação:

$$\text{Preço de ponto de equilíbrio} = \frac{\text{Custo total}}{\text{Rendimento esperado}}$$

Novamente tomando-se o exemplo da Tabela 10-2, o preço de ponto de equilíbrio seria US$ 476,00 divididos por 120 bushels, ou US$ 3,97. O preço de ponto de equilíbrio é igual ao custo de produção. São apenas duas formas distintas de ver o mesmo valor.

O preço de ponto de equilíbrio também pode ser calculado para uma gama de rendimentos possíveis, como na tabela que segue. Rendimentos diferentes ocasionam preços de ponto de equilíbrio (e custos de produção) diferentes, e esses preços podem variar bastante, dependendo do nível de rendimento.

Rendimento (bu)	Preço de ponto de equilíbrio (US$)
80	5,95
100	4,76
120	3,97
140	3,40
160	2,98

No orçamento de empreendimento, o rendimento e o preço de produto são valores estimados, e não reais, portanto o cálculo de rendimentos e preços de ponto de equilíbrio pode auxiliar na tomada de decisão gerencial. Estudando as variadas combinações de rendimentos e preços de ponto de equilíbrio, os gestores podem formar suas próprias expectativas quanto à probabilidade de conseguir uma combinação de preço e rendimento que cubra exatamente os custos totais. Preços e rendimentos de ponto de equilíbrio também podem ser calculados a partir dos custos variáveis totais em vez dos custos totais. Esses resultados podem ajudar os gestores a tomar as decisões discutidas no Capítulo 9 a respeito de prosseguir ou interromper a produção para minimizar prejuízos no curto prazo. Se a análise de ponto de equilíbrio calculada com custos variáveis mostrar que os produtores não conseguirão fazer frente aos custos variáveis, sua melhor providência econômica geralmente é não produzir aquele empreendimento naquele ano.

Quando há múltiplas fontes de receita no empreendimento, pode-se executar a análise de ponto de equilíbrio para um produto mantendo-se constantes os rendimentos e preços dos outros produtos. Por exemplo, se um produtor de algodão vender fibra e caroço de algodão, haverá duas fontes de receita. Se o rendimento esperado do caroço de algodão for de 1.250 libras por acre e o preço esperado do caroço for de US$ 0,08 por libra, o caroço de algodão contribuirá à receita bruta com estimados US$ 100 por acre. Se os custos totais por acre forem de US$ 550, a seguinte equação igualaria a receita total ao custo total:

$$\text{Preço da fibra} \times \text{Rendimento da fibra} + \text{US\$ } 100 = \text{US\$ } 550$$

$$\text{Preço da fibra} \times \text{Rendimento da fibra} = \text{US\$ } 450$$

O rendimento de ponto de equilíbrio pode ser calculado dividindo-se US$ 450 pelo preço esperado. Se o preço esperado for US$ 0,60, por exemplo, o rendimento de ponto de equilíbrio da fibra será 750 libras por acre. Pode-se obter o preço de ponto de equilíbrio da fibra de forma semelhante. Se o rendimento esperado for 800 libras por acre, o preço de ponto de equilíbrio será 56,25 centavos por libra.

Os cálculos de pontos de equilíbrio só são relevantes para os níveis de insumo pressupostos nos orçamentos do empreendimento. Se os níveis de insumo forem aumentados ou diminuídos, não somente os custos, mas também os rendimentos deverão mudar. Além disso, ao calcular rendimentos de ponto de equilíbrio e preços de venda para empreendimentos com mais de uma fonte de receita, subtraia o valor estimado das fontes menores de receita dos custos totais logo em seguida, dividindo pelo preço de venda esperado do produto principal (para obter o rendimento de ponto de equilíbrio) ou dividindo pelo rendimento esperado do produto principal (para obter o preço de venda de ponto de equilíbrio do produto principal). Um exemplo já apresentado é o algodão, em que o caroço de algodão é a fonte menor de receita, e a fibra, a fonte principal de receita. O mesmo se aplicaria para os pagamentos de *commodities* do Ministério da Agricultura dos Estados Unidos.

RESUMO

Orçamentos de empreendimento são uma organização das rendas e despesas projetadas de um empreendimento avulso. Eles são elaborados para uma única unidade do empreendimento, como um acre (para empreendimento agrícola) ou uma cabeça (para empreendimento pecuário). A maioria dos orçamentos de empreendimento constitui-se de orçamentos econômicos e, como tal, inclui todas as despesas variáveis ou operacionais, todas as despesas fixas ou de propriedade e custos de oportunidade de fatores como mão de obra do operador, capital e gestão.

Podem-se utilizar orçamentos de empreendimento para comparar a lucratividade de empreendimentos alternativos, sendo eles especialmente úteis para elaborar um plano completo do estabelecimento agropecuário. Eles também podem ser usados para fazer pequenos ajustes anuais no plano do estabelecimento, em resposta a mudanças de curto prazo nos preços e rendimentos. Uma vez concluído, o orçamento de empreendimento contém os dados necessários para calcular custo de produção, rendimento de ponto de equilíbrio e preço de ponto de equilíbrio.

PERGUNTAS PARA REVISÃO E REFLEXÃO

1. Repasse o Capítulo 9 e sugira como o valor de "retorno acima dos custos variáveis" constante na maioria dos orçamentos de empreendimento poderia ser usado para tomar algumas decisões de produção de curto prazo.

2. Os princípios econômicos para a determinação dos níveis maximizadores de lucro de insumo devem ser aplicados antes ou depois da conclusão do orçamento de empreendimento? Por quê?

3. Um orçamento de empreendimento de soja registra um rendimento de 46 bushels, um preço de venda de US\$ 8,85 por bushel e um custo total de US\$ 386,00 por acre. Qual é o custo de produção? E o rendimento de ponto de equilíbrio? E o preço de ponto de equilíbrio?

4. Por que se devem incluir os custos de oportunidade da mão de obra do produto, do capital e da gestão no orçamento de empreendimento?

5. Se a terra é própria, deve-se colocar um ônus da terra no orçamento de empreendimento? Por quê?

6. Seria de se esperar que dois estabelecimentos rurais de tamanhos muito diferentes tivessem os mesmos custos fixos em seus orçamentos para um mesmo empreendimento? As economias ou deseconomias de escala poderiam explicar as eventuais diferenças?

7. "Potencialmente, existem muitos orçamentos diferentes para um mesmo empreendimento." Defenda ou refute essa assertiva.

8. Como um funcionário de empréstimos rurais poderia utilizar orçamentos de empreendimento? E um avaliador de imóveis rurais? E um produtor, ao fazer o pedido de insumos para o ano seguinte?

9. Em que o orçamento de empreendimento de um cultivo perene, ou de longo prazo, difere do de um cultivo anual?

CAPÍTULO **11**

Planejamento completo do estabelecimento agropecuário

Objetivos do capítulo

1. Mostrar em que o planejamento completo do estabelecimento agropecuário difere do planejamento de empreendimentos avulsos.

2. Aprender as etapas e os procedimentos a seguir no desenvolvimento de um plano completo do estabelecimento agropecuário.

3. Compreender as diversas aplicações do plano e do orçamento completos do estabelecimento agropecuário.

4. Apresentar a programação linear como uma ferramenta para escolher a combinação mais lucrativa de empreendimentos.

5. Comparar os pressupostos empregados em orçamentos de curto prazo e de longo prazo.

Após a gestão desenvolver um plano estratégico para um negócio rural, o próximo passo lógico é desenvolver um plano tático para executá-lo. Todo gestor tem um plano de algum tipo – sobre o que produzir, como produzir e quanto produzir –, mesmo se não tiver sido posto inteiramente no papel. Porém, um procedimento sistemático para desenvolver um plano completo de estabelecimento agropecuário pode gerar um plano que amplia os lucros rurais ou chega mais próximo de outras metas.

O QUE É O PLANO COMPLETO DO ESTABELECIMENTO AGROPECUÁRIO?

Como o nome sugere, um plano completo do estabelecimento agropecuário é uma sinopse ou resumo da produção a ser realizada em todo o estabelecimento rural e dos recursos necessários para tal. Ele pode entrar em detalhes suficientes para incluir taxas de aplicação de fertilizante, sementes e pesticida e as rações dadas aos animais, ou pode simplesmente elencar os empreendimentos a serem executados e seus níveis de produção desejados. Quando os custos e retornos esperados de cada parte do plano são organizados em uma projeção detalhada, o resultado é um *orçamento completo do estabelecimento agropecuário*.

O Capítulo 10 falou sobre orçamentos de empreendimento. Os orçamentos de empreendimento podem ser empregados como componentes no desenvolvimento do plano completo do estabelecimento agropecuário e do orçamento correspondente. O plano completo do estabelecimento agropecuário pode ser elaborado para o ano corrente ou para o próximo, ou, então, refletir um ano típico para um período maior. Em alguns casos, pode ser necessário um plano transitório para o tempo que leva para implementar completamente uma grande mudança na operação. Também devem ser considerados os efeitos de planos alternativos sobre a situação financeira e a exposição a risco do negócio.

O PROCEDIMENTO DE PLANEJAMENTO

O desenvolvimento do plano completo do estabelecimento agropecuário pode ser dividido em seis etapas, como exibido na Figura 11-1: (1) determinar objetivos e especificar metas; (2) inventariar os recursos físicos, financeiros e humanos à disposição; (3) identificar possíveis empreendimentos e seus coeficientes técnicos; (4) estimar as margens brutas de cada empreendimento; (5) escolher um plano – a combinação viável de empreendimentos que melhor cumpre as metas fixadas; e (6) desenvolver um orçamento completo do estabelecimento agropecuário que projete o potencial de lucro e as necessidades de recursos do plano. Cada etapa será discutida e ilustrada por um exemplo.

Frequentemente, o plano do estabelecimento rural é elaborado para um ano, e recursos como terra, mão de obra em turno integral, animais reprodutores, maquinário e construções são considerados recursos de

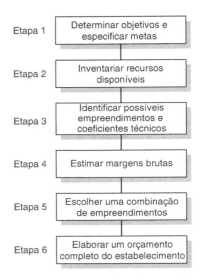

Figura 11-1 Processo de desenvolvimento do plano completo do estabelecimento agropecuário.

quantidade fixa. O objetivo usual de um plano de um ano é maximizar a margem bruta total do estabelecimento agropecuário. Porém, alternativas que pressupõem um aumento na oferta de um ou mais dos principais recursos podem também ser consideradas, assim como um complexo plano plurianual. No Capítulo 17, discorremos sobre algumas técnicas mais avançadas para analisar a lucratividade de novos investimentos de capital.

Determinação de objetivos e especificação de metas

A maioria das técnicas de planejamento presume que o gestor busca primordialmente a maximização do lucro, mas esse objetivo seguidamente está sujeito a diversas restrições pessoais e societárias. Manter a produtividade da terra no longo prazo, proteger o meio ambiente, resguardar a saúde do operador e dos trabalhadores, manter a independência financeira e ter tempo para atividades de lazer são questões que afetam o plano completo do estabelecimento rural. Certos empreendimentos podem ser incluídos no plano por causa da satisfação que o operador obtém com elas, a despeito de seus resultados econômicos, enquanto outras podem ser excluídas por razões pessoais, muito embora possam ser lucrativas.

Após identificar os objetivos gerais, tanto profissionais quanto pessoais, o gestor deve estar em posição de especificar um conjunto de metas de desempenho. Essas podem ser definidas em termos de rendimentos de cultivo, taxas de produção pecuária, custos de produção, renda líquida ou outras medidas.

Inventário de recursos

A segunda etapa do desenvolvimento do plano completo do estabelecimento agropecuário é inventariar com exatidão os recursos disponíveis. O tipo, a qualidade e a quantidade de recursos disponíveis determinam quais empreendimentos podem ser considerados no plano completo do estabelecimento agropecuário e quais não são viáveis.

Terra

O recurso fundiário é geralmente o de maior valor e o mais difícil de alterar. A terra é também um recurso complexo, com muitas características que influenciam o tipo e o número de empreendimentos a considerar. Seguem alguns itens importantes a incluir no inventário da terra:

1. Número total de acres disponíveis em terra de cultivo, pasto, pomares e vinhedos, matas plantadas e nativas.
2. Fatores climáticos, incluindo temperatura, precipitação anual e duração da estação de cultivo.
3. Tipos de solo e fatores como talude, textura e profundidade.
4. Níveis e necessidades de fertilidade do solo. Um programa de análise de solo pode ser necessário como parte do inventário.
5. O suprimento atual de água e o sistema de irrigação (ou o potencial de seu desenvolvimento).
6. Canais e linhas de drenagem existentes, além de eventuais problemas reais ou possíveis de escoamento superficial ou subsuperficial.
7. Práticas e estruturas de conservação do solo, inclusive necessidades atuais e futuras de aperfeiçoamento.
8. O plano atual de conservação do solo e as limitações que ele possa impor ao uso da terra ou à tecnologia.
9. Bases de cultivo, rendimentos estabelecidos, contratos de longo prazo e outras características relacionadas a programas governamentais ou obrigações jurídicas.
10. Problemas existentes e potenciais com pragas e inço que possam afetar a seleção de empreendimentos ou os rendimentos dos cultivos.
11. Regimes imobiliários e condições de arrendamento que possam afetar decisões de produção.

Esta é também uma boa hora para traçar um mapa do estabelecimento rural, mostrando o tamanho dos campos, disposições dos campos, cercas, vias e valas de escoamento, linhas de drenagem e demais atributos físicos. Um mapa pode auxiliar no planejamento de mudanças ou na documentação de práticas passadas. Se estiver disponível, a história de cultivo de cada campo, incluindo cultivos produzidos, rendimentos obtidos, fertilizante e calcário aplicados e pesticidas utilizados, pode ser registrada em uma cópia do mapa do campo ou em uma base de dados no computador. Essas informações são úteis para desenvolver um programa de cultivo em que se deseje rotação de cultivos ou onde resíduos de herbicidas possam representar um problema. Muitos países já possuem grandes bases de dados computadorizadas sobre características de solo e terra que podem ser acessadas por meio de especialistas dos programas de extensão estaduais ou pelas unidades do Ministério de Agricultura dos Estados Unidos.

Instalações

O inventário das instalações deve listar todas as estruturas, juntamente com seu estado, capacidade e aplicações possíveis. Empreendimentos pecuários e armazenamento de cultivos podem ser gravemente limitados em número e tamanho pelas instalações à disposição. Equipamentos de manuseio de ração, armazenagem de forragem e grão, suprimento de água, manuseio de esterco, e disposição e capacidade de instalações pecuárias devem ser relacionados no inventário.

O potencial de produção pecuária pode ser afetado também pela localidade da propriedade. Proximidade de riachos, açudes ou habitantes vizinhos podem restringir o tipo e o volume de animais que podem ser criados ou finalizados. Além disso, deve haver uma área de terra adequada para o descarte ambientalmente correto do esterco.

Maquinário

Máquinas podem ser um recurso fixo no curto prazo, e o número, o tamanho e a capacidade do maquinário disponível devem constar no inventário. Deve-se prestar atenção especial a máquinas especializadas, de finalidade única. O limite de capacidade de uma máquina especializada, como uma colheitadeira de algodão, muitas vezes, determina o tamanho máximo do empreendimento em que ela será empregada.

Capital

O capital, para fins tanto de curto quanto de longo prazo, pode ser outro recurso limitador. A falta de caixa imediato ou um acesso limitado a crédito operacional pode afetar o tamanho e a composição de empreendimentos escolhidos. Relutância em comprometer fundos em ativos fixos ou em alavancar o negócio por meio de empréstimos de longo prazo também pode limitar a expansão da operação agropecuária ou a compra de tecnologia poupadora de mão de obra.

Mão de obra

Os recursos laborais devem ser analisados em termos de quantidade e qualidade. A quantidade pode ser medida em meses de mão de obra atualmente disponível entre operador, familia-

res e contratados, incluindo sua distribuição sazonal. A disponibilidade e o custo da mão de obra adicional em turno integral ou parcial também devem ser registrados, pois o plano agropecuário definitivo pode utilizar lucrativamente mão de obra extra. A qualidade da mão de obra é mais difícil de medir, mas devem ser registradas qualificações especiais, treinamento e experiência que possam afetar o sucesso possível de determinados empreendimentos.

Gestão

A última parte do inventário de recursos é uma avaliação das habilidades gerenciais à disposição do negócio. Quais são a idade e a experiência do gestor? Qual é o desempenho anterior do gestor e sua capacidade de tomar decisões gerenciais? Quais habilidades especiais ou pontos fracos críticos se verificam? Se o gestor não possuir treinamento, experiência ou interesse em um dado empreendimento, é provável que este seja ineficiente e não lucrativo. A qualidade do recurso gerencial deve se refletir nos coeficientes técnicos incorporados aos orçamentos do estabelecimento agropecuário. Sucesso anterior e registros são os melhores indicadores do desempenho por vir.

Outros recursos

Disponibilidade dos mercados locais, transporte, consultores, quotas de comercialização e insumos especializados também são recursos importantes a considerar no desenvolvimento do plano completo do estabelecimento agropecuário.

Identificação de empreendimentos e coeficientes técnicos

Para alguns produtores, a decisão de quais empreendimentos colocar no plano do estabelecimento já é determinada pela experiência e preferências pessoais, investimentos fixos em equipamentos e instalações especializados ou pelas vantagens comparativas regionais de certos produtos. Para esses produtores, o processo de planejamento completo do estabelecimento agropecuário se concentra na elaboração do orçamento completo do estabelecimento agropecuário para seu plano. Outros gestores, porém, preferirão experimentar diferentes combinações de empreendimentos, desenvolvendo uma série de orçamentos e comparando-os.

O inventário de recursos mostrará quais novos empreendimentos agrícolas e pecuários são viáveis. Os que exigem um recurso indisponível podem ser desconsiderados, salvo se for possível adquiri-los ou alugá-los. Não se deve permitir que costumes e tradições restrinjam a lista de empreendimentos potenciais, somente as limitações de recursos. Muitos estabelecimentos rurais incorporaram empreendimentos alternativos ou incomuns em seus planos, e alguns são bastante lucrativos.

Os coeficientes técnicos de um empreendimento indicam quanto de um recurso é necessário para produzir uma unidade do empreendimento. Esses coeficientes técnicos, ou requisitos de recursos, são importantes para fixar tamanho máximo possível dos empreendimentos e a melhor combinação de empreendimentos.

Os *coeficientes técnicos* são desenvolvidos para corresponder à unidade orçamentária de cada empreendimento, que costuma ser um acre para agricultura e uma cabeça para pecuária. Em quase todos os empreendimentos, serão necessários coeficientes técnicos para terra, mão de obra e capital. Os coeficientes técnicos para 1 cabeça de gado de corte, por exemplo, podem ser 2 acres de pasto, 6 horas de mão de obra e US$ 332 de capital operacional. Em alguns empreendimentos, tempo de máquina ou uso de edificações também podem ser recursos cruciais, devendo ser explicitamente levados em conta no processo de planejamento rural. Logo, os coeficientes técnicos de 1 acre de milho podem ser 1 acre de terra, 1,6 hora de mão de obra, US$ 382 de capital operacional e 1,1 hora de tempo de trator.

Muitas vezes, podem-se obter números precisos de coeficientes técnicos (como a quantidade de mão de obra necessária por acre de cultivo ou a quantidade de ração adquirida necessária por animal) em registros agropecuários pormenorizados mantidos pelo gestor.

Para empreendimentos novos, às vezes, pode-se obter informação sobre coeficientes técnicos a partir de orçamentos de empreendimentos de terceiros, do serviço de extensão ou de organizações de *commodities*. Números imprecisos de coeficientes técnicos podem levar a planos de estabelecimento agropecuário distorcidos ou enganosos; assim sendo, coeficientes técnicos precisos são essenciais para um processo correto de planejamento.

Estimativa da margem bruta por unidade

Os orçamentos de empreendimento, vistos em detalhes no Capítulo 10, são ferramentas importantes do planejamento rural. É necessário um orçamento para cada empreendimento passível de ser escolhido para o plano do estabelecimento agropecuário, para os já em produção e para as novas alternativas sendo consideradas. Os orçamentos de empreendimento proporcionam as estimativas de margem bruta necessárias para o processo de planejamento rural, também dando informações que podem ser utilizadas para desenvolver os coeficientes técnicos discutidos anteriormente.

Como mostrado no Capítulo 10, a margem bruta é a diferença entre renda bruta e custos variáveis. Ela representa com quanto cada unidade de um empreendimento contribui para os custos fixos e o lucro após serem pagos os custos variáveis de produção. Se a meta for a maximização do lucro, usar a margem bruta, e não o lucro bruto, pode parecer estranho. Entretanto, como o plano é para o curto prazo, os custos fixos são constantes, qualquer que seja o plano agropecuário escolhido. Uma margem bruta positiva representa uma contribuição para o pagamento desses custos fixos. Portanto, no curto prazo, maximizar a margem bruta é equivalente a maximizar o lucro (ou minimizar os prejuízos), pois os custos fixos não mudarão.

Orçamentos de empreendimento precisos são de grande importância no planejamento completo do estabelecimento agropecuário. Uma boa estimativa da margem bruta de um empreendimento exige as melhores estimativas que o gestor possa ter de receita bruta e custos variáveis. É importante que as estimativas de preços de venda e rendimentos sejam precisas e que as estimativas de rendimento reflitam as práticas de produção empregadas. As estimativas de custo variável também devem refletir as práticas de produção, sendo que essas estimativas devem identificar a quantidade de cada insumo variável, assim como o preço de compra unitário. Utilizar orçamentos de empreendimento imprecisos no processo de planejamento agropecuário pode resultar em um plano menos que ideal e em uma redução no lucro.

Escolha da combinação de empreendimentos

Dadas as margens brutas dos empreendimentos, a quantidade de cada recurso disponível no estabelecimento e a quantidade de cada recurso necessário por unidade de cada empreendimento sendo considerado, o gestor deverá tentar achar a combinação de empreendimento que dê o maior lucro total para o estabelecimento agropecuário. Quando há diversos empreendimentos a considerar ou muitas restrições de recursos, usar papel e lápis para encontrar a melhor combinação é difícil, quando não impossível. Felizmente, existem software para ajudar os gestores rurais em sua tomada de decisão. *Programação linear* (PL) é uma técnica matemática que pode ser utilizada para encontrar a combinação ideal de empreendimento dentro dos limites de recursos do estabelecimento rural. Atualmente, software de programação linear estão amplamente disponíveis como extensão de programas de planilha eletrônica. A programação linear será discutida em pormenores mais adiante neste capítulo.

Elaboração do orçamento completo do estabelecimento agropecuário

A última etapa do processo de planejamento é a elaboração do *orçamento completo do estabelecimento agropecuário*. Pode-se usar o orçamento completo do estabelecimento agropecuário para:

1. Estimar as rendas, despesas e lucros esperados de um dado plano do estabelecimento agropecuário;
2. Estimar as entradas de caixa, as saídas de caixa e a liquidez de um dado plano de estabelecimento agropecuário;
3. Comparar os efeitos de planos rurais alternativos sobre lucratividade, liquidez e outras considerações;
4. Avaliar os efeitos de expandir ou alterar de outra forma o plano atual do estabelecimento agropecuário;
5. Estimar a necessidade e a disponibilidade de recursos como terra, capital, mão de obra, ração animal ou água para irrigação;
6. Comunicar o plano do estabelecimento agropecuário a um mutuante, proprietário de terras, sócio ou acionista.

O procedimento para desenvolver um orçamento e um plano completos do estabelecimento agropecuário será apresentado mais adiante neste capítulo.

Muitas vezes, há fichas para organizar e registrar orçamentos completos do estabelecimento agropecuário em livros contábeis rurais. O serviço de extensão do Estado também pode ter publicações, fichas ou software à disposição. O uso dessas fichas ou programas de computador poupa tempo e dá mais exatidão às estimativas orçamentárias.

EXEMPLO DE PLANEJAMENTO COMPLETO DO ESTABELECIMENTO AGROPECUÁRIO

O procedimento utilizado no planejamento completo do estabelecimento agropecuário pode ser ilustrado por meio do exemplo que segue.

Objetivos

O gestor do estabelecimento rural do exemplo deseja escolher uma combinação de atividades agrícolas e pecuárias que maximize a margem bruta total do estabelecimento no ano seguinte. Por razões agronômicas, o operador deseja lançar mão de uma composição de cultivos com não mais que 50% de acres cultiváveis Classe A plantados com algodão por ano.

Inventário de recursos

A Tabela 11-1 contém o inventário de recursos do estabelecimento agropecuário do exemplo. O recurso fundiário foi dividido em três tipos: 520 acres de terra cultivável Classe A, 200 acres de terra cultivável Classe B e 380 acres de terra com pasto permanente. A mão de obra é o único outro recurso limitado, com 3.500 horas disponíveis por ano. Capital e máquinas estão disponíveis em quantidades adequadas, e as poucas instalações à disposição são sufi-

Tabela 11-1 Inventário de recursos do estabelecimento do exemplo

Recurso	Quantidade e comentários
Terra cultivável Classe A	520 acres (não mais que 50% com produção de algodão)
Terra cultivável Classe B	200 acres
Pasto	380 acres
Instalações	Só há um paiol e um estábulo
Mão de obra	3.500 horas anuais disponíveis do operador e parentes
Capital	Adequado para qualquer plano rural
Maquinário	Adequado para qualquer plano agrícola possível
Gestão	O gestor parece ser capaz e tem experiência com agricultura e gado de corte
Outras limitações	O feno produzido deve servir de ração no estabelecimento, não sendo vendido

cientes para que se considerem os empreendimentos pecuários.

Empreendimentos e coeficientes técnicos

Os empreendimentos agrícolas e pecuários potenciais são identificados e listados na Tabela 11-2. Empreendimentos obviamente não lucrativos (p. ex., com margem bruta negativa) ou que exijam um recurso indisponível devem ser eliminados. Contudo, todos os empreendimentos viáveis com uma margem bruta positiva devem ser considerados, mesmo se um deles, à primeira vista, parecer menos lucrativo do que outros. A disponibilidade de recursos em excesso ocasionalmente faz com que um dos empreendimentos aparentemente menos lucrativos acabe no plano definitivo.

Como exibido na Tabela 11-2, o gestor do estabelecimento agropecuário do exemplo identificou três empreendimentos agrícolas potenciais nas terras Classe A (algodão, soja e milho) e dois nas terras Classe B (soja e milho). Os empreendimentos pecuários são limitados a vacas de cria ou bois de corte, em função das construções disponíveis. O empreendimento de gado de corte também demanda um pouco de terra Classe B para produção de feno. Os requisitos de recursos por unidade de cada empreendimento, ou coeficientes técnicos, também aparecem na Tabela 11-2. Por exemplo, 1 acre de algodão exige 1 acre de terra cultivável Classe A, 4 horas de mão de obra e US$ 340 de capital operacional. Embora o capital operacional não seja limitado neste exemplo, ele é incluído para estimar as necessidades de fluxo de caixa.

Margens brutas

A Tabela 11-3 contém a renda, custos variáveis e margens brutas estimados para os sete empreendimentos potenciais a se considerar no plano completo do estabelecimento agropecuário. Omitiram-se discriminativos detalhados dos custos variáveis para poupar espaço, mas eles constariam nos orçamentos de empreendimento, que são feitos primeiro.

188 Parte IV Orçar para obter mais lucro

Tabela 11-2 Empreendimentos potenciais e requisitos de recursos

Recurso	Quantidade disponível	Terra cultivável Classe A			Terra cultivável Classe B		Animais (por cabeça)	
		Algodão*	Soja	Milho	Soja	Milho	Vacas de cria	Bois de corte
Terra cultivável Classe A (acres)	520	1	1	1	—	—	—	—
Terra cultivável Classe B (acres)	200	—	—	—	1	1	0,2	—
Pasto (acres)	380	—	—	—	—	—	2	2
Mão de obra (horas)	3.500	4	1,7	1,6	1,7	1,6	6	4
Capital operacional (US$)		340	273	382	253	340	332	688

*Limitado à metade da terra cultivável Classe A por questões de necessidade de rotação de cultivos.

Tabela 11-3 Estimativa das margens brutas por unidade

	Terra cultivável Classe A			Terra cultivável Classe B		Animais	
	Algodão (acre)	Soja (acre)	Milho (acre)	Soja (acre)	Milho (acre)	Vacas de cria (cabeça)	Bois de corte (cabeça)
Rendimento	750 lb	50 bu	120 bu	42 bu	100 bu	—	—
Preço (US$)	0,60	7,50	4,00	7,50	4,00	—	—
Renda bruta (US$)	450	375	480	315	400	450	710
Custos variáveis totais (US$)	340	273	382	253	340	332	688
Margem bruta (US$)	110	102	98	62	60	118	22

O Capítulo 10 possui orçamentos para milho em terra Classe A e para o empreendimento de vaca/novilho. Entretanto, como o operador não paga caixa pela mão de obra nesse estabelecimento agropecuário, usando seu próprio trabalho e o de parentes, os custos variáveis foram ajustados para baixo, excluindo custos de mão de obra para fins de planejamento rural.

Deve-se sempre prestar atenção à estimativa de rendimentos, preços de produto, níveis de insumo e preços de insumo. A precisão do plano completo do estabelecimento agropecuário depende muito das margens brutas estimadas.

A combinação de empreendimentos

No Capítulo 8, apresentou-se um método para encontrar a combinação mais lucrativa de dois empreendimentos. Na realidade, porém, os produtores, muitas vezes, escolhem entre muitos empreendimentos diferentes e geralmente não possuem um conhecimento perfeito das curvas de possibilidades de produção de seus estabelecimentos. *Programação linear* (PL) é um procedimento matemático que usa uma técnica sistemática para encontrar a "melhor" (leia-se: mais lucrativa) combinação possível de empreendimentos. Os modelos de programação linear possuem uma função objetiva linear, que é maximizada ou minimizada dependendo das restrições de recursos.

Fundamentos de programação linear

No planejamento do estabelecimento rural, o normal é que o objetivo seja maximizar a margem bruta total. Em termos matemáticos, podemos escrever a função objetivo (OBJ) da seguinte forma:

$$OBJ = MB(1) \times UNIDADES(1) +$$
$$MB(2) \times UNIDADES(2) +$$
$$MB(3) \times UNIDADES(3)$$

em que BM(1) é a margem bruta por unidade (p. ex., acre de cultivo ou cabeça de animal) do primeiro empreendimento e UNIDADES(1) é o número de unidades desse empreendimento (acres ou cabeças) produzidas, e assim por diante para todos os empreendimentos sendo considerados no plano. Cada empreendimento (milho, soja, bois de corte, etc.) deve ser representado por um termo na equação. A ordem dos empreendimentos não importa, mas deve ser regular em todo o modelo de programação linear. Aqui, há três empreendimentos sendo considerados. Para mais empreendimentos, devem-se ajuntar mais termos.

Desenvolver as restrições de recursos para o modelo de programação linear exige o uso dos coeficientes técnicos, já discutidos neste capítulo, e dos limites gerais de recursos. A forma geral da restrição é:

$$X1 \times UNIDADES(1) +$$
$$X2 \times UNIDADES(2) +$$
$$X3 \times UNIDADES(3) \leq RECURSO$$

onde X1 representa a quantidade um recurso específico necessária para produzir uma unidade do primeiro empreendimento, e assim por diante. A quantidade total do recurso disponível para todos os usos, representada por RECURSO na equação, limita o número de unidades dos três empreendimentos possíveis que o estabelecimento agropecuário pode pro-

duzir. Devem-se incluir nas equações todos os empreendimentos sendo considerados. É preciso desenvolver uma restrição para cada recurso limitado. O gestor também pode impor restrições subjetivas, fixando arbitrariamente um nível mínimo ou máximo para alguns empreendimentos. Eis como seria uma restrição para limitar um empreendimento (digamos, o empreendimento 3) a não mais do que uma certa quantidade:

$$UNIDADES(3) \leq LIMITE$$

tal que LIMITE é a quantidade máxima do empreendimento 3 que o gestor permite.

Um modelo de programação linear com dois empreendimentos pode ser resolvido graficamente, como mostrado no Apêndice deste capítulo. Programas lineares pequenos também podem ser resolvidos à mão, usando álgebra de matrizes, mas o processo é maçante e, caso haja mais do que alguns poucos empreendimentos ou muitas restrições, é fácil cometer erros. Um programa de computador consegue resolver com rapidez e exatidão problemas grandes de programação linear, com muitos empreendimentos e restrições complexas.

O tableau de programação linear

Há software de programação linear disponíveis como extensão de programas de planilha eletrônica. Para resolver um problema de PL com esses programas, é preciso que as informações sejam dispostas em uma forma organizada, frequentemente chamada de *tableau* (quadro) de PL. Um tableau de exemplo é mostrado na Tabela 11-4. A primeira etapa do desenvolvimento do tableau é criar na planilha uma coluna para cada atividade ou empreendimento possível. São necessárias também duas outras colunas, uma para o tipo de restrição (menor ou igual a, maior ou igual a, ou igual a) e uma para o limite imposto a cada recurso. A coluna de limite, às vezes, é chamada de "RHS" porque, na relação matemática descrita anteriormente, esse valor está no lado direito (em inglês, right-hand side) do sinal de desigualdade.

Tabela 11-4 Tableau de programação linear para o exemplo de planejamento de estabelecimento agropecuário

	Unidades	Algodão Classe A (acre)	Soja Classe A (acre)	Milho Classe A (acre)	Soja Classe B (acre)	Milho Classe B (acre)	Vacas de cria (cabeça)	Bois de corte (cabeça)	Tipo	Limite
Margem bruta	US$/ unidade	US$ 110	US$ 102	US$ 98	US$ 62	US$ 60	US$ 118	US$ 22	MAX	
Terra Classe A	acre	1	1	1	0	0	0	0	$\leq$	520
Terra Classe B	acre	0	0	0	1	1	0,2	0	$\leq$	200
Pasto	acre	0	0	0	0	0	2	2	$\leq$	380
Mão de obra	hora	4	1,7	1,6	1,7	1,6	6	4	$\leq$	3.500
Limite de rotação	acre	1	0	0	0	0	0	0	$\leq$	260

A primeira linha do tableau de PL conterá os coeficientes de margem bruta da função objetivo (OBJ). O tipo é "MAX", de maximização. Não haverá lançamentos nas colunas "Limite" da linha OBJ. As linhas subsequentes representarão as restrições de recurso. A coluna de cada empreendimento apresenta os coeficientes técnicos – a quantidade daquele recurso que é necessária para produzir uma unidade do empreendimento. A coluna "Tipo" mostra o tipo da restrição (p. ex., "menor ou igual a"), e a coluna "Limite" mostra a quantidade total disponível daquele recurso.

O tableau de exemplo da Tabela 11-4 usa as informações dadas pelas Tabelas 11-1, 11-2 e 11-3. A primeira linha é a função objetivo, então os valores são as margens brutas de cada empreendimento, retirados da Tabela 11-3. A próxima linha é a primeira restrição, terra cultivável Classe A. Como exibido na Tabela 11-2, cada cultivo Classe A exige um acre dessa terra. Assim, é inserido "1" nas colunas de Algodão Classe A, Soja Classe A e Milho Classe A. A quantidade de terra Classe A usada deve ser menor ou igual à quantidade total disponível, então é colocado um "$\leq$", de "menor ou igual a" (em inglês, less than or equal to), na coluna "Tipo". Por fim, essa linha é completada colo-

cando-se a quantidade total de terra Classe A disponível, 520 acres, na coluna "Limite".

A próxima linha, de restrição da terra cultivável Classe B, é completada da mesma forma. Cada acre de Soja Classe B e Milho Classe B exige um acre de terra Classe B. Além disso, cada unidade vaca-novilho exige 0,2 acre de terra Classe B, como mostrado na Tabela 11-2. A quantidade total de terra Classe B disponível é 200 acres, então 200 é o limite para essa restrição de recurso.

Para pasto, como exibido pela Tabela 11-2, cada vaca de cria exige 2 acres, e cada boi de corte exige 2 acres. O limite do pasto é 380 acres. Esses coeficientes técnicos e o limite aparecem nas colunas correspondentes da linha de restrição do pasto. Os requisitos de mão de obra de cada empreendimento constam na Tabela 11-2, e a quantidade total disponível, 3.500 horas, está na Tabela 11-1. Esses valores são utilizados para preencher a linha de restrição de mão de obra.

A última linha do tableau é um limite sobre a área de algodão, imposto por questões rotacionais. O capital, o maquinário e a gestão disponíveis são adequados para qualquer plano de estabelecimento agropecuário, então, no nosso caso, não são desenvolvidas restrições

Tabela 11-5 Solução de programação linear para o exemplo de planejamento de estabelecimento agropecuário

Atividade	Nível ideal	Custo reduzido (US$)	Linhas	Nível de uso	Ociosidade (não usado)	Preço sombra (US$)
Algodão – Classe A	260	0,00	Margem bruta total	US$ 87.584	—	—
Soja – Classe A	260	0,00	Terra cultivável Classe A	520	0	102,00
Milho – Classe A	0	–4,00	Terra cultivável Classe B	200	0	62,00
Soja – Classe B	162	0,00	Pasto	380	0	52,80
Milho – Classe B	0	–2,00	Mão de obra	2.897	603	0,00
Vacas de cria	190	0,00	Limite de rotação	260	0	8,00
Bois de corte	0	–83,60				

para esses recursos. Em outras situações, podem-se incluir restrições para esses recursos.

A Tabela 11-5 apresenta a solução ao problema de PL do exemplo. O formato exato do resultado computacional para a solução depende do pacote usado para resolver o problema; contudo, a maioria dos pacotes dá informações parecidas às mostradas aqui. Para o exemplo, a combinação ideal de empreendimentos é: 260 acres de algodão em terra Classe A, 260 acres de soja em terra Classe A, 162 acres de soja em terra Classe B e 190 vacas de cria. A margem bruta total (o valor objetivo) do estabelecimento agropecuário é US$ 87.584. A coluna de ociosidade mostra quanto de recursos sobraria se esse plano rural fosse cumprido. No exemplo, todos os recursos são completamente utilizados, salvo a mão de obra. De mão de obra, são usadas 2.897 das 3.500 horas à disposição, dando um valor de ociosidade de 603 horas. Os outros lançamentos dessa tabela serão explicados mais adiante neste capítulo.

Outras características da programação linear

Já que rotinas computadorizadas de programação linear conseguem resolver rapidamente problemas grandes, muitos empreendimentos podem ser considerados, incluindo restrições de recurso detalhadas. Por exemplo, os recur-

sos de mão de obra poderiam ser definidos mensalmente, e não anualmente, resultando em 12 restrições de mão de obra em vez de uma. Esse refinamento garante que possíveis gargalos de mão de obra nas épocas de pico não sejam ignorados. Os limites de capital operacional podem ser definidos de forma similar, e o recurso fundiário pode ser dividido em várias classes. Também podem ser incorporadas outras limitações que reflitam práticas desejáveis de uso da terra, considerações ambientais, provisões de programas rurais ou preferências subjetivas do gestor. Podem ser definidos diversos empreendimentos para cada cultivo ou rebanho, representando diferentes tipos de tecnologia, níveis de produção ou estágios.

Além das limitações impostas por recursos fixos, como terra própria e mão de obra permanente, a programação linear pode incorporar atividades que aumentam as ofertas de certos recursos. Essas atividades podem incluir arrendar terra, contratar mais mão de obra ou tomar dinheiro emprestado. A solução ideal ao problema do planejamento incluiria aí a aquisição de mais recursos, na medida em que a margem bruta total pudesse ser aumentada dessa forma. Por exemplo, se quiséssemos que mão de obra pudesse ser contratada, incluiríamos em nosso tableau uma coluna intitulada "Mão de obra contratada". Se contratar mão de obra custasse US$ 10,00 por hora, o valor da função objetivo nessa coluna seria –US$10,00. O valor da função objetivo para contratação de mão de obra seria negativo, pois contratar mão de obra é um custo. Na linha de restrição de mão de obra, colocaríamos um coeficiente técnico com o valor "–1" na coluna "Mão de obra contratada". Esse coeficiente seria negativo, porque contratar mão de obra aumenta a quantidade de mão de obra disponível em vez de usar uma hora. O número negativo no lado esquerdo da desigualdade, portanto, seria equivalente a acrescentar as horas no lado direito.

Também é possível transferir produção de um empreendimento para a oferta de recurso necessária para outro empreendimento, ampliando assim a quantidade disponível do recurso. Por exemplo, pode-se transferir milho de um empreendimento de milho para um recurso de ração, aumentando a oferta de ração disponível para produção pecuária. Uma transferência desse tipo exige que se pense com cuidado, para se ter certeza de que o modelo não permite também a venda do mesmo milho que é transferido ao recurso de ração.

Preços sombra e custos reduzidos

Além da escolha de empreendimento para o plano ideal do estabelecimento agropecuário, as rotinas de programação linear dão outras informações úteis. De utilidade especial para muitos gerentes são os valores chamados *valores duais*. Há dois tipos de valores duais: *preços sombra* e *custos reduzidos*. Preços sombra são os valores duais nas restrições de recurso, e custos reduzidos são valores duais nas atividades. Valores duais – preços sombra e custos reduzidos – para nosso exemplo de PL podem ser vistos na Tabela 11-5.

Para cada restrição de recurso no tableau de PL, o software de PL calcula um preço sombra, que representa o montante em que a margem bruta total aumentaria se houvesse uma unidade a mais do recurso. Para recursos não esgotados, esse valor seria zero. Se um recurso for esgotado pelos empreendimentos escolhidos no plano, o preço sombra diz ao

gestor se é ou não uma boa ideia adquirir mais do recurso. Se o preço sombra de um recurso for maior do que o custo de adquirir uma unidade a mais do recurso, o gestor pode considerar obter mais dele. Inversamente, se o preço sombra for menor do que o custo, não seria lucrativo adquirir mais do recurso.

Os preços sombra mostrados na última coluna da Tabela 11-5 indicam que possuir um acre a mais de terra Classe B, por exemplo, aumentaria a margem bruta em US$ 62, exatamente o mesmo valor da margem bruta para um acre de soja em terra Classe B, o cultivo mais lucrativo em terra Classe B. Por outro lado, o valor de uma hora a mais de mão de obra é zero, pois nem toda a oferta original de mão de obra é usada. Interpretações semelhantes podem ser feitas a respeito dos outros preços sombra de recurso. Essas informações são úteis para decidir quanto o gestor pode pagar por recursos adicionais. Por exemplo, só seria lucrativo arrendar mais terra Classe B se o custo fosse inferior a US$ 62 por acre. Em razão das horas não utilizadas da mão de obra atual, não seria lucrativo contratar mais mão de obra.

Os custos reduzidos, presentes próximo aos níveis do empreendimento na Tabela 11-5, dizem ao gestor quanto a margem bruta total (i. e., o valor objetivo) cairia ao se introduzir no plano uma unidade de um empreendimento que não estava no plano ideal. Apenas os empreendimentos não escolhidos no plano ideal possuirão um custo reduzido diferente de zero. O custo reduzido de qualquer empreendimento que aparecer na solução (em qualquer nível) sempre será zero. Portanto, algodão Classe A, soja Classe A, soja Classe B e vacas de cria possuem valores de US$ 0,00 para seus custos reduzidos.

Em nosso exemplo, milho Classe A, milho Classe B e gado de corte possuem custos reduzidos diferentes de zero, pois esses empreendimentos não faziam parte da solução ideal. Alguns pacotes de software informam todos os custos reduzidos diferentes de zero como números negativos (como se vê na Tabela 11-5), enquanto outros os informam como números positivos. A interpretação é a mesma, independentemente de o número ser informado com sinal negativo ou positivo.

O custo reduzido do milho na terra Classe A indica que introduzir um acre de milho em terra Classe A na solução reduziria a margem bruta total em US$ 4,00. Similarmente, os custos reduzidos do milho na terra Classe B e dos bois de corte indicam que introduzir um acre de milho Classe B ou uma cabeça de boi de corte na solução reduziria a margem bruta total em US$ 2,00 e US$ 83,60, respectivamente. Antes de esses empreendimento poderem concorrer por um lugar no plano do estabelecimento agropecuário, a margem bruta unitária desses empreendimentos teria que ser aumentada nesses valores ou mais.

Apesar de a programação linear ser uma boa ferramenta para encontrar a melhor combinação de empreendimentos, ela não substitui o julgamento humano. A maioria dos modelos de programação não considera outras metas além de maximização da margem bruta, embora algumas das técnicas de programação mais sofisticadas possam levar em conta interesses como redução de risco, conservação de recursos, interações entre empreendimentos e as melhores estratégias de crescimento ao longo do tempo. Os resultados do modelo, às vezes, são altamente sensíveis às margens brutas ou aos coeficientes técnicos. Pode acontecer também de o gestor omitir acidentalmente uma restrição importante, como tempo ou talento de gestão, levando a resultados implausíveis. Os resultados desses modelos computadorizados devem ser interpretados com cautela, portanto. Se os resultados não fizerem sentido, o gestor deverá verificar a exatidão das margens brutas, coeficientes técnicos e limites de recursos, reexecutando o modelo, se necessário.

Desenvolvimento do orçamento completo do estabelecimento agropecuário

Após o produtor ter o plano completo do estabelecimento agropecuário, a etapa final é desenvolver um orçamento completo do estabelecimento agropecuário. A renda e os custos variáveis empregados para calcular as margens brutas dos empreendimentos fornecem informações importantes para o plano completo do estabelecimento agropecuário. Como mostrado na Figura 11-2, esses valores são multiplicados pelo número de unidades de cada empreendimento do plano, a fim de obter uma primeira estimativa da renda bruta total e dos custos variáveis totais. Quando se usa programação linear para desenvolver um plano

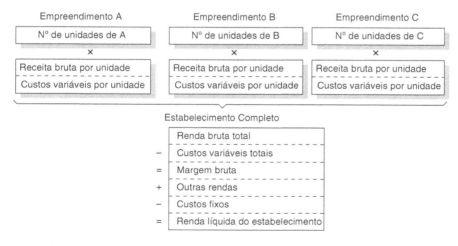

Figura 11-2 Construção do orçamento completo do estabelecimento agropecuário.

completo de estabelecimento agropecuário, a função objetivo do modelo de programação linear deve ter um valor bem próximo à diferença entre renda bruta total e custos variáveis totais no plano completo de estabelecimento agropecuário, excluindo-se rendas e custos referentes a atividades não incluídas no processo de programação linear.

Outras rendas rurais que não provêm diretamente dos empreendimentos orçados, como renda de trabalho customizado e restituições de imposto sobre combustível, também devem ser acrescentadas ao orçamento. Registros passados são uma boa fonte de informação para estimar essas fontes adicionais de renda. Os custos que já não foram incluídos nos custos variáveis dos empreendimentos devem agora ser adicionados. Na prática, despesas como reparos de instalações, gastos com automóveis e carretas, juros, serviços públicos, seguro e outros custos acessórios são difíceis de alocar a empreendimentos específicos, sendo pouco afetados pela combinação final de empreendimentos. Muitas vezes, esses custos fixos são chamados de custos indiretos. Outras despesas, como arrendamento à vista ou impostos imobiliários, podem se aplicar a parte dos acres do plano, mas a outros, não. Embora esses e outros custos fixos não afetem a seleção do plano maximizador de lucro de curto prazo, eles podem constituir uma grande porção das despesas totais, devendo ser incluídos no orçamento completo do estabelecimento agropecuário.

Orçamentos baseados em planos de estabelecimento agropecuário que incluem novos investimentos em ativos fixos adicionais devem ter seus custos fixos revisados de acordo. Custos de oportunidade podem ou não ser incluídos no orçamento completo do estabelecimento agropecuário. Se forem incluídos, o lucro orçado é o lucro econômico. Senão, é lucro contábil ou renda rural líquida.

O orçamento completo do estabelecimento agropecuário do nosso exemplo é apresentado na Tabela 11-6, na seção Plano 1. A renda e os custos variáveis de cada empreendimento foram calculados multiplicando-se a renda e as despesas por unidade pelo número de unidades a serem produzidas. A margem bruta total estimada é US$ 87.584, idêntica ao valor da função objetivo do modelo de programação linear.

Consta no orçamento uma estimativa da renda de outras fontes, como trabalho customizado realizado para vizinhos. Também são registradas outras despesas que não variam diretamente em função do número de acres cultivados ou animais criados. Esses itens incluem impostos imobiliários, seguro sobre bens e responsabilidade civil, juros sobre dívida fixa, depreciação e outras despesas. Os juros sobre capital operacional emprestado podem ser registrados aqui, caso seja utilizada uma linha de crédito ou empréstimo operacional geral para todo o estabelecimento rural. Entretanto, os juros sobre empréstimo operacional atrelado a um empreendimento específico, como para a compra de gado de engorda, devem constar nos dados do orçamento de empreendimento. Custos de oportunidade não aparecem nesse exemplo. A renda rural líquida estimada do cumprimento desse plano é de US$ 66.065.

Planos alternativos

A Tabela 11-6 também contém orçamentos completos do estabelecimento agropecuário para dois outros planos rurais. O Plano 2 envolve arrendar mais 300 acres de terra cultivável Classe A, a serem dividido igualmente entre algodão e soja. Esse plano possui uma renda rural líquida projetada de US$ 71.345, um acréscimo de US$ 5.280 sobre o Plano 1. Há despesas adicionais com arrendamento à vista e mão de obra adicional, já que a mão de obra em excesso disponível no plano original não seria suficiente para dar conta de todos os acres extras cultivados.

O Plano 3 envolve arrendar mais 200 acres de pasto e adicionar mais 100 vacas de cria ao plano. Vinte acres de terra Classe B são tirados da soja para produzir mais ração cultivada demandada pelas vacas adicionais. Nesse

Capítulo 11 Planejamento completo do estabelecimento agropecuário 195

Tabela 11-6 Exemplo de orçamento completo do estabelecimento agropecuário

	US$/unidade	Plano 1 Unidades	Plano 1 Total	Plano 2 Unidades	Plano 2 Total	Plano 3 Unidades	Plano 3 Total
Renda bruta							
Algodão A	US$ 450	260	US$ 117.000	410	US$ 184.500	260	US$ 117.000
Soja A	375	260	97.500	410	153.750	260	97.500
Milho A	480	0	0	0	0	0	0
Soja B	315	162	51.030	162	51.030	142	44.730
Milho B	400	0	0	0	0	0	0
Vacas de cria	450	190	85.500	190	85.500	290	130.500
Bois de corte	710	0	0	0	0	0	0
Renda bruta total			US$ 351.030		US$ 474.780		US$ 389.730
Custos variáveis							
Algodão A	US$ 340	260	US$ 88.400	410	US$ 139.400	260	US$ 88.400
Soja A	273	260	70.980	410	111.930	260	70.980
Trigo A	382	0	0	0	0	0	0
Soja B	253	162	40.986	162	40.986	142	35.926
Trigo B	340	0	0	0	0	0	0
Vacas de cria	332	190	63.080	190	63.080	290	96.280
Bois de corte	688	0	0	0	0	0	0
Custos variáveis totais			US$ 263.446		US$ 355.396		US$ 291.586
Margem bruta total			US$ 87.584		US$ 119.384		US$ 98.144
Outras rendas			US$ 22.500		US$ 22.500		US$ 22.500
Outras despesas							
Impostos imobiliários			US$ 2.700		US$ 2.700		US$ 2.700
Seguro			3.240		3.240		3.240
Juros fixos			9.799		9.799		13.549
Mão de obra contrada			0		2.520		0
Depreciação			16.000		16.000		16.000
Arrendamento à vista			8.500		32.500		13.500
Outros			3.780		3.780		3.980
Total das outras despesas			US$ 44.019		US$ 70.539		US$ 52.969
Renda rural líquida			US$ 66.065		US$ 71.345		US$ 67.675
Redução de 10% da renda bruta			−35.103		−47.478		−38.973
Renda rural líquida revisada			US$ 30.962		US$ 23.867		US$ 28.702

caso, presume-se que a mão de obra disponível é suficiente para o plano, não sendo preciso contratar mais trabalho. A renda rural líquida projetada desse plano era US$ 67.675, US$ 1.610 a mais do que o plano original.

OUTRAS QUESTÕES

O orçamento completo do estabelecimento agropecuário projeta a imagem de lucro mais provável com o cumprimento de um dado plano rural. Contudo, mais análise pode trazer alguma informação extra sobre risco e liquidez.

Análise de sensibilidade

Embora o orçamento completo do estabelecimento agropecuário possa projetar uma renda líquida positiva, alterações inesperadas nos preços ou nos níveis de produção podem rapidamente transformá-la em prejuízo. Analisar como alterações nos principais pressupostos orçamentários afetam as projeções de renda e custo chama-se *análise de sensibilidade.*

No fim do exemplo da Tabela 11-6, foi realizada uma análise de sensibilidade muito simples, reduzindo-se a renda rural bruta prevista em 10% e recalculando-se a renda rural líquida. Essa redução poderia ser ocasionada por um decréscimo na produção, nos preços de venda ou em ambos. Apesar de o Plano 2 possuir a renda líquida projetada mais alta em um ano normal, ele teria a renda rural líquida mais baixa se houvesse uma queda de 10% na renda bruta. Pode-se realizar mais análise de sensibilidade elaborando-se diversos orçamentos completos com valores diferentes para os principais preços e taxas de produção. No Capítulo 15, serão discutidas várias abordagens mais avançadas para avaliar o risco de um plano agropecuário.

Análise da liquidez

A liquidez diz respeito à capacidade do negócio de honrar suas obrigações de fluxo de caixa à medida que elas vencem. Pode-se usar o orçamento completo do estabelecimento

agropecuário para analisar a liquidez, além da lucratividade. Isso é especialmente importante quando estão sendo considerados grandes investimentos em ativos fixos ou grandes alterações na dívida não circulante. A Tabela 11-7 mostra como o fluxo de caixa líquido pode ser estimado a partir do orçamento completo do estabelecimento agropecuário. Além da renda rural em caixa, podem-se acrescentar às entradas de caixa totais a renda de trabalho não rural e investimentos. Saídas de caixa incluem despesas rurais de caixa (mas não as despesas não monetárias, como depreciação), dispêndios de caixa para repor ativos de capital, pagamentos de principal de dívidas a prazo (os juros já foram incluídos nas despesas rurais de caixa) e despesas monetárias não rurais com sustento familiar e imposto de renda.

Tabela 11-7 Exemplo de análise de liquidez para um orçamento completo do estabelecimento agropecuário

	Plano 1	Plano 2	Plano 3
Entradas de caixa:			
Renda rural de caixa	US$ 373.530	US$ 497.280	US$ 412.230
Renda não rural	9.500	9.500	9.500
	US$ 383.030	US$ 506.780	US$ 421.730
Saídas de caixa:			
Despesas rurais em caixa	US$ 291.465	US$ 409.935	US$ 328.555
Principal de dívidas a prazo	22.250	22.250	22.250
Reposição de equipamentos	15.000	15.000	15.000
Despesas não rurais	36.000	36.000	36.000
	US$ 364.715	US$ 483.185	US$ 401.805
Fluxo de caixa líquido	US$ 18.315	US$ 23.595	US$ 19.925
Redução de 10% na renda de caixa dos empreendimentos	−35.103	−47.478	−38.973
Fluxo de caixa líquido revisado	−US$ 16.788	−US$ 23.883	−US$ 19.048

Planos de estabelecimento agropecuário lucrativos nem sempre possuem um fluxo de caixa positivo, especialmente quando têm uma carga pesada de endividamento. Os pagamentos de juros serão especialmente grandes nos primeiros anos do prazo do empréstimo, então é sábio analisar a liquidez tanto para o primeiro ano ou biênio do plano quanto para um ano médio. Uma projeção de fluxo de caixa negativo indica que serão necessários alguns ajustes no plano para que o negócio consiga cumprir todas as suas obrigações no prazo. Todos os três planos do exemplo têm um fluxo de caixa líquido projetado positivo, mas todos os três teriam fluxos de caixa negativos se os preços ou rendimentos caíssem 10% abaixo das expectativas.

Orçamentos de longo prazo contra de curto prazo

Orçamentos de curto prazo que pressupõem que alguns recursos são fixos geralmente incorporam pressupostos sobre preços, custos e outros fatores que, espera-se, serão verdadeiros para o período de produção seguinte. Porém, quando são contempladas grandes mudanças na oferta de terra, mão de obra ou outros ativos (ou no modo como eles são financiados), faz-se necessária uma perspectiva de maior prazo. Poucos estabelecimentos agropecuários dão lucro todo ano, mas um plano envolvendo uma decisão de investimento ou financiamento de longo prazo deve projetar uma renda líquida positiva para o ano médio ou normal.

Devem-se utilizar os seguintes procedimentos ao se desenvolver um orçamento anual típico:

1. Use preços médios ou planejados para o longo prazo para produtos e insumos, e não preços esperados para o próximo ciclo de produção. Especificamente, utilize preços que reflitam com precisão as relações de preço de longo prazo entre diversos produtos e insumos.

2. Use rendimentos agrícolas e níveis de produção pecuária médios ou de longo prazo. Utilize os registros anteriores como guia. Para empreendimentos novos, use taxas de desempenho conservadoras.

3. Ignore estoques agrícolas ou pecuários, contas a pagar ou receber e saldos de caixa transportados do período anterior ao estimar renda, despesas e fluxos de caixa. No longo prazo, eles se neutralizarão de ano para ano. Presuma que as unidades vendidas são iguais à produção em um ano normal.

4. Pressuponha que a tomada e a amortização de empréstimos operacionais podem ser ignoradas ao projetar fluxos de caixa em um ano normal, pois elas se compensarão. Se forem previstos empréstimos de curto prazo significativos, contudo, os custos com juros resultantes devem ser incorporados à estimativa das despesas de caixa.

5. Presuma que em todo ano é feito investimento de capital suficiente para, no mínimo, manter os ativos depreciáveis em seu nível atual, a fim de repor os que se desgastarem.

6. Assuma que o tamanho da operação não está nem aumentando, nem diminuindo. Isso é especialmente importante ao projetar a liquidez do ano normal.

Em alguns casos, o negócio rural pode precisar de vários anos para passar do plano atual para um plano futuro. Os lucros e fluxos de caixa podem ser reduzidos temporariamente em função de acúmulo de estoque, custos de início das atividades, baixos níveis de produção enquanto se aprendem tecnologias novas e amortização rápida de dívidas. Podem ser necessários diversos orçamentos provisórios para analisar as condições que se verificarão até que o plano do estabelecimento agropecuário seja completamente implementado.

Em alguns anos, a lucratividade real da operação poderá ficar abaixo dos níveis projetados pelo orçamento completo do estabele-

Quadro 11-1 — Orçamentos completos de recursos do estabelecimento agropecuário

Embora a maioria dos orçamentos completos do estabelecimento agropecuário seja empregada para projetar renda e despesas de um plano agropecuário específico, pode-se utilizar um procedimento semelhante para estimar as quantidades dos principais recursos necessários. Exemplos seriam o uso de:

- mão de obra
- rações
- água para irrigação
- tempo de maquinário

Pode-se usar um orçamento detalhado completo de recursos do estabelecimento agropecuário para estimar as necessidades não apenas para todo o ano, mas também para períodos críticos do ano. Elas podem ser comparadas às quantidades fixas de recursos à disposição para ver se há gargalos potenciais. Se for esperada escassez, isso pode ser resolvido:

- mudando-se a composição de empreendimento para usar menos do recurso limitado;
- mudando-se os coeficientes técnicos (p. ex., dando-se uma ração diferente ou usando-se herbicidas para substituir a aração);
- aumentando-se temporariamente a oferta de recursos por meio de providências como contratação de mão de obra em tempo parcial, arrendamento ou locação customizada de máquinas ou aquisição de ração junto a fontes externas.

À medida que se incluem mais empreendimentos no plano completo do estabelecimento agropecuário, concorrendo pelos mesmos recursos, torna-se mais importante elaborar um orçamento que projete seus requisitos. É especialmente o caso quando as necessidades de recurso são bastante variáveis durante todo o ano, como mão de obra na colheita ou água para irrigação no auge do verão. Planejando-se à frente, podem ser feitas provisões com antecedência, para haver recursos suficientes à disposição no momento certo. A Tabela 21-4 do Capítulo 21 mostra como se pode desenvolver um orçamento de recurso detalhado para todo um estabelecimento agropecuário.

---

cimento agropecuário. Se isso for consequência de tempo desfavorável ou ciclos de preço baixo, porém, o plano completo do estabelecimento agropecuário escolhido, ainda assim, poderá ser o mais lucrativo no longo prazo.

RESUMO

O plano completo do estabelecimento agropecuário e o orçamento resultante analisam a lucratividade combinada de todos os empreendimentos da operação rural. O planejamento começa com determinação de objetivos, fixação de metas e inventariação dos recursos disponíveis. Empreendimentos viáveis devem ser identificados, e sua renda bruta unitária, custos variáveis e margens brutas devem ser calculados.

Pode-se usar a programação linear para selecionar a combinação de empreendimentos que maximiza a margem bruta sem exceder a oferta de recursos à disposição. Ela consegue lidar com problemas de planejamento grandes e complexos com rapidez e precisão, também dando informações como o valor de obter recursos adicionais ou o ônus de incluir determinados empreendimentos.

Após isso, a combinação de empreendimentos escolhida pode ser usada para elaborar um orçamento completo do estabelecimento agropecuário. Renda e custos variáveis por unidade são multiplicados pelo número de unidades a serem produzidas, sendo, então, combinados com outras rendas rurais, custos fixos e demais custos variáveis adicionais a fim de estimar a renda rural líquida. O orçamento completo do estabelecimento agropecuário pronto é uma apresentação organizada das fontes e quantidade de renda e despesas. Orçamentos completos do estabelecimento agropecuário podem ser baseados em pressupostos de planejamento de curto ou de longo prazo, podendo também ser usados para avaliar a liquidez.

Capítulo 11 Planejamento completo do estabelecimento agropecuário

Quadro 11-2 — Planejamento completo do estabelecimento agropecuário e sistemas agropecuários

A maioria dos procedimentos de planejamento e orçamento completos do estabelecimento agropecuário trata os diversos empreendimentos agrícolas e pecuários sob consideração como atividades independentes. No máximo, eles podem ser considerados concorrentes por alguns dos mesmos recursos fixos. Todavia, pode haver entre empreendimentos interações positivas ou negativas que também precisam ser levadas em conta. Seguem alguns exemplos:

- Fixação de nitrogênio em leguminosas, disponibilizando nitrogênio para outros cultivos futuros ou que são plantados em conjunção com as leguminosas.
- Interrupção de ciclos de pragas por meio da rotação de cultivos diferentes.
- Sombreamento de cultivos baixos por cultivos mais altos em um sistema de plantio consorciado.

- Alimentar os animais com cultivos do próprio estabelecimento agropecuário e nutrir os cultivos usando esterco dos animais.
- Transferir animais jovens de um empreendimento de cria para um de engorda do mesmo estabelecimento rural.

O termo *análise de sistemas agropecuários* é aplicado ao estudo de como diversas atividades rurais interagem para a consecução das metas gerais do estabelecimento agropecuário. Embora essas interações, às vezes, sejam deveras complexas, ignorá-las pode levar a planos que ficam consideravelmente abaixo do potencial do estabelecimento rural. Técnicas como análise de insumo/produto e programação linear possibilitam que os planejadores modelem essas interações e criem planos e orçamentos completos do estabelecimento agropecuário mais realistas.

PERGUNTAS PARA REVISÃO E REFLEXÃO

1. Por que devem ser fixadas metas antes de se desenvolver o plano completo do estabelecimento agropecuário?
2. O que deve constar no inventário de recursos necessários para o planejamento completo do estabelecimento agropecuário?
3. Em que o orçamento completo do estabelecimento agropecuário difere do orçamento de empreendimento?
4. Por que se podem ignorar custos fixos ao se elaborar o plano completo do estabelecimento agropecuário, sendo que eles são incluídos no orçamento completo do estabelecimento agropecuário?
5. Dê alguns exemplos em que custos "fixos" mudariam na comparação de orçamentos completos do estabelecimento agropecuário para planos agropecuários alternativos.
6. Use um software de programação linear para encontrar o plano completo do estabelecimento agropecuário maximizador de lucro com base nas seguintes informações:

Recursos	Limite do recurso	Requisitos de recurso por acre	
		Milho	Soja
Terra (acre)	800	1	1
Capital (US$)	90.000	150	100
Mão de obra (hora)	3500	5	2,5
Margem bruta por acre		US$ 100	US$ 80

200 Parte IV Orçar para obter mais lucro

7. Quais valores você poderia alterar em um orçamento completo do estabelecimento agropecuário para realizar uma análise de sensibilidade?
8. Qual é a diferença entre analisar lucratividade e analisar liquidez?
9. Quais preços e rendimentos você utilizaria ao desenvolver um plano completo do estabelecimento agropecuário de longo prazo? E de curto prazo? Que outros pressupostos mudariam?

APÊNDICE: EXEMPLO GRÁFICO DE PROGRAMAÇÃO LINEAR

A lógica básica para resolver um problema de programação linear pode ser ilustrada de forma gráfica para um problema pequeno envolvendo dois empreendimentos (milho e soja) e três recursos limitados. As informações necessárias constam na Tabela 11-8, sendo terra, mão de obra e capital operacional os recursos limitadores. As margens brutas e os coeficientes técnicos também estão na tabela.

Os limites de recurso e os coeficientes técnicos são empregados para traçar o gráfico das combinações possíveis de empreendimentos, exibido na Figura 11-3. A oferta de terra limita o milho e a soja a um máximo de 120 acres cada. Esses pontos, A e A′, são obtidos nos eixos e estão conectados com uma linha reta. Qualquer ponto da linha AA′ é uma combinação possível de milho e soja, dada somente a restrição de terra. A mão de obra, contudo, restringe o milho a um máximo de 100 acres (500 horas divididas por 5 horas por acre) e a soja a 166,7 acres (500 horas divididas por 3 horas por acre). Esses pontos nos eixos são conectados pela linha BB′. Qualquer ponto da linha BB′ é uma combinação possível de milho e soja permitida pela restrição de mão de obra. De forma semelhante, a linha CC′ conecta o máximo de acres de milho permitido pela restrição de capital operacional (US$30.000/US$200 por acre = 150 acres) ao máximo de acres de soja (US$30.000/US$160 por acre = 187,5 acres). A linha CC′ identifica todas as combinações possíveis, com base apenas na restrição de capital operacional.

As seções das linhas AA′, BB′ e CC′ mais próximas à origem do gráfico (ou linha BDA′) representam o máximo de combinações possíveis de milho e soja quando todos os recursos limitados são considerados juntos. A linha BDA′ é uma curva de possibilidades de produção segmentada, parecida com as de empreendimentos concorrentes discutidas no Capítulo 8 (vide Figura 8-2). O gráfico revela que o capital operacional não é um recurso limitador. Ele é fixo em quantidade, mas US$ 30.000 são mais do que suficiente para qualquer combinação de milho e soja permitida pelos recursos de terra e mão de obra.

A próxima etapa é descobrir qual das combinações possíveis de milho e soja maximizará a margem bruta total. A margem bruta total de plantar 100 acres de milho, a máxima quantidade possível se não for cultivada soja (representada pelo ponto B), é US$ 12.000. Acrescentar um acre de soja aumenta a margem bruta em US$ 96, mas demanda 3 horas de mão de obra, o que, por sua vez, faz com que 0,67 acre a menos de milho seja cultivado (lembre-se: não há mão de obra extra à disposição). Isso subtrai (0,67 × US$ 120 = US$ 80) da margem bruta total, com um acréscimo líquido de US$ 16.

Essa substituição pode ser continuada até que não haja mais terra ociosa disponível (ponto D da Figura 11-3). Nesse ponto, ampliar a soja em um acre a mais exige que um acre a menos de milho seja cultivado, causando um decréscimo líquido de margem bruta de (US$120 – US$96) = US$ 24. Logo, o ponto D representa a combinação dos dois cultivos que maximiza a margem bruta. Essa combinação é de 70 acres de milho e 50 acres de soja, com uma margem bruta total de US$ 13.200. Produzir mais acres de milho ou menos acres de soja apenas reduziria a margem bruta total.

Tabela 11-8 Informações do exemplo de programação linear

Recurso	Limite do recurso	Requisitos de recurso (por acre)	
		Milho	Soja
Terra (acres)	120	1	1
Mão de obra (horas)	500	5	3
Capital operacional (US$)	30.000	200	160
Margem bruta (US$)		120	96

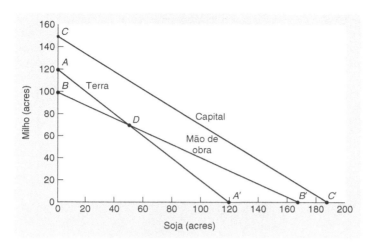

Figura 11-3 Ilustração gráfica de restrições de recurso em um problema de programação linear.

A Figura 11-4 apresenta a solução gráfica do exemplo. Só é mostrada a curva de possibilidades de produção relevante, o segmento de linha BDA′. A solução gráfica de um problema de programação linear maximizador de lucro é o ponto em que uma linha contendo pontos com margem bruta total igual praticamente toca ou tangencia a curva de possibilidades de produção em seu lado superior. Esse é o ponto D da Figura 11-4, tangente a uma linha representando todas as combinações possíveis de milho e soja que produzem uma margem bruta total de US$ 13.200. Não são possíveis margens brutas mais altas, pois elas exigiriam combinações de empreendimentos ou níveis de empreendimento que não são permitidos pelos recursos limitados. São possíveis outras combinações além de 70 acres de milho e 50 acres de soja, porém elas teriam uma margem bruta total inferior a US$ 13.200.

A solução no ponto D foi obtida de forma semelhante à usada para obter a combinação de empreendimentos maximizadora de lucro no Capítulo 8, em que a razão de substituição foi igualada à razão de lucro. Uma diferença básica é que a programação linear gera uma curva de possibilidades de produção com

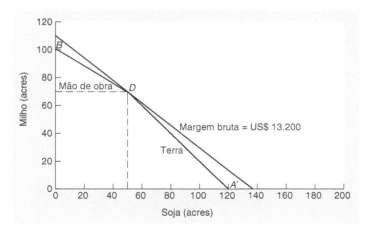

Figura 11-4 Solução gráfica para obter o plano maximizador de lucro usando programação linear.

Parte IV Orçar para obter mais lucro

segmentos lineares em vez de uma curva contínua uniforme, como na Figura 8-2. A solução geralmente estará em um dos cantos ou pontos da curva de possibilidades de produção, então a razão de substituição geralmente não será exatamente igual à razão de lucro. Apenas os custos variáveis mudam à medida que o número de acres de cada cultivo se altera, então compara-se a razão das margens brutas por acre de cada cultivo em vez da razão de lucro. A razão de margem bruta ficará entre as razões de substituição dos dois recursos mais limitadores. No exemplo, a razão de substituição de soja por milho é de 0,67 ao longo do segmento BD e de 1,0 ao longo do segmento DA'. A razão de margem bruta é (US\$96/US\$120) = 0,80, o que está entre as duas razões de substituição.

CAPÍTULO **12**

Orçamento parcial

Objetivos do capítulo

1. Discutir a finalidade do orçamento parcial.
2. Enfatizar as várias aplicações possíveis do orçamento parcial.
3. Ilustrar o formato do orçamento parcial.
4. Mostrar que tipos de lançamentos são feitos no orçamento parcial.
5. Observar a importância de incluir no orçamento parcial apenas mudanças na receita e nas despesas.
6. Demonstrar o uso do orçamento parcial por meio de vários exemplos.

Orçamentos de empreendimento são úteis, mas possuem limitações porque são restritos a um empreendimento. Um *orçamento parcial* é, muitas vezes, o jeito certo de analisar alterações envolvendo interações entre diversos empreendimentos.

Muitas das decisões gerenciais cotidianas tomadas pelos agropecuaristas são, na verdade, ajustes (ou sintonias finas) de um plano de estabelecimento agropecuário já existente. Mesmo o melhor plano rural acabará precisando de alguma sintonia fina quando ocorrerem mudanças e novas informações forem disponibilizadas. Essas decisões de ajuste costumam afetar as receitas e despesas. Um método conveniente e prático de analisar o potencial lucrativo dessas alterações parciais no plano completo geral do estabelecimento agropecuário é o uso de um orçamento parcial.

APLICAÇÕES DO ORÇAMENTO PARCIAL

Exemplos de decisões que podem ser analisadas por meio de um orçamento parcial são: aumentar ou não o tamanho (ou eliminar) um pequeno rebanho bovino de corte; possuir equipamento de colheita próprio ou contratar colheita customizada; ou plantar mais cevada e menos trigo. A maioria dessas decisões poderia ser avaliada comparando-se dois orçamentos completos de estabelecimento agropecuário, mas seriam desperdiçados tempo e esforço na coleta e organização de informações que não mudarão e, portanto, não afetam a decisão.

O orçamento parcial representa um método formal e coerente para calcular a alteração esperada no lucro advinda de uma mudança proposta no negócio rural. Ele compara a lucratividade de uma alternativa (via de regra, o que está sendo feito no momento) com uma mudança proposta ou uma nova alternativa. Durante toda a discussão sobre orçamentos parciais, a ênfase será sobre a *mudança* de receitas e despesas. O resultado final é a mudança esperada do lucro.

Concebido para analisar mudanças relativamente pequenas no negócio agropecuário, o orçamento parcial, na verdade, é uma forma de análise marginal. A Figura 12-1 ilustra esse ponto mostrando como alterações típicas analisadas por meio de orçamento parcial se relacionam com uma função de produção, uma isoquanta e uma curva de possibilidades de produção. Presumindo que a combinação atual de insumo/produto é o ponto A, a função de produção no primeiro painel da Figura 12-1 mostra os aumentos ou decréscimos possíveis daquela combinação. Exemplos seriam usar mais ou menos fertilizante, água de irrigação, mão de obra ou capital e analisar os efeitos sobre produto, receitas, despesas e lucro.

O segundo painel apresenta os movimentos possíveis subindo ou descendo em uma isoquanta, ou diferentes combinações de dois insumos para gerar uma dada quantidade de produto. Possíveis alterações nas combinações de insumos podem ser facilmente analisadas por meio de um orçamento parcial. Introduzir máquinas maiores para usar menos mão de obra seria um exemplo. Outra aplicação recorrente do orçamento parcial é para analisar a mudança no lucro oriunda da substituição de um empreendimento por mais de outro. Esse ajuste, mostrado no terceiro painel, é feito por meio dos movimentos possíveis para cima ou para baixo na curva de possibilidades de produção a partir da combinação atual (no ponto A). Um quarto tipo geral de alternativa adaptada à análise de orçamento parcial é a expansão ou contração de um ou mais empreendimentos. Isso seria ilustrado pelo movimento a uma isoquanta inferior ou superior ou a uma curva de possibilidades de produção inferior ou superior.

PROCEDIMENTO DO ORÇAMENTO PARCIAL

As etapas do processo de tomada de decisão tática expostas no Capítulo 2 abrangiam: identificar e definir o problema, identificar alternativas, coletar dados e informações e analisar alternativas. O orçamento parcial se encaixa nesse processo, com uma modificação. Ele é capaz de analisar somente duas alternativas por vez: a situação atual e uma única alternativa proposta. Podem ser usados diversos orçamentos parciais para avaliar várias alternativas.

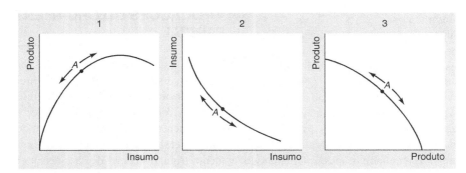

Figura 12-1 Orçamento parcial e análise marginal.

Identificar a alternativa a ser analisada antes da coleta de informações reduz a quantidade de informações necessárias. A única informação exigida são as mudanças nos custos e receitas *se* a alternativa proposta for implementada. Não há necessidade de informações sobre outras alternativas ou sobre custos e receitas que não serão afetados pela mudança proposta.

As mudanças em custos e receitas necessárias para o orçamento parcial podem ser identificadas mediante as quatro perguntas abaixo. Elas devem ser respondidas com base no que aconteceria *se* a alternativa proposta fosse implementada.

1. Quais custos novos ou adicionais incidirão?
2. Quais custos atuais serão reduzidos ou eliminados?
3. Quais receitas novas ou adicionais serão recebidas?
4. Quais receitas atuais serão perdidas ou reduzidas?

Para muitos problemas, é mais fácil identificar primeiro todas as mudanças físicas que ocorreriam se a alternativa fosse adotada. Pode-se, então, atribuir um valor em dinheiro a elas para uso no orçamento parcial.

O FORMATO DO ORÇAMENTO PARCIAL

As respostas às perguntas anteriores são organizadas em uma das quatro categorias apresentadas no modelo de orçamento parcial da Tabela 12-1. Há diferentes modelos de orçamento parcial, mas todos possuem essas quatro categorias, dispostas de alguma forma. Para cada categoria, só são levadas em conta as *mudanças*, e não todos os custos ou receitas.

Custos adicionais

Estes são os custos que não existem no momento presente, com o plano atual. Uma mudança proposta pode causar custos adicionais em razão de um empreendimento novo ou expandido que exija a compra de insumos extras. Outras causas seriam o aumento do nível atual de uso de insumos ou a substituição de um insumo por mais de outro em um empreendimento existente. Custos adicionais podem ser variáveis ou fixos, pois haverá custos fixos extras sempre que a alternativa proposta demandar mais investimento de capital. Esses custos fixos adicionais incluem depreciação, juros (custo de oportunidade), impostos e seguro de novos ativos depreciáveis.

Receita reduzida

Esta é a receita atualmente sendo recebida, mas que será perdida ou reduzida caso a alternativa seja adotada. Pode-se reduzir a receita se um empreendimento for eliminado ou reduzido em tamanho, se a mudança ocasionar uma redução de rendimentos ou níveis de produção ou se o preço de venda for cair. A estimativa da receita reduzida exige muita atenção a informações acerca de rendimentos físicos, taxas de parição e crescimento dos animais e preços de venda de produto.

Receita adicional

Esta é a receita que só será recebida se a alternativa for adotada. Ela não está sendo obtida com o plano atual. Pode-se receber receita adicional: se um novo empreendimento for acrescentado; se houver um aumento no tamanho de um empreendimento atual; ou se a mudança for ocasionar o aumento de rendimentos, níveis de produção ou preço de venda. Como na receita reduzida, estimativas precisas de rendimentos e preços são importantes.

Custos reduzidos

Custos reduzidos são aqueles custos que hoje incidem e que não mais existiriam com o plano alternativo sendo considerado. Reduções de custo podem resultar da eliminação de um empreendimento, redução do tamanho de um empreendimento, redução do uso de insumos, substituição

206 Parte IV Orçar para obter mais lucro

de um insumo por mais de outro ou possibilidade de adquirir insumos a um preço mais baixo. Os custos reduzidos podem ser fixos ou variáveis. Ocorrerá uma redução dos custos fixos se a alternativa proposta reduzir ou eliminar o investimento atual em máquinas, equipamentos, reprodutores, terra ou construções.

As categorias no lado esquerdo do orçamento parcial da Tabela 12-1 são as duas que reduzem o lucro: custos adicionais e receita reduzida. No lado direito do orçamento, estão as duas categorias que aumentam o lucro: receita adicional e custos reduzidos. Os lançamentos

dos dois lados do modelo são somados e comparados para se obter a mudança líquida do lucro. Se o total de receita adicional e custos reduzidos for maior do que o total de custos adicionais e receita reduzida, a mudança líquida do lucro será positiva, e o lucro aumentará em função da mudança. No caso oposto, a mudança líquida do lucro será negativa, e os lucros cairiam se a mudança fosse aplicada. Sempre que se incluem os custos de oportunidade no orçamento parcial, o resultado é a mudança estimada no "lucro econômico". Esta não será igual à mudança no "lucro contábil".

Tabela 12-1 Modelo de orçamento parcial

ORÇAMENTO PARCIAL	
Alternativa:	
Custos adicionais:	**Receita adicional:**
Receita reduzida:	**Custos reduzidos:**
A. Total de custos adicionais e receita reduzida US$___	B. Total de receita adicional e custos reduzidos US$___ US$___
	Mudança líquida do lucro (B menos A) US$___

Capítulo 12 Orçamento parcial

Quadro 12-1	Os custos fixos podem realmente "mudar"?

Pode parecer estranho falar sobre cálculo de mudanças em custos fixos quando o Capítulo 9 enfatizou que os custos fixos não mudam. A explicação está na diferença entre curto prazo e longo prazo. No curto prazo, os custos fixos não mudam. Contudo, analisar a compra ou venda de um ativo de capital é uma decisão de longo prazo no que tange a esse ativo, e os custos fixos podem mudar entre um momento e outro. O cálculo dos custos fixos que se verificariam em um momento e os que existiriam no outro, após a compra ou venda, indicaria a diferença. É essa diferença, ou mudança, que deve ser incluída no orçamento parcial.

EXEMPLOS DE ORÇAMENTO PARCIAL

Dois exemplos ilustrarão o procedimento e as aplicações possíveis do orçamento parcial. O primeiro é um orçamento parcial relativamente simples, que examina a alternativa já considerada no Capítulo 11, na terceira coluna da Tabela 11-6: acrescentar 100 vacas ao estabelecimento rural, arrendando 200 acres de pasto e convertendo 20 acres de terra de cultivo para produção de ração. Assume-se que o pasto adicional pode ser arrendado por US$ 25,00 por acre. Os retornos brutos por cabeça de gado de corte são US$ 450, como mostrado na Tabela 10-3 (o orçamento do empreendimento correspondente) e também na Tabela 11-3. Os custos variáveis por cabeça são iguais a US$ 332, como exibido na Tabela 11-3. Recorde do Capítulo 11 que, como esse estabelecimento agropecuário possui ampla mão de obra do operador e sua família, não é incluído um custo variável de mão de obra nas despesas de produção, o que explica por que os custos variáveis são menores do que no orçamento de empreendimento da Tabela 10-3.

Os custos adicionais de mais 100 vacas de cria podem ser divididos em custos fixos e variáveis. Os custos fixos incluiriam um valor de juros anual adicional de US$ 3.750 sobre as vacas extras, assim como uma depreciação adicional de touro no valor de US$ 200. Os custos variáveis incluem os custos variáveis aumentados de US$ 33.200 (100 × US$ 332), mais o arrendamento de pasto de US$ 5.000 (US$ 25 × 200). Não é preciso contratar mais mão de obra, pois o plano original do estabelecimento rural tinha um excedente de mão de obra de 603 horas, que basta para o gado de corte adicional.

A receita adicional vinda do acréscimo de 100 vacas de cria totalizaria US$ 45.000 (100 × US$ 450). Na Tabela 12-2, essa receita é dividida em receita obtida com vacas de abate, novilhas e novilhos, seguindo o formato do orçamento de empreendimento de bovinos de corte (Tabela 10-3).

A receita reduzida e os custos reduzidos estão associados à redução de 20 acres da plantação de soja em terra Classe B. A receita bruta e os custos variáveis desse empreendimento são mostrados na Tabela 11-3: US$ 315 e US$ 253 por acre, respectivamente. Se 20 acres forem convertidos em produção de ração, a receita reduzida seria igual a US$ 6.300 (20 × US$ 315). Os custos reduzidos totalizariam US$ 5.060 (20 × US$ 253).

Para elaborar o orçamento parcial, a primeira etapa é somar os custos adicionais e a receita reduzida. Eles juntos totalizam US$ 48.450. Em seguida, totalizam-se receitas adicionais e custos reduzidos. Eles juntos somam US$ 50.060. Por fim, a soma do total de custos adicionais e receita reduzida é subtraída do total de receita adicional e custos reduzidos. Nesse exemplo, a mudança líquida do lucro é de US$ 1.610, o mesmo valor que obtivemos com o formato de orçamento completo do estabelecimento agropecuário. Portanto, a mudança é ligeiramente mais lucrativa do que o plano rural original.

208 Parte IV Orçar para obter mais lucro

Tabela 12-2 Orçamento parcial para acréscimo de 100 vacas

ORÇAMENTO PARCIAL

Alternativa: Acrescentar 100 vacas de cria em 200 acres de terra arrendada e converter 20 acres de terra de cultivo para produção de ração

Custos adicionais:			Receita adicional:	
Custos fixos			10 vacas de abate	4.900
Juros sobre vacas/touros	US$	3.750	33 novilhas	16.165
Depreciação do touro		200	45 novilhos	23.935
Custos variáveis				
Arrendamento do pasto		5.000		
Custos de produção		33.200		
Receita reduzida:			**Custos reduzidos:**	
Vendas de soja, 20 acres		6.300	Custos de produção de soja. 20 acres	5.060
A. Total de custos adicionais e receita reduzida		**US$ 48.450**	**B. Total de receita adicional e custos reduzidos**	**US$ 50.060**
				US$ 48.450
			Mudança líquida do lucro (B – A)	**US$ 1.610**

O exemplo mostrado na Tabela 12-2 é muito simples, incluindo apenas categorias gerais de custos e retornos. Um discriminativo mais pormenorizado pode ser útil para fins de planejamento. Além disso, para ser preciso, o orçamento parcial deve incluir um valor de juros sobre os custos variáveis. O valor de juros dos custos de produção já está contabilizado na quantia de US$ 332 por acre utilizada para calcular os custos de produção, como consta na Tabela 10-3. Porém, não foi incluído um valor de juros sobre o dinheiro empenhado no arrendamento do pasto. Pressupondo uma taxa de juros de 5% e que o arrendamento é pago no início do ano, é melhor contabilizar uma cobrança de juros anuais de US$ 250 para haver mais precisão.

Um exemplo mais detalhado

O segundo exemplo de orçamento parcial, mais detalhado, é exibido na Tabela 12-3. Esse orçamento parcial não se aplica ao estabelecimento agropecuário que usamos de exemplo no Ca-

pítulo 11. Aqui, assume-se que o produtor está pensando em passar de algodão de sequeiro para algodão irrigado. Esse produtor atualmente planta 500 acres de algodão de sequeiro e converteria todos os 500 acres. O equipamento de irrigação necessário para a mudança teria um custo original de US$ 300.000, um valor residual de US$ 50.000 e uma expectativa de vida útil econômica de 15 anos. O seguro extra para a máquina custaria US$ 600 por ano.

O algodão de sequeiro possui um rendimento de 600 libras por acre. Espera-se que o algodão irrigado tenha um rendimento de 800 libras por acre. Espera-se que o custo com fertilizante, combustível e químicos e mão de obra aumente com a irrigação, como apresentado a seguir.

	Sequeiro	Irrigado
Fertilizante	US$ 100/acre	US$ 120/acre
Combustível e químicos	US$ 70/acre	US$ 100/acre

Capítulo 12 Orçamento parcial **209**

Tabela 12-3 Orçamento parcial para converter algodão de sequeiro em algodão irrigado

ORÇAMENTO PARCIAL

Alternativa: Converter 500 acres de algodão de sequeiro em algodão irrigado

Custos adicionais:		**Custos reduzidos:**	
Custos fixos		Custos variáveis	
Depreciação	US$ 16.667	Fertilizante	US$ 50,000
Juros	10.500	Combustível e químicos	35,000
Seguro	600	Mão de obra	10,000
		Juros sobre custos variáveis	2,850
Custos variáveis			
Fertilizante	60.000		
Combustível e químicos	50.000		
Mão de obra	15.000		
Juros sobre custos variáveis	3.750		
Receita reduzida:		Receita adicional:	
Produção de algodão de sequeiro em 500 acres × 600 lb × US$ 0,60	US$ 180.000	Produção de algodão irrigado em 500 acres × 800 lb × US$ 0,60	US$ 240,000
A. Total de custos adicionais e receita reduzida	**US$ 336.517**	**B. Total de receita adicional e custos reduzidos**	**US$ 337,850**
			US$ 336,517
		Mudança líquida do lucro (B – A)	**US$ 1.333**

Mão de obra	US$ 20/acre	US$ 30/acre

O algodão deve ser vendido por US$ 0,60 por libra, a despeito de ser irrigado ou de sequeiro.

A mudança proposta ocasionará custos fixos extras, assim como custos variáveis extras. A depreciação do equipamento, calculada por depreciação linear, é de US$ 16.667 por ano. Os juros anuais médios são estimados por meio da fórmula apresentada no Capítulo 9:

$$\frac{(\text{Preço de Compra} + \text{Valor Residual})}{2}$$

Utilizando uma taxa de juros presumida de 6%, os juros fixos sobre o equipamento de irrigação perfazem US$ 10.500 por ano. Os custos de seguro também são custos fixos, sendo incluídos nessa seção do orçamento parcial.

Custos variáveis adicionais incluem os dispêndios com fertilizante, combustível e químicos e mão de obra. Os juros sobre custos variáveis são calculados sobre a metade do seu valor total vezes a taxa de juros presumida de 6%. Os juros são calculados apenas sobre metade dos custos de produção, porque se assume que eles serão pagos por 6 meses. Presume-se que os demais custos variáveis de produção não mudam, não sendo, portanto, incluídos no orçamento parcial.

A receita reduzida adviria da perda da venda de algodão de sequeiro. São 500 acres multiplicados por 600 libras por acre, multiplicado por US$ 0,60 por libra, fechando US$ 180.000 em receita reduzida. A soma de custos adicionais e receita reduzida é igual a US$ 336.517.

A receita adicional será recebida com a venda do algodão irrigado. Obtém-se um total de US$ 240.000 em receita adicional multiplicando-se os 500 acres pelo rendimento de 800 libras por acre e pelo preço de US$ 0,60 por libra. Os custos reduzidos são calculados por conta do fertilizante, combustível e químicos e mão de obra nos acres de sequeiro. Como antes, calcula-se um valor de juros variáveis sobre metade do total desses custos, multplicado por uma taxa de juros presumida de 6%.

A soma de receita adicional e custos reduzidos dá US$ 337.850. Desse total, a soma de custos adicionais e receita reduzida (US$ 336.517) é subtraída para obter a mudança líquida esperada do lucro, US$ 1.333. Como a diferença é positiva, a mudança proposta aumentaria o lucro.

FATORES A CONSIDERAR AO CALCULAR MUDANÇAS NA RECEITA E NOS CUSTOS

Além do problema comum de conseguir boas informações e dados, há diversos outros problemas possíveis na realização de um orçamento parcial. O primeiro são mudanças não proporcionais nos custos e receitas. Esse problema ocorre mais frequentemente com custos, mas também é possível com receitas. Imagine que a mudança proposta é um aumento (diminuição) de 20% no tamanho de um empreendimento. Seria fácil pegar os totais de cada despesa e receita existente e presumir que cada uma seria 20% maior (menor). Isso poderia ser falso por duas razões. Os custos fixos só se alterariam se a mudança de 20% causasse um aumento ou decréscimo no investimento de capital. Muitas mudanças relativamente pequenas não fariam isso. Até mesmo os custos variáveis podem não mudar proporcionalmente. Por exemplo, acrescentar 20 cabeças a um rebanho leiteiro ou de corte de 100 bovinos aumenta os requisitos de mão de

obra, mas provavelmente em menos que 20%. Além disso, como vimos na Tabela 12-2, se há um recurso não utilizado, como mão de obra, um empreendimento pode ser expandido até um certo ponto sem haver aumento no custo monetário associado daquele recurso. Devem-se considerar economias e deseconomias de escala quando se estimam mudanças de custo e receita.

Custos de oportunidade são outra coisa que facilmente passa despercebida. Eles devem ser incluídos no orçamento parcial para que possa haver uma comparação justa das alternativas. Isso é de especial relevância se a diferença em requisitos de capital ou mão de obra for grande. Os custos variáveis adicionais representam capital que poderia ser investido alhures, então deve-se incluir seu custo de oportunidade como outro custo adicional. O inverso desse argumento é verdadeiro para custos variáveis reduzidos, devendo-se incluir seu custo de oportunidade como um custo reduzido. O custo de oportunidade de todo investimento de capital adicional se torna parte dos custos fixos adicionais, devendo, assim, ser parte dos custos fixos reduzidos caso o investimento de capital seja diminuído.

O custo de oportunidade da mão de obra do operador rural também pode ser necessário no orçamento parcial. No entanto, diversas coisas devem ser consideradas ao se estimar esse custo de oportunidade. Existe mesmo um custo de oportunidade para usar mão de obra adicional, se ela atualmente não é utilizada? Tempo livre ou de lazer seria perdido, e pode haver um custo de oportunidade para esse tempo. Alternativamente, o operador agropecuário pode desejar um retorno mínimo antes de usar mão de obra em excesso em uma alternativa nova. A mesma pergunta existe para o caso inverso, quando a alternativa reduz os requisitos de mão de obra. Existe um uso produtivo para mais 50 ou 100 horas de mão de obra ou será apenas tempo de lazer adicional? O que ele renderá na aplicação alternativa, ou, então: qual é o valor de uma hora extra de tempo de lazer? As respostas a essas perguntas ajudam a determinar o custo de oportunidade correto da mão de obra do operador no orçamento parcial.

Outra consideração é a unidade de mudança empregada no orçamento parcial. O orçamento é baseado em mudanças nas receitas e despesas rurais totais ou em um acre ou cabeça? Em outras palavras, a unidade é todo o estabelecimento agropecuário ou uma unidade menor? Algumas alternativas podem ser analisadas de ambas as formas, caso tenham uma unidade física comum, como acres. Outras, em que a alternativa envolve mudanças tanto em acres quanto em cabeças, não possuem uma unidade comum de medida. Elas devem ser orçadas com base no estabelecimento rural completo. Orçar com base no estabelecimento agropecuário completo é sempre o método mais seguro para evitar confusões a respeito da unidade orçamentária.

ANÁLISE DE SENSIBILIDADE

Muitas vezes, é difícil estimar os preços e rendimentos médios de que se precisa no orçamento parcial. A estimativa é especialmente difícil se o orçamento se projetar bastante no futuro. Contudo, a precisão da análise e da decisão resultante depende diretamente desses valores. Uma análise de sensibilidade do orçamento pode trazer mais informações sobre o quão dependentes os resultados são dos preços e rendimentos utilizados.

A análise de sensibilidade consiste em realizar cálculos orçamentários diversas vezes, cada vez com um conjunto distinto de preços ou rendimentos. Os resultados mostram como a mudança estimada do lucro é sensível a alterações nesses valores. Um jeito de efetuar uma análise de sensibilidade básica é usar preços baixos, médios e altos, um em cada orçamento parcial diferente. O mesmo pode ser feito com rendimentos baixos, médios e altos, se for o caso. Uma comparação dos resultados mostra a sensibilidade da mudança esperada no lucro em relação à variação de preço ou rendimento. Isso dará ao gestor uma ideia do risco envolvido na mudança proposta.

Outro modo de fazer uma análise de sensibilidade seria considerar preços que, por exemplo, são 10%, 20% e 30% maiores e menores do que o preço médio esperado. Utilizando esse método, um dos preços pode causar uma alteração esperada no lucro próxima de zero, significando que está próximo do preço de equilíbrio. Em alguns tipos de problema de orçamento parcial, é possível calcular o preço ou rendimento de equilíbrio diretamente, o que simplifica os cálculos. Após calcular o valor de equilíbrio, o gestor pode decidir se o preço ou rendimento futuro tem mais chances de ficar acima ou abaixo daquele valor. Essa informação pode ajudar a tomar a decisão final.

O exemplo da Tabela 12-3 pode ser utilizado para ilustrar a análise de sensibilidade. O principal número desse problema é o rendimento esperado do algodão irrigado. Os rendimentos atuais de sequeiro são conhecidos, e informações sobre o custo do equipamento de irrigação podem ser obtidas com bastante facilidade. Esperaríamos rendimentos maiores para o algodão irrigado para favorecer a compra do equipamento, e vice-versa. Por exemplo, um rendimento esperado de algodão irrigado de 700 libras por acre em vez de 800 libras por acre reduziria a receita adicional em US$ 30.000, tornando a mudança líquida do lucro US$ 28.667 negativos.

O rendimento de equilíbrio do algodão irrigado é o valor que iguala a mudança líquida do lucro a zero. Isso exige uma redução de US$ 1.333 em receita adicional. Portanto, um rendimento de algodão irrigado de cerca de 796 libras por acre é o valor de equilíbrio. Qualquer rendimento de algodão irrigado maior do que esse valor faz com que seja lucrativo passar para a produção irrigada.

Da mesma forma, pode-se desenvolver uma análise de sensibilidade para o preço do algodão. Preços maiores favoreceriam a conversão para produção irrigada, e vice-versa.

212 Parte IV Orçar para obter mais lucro

Se o preço do algodão cair abaixo de US$ 0,587, a produção de algodão irrigado será menos lucrativa do que em sequeiro, dados os pressupostos de rendimentos e custos de equipamento.

A análise de sensibilidade e os cálculos de equilíbrio também podem ser feitos para o orçamento da Tabela 12-2, mas é mais difícil em função do grande número de preços e rendimentos. Porém, é possível fazê-lo mantendo todos os valores de preços e rendimentos constantes, exceto aquele de interesse. Por exemplo, se todos os preços pecuários fossem mantidos constantes, os preços ou rendimentos de equilíbrio da soja poderiam ser calculados.

O orçamento indica que o valor da produção de soja (partindo-se do preço ou do rendimento) precisa subir US$ 1.610 (ou US$ 80,50 por acre) até que a mudança líquida do lucro torne-se zero. Se for pressuposto um preço de US$ 7,50 por bushel, os rendimentos teriam de ficar em cerca de 53 bushels por acre ou mais para que a alteração para mais produção de gado de corte não fosse lucrativa. Com um rendimento assumido de 42 bushels por acre, o preço teria de subir para aproximadamente US$ 9,42 por bushel para que a mudança não fosse lucrativa.

A execução de uma análise de sensibilidade e o cálculo de valores de equilíbrio podem exigir numerosos cálculos. Entretanto, o orçamento parcial é relativamente fácil de montar em uma planilha de computador. Após fazer isso, alterar um valor e observar o resultado é fácil e rápido.

LIMITAÇÕES DO ORÇAMENTO PARCIAL

Orçamentos parciais são fáceis de usar, exigem um mínimo de dados e são prontamente adaptáveis a vários tipos de decisões gerenciais. Porém, eles têm suas limitações. Só é possível comparar o plano gerencial corrente com uma alternativa por vez. Isso exige muitos orçamentos quando há muitas alternativas a considerar. O orçamento parcial ainda pode ser usado nessa situação, mas pode consumir tempo.

Os dados do orçamento parcial são mudanças anuais médias esperadas nas receitas e despesas econômicas. Mesmo que uma alternativa aumente o lucro com base nas mudanças médias, há outros fatores para levar em conta quando as mudanças não são constantes de ano para ano. Um exemplo seria o plantio de um pomar ou de outro cultivo do qual não se espera receita por vários anos, havendo um aumento anual que se estende por vários anos até que se atinja o nível máximo. Embora possa ser uma alternativa lucrativa com base em valores anuais médios, pode ser difícil cobrir as despesas agrícolas nos primeiros anos e pagar parcelas de empréstimos. Em outras palavras, a escassez de caixa nos primeiros anos não é refletida no orçamento parcial. Todo tipo de alteração que exija um grande investimento de capital e receitas que variam ao longo do tempo deve ser analisado por meio de procedimentos mais detalhados, devendo incluir uma projeção de fluxo de caixa. (Vide Capítulos 13 e 17.)

O orçamento parcial deve incluir os custos de oportunidade apropriados para contabilizar todos os custos econômicos. Entretanto, eles não são incluídos como custos contábeis, então a mudança esperada do lucro líquido constante no orçamento parcial não deve ser interpretada como uma mudança esperada no lucro contábil. A mudança esperada do lucro líquido precisa ser ajustada em relação aos custos de oportunidade considerados em seu cálculo para se obter a mudança esperada no lucro contábil.

CONSIDERAÇÕES FINAIS

O orçamento parcial da Tabela 12-3 pode ser utilizado para ilustrar mais dois fatores importantes para a decisão. Antes de adotar uma mudança proposta que parece ampliar o lucro, devem-se avaliar cuidadosamente o risco adi-

Capítulo 12 Orçamento parcial **213**

cional e os requisitos de capital. Se o risco é medido em termos de variabilidade anual do lucro, o lucro advindo da área irrigada é mais ou menos variável do que o lucro oriundo das áreas não irrigadas? A irrigação deve reduzir a variabilidade do rendimento, mas os custos maiores tornam o produtor mais vulnerável a quedas de preço. O tomador de decisão precisa avaliar os efeitos potenciais do risco adicional sobre a estabilidade financeira do negócio. O lucro médio adicional vale o maior risco ou variabilidade de lucro? O Capítulo 15 discute o risco em mais pormenores.

A compra do equipamento de irrigação exigirá um investimento de capital adicional. O capital para adquirir o equipamento está disponível ou pode ser tomado emprestado? Se for emprestado, como isso afetará a estrutura financeira do negócio, o risco, os requisitos de fluxo de caixa e a capacidade de amortização? Esse investimento extra causará escassez de capital em outras partes de negócio? Essas questões devem ser avaliadas com cuidado antes de se tomar a decisão final de adotar a mudança. Uma mudança lucrativa pode não ser adotada se o aumento do lucro for relativamente pequeno, se ela aumentar o risco ou se tornar necessário mais investimento de capital. As alterações potenciais que demandam investimento de capital adicional também podem ser analisadas de outros modos. Consulte o Capítulo 17 para ler sobre orçamento de capital e outro métodos de análise de investimento mais abrangentes.

RESUMO

O orçamento parcial é uma espécie muito útil de orçamento. Ele pode ser utilizado para analisar muitos dos problemas e oportunidades comuns e quotidianos com que se depara o gestor agropecuário. O propósito do orçamento parcial é analisar a lucratividade de mudanças propostas para a operação do negócio em que a mudança afeta somente parte do plano ou da organização do estabelecimento rural. A situação atual é comparada à situação esperada após a implementação da alteração proposta.

Os requisitos de dados são bem pequenos, pois, no orçamento parcial, só são incluídas alterações nos custos e receitas. A soma de custos adicionais e receita reduzida é subtraída da soma de receita adicional e custos reduzidos para obter a mudança estimada do lucro. Um resultado positivo indica que a mudança proposta aumentaria o lucro. Entretanto, riscos e requisitos de capital adicionais devem ser considerados antes que se tome a decisão final.

PERGUNTAS PARA REVISÃO E REFLEXÃO

1. Existem casos em que orçamentos parciais contêm alguns custos de propriedade fixos? Em caso positivo, dê um exemplo de um orçamento parcial que poderia incluir alguns custos de propriedade fixos.
2. Liste os tipos de mudanças que apareceriam em um orçamento parcial para determinar a lucratividade da participação em um programa rural do governo. O programa exige que 10% da sua terra de plantio fiquem ociosos em troca de um pagamento em parcela única.
3. Por que as mudanças nos custos de oportunidade aparecem nos orçamentos parciais?
4. Imagine que uma mudança proposta reduziria os requisitos de mão de obra em 200 horas. Se tratava-se da mão de obra do operador, e não de trabalho contratado por hora, você contabilizaria um custo reduzido de mão de obra? Quais fatores determinariam o valor a usar?
5. Diga se a assertiva é verdadeira ou falsa e justifique: "Pode-se usar o orçamento parcial para desenvolver um plano completo do estabelecimento agropecuário".
6. Além de lucro adicional, quais outros fatores devem ser levados em conta pelo operador agropecuário ao avaliar uma mudança proposta?

CAPÍTULO 13

Orçamento de fluxo de caixa

Objetivos do capítulo

1. Identificar o orçamento de fluxo de caixa como uma ferramenta de tomada de decisão financeira e análise comercial.
2. Compreender a estrutura e os componentes do orçamento de fluxo de caixa.
3. Ilustrar o procedimento de elaboração do orçamento de fluxo de caixa.
4. Descrever as semelhanças e diferenças entre o orçamento de fluxo de caixa e a demonstração de resultados.
5. Discutir as vantagens e aplicações potenciais do orçamento de fluxo de caixa.
6. Mostrar como utilizar o orçamento de fluxo de caixa ao analisar um possível novo investimento.

Até mesmo os estabelecimentos agropecuários mais lucrativos ocasionalmente ficam com pouco caixa. Prever esses momentos de escassez e ter um plano para lidar com eles é uma importante atividade gerencial. O orçamento de fluxo de caixa é uma ferramenta de análise financeira com aplicações tanto para planejamento futuro quanto para a análise contínua do negócio rural. Elaborá-lo é a próxima etapa lógica após concluir o plano e o orçamento completos do estabelecimento agropecuário. O orçamento de fluxo de caixa dá respostas a algumas questões remanescentes. O plano é financeiramente viável? Haverá capital suficiente disponível nos momentos específicos em que ele será necessário? Se não, quanto precisará ser tomado emprestado? O plano gerará o caixa necessário para pagar os empréstimos novos? Esses tipos de pergunta podem ser respondidos elaborando-se e analisando-se um orçamento de fluxo de caixa.

CARACTERÍSTICAS DO ORÇAMENTO DE FLUXO DE CAIXA

O orçamento de fluxo de caixa é um resumo das entradas e saídas de caixa projetadas para um negócio ao longo de um dado período. Esse período é normalmente um exercício contábil futuro, sendo dividido em trimestres ou meses. Como ferramenta de planejamento futuro, sua finalidade precípua é estimar a quantidade e a cronologia das necessidades futuras de empréstimo e a capacidade do negócio de pagar esses e outros empréstimos no prazo. Dada a grande quantidade de capital que os estabelecimentos rurais atuais fazem necessária e, muitas vezes, precisam tomar emprestada, o orçamento de fluxo de caixa é uma importante ferramenta orçamentária e de gestão financeira.

Uma discussão sobre orçamento de fluxo de caixa deve estar sempre enfatizando a palavra *caixa*. Todos os fluxos de caixa devem ser identificados e registrados no orçamento. Há caixa entrando no negócio rural por várias fontes durante todo o ano, e é usado caixa para pagar as despesas comerciais e satisfazer outras necessidades de caixa. Identificar e medir essas fontes e usos de caixa é o importante primeiro passo da elaboração do orçamento de fluxo de caixa. O conceito de fluxos de caixa é apresentado graficamente na Figura 13-1. Ele presume que todo o caixa é movimentado por meio da conta corrente do negócio, tornando-a o ponto central de identificação e medição dos fluxos de caixa.

Duas coisas tornam o orçamento de fluxo de caixa essencialmente diferente do orçamento completo do estabelecimento agropecuário. Primeiro, o orçamento de fluxo de caixa contém todos os fluxos de caixa (e não apenas receitas e despesas) e não inclui itens não monetários. Por exemplo, entradas de caixa incluiriam caixa oriundo da venda de itens de capital e proventos de novos empréstimos, mas não as mudanças de estoque. Pagamentos de principal de dívida e o custo integral de novos ativos de capital seriam registrados como saídas de caixa, mas a depreciação, não. A ênfase é nos fluxos de caixa, qualquer que seja a fonte ou o uso, e sendo ou não receitas ou despesas comerciais. Por esse motivo, as receitas e despesas de caixa pessoais e não rurais também aparecem no orçamento de fluxo de caixa, pois afetam o montante de caixa à disposição para uso do negócio rural.

A segunda grande diferença entre o orçamento completo do estabelecimento agropecuário e o orçamento de fluxo de caixa é que este último se ocupa da cronologia das receitas e despesas. O orçamento de fluxo de caixa registra também "quando" será recebido e pago caixa, assim como "para que" e "quanto". Essa cronologia é mostrada ao se elaborar o orçamento de fluxo de caixa mensal ou trimestralmente. Agricultura e pecuária são negócios sazonais; assim, a maioria dos orçamentos de fluxo de caixa rurais é feita mensalmente, para possibilitar uma análise detalhada da relação entre tempo e fluxos de caixa.

As características exclusivas do orçamento de fluxo de caixa fazem com que ele não possa substituir nenhum outro tipo de orçamento, nem qualquer um dos registros discutidos na Parte II. Ele preenche outras necessidades, sendo utilizado com propósitos diferentes. Porém, em breve, mostraremos que muita da informação necessária para o orçamento de fluxo de caixa pode ser obtida nos registros e no orçamento completo do estabelecimento agropecuário.

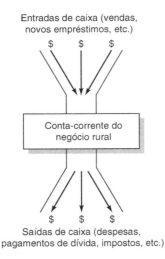

Figura 13-1 Ilustração dos fluxos de caixa.

Fluxos de caixa efetivos contra estimados

Por definição, o orçamento de fluxo de caixa contém estimativas dos fluxos de caixa em um período futuro. Todavia, é possível registrar e organizar os fluxos de caixa efetivos de um período passado. O Conselho de Padrões Financeiros Rurais (FFSC) recomenda que se desenvolva uma *Demonstração dos Fluxos de Caixa* como parte do conjunto padronizado de demonstrações financeiras de fim de ano do negócio agropecuário. A Tabela 5-4 dá um exemplo de Demonstração dos Fluxos de Caixa. Lembre-se de que a Demonstração dos Fluxos de Caixa é um registro financeiro, que registra o que aconteceu, e não um orçamento, que projeta o que acontecerá no futuro. Além disso, em comparação com o orçamento de fluxo de caixa, a Demonstração dos Fluxos de Caixa costuma ser muito condensada, normalmente registrando apenas os totais anuais de caixa recebido e caixa gasto em diversas categorias gerais.

Manter bons registros dos fluxos de caixa efetivos é importante por diversas razões. Primeiro, se os registros de fluxo de caixa são feitos e resumidos mensalmente, o fluxo de caixa mensal pode ser comparado, no fim de cada mês, com os valores mensais orçados. Essa comparação pode servir como alerta antecipado de eventuais desvios consideráveis enquanto ainda há tempo para verificar as causas e fazer correções. Segundo, registros detalhados dos fluxos de caixa efetivos podem dar esclarecimentos úteis quanto à estrutura financeira do negócio e mostrar como as atividades de operação, financiamento e investimento se combinam e interagem como fontes e usos de caixa. Terceiro, bons registros dos fluxos de caixa efetivos proporcionam um bom ponto de partida para desenvolver o próximo orçamento de fluxo de caixa anual. Com os totais e a cronologia dos fluxos de caixa passados, é relativamente fácil fazer os ajustes necessários para projetar fluxos de caixa no futuro. Repassar os fluxos de caixa passados também

evita que itens importantes sejam ignorados no novo orçamento.

Estrutura do orçamento de fluxo de caixa

A estrutura e o formato do orçamento de fluxo de caixa são exibidos na Tabela 13-1 em forma condensada. Esse orçamento condensado ilustra as fontes e os usos de caixa, que devem

Tabela 13-1 Orçamento de fluxo de caixa simplificado

	Período 1	Período 2
1. Saldo de caixa inicial	US$ 1.000	US$ 500
Entrada de caixa:		
2. Vendas de produtos rurais	US$ 2.000	US$ 12.000
3. Vendas de capital	0	5.000
4. Outras rendas de caixa	0	500
5. Entrada de caixa total	US$ 3.000	US$ 18.000
Saída de caixa:		
6. Despesas operacionais rurais	US$ 3.500	US$ 1.800
7. Compras de capital	10.000	0
8. Outras despesas	500	200
9. Saída de caixa total	US$ 14.000	US$ 2.000
10. Saldo de caixa (linha 5 – linha 9)	–11.000 –	16.000
11. Fundos emprestados necessários	US$ 11.500	0
12. Amortizações de empréstimos (principal e juros)	0	11.700
13. Saldo de caixa final (linha 10 + linha 11 – linha 12)	500	4.300
14. Dívida em aberto	US$ 11.500	US$ 0

constar em qualquer modelo de fluxo de caixa. Há cinco fontes potenciais de caixa:

1. O saldo de caixa inicial, ou dinheiro em mãos no início do período;
2. Vendas de produtos rurais ou receita em caixa oriunda da operação do negócio agropecuário;
3. Vendas de capital, o caixa recebido com a venda de ativos de capital como terra, máquinas, animais reprodutores e gado leiteiro;
4. Recebimentos de caixa não comerciais, o que incluiria renda de caixa não rural, doações em dinheiro e outras fontes de caixa;
5. Capital emprestado novo ou empréstimos recebidos.

A última fonte não pode ser incluída na seção de entrada de caixa, pois os requisitos de endividamento só são conhecidos quando as saídas de caixa são confrontadas com as entradas de caixa.

A Tabela 13-1 também mostra os quatro usos gerais de caixa. São eles:

1. Despesas operacionais rurais, as despesas de caixa normais e comuns sofridas na produção da receita rural;
2. Compras de capital, o preço de compra integral dos novos ativos de capital, como terra, máquinas e animais leiteiros ou reprodutores;
3. Despesas não comerciais e demais, o que incluiria caixa usado com despesas de sustento, imposto de renda e previdência social, e outros usos de caixa não previstos alhures;
4. Pagamentos de principal de dívida. Pagamentos de juros também devem constar aqui, salvo se foram registrados como parte das despesas operacionais.

A diferença entre as entradas de caixa totais e as saídas de caixa totais de um período é apresentada como o balanço de caixa final do período.

Só são mostrados dois períodos na Tabela 13-1, mas, após o procedimento básico ser entendido, o processo orçamentário pode ser estendido para qualquer número de períodos. No primeiro período, a entrada de caixa total de US$ 3.000 inclui o saldo de caixa inicial. A saída de caixa total é de US$ 14.000, resultando em um saldo de caixa projetado de (US$ 11.000). Esse déficit exigirá que se tomem emprestados US$ 11.500 para garantir um saldo de caixa final mínimo de US$ 500.

A entrada de caixa total do segundo período é estimada em US$ 18.000, resultando em um saldo de caixa de US$ 16.000 após a subtração de uma saída de caixa total de US$ 2.000. Esse saldo de caixa grande permite que se pague a dívida contraída no primeiro período, estimada em US$ 11.700 quando se incluem juros de US$ 200. O resultado é um saldo de caixa estimado em US$ 4.300 no fim do segundo período. Seguir esse mesmo procedimento em todos os períodos subsequentes delineia o nível e a cronologia projetados do potencial de endividamento e amortização de dívida.

ELABORAÇÃO DO ORÇAMENTO DE FLUXO DE CAIXA

É necessária uma quantidade considerável de informações para elaborar um orçamento de fluxo de caixa. Para fins de simplicidade e precisão, deve-se seguir uma abordagem lógica e sistemática. As seguintes etapas sintetizam o processo e as necessidades de informação:

1. Desenvolva um plano completo do estabelecimento agropecuário. É impossível estimar receitas e despesas de caixa sem saber quais cultivos e animais serão produzidos.
2. Inventarie o estoque. Isso deve incluir os cultivos e animais existentes e à venda durante o período orçamentário.
3. Estime a produção agrícola e, em estabelecimentos que combinam agricultura e pecuária, estime as necessidades de ração

animal. Esta etapa projeta os cultivos disponíveis para venda após serem satisfeitos os requisitos de ração animal. Ela talvez acuse a necessidade de adquirir ração caso a produção mais o estoque inicial seja inferior ao que é necessário para os animais.

4. Estime os recebimentos de caixa dos empreendimentos pecuários. Considere tanto os animais incluídos no estoque inicial quanto os que serão produzidos e vendidos durante o ano. Também devem ser contabilizadas as vendas de produtos pecuários, como leite e lã.

5. Estime as vendas de cultivos em caixa. Primeiro, determine um estoque final desejado para uso como ração e venda no ano seguinte. A seguir, calcule a quantidade disponível para venda como estoque inicial *mais* produção *menos* requisitos de ração animal *menos* estoque final desejado.

6. Estime outras rendas monetárias, como receita originária de trabalho customizado ou pagamentos de programas rurais do governo. Se o orçamento incluir fluxos de caixa comerciais e pessoais, inclua aluguéis, juros e dividendos de investimentos não rurais, além de qualquer outra fonte não rural de receita monetária.

7. Estime as despesas operacionais rurais de caixa. Revisar os fluxos de caixa efetivos do ano anterior evita que se ignorem itens como impostos imobiliários, seguro, reparos e outras despesas monetárias não diretamente relacionadas à produção agropecuária.

8. Estime as despesas de caixa pessoais e não rurais. Aqui seria incluído o caixa necessário para despesas de sustento, imposto de renda e previdência social e outras despesas monetárias não rurais. Se o orçamento tratar somente do negócio rural, simplesmente estime as retiradas de caixa que serão necessárias.

9. Estime as compras e vendas de ativos de capital. Contabilize o preço de compra integral de todas as aquisições planejadas de máquinas, edificações, reprodutores e terra, assim como o caixa total a ser recebido com a venda de ativos de capital.

10. Obtenha e registre os pagamentos programados de principal e juros da dívida existente. Isto será majoritariamente dívida não circulante, caso em que os valores e as datas de cada pagamento são apresentados em um cronograma de amortização. Dívidas circulantes transportadas do ano anterior também devem constar aqui.

Os dados estimados e organizados nessas etapas podem, então, ser lançados em um modelo de fluxo de caixa. Com uns poucos cálculos a mais, o resultado será uma estimativa das necessidades de empréstimo do ano, da capacidade do negócio de pagar esses empréstimos e da cronologia de todos eles. Os pressupostos principais acerca de preços de venda, custos de insumos e níveis de produção devem ser bem documentados para o plano poder ser apresentado a um mutuante.

Um modelo de orçamento de fluxo de caixa

Modelos impressos para fazer um orçamento de fluxo de caixa são oferecidos por várias fontes, inclusive financeiras e o serviço de extensão agropecuária da maioria dos Estados. Essas fontes, assim como empresas de software comercial, podem ter programas de computador que podem ser utilizados. Um orçamento de fluxo de caixa também pode ser montado por qualquer pessoa familiarizada com um software de planilha. A Tabela 13-2 ilustra um tipo de modelo de orçamento de fluxo de caixa. Para poupar espaço, só são mostrados os títulos das três primeiras colunas. Outros modelos podem diferir em organização, títulos e detalhes, mas todos dão as mesmas informações básicas.

As primeiras 13 linhas da ficha servem para registrar as entradas de caixa projetadas oriundas de fontes rurais e não rurais. As

220 Parte IV Orçar para obter mais lucro

Tabela 13-2 Modelo de orçamento de fluxo de caixa

		Orçamento de fluxo de caixa			
Nome: E. U. Agropecuária		**Total**	**Jan.**	**Fev.**	**Mar.**
1	Saldo de caixa inicial				
	Recebimentos operacionais:				
2	Grãos e ração				
3	Animais de engorda				
4	Produtos pecuários				
5	Outros				
6					
	Recebimentos de capital:				
7	Reprodutores				
8	Maquinário e equipamento				
9					
	Renda não rural:				
10	Salários e remunerações				
11	Investimentos				
12					
13	Entrada de caixa total				
	(some as linhas 1-12)				
	Despesas operacionais:				
14	Sementes				
15	Fertilizante e calcário				
16	Pesticidas				
17	Outras despesas de cultivo				
18	Gasolina, óleo, lubrificantes				
19	Mão de obra contratada				
20	Locação de máquinas				
21	Rações e grãos				
22	Animais de engorda				
23	Despesas pecuárias				
24	Reparos – maquinário				
25	Reparos – construções				
26	Arrendamento à vista				
27	Suprimentos				
28	Impostos imobiliários				
29	Seguro				
30	Serviços públicos				
31	Automóveis e picapes (porção do estabelecimento rural)				
32	Outras despesas rurais				
33					
34					
35	Despesas operacionais de caixa totais				
	(some as linhas 14-34)				

Capítulo 13 Orçamento de fluxo de caixa **221**

Tabela 13-2 Modelo de orçamento de fluxo de caixa (Continuação)

	Nome: E. U. Agropecuária	Orçamento de fluxo de caixa			
		Total	Jan.	Fev.	Mar.
	Gastos de capital:				
36	Maquinário e equipamento				
37	Reprodutores				
38					
	Outros gastos:				
39	Despesas de sustento familiar				
40	Imposto de renda e previdência social				
41	Outras despesas não rurais				
42					
43					
	Pagamentos de dívida programados:				
44	Dívida circulante – principal				
45	Dívida circulante – juros				
46	Dívida não circulante – principal				
47	Dívida não circulante – juros				
48	Saída de caixa total				
	(some as linhas 35-47)				
49	Caixa disponível (linha 13 – linha 48)				
	Novos empréstimos:				
50	Circulantes				
51	Não circulantes				
52	Total de novos empréstimos:				
	Pagamentos da dívida circulante nova				
53	Principal				
54	Juros				
55	Total de pagamentos de dívida				
	(linha 53 + linha 54)				
56	Saldo de caixa final				
	(linhas 49 + 52 – 55)				
	Resumo da dívida em aberto				
57	Circulante				
58	Não circulante				
59	Total de dívida em aberto				

rendas e despesas de caixa não rurais afetam ambas o caixa disponível para uso no negócio rural, então são incluídas no orçamento, muito embora não estejam diretamente relacionadas ao negócio rural. O montante anual total esperado de cada entrada de caixa é registrado na coluna "Total". Esse montante é, então, alocado ao mês ou aos meses em que será recebido.

As despesas operacionais rurais de caixa são relacionadas nas linhas de 14 a 34, com o total na linha 35. Assim como em todos os lançamentos do orçamento de fluxo de caixa, o total projetado de cada item de despesa é colocado na coluna "Total", e esse montante é, então, alocado ao mês ou aos meses em que se precisará do caixa. A soma das despesas totais de cada mês deve sempre ser comparada à soma na coluna "Total" da linha 35. Essa verificação cruzada acusará erros cometidos ao alocar despesas de caixa individuais a meses específicos.

Diversas outras saídas de caixa possíveis são exibidas nas linhas 36 a 47. Gastos de capital com reposição ou expansão de máquinas e equipamentos, reprodutores, terra e edificações exigem caixa. Deve-se registrar o preço de compra integral dos gastos de capital, mesmo quando serão tomados empréstimos para a aquisição. Uma das finalidades do orçamento é estimar o montante necessário desses empréstimos. Despesas de sustento familiar, impostos de renda e contribuições previdenciárias e demais despesas de caixa não rurais devem ser lançados nas linhas 39 a 43. Todas as despesas pessoais, como gastos com automóveis e prêmios de seguro de saúde e de vida, devem constar como despesas de sustento familiar.

As linhas 44 a 47 são utilizadas para lançar os pagamentos programados de principal e juros da dívida contraída nos anos anteriores. Aí seriam registrados os pagamentos da dívida não circulante, assim como de qualquer dívida circulante transportada do ano anterior. Nessa seção, só são lançados pagamentos programados de dívidas antigas, pois os pagamentos de dívidas novas contraídas no ano seguinte serão calculados e lançados em uma seção posterior.

As linhas 35 a 47 são somadas para obter as saídas de caixa anuais totais e os totais de cada mês, sendo a quantia lançada na linha 48. Em seguida, o caixa estimado total disponível no fim do mês é calculado subtraindo-se a linha 48 da linha 13, sendo o resultado lançado na linha 49. Se a saída de caixa total for maior do que a entrada de caixa total, o caixa disponível será negativo, e serão necessários novos empréstimos ou outros ajustes para obter um saldo de caixa final positivo. Todos os empréstimos novos são lançados nas linhas 50 ou 51, dependendo do tipo de empréstimo. O total de novos empréstimos é somado ao caixa disponível na linha 49 para obter o saldo de caixa do final do mês. Não haveria caixa à disposição para pagar a nova dívida circulante, então a linha 55 será zero no caso.

Se o caixa disponível na linha 49 for maior que zero, a entrada de caixa total do mês foi maior do que a saída de caixa total. Esse montante pode ser usado para quitar parte ou toda a nova dívida circulante contraída anteriormente no ano, ou então pode ser transportada para um período futuro. O principal e os juros são lançados nas linhas 53 e 54, e esses valores são ajustados para chegar a um saldo de caixa final positivo. Após o saldo de caixa final ser obtido subtraindo-se a linha 55 da linha 49 (no caso, a linha 52 é zero), o resultado é lançado na linha 56. O mesmo montante é transferido para a linha 1 do mês seguinte, como saldo de caixa inicial.

As linhas 57 a 59 não são uma parte necessária do orçamento de fluxo de caixa. Entretanto, elas resumem a situação de endividamento do negócio e dão algumas informações úteis. Para cada tipo de dívida, o valor em aberto no fim de um mês será igual ao valor do mês anterior, mais as dívidas novas, menos os pagamentos de principal feitos durante o mês. As linhas 57 e 58 devem ser somadas em cada mês, sendo o total de dívida em aberto lançado na linha 59. Esse valor mostra o padrão da dívida total e suas alterações ao longo de todo o ciclo de produção anual. Esse padrão costuma se repetir todo ano, em razão da natureza sazonal da produção, rendas e despesas agrícolas. Alguns mutuantes especificam um valor máximo de dívida que o operador pode ter em qualquer ponto do ano. Essa parte do orçamento ajuda a prever se esse limite permitirá que se tome emprestado capital suficiente.

Exemplo de orçamento de fluxo de caixa

Um orçamento de fluxo de caixa preenchido é mostrado na Tabela 13-3. Ele será usado para repassar as etapas do orçamento e para apontar diversos cálculos especiais. As primeiras estimativas necessárias são o saldo de caixa inicial em 1º de janeiro e todas as fontes e valores de entradas de caixa do ano. Esses valores são inseridos na coluna "Total", sendo, então, alocados ao mês ou aos meses em que o caixa será recebido. Esse exemplo mostra uma entrada de caixa anual total estimada de US$ 541.180, incluindo o saldo de caixa inicial de US$ 7.000. A entrada de caixa total de qualquer mês além de janeiro só pode ser determinada quando seu saldo de caixa inicial é conhecido. O saldo de caixa final de cada mês torna-se o saldo de caixa inicial do mês seguinte. Isso torna necessário que se conclua o orçamento de um mês antes de se iniciar o do mês seguinte.

A próxima etapa é estimar as despesas operacionais de caixa totais por tipo, colocando cada montante na coluna "Total". Então, cada estimativa de despesa é alocada ao mês ou aos meses adequados, sendo as despesas totais de cada mês lançadas na linha 35. No exemplo, as despesas operacionais de caixa anuais totais são projetadas em US$ 350.000, ocorrendo os maiores gastos em abril e setembro. O mesmo procedimento é seguido para os gastos de capital, despesas de sustento familiar, imposto de renda e contribuições previdenciárias. Outro importante requisito de caixa são os pagamentos programados de principal e juros da dívida em aberto no início de cada ano. Essas quantias são mostradas nas linhas 44 a 47. Para algumas dívidas a prazo, o pagamento total é o mesmo em todos os meses, o que significa que, à medida que o montante devido diminui, os juros devidos em cada mês também diminuem, de modo que mais principal é pago a cada parcela. Em outros casos, podem ser devidos pagamentos iguais de principal a cada parcela, significando que o pagamento total diminui ao longo do tempo, à medida que os juros decrescem. No exemplo, presume-se que a dívida de maquinário, paga mensalmente, possui parcelas totais iguais, enquanto a hipoteca rural, paga duas vezes ao ano, teria parcelas de principal iguais.

A saída de caixa total, obtida somando-se as linhas 35 a 47, é de US$ 514.927 no exemplo. Devem-se concluir essas etapas antes de se tentar qualquer dos cálculos das linhas 50 a 59.

Começando com o mês de janeiro, a entrada de caixa total é de US$ 48.140, e a saída de caixa total é de US$ 36.730, deixando US$ 11.410 em caixa disponível no fim de janeiro (linha 49). A saída de caixa total inclui pagamentos agendados de dívida de US$ 9.500 em dívida circulante, com US$ 475 de juros devidos sobre essa dívida, mais US$ 9.625 de dívida não circulante, com juros correspondentes de US$ 12.040. Como o caixa disponível é um número positivo, não é preciso tomar empréstimos novos em janeiro, sendo as linhas 50 a 55 todas iguais a zero. Os US$ 11.410 tornam-se o saldo de caixa final, como mostrado na linha 56. As primeiras colunas das linhas 57 a 58 indicam que havia um saldo de dívida circulante de US$ 9.500 no início do ano e US$ 217.750 em dívida não circulante no início do ano. Em janeiro, foram pagos US$ 9.500 da dívida circulante e US$ 9.625 da dívida não circulante, resultando em saldos de US$ 0 em dívida circulante e de US$ 208.125 em dívida não circulante.

O próximo passo é transferir o saldo de caixa final de janeiro, de US$ 11.410, para o saldo de caixa inicial de fevereiro. Os cálculos de fevereiro são parecidos com os de janeiro. A entrada de caixa é suficiente para cobrir a saída de caixa, e não é preciso contrair novas dívidas. O saldo final, de US$ 6.360, torna-se o saldo inicial de março.

Em março, uma máquina velha é vendida por US$ 12.000, comprando-se uma nova por US$ 52.000, em parte com um pagamento à vista de US$ 12.000 (obtidos com a venda da máquina velha), em parte com um empréstimo não circulante adicional de US$ 40.000. O novo empréstimo não circulante leva o saldo de caixa final para um número positivo, então não são necessários novos empréstimos circulantes. O saldo de caixa final, de US$ 4.440, após a inclusão do empréstimo não circulante, torna-se o saldo de caixa inicial de abril. Em março, a dívida não circulante aumenta para US$ 247.484, porque o empréstimo garantido adicional de US$ 40.000 é consideravelmente maior do que

Tabela 13-3 Orçamento de fluxo de caixa

Nome: E. U. Agropecuária						Orçamento de fluxo de caixa						
	Total	**Jan.**	**Fev.**	**Mar.**	**Abr.**	**Maio**	**Jun.**	**Jul.**	**Ago.**	**Set.**	**Out.**	**Nov.**	**Dez.**
1 Saldo de caixa inicial	7.000	7.000	11.410	6.360	4.440	506	522	508	514	525	30.351	10.566	121.722
Recebimentos operacionais:													
2 Vendas de cultivos	362.680	40.640	0	0	0	0	0	0	0	181.640	0	140.400	0
3 Animais de engorda	117.500	0	0	42.000	0	0	0	0	75.500	0	0	0	0
4 Produtos pecuários	0	0	0	0	0	0	0	0	0	0	0	0	0
5 Outros	22.500	0	0	0	0	0	0	0	0	0	22.500	0	0
6													
Recebimentos de capital:													
7 Reprodutores	10.000	0	0	0	0	0	0	0	10.000	0	0	0	0
8 Maquinário e equipamento	12.000	0	0	12.000	0	0	0	0	0	0	0	0	0
9													
Renda não rural:													
10 Salários e remunerações	6.000	500	500	500	500	500	500	500	500	500	500	500	500
11 Investimentos	3.500	0	0	875	0	0	875	0	0	875	0	0	875
12													
13 Entrada de caixa total (some as linhas 1-12)	541.180	48.140	11.910	61.735	4.940	1.006	1.897	1.008	86.514	183.540	53.351	151.466	123.097
Despesas operacionais:													
14 Sementes	59.000	0	0	16.000	34.000	0	0	0	0	0	0	0	9.000
15 Fertilizante e calcário	64.000	0	0	19.000	15.000	0	0	0	0	0	0	0	30.000
16 Químicos	65.000	0	0	0	25.000	25.000	0	0	0	0	0	15.000	0
17 Outras despesas de cultivo	57.240	0	0	0	6.200	7.800	5.000	1.500	1.500	12.000	8.240	7.500	7.500
18 Gasolina, óleo, lubrificantes	15.700	0	0	0	3.000	2.000	2.200	750	750	4.000	1.500	1.000	500
19 Mão de obra contratada	2.250	0	0	0	0	1.000	0	0	0	1.250	0	0	0
20 Locação de máquinas	5.000	0	0	0	0	0	0	0	0	2.000	3.000	0	0
21 Rações e grãos	5.000	0	0	0	0	0	0	0	0	0	2.500	0	2.500
22 Animais de engorda	0	0	0	0	0	0	0	0	0	0	0	0	0
23 Despesas pecuárias	18.000	1.500	1.500	1.500	1.500	1.500	1.500	1.500	1.500	1.500	1.500	1.500	1.500
24 Reparos – maquinário	3.450	50	100	600	500	300	800	200	100	500	300	0	0
25 Reparos – construções	0	0	0	0	0	0	0	0	0	0	0	0	0
26 Arrendamento à vista	32.500			0	0	0	0	0	0	32.500	0	0	0
27 Suprimentos	1.080	90	90	90	90	90	90	90	90	90	90	90	90
28 Impostos imobiliários	2.700	0	0	0	0	1.350	0	0	0	0	1.350	0	0
29 Seguro	3.280	0	0	820	0	0	820	0	0	820	0	0	820
30 Serviços públicos	4.200	350	350	350	350	350	350	350	350	350	350	350	350
31 Automóveis e picapes (porção do estabelecimento rural)	1.200	100	100	100	100	100	100	100	100	100	100	100	100
32 Outras despesas rurais	10.400	0	0	800	0	0	8.000	0	0	800	0	0	800
33													
34													

		Total	Jan.	Fev.	Mar.	Abr.	Maio	Jun.	Jul.	Ago.	Set.	Out.	Nov.	Dez.
35	Despesas operacionais de caixa totais (some as linhas 14-34)	350.000	2.090	2.140	39.260	85.740	39.490	18.860	4.490	4.390	55.910	18.930	25.540	53.160
	Gastos de capital:													
36	Maquinário e equipamento	52.000	0	0	52.000	0	0	0	0	0	0	0	0	0
37	Reprodutores	3.500	0	0	0	0	3.500	0	0	0	0	0	0	0
38														
	Outros gastos:													
39	Despesas de sustento familiar	36.000	3.000	3.000	3.000	3.000	3.000	3.000	3.000	3.000	3.000	3.000	3.000	3.000
40	Imposto de renda e previdência social	10.500	0	0	2.625	0	0	2.625	0	0	2.625	0	0	2.625
41	Outras despesas não rurais	0	0	0	0	0	0	0	0	0	0	0	0	0
42														
43														
	Pagamentos de dívida programados:													
44	Dívida circulante – principal	9.500	9.500	0	0	0	0	0	0	0	0	0	0	0
45	Dívida circulante – juros	475	475	0	0	0	0	0	0	0	0	0	0	0
46	Dívida não circulante – principal	27.804	9.625	320	321	874	897	910	914	917	921	10.250	925	930
47	Dívida não circulante – juros	25.148	12.040	90	89	320	297	294	290	287	283	10.605	279	274
48	Saída de caixa total (some as linhas 35-47)	0514.927	36.730	5.550	97.295	89.934	47.184	25.689	8.694	8.594	62.739	42.785	29.744	59.989
49	Caixa disponível (linha 13 – linha 48)	26.253	11.410	6.360	–35.560	–84.994	–46.178	–23.792	–7.686	77.920	120.801	10.566	121.722	63.108
	Novos empréstimos:													
50	Circulante	164.700	0	0	0	85.500	46.700	24.300	8.200	0	0	0	0	0
51	Não circulante	40.000	0	0	40.000	0	0	0	0	0	0	0	0	0
52	Total de novos empréstimos:	204.700	0	0	40.000	85.500	46.700	24.300	8.200	0	0	0	0	0
	Pagamentos da dívida circulante nova													
53	Principal	164.700	0	0	0	0	0	0	0	74.700	90.000	0	0	0
54	Juros	3.145	0	0	0	0	0	0	0	2.695	450	0	0	0
55	Total de pagamentos de dívida nova (linha 53 + linha 54)	167.845	0	0	0	0	0	0	0	77.395	90.450	0	0	0
56	Saldo de caixa final (linhas 49 + 52 – 55)	63.108	11.410	6.360	4.440	506	522	508	514	525	30.351	10.566	121.722	63.108
	Resumo da dívida em aberto													
57	Circulante (inicial: US$ 9500)	9.500	0	0	0	85.500	132.200	156.500	164.700	90.000	0	0	0	0
58	Não circulante (inicial: US$ 217.750)	217.750	208.125	207.805	247.484	246.610	245.713	244.803	243.889	242.972	242.051	231.801	230.876	229.946
59	Total de dívida em aberto	227.250	208.125	207.805	247.484	332.110	377.913	401.303	408.589	332.972	242.051	231.801	230.876	229.946

o pagamento agendado de principal de dívida não circulante, no valor de US$ 321.

Em abril, a saída de caixa excede a entrada de caixa em US$ 84.994. Para cobrir a diferença, será necessário um novo empréstimo circulante de US$ 85.500. O empréstimo deixará um saldo final projetado pequeno, de US$ 506. No caso de necessidades inesperadas de caixa, o operador agropecuário do exemplo deverá ter sempre ao menos US$ 500 de caixa disponível a cada mês. Após os ajustes apropriados nos saldos de empréstimo das linhas 57 e 58, abril terminará com estimados US$ 332.110 em dívidas em aberto.

Esse exemplo mostra que mais empréstimos novos serão necessários também em maio, junho e julho. Os pagamentos podem ser feitos em agosto, quando são vendidos os animais de engorda e os bovinos de abate. Um total de US$ 77.920 em caixa (linha 49) fica disponível. Porém, não se pode usar tudo para o pagamento de principal, pois haverá juros vencidos e é necessário um saldo final positivo de ao menos US$ 500.

No exemplo, US$ 85.500 são tomados emprestados em abril, US$ 46.700, em maio, US$ 24.300, em junho, e US$ 8.200, em julho. Assume-se que sobre esses empréstimos incide uma taxa de juros de 6% ao ano. Os juros devidos são calculados por meio da seguinte equação:

$$\text{Juros} = \text{Principal} \times \text{Taxa} \times \text{Tempo}$$

	Principal		Juros
Abril			
Tomado emprestado US$	85.500	× 6% × 4/12 de ano = US$	1.710
Maio			
Tomado emprestado US$	46.700	× 6% × 3/12 de ano = US$	701
Junho			
Tomado emprestado US$	24.300	× 6% × 2/12 de ano = US$	243
Julho			
Tomado emprestado US$	8.200	× 6% × 1/12 de ano = US$	41
Total	US$ 164.700		US$ 2.695

Não há caixa disponível suficiente em agosto para amortizar toda a dívida circulante nova até o momento, incluindo os juros vencidos de US$ 2.695. Entretanto, há caixa suficiente à disposição para pagar US$ 74.700 do principal da dívida circulante, reduzindo o saldo para US$ 90.000.

Em setembro, há dinheiro suficiente em caixa para amortizar o saldo remanescente da dívida circulante, incluindo juros de um mês sobre o total. Em outubro, novembro e dezembro, a entrada de caixa é maior que a saída de caixa, então não são necessários empréstimos novos. Estima-se que o saldo de caixa de fim de ano será de US$ 63.108.

Os saldos de caixa grandes mais para o fim do ano sugerem diversas alternativas que poderiam ser consideradas. Primeiro, poderiam ser tomadas providências para investir esse dinheiro durante vários meses em vez de tê-lo parado na conta corrente. Quaisquer juros obtidos seriam renda adicional. Segundo, o caixa em excesso poderia ser usado para pagar antecipadamente os empréstimos não circulantes, diminuindo a carga de juros. Uma terceira alternativa diz respeito aos US$ 40.000 em dívida nova não circulante usados para comprar máquinas em março. Esse orçamento projeta que a dívida adicional poderia ser paga até novembro. Portanto, o operador poderia ter usado empréstimos circulantes, e não um empréstimo novo não circulante, para adquirir as máquinas.

Esta última alternativa exigiria que se pagasse todo o custo do maquinário novo no ano da compra, trazendo um risco considerável à operação. Se os preços e rendimentos ficassem abaixo das expectativas, poderia não haver caixa disponível suficiente para pagar toda a nova dívida circulante. Por esse motivo, não é recomendado o uso de dívida circulante para financiar a compra de itens de vida útil longa, como máquinas e construções. Uma prática melhor seria obter um empréstimo não circulante, fazendo pagamentos de empréstimo adicionais nos anos em que há caixa extra à disposição.

Esse exemplo assumiu que toda escassez de caixa mensal seria coberta por novos empréstimos circulantes. Entretanto, primeiro devem ser investigadas outras soluções potenciais para escassez mensal de caixa. Por exemplo, alguns produtos podem ser vendidos mais cedo do que o projetado, a fim de cobrir saldos de caixa negativos? Alguns gastos, especialmente grandes gastos de capital, podem ser postergados para um ponto posterior do ano? Seria possível postergar a data de vencimento de alguns gastos, como parcelas de empréstimo, prêmios de seguro e gastos familiares? Esses ajustes reduziriam ou eliminariam o montante de novos empréstimos circulantes necessários para alguns meses e reduziriam a despesa com juros. Um software ou planilha eletrônica torna relativamente fácil estimar como essas alterações afetariam os juros totais pagos ao longo do ano. Por exemplo, as economias com juros obtidas com menos empréstimos novos podem ser mais que suficientes para compensar o preço menor de se vender um pouco antes do que o planejado.

APLICAÇÕES DO ORÇAMENTO DE FLUXO DE CAIXA

A aplicação principal do orçamento de fluxo de caixa é projetar o momento e o montante dos novos empréstimos de que o negócio precisará durante o ano, assim como o momento e o montante dos pagamentos de empréstimo. Outras aplicações e vantagens são:

1. Pode-se desenvolver um plano de endividamento e amortização que se encaixe no negócio agropecuário específico. O orçamento pode evitar endividamento excessivo, mostrando como amortizar dívidas o mais rápido possível poupa juros.
2. O orçamento de fluxo de caixa pode sugerir modos de rearranjar compras e parcelas programadas de dívida para minimizar o endividamento. Por exemplo, gastos de capital e prêmios de seguro podem ser transferidos para meses em que se espera uma grande entrada de caixa.
3. O orçamento de fluxo de caixa consegue combinar assuntos financeiros comerciais e pessoais em um único plano completo.
4. Um banco ou outra instituição mutuante tem mais condições de oferecer orientação financeira e localizar possíveis pontos fracos ou fortes do negócio com base em um orçamento de fluxo de caixa completo. Pode-se estabelecer uma linha de crédito realista.
5. Planejando antecipadamente e sabendo quando haverá caixa disponível, os ges-

---

Quadro 13-1 Fluxo de caixa positivo significa lucro?

Não necessariamente! Embora um fluxo de caixa líquido positivo certamente seja preferível a um negativo, nem sempre significa um lucro positivo. Existem inúmeras diferenças entre um orçamento de fluxo de caixa e uma demonstração de resultados O orçamento de fluxo de caixa não traz itens não monetários, como mudanças de estoque e depreciação, que afetam o lucro. Ele inclui itens monetários, como pagamentos de empréstimos, novos empréstimos e retiradas para uso pessoal, que não afetam o lucro.

Podem ocorrer um grande fluxo de caixa líquido positivo e um lucro baixo sempre que houver recebimentos originários de vendas de ativos de capital, como terra e reprodutores, doações em dinheiro ou heranças, receita não rural grande, novos empréstimos, depreciação grande ou decréscimos de estoque. Fluxo de caixa negativo e lucro bom podem ocorrer por causa de consideráveis aumentos de estoque, compras à vista de ativos de capital e pagamentos de dívida e retiradas pessoais maiores do que o normal.

tores podem obter descontos em compras de insumos por meio de pagamento à vista.

6. O orçamento de fluxo de caixa também pode compensar no planejamento tributário, apontando os efeitos do imposto de renda sobre a cronologia de compras, vendas e gastos de capital.

7. O orçamento de fluxo de caixa pode ajudar a localizar um desequilíbrio entre dívida circulante e não circulante, sugerindo modos de melhorar a situação. Por exemplo, dívida corrente demais em proporção à divida não circulante pode criar problemas de fluxo de caixa.

Outras aplicações e vantagens do orçamento de fluxo de caixa poderiam ser relacionadas, dependendo da situação financeira específica. O gestor alerta encontrará muitos jeitos de aprimorar o planejamento e a gestão financeira do negócio por meio da utilização do orçamento de fluxo de caixa.

MONITORAMENTO DOS FLUXOS DE CAIXA EFETIVOS

O orçamento de fluxo de caixa também pode ser empregado como parte de um sistema para monitorar e controlar os fluxos de caixa durante o ano. A função de controle da gestão foi discutida anteriormente, e ilustraremos aqui um método de controle por meio do uso do orçamento de fluxo de caixa. Um modelo como o da Tabela 13-4 proporciona um modo organizado de comparar os fluxos de caixa orçados com os valores reais.

O fluxo de caixa anual total orçado de cada rubrica pode ser lançado na primeira coluna. O fluxo de caixa orçado total até o momento é lançado na segunda coluna, e o fluxo de caixa efetivo até o momento, na terceira coluna. Se as cifras forem atualizadas mensalmente, ou no mínimo trimestralmente, é fácil fazer uma comparação rápida dos fluxos de caixa orçados e efetivos.

Essa comparação é um meio de monitorar e controlar os fluxos de caixa (especialmente as saídas de caixa) ao longo do ano. Saídas além dos valores orçados são rapidamente identificadas, podendo-se tomar providências para encontrar e sanar as causas. As estimativas para o resto do ano também podem ser revisadas. Os resultados efetivos no fim do ano podem ser utilizados para fazer ajustes nos valores orçados para o ano seguinte, o que melhorará a precisão dos próximos orçamentos. Além disso, monitorar e atualizar os fluxos de caixa efetivos ao longo do ano facilita a elaboração da Demonstração dos Fluxos de Caixa anual do negócio, como a que vimos na Tabela 5-4.

ANÁLISE DE INVESTIMENTO POR MEIO DE ORÇAMENTO DE FLUXO DE CAIXA

Até aqui, a exposição disse respeito ao uso de um orçamento de fluxo de caixa que abrange todo o negócio durante um ano. Existe uma outra aplicação importante do orçamento de fluxo de caixa. Todo grande investimento de capital novo, como compras de terras, máquinas ou edificações, pode ter um efeito grande sobre os fluxos de caixa, especialmente se for tomado emprestado capital adicional para financiar a compra.

Capital emprestado exige pagamentos de principal e juros, o que representa novas saídas de caixa. A pergunta a responder antes de fazer um novo investimento é: o novo investimento gerará renda monetária adicional suficiente para fazer frente aos seus requisitos de caixa adicionais? Em outras palavras: o investimento é financeiramente viável, em oposição a economicamente lucrativo? Um exemplo ilustra essa aplicação do orçamento de fluxo de caixa. Imagine que um produtor agropecuário está pensando em adquirir um sistema de irrigação para irrigar 120 acres. Foram recolhidas informações para realizar a análise de fluxo de caixa:

Custo do sistema de irrigação	US$ 90.000
Entrada à vista	30.000
Capital emprestado (a 7% por 3 anos)	60.000
Renda agrícola adicional do aumento do rendimento (US$ 204 por acre)	24.480
Despesas agrícolas adicionais dos maiores níveis de insumo (US$ 62 por acre)	7.440
Despesas de irrigação (US$ 45 por acre)	5.400

A Tabela 13-5 sintetiza essas informações em formato de fluxo de caixa. É um investimento de capital de vida útil longa, então é importante observar o fluxo de caixa por vários anos, em vez de mês a mês durante um ano, como se fez com o orçamento completo de fluxo de caixa do estabelecimento agropecuário.

O novo empréstimo exige um pagamento de principal de US$ 20.000 a cada ano do prazo de três anos, mais juros sobre o saldo devedor. Essa obrigação gera um grande requisito de saída de caixa durante os três primeiros anos, ocasionando um fluxo de caixa líquido negativo nesses anos. Após o empréstimo ser quitado, no terceiro ano, verifica-se um fluxo de caixa líquido positivo nos anos seguintes. Esse resultado é comum quando uma porção grande do preço de compra é tomada emprestada e o empréstimo tem que ser quitado em um prazo relativamente curto.

Esse investimento, obviamente, irá causar um problema de fluxo de caixa nos três primeiros anos. Isso quer dizer que o investimento é ruim? Não necessariamente. O sistema de irrigação deverá durar mais do que os cinco anos mostrados na tabela, continuando a gerar um fluxo de caixa positivo nos anos posteriores. Ao longo da vida útil total do sistema de irrigação, haveria um fluxo de caixa líquido positivo, talvez considerável. O problema é como se virar nos três primeiros anos.

Nesse ponto, a compra do sistema de irrigação deve ser incorporada ao orçamento de fluxo de caixa de todo o estabelecimento rural. Esse orçamento talvez mostre que outras partes do negócio rural estão gerando caixa em excesso suficiente para cobrir o fluxo de caixa negativo resultante da aquisição do sistema de irrigação. Caso contrário, uma possibilidade seria negociar com o mutuante um empréstimo mais longo, com parcelas anuais

Tabela 13-5 Análise de fluxo de caixa de um investimento em irrigação

	Ano				
	1	2	3	4	5
Entrada de caixa:					
Aumento da renda agrícola	US$ 24.480	US$ 24.480	US$ 24.480	US$ 24.480	US$ 24.480
Saída de caixa:					
Despesas agrícolas adicionais	7.440	7.440	7.440	7.440	7.440
Despesas de irrigação	5.400	5.400	5.400	5.400	5.400
Pagamentos de principal	20.000	20.000	20.000	0	0
Pagamentos de juros	4.200	2.800	1.400	0	0
Saída de caixa total	37.040	35.640	34.240	12.840	12.840
Fluxo de caixa líquido	(12.560)	(11.160)	(9.760)	11.640	11.640

230 Parte IV Orçar para obter mais lucro

Tabela 13-4 Modelo para monitorar fluxos de caixa efetivos

Nome _____   Ano_____

		Total anual	Orçado até o momento	Efetivo até o momento
1	Saldo de caixa inicial			
	Recebimentos operacionais:			
2	Grãos e ração			
3	Animais de engorda			
4	Produtos pecuários			
5	Outros			
6				
	Recebimentos de capital:			
7	Reprodutores			
8	Maquinário e equipamento			
9	Outros			
	Renda não rural:			
10	Salários e remunerações			
11	Investimentos			
12	Outros			
13	Entrada de caixa total (somar linhas 1-12)			
	Despesas operacionais:			
14	Sementes			
15	Fertilizante e calcário			
16	Pesticidas			
17	Outras despesas de cultivo			
18	Gasolina, óleo, lubrificantes			
19	Mão de obra contratada			
20	Locação de máquinas			
21	Rações e grãos			
22	Animais de engorda			
23	Despesas pecuárias			
24	Reparos – maquinário			
25	Reparos – construções e benfeitorias			
26	Arrendamento à vista			
27	Suprimentos			
28	Impostos imobiliários			
29	Seguro			
30	Serviços públicos			
31	Automóveis e picapes (porção do estabelecimento rural)			
32	Outras despesas rurais			
33				
34				
35	Despesas operacionais de caixa totais (somar linhas 14-34)			

Capítulo 13 Orçamento de fluxo de caixa **231**

Quadro 13-2	Fluxo de caixa por empreendimento

Pode ser criado um orçamento de fluxo de caixa para cada empreendimento. Pode-se fazer isso por unidade (p. ex., um acre de cultivo ou uma cabeça de rebanho) e, então, multiplicar-se pelo número de unidades. Então, esses orçamentos de fluxo de caixa separados por empreendimento podem ser empregados como base para fazer o orçamento completo do fluxo de caixa geral do estabelecimento agropecuário. Uma vantagem desse método é que é mais difícil ignorar itens quando se lida com um único empreendimento. Como consequência, o orçamento de fluxo de caixa geral provavelmente será mais exato. Outra vantagem é que o efeito sobre os fluxos de caixa provenientes da eliminação, do acréscimo ou da alteração do nível de um empreendimento fica fácil de estimar.

---

menores. Essa solução ajudaria a reduzir o problema de fluxo de caixa, mas estenderia os pagamentos de principal e juros por um período maior, aumentando o montante total de juros pagos.

Essa análise de fluxo de caixa não considerou os efeitos que o investimento teria no imposto de renda. Entretanto, um investimento novo pode ter um impacto grande no imposto de renda pago, o que, por sua vez, afeta os fluxos de caixa líquidos. Melhora-se a precisão se os fluxos de caixa após impostos forem usados nesse tipo de análise. (Consulte o Capítulo 16 para uma discussão sobre impostos de renda.)

Aquisições de terra costumam gerar fluxos de caixa negativos por vários anos, exceto se for paga uma entrada considerável. Novas instalações pecuárias podem exigir um caixa considerável em construção, reprodutores e ração antes de ser gerada renda em caixa adicional. Pomares e vinhedos podem demorar vários anos até se tornarem produtivos e gerarem receita em caixa. Esses exemplos ilustram a importância de analisar um novo investimento por meio de um orçamento de fluxo de caixa. É sempre melhor perceber e resolver um problema de fluxo de caixa antes do tempo do que ter uma surpresa desagradável. Em alguns casos, pode não haver jeito de resolver um fluxo de caixa negativo projetado que vem com um investimento novo. Nessa situação, o investimento seria financeiramente inviável, pois os requisitos de fluxo de caixa não podem ser cumpridos.

RESUMO

O orçamento de fluxo de caixa é um resumo de todas as entradas e saídas de caixa durante um dado período futuro. A ênfase é no dinheiro e em todos os fluxos de caixa, qualquer que seja o tipo, a fonte ou o uso. Tanto as necessidades de caixa rurais quanto as pessoais constam no orçamento de fluxo de caixa. Não são incluídos lançamentos não monetários. O orçamento de fluxo de caixa também inclui a cronologia das entradas e saídas de caixa, para mostrar como elas se encaixam umas nas outras. O resultado dá uma estimativa das necessidades de empréstimo do negócio, sua capacidade de amortização de dívida e a cronologia de ambas.

O orçamento de fluxo de caixa também pode ser usado para realizar uma análise de viabilidade financeira de um investimento proposto. O investimento pode causar grandes mudanças nas rendas e despesas de caixa, especialmente se forem utilizados novos empréstimos para financiar a aquisição. Uma análise de fluxo de caixa que se concentre apenas nos fluxos de caixa resultantes da aquisição indicará se o investimento irá gerar o caixa necessário para cobrir as saídas de caixa que ele causará. Se não, a compra precisa ser repensada, ou, então, deve-se fazer mais análise, para garantir que o caixa necessário seja disponibilizado por outras partes do negócio.

PERGUNTAS PARA REVISÃO E REFLEXÃO

1. Por que a depreciação do maquinário não aparece no orçamento de fluxo de caixa?
2. Identifique quatro fontes de entradas de caixa que não seriam incluídas em uma demonstração de resultados, mas que constariam em um orçamento de fluxo de caixa. Por que elas aparecem no orçamento de fluxo de caixa?
3. Identifique quatro fontes de saídas de caixa que não seriam incluídas em uma demonstração de resultados, mas que constariam em um orçamento de fluxo de caixa. Por que elas aparecem no orçamento de fluxo de caixa?
4. Identifique quatro lançamentos não monetários encontrados na demonstração de resultados, mas não no orçamento de fluxo de caixa.
5. Diga se a seguinte assertiva é verdadeira ou falsa e justifique: "O orçamento de fluxo de caixa é usado primordialmente para mostrar o lucro do negócio".
6. Explique como você usaria um orçamento de fluxo de caixa ao pedir um empréstimo para negócios rurais.
7. Imagine que você gostaria de fazer um investimento em terras de agricultura da sua região. Determine os preços locais da terra, as taxas de arrendamento à vista e as despesas de caixa que você teria como proprietário da terra. Monte um orçamento de fluxo de caixa de 5 anos para o investimento, presumindo que 60% do preço de compra será tomado emprestado em um empréstimos de 20 anos, com juros de 10%. O investimento seria financeiramente viável sem outra fonte adicional de entrada de caixa?
8. Um orçamento de fluxo de caixa viável deve projetar um saldo de caixa positivo para cada mês do ano, assim como para o ano inteiro. Ao fazer ajustes no orçamento para alcançar isso, você deve começar com o fluxo de caixa anual ou com os valores mensais? Por quê?

PARTE V

Aperfeiçoamento das habilidades gerenciais

As habilidades gerenciais básicas apresentadas nas Partes I, II, III e IV agora serão estendidas e aplicadas a áreas específicas do negócio agropecuário. Além disso, alguns dos pressupostos simplificadores, como ter ciência antecipada dos preços e da produção, serão deixados de lado, discutindo-se a tomada de decisão em um ambiente com riscos.

O agropecuarista iniciante precisa decidir qual tipo de natureza jurídica utilizar, e essa decisão deve ser reexaminada por toda a existência do negócio. A natureza jurídica diz respeito ao marco jurídico e operacional em que as decisões gerenciais são tomadas e executadas. As opções básicas são propriedade individual (*sole proprietorship*), sociedade de responsabilidade pessoal (*partnership*), corporação (*corporation*) e outros. Elas são discutidas no Capítulo 14. Ao longo do tempo, mudanças no tamanho e no envolvimento da família, metas, normas fiscais e condições financeiras tornam necessários ajustes à estrutura organizacional do negócio.

A agropecuária é um negócio com riscos. São poucas as decisões que podem ser tomadas com informações completas sobre o futuro. Via de regra, há incerteza quanto a preço, rendimentos e outras condições produtivas e financeiras. No Capítulo 15, são apresentados alguns métodos para aperfeiçoar a tomada de decisão em meio à incerteza, e são discutidas algumas técnicas para reduzir o risco inerente à produção, à comercialização e a finanças agropecuárias.

Todo negócio agropecuário lucrativo acabará tendo que usar parte de seus lucros para cumprir suas obrigações de imposto de renda. Isso afeta o fluxo de caixa do negócio e desacelera o crescimento do patrimônio. O Capítulo 16 discorre sobre como as decisões gerenciais afetam os impostos de renda e por que o gestor deve considerar os efeitos tributários de todas as decisões tomadas ao longo do ano. Ele também fala sobre algumas estratégias básicas de gestão tributária que podem ser úteis para atingir uma meta de maximização do lucro após impostos.

Muitos recursos utilizados na agropecuária são investimentos de longo prazo, que aplicam grandes quantidades de capital. Essas decisões de investimento podem afetar a situação financeira do negócio por muitos anos. O Capítulo 17 explana várias técnicas de análise de investimento, como orçamento de capital, valor presente líquido e taxa interna de retorno. Utilizar essas ferramentas ajuda os gestores rurais a tomar decisões melhores sobre investimento de capital de longo prazo e métodos de financiamento.

O Capítulo 18 apresenta informações sobre análise de empreendimento, ou seja, como analisar empreendimentos específicos como centros de lucro e/ou custo. Procedimentos de análise de lucratividade e eficiência de todo o negócio foram expostos no Capítulo 6. Entretanto, pode haver um problema causado por apenas um ou dois empreendimentos. A análise de empreendimento ajuda a isolar problemas do negócio, sendo assim uma ferramenta importante para a função de controle da gestão.

CAPÍTULO 14

Natureza jurídica e transferência do negócio agropecuário

Objetivos do capítulo

1. Descrever a propriedade individual, a sociedade de responsabilidade pessoal, a corporação, a sociedade de responsabilidade limitada e a cooperativa como as principais formas de natureza jurídica à disposição dos produtores rurais.

2. Discutir a constituição e as características de cada natureza jurídica.

3. Comparar as vantagens e desvantagens de cada natureza jurídica.

4. Mostrar como os impostos de renda são afetados pela natureza jurídica.

5. Sintetizar os fatores importantes a considerar ao selecionar a natureza jurídica.

6. Comparar esquemas alternativos para transferir a renda, a propriedade e a gestão do negócio rural de uma geração para a outra.

Todo negócio, incluindo o rural, pode ser organizado de várias formas jurídicas e comerciais diferentes.* Muitos gestores mudam o tipo de

---

* N. de T.: Os institutos e as naturezas jurídicas contemplados neste capítulo não encontram correspondência perfeita com os do nosso direito, por se basearem em um sistema jurídico extremamente diverso (o *common law*, e não o direito romano-germânico, ao qual se filia o direito brasileiro). Assim, as opções de tradução aqui feitas são meras aproximações, mediante adaptação ou vertendo-se as naturezas jurídicas usadas nos Estados Unidos pelas que mais se aproximam das mesmas aqui, sem, no entanto, haver identidade. A primeira ocorrência de cada natureza jurídica é acompanhada pelo termo original entre parênteses, para situar o leitor no contexto do original.

organização durante a vida do negócio, para melhor atingir metas e objetivos cambiantes.

A três formas de organização comercial mais comuns para estabelecimentos agropecuários são: (1) propriedade individual (*sole proprietorship* ou *individual proprietorship*), (2) sociedade de responsabilidade pessoal (*partnership*) e (3) corporação (*corporation*). Cada uma delas possui características jurídicas e organizacionais diferentes, estando sujeitas a diferentes regulamentações de imposto de renda. Segundo o Censo da Agricultura dos EUA de 2007, aproximadamente 87% dos estabelecimentos agropecuários norte-americanos estão constituídos como propriedades individuais, cerca de 8% são sociedades de responsabilidade pessoal e um pouco mais de 4% são corporações. Dos estabelecimentos constituídos como corporações, a maioria é de propriedade familiar, com 10 ou menos quotistas. Além disso, alguns estabelecimentos rurais são constituídos como sociedades de responsabilidade limitada ou cooperativas, ou possuem contratos operacionais com outros negócios.

A escolha correta da natureza jurídica depende de fatores como tamanho do negócio, número de pessoas envolvidas, estágio de carreira e idade dos principais operadores e o desejo dos proprietários de transmitir seus bens a seus herdeiros. Só se deve optar por uma opção definitiva sobre a natureza jurídica após a análise de todos os possíveis efeitos de longo prazo sobre o negócio e as pessoas envolvidas.

CICLO DE VIDA

Cada negócio agropecuário possui um ciclo de vida de quatro estágios: ingresso, crescimento, consolidação e saída. Esses estágios são retratados na Figura 14-1. O estágio de *ingresso* inclui escolher a agropecuária como carreira, selecionar empreendimentos, adquirir e organizar os recursos necessários e estabelecer uma base financeira.

O estágio de *crescimento* envolve a expansão do tamanho do negócio, geralmente por meio da compra ou do arrendamento de mais terra ou aumentando-se a escala dos empreendimentos pecuários. Também pode ocorrer crescimento intensificando-se a produção em uma base fundiária fixa. Este estágio amiúde usa capital de dívida para financiar a expansão, exigindo bom planejamento financeiro e gestão do risco. Ele pode até incluir a fusão com outro operador. Após o estágio de crescimento, a ênfase costuma se voltar à *consolidação* da operação. A redução da dívida torna-se uma prioridade, e prefere-se mais eficiência a mais tamanho. Planejamento antecipado e incorporação da próxima geração ao negócio, porém, podem possibilitar que ele continue no estágio de crescimento ou consolidação por algum tempo, sem apresentar um decréscimo de tamanho.

Com o operador rural se aproximando da aposentadoria, a atenção volta-se a reduzir o risco, liquidar o negócio ou transferir a propriedade à geração seguinte. Neste estágio de *saída*, o tamanho do negócio talvez decline. As consequências de imposto de renda da liquidação ou transferência devem ser levadas em conta, juntamente com a necessidade de uma renda de aposentadoria adequada. Outra questão é dispensar um tratamento justo a todos os filhos que escolherem a agropecuária como carreira, assim como àqueles que forem atrás de outros interesses.

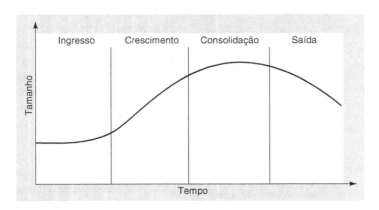

Figura 14-1 Ilustração do ciclo de vida do negócio agropecuário.

Capítulo 14 Natureza jurídica e transferência do negócio agropecuário **237**

Quadro 14-1 · O ciclo de vida do negócio agropecuário

Arthur e Beatrice Campbell começaram na agropecuária arrendando 240 acres do tio de Arthur quando eles tinham vinte e pouco anos. Eles também ordenhavam diversas vacas que Beatrice adquirira em seus anos de 4-H (um programa governamental dos EUA voltado ao desenvolvimento e à qualificação de jovens). Dez anos depois, eles compraram as terras do tio de Arthur e arrendaram mais 160 acres. Eles continuaram juntando mais vacas, até que o rebanho chegou a 60 cabeças.

Ao atingirem seus cinquenta e poucos anos, eles decidiram que sua operação rural já havia crescido o suficiente e se concentraram em quitar todas as dívidas que haviam contraído, tornar seu sistema de ordenha mais eficiente e aprimorar a genética do rebanho.

Nenhum de seus filhos tinha interesse em agropecuária como carreira, então eles venderam o rebanho leiteiro ao chegarem aos 65 anos de idade. Alguns anos mais tarde, eles venderam suas máquinas e arrendaram suas terras a um agropecuarista mais jovem que vive nos arredores. Todavia, eles continuam vivendo na propriedade e têm um papel ativo em sua comunidade. Nenhum de seus filhos tinha interesse em agropecuária como carreira, então eles venderam o rebanho leiteiro ao chegarem aos 65 anos de idade. Alguns anos mais tarde, eles venderam suas máquinas e arrendaram suas terras a um agropecuarista mais jovem que vive nos arredores. Todavia, eles continuam vivendo na propriedade e têm um papel ativo em sua comunidade.

O estágio do ciclo de vida em que o estabelecimento rural está atualmente funcionando é uma consideração importante ao escolher sua natureza jurídica. Capital total investido, tamanho da dívida, considerações de imposto de renda, metas dos proprietários e operadores e outros fatores provavelmente diferirão em cada estágio. O produtor rural pode achar uma natureza jurídica diferente a mais adequada para cada estágio do ciclo de vida. Entretanto, deve-se pensar com cuidado e antecedência quanto a como se lidará com a alteração de uma natureza jurídica para outra.

PROPRIEDADE INDIVIDUAL

A propriedade individual (*sole proprietorship*) é fácil de constituir e operar, o que é responsável por muito da sua popularidade.

Organização e características

Na propriedade individual, o proprietário tem o domínio e a gestão do negócio, assume todos os riscos e fica com todos os lucros e prejuízos. Sua característica distintiva é o proprietário único, que adquire e organiza os recursos necessários, faz a gestão e é o único responsável pelo sucesso ou fracasso do negócio, assim como pelo pagamento de todas as dívidas do negócio. Muitas vezes, a propriedade individual seria mais precisamente chamada de propriedade familiar, pois, em muitos estabelecimentos agropecuários, o marido, a mulher e os filhos estão todos envolvidos na propriedade, na mão de obra e na gestão.

Estabelece-se a propriedade individual começando-se a operar o negócio. Não são necessários procedimentos legais, alvarás ou licenças especiais. A propriedade individual não tem limite de tamanho, seja pela quantidade de insumos que podem ser usados, seja pela quantidade de *commodities* produzidas. O negócio pode ter o tamanho que o proprietário desejar e pode ter qualquer número de empregados. Pode-se contratar gestão adicional, bem como haver bens em condomínio com terceiros. A propriedade individual não necessariamente tem ativos próprios: ela pode existir mesmo quando toda a terra e maquinários são arrendados.

Imposto de renda

O proprietário de um negócio organizado como propriedade individual paga imposto de renda sobre todo o lucro comercial, às alíquotas em vigor para declarações individuais ou conjuntas de imposto de pessoa física. Os lucros comerciais e ganhos de capital são acrescentados às demais rendas tributáveis auferidas para determinar a renda tributável total da pessoa. A renda obtida está sujeita a tributos de autônomo e seguro público de saúde.

Vantagens

As vantagens da propriedade individual são sua simplicidade e a liberdade que o proprietário tem ao operar o negócio. Nenhum outro operador ou proprietário precisa ser consultado quando se deve tomar uma decisão gerencial. O proprietário está livre para organizar e operar o negócio de qualquer maneira lícita, e todos os lucros e prejuízos do negócio pertencem ao proprietário individual.

A propriedade individual é flexível, também. O gestor pode rapidamente tomar decisões sobre investimentos, compras, vendas, combinações de empreendimentos e níveis de insumos baseadas exclusivamente em seu julgamento. Ativos podem ser rapidamente comprados ou vendidos, dinheiro pode ser emprestado ou o negócio pode ser, inclusive, liquidado se for necessário, embora isso possa demandar o acordo de um arrendante ou mutuante.

Desvantagens

A liberdade gerencial inerente à propriedade individual implica também várias responsabilidades. Os proprietários individuais respondem pessoalmente por todas as dificuldades jurídicas e dívidas relativas ao negócio. Os credores têm o direito de penhorar não apenas os bens do negócio, mas também os bens pessoais do proprietário para satisfazer obrigações financeiras não pagas. Essa característica da propriedade individual pode ser uma desvantagem importante em um negócio grande e altamente financiado em que o proprietário possui diversos bens pessoais e não rurais. A derrocada comercial pode fazer com que esses bens sejam passados aos credores para pagar as dívidas da propriedade individual.

O tamanho da propriedade individual é restringido pelo capital à disposição do proprietário individual. Se só houver um montante limitado disponível, o negócio pode ser pequeno demais para realizar muitas economias de escala, dificultando a concorrência com estabelecimentos rurais maiores e mais eficientes. No outro extremo, as capacidades gerenciais e o tempo do proprietário individual podem ser insuficientes para um negócio grande, dificultando que ele se torne um especialista em qualquer área. Portanto, uma propriedade individual grande pode necessitar contratar mais conhecimento gerencial ou horas de consultoria.

Outra desvantagem da propriedade individual é a falta de continuidade comercial. É difícil colocar filhos no negócio em outra condição além de funcionários ou arrendatários. A morte do proprietário também significa que o negócio pode ter que ser liquidado ou reconstituído com uma nova forma de propriedade. Isso pode consumir tempo e dinheiro, resultando em uma herança menor e menos renda para os herdeiros durante o período de transição.

JOINT VENTURES

Embora a propriedade individual ofereça ao gestor o máximo de flexibilidade e independência, há outras naturezas jurídicas possíveis. Elas permitem que dois ou mais operadores combinem suas respectivas capacidades e ativos para alcançar níveis de eficiência ou outras metas que poderiam ser inalcançáveis sendo cada um por si.

Esses negócios são chamados de *joint ventures* (em tradução literal, empreendimentos conjuntos). Dos diversos tipos de *joint venture*, os mais usados na agropecuária incluem:

1. Contratos operacionais (*operating agreements*);

2. Sociedades de responsabilidade pessoal (*partnerships*);
3. Corporações (*corporations*);
4. Sociedades de responsabilidade limitada (*limited liability companies*);
5. Cooperativas (*cooperatives*).

Cada tipo de *joint venture* possui características únicas no que toca a propriedade de bens, distribuição de renda, tributação, continuidade, responsabilidade e organização formal. Em muitos casos, apenas parte do negócio rural completo é implicada na *joint venture*. Às vezes, a *joint venture* afeta somente um empreendimento. Em outros casos, alguns ativos, como terra, são excluídos para protegê-los da responsabilidade ilimitada da *joint venture* ou para tornar as quotas de propriedade mais iguais.

Deve-se tomar cuidado especial para distribuir a renda obtida pela *joint venture* de forma equitativa. Negócios com contrato operacional podem dividir a renda bruta, como será ilustrado mais além. Em negócios mais complexos, os proprietários de ativos que são utilizados, mas não são de propriedade da *joint venture*, podem receber uma taxa de arrendamento pelo valor justo de mercado. As pessoas que emprestam dinheiro ao negócio recebem pagamentos de juros. Àqueles que contribuem com mão de obra deve ser pago um salário justo, muito embora também sejam donos do negócio. Por fim, os lucros gerados pelo negócio são distribuídos com base nos quinhões de propriedade, taxa de incentivo ou por algum outro critério mutuamente convencionado.

É importante distinguir entre pagamentos feitos como retornos sobre ativos arrendados, capital emprestado, mão de obra e capital patrimonial, mesmo que todos ou alguns dos beneficiados sejam as mesmas pessoas. A Figura 14-2 ilustra essa relação.

As principais vantagens de uma *joint venture* em relação à propriedade individual envolvem a combinação de capital e gestão. Reunir o capital dos membros da *joint venture* permite que se forme um negócio maior, o que pode ser mais eficiente do que dois ou mais negócios menores. Isso também pode aumentar a quantidade de crédito disponível, possibilitando mais aumentos no porte do negócio. A oferta total de gestão e mão de obra também é ampliada ao se reunirem as capacidades de todos os membros. O trabalho de gestão pode ser dividido, com cada pessoa especializando-se em uma área do negócio, como agricultura, pecuária, comercialização ou contabilidade. Também é mais fácil para um operador se ausentar do negócio quando há outro operador para cobrir seu lugar.

CONTRATOS OPERACIONAIS

Às vezes, dois ou mais proprietários individuais realizam algumas atividades rurais juntos, ao mesmo tempo em que mantêm a propriedade individual de seus próprios recursos. Essa atividade, muitas vezes, é chamada de contrato ope-

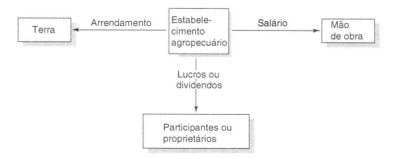

Figura 14-2 Distribuição de renda de uma *joint venture*.

racional (*operating agreement*). Esses contratos tendem a ser arranjos informais e limitados.

Na maioria dos contratos operacionais, todos pagam os custos relacionados à propriedade de seus ativos individuais, como tributos imobiliários, seguro, manutenção e juros de empréstimos. Despesas operacionais, como gastos com sementes, fertilizantes, honorários de veterinário ou serviços públicos, podem ser divididas entre as partes em uma proporção fixa, seguidamente a mesma proporção dos custos fixos. Em outros casos, uma parte ou outra pode pagar a integralidade de determinados custos operacionais, como combustível ou sementes, por uma questão de conveniência. Em qualquer um dos casos, o princípio geral do contrato operacional é dividir a renda na mesma proporção dos recursos totais contribuídos, inclusive ativos fixos e custos operacionais.

O orçamento de empreendimento pode ser uma ferramenta proveitosa para comparar as contribuições de recursos feitas por cada parte do contrato operacional. O exemplo da Tabela 14-1 é baseado no orçamento de empreendimento de vaca/novilho da Tabela 10-3. Nessa situação, a parte A é dona de todo o pasto, instalações e cercas do rebanho bovino, assim como dos animais. A Parte A também paga o custo de reparo das cercas e demais instalações dos animais.

A Parte B fornece toda a ração e mão de obra do empreendimento de vaca/novilho, pagando todos os custos variáveis que não a manutenção do pasto. Como a renda advinda do gado vendido deve ser dividida? A Tabela 14-1 demonstra que a Parte A contribui com 51% dos custos totais, com a Parte B contribuindo com 49%. A renda pode ser dividida

Tabela 14-1 Exemplo de orçamento de um empreendimento conjunto de vaca/novilho (uma cabeça)

Item	Valor (US$)	Parte A (US$)	Parte B (US$)
Despesas operacionais			
Feno	119,00		119,00
Suplemento	18,00		18,00
Sal, minerais	3,60		3,60
Manutenção do pasto	130,00	130,00	
Despesas veterinárias	10,00		10,00
Reparo das instalações dos animais	6,50	6,50	
Maquinário e equipamento	16,00		16,00
Despesas de reprodução	5,56	5,56	
Mão de obra	60,00		60,00
Outros	11,00		11,00
Juros (sobre metade das despesas operacionais)	12,34	4,62	7,72
Despesas de propriedade			
Juros sobre o rebanho reprodutor	37,50	37,50	
Instalações dos animais			
Depreciação e juros	10,00	10,00	
Maquinário e equipamento			
Depreciação e juros	9,50	9,50	
Ônus da terra	50,00	50,00	
Despesas totais	US$ 499,00	US$ 253,68	US$ 245,32
Contribuição percentual	100%	51%	49%

na mesma proporção, ou (para fins de como-didade) igualmente para cada pessoa, pois os resultados estão próximos de uma divisão de custos de 50-50.

Uma alternativa seria somar o valor dos recursos não pagos trazidos por cada parte (terra, instalações, animais, máquinas e mão de obra, no exemplo) e dividir todas as rendas e despesas operacionais de caixa na mesma proporção. No exemplo, as contribuições anuais da Parte A em animais, instalações, máquinas e terra são avaliadas em um total de US$ 107,00 por unidade bovina, enquanto a contribuição laboral da Parte B é avaliada em US$ 60,00. A Parte A está fornecendo 64% dos recursos fixos, e a Parte B, 36%. Eles poderiam combinar de dividir todos os demais custos, assim como a renda bruta, na mesma proporção. Isso pode não ser conveniente, contudo, salvo se for aberta uma conta bancária operacional conjunta. Além disso, o esquema aí começa a ficar parecido com uma sociedade de responsabilidade pessoal, o que pode não ser planejado ou desejável.

Devem ser tomadas dois cuidados ao avaliar contribuições de recursos. Os custos de oportunidade de todos os recursos não pagos, como mão de obra e ativos de capital, devem ser incluídos juntamente com os custos monetários, e todos os custos devem ser calculados para o mesmo período (geralmente, um ano). Não seria correto, por exemplo, avaliar a terra pelo seu valor de mercado integral atual quando a mão de obra e os custos operacionais são contabilizados por apenas um ano. Em vez disso, deve-se lançar mão de uma cobrança de juros anuais ou de um valor de arrendamento da terra.

SOCIEDADES DE RESPONSABILIDADE PESSOAL

Uma sociedade de responsabilidade pessoal (*partnership*) é uma associação de duas ou mais pessoas que dividem a propriedade de um negócio com fins lucrativos. As sociedades de responsabilidade pessoal podem ser constituídas para durar por um breve prazo ou por um longo período.

Há dois tipos de sociedade de responsabilidade pessoal reconhecidos na maioria dos estados. A sociedade em nome coletivo (*general partnership*) é a mais comum, mas a sociedade em comandita simples (*limited partnership*) é usada em algumas situações. Ambos os tipos possuem as mesmas características, com uma exceção: a sociedade em comandita simples precisa ter ao menos um sócio administrador (*general partner*), mas pode ter qualquer número de sócios investidores (*limited partners*). O sócio investidor não pode participar da gestão do negócio, e, em troca, sua responsabilidade financeira pelas dívidas e obrigações da sociedade é limitada ao seu investimento efetivo na sociedade. A responsabilidade do sócio administrador, contudo, pode se estender inclusive a seus bens pessoais.

A sociedade em comandita simples é usada com mais frequência para negócios como desenvolvimento imobiliário e engorda de gado, em que os investidores desejam limitar sua responsabilidade financeira e não querem se envolver na gestão. A maioria das sociedades de responsabilidade pessoal que operam na agropecuária é composta de sociedades em nome coletivo. Por esse motivo, o exposto no restante desta seção se aplica apenas à sociedade em nome coletivo.

Organização e características

Há muitos padrões e variações possíveis nos esquemas de sociedade de responsabilidade pessoal. Contudo, a natureza jurídica de sociedade de responsabilidade pessoal possui três características básicas:

1. Divisão dos lucros e prejuízos do negócio;
2. Controle compartilhado dos bens, com possibilidade de condomínio de alguns bens;
3. Gestão compartilhada do negócio.

O esquema exato de compartilhamento de cada uma dessas características é flexível, devendo ser estabelecido no contrato da sociedade.

242 Parte V Aperfeiçoamento das habilidades gerenciais

Quadro 14-2 — Um exemplo de sociedade de responsabilidade pessoal

McDonald e Garcia constituíram uma sociedade de responsabilidade pessoal com o propósito de finalização de suínos de engorda. Eles concordaram em cada um pôr US$ 30.000 de capital operacional e a ração que eles tinham no momento. McDonald edificará o galpão de finalização e pagará pelos cochos, bebedouros, ventiladores e outros equipamentos. Garcia contribuirá com um trator e com maquinário para manuseio de estrume. Esta tabela sintetiza o valor de seus aportes:

Ativos contribuídos	Total	McDonald	Garcia
Capital operacional	US$ 60.000	US$ 30.000	US$ 30.000
Estoque atual de ração	25.600	9.500	16.100
Equipamentos pecuários	21.500	20.200	1.300
Trator e máquinas	27.000	0	27.000
Galpão e armazenagem de esterco	85.000	85.000	0
Total	US$ 219.100	US$ 144.700	US$ 74.400
Quota de propriedade	100%	66%	34%

Após examinar os valores, eles concordaram em dividir a renda e os prejuízos líquidos da sociedade à razão de dois terços para McDonald e um terço para Garcia. Todavia, Garcia passará cerca de 25 horas por semana trabalhando na unidade de finalização, enquanto McDonald trabalhará apenas 5 horas por semana; assim, eles convencionaram que a sociedade pagará a cada um deles um salário justo pela sua mão de obra antes de se calcular a renda líquida. Eles também acordaram em deixar metade da renda líquida na sociedade durante o primeiro ano, para aumentar seu capital operacional. Os sócios podem fazer aportes de terra, capital, mão de obra, gestão e outros ativos à conta de capital da sociedade. A remuneração por mão de obra contribuída ou ativos arrendados à sociedade deve ser paga em primeiro lugar, pois pode não estar nas mesmas proporções da propriedade. Os lucros remanescentes usualmente são divididos na proporção da propriedade da sociedade, via de regra com base no valor inicial dos ativos aportados ao negócio. Porém, alguns sócios preferem dividir os lucros da sociedade igualmente, a despeito das contribuições.

Contratos verbais de sociedade são lícitos na maioria dos estados, mas não são recomendados. Pontos importantes podem ser deixados de lado, e, ao longo do tempo, a dissipação da memória quanto aos detalhes do contrato verbal podem causar atritos entre os sócios. Também podem ser encontrados problemas ao se fazer a declaração de imposto de renda da sociedade se os arranjos não estiverem bem documentados.

Um contrato escrito de sociedade é especialmente importante quando os lucros não são divididos igualmente. Os juízes e a Lei Uniforme das Sociedades de Responsabilidade Pessoal (um conjunto de regulamentações aprovado pela maioria dos Estados para reger a operação das sociedades de responsabilidade pessoal) presumem um quinhão igual em tudo, incluindo decisões gerenciais, quando não há um acordo escrito especificando um arranjo diferente. Em toda situação não prevista pelo contrato escrito, aplicam-se as regulamentações da lei estadual de sociedades de responsabilidade pessoal.

O contrato escrito deve prever no mínimo os seguintes quesitos:

1. *Gestão* Diz quem é responsável por quais decisões gerenciais e como elas serão tomadas.

2. *Propriedade e contribuição de bens* Lista os bens que cada sócio aportará à sociedade, descrevendo como se dará sua propriedade.
3. *Quota de lucros e prejuízos* Descreve meticulosamente o método de cálculo dos lucros e prejuízos e a quota que cabe a cada sócio, especialmente se houver uma divisão desigual.
4. *Registros* Registros são importantes para a divisão dos lucros e para manter um inventário de ativos e sua propriedade. Eles designam quem manterá quais registros como parte do contrato.
5. *Tributação* Inclui uma contabilização precisa da base de cálculo tributária sobre os bens de propriedade e controle da sociedade e cópias das declarações fiscais informativas da sociedade.
6. *Extinção* Informa quando a sociedade será extinta se isso for sabido ou puder ser determinado.
7. *Dissolução* A extinção da sociedade, em caráter voluntário ou involuntário, exige a divisão dos ativos da sociedade. O método dessa divisão deve ser descrito a fim de que não haja discordâncias e divisão injusta.

Os bens podem ser de propriedade da sociedade, ou, então, os sócios podem manter a propriedade de seus bens pessoais e arrendá-los à sociedade. Quando a sociedade é dona dos bens, qualquer sócio pode vender ou dispor de qualquer ativo sem o consentimento e a permissão dos demais sócios. Esse aspecto da sociedade de responsabilidade pessoal sugere que manter a propriedade pessoal de alguns ativos e arrendá-los à sociedade pode ser desejável.

A sociedade de responsabilidade pessoal pode ser extinta de diversos modos. O contrato social pode especificar uma data de extinção. Caso contrário, a sociedade é extinta quando da incapacidade ou morte de um sócio, falência ou acordo mútuo dos sócios. A extinção mediante morte de sócio pode ser evitada prevendo-se disposições no contrato escrito que permitam que a quota do sócio falecido passe ao espólio e, portanto, a seus herdeiros.

Além das três características básicas citadas anteriormente, fatores que indicam que um arranjo comercial específico é juridicamente uma sociedade de responsabilidade pessoal incluem:

1. Propriedade conjunta de ativos na conta de capital da sociedade;
2. Operação sob uma razão social;
3. Conta bancária conjunta;
4. Conjunto único de registros comerciais;
5. Participação de todos na gestão;
6. Divisão de lucros e prejuízos.

A propriedade conjunta de bens não implica, por si só, uma sociedade de responsabilidade pessoal. Entretanto, um arranjo comercial com todas ou a maioria dessas características pode constituir, juridicamente, uma sociedade de responsabilidade pessoal, mesmo que sem intenção. Essas características devem ser lembradas quando se fazem acertos entre locador e locatário, por exemplo. Pode-se criar uma sociedade de responsabilidade pessoal por meio de acordos de arrendamento baseados em quotas, salvo se forem tomadas providências para evitar a maioria das condições mencionadas.

Imposto de renda

A sociedade de responsabilidade pessoal não paga impostos de renda diretamente. Em vez disso, ela protocoliza uma declaração informativa de imposto de renda, relatando as rendas e despesas da sociedade. Então, a renda da sociedade é informada pelos sócios em suas declarações de imposto de pessoa física, com base nas respectivas quotas sobre a renda da sociedade, nos termos do contrato social.

Em uma sociedade 50-50, por exemplo, cada sócio declara metade da renda social, ganhos de capital, despesas, depreciação, perdas e assim por diante. Esses itens são incluídos juntamente com outras rendas que o sócio possuir, a fim de fixar o passivo total de imposto de renda. A renda da sociedade de responsabilidade pessoal, portanto, é tributada a alíquotas de pessoa física, sendo que a alíquota exata depende do valor da renda societária e outra rendas obtidas por cada sócio/contribuinte.

Vantagens

É mais fácil formar uma sociedade de responsabilidade pessoal do que uma corporação. Ela exige mais registros do que a propriedade individual, mas não tantos quanto uma corporação. Embora os sócios possam perder um pouco de liberdade pessoal ao tomar decisões gerenciais, um contrato bem-escrito pode manter a maior parte dessa liberdade.

A sociedade de responsabilidade pessoal é uma figura jurídica flexível, em que diversos tipos de arranjos podem ser acomodados e inseridos em um contrato escrito. Ela se encaixa em situações como quando os pais desejam trazer os filhos e seus cônjuges para o negócio. Os filhos podem começar contribuindo apenas com mão de obra à sociedade, mas o contrato social pode ser alterado ao longo do tempo para acomodar suas contribuições crescentes com gestão e capital.

Desvantagens

A responsabilidade ilimitada do sócio administrador é uma importante desvantagem da sociedade de responsabilidade pessoal. Um sócio não pode responder pessoalmente pelas dívidas *pessoais* dos outros sócios. Entretanto, todo sócio pode ser responsabilizado pessoalmente pelos processos e pelas obrigações financeiras decorrentes da operação da sociedade. Se a sociedade não possuir ativos suficientes para cumprir suas obrigações jurídicas e financeiras, os credores podem acionar todos os sócios solidariamente para cobrar deles o dinheiro devido. Em outras palavras, os bens pessoais de um sócio podem ser reclamados por um credor para pagar dívidas da sociedade.

Essa desvantagem adquire uma relevância especial, considerando que qualquer sócio, agindo individualmente, pode agir em nome da sociedade em negócios jurídicos e financeiros. Por esse motivo, no mínimo, é importante conhecer e confiar nos seus sócios e fazer constar no contrato social os procedimentos de tomada de decisões gerenciais. Sócios demais ou um sistema gerencial não estruturado podem facilmente criar problemas.

Como a propriedade individual, a sociedade de responsabilidade pessoal tem a desvantagem de má continuidade comercial. Ela pode ser subitamente extinta pela morte de um sócio ou por desavenças entre os sócios. A dissolução de qualquer negócio costuma consumir tempo e dinheiro, especialmente quando causada pela morte de um amigo íntimo ou sócio ou por um desentendimento que causa sentimentos ruins entre os sócios. O compartilhamento necessário da tomada de decisões gerenciais e a perda de um pouco de liberdade pessoal na sociedade de responsabilidade pessoal sempre são fontes potenciais de conflito entre os sócios.

As leis que regem a constituição e a tributação das sociedades de responsabilidade pessoal são menos pormenorizadas do que aquelas para corporações. Infelizmente, isso possibilita que muitas sociedades de responsabilidade pessoal rurais funcionem com um mínimo de registros e pouca documentação sobre como foram aportados os recursos e como a renda foi dividida. Isso pode dificultar uma dissolução justa da sociedade.

Operação da sociedade de responsabilidade pessoal

A sociedade de responsabilidade pessoal geralmente é constituída com um prazo relativamente longo, então as contribuições à sociedade podem ser avaliadas com base nos valores de mercado atuais dos ativos aportados por cada parte na época de formação da sociedade. Todas as despesas operacionais devem ser pagas pela sociedade, via de regra por meio de uma conta separada da sociedade. Se um ou ambos os sócios contribuem com mão de obra, eles devem receber da sociedade um salário representativo e justo.

Em algumas sociedades de responsabilidade pessoal, ativos importantes, como terra e instalações, não são incluídos entre os bens da sociedade. Em vez disso, a sociedade paga aos proprietários desses ativos (que também podem ser sócios) um aluguel por seu uso. Nesses casos, os ativos alugados não são incluídos no cálculo dos quinhões relativos de propriedade da sociedade.

A renda líquida pode ser distribuída ou deixada na conta da sociedade para aumentar o patrimônio comercial. Contanto que todas as retiradas (excluindo-se salários e aluguéis) sejam feitas na mesma proporção da propriedade da sociedade, as quotas de propriedade não se alteram. Contudo, se um sócio deixa mais lucros no negócio (p. ex., deixando mais reprodutores) ou contribui com ativos adicionais, as porcentagens de propriedade mudam. Isso, às vezes, é feito para se aproximar mais de uma propriedade igual da sociedade.

Quando a sociedade de responsabilidade pessoal é liquidada, os proventos devem ser distribuídos na mesma proporção da propriedade. Por esse motivo, é importante manter registros detalhados e precisos dos bens utilizados pela sociedade e de como salários, aluguéis e renda líquida são distribuídos entre os sócios.

CORPORAÇÕES

Uma corporação (*corporation*) é uma pessoa jurídica distinta, que deve ser formada e operada de acordo com as leis do estado em que é constituída. É uma "pessoa" de direito, separada e distinta de seus sócios, administradores e empregados. Essa separação da pessoa jurídica de seus proprietários distingue a corporação das demais naturezas jurídicas de negócios. Como pessoa jurídica separada, a corporação pode ter bens, tomar dinheiro emprestado, celebrar contratos, processar e ser processada. Ela possui a maioria dos direitos e deveres jurídicos básicos da pessoa física.

O número de corporações agrícolas e pecuárias, embora ainda pequeno, vem crescendo. A maioria é classificada como corporações rurais familiares, com um número relativamente pequeno de quotistas relacionados.

Organização e características

As leis que vigoram sobre a constituição e a operação das corporações variam um tanto de estado para estado. Além disso, diversos estados possuem leis que impedem que uma corporação se envolva com agricultura ou pecuária ou que impõem restrições especiais a corporações agropecuárias. Por essas e outras razões, deve-se buscar orientação jurídica competente antes de se tentar formar uma corporação.

Apesar de as leis estaduais variarem, há algumas etapas básicas que geralmente se aplicam à formação de uma corporação rural. São elas:

1. Os fundadores entram com um requerimento preliminar junto à autoridade estadual competente. Esta etapa pode incluir reservar um nome para a corporação.
2. Os fundadores redigem um pré-contrato de fundação, delineando os principais direitos e deveres das partes após a corporação ser constituída.
3. O estatuto social é escrito e registrado junto à autoridade estadual competente.
4. Os fundadores transferem bens e/ou dinheiro à corporação em troca de quotas de capital social que representam seu quinhão de propriedade sobre a corporação.
5. Os quotistas se reúnem para organizar o negócio e eleger conselheiros.
6. Os conselheiros se reúnem para eleger diretores, adotar regulamentos e iniciar negócios em nome da corporação.

Há três grupos de pessoas envolvidos na corporação agropecuária: quotistas, conselheiros e diretores. Os quotistas são os donos da corporação. São emitidos certificados de ação para eles em troca de bens ou dinheiro transferidos à corporação. O número de quotistas pode ser apenas um, em alguns estados, enquanto três é o número mínimo em diversos outros estados. Como proprietários, os quotistas possuem o direito de dirigir os negócios da corporação, por meio dos conselheiros eleitos e em assembleias anuais. Cada quotista tem um voto por ação detida. Portanto, qualquer quotista com 51% ou mais das ações circulantes com direito a voto possui controle majoritário sobre os assuntos comerciais da corporação. Em algumas corporações, os aportes de capital são trocado por títulos de dívida em vez de por ações. Títulos de dívida possuem um retorno fixo, mas nenhuma prerrogativa de voto.

Os conselheiros são eleitos pelos acionistas em cada assembleia anual, tendo mandato por todo o ano seguinte. Eles são responsáveis perante os quotistas pela gestão do negócio. O número de conselheiros costuma ser fixado pelo estatuto social. São realizadas assembleias do conselho para conduzir os negócios comerciais da corporação e para fixar a política gerencial geral a ser executada pelos diretores.

Os diretores da corporação são eleitos pelo conselho de administração, podendo também ser destituídos por este. Eles são responsáveis pela operação quotidiana do negócio, dentro das diretrizes fixadas pelo conselho. A autoridade dos diretores decorre do conselho de administração, perante o qual são responsáveis, em última instância. O presidente de corporação pode firmar certos contratos, tomar dinheiro emprestado e cumprir outros deveres sem a aprovação do conselho, mas normalmente necessita da autorização do conselho antes de comprometer a corporação em grandes transações financeiras ou realizar determinados atos.

Em muitas pequenas corporações rurais familiares, os acionistas, conselheiros e diretores são as mesmas pessoas. Para quem vê de fora, o negócio pode parecer funcionar como uma propriedade individual ou uma so-

ciedade de responsabilidade pessoal. Mesmo as assembleias do conselho podem ser feitas informalmente ao redor da mesa da cozinha, mas deve-se registrar em ata toda assembleia oficial.

Para fins de imposto de renda federal, o fisco reconhece dois tipos de corporação. O primeiro é a corporação comum, também chamada de corporação C. O segundo tipo é a corporação S, às vezes chamada de corporação de opção fiscal. Ambos os tipos possuem muitas das mesmas características. No entanto, há certas restrições para a constituição de corporações S. Algumas das restrições mais importantes incluem:

1. Há um limite ao número de quotistas. O limite federal é 100, mas alguns estados impõem limites menores, como 75. Marido e mulher podem ser considerados um só acionista, mesmo se ambos detiverem ações.

2. Só podem ser quotistas as pessoas físicas (estrangeiros excluídos), espólios e alguns tipos de fundos patrimoniais. Outras corporações não podem ter ações de uma corporação S.

3. Só pode haver uma classe de ação, mas os direitos de voto podem ser diferentes para alguns quotistas.

4. Todos os acionistas precisam anuir desde o início com a operação de uma corporação S.

Também existem certas limitações quanto aos tipos e montantes de renda que a corporação pode obter de algumas fontes específicas e ainda manter a condição de corporação S. A tributação especial da corporação S será discutida em uma seção posterior.

Imposto de renda

Uma desvantagem da corporação C é a possível bitributação da renda. Após a corporação pagar o imposto sobre sua renda tributável, a renda após impostos distribuída aos quotistas como dividendos é considerada renda tributável dos quotistas. Ela é tributada às alíquotas aplicáveis de pessoa física. Muitas pequenas corporações rurais evitam uma certa medida dessa bitributação distribuindo a maioria da renda corporativa aos acionistas na forma de aluguel, salários, pro labore e bônus. Esses itens são despesas dedutíveis para a corporação, mas são renda tributável para os acionistas/empregados. Entretanto, salários e pro labores pagos devem ser quantias razoáveis em troca de trabalho realizado em boa-fé para a corporação, e não um expediente para evitar bitributação.

As corporações S não pagam imposto de renda, mas são tributadas como uma sociedade de responsabilidade pessoal; daí o nome corporação "de opção fiscal". A corporação entrega uma declaração fiscal informativa, mas os acionistas informam sua quota na renda, despesas e ganhos de capital da corporação, segundo a proporção das ações circulantes totais que possuem. Essa renda (ou prejuízo) é ajuntada às outras rendas dos acionistas, sendo pago imposto sobre o total com base nas alíquotas aplicáveis de pessoa física. O tratamento de imposto de renda da corporação S evita o problema de bitributação de dividendos da corporação C.

Aqui só é exposta parte das regulamentações de imposto de renda que se aplicam aos dois tipos de corporação. Existem muitas normas pertinentes a situações e tipos especiais de rendas e despesas. Todas as regulamentações fiscais aplicáveis devem ser examinadas com um consultor tributário qualificado antes de se escolher a natureza jurídica corporativa.

Vantagens

As corporações proporcionam responsabilidade limitada a todos os acionistas/proprietários. Eles são juridicamente responsáveis apenas na medida do capital que investiram na corporação. Os bens pessoais dos quotistas não podem ser penhorados pelos credores para satisfazer as obrigações financeiras da corpo-

ração. Essa vantagem pode ser anulada se for exigido que um diretor coassine pessoalmente uma nota promissória para empréstimos da corporação. Nesse caso, o diretor pode ser responsabilizado pessoalmente pela dívida se a corporação não conseguir fazer frente às suas responsabilidades.

A corporação, como a sociedade de responsabilidade pessoal, é um meio para que diversas pessoas reúnam seus recursos e gestão. O negócio resultante, com maior porte e a possibilidade de gestão especializada, consegue ter mais eficiência do que dois ou mais negócios menores. Também pode ser mais fácil de obter crédito em razão da vantagem de continuidade comercial da corporação. O negócio não é extinto com a morte de um acionista, pois as quotas simplesmente passam para os herdeiros e o negócio continua. Porém, deve existir um plano de continuidade gerencial, com uma ou mais pessoas envolvidas na gestão e capazes de assumir a responsabilidade.

A corporação é um modo conveniente de dividir e transferir a propriedade do negócio. Ações podem facilmente ser compradas, vendidas ou doadas, sem transferência de titularidade de áreas de terra específicas ou outros ativos. A transferência de ações não causa perturbações ou reduz o tamanho do negócio, sendo uma maneira cômoda de um agropecuarista em aposentadoria gradualmente transferir parte de um negócio em andamento à geração seguinte.

Pode haver vantagens de imposto de renda na corporação, dependendo do tamanho do negócio, de como ele é organizado e do nível de renda dos quotistas. Toda corporação C é uma pessoa jurídica contribuinte autônoma, estando, como tal, sujeita a alíquotas diferentes das de pessoa física. As alíquotas atuais para pessoas físicas e jurídicas são apresentadas na Tabela 14-2.

Uma vantagem da corporação C é que os proprietários geralmente são empregados também. Isso permite a dedutibilidade fiscal de certos benefícios indiretos concedidos ao

248 Parte V Aperfeiçoamento das habilidades gerenciais

acionista/empregado, como prêmios de seguro de saúde, acidente e vida. Também é mais fácil alocar a renda entre pessoas físicas, estabelecendo-se salários, aluguéis e dividendos.

Desvantagens

Corporações são mais dispendiosas de constituir e manter do que a propriedade individual e a sociedade de responsabilidade pessoal. São necessárias certas taxas legais ao formar uma corporação, e será preciso recorrer continuamente a consultoria jurídica para cumprir os regulamentos estaduais. Também pode ser necessário um contador no período de constituição e durante a vida da corporação, a fim de lidar com registros financeiros e questões tributárias. A maioria dos estados exige várias taxas para o registro do estatuto social, além de alguma espécie de taxa ou tributo operacional anual sobre corporações, o que não é cobrado das outras naturezas jurídicas.

Trabalhar como corporação faz necessário que sejam realizadas assembleias de acionistas e conselheiros, que sejam lavradas atas das reuniões do conselho e que relatórios anuais sejam entregues ao estado. Contudo, se fundar uma corporação tiver como efeito negócios melhores e a manutenção de registros financeiros, isso pode ser visto como uma vantagem, em vez de desvantagem, uma vez que haverá melhores informações para tomar decisões gerenciais.

Operação da corporação

A corporação pode ser constituída e operada de maneira semelhante à da sociedade de responsabilidade pessoal. As quotas da corporação são divididas na mesma proporção dos aportes iniciais ao capital societário. Sociedades de responsabilidade pessoal e corporações podem receber contribuições de dívida dos sócios, além de ativos.

O número de ações emitidas é uma decisão ao arbítrio dos acionistas. O valor inicial de cada quota é obtido dividindo-se o patrimônio social inicial da corporação pelo número de ações a ser emitido. Como na sociedade de responsabilidade pessoal, a corporação pode pagar salários pela mão de obra realizada pelos quotistas, assim como aluguéis pelo uso de ativos que não são de propriedade da corporação. As distribuições da renda líquida são feitas na forma de dividendos.

A Tabela 14-3 sintetiza os atributos mais importantes de cada uma das três principais naturezas jurídicas. As vantagens e desvantagens de cada atributo devem ser avaliadas cuidadosamente antes de uma delas ser escolhida.

SOCIEDADES DE RESPONSABILIDADE LIMITADA

A sociedade de responsabilidade limitada (LTDA) (*limited liability company* – LLC) é uma natureza jurídica relativamente nova que

Tabela 14-2 Alíquotas de pessoa física e jurídica (2010)

Pessoa física		Alíquota marginal (%)	Pessoa jurídica	Alíquota marginal (%)
	Renda tributável (US$)*		Renda tributável (US$)	
Solteiro	Casados em declaração conjunta			
0 a 8.375	0 a 16.750	10	0 a 50.000	15
8.375 a 34.000	16.750 a 68.000	15	50.000 a 75.000	25
34.000 a 82.400	68.000 a 137.300	25	75.000 a 100.000	34
82.400 a 171.850	137.300 a 209.250	28	100.000 a 335.000	39
171.850 a 373.650	209.250 a 373.650	33	Acima de 335.000	34 a 38
Acima de 373.650	Acima de 373.650	35		

*As faixas fiscais de pessoa física serão majoradas nos anos vindouros para se ajustarem aos efeitos da inflação.

Quadro 14-3 Um exemplo de corporação

Suponha que McDonald e Garcia decidiram constituir uma corporação de finalização de suínos de engorda em vez de uma sociedade de responsabilidade pessoal. Os ativos aportados e seu valor seriam os mesmos do exemplo de sociedade de responsabilidade pessoal. Eles são sumarizados na tabela a seguir.

Ativos contribuídos	Total	McDonald	Garcia
Capital operacional	US$ 60.000	US$ 30.000	US$ 30.000
Estoque atual de ração	25.600	9.500	16.100
Equipamentos pecuários	21.500	20.200	1.300
Trator e máquinas	27.000	0	27.000
Galpão e armazenagem de esterco	85.000	85.000	0
Total	US$ 219.100	US$ 144.700	US$ 74.400
Passivos contribuídos			
Empréstimos a prazo sobre edificações	56.000	56.000	0
Capital social contribuído	US$ 163.100	US$ 88.700	US$ 74.400
Número de ações, a US$ 100 cada	1.631	887	744

McDonald teve que pedir emprestados US$ 56.000 para construir o galpão de finalização. Nesse caso, os quotistas concordaram com que a corporação assumisse essa dívida e pagasse as parcelas de principal e juros à medida que vencessem.

Incluir o empréstimo de US$ 56.000 na capitalização da corporação diminuiu o patrimônio inicial do negócio a US$ 163.100. McDonald e Garcia concordaram em emitir 1.631 ações, com um valor contábil de US$ 100 cada. Essas ações são divididas na proporção dos aportes societários iniciais: 887 ações para McDonald e 744 ações para Garcia.

A corporação pagará a cada um deles salários baseados em suas contribuições de mão de obra. Eventuais dividendos pagos serão divididos na proporção do número de ações detidas.

---

se parece muito com a sociedade de responsabilidade pessoal, mas oferece a seus sócios a vantagem da responsabilidade limitada. Isso quer dizer que os credores e outros requerentes podem reclamar os ativos da LTDA para satisfazer dívidas e outras obrigações, mas não podem reclamar os bens pessoais ou comerciais de propriedade individual dos sócios da LTDA. Essa é uma vantagem considerável para potenciais investidores.

Sociedades de responsabilidade limitada podem ter qualquer número de sócios, sendo que todos eles podem tomar parte na gestão. A propriedade é distribuída de acordo com o valor justo de mercado dos ativos aportados, como na sociedade de responsabilidade pessoal. Da mesma forma, a renda rural líquida da LTDA é transferida às declarações de imposto de pessoa física dos sócios na proporção dos seus quinhões de propriedade. A LTDA é regulamentada por lei estadual, então as exigências formais variam. Entretanto, é sempre uma boa ideia manter um registro pormenorizado das contribuições e distribuições de ativos e rendas e pôr por escrito as regras de operação convencionadas.

Ao contrário da corporação, a LTDA não pode deduzir o custo dos benefícios indiretos (como planos de seguro ou uso de veículos) concedidos a empregados que

250 Parte V Aperfeiçoamento das habilidades gerenciais

Tabela 14-3 Comparação das naturezas jurídicas do negócio agropecuário

Categoria	Propriedade individual (*sole proprietorship*)	Sociedade de responsabilidade pessoal (*partnership*)	Corporação (*corporation*)
Propriedade	Uma única pessoa física	Duas ou mais pessoas físicas	Pessoa jurídica distinta, de propriedade dos quotistas
Vida do negócio	Extinta com a morte	Por prazo convencionado ou extinta com a morte de um sócio	Ilimitada, salvo se fixado em contrato; no caso de morte, as ações passam aos herdeiros
Responsabilidade	O proprietário é responsável	Cada sócio responde por todas as obrigações da sociedade, inclusive com bens pessoais (salvo os sócios investidores [*limited partners*])	Os quotistas não respondem pelas obrigações corporativas; em alguns casos, alguns acionistas podem ser solicitados a cofirmar notas promissórias da corporação
Fonte de capital	Investimentos pessoais, empréstimos	Contribuições sociais, empréstimos	Contribuições dos quotistas, venda de ações, venda de títulos de dívida e empréstimos
Decisões gerenciais	Proprietário	Acordo dos sócios	Os quotistas elegem conselheiros que gerenciam o negócio ou contratam um administrador
Impostos de renda	A renda comercial é combinada com as demais rendas na declaração de imposto de pessoa física	A sociedade protocoliza uma declaração informativa para o fisco; a quota de cada sócio sobre a renda da sociedade é acrescentada à sua renda tributável de pessoa física	Corporação C comum: a corporação protocoliza uma declaração de imposto e paga imposto de renda; os salários pagos a quotistas empregados são dedutíveis; os quotistas pagam imposto sobre os dividendos recebidos
			Corporação de opção fiscal (S): os quotistas declaram sua porção sobre renda, prejuízo operacional e ganhos de capital de longo prazo nas declarações de pessoa física; a corporação entrega ao fisco uma declaração informativa

também são sócios da LTDA. Além disso, ela não persiste automaticamente no caso de morte de um sócio.

Alguns estados permitem a formação da parceria de responsabilidade limitada (*limited liability partnership*), semelhante à LTDA. As sociedades e parcerias de responsabilidade limitada são relativamente novas, então ainda há questões não exploradas no que tange à sua natureza jurídica. No entanto, elas oferecem uma alternativa atrativa para famílias de agropecua-ristas que desejam a simplicidade e a flexibilidade da sociedade de responsabilidade pessoal combinadas com a responsabilidade financeira limitada oferecida pela corporação.

COOPERATIVAS

Os agropecuaristas usam as cooperativas (*cooperatives*) há muitos anos como um modo de obter insumos e serviços ou comercializar produtos conjuntamente. Em alguns países, as cooperativas com fins de produção rural são formadas por grupos de possuidores de terras de pequeno porte ou trabalhadores rurais a fim de ganhar eficiência em produção. Muitos dos estabelecimentos agropecuários estatais e coletivizados que existiam na antiga União Soviética e em países vizinhos foram reorganizados em grandes cooperativas de produção.

Nos Estados Unidos, cooperativas rurais de produção agrícola ou pecuária são raras, mas alguns Estados aprovaram leis que incentivam a formação de cooperativas de pequeno porte para essa finalidade. Elas são amiúde compostas de agropecuaristas independentes que desejam realizar uma determinada operação conjuntamente. Exemplos incluem cooperativas de suinocultores que produzem leitões para seus cooperados finalizarem ou cooperativas que cultivam sementes de alta qualidade para seus cooperados.

As cooperativas são um tipo especial de corporação. Elas precisam de estatuto, regulamento e registros detalhados. Os cooperados que contribuem com capital desfrutam de responsabilidade limitada sobre esses aportes. A renda líquida é repassada aos cooperados antes de ser submetida ao imposto de renda. As cooperativas também podem proporcionar benefícios de dedução fiscal para seus proprietários/cooperativados.

Ao contrário das demais corporações, as cooperativas podem pagar um retorno máximo de 8% anuais aos quotistas. A renda líquida restante é distribuída aos cooperativados como "reembolso de incentivo", com base na quantidade de negócios que cada cooperado faz com a cooperativa, e não em quotas de propriedade. O controle da cooperativa também difere das demais naturezas jurídicas, na medida em que todos os cooperados possuem um voto cada na hora de tomar decisões, a despeito de quanto possuem da cooperativa. A maioria das cooperativas agropecuárias limita a associação a produtores rurais ativos.

Nos últimos anos, popularizou-se uma nova forma de cooperativa rural, conhecida como cooperativa "fechada" ou "da nova geração". Os cooperados precisam contribuir com uma quantia significativa de capital patrimonial para entrar, concordando em vender à cooperativa um determinado volume de produção em prazos fixos. As associações podem ser compradas e vendidas. Essas novas cooperativas são constituídas majoritariamente para processamento de valor agregado, mas também incluem operações de terminação de animais e produção de ovos.

Talvez o fator principal do sucesso de uma cooperativa agropecuária seja o desejo verdadeiro de cooperar. Cada cooperado deve ter em mente que trabalhar junto aos outros ajudará a obter benefícios que compensam a necessidade de abrir mão de certo grau de independência gerencial.

TRANSFERÊNCIA DO NEGÓCIO AGROPECUÁRIO

No começo deste capítulo, foi ilustrado o ciclo de vida do negócio agropecuário (Figura 14-1). Se o estágio de saída de um operador coincidir com o estágio de ingresso do próximo, o processo de transferência pode ser relativamente simples. Animais, equipamentos e máquinas podem ser vendidos ou alugados ao novo operador ou alienados em leilão. Terras podem ser vendidas à vista, em parcelas ou ser arrendadas ao novo operador. O tamanho e a estrutura exteriores do negócio podem mudar bem pouco nesse processo.

Em muitas situações de agropecuária familiar, contudo, a próxima geração está pronta para ingressar no negócio, enquanto a geração atual ainda está no estágio de crescimento ou consolidação. Isso levanta várias questões importantes.

1. O negócio é grande o suficiente para empregar produtivamente outra pessoa ou família? Se a oferta de mão de obra for diminuída com a aposentadoria dos operadores atuais ou com a redução da quan-

tidade de mão de obra contratada, o novo operador pode ser utilizado eficientemente. Senão, o negócio pode ter que se expandir para prover mais emprego.

2. O negócio é lucrativo o suficiente para sustentar outro operador? Colocar mais mão de obra não necessariamente significa produzir mais renda líquida. Se uma fonte extra de renda (como benefícios previdenciários) ficar disponível para a geração mais velha, a renda do estabelecimento agropecuário pode ser canalizada mais facilmente para o novo operador.

Se acrescentar outro operador for exigir a expansão do negócio, deve-se elaborar um orçamento completo detalhado do estabelecimento agropecuário. Deve-se analisar a liquidez, assim como a lucratividade, especialmente se dívida adicional for ser usada para financiar a expansão. Deve-se projetar o fluxo de caixa líquido que estará disponível em um ano normal para cada pessoa, assim como para o negócio como um todo, para evitar problemas financeiros inesperados.

3. As responsabilidades gerenciais podem ser compartilhadas? Se as pessoas envolvidas não possuírem personalidades compatíveis e metas recíprocas, até mesmo um negócio lucrativo pode não representar uma carreira satisfatória. Agropecuaristas acostumados a trabalhar sozinhos e tomar decisões independentemente podem ter dificuldades em se adaptar a um sócio. Pais e filhos podem ter dificuldades especiais em trabalhar como sócios igualitários na gestão.

Principais áreas a transferir

Três áreas principais do negócio rural devem ser transferidas: renda, propriedade e gestão. Contudo, elas geralmente não são transferidas todas ao mesmo tempo.

A *renda* pode ser transferida, em um primeiro momento, pagando-se um salário ao novo operador, o que também pode incluir algum tipo de bônus ou participação nos lucros. À medida que a pessoa mais jovem adquire mais ativos, parte da renda pode também ser baseada em um retorno sobre investimento.

A *propriedade* pode ser transferida permitindo-se que a geração mais nova gradualmente adquira bens, por exemplo, separando reprodutores ou investindo em maquinário. Ativos de vida útil mais longa podem ser vendidos em parcelas ou à vista. Bens também podem ser doados a seus futuros herdeiros, mas se as doações anuais excederem certos limites, os tributos federais *causa mortis* devidos quando o doador morrer poderão aumentar. A doação de ativos também envolve encontrar um jeito de tratar com justiça os herdeiros que não são agropecuaristas. Se o negócio rural for organizado como corporação, ações individuais podem ser vendidas ou doadas ao longo do tempo. Isso é muito mais fácil do que transferir ativos específicos ou quinhões de propriedade de ativos. Por fim, um planejamento cuidadoso da sucessão garante uma transferência correta dos bens quando da morte do proprietário.

A *gestão* talvez seja a parte mais difícil de transferir de uma operação rural. O novo operador pode ser incumbido com a responsabilidade sobre um determinado empreendimento ou uma determinada área gerencial, como alimentação, reprodução ou escrituração. Permitir que operadores mais jovens arrendem terra adicional ou produzam um grupo de animais por si sós, usando as máquinas e instalações do estabelecimento rural, ajuda-os a aprender habilidades gerenciais sem colocar em risco toda a operação.

A geração mais velha precisa entender que existem muitos jeitos diferentes de realizar empreendimentos agropecuários. Saber quando dar conselhos e quando ficar calado ajuda a fazer com que a transferência gerencial se dê tranquilamente.

Estágios da transferência do negócio

Os acertos específicos escolhidos para transferir renda, propriedade e gestão dependem do tipo de organização que se deseja como resultado e quão rapidamente a família quer concluir a transferência. Recomenda-se um *estágio de teste* de um a cinco anos, no qual o operador iniciante é empregado e recebe um salário e um bônus ou incentivo, começando a arrendar ou possuir alguns ativos adicionais próprios. Formas de natureza jurídica e aquisição de ativos que seriam difíceis de liquidar devem ser evitadas até que ambas as partes fixem suas metas finais e vejam se conseguem trabalhar juntas. Após o estágio de teste, são possíveis ao menos três tipos alternativos de arranjo, como ilustrado na Figura 14-3.

1. A opção da cisão (*spin-off*) envolve a separação dos operadores com suas próprias operações. A cisão funciona bem quando ambos os operadores desejam ser financeira e operacionalmente independentes ou quando as possibilidades de expansão do negócio original são limitadas. As operações distintas ainda podem trocar mão de obra e utilização de equipamento, ou mesmo usar juntas alguns ativos, para realizar economias de escala.

2. A opção da aquisição (*takeover*) ocorre quando a geração mais velha gradualmente se retira da mão de obra e gestão ativas, geralmente para se aposentar ou assumir outra ocupação. A expansão do negócio pode não ser necessária. A transferência pode se dar arrendando-se ou vendendo-se o estabelecimento rural à geração mais nova. Deve-se elaborar um orçamento detalhado para verificar que haverá renda suficiente para despesas de sustento após as parcelas de arrendamento ou hipoteca serem pagas.

3. Pode-se desenvolver uma operação conjunta (*joint operation*) quando ambas as gerações desejam continuar produzindo juntas. Esse acerto geralmente envolve uma expansão do negócio a fim de empregar e sustentar todos adequadamente. O estabelecimento agropecuário pode ser organizado por meio de um contrato operacional conjunto, de uma sociedade de responsabilidade pessoal ou de uma corporação. Entre essas operações rurais familiares com vários operadores encontram-se alguns dos negócios agropecuários mais lucrativos e eficientes que há. No entanto, é crucial que sejam desenvolvidas relações pessoais de trabalho e gestão eficazes.

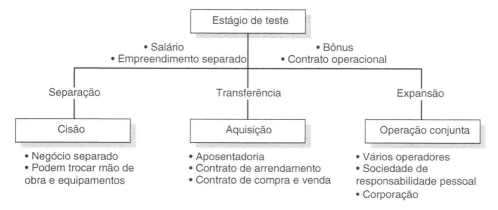

Figura 14-3 Alternativa de transferência do negócio agropecuário.

Quadro 14-4 Morte e impostos

Quando uma pessoa morre, a propriedade dos seus imóveis e outros bens pode ser passada a herdeiros por testamento, instrumentos jurídicos, seguros, fundos patrimoniais, doações e contratos. Entretanto, bens transferidos a herdeiros podem estar sujeitos a impostos federais e, em certos casos, estaduais. Os impostos sobre transmissão *causa mortis* (*estate taxes*) são tributos de recolhimento indireto sobre a transferência de imóveis e outros bens a herdeiros. Impostos sucessórios (*inheritance taxes*) são aqueles cobrados sobre o privilégio de receber bens.

Leis em vigor

Deve-se pagar imposto sobre transmissão *causa mortis* com alíquota progressiva sobre espólios que ultrapassam um limite legal de valor. A Lei de Conciliação de Crescimento Econômico e Desoneração do Contribuinte, de 2001, trouxe disposições específicas para o imposto federal sobre transmissão *causa mortis* até 2010. Em 2009, apenas espólios avaliados de US$ 3.500.000 para cima estavam sujeitos ao imposto federal sobre transmissão *causa mortis*. Em 2010, não havia limite sobre o valor de espólios isentos do imposto federal sobre transmissão *causa mortis* – uma ab-rogação de um ano deste imposto. Entretanto, exceto se for aprovada uma nova legislação, em 2011, o imposto federal sobre transmissão *causa mortis* reverte à lei que estava em vigor antes das mudanças de 2001, sendo o valor isento fixado em US$ 1 milhão.

Impostos sobre doação são cobrados para impedir que as pessoas driblem o imposto sobre transmissão *causa mortis*. Em 2010, US$ 13.000 podiam ser doados a cada ano, para qualquer pessoa, sem que incidisse imposto sobre doação. Doações conjugais são diferenciadas, o que, em essência, duplica o montante que pode ser doado por um cônjuge a uma pessoa sem que incida imposto sobre doação. Além disso, até US$ 1.000.000 em doações ao longo da vida ficavam isentas do imposto sobre doação. Entre cônjuges, são permitidas doações ilimitadas.

Avaliação de uso especial para estabelecimentos rurais e pequenos negócios

Para fins de imposto sobre transmissão *causa mortis*, os ativos geralmente são avaliados pelo seu valor justo de mercado. Para diminuir o valor avaliado e, portanto, os tributos devidos, pode ser aplicada uma "Avaliação de Uso Especial" a estabelecimentos agropecuários e pequenos negócios. Terra e ativos agropecuários podem ser avaliados segundo seu uso na produção rural, em vez de pelo valor justo de mercado. O fisco possui requisitos especiais que devem ser cumpridos para se beneficiar desse tratamento fiscal.

A Publicação 950 do fisco norte-americano, "Introdução aos impostos sobre transmissão *causa mortis* e sobre doação", dá uma visão geral das leis em vigor. Porém, atualmente a lei do imposto sobre transmissão *causa mortis* está sendo discutida no Congresso, podendo ser revista. O leitor deve sempre verificar as leis mais atualizadas. O estágio de teste também pode acabar com a decisão da geração mais nova de não ingressar na carreira agropecuária. Isso não deve ser considerado um fracasso, mas uma ponderação realista dos valores da pessoa e de suas metas na vida.

RESUMO

Este capítulo é uma introdução à Parte V, que discute a aquisição e a gestão dos recursos necessários para implementar um plano de produção agropecuária. Antes de se adquirirem os recursos para implementar o plano, deve-se escolher uma natureza jurídica para o negócio. A escolha deve ser reexaminada de tempos em tempos, à medida que o negócio cresce e percorre os estágios do ciclo de vida.

O negócio agropecuário pode ser organizado como propriedade individual, sociedade de responsabilidade pessoal, corporação, sociedade de responsabilidade limitada ou cooperativa. Existem vantagens e desvantagens em cada uma dessas naturezas jurídicas, dependendo do tamanho do negócio, do estágio de seu ciclo de vida e dos desejos dos proprietários. A natureza jurídica certa pode facilitar a transferência de renda rural, propriedade e gestão à próxima geração. Um estágio de teste, no qual os membros da geração mais jovem trabalham como empregados, pode levar a uma cisão separada, a uma aquisição do negócio existente ou a uma operação conjunta.

PERGUNTAS PARA REVISÃO E REFLEXÃO

1. Quais são as diferenças entre os quatro estágios do ciclo de vida do negócio agropecuário? Pense em um estabelecimento rural com o qual você esteja familiarizado. Em que estágio ele está?
2. Por que você acha que a propriedade individual é a natureza jurídica com mais ocorrência no meio rural?
3. Que vantagens gerais a *joint venture* possui em relação à propriedade individual? E desvantagens?
4. Em que o contrato operacional difere da sociedade de responsabilidade pessoal?
5. No contrato operacional conjunto exemplificado na Tabela 14-1, como você dividiria a renda bruta se a Parte A e a Parte B possuíssem metade dos animais cada?
6. Explique a importância de colocar por escrito um contrato de sociedade de responsabilidade pessoal. O que deve constar nesse contrato?
7. Explique a diferença entre a sociedade em nome coletivo e a sociedade em comandita simples.
8. Uma sociedade de responsabilidade pessoal de duas pessoas precisa ser 50-50? Ela pode ser uma sociedade de responsabilidade pessoal 30-70 ou 70-30? Como se determina a divisão da renda?
9. Explique as diferenças entre corporações C e S. Quando cada uma delas seria vantajosa?
10. Por que uma sociedade de responsabilidade pessoal ou corporação mantém registros mais volumosos e melhores do que a propriedade individual?
11. Compare as alíquotas para pessoas físicas e jurídicas apresentadas na Tabela 14-2 deste capítulo. Um proprietário individual (declaração conjunta) ou uma corporação C pagaria mais imposto de renda sobre uma renda tributável de US$ 25.000? De US$ 50.000? De US$ 150.000?
12. Quais características especiais possuem as sociedades de responsabilidade limitada e as cooperativas?
13. Qual natureza jurídica você escolheria se estivesse iniciando sozinho uma pequena operação agropecuária? Quais vantagens essa natureza jurídica lhe ofereceria? E quais desvantagens?
14. Qual natureza jurídica seria preferível se você recém tivesse se formado na faculdade e estivesse se juntando aos seus pais ou outro operador estabelecido em um estabelecimento rural existente? Com que vantagens e desvantagens você se depararia? E seus pais?

CAPÍTULO 15

Gestão do risco e da incerteza

Objetivos do capítulo

1. Identificar as fontes de risco e incerteza que afetam os produtores rurais.
2. Mostrar como o risco e a incerteza afetam a tomada de decisão.
3. Discutir como valores pessoais e estabilidade financeira afetam a tolerância a risco.
4. Ilustrar diversas maneiras de medir o grau de risco associado a ações gerenciais alternativas.
5. Demonstrar vários métodos que podem ser empregados para ajudar a tomar decisões sob condições com risco.
6. Discutir ferramentas que podem ser usadas para reduzir o risco ou controlar seus efeitos.

A tomada de decisão foi discutida no Capítulo 2 como uma atividade crucial da gestão, e os Capítulos 7 a 13 apresentaram alguns princípios e técnicas úteis para tomar boas decisões gerenciais. Esses capítulos anteriores assumiam implicitamente que todas as informações necessárias sobre preços de insumo, preços de produto, rendimentos e outros dados técnicos estavam disponíveis, eram precisos e conhecidos com certeza. Essa suposição de conhecimento perfeito simplifica a compreensão de um princípio ou conceito novo, mas raramente se verifica no mundo real da agropecuária.

Nós vivemos em um mundo com incertezas. Há um velho ditado que diz: "De certo, só a morte e os impostos". Muitas decisões agropecuárias têm resultados que ocorrem meses ou anos após se tomar a decisão inicial. Os gestores, muitas vezes, verificam que suas melhores decisões acabam se mostrando menos que perfeitas por causa de mudanças que se dão entre o momento em que a decisão é tomada e o momento em que o resultado da decisão se apresenta.

Agricultores precisam tomar decisões sobre quais cultivos plantar e quais taxas de semeadura, níveis de fertilizante e outros níveis de insumos utilizar no começo da estação de cultivo. Os rendimentos e preços definitivos só serão conhecidos com certeza vários meses mais tarde, ou mesmo vários anos mais tarde, no caso de cultivos perenes. O pecuarista que decidiu expandir um rebanho de gado de corte criando novilhas substitutas precisa aguardar vários anos antes de receber as primeiras rendas com os bezerros das novilhas retidas para expansão do rebanho. Infelizmente, agricultores e pecuaristas pouco podem fazer para acelerar os processos biológicos da produção agropecuária ou para torná-los mais previsíveis.

Quando um resultado é mais favorável do que o esperado, o gestor pode se arrepender por não ter implementado a decisão com mais agressividade ou em uma escala maior. Entretanto, nesse caso, a saúde financeira da operação foi fortalecida, e não ameaçada. O risco real vem de situações inesperadas com resultados adversos, como preços baixos, estiagem ou doenças. A gestão do risco se ocupa essencialmente de reduzir a possibilidade de resultados desfavoráveis, ou ao menos de amenizar seus efeitos.

FONTES DE RISCO E INCERTEZA

Risco é um termo utilizado para descrever situações em que os resultados possíveis e as chances de ocorrência de cada um deles são conhecidos. *Incerteza*, por outro lado, caracteriza uma situação em que tanto os resultados possíveis quanto suas probabilidades de ocorrência são desconhecidos.

São várias as fontes de risco e incerteza na agropecuária. Quais são os riscos associados a selecionar empreendimentos, determinar os níveis corretos de ração e fertilizante a utilizar, contratar um novo empregado ou pedir dinheiro emprestado? O que torna os resultados dessas decisões difíceis de prever? As fontes de risco na agropecuária são diversas, mas podem ser sintetizadas em cinco grandes áreas gerenciais: produção e técnica, preço e mercado, financeira, jurídica e pessoal.

Risco de produção e técnico

As empresas fabris sabem que o uso de uma determinada coleção de insumos quase sempre resultará na mesma quantidade e qualidade de produto, somente com desvios menores. Não é o caso da maioria dos processos de produção agropecuária. O desempenho de cultivos e rebanhos depende de processos biológicos afetados pelo tempo, doenças, insetos, inços, metabolismo e genética. Esses fatores não podem ser previstos com certeza.

A importância relativa de várias causas de perdas de safras seguradas é mostrada na Figura 15-1. Quase todas elas estão relacionadas ao tempo. Devem-se escolher programas de cultivo, aplicar fertilizante e tomar dinheiro emprestado antes de o tempo e seus efeitos sobre a produção serem conhecidos. As hortaliças, em especial, são suscetíveis a geadas e congelamentos inesperados e a toda uma gama de pragas e doenças. Os pecuaristas também se deparam com importantes riscos de produção. Tempo frio e úmido na primavera ou tempo seco no verão podem ser devastadores na produção de ovelhas e bovinos criados soltos. Irrupções de doenças podem forçar o produtor a liquidar todo um rebanho.

Outra fonte de risco de produção são as novas tecnologias. Sempre há um certo risco envolvido na troca de métodos produtivos comprovados e confiáveis por algo novo. A nova tecnologia terá o desempenho esperado? Ela foi testada completamente? E se ela custar mais? Essas e outras questões devem ser consideradas antes de se adotar uma tecnologia nova. Entretanto, não adotar uma tecnologia nova de sucesso significa que o operador pode perder lucros extras e ficar menos competitivo. O risco associado à adoção de novas tecnologias é captado pelo velho ditado: "Não seja o primeiro com quem se testa o novo, nem o último a deixar o velho de lado".

Novos cultivos podem ser propagandeados como tendo um alto potencial de lucro, mas sua reação a tempo seco ou insetos pode não ter sido testada, e os mercados podem não ser confiáveis.

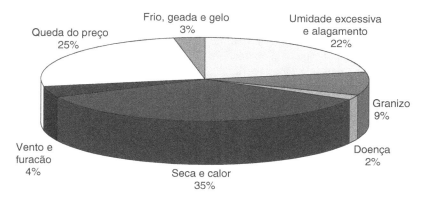

Figura 15-1 Causas de perdas de cultivos segurados (2008).
Fonte: Agência de Gestão do Risco, Ministério da Agricultura dos EUA.

Risco de preço e de mercado

A variabilidade do preço é outra grande incerteza na agropecuária. Os preços das *commodities* variam de ano para ano, assim como de dia para dia, por razões além do controle do produtor individual. A oferta das *commodities* é afetada pelas decisões produtivas dos agropecuaristas em muitos Estados e países, pelas políticas governamentais e pelo tempo. A demanda por *commodities* é o resultado das preferências e rendas dos consumidores, taxas de câmbio, políticas de exportação, força da economia em geral e preço dos produtos concorrentes. Alguns movimentos de preço seguem tendências sazonais ou cíclicas, que podem ser previstas, mas mesmo esses movimentos apresentam uma boa dose de volatilidade.

Às vezes, o acesso ao mercado é uma fonte de risco. Um processador ou embalador pode fechar e não deixar nenhum canal de comercialização viável. Ou, então, os compradores podem impor padrões de qualidade e restrições de quantidade aos quais o produtor não consegue fazer frente com facilidade.

O custo representa outra fonte de risco de preço. Os preços dos insumos tendem a ser menos variáveis do que os preços dos produtos, mas ainda assim contribuem à incerteza. Diversas vezes, nas décadas recentes, a escassez de petróleo causou aumentos súbitos nos custos da energia, o que se alastrou aos preços de combustível, fertilizantes e pesticidas. Da mesma forma, pecuaristas que produzem animais de engorda e/ou ração são especialmente suscetíveis a preços voláteis de insumos.

Quadro 15-1	Híbridos resistentes à broca do milho: um redutor de risco?

Foram introduzidas novas variedades de semente de milho que possuem resistência intrínseca à broca do milho europeia. Essa tecnologia aumenta ou diminui o risco de produção? O risco de perdas de rendimento devidas a dano pela broca do milho é diminuído. Contudo, os rendimentos em um ano normal serão tão altos quanto os dos híbridos tradicionais? A qualidade do grão será tão boa quanto? Os benefícios contrabalançarão o custo maior da semente? Os consumidores aceitarão variedades geneticamente modificadas do cultivo? Até que as novas variedades sejam amplamente testadas, essas questões representam novas fontes de risco.

Risco financeiro

Corre-se risco financeiro quando é tomado emprestado dinheiro para financiar a operação do negócio. O risco é causado pela incerteza quanto às taxas de juros futuras, à disposição do mutuante de continuar emprestando nos níveis necessários agora e no futuro, às mudanças nos valores de mercado da garantia do empréstimo e à capacidade do negócio de gerar os fluxos de caixa necessários para as parcelas da dívida. No Capítulo 19, o risco financeiro criado pelo uso de capital emprestado é discutido em detalhes.

Existe risco de produção, comercialização e financeiro na maioria dos estabelecimentos rurais, estando eles inter-relacionados. A capacidade de pagar dívida depende dos níveis de produção e dos preços obtidos pela produção. O financiamento da produção e a armazenagem de *commodities* dependem da capacidade de tomar emprestado o capital necessário. Portanto, todos os três tipos de risco devem ser levados em conta juntos, especialmente ao elaborar um plano completo de gestão de risco do estabelecimento agropecuário.

Risco jurídico

À medida que agropecuaristas e não agropecuaristas entram em contato mais próximo nas áreas rurais, é de se esperar mais regulamentação da produção rural. Além disso, a conscientização maior sobre segurança alimentar está afetando a forma como os produtos são cultivados e processados. Os pecuaristas precisam ter em mente os períodos de retirada de antibióticos, assim como normas acerca da localização de unidades de produção e manuseio de esterco. Violações podem ocasionar multas e processos dispendiosos. Também ocorrem prejuízos quando o leite precisa ser jogado fora por causa de altos níveis de resíduo ou quando carcaças animais são condenadas.

Os produtores rurais também podem estar sujeitos a medidas jurídicas ou ações de responsabilidade por acidentes causados por máquinas ou animais ou por desrespeitar leis a respeito da saúde, segurança ou tratamento de trabalhadores contratados. O desconhecimento da lei não é um pretexto aceitável para não cumpri-la; logo, os bons gestores precisam estar informados sobre as normas e os regulamentos em vigor.

Risco pessoal

Não importa quanto capital é investido em terra, animais ou máquinas: os ativos mais insubstituíveis de um estabelecimento rural são o gestor e os funcionários principais. O risco de que um deles sofra uma lesão ou doença súbita é real – a agropecuária é, por tradição, uma ocupação perigosa. Alguns problemas de saúde aparecem apenas após exposição prolongada a pó, odores ou sol.

Funcionários importantes também podem ser perdidos devido a aposentadoria, mudança de carreira ou mudança de residência. Se ninguém mais tem conhecimento ou habilitação na área de responsabilidade do funcionário, podem ocorrer consideráveis perdas de produção até que se contrate um substituto.

Por fim, desavenças familiares ou acordos de divórcio podem retirar bens, ativos financeiros ou caixa do negócio rural, trazendo prejuízos econômicos, assim como desgaste pessoal. Problemas de saúde mental entre agropecuaristas geralmente não são tratados ou informados, mas podem acabar levando a graves perdas financeiras e pessoais.

CAPACIDADE E ATITUDE DE TOLERÂNCIA AO RISCO

Os agropecuaristas variam enormemente em sua disposição a assumir riscos e em suas capacidades de sobreviver a resultados desfavoráveis de ações arriscadas. Portanto, o nível de risco que um negócio rural deve aceitar é uma decisão de cada um. Certamente, uma boa gestão do risco não significa eliminar todo o risco. Em vez disso, significa limitar o risco a um nível para o qual os operadores tenham disposição e capacidade de tolerar.

Capacidade de tolerância ao risco

As reservas financeiras desempenham um grande papel na determinação da capacidade de tolerância ao risco de uma operação. Estabelecimentos agropecuários com grande capital patrimonial conseguem resistir a prejuízos maiores antes de se tornarem insolventes. Estabelecimentos agropecuários altamente alavancados, com um alto valor de dívida em relação aos ativos, podem rapidamente perder patrimônio, pois seu volume de produção é alto em relação a seu capital. Eles também são mais vulneráveis a riscos financeiros, como aumento de taxas de juros.

Os compromissos de fluxo de caixa também afetam a capacidade de tolerância ao risco. Famílias com altas despesas fixas de sustento, despesas educacionais ou custos médicos têm menos capacidade de resistir a um ano de renda baixa, não devendo se expor a tanto risco quanto outras operações. Agropecuaristas que possuem mais de seus ativos em forma líquida (como em conta de poupança ou grãos e animais comercializáveis), possuem emprego não rural estável ou podem depender de parentes ou amigos para assistir-lhes em uma emergência financeira também têm uma maior capacidade de tolerância a risco.

Disposição a tolerar risco

Alguns agricultores e pecuaristas se recusam a assumir riscos, mesmo quando não têm dívidas e possuem um fluxo de caixa forte. Eles talvez tenham passado por reveses financeiros no passado ou estão preocupados em ter renda suficiente para a aposentadoria. A maioria dos operadores agropecuários evita o risco. Eles estão dispostos a assumir alguns riscos, mas somente se tiverem razões para esperar aumento em seus retornos de longo prazo com isso. Idade, patrimônio, compromissos financeiros, experiências financeiras passadas, o tamanho dos ganhos ou perdas em jogo, responsabilidades familiares, familiaridade com a proposta de risco, saúde emocional, valores culturais e atitudes comunitárias são fatores que influenciam a quantidade de risco que os produtores aceitam assumir.

EXPECTATIVAS E VARIABILIDADE

A existência de risco traz mais complexidade a várias decisões. Quando os gestores estão incertos quanto ao futuro, eles costumam usar algum tipo de valor médio ou "esperado" de rendimentos, custos ou preços. Não há garantia de que esse valor será sempre o resultado real, mas as decisões precisam ser tomadas com base nas melhores informações disponíveis. Para analisar decisões com riscos, o gestor precisa entender como formar expectativas, como utilizar probabilidades e como analisar toda a distribuição dos resultados possíveis.

Probabilidades são úteis ao formar expectativas. As verdadeiras probabilidades de diversos resultados raramente são conhecidas, mas podem-se derivar probabilidades subjetivas a partir das informações que estiverem à mão mais a experiência e o julgamento da pessoa. A probabilidade de chuva em uma previsão do tempo ou as chances de que um contrato de futuros ultrapasse um determinado preço são exemplos de probabilidades subjetivas. Cada pessoa teve experiências diferentes, podendo interpretar as informações à disposição de modo diferente; logo, as probabilidades subjetivas variam de pessoa para pessoa. Esse é um motivo palo qual pessoas diferentes tomam decisões diferentes quando se apresentam a elas as mesmas alternativas arriscadas.

Formação de expectativas

Podem ser usados diversos métodos para formar expectativas sobre eventos futuros. Após ser escolhida a "melhor estimativa", ela pode ser usada para planejamento e tomada de decisão até que mais informações permitam que se elabore uma estimativa melhor.

Maior probabilidade

Um jeito de formar uma expectativa é escolher o valor com maior probabilidade de ocorrer.

262 Parte V Aperfeiçoamento das habilidades gerenciais

Esse procedimento exige conhecimento das probabilidades ligadas a cada resultado possível, sejam reais ou subjetivas. Pode-se basear-se em ocorrências anteriores ou na análise das condições atuais. O resultado com a maior probabilidade é selecionado como o mais provável de ocorrer. Um exemplo está na Tabela 15-1, em que seis faixas possíveis de rendimento de trigo são apresentadas, juntamente com as probabilidades estimadas de que o rendimento real se encaixe em cada uma delas. Utilizando-se o método da "maior probabilidade" para formar uma expectativa, seria escolhido um rendimento de 29 a 35 bushels por acre. Para fins orçamentários, poderíamos usar o ponto médio da faixa, 32 bushels. Não há garantias de que o rendimento efetivo ficará entre 29 e 35 bushels por acre em um dado ano, mas, se as probabilidades estiverem corretas, isso acontecerá em aproximadamente 35% das vezes no longo prazo. O método da "maior probabilidade" é especialmente útil quando só há um pequeno número de resultados possíveis a considerar.

Médias

Podem ser usados dois tipos de média para formar uma expectativa. A média *simples* pode ser calculada a partir de uma série de resultados anteriores. O maior problema é escolher o comprimento da série de dados a utilizar no cálculo da média simples. A média deve ser dos últimos 3, 5 ou 10 anos? Contanto que as

condições fundamentais que afetam os resultados observados não tenham mudado, devem-se usar todas as observações disponíveis.

Em alguns casos, as condições fundamentais se alteraram. Tecnologias novas podem ter aumentado os rendimentos potenciais do cultivo, e mudanças de longo prazo na oferta e demanda podem ter afetado os preços de mercado. Nesses casos, pode-se usar um método que dá aos valores recentes mais importância do que aos mais antigos, calculando-se uma *média ponderada*. Também se pode usar a média ponderada quando probabilidades verdadeiras ou subjetivas dos resultados esperados estão disponíveis, mas não são todas iguais. Uma média ponderada que usa probabilidades como pesos também é chamada de *valor esperado*. O valor esperado é uma estimativa de qual seria o resultado médio se o evento fosse repetido muitas vezes. Porém, a precisão do valor esperado depende da precisão das probabilidades usadas.

A Tabela 15-2 mostra um exemplo de uso dos métodos de média simples e ponderada. Usam-se informações de preço dos 5 últimos anos para prever o preço médio de venda do gado de corte para o ano que vem. Uma projeção é a média simples dos últimos cinco anos, US$ 79,94. Alternativamente, os valores mais recentes podem receber pesos maiores do que as observações que ocorreram há muito tempo, como exibido na última coluna da Tabela 15-2. Os pesos atribuídos devem sempre somar 1,00. Cada preço é multiplicado por seu peso atribuído, sendo os resultados somados. O preço esperado é de US$ 82,72 quando se usa o método da média ponderada. Esse método assume que os preços recentes (que foram mais altos) refletem com mais exatidão as condições atuais de oferta e demanda, enquanto a média simples trata os resultados de todos os anos com igual importância.

Parecer de especialistas

Existem muitos tipos de circulares, informes meteorológicos e previsões entregues eletronicamente para ajudar os produtores a projetar as condições de oferta e demanda. Alguns

Tabela 15-1 Uso de probabilidades para formar expectativas

Possíveis rendimentos do trigo (bushels/acre)	Número de anos em que o rendimento real esteve nessa faixa	Probabilidade (%)
0–14	1	5
15–21	2	10
22–28	5	25
29–35	7	35
36–42	4	20
43–51	1	5
Total	20	100

Tabela 15-2 Uso de médias para formar um valor esperado do preço do gado de corte

| Ano | Preço anual médio | Média ponderada | |
		Peso	Preço × peso
5 anos atrás	US$ 73,10	0,10	US$ 7,31
4 anos atrás	66,40	0,15	9,96
3 anos atrás	82,40	0,20	16,48
2 anos atrás	87,50	0,25	21,88
Ano passado	90,30	0,30	27,09
Somatório	US$ 399,70	1,00	US$ 82,72

Média simples: $\dfrac{US\$\ 399,70}{5}$ = US$ 79,94 Média ponderada = US$ 82,72

até oferecem as probabilidades de que determinados resultados ocorram. Preditores profissionais geralmente têm acesso a mais informações e a ferramentas de análise mais sofisticadas do que um produtor. Todavia, suas recomendações podem não ser adequadas à situação produtiva ou à capacidade de tolerância a risco de um agropecuarista específico.

Mercados de futuros e contratos a termo

Muitas *commodities* rurais são compradas e vendidas com entrega futura em um local central chamado de *mercado de futuros*. São negociados vários contratos para cada produto, cada um com uma data de entrega diferente. Os preços de futuros representam os preços aproximados que as pessoas que compram e vendem contratos coletivamente pensam que existirão em uma data futura. Posteriormente, será explicado o papel desempenhado pelos mercados de futuros para auxiliar os produtores a reduzir o risco de preço.

Os compradores locais também podem oferecer preços para entrega futura de cultivos e animais, por meio de contratos a termo (*forward*). Os preços dos contratos a termo também representam as melhores estimativas dos compradores a respeito de quais serão os preços no futuro, mas são ajustados em relação à demanda local e aos custos de transporte.

Variabilidade

O gestor que precisa selecionar entre duas ou mais alternativas deve considerar outro fator além dos valores esperados. A *variabilidade* dos resultados possíveis em torno do valor esperado também é importante. Por exemplo, se duas alternativas possuírem o mesmo valor esperado, a maioria dos gestores escolherá aquela cujos resultados potenciais possuem o mínimo de variabilidade, pois haverá desvios menores com os quais lidar.

A variabilidade pode ser medida de vários modos.

Amplitude

Uma medida simples de variabilidade é a diferença entre o menor e o maior resultados possíveis, ou *amplitude*. Geralmente, preferem-se alternativas com uma amplitude menor àquelas com uma amplitude maior, caso seus valores esperados sejam os mesmos. Porém, a amplitude não é a melhor medida de variabilidade, uma vez que não leva em conta as probabilidades associadas ao menor e ao maior valor, nem os outros resultados dentro da amplitude e suas probabilidades.

Desvio padrão

Uma medida estatística de variabilidade é o *desvio padrão.*[1] Ele pode ser estimado partindo-se de uma amostra dos resultados efetivos passados de um determinado evento, como dados históricos de preço para uma certa semana do ano. Um desvio padrão maior indica uma maior variabilidade de resultados possíveis e, portanto, uma maior probabilidade de que o resultado real difira do valor esperado.

Coeficiente de variação

O desvio padrão é difícil de interpretar, no entanto, ao comparar dois tipos de ocorrência que possuem médias diferentes. A ocorrência com o maior valor médio geralmente possui um desvio padrão maior, mas não necessariamente é mais arriscada. Nessa situação, é mais proveitoso examinar a variabilidade relativa. O *coeficiente de variação* mede a variabilidade em relação à média, sendo obtido dividindo-se o desvio padrão pela média. Coeficientes de variação menores indicam que a distribuição tem menos variabilidade em comparação com sua média do que outras distribuições.

$$\text{Coeficiente de variação} = \frac{\text{Desvio padrão}}{\text{Média}}$$

A Tabela 15-3 apresenta dados históricos de rendimentos de milho e soja em um estabelecimento rural específico. Se presumirmos que o potencial produtivo não foi alterado com o tempo, podemos utilizar as médias simples como estimativas dos rendimentos esperados para o ano que vem e usar as variações em torno da média para calcular os desvios padrão. O milho teve um desvio padrão maior do que o da soja. Entretanto, o cálculo dos coeficien-

---

[1] O desvio padrão é igual à raiz quadrada da variância. A equação da variância é:

$$\text{Variância} = \frac{\sum_{i=1}^{n}\left(X_i - \bar{X}\right)^2}{n-1}$$

tal que X_i é cada um dos valores observados, $\bar{X}$ é a média dos valores observados e n é o número de observações.

Tabela 15-3 Rendimentos históricos de milho e soja em um estabelecimento rural específico

Ano	Milho (bushels/ acre)	Soja (bushels/ acre)
1	165	45
2	185	55
3	181	48
4	128	38
5	145	43
6	169	54
7	158	50
8	115	31
9	172	47
10	167	58
Média (valor esperado)	158,5	46,9
Desvio padrão	22,7	8,2
Coeficiente de variação	0,14	0,17

tes de variação mostra que os rendimentos da soja foram mais variáveis do que os do milho se comparados à média. Logo, o operador que desejar reduzir o risco de rendimento preferiria milho a soja.

Função de distribuição cumulativa

Muitos eventos arriscados da agropecuária possuem um número quase ilimitado de resultados possíveis, e a probabilidade de que qualquer deles ocorra torna-se muito pequena. Um formato conveniente para retratar um número grande de resultados possíveis é uma *função de distribuição cumulativa* (FDC). A FDC é um gráfico dos valores de todos os resultados possíveis de um evento contra a possibilidade de que o resultado real seja igual ou menor do que cada valor. O resultado com o menor valor possível tem uma probabilidade cumulativa de quase zero, enquanto o maior valor possível tem uma probabilidade cumulativa de 100%.

As etapas para criar uma FDC são as seguintes:

1. Liste um conjunto de valores possíveis para o resultado de um evento ou estratégia e estime as probabilidades deles. Por exemplo, os dados da Tabela 15-3 podem ser usados como um conjunto de valores possíveis dos rendimentos de milho e soja. Se for assumido que cada uma das dez observações históricas possui uma chance igual de ocorrer novamente, cada uma representa 10% dos resultados possíveis totais, ou distribuição.
2. Liste os valores possíveis em ordem, do menor para o maior, como mostrado na Tabela 15-4.
3. Atribua uma *probabilidade cumulativa* ao menor valor, igual à metade da amplitude que ele representa. Cada observação representa um segmento ou uma amplitude da distribuição total, então se pode assumir que a observação ocorre no meio da amplitude. Por exemplo, o menor rendimento verificado representa os primeiros 10% da distribuição, então se pode atribuir-lhe uma probabilidade cumulativa de 5%.
4. Calcule as probabilidades cumulativas (a probabilidade de obter aquele valor ou um menor) para cada um dos demais valores, somando as probabilidades representadas

por todos os valores menores com a probabilidade do valor em si. No exemplo, os rendimentos observados remanescentes teriam probabilidades cumulativas de 15%, 25%, etc.
5. Trace o gráfico de cada par de valores e conecte os pontos, como na Figura 15-2.

A função de distribuição cumulativa oferece uma visão de todos os resultados possíveis de um determinado evento. Quanto mais vertical o gráfico, menor a variabilidade entre os resultados possíveis. As porções superiores dos gráficos da Figura 15-2 são mais íngremes do que as porções inferiores, indicando que as respostas positivas do rendimento a tempo bom não são tão significativas quando as respostas negativas a más condições de cultivo.

TOMADA DE DECISÃO SOB RISCO

Tomar decisões sob condições de risco exige uma consideração cuidadosa das várias estratégias à mão e dos possíveis resultados de cada uma. O processo pode ser decomposto em várias etapas:

1. Identificar um *evento* que pode ser uma possível fonte de risco.
2. Identificar os *resultados* possíveis que podem decorrer do evento, como diversas condições meteorológicas ou preços, junto com suas probabilidades.
3. Listar as *estratégias* alternativas à disposição.
4. Quantificar as consequências ou os efeitos de cada *resultado* possível para cada estratégia.
5. Estimar o risco e os retornos esperados de cada estratégia e avaliar as concessões recíprocas de cada uma.

Pode-se utilizar um exemplo para ilustrar essas etapas. Imagine que um plantador de trigo semeia um dado número de acres com trigo no outono. Podem-se comprar bois de cria no outono, que pastarão no trigo durante

Tabela 15-4 Distribuições de probabilidade cumulativa para rendimentos de milho e soja

Milho (bushels/acre)	Soja (bushels/acre)	Probabilidade cumulativa (%)
115	31	5
128	38	15
145	43	25
158	45	35
165	47	45
167	48	55
169	50	65
172	54	75
181	55	85
185	58	95

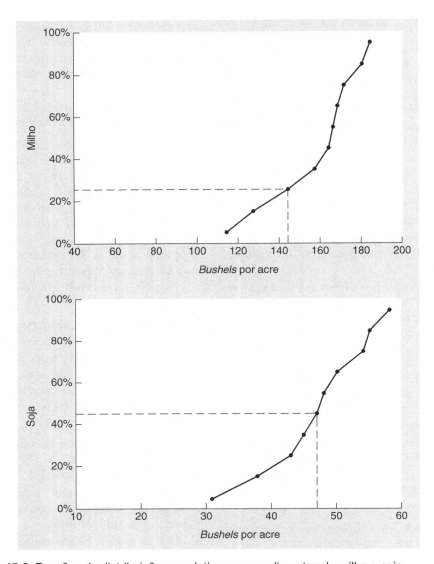

Figura 15-2 Funções de distribuição cumulativa para rendimentos de milho e soja.

o inverno e serão vendidos na primavera a um preço contratado conhecido. A principal fonte de risco do agropecuarista (*etapa* 1) é o evento meteorológico, pois ele afeta o pasto que estará disponível. Presuma que há três resultados possíveis para esse evento, tempos bom, médio ou ruim (*etapa* 2), e que suas probabilidades são estimadas em 20%, 50% e 30%, respectivamente. A seleção das probabilidades é importante. Elas podem ser estimadas estudando-se os eventos meteorológicos passados, assim como as previsões de curto prazo.

Se forem comprados poucos bois e o tempo for *bom*, haverá excesso de pasto à disposição, perdendo-se uma oportunidade de lucro adicional. Se forem comprados bois demais e o tempo for *ruim*, não haverá pasto suficiente, será preciso comprar ração extra, e o lucro será reduzido ou haverá prejuízo. A terceira possibilidade é que ocorra tempo *médio*, com uma oferta normal de ração disponível.

O agropecuarista está considerando três ações alternativas: comprar 300, 400 ou 500 bois (*etapa* 3). Essas escolhas são as *estratégias de decisão*. Os mesmos três resultados meteorológicos são possíveis para cada estratégia, o que cria nove combinações potenciais de efeitos a serem considerados. Após os elementos do problema serem definidos, é proveitoso organizar as informações de algum modo. Duas maneiras de fazer isso são a árvore de decisão e a matriz de ganhos.

Árvore de decisão

Uma *árvore de decisão* é um diagrama que traça várias estratégias gerenciais possíveis, os resultados potenciais de um evento e seus efeitos. A Figura 15-3 é uma árvore de decisão para o exemplo anterior. Ela mostra três resultados meteorológicos para cada uma das três estratégias, a probabilidade de cada resultado (que é a mesma, qualquer que seja a estratégia escolhida) e os retornos líquidos estimados de cada uma das nove consequências potenciais. Por exemplo, se forem comprados 300 bois, o retorno líquido será de US$ 20.000 com bom tempo, US$ 10.000 com tempo médio e apenas US$ 6.000 com tempo ruim (*etapa* 4).

O valor esperado de cada estratégia é a média ponderada dos resultados possíveis, obtida multiplicando-se cada resultado por sua probabilidade e somando-se os efeitos. Com base apenas nesses valores, seria de se esperar que o agropecuarista selecionasse a estratégia "Comprar 400", pois ela possui o maior valor esperado, US$ 12.200. Entretanto, isso ignora a possibilidade de se ter mau tempo e somente chegar ao ponto de equilíbrio. Maneiras de to-

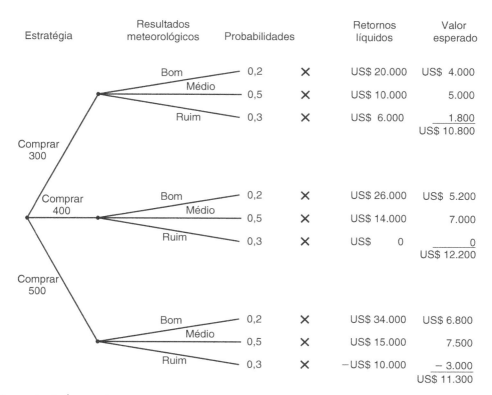

Figura 15-3 Árvore de decisão para o exemplo dos bois de cria.

mar uma decisão levando esse risco em conta serão mostradas mais adiante (*etapa* 5).

Matriz de ganhos

A matriz de ganhos (*payoff*) possui as mesmas informações da árvore de decisão, mas é organizada na forma de uma tabela de contingências. A parte superior da Tabela 15-5 mostra as consequências de cada estratégia para cada um dos resultados meteorológicos potenciais para o exemplo dos bois de cria. Os valores esperados, assim como os valores mínimos e máximos e a amplitude dos resultados, aparecem na parte inferior da matriz de ganhos. Pode-se usar tanto a árvore de decisão quanto a matriz de ganhos para organizar as consequências de um ou mais eventos relacionados. No entanto, se cada evento possuir muitos resultados possíveis, o diagrama ou a tabela pode ficar bastante grande.

Regras de decisão

Foram desenvolvidas diversas regras de decisão para ajudar a escolher a estratégia correta quando se está enfrentando uma decisão que envolve risco. Usar regras diferentes pode resultar na seleção de estratégias diferentes. A regra correta a utilizar depende da atitude do tomador de decisão frente ao risco, da condição financeira do negócio, dos requisitos de fluxo de caixa e de outros fatores específicos.

Esses fatores variam muito entre os tomadores de decisão, tornando impossível dizer que uma certa regra é a melhor para todos.

Resultado mais provável

Esta regra de decisão identifica o resultado mais provável de ocorrer (o que possui a maior probabilidade) e escolhe a estratégia com a melhor consequência para aquele resultado. A Tabela 15-5 indica que o tempo médio tem a maior probabilidade, com 0,5, e que a estratégia "Comprar 500" tem o maior retorno líquido para aquele resultado, US$ 15.000. Esta regra de decisão é fácil de aplicar, mas não considera a variabilidade das consequências nem as probabilidades dos demais resultados possíveis.

Máximo valor esperado

Esta regra de decisão diz para selecionar a estratégia com o maior valor esperado. O valor esperado representa o efeito em média ponderada de uma determinada estratégia com base nas probabilidades estimadas de que cada efeito possível se verifique.

A Figura 15-3 e a Tabela 15-5 mostram que a estratégia "Comprar 400" possui o maior valor esperado, de US$ 12.200; logo, ela seria escolhida usando-se esta regra. Esta regra resultará no maior retorno líquido médio ao longo do tempo, mas ignora a variabilidade dos resultados. No exemplo, o mau tempo só pos-

Tabela 15-5 Matriz de ganhos do problema dos bois de cria

Resultados meteorológicos	Probabilidade	Retorno líquido de cada estratégia de compra		
		Comprar 300	Comprar 400	Comprar 500
Bom	0,2	US$ 20.000	US$ 26.000	US$ 34.000
Médio	0,5	10.000	14.000	15.000
Ruim	0,3	6.000	0	−10.000
Valor esperado		10.800	12.200	11.300
Valor mínimo		6.000	0	−10.000
Valor máximo		20.000	26.000	34.000
Amplitude		14.000	26.000	44.000

sui 30% de chances de ocorrer. Entretanto, não há garantia de que ele não ocorrerá dois ou três anos seguidos, com o retorno líquido resultante de US$ 0 para cada ano. A regra de escolha do máximo valor esperado desconsidera a variabilidade e só deve ser usada por gestores que possuem uma boa capacidade de tolerância a risco e que não evitam demais o risco.

Comparação de risco e retornos

Os gestores que não possuem uma capacidade alta de tolerância a risco devem considerar o risco associado a várias estratégias, assim como os retornos esperados. Qualquer estratégia que possuir um retorno esperado menor e um risco maior do que outra estratégia deve ser rejeitada. É o caso da estratégia "Comprar 500" da Tabela 15-5. Ela tem um valor esperado menor do que a estratégia "Comprar 400", US$ 11.300, e também mais risco, pois é a única alternativa que poderia ensejar um prejuízo. A estratégia "Comprar 300" também possui um retorno esperado menor do que a estratégia "Comprar 400", mas é menos arriscada. Por conseguinte, gestores conscientes quanto a risco podem preferir essa estratégia.

Segurança primeiro

A regra da segurança primeiro se concentra no pior resultado possível de cada estratégia, ignorando os demais resultados possíveis. O tomador de decisão assume que resultados melhores que o esperado não apresentam problemas sérios; já os resultados desfavoráveis são de se preocupar seriamente. Portanto, seleciona-se a estratégia com o melhor efeito possível dentre os piores resultados – aquela com o valor "menos pior". No tocante à Tabela 15-5, aplicar a regra da segurança primeiro resultaria na seleção da estratégia "Comprar 300", pois sua consequência mínima de US$ 6.000 de lucro é maior do que os outros mínimos – US$ 0 de lucro ao comprar 400 bois e um prejuízo de US$ 10.000 ao comprar 500 bois. A regra da segurança primeiro é adequada para o negócio que está em tal dificuldade financeira que não conseguiria sobreviver às consequências até mesmo de um único ano ruim.

Probabilidade de equilíbrio

Conhecer a probabilidade que cada estratégia tem de resultar em prejuízo financeiro também pode auxiliar o tomador de decisão a escolher entre elas. Suponha, por exemplo, que o produtor rural com os históricos de rendimento de milho e soja constantes na Tabela 15-3 calculou que era necessário um rendimento de 145 bushels por acre de milho ou 47 bushels por acre de soja para conseguir cobrir todos os custos de produção. Partindo dos gráficos de FDC da Figura 15-2, a probabilidade de realizar menos do que o nível de equilíbrio de produção pode ser estimada traçando-se uma linha vertical do rendimento de equilíbrio (eixo x) até a linha da FDC e, então, uma linha horizontal até a escala de probabilidade cumulativa (eixo y). Nesse exemplo, a probabilidade de sofrer um prejuízo econômico (produzir abaixo do rendimento de equilíbrio) é de aproximadamente 25% para milho e 45% para soja. Logo, a soja possui mais risco financeiro. Entretanto, o risco de prejuízo também deve ser pesado contra o retorno médio esperado de cada cultivo.

FERRAMENTAS DE GESTÃO DO RISCO

Felizmente, os agropecuaristas possuem uma diversidade de ferramentas gerenciais à disposição para amenizar as consequências de realizar atos arriscados. Algumas dessas ferramentas são usadas para reduzir a quantidade de risco enfrentada pelo gestor; já outras ajudam a amortecer o impacto de um efeito indesejável. Todas elas, porém, seguem uma de quatro abordagens gerais:

1. Reduzir a variabilidade dos resultados possíveis. A probabilidade de um efeito ruim é diminuída, mas a probabilidade de um efeito bom, muitas vezes, é reduzida também.

2. Estipular uma renda ou um nível de preço mínimo, geralmente para um valor fixo. A maioria dos programas de seguro funciona assim. O custo da redução do risco é conhecido, e a probabilidade de obter um efeito melhor que a média não é afetada.
3. Manter a flexibilidade da tomada de decisão. Os gestores não "congelam" decisões por períodos longos, para o caso de as perspectivas de preço ou produção mudarem.
4. Melhorar a capacidade de tolerância ao risco do negócio, de forma que efeitos adversos tenham menos chances de afetar a sobrevivência da operação rural.

Os produtores agropecuários empregam muitos exemplos de todos os quatro tipos de ferramentas de gestão do risco.

Ferramentas de risco de produção

Rendimentos agrícolas variáveis, taxas incertas de produção pecuária e qualidade de produto irregular são comprovações do risco de produção. Podem-se utilizar diversas estratégias para reduzir o risco de produção.

Empreendimentos estáveis

Alguns empreendimentos agropecuários possuem historicamente uma produção de renda mais estável do que outros. A tecnologia moderna pode conseguir controlar os efeitos do tempo sobre a produção, ou, então, programas governamentais e decisões sobre comercialização podem controlar os preços ou a quantidade que pode ser vendida de uma *commodity*. Por exemplo, irrigação produzirá rendimentos de cultivo mais estáveis do que agricultura em sequeiro em áreas onde a precipitação pluvial é marginal ou altamente variável durante a estação de cultivo. No outro extremo, empreendimentos como finalização pecuária, em que os preços tanto de compra quanto de venda podem variar, e cultivo de produtos perecíveis como flores, frutas e verduras tendem a possuir rendas altamente variáveis.

Diversificação

Muitos estabelecimentos rurais geram mais do que um produto a fim de evitar que sua renda dependa totalmente da produção e do preço de uma única *commodity*. Se o lucro de um produto for ruim, o lucro da produção e da venda de outros produtos pode impedir que o lucro total caia abaixo dos níveis aceitáveis. Na produção rural, diversificar produzindo duas ou mais *commodities* reduzirá a variabilidade da renda sempre que nem todos os preços e rendimentos estiverem baixos ou altos ao mesmo tempo.

A Tabela 15-6 mostra um exemplo de como a diversificação pode operar para reduzir a variabilidade da renda. Com base na renda rural líquida média em um período de 17 anos de uma amostra de estabelecimentos agropecuários do Kansas, a especialização em recria de bovinos de corte teve a renda líquida mais variável por operador, medida pelo coeficiente de variação. Os estabelecimentos especializados de gado de corte e agricultura para fins comer-

Tabela 15-6 Comparação de estabelecimentos rurais especializados e diversificados

	Tipo de estabelecimento			
	Gado de corte	Recria de bovinos	Agricultura para fins comerciais	Gado de corte e agricultura
Renda rural líquida por operador (média, 1992–2008)	US$ 16.380	US$ 25.024	US$ 50.940	US$ 52.596
Desvio padrão	12.123	32.039	33.041	US$ 31.776
Coeficiente de variação	0,74	1,30	0,66	0,60

Fonte: Associação de Gestão Rural de Kansas (2009).

ciais tiveram menos variabilidade, mas os estabelecimentos diversificados de gado de corte e agricultura tiveram as rendas líquidas menos variáveis. A falta de uma correlação forte de renda entre os empreendimentos "aplaina" a renda anual com diversificação.

Em quanto a diversificação reduzirá a variabilidade da renda em uma situação agropecuária real? A resposta depende das correlações de preço e rendimento entre os empreendimentos escolhidos. Se os preços ou rendimentos de todos os empreendimentos tendem a subir ou baixar juntos, pouco se ganha diversificando. Quanto menos esses valores tenderem a se movimentar juntos, ou quanto mais eles se movimentarem em direções opostas, mais a variabilidade de renda será reduzida pela diversificação. Da mesma forma, juntar um empreendimento altamente variável a um que é estável pode aumentar o risco total do estabelecimento agropecuário.

A meteorologia é o fator principal a influenciar rendimentos agrícolas, então cultivos com a mesma época de cultivo tendem a possuir uma forte correlação positiva de rendimento. As correlações de rendimento entre cultivos com épocas de cultivo diferentes e suscetíveis a insetos e doenças diferentes são um pouco menores. As taxas de produção entre diferentes tipos de animais são menos estreitamente correlacionadas, e há pouca correlação entre rendimentos agrícolas e desempenho pecuário.

A maioria dos estudos sobre as correlações de preço da maioria das *commodities* agropecuárias mostra que pares de *commodities* com uma forte correlação de rendimento frequentemente possuem também uma correlação de preço positiva, pois as mudanças de produção de um ano para o outro têm um impacto forte sobre os preços. Alguns cultivos especializados, como frutas e hortaliças, contudo, podem apresentar uma correlação de preço fraca ou mesmo negativa com alguns dos principais cultivos de campo, e os preços agrícolas e pecuários são essencialmente independentes um do outro.

Planos de diversificação podem incluir atividades não rurais também. Investir em ações e títulos, realizar negócios em tempo parcial sem relação com agropecuária ou ter um emprego não rural pode fortalecer a estabilidade da renda familiar. A diversificação pode também exigir que se abra mão dos benefícios de se especializar em um empreendimento para obter os benefícios de menos variabilidade na renda líquida.

Seguro

Há diversos tipos de seguro que ajudam a reduzir os riscos produtivo e financeiro. Pode-se contratar seguro formal com uma seguradora para cobrir eventos que poderiam ameaçar o patrimônio e a sobrevivência do negócio. Uma alternativa é que o negócio se autossegure, mantendo algum tipo de reserva financeira prontamente disponível ou líquida para o caso de um prejuízo ocorrer. Sem essas reservas financeiras, uma safra malograda, uma grande tempestade ou um incêndio pode causar tamanho revés financeiro, que o negócio não consiga ir adiante.

Reservas financeiras mantidas em uma forma de fácil liquidação, como uma conta de poupança, geralmente rendem uma taxa de retorno menor do que se o mesmo capital fosse investido no negócio agropecuário ou em algum outro investimento de longo prazo. Esse sacrifício de lucros é o custo de oportunidade de se autossegurar, devendo ser comparado ao custo do prêmio de uma apólice de seguro que daria a mesma proteção.

Os agropecuaristas empregam vários tipos comuns de seguro contra riscos de produção:

1. *Seguro patrimonial* O seguro patrimonial protege contra a perda de prédios, máquinas, animais e grãos armazenados em razão de incêndio, raios, tempestades, roubo e outros riscos. O seguro patrimonial é relativamente barato, enquanto o prejuízo originário de um incêndio ou tempestade séria pode ser devastador. Portanto, a maioria dos agropecuaristas prefere contratar ao menos um nível míni-

mo de seguro patrimonial para seus ativos mais valiosos.

2. *Seguro agrícola de risco múltiplo* O seguro agrícola de risco múltiplo (em inglês, *multiple peril crop insurance* – MPCI) é um programa de seguro mantido pelo Ministério da Agricultura dos EUA, sendo as apólices vendidas por meio de seguradoras privadas. Podem-se adquirir garantias de produção para até 85% do "rendimento comprovado" do estabelecimento rural segurado. Quando os rendimentos efetivos ficam abaixo da garantia, o produtor recebe um preço fixo para cada bushel de prejuízo. Exemplos de prejuízos cobertos seriam os devidos a estiagem, enchentes, granizo, geada e danos por insetos. Há também cobertura extra para riscos específicos, como granizo e incêndio. Várias empresas privadas proveem esse tipo de cobertura, e o custo depende da quantidade de cobertura desejada e da frequência e da intensidade passadas de tempestades de granizo na área.

3. *Seguro de receita* Um outro tipo de apólice de seguro MPCI permite que os agricultores adquiram uma garantia para um determinado nível de renda bruta por acre. Se o rendimento efetivo do produtor, multiplicado pelo preço real de mercado na colheita, ficar abaixo da garantia, a seguradora lhe paga a diferença. Assim, o produtor pode contar com ao menos um montante mínimo de renda bruta por acre. Algumas apólices de seguro de receita agrícola aumentam o nível da garantia de receita se os preços de mercado subirem entre a aquisição da apólice e a colheita. Esse recurso é especialmente útil para produtores que colocam preço a termo em muito da sua safra antes da colheita ou que precisam de um suprimento garantido de ração para seus animais.

O conceito de seguro de receita foi estendido para gado de corte, leiteiro, ovinos e suínos, também. Entretanto, só é incluída proteção contra preços menores que o esperado – risco de produção não é tratado. A proteção de Risco Pecuário (em inglês, *Livestock Risk Protection* – LRP) permite que o pecuarista de engorda adquira seguro para um preço de venda mínimo, para qualquer quantidade de vendas até um nível máximo. O seguro de Margem Bruta Pecuária (em inglês, *Livestock Gross Margin* – LGM) é semelhante à LRP, mas possibilita que os produtores garantam uma margem mínima entre seu preço de venda e o custo das principais rações.

Outro programa, chamado de seguro de Receita Bruta Ajustada (em inglês, *Adjusted Gross Revenue* – AGR), permite que o agropecuarista adquira uma renda bruta mínima garantida para todo o estabelecimento rural. É especialmente útil para *commodities* agrícolas e pecuárias que não são cobertas por outros tipos de seguro de receita.

Capacidade de produção extra

Quando o mau tempo atrasa o plantio ou a colheita de cultivos, muitos agricultores dependem de máquinas ou de capacidade laboral extras para ajudá-los a correr atrás do prejuízo. Em alguns anos, eles arcam com custos de propriedade de máquina ou salários maiores que o necessário como seguro contra perdas agrícolas que poderiam ocorrer por causa de plantio ou colheita tardia em outros anos. Alguns operadores também preferem ter máquinas mais novas para diminuir o risco de panes em momentos cruciais ou contas de conserto inesperadas.

Parceria rural

Em muitos Estados, *parcerias rurais agrícolas* ou *pecuárias* são comuns. O proprietário da terra geralmente paga parte das despesas operacionais e recebe uma porção dos cultivos ou animais produzidos no lugar de um pagamento de arrendamento à vista. Desse modo, o risco de produção ruim, preços de venda baixos ou custos altos de insumos é dividido entre o arrendatário e o proprietário. Na parceria rural, o arrendatário também precisa de menos capital operacional do que no arrendamento à

Capítulo 15 Gestão do risco e da incerteza **273**

vista. Alguns arrendatários utilizam um *arrendamento à vista variável* para conseguir uma redução semelhante do risco. Ambos os tipos de arrendamento são descritos no Capítulo 20.

Agricultura ou alimentação customizada

Em vez de se arriscar a preços e rendimentos incertos, alguns operadores preferem trabalhar com agricultura customizada. Eles executam todas as operações de campo com máquinas para um proprietário de terras em troca de um pagamento fixo. O proprietário assume todo o risco de preço e rendimento.

A alimentação customizada é um acerto semelhante. Produtores pecuários alimentam animais de propriedade de investidores em suas próprias instalações por um preço fixo por cabeça ou por espaço, ou por uma taxa fixa por dia. Também existem contratos para cria ou tratamento de reprodutores. Embora os contratos de produção pecuária customizada passem a maior parte do risco de produção para o proprietário dos animais, alguns preveem penalidades para perda excessiva por morte. Todos os contratos customizados devem

ser analisados cuidadosamente para comparar seus riscos e retornos potenciais aos de ser um produtor e comercializador independente.

Fornecimento de insumos

Alguns pecuaristas de engorda dependem de uma fonte confiável de ração ou de animais de engorda para manter suas unidades cheias. Um contrato de longo prazo com um fornecedor reduz o risco de ter que operar abaixo da capacidade. O preço pode ser determinado por uma fórmula fixa baseada em fatores de qualidade e preços atuais de mercado. Outros insumos vitais podem ser garantidos por contratos antecipados também, como equipes para colheita de frutas e hortaliças.

Ferramentas de risco de mercado

O risco de mercado existe em função da variabilidade dos preços das *commodities* e porque o gestor não sabe quais serão os preços futuros ao tomar a decisão de produzir uma *commodity*. Podem ser usados diversos métodos para reduzir a variabilidade de preço ou para fixar antecipadamente um preço satisfatório

---

Quadro 15-2	Gestão do risco com seguro agrícola

Paul Edmundson cultiva 1.200 acres de soja por ano no Delta. Em um ano, para proteger seu investimento, ele adquiriu seguro agrícola de riscos múltiplos. O seu rendimento médio comprovado, com base nos registros da produção anterior, era de 40 bushels por acre. Ele optou por segurar no nível de produção de 75%, então recebeu uma garantia de rendimento de (40 × 75%) = 30 bushels. Ele também escolheu a garantia de preço máxima à disposição para aquele ano, US$ 7,50 por bushel. O custo do prêmio para essa cobertura foi de US$ 12,00 por acre.

Naquele ano, uma enchente de fim de verão cortou seu rendimento médio para apenas 21 bushels por acre. Ele recebeu da seguradora uma indenização para (30 − 21) = 9 bu-

shels, a US$ 7,50 por bushel, ou US$ 67,50 por acre.

No ano seguinte, ele decidiu trocar para o seguro de receita agrícola. Sua seguradora lhe ofereceu uma apólice para 75% da sua renda bruta projetada, com base em seu rendimento comprovado de 40 bushels por acre e no preço de seguro daquele ano, US$ 8,00 por bushel. Sua garantia de receita era de (40 × US$ 8,00 × 75%) = US$ 240 por acre.

No outono, a soja de Edmundson rendeu 42 bushels por acre, mas o preço de mercado caiu para US$ 5,00, então sua renda bruta efetiva foi de apenas (42 × US$ 5,00) = US$ 210 por acre. Ele recebeu uma indenização por seu déficit de receita igual a (US$ 240 − 210) = US$ 30 por acre.

para quando os cultivos ou animais estiverem prontos para vender.

Distribuição das vendas

Em vez de vender todo o cultivo de uma vez só, muitos agricultores preferem vender partes dele várias vezes durante o ano. Por exemplo, 25% do cultivo podem ser vendidos a cada 3 meses, ou um sexto a cada 2 meses. Distribuir as vendas evita que se venda todo o cultivo ao preço mais baixo do ano, mas também impossibilita que se venda todo ele ao preço mais alto. O resultado da distribuição das vendas seria um preço recebido médio próximo do preço anual médio da *commodity*.

As vendas pecuárias também podem ser distribuídas ao longo do ano. Pode-se fazer isso alimentando diversos grupos durante o ano ou com diversas parições por ano. A distribuição das vendas de produtos lácteos e ovos ocorre naturalmente, dada a natureza contínua de sua produção.

Vendas por contrato

Produtores de cultivos como sementes, mudas e frutas e hortaliças, muitas vezes, assinam um contrato com um comprador ou processador antes de plantar o cultivo. Esse contrato costuma especificar certas práticas gerenciais a ser seguidas, assim como o preço a ser recebido pelo cultivo e, possivelmente, a quantidade a serem entregue. Um contrato dessa espécie elimina o risco de preço no momento do plantio e garante que o produtor terá mercado. Entretanto, os padrões de qualidade podem ser rigorosos, criando mais risco de produção.

Também é possível conseguir um *contrato de preço a termo* para muitos cultivos de campo e alguns tipos de animais. Muitos compradores de grãos e animais contratam a compra de uma dada quantidade dessas *commodities* a um preço fixo para entrega em data posterior ou a intervalos regulares. Esses contratos geralmente estão disponíveis durante a estação de cultivo, assim como após a safra ser colhida e armazenada. A venda por contra-

to elimina a incerteza de preço, mas não permite que se venda a um preço mais alto caso os mercados subam mais adiante no ano. Uma exceção é o *contrato de preço mínimo*, que garante ao vendedor um determinado preço, usualmente um pouco abaixo dos níveis esperados, mas permite que a *commodity* seja vendida ao preço real de mercado caso ele fique acima do mínimo. O contrato pode impor uma multa se o produtor não conseguir entregar a quantidade ou qualidade de *commodity* convencionada devido a problemas de produção.

Hedging

Pode-se estabelecer um preço de mercado antecipadamente por meio de *hedging* em um mercado de futuros de *commodities*. *Hedging* é possível antes do plantio, assim como durante a estação de cultivo ou enquanto o grão é armazenado. Também pode-se fazer *hedging* de animais no momento da compra ou em qualquer tempo durante o período de engorda.

Hedging envolve vender um contrato de futuros de *commodity* em vez da *commodity* em si, geralmente porque o gestor não pode ou não quer entregar a *commodity* naquele momento. O contrato é adquirido por um comprador em uma bolsa de futuros em algum lugar, podendo estar representando um processador que quer fixar o preço da *commodity* para uso futuro ou um especulador que espera vender o contrato mais tarde por um preço maior. Embora os contratos de futuros de algumas *commodities* prevejam entrega quando o contrato se extingue, o contrato geralmente é readquirido, e a *commodity* é vendida no mercado à vista local. Os preços à vista e de futuros tendem a subir ou descer juntos. Logo, todo ganho ou perda ocorrido porque o mercado à vista subiu ou desceu é contrabalançado por um ganho ou perda correspondente no contrato de futuros detido.

Antes de iniciar um programa de *hedging*, o gestor deve estudar cuidadosamente o processo de *hedging* e o mercado de futuros, além de ter uma boa compreensão da *base*, ou diferença normal entre o preço de contrato de futuros e o preço do mercado à vista local. A base pode tornar-se mais larga ou estreita enquanto se detém o contrato de futuros, o que significa que os ganhos e perdas dos mercados à vista e de futuros não se compensam exatamente. Essa variação é chamada de *risco de base*. O risco de base deve ser levado em conta, mas a base é menos variável e mais previsível do que os preços à vista.

O *hedging* pode ser usado também para fixar o preço de insumos que devem ser comprados no futuro, como rações ou animais de engorda. Nesse caso, o contrato de futuros é comprado (em vez de vendido) antecipadamente, antes de ser possível a entrega do insumo, e depois revendido quando o insumo é efetivamente comprado.

Opções de commodities

Muitos comerciantes não gostam do fato de que embora o contrato a termo ou o *hedging* os proteja contra queda de preços, ele também impede que eles se beneficiem da alta dos preços (veja o exemplo da Quadro 15-3). Eles preferem utilizar opções de *commodities* que fixam um preço mínimo em troca do pagamento de uma taxa fixa, ou prêmio, mas ainda permitindo que eles vendam a um preço mais alto, se for o caso.

O gestor que quer se proteger contra uma queda de preços geralmente compra o direito de vender um contrato de futuros a um preço específico, chamado de *opção de venda* (*put*). Se o mercado cai (tanto à vista quanto de futuros), o valor da opção de venda sobe e compensa a perda de valor da *commodity* que o agropecuarista detém. Se o mercado sobe, o valor da opção de venda cai, podendo chegar a zero. Se o mercado sobe ainda mais, o valor da *commodity* detida continua crescendo, mas não há mais queda no valor da opção de venda (pois já é zero), e o produtor ganha. Quando chega a hora de vender a *commodity*, a opção de venda também é vendida, se ainda tiver algum valor. Portanto, com o custo de comprar a opção de venda (o prêmio, ou ágio), o

agropecuarista é protegido contra preços descendentes, mas ainda assim pode se beneficiar de preços ascendentes. A opção de *commodity* proporciona uma espécie de seguro de preço.

Opções de compra são parecidas com as opções de venda, mas dão ao comprador o direito de adquirir um contrato de futuros a um preço especificado. Elas podem ser usadas para definir um preço de compra máximo para uma *commodity*, mas permitem que o comprador se beneficie caso o preço caia. Opções de compra são úteis para produtores que desejam estabelecer um preço máximo para insumos como animais de engorda e ração animal.

Programas do Ministério da Agricultura dos EUA

O Ministério da Agricultura dos EUA (USDA) possui uma longa história de ajuda a agropecuaristas na gestão do risco de preço e de produção. Programas de calamidade foram aprovados pelo Congresso várias vezes ao longo dos anos, quando ocorrem estiagens ou doenças generalizadas. A lei rural de 2008 autorizou um programa permanente de calamidade, conhecido como Assistência de Receita Suplementar (*Supplemental Revenue Assistance* – SURE), que dá cobertura para até 15% acima do nível de seguro agrícola que o produtor compra. Todos os cultivos e estabelecimentos rurais operados pelo produtor ou pessoa jurídica são segurados conjuntamente.

Outro programa, a Opção de Receita Agrícola Média (*Average Crop Revenue Election* – ACRE), é semelhante ao SURE, mas cobre cultivos e estabelecimentos individuais. As garantias são baseadas nos rendimentos e preços médios dos últimos anos. A receita bruta precisa ficar abaixo de um determinado nível, tanto no estabelecimento agropecuário quanto no Estado, para desencadear o pagamento. Tanto o ACRE quanto o SURE protegem contra queda na receita bruta do cultivo, e não contra perda de rendimento ou declínio de preço apenas.

Outros programas do USDA pagam verbas a produtores de *commodities* específicas,

Parte V Aperfeiçoamento das habilidades gerenciais

como leite ou lã, quando os preços de mercado ficam abaixo da média.

Flexibilidade

Algumas estratégias de gestão permitem que o operador altere uma decisão se as tendências de preço ou as condições meteorológicas mudam. Plantar cultivos anuais, em vez de cultivos perenes ou permanentes, é um exemplo.

Investir em construções e equipamentos que podem ser utilizados em mais de um empreendimento é outro. Muitos produtores de grãos constroem silos de armazenagem para poder postergar a comercialização até que os preços sejam mais favoráveis. No caso da pecuária, os animais podem ser vendidos como animais de engorda ou finalizados pelo peso no abate. O arrendamento de certos ativos, como terra ou maquinário, em lugar de comprá-los é outro exemplo de manutenção da flexibilidade gerencial.

Ferramentas de risco financeiro

Reduzir o risco financeiro demanda estratégias para manter liquidez e solvência. Necessita-se de liquidez para ter caixa para pagar

---

Quadro 15-3	Redução do risco de preço por *hedging*

A Plainview Feeders, Inc. recém ocupou um de seus confinamentos com um novo grupo de bovinos que possui o seguinte custo de produção esperado:

Custo de compra médio do gado, por cabeça	US$ 450
Custo esperado da ração (500 libras de ganho, a US$ 0,80)	400
Custos além de ração (200 dias, a US$ 0,08)	16
	US$ 866

A um peso de venda médio de 1.150 libras, seu preço de venda de equilíbrio é de US$ 75 por quintal curto (cwt). O mercado de bovinos finalizados está agora ao redor de US$ 80 por cwt, e os contratos futuros de bovinos para junho estão sendo vendidos a US$ 84 por cwt. Eles decidem fazer *hedging* do gado vendendo um contrato de futuros.

Até junho, quando os bovinos estão prontos para venda, o mercado caiu um pouco. A Plainview vende o gado por US$ 75 por cwt, comprando de volta o contrato de futuros por US$ 79 por cwt. Seu preço líquido é:

Contrato de futuros vendido	+ US$ 84 por cwt
Contrato de futuros comprado de volta	– 79
Vendido pelo preço à vista	+ 75
	= US$ 80 por cwt

Embora o mercado tenha caído US$ 5, eles ainda faturaram US$ 80, em razão dos US$ 5 ganhos com o contrato de futuros.

E se o mercado tivesse subido, em vez disso? Suponha que em junho o preço do mercado de futuros era de US$ 90 por cwt e o preço à vista era de US$ 85. Seu preço líquido teria sido:

Contrato de futuros vendido	+ US$ 84 por cwt
Contrato de futuros comprado de volta	– 90
Vendido pelo preço à vista	+ 85
	= US$ 79 por cwt

Seu preço de venda líquido teria sido praticamente o mesmo, a despeito de o mercado de bovinos ter subido ou caído. A única coisa a afetá-lo foi a base, ou a diferença entre o preço de futuros e o preço à vista de quando os bovinos foram vendidos: US$ 4 no primeiro exemplo e US$ 5 no segundo.

obrigações de dívida e para cobrir necessidades financeiras inesperadas no curto prazo. A solvência diz respeito à sobrevivência comercial de longo prazo, ou possuir ativos suficientes para garantir adequadamente as dívidas do negócio.

Taxas de juros fixas

Muitos mutuantes oferecem empréstimos a taxas de juros tanto fixas quanto variáveis. A taxa de juros fixa pode ser mais alta quando o empréstimo é feito, mas evita que o custo do empréstimo aumente se as taxas de juros subirem.

Empréstimos autoliquidantes

Empréstimos autoliquidantes são aqueles que podem ser quitados com a venda da garantia do empréstimo. Exemplos são empréstimos para a compra de reprodutores e insumos de produção agrícola. Empréstimos pessoais e empréstimos para terra ou maquinário são exemplos de empréstimos que não são autoliquidantes. A vantagem dos empréstimos autoliquidantes é que a fonte do caixa que será usado para a amortização é conhecida e relativamente confiável.

Reservas líquidas

Manter uma reserva de caixa ou outros ativos facilmente conversíveis em caixa ajuda o agropecuarista a lidar com os resultados adversos de uma estratégia arriscada. No entanto, pode haver um custo de oportunidade em manter fundos em reserva no lugar de investi-los no negócio ou em outros ativos de longo prazo.

Reserva de crédito

Muitos agropecuaristas não contraem empréstimo até o limite que lhes é imposto pelo mutuante. Esse crédito não utilizado, ou reserva de crédito, significa que podem ser obtidos fundos extras no caso de um resultado desfavorável. Essa técnica não reduz o risco diretamente, mas dá uma margem de segurança.

Contudo, ela também tem um custo de oportunidade, igual ao lucro adicional que esse capital não utilizado poderia ter rendido no negócio.

Patrimônio líquido

Em última análise, é o patrimônio ou valor líquido do negócio que proporciona sua solvência e muito da sua liquidez. Portanto, o patrimônio deve ser gradualmente ampliado, especialmente durante os primeiros anos do negócio, retendo-se lucros no negócio ou atraindo-se capital externo.

Ferramentas de risco jurídico

Natureza jurídica

Estabelecimentos agropecuários podem ser organizados sob diversas naturezas jurídicas diferentes. Algumas delas, como corporações, sociedades de responsabilidade limitada e cooperativas, oferecem mais proteção contra danos e responsabilidade jurídica do que outras. O Capítulo 14 traz mais detalhes.

Planejamento sucessório

Ter um testamento e um planejamento sucessório que garantam a transição ordenada do negócio rural aos herdeiros, muitas vezes, poupa muito dinheiro em impostos de renda e sobre transmissão *causa mortis* ou em receita perdida devido a gestão interrompida e divisão de um negócio de porte eficiente. Possuir todos os arrendamentos rurais e contratos por escrito também reduz os problemas jurídicos ao longo do tempo.

Seguro de responsabilidade civil

O seguro de responsabilidade civil protege contra processos de terceiros em razão de danos pessoais ou materiais pelos quais o segurado ou seus empregados sejam considerados responsáveis. Ações de responsabilidade civil em um estabelecimento rural podem ocorrer quando animais vagam até uma estrada e causam um acidente ou quando alguém se fere na propriedade. O risco de uma ação de responsabilidade civil pode ser pequeno, mas alguns dos danos sentenciados são muito grandes. A maioria das pessoas considera o seguro de responsabilidade civil um método barato de conseguir paz de espírito e proteção contra acontecimentos inesperados.

Ferramentas de risco pessoal

Seguro de saúde

Agricultores e pecuaristas autônomos geralmente têm dificuldade para obter cobertura de seguro de saúde a um custo razoável. O custo após impostos foi um pouco reduzido ao se tornar mais prêmios fiscalmente dedutíveis. Aumentar as franquias e arranjar apólices por meio de organizações rurais também pode reduzir os custos. Dado o alto custo dos tratamentos médicos e a imprevisibilidade dos problemas de saúde, nenhum gestor prudente deve ficar sem algum tipo de seguro de saúde. Isso também se aplica a seguro por acidente ou doença de trabalho dos empregados.

Seguro de vida

O seguro de vida serve para dar proteção contra perdas que possam resultar da morte prematura do operador rural ou de um membro de sua família. A verba do seguro pode ser usada para pagar despesas de sustento familiar, quitar dívidas, pagar impostos sucessórios e cobrir outras despesas relacionadas à transferência da gestão e propriedade do ne-

gócio. Deve-se tomar cuidado para escolher o tipo mais adequado de seguro de vida para as necessidades e os interesses de cada pessoa.

Precauções de segurança

Bom senso, atenção ao serviço do momento e não ter pressa fazem muito para evitar acidentes e lesões. Medidas comuns de segurança incluem manter guardas junto às máquinas, desligar o maquinário antes de fazer reparos ou ajustes, não deslocar equipamentos em estradas públicas após escurecer, seguir os procedimentos indicados para aplicação de pesticidas e fertilizantes e evitar a proximidade a animais perigosos.

Gestão de backup

Quando apenas uma pessoa está informada sobre aspectos cruciais do negócio rural, um acidente ou uma doença grave pode causar uma ruptura séria nas operações diárias e de longo prazo. Os principais funcionários, cônjuges e advogados devem saber onde estão os registros fiscais, financeiros e jurídicos e poder intervir quando o operador principal estiver incapacitado de continuar.

Quais dessas muitas ferramentas de gestão do risco serão empregadas por um estabelecimento agropecuário específico depende do tipo de risco sendo enfrentado, da estabilidade financeira do negócio e da atitude de tolerância a risco do gestor.

RESUMO

Vivemos em um mundo de incerteza. Raramente conhecemos exatamente o quê, quando, como e quanto sobre as decisões e seus possíveis resultados. Contudo, decisões ainda precisam ser tomadas, utilizando-se todas as informações e técnicas que estejam à mão. Ninguém toma a decisão correta sempre, mas a tomada de decisão sob incerteza pode ser aprimorada sabendo-se como identificar possíveis eventos e estratégias, estimando-se o valor dos resultados possíveis e analisando-se sua variabilidade.

Árvores de decisão, matrizes de ganhos e funções de distribuição cumulativa podem ser usadas para organizar os resultados de diferentes estratégias. Podem ser utilizadas várias regras de decisão para escolher dentre alternativas arriscadas. Alguns consideram apenas os retornos esperados, outros levam em conta a variabilidade dos resultados acima e abaixo da média, e outros ainda só examinam os resultados adversos.

O risco de produção, comercialização, financeiro, jurídico e pessoal pode ser reduzido ou controlado pelo uso de várias técnicas. Algumas diminuem a amplitude de resultados possíveis, enquanto outras ga-

Capítulo 15 Gestão do risco e da incerteza **279**

rantem um resultado mínimo em troca de um custo fixo, proporcionam mais flexibilidade para tomada de decisões ou aumentam a capacidade de tolerância a risco do negócio.

PERGUNTAS PARA REVISÃO E REFLEXÃO

1. Relacione ao menos cinco fontes de risco e incerteza para os agropecuaristas da sua região. Classifique-as como risco de produção, preço, financeiro, jurídico ou pessoal. Quais são as mais importantes? Por quê?
2. Como um jovem produtor rural com um alto endividamento enxerga o risco, se comparado a um produtor mais velho e estabelecido, com poucas dívidas?
3. Esses dois agropecuaristas podem ter ideias diferentes sobre a quantidade de seguro de que precisam? Por quê?
4. Como as probabilidades subjetivas diferem das probabilidades verdadeiras? Quais fontes de informações existem para ajudar a formá-las?
5. Escolha cinco preços que você acha quer poderiam ser o preço médio para suínos magros de mercado (ou alguma outra *commodity* familiar) no ano que vem, incluindo tanto o preço mais baixo quanto o mais alto que você esperaria. Peça que um colega faça o mesmo.
   a. Quem tem a maior amplitude de preços esperados?
   b. Calcule a média simples para cada grupo de preços. Como elas ficam uma em comparação com a outra?
   c. Atribua probabilidades subjetivas a cada preço da sua lista, recordando que a soma das probabilidades deve totalizar 1,0. Compare-as.
   d. Calcule o valor esperado de cada conjunto de preços e compare-os.
   e. Você esperaria que todos da classe tivessem o mesmo conjunto de preços e probabilidades subjetivas? Por quê?
6. Imagine que os preços anuais médios do trigo na sua região foram os seguintes nos últimos 10 anos:

Ano 1	US$ 3,45	Ano 6	US$ 2,56
Ano 2	3,51	Ano 7	3,28
Ano 3	3,39	Ano 8	3,87
Ano 4	3,08	Ano 9	2,64
Ano 5	2,42	Ano 10	2,80

   a. Calcule a média simples. Calcule o coeficiente de variação, dado que o desvio padrão é 0,478.
   b. Extraia uma *função de distribuição cumulativa* (FDC) para o preço do trigo usando os dados da tabela.
   c. A partir da FDC, estime a probabilidade de que o preço médio anual do trigo seja de US$ 3,00 ou menos em um dado ano.
7. Identifique as etapas da tomada de uma decisão arriscada, dando um exemplo.
8. Suponha que um consultor agrícola estime que há 20% de chances de uma grande infestação de insetos, que poderia reduzir sua margem bruta por acre em US$ 60. Se não ocorrer dano, você espera receber uma margem bruta de US$ 120 por acre. O tratamento contra o inseto é eficaz, mas custa US$ 15 por acre. Demonstre os resultados possíveis de tratar ou não tratar em uma árvore de decisão e em uma matriz de ganho. Qual é a margem bruta esperada para cada escolha? Qual é a amplitude entre os resultados alto e baixo de cada escolha?
9. Um gestor que não precisasse considerar risco escolheria tratar ou não tratar contra os insetos da Pergunta 8? E um gestor que não pudesse auferir uma margem bruta inferior a US$ 90 por acre?

280 Parte V Aperfeiçoamento das habilidades gerenciais

10. Dê dois exemplos de estratégias de gestão do risco que se encaixam em cada uma das seguintes categorias gerais:
    a. Reduzir a amplitude de resultados possíveis.
    b. Garantir um resultado mínimo para um custo fixo.
    c. Aprimorar a flexibilidade da tomada de decisão.
    d. Melhorar a capacidade de tolerância a risco.
11. Descreva uma importante ferramenta ou estratégia de gestão do risco que ajudaria a arcar com cada um dos seguintes tipos de risco em um estabelecimento rural.
    a. Produção
    b. Mercado
    c. Financeiro
    d. Jurídico
    e. Pessoal

CAPÍTULO 16

Gestão de imposto de renda

Objetivos do capítulo

1. Mostrar a importância da gestão do imposto de renda em estabelecimentos rurais.
2. Identificar alguns objetivos da gestão do imposto de renda.
3. Apontar as diferenças entre os regimes de caixa e de competência no cálculo da renda tributável e as vantagens e desvantagens de cada um.
4. Explicar como as alíquotas marginais e de previdência social são aplicadas à renda tributável.
5. Examinar algumas estratégias de gestão tributária que podem ser utilizadas por agropecuaristas.
6. Ilustrar como a depreciação é calculada para fins tributários e como ela pode ser usada na gestão tributária.
7. Mostrar a diferença entre renda ordinária e de ganhos de capital e como cada uma é tributada.

Impostos de renda federais são recolhidos nos Estados Unidos desde 1913, assim como em muitos outros países. Eles afetam todos os tipos de negócio, incluindo os estabelecimentos agropecuários. Impostos de renda são um resultado inevitável de operar um negócio lucrativo e são necessários para manter as instituições e os serviços públicos funcionando. Entretanto, as decisões gerenciais tomadas ao longo do tempo podem afetar grandemente a cronologia e o montante do imposto de renda devido. Por esse motivo, o gestor rural precisa possuir uma compreensão básica das regulamentações fiscais e conseguir analisar as possíveis consequências tributárias das decisões gerenciais. Essas decisões são tomadas ao longo de todo o ano, então a gestão tributária é um problema que atravessa o ano, e não algo a ser feito apenas quando se preenche a declaração de imposto.

Gestores agropecuários não precisam possuir (e nem seria de se esperar que possuíssem) um conhecimento completo de todas as regulamentações fiscais. Todavia, uma com-

282 Parte V Aperfeiçoamento das habilidades gerenciais

preensão e consciência básicas dos tópicos fiscais discutidos neste capítulo possibilitam que o gestor reconheça as possíveis consequências fiscais de algumas decisões comerciais comuns. Também ajudam o gestor a identificar decisões que podem ter consequências fiscais grandes e complexas. Isso deve ser o sinal para procurar a orientação de um contador tributário ou advogado experiente em questões tributárias rurais. Orientação de especialistas *antes* da implementação da decisão gerencial pode muito bem valer o custo e poupar tempo, incomodação e dinheiro mais tarde.

TIPOS DE IMPOSTO DE RENDA

Existem três tipos de impostos cobrados sobre a renda rural (Figura 16-1). O imposto sobre a renda ordinária é pago sobre a maior parte da renda rural líquida após ela ser combinada com outros tipos de renda tributável. Uma parte da renda oriunda da venda de certos ativos, chamada de ganhos de capital, é informada separadamente, sendo frequentemente tributada a uma alíquota menor do que a renda ordinária. Por fim, a renda obtida por meio de atividades de autônomo, incluindo agricultura e pecuária, também está sujeita a uma contribuição para sustentar os sistemas de previdência social e saúde pública.

Os regulamentos de imposto de renda são numerosos, complexos e sujeitos a mudanças à medida que novas legislações fiscais são aprovadas pelo Congresso. Somente alguns dos princípios e regulamentações mais básicos podem ser cobertos por este capítulo. Eles serão expostos do ponto de vista de um negócio agropecuário operado como propriedade individual (*sole proprietorship*). Sociedades de responsabilidade pessoal (*partnerships*) e corporações (*corporations*) rurais estão sujeitas a regulamentos diferentes em alguns casos, e quem contempla utilizar essas naturezas jurídicas deve obter orientação tributária competente antes de tomar a decisão. O leitor também é aconselhado a verificar as regulamentações fiscais atualizadas para conhecer as normas mais recentes. As normas e regulamentações tributárias podem mudar, e de fato mudam, frequentemente.

A maioria dos Estados também cobra imposto sobre a renda de pessoa física. Alguns Estados têm alíquotas progressivas, isto é, rendas mais altas são tributadas a alíquotas maiores, enquanto outros Estados impõem uma alíquota fixa para todas as faixas de renda. Devido à ampla diversidade de normas estaduais de imposto de renda, a exposição do resto deste capítulo só se aplicará aos impostos de renda federais.

OBJETIVOS DA GESTÃO TRIBUTÁRIA

Todo gestor com a meta de maximização do lucro precisa modificar essa meta ao considerar os impostos de renda. Essa meta agora deve ser "maximização do lucro de lon-

---

Renda rural ordinária
– Despesas rurais e depreciação
= Lucro rural líquido
+ Outras rendas tributáveis
– Deduções e isenções pessoais
– Metade do imposto de autônomo
= Renda tributável
× Alíquotas sobre renda comum
= **Imposto de renda comum a pagar**

Renda líquida obtida como autônomo
× Alíquota de autônomo
= **Imposto de autônomo a pagar**

Renda com ganhos de capital
– Base tributária original
= Ganho tributável
× Alíquota de ganhos de capital
= **Imposto sobre ganhos de capital a pagar**

Figura 16-1 Três tipos de imposto de renda.

Capítulo 16 Gestão de imposto de renda **283**

Quadro 16-1	Gestão tributária ou brecha tributária?

A gestão tributária, ou minimização de impostos, às vezes, é igualada à identificação e ao uso de "brechas tributárias". Esse é um julgamento muitas vezes injusto. Embora indubitavelmente existam iniquidades nas regulamentações fiscais, o que alguns chamam de brechas tributárias, muitas vezes, foi intencionalmente legislado pelo Congresso para um fim específico.

Esse fim pode ser estimular investimento e produção em certas áreas ou aumentar o investimento em geral, como meio de promover uma economia em expansão e o pleno emprego. Os contribuintes não devem se sentir relutantes ou culpados quando aproveitam ao máximo todos os modos legais de reduzir o imposto de renda. Da mesma forma, não é realista esperar que haja modos legais de se furtar completamente ao pagamento de impostos de renda no longo prazo se estiver sendo operado um negócio lucrativo.

go prazo após impostos". Pagamentos de imposto de renda representam uma saída de caixa para o negócio, deixando menos caixa à mão para outras finalidades. O caixa que resta após pagar os impostos de renda é o único dinheiro disponível para despesas de sustento familiar, pagamento de dívidas e novos investimentos comerciais. Portanto, a meta deve ser a maximização do lucro após impostos, já que é esse montante que, no final, estará à disposição para uso ao critério do gestor ou proprietário. A meta não é minimizar os impostos de renda. Essa meta poderia ser atingida tendo-se pouca ou nenhuma renda rural líquida todos os anos.

Um objetivo de curto prazo da gestão tributária é minimizar os tributos devidos sobre a renda de um dado ano quando a declaração de imposto é preenchida e protocolizada. Contudo, essa renda é o resultado de decisões tomadas por todo o ano, e talvez em anos anteriores. É tarde demais para modificar essas decisões. A gestão tributária eficaz demanda uma avaliação contínua de como cada decisão afetará os impostos de renda, não apenas no exercício corrente, mas também nos exercícios vindouros. Deve ser um objetivo de longo prazo, e não de curto prazo, e certamente não é algo a ser pensado somente uma vez por ano, ao entregar a declaração. Por conseguinte, a gestão tributária consiste em gerenciar renda, despesas e as compras e vendas de ativos de capital de forma a maximizar os lucros de longo prazo após impostos.

Gestão tributária não é evasão fiscal, mas, sim, evitar o pagamento de mais impostos do que os legalmente devidos e postergar o pagamento de tributos sempre que possível. Existem diversas estratégias de gestão tributária que tendem a postergar ou atrasar os pagamentos de tributos, não necessariamente reduzindo o montante pago ao longo do tempo. Entretanto, todo pagamento de tributo que pode ser deixado para mais tarde representa mais caixa disponível para uso comercial por um ou mais anos.

REGIMES DE CONTABILIDADE TRIBUTÁRIA

Um atributo único dos impostos de renda de negócio agropecuário é a escolha dos métodos de contabilidade tributária permitidos. Os agropecuaristas podem declarar sua renda tributável usando regime contábil de *caixa* ou de *competência*. Todos os outros contribuintes envolvidos na produção e na venda de mercadorias para as quais possam existir estoques devem usar o regime de competência. Muito embora os agropecuaristas amiúde tenham estoques, eles podem optar por utilizar qualquer um dos métodos. A escolha é feita quando a pessoa física ou jurídica protocoliza a *primei-*

ra declaração fiscal do estabelecimento agropecuário. O método usado nessa *primeira* declaração deve ser utilizado nos anos seguintes.

É possível trocar de regime contábil fiscal mediante permissão do fisco e pagamento de uma taxa. A solicitação deve ser feita em um formulário especial e dentro do prazo correto. Ela também deve trazer a(s) razão(ões) da mudança desejada, juntamente com outras informações. Se a solicitação for deferida, pode trazer mais complexidade aos procedimentos contábeis durante o período de transição. Portanto, é aconselhável estudar cautelosamente as vantagens e desvantagens de cada método e fazer a melhor escolha quando da entrega da primeira declaração fiscal do estabelecimento rural.

O regime de caixa

A maioria dos agricultores e pecuaristas emprega um exercício contábil fiscal igual ao ano-calendário. Entretanto, podem pedir a autorização do fisco para utilizar um exercício fiscal de declaração de imposto que comece em outra data que não 1° de janeiro, terminando um ano depois. Negócios com um ciclo de produção que começa regularmente em um ano-calendário e termina no seguinte podem preferir ter um exercício fiscal que termine após a maior parte da sua produção ser vendida (veja a discussão sobre exercício contábil do Capítulo 3).

Agropecuaristas possuem um cronograma de declaração de imposto de renda federal levemente diferente do de pessoas físicas assalariadas. Se seu exercício fiscal é igual ao ano-calendário, eles devem entregar sua declaração e pagar os impostos devidos até 1° de março do ano seguinte, em vez de 15 de abril. Abre-se uma exceção se eles registram uma estimativa do imposto que deverão até 15 de janeiro e fazem um pagamento nesse valor. Nesses casos, a declaração definitiva e o pagamento só são devidos em 15 de abril. Contribuintes de ano fiscal têm prazos semelhantes em relação ao início de seu exercício fiscal.

No regime de contabilidade de caixa, a renda é tributável no exercício em que é recebida como caixa, ou "recebida por ficção". A renda é recebida de modo fictício quando é creditada a uma conta ou está disponível para uso antes do fim do exercício tributável. Um exemplo desta última situação seria um cheque por venda de grãos que o silo estava guardando para que o cliente recolhesse. Se o cheque estava disponível até 31 de dezembro, mas só foi recolhido vários dias depois, ainda seria renda recebida fictamente em dezembro. O cheque estava à disposição em dezembro, e o fato de não ter sido recolhido não difere a renda tributável para o exercício seguinte.

No regime de caixa, as despesas são dedutíveis do imposto no exercício em que são efetivamente pagas, independentemente de quando o item foi comprado ou usado. Um exemplo seria uma ração de dezembro comprada a prazo e paga apenas no janeiro seguinte. Essa seria uma despesa dedutível do imposto no exercício seguinte, e não no exercício em que a ração foi realmente adquirida e utilizada. Uma exceção a essa regra é o custo de itens comprados para revenda, o que inclui animais de engorda. Essas despesas só podem ser deduzidas no exercício fiscal em que os itens são vendidos. Isso quer dizer que a despesa de comprar gado de engorda ou outros itens adquiridos para revender precisa ser transportada para o exercício seguinte, caso a compra e a venda não aconteçam no mesmo exercício.

No método de contabilidade tributária de caixa, os estoques não são usados para determinar a renda tributável. A renda é tributada quando recebida como caixa, e não à medida que se acumula em estoque de cultivos e animais.

O regime de caixa possui diversas vantagens.

Vantagens

A grande maioria dos agropecuaristas utiliza o regime de caixa para calcular a renda tributável. Há várias vantagens que fazem desse o método mais popular.

1. *Simplicidade* O uso da contabilidade de caixa exige um mínimo de registros, especialmente porque não há necessidade de manter registros de estoque para fins tributários.
2. *Flexibilidade* A contabilidade de caixa dá o máximo de flexibilidade para o planejamento tributário no fim do exercício. A renda tributável de qualquer exercício pode ser ajustada de acordo com a cronologia de vendas e pagamento de despesas. Uma diferença de poucos dias pode colocar a renda ou despesa na renda tributável deste exercício ou do seguinte.
3. *Ganhos de capital da venda de reprodutores criados* No regime de caixa, mais da renda advinda da venda de reprodutores criados geralmente será classificada como renda de ganho de capital de longo prazo. Essa renda não está sujeita a impostos de autônomo, sendo tributada a uma alíquota inferior à da renda ordinária. Os ganhos de capital serão discutidos em pormenores em uma seção posterior.
4. *Postergação do imposto sobre estoque crescente* Um negócio em crescimento com um estoque crescente pode postergar o pagamento de tributo sobre o estoque até que ele seja vendido e convertido em caixa.

O regime de competência

Na contabilidade tributária em regime de competência, a renda é tributável no exercício em que é gerada ou produzida. A renda por competência inclui qualquer mudança, entre o início e o fim do exercício fiscal, no valor dos cultivos e animais em estoque, assim como toda renda em caixa recebida. Portanto, todo aumento de estoque durante o exercício fiscal é incluído na renda tributável, e diminuições de estoque reduzem a renda tributável.

Outra diferença em relação ao regime de caixa é que o custo dos itens adquiridos para revenda, como animais de engorda, pode ser deduzido no exercício da compra, mesmo que os itens não tenham sido revendidos. Seu custo é compensado pelo aumento no valor do estoque final para os mesmos itens.

Vantagens

A contabilidade fiscal por competência possui diversas vantagens em relação ao regime de caixa, as quais devem ser consideradas quando se escolhe o método de contabilidade fiscal.

1. *Melhor medição da renda* No regime de competência, a renda tributável é calculada de modo parecido com o qual a renda rural líquida foi computada no Capítulo 5. Por esse motivo, ela é uma medida mais precisa para o cálculo da renda rural líquida do que o regime de caixa, mantendo os impostos de renda sempre quitados.
2. *Redução das flutuações de renda* A inclusão de modificações de estoque evita flutuações grandes na renda tributável, caso o padrão de comercialização resulte na produção de dois exercícios sendo vendida em um único exercício.
3. *Estoque decrescente* Em exercícios em que o valor do estoque está caindo, como pode acontecer quando o produtor está lentamente se afastando do negócio, o imposto será pago mais tarde no regime de competência. A queda do valor do estoque compensa alguns dos recebimentos de caixa no curto prazo.

Requisitos de registros tributários

Qualquer que seja o regime contábil escolhido, registros completos e precisos são essenciais tanto para uma boa gestão tributária quanto para a declaração correta da renda tributável. A produção agropecuária e as regulamentações fiscais se tornaram complexas demais para que os registros sejam uma coleção de recibos e cheques sustados atirados em uma caixa de sapatos. Registros ruins costumam ter dois resultados relacionados e indesejados: incapacidade de verificar recebimentos e despesas no caso de uma auditoria

Parte V Aperfeiçoamento das habilidades gerenciais

| Quadro 16-2 | Por quanto tempo devem ser mantidos os registros tributários? |

Essa é uma pergunta comum, e, felizmente, a resposta não é "para sempre". O contribuinte tem três anos a partir da data em que a declaração foi ou devia ser protocolada para retificá--la, e o fisco tem três anos a partir da mesma data para lançar impostos adicionais. A possibilidade desses eventos significa que os registros devem ser mantidos por um mínimo de três anos a partir da data em que a declaração em questão foi entregue. Por exemplo, o prazo da declaração do ano-calendário de 2010 é 15 de abril de 2011. Portanto, os registros do exercício de 2010 devem ser guardados até, no mínimo, 15 de abril de 2014. Alguns profissionais tributaristas recomendam que se guarde uma cópia da declaração de imposto por um período maior. Se foi entregue uma declaração fraudulenta ou se não foi entregue declaração nenhuma, o fisco tem um prazo maior para lançar tributos.

Todos os registros relativos a custo, depreciação, datas de compra/venda e preço de venda de terras e ativos depreciáveis devem ser mantidos por três anos *após* sua venda ou outra alienação. Terra costuma ser mantida por muitos anos, então os registros de compras de terra geralmente precisam ser guardados por muitos anos.

fiscal e pagamento de mais tributos do que o legalmente devido. Em ambos os casos, bons registros não custam: eles pagam, na forma de impostos de renda menores.

Registros tributários completos incluem uma lista de recebimentos e despesas de caixa no exercício. Também é preciso um cronograma de depreciação tributária para todos os bens depreciáveis, a fim de determinar a depreciação tributária anual e calcular ganhos, perdas ou recuperação da depreciação quando o item é vendido. Devem ser mantidos registros permanentes para imóveis e outros itens de capital, incluindo data e custo da compra, depreciação descontada, custo de benfeitorias e preço de venda. Esses itens são importantes para determinar ganhos ou perdas com a venda ou para fins de imposto sobre doação ou sucessão.

Um sistema de registros computadorizados pode ser útil para manter registros tributários. Precisão, velocidade e comodidade são algumas das vantagens. Além de manter um registro de renda e despesas, alguns programas de contabilidade também conseguem manter um cronograma de depreciação e calcular a depreciação tributária de cada exercício. Alguns imprimem a renda e despesas do exercício no mesmo formato de uma declaração fiscal rural, e outros conseguem imprimir uma cópia da declaração fiscal rural preenchida.

O SISTEMA TRIBUTÁRIO E AS ALÍQUOTAS[1]

O sistema de imposto de renda dos Estados Unidos é baseado em diversas *alíquotas marginais* (o imposto adicional sobre uma unidade monetária adicional de renda dentro de uma certa faixa). Embora as alíquotas efetivas e a faixa de renda tributável de cada alíquota mudem de tempos em tempos, as alíquotas sempre foram marginais. Elas são denominadas *alíquotas progressivas* porque, à medida que a renda tributável da pessoa aumenta, a alíquota à qual ela é tributada também aumenta. A seguinte tabela mostra as alíquotas marginais para uma declaração individual e uma conjunta em 2010.

---

[1]Novas leis tributárias podem alterar muitas normas e alíquotas, incluindo alíquotas marginais, faixas tributárias, alíquotas sobre renda de ganho de capital, lançamento como despesa da Seção 179 e outros itens discutidos neste capítulo. O leitor deve sempre verificar as regulamentações atuais do fisco para obter as informações tributárias mais recentes.

Faixas de renda tributável*	Alíquotas marginais	
Casal com declaração conjunta (US$)	Individual (US$)	2010 (%)
0–16.750	0–8.375	10
16.750–68.000	8.375–34.000	15
68.000–137.300	34.000–82.400	25
137.300–209.250	82.400–171.850	28
209.250–373.650	171.850–373.650	33
acima de 373.650	acima de 373.650	35

* Os pontos divisores entre cada alíquota marginal são ajustados para cima todo ano, em um valor igual à inflação.

Renda tributável inclui renda rural e renda auferida de outras fontes, como salários e remunerações, juros, aluguéis e *royalties*, *menos* isenções pessoais e deduções.

A alíquota mais alta de cada faixa se aplica apenas às unidades monetárias de renda daquela faixa. Por exemplo, um contribuinte com US$ 80.000 de renda tributável pagaria o seguinte imposto:

Imposto de renda devido	
10% sobre os primeiros US$ 16.750 =	US$ 1.675
15% sobre os próximos US$ 51.250 = (US$ 68.000 – US$ 16.750)	7.688
25% sobre os próximos US$ 12.000 = (US$ 80.000 – US$ 68.000)	3.000
Total de imposto devido	US$ 12.363

Apesar de o contribuinte estar na faixa de imposto marginal de 25%, apenas a renda acima de US$ 68.000 é tributada à alíquota de 25%.

A renda recebida da venda de ativos depreciáveis e terras pode ser classificada como *renda de ganhos de capital*. Ela é declarada separadamente e costuma ser tributada a uma alíquota menor. Ganhos de capital serão discutidos em pormenores mais adiante neste capítulo.

Além dos impostos de renda, autônomos (como agricultores e pecuaristas) estão sujeitos a imposto de autônomo. Apenas a renda originária de estabelecimentos rurais ou outras atividades profissionais está sujeita ao *imposto de autônomo*. Ao contrário do imposto de ren-

da, toda a renda aplicável está sujeita a esse imposto. Ele é aplicado à renda antes da subtração de isenções pessoais ou deduções.

O imposto de autônomo inclui contribuições para a previdência social e o sistema público de saúde. Em 2010, essas alíquotas combinadas eram:

Renda sujeita a imposto de autônomo*	Alíquota
$0–106.800	15,3%
Acima de 106.800	2,9%

* Esses valores são fixados por lei, sendo geralmente aumentados todo ano.

Como os ganhos de capital não estão incluídos e não são subtraídas deduções e isenções pessoais, a renda sujeita ao imposto de autônomo será diferente daquela sujeita ao imposto de renda. Entretanto, a combinação desses dois tributos cria diversas faixas de renda e alíquotas marginais combinadas, como exibido na Figura 16-2.

ALGUMAS ESTRATÉGIAS DE GESTÃO TRIBUTÁRIA

Existem diversas estratégias de gestão tributária em razão da natureza marginal das alíquotas de imposto de renda e de outras características do sistema tributário. As estratégias de gestão tributária são, basicamente, de um destes dois tipos: as que reduzem os impostos e as que apenas postergam o pagamento dos impostos. Porém, todo pagamento tributário que possa ser postergado para o exercício seguinte torna essa importância disponível para uso comercial durante o exercício seguinte. Esse valor estará disponível para investimento ou para diminuir o montante de endividamento necessário, o que gera renda de juros ou reduz a despesa com juros.

Natureza jurídica

Como exposto no Capítulo 14, a natureza jurídica do negócio tem efeito sobre os tri-

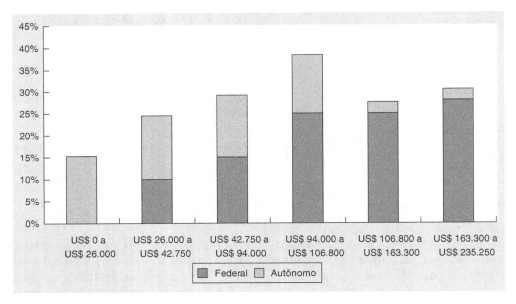

Figura 16-2 Alíquotas marginais por nível de renda bruta (após a subtração da dedução padrão, quatro isenções pessoais e metade de imposto de autônomo).

butos pagos ao longo do tempo. As diferentes naturezas jurídicas devem ser analisadas tanto ao abrir o negócio rural como quando houver uma grande alteração no negócio. Por exemplo, a Tabela 14-2 compara as alíquotas e faixas tributárias federais para rendimentos pessoais e corporativos. Embora os impostos possam não ser o único motivo (tampouco sempre o mais importante) para alterar o tipo de natureza jurídica, são sempre um fator a considerar na decisão.

Nivelamento de renda

Há duas razões para tentar manter um nível estável de renda tributável. Primeiro, anos com renda maior que o normal podem colocar o contribuinte em uma faixa tributária marginal mais alta. Ao longo do tempo, será pago mais imposto do que com um nível de renda tributado a uma alíquota menor. Segundo, em anos de renda baixa, algumas isenções e deduções pessoais podem não ser completamente utilizadas. Essas não podem ser transportadas para exercícios fiscais futuros.

Para o exercício fiscal de 2010, cada contribuinte tem uma isenção pessoal de US$ 3.650, e o mesmo valor para cada dependente. Há também uma dedução padrão de US$ 11.400 para casal com declaração conjunta.[2] Contribuintes que "discriminam" suas deduções pessoais podem ter uma dedução ainda maior. Portanto, um casal com dois filhos dependentes tem isenções e uma dedução mínima de (US$ 3.650 × 4) + US$ 11.400 = US$ 26.000. *Renda tributável* é apenas a renda acima desse valor. Se a renda familiar total for menor que US$ 26.000, não é devido imposto de renda, mas algumas (ou todas, caso a renda seja US$ 0 ou menos) das isenções e deduções permissíveis são perdidas. Elas não podem ser transportadas para uso no exercício seguinte. Mesmo que não haja imposto de renda devido, ainda pode haver imposto de autônomo a pagar.

Porém, pode-se deduzir metade do imposto de autônomo devido da renda tributável ordinária.

---

[2]Tanto a isenção pessoal quanto a dedução padrão são ajustadas para cima todo ano, em função da inflação.

Créditos tributários

Eventualmente, o Congresso Nacional Norte-americano disponibiliza créditos tributários de imposto de renda como um incentivo ou recompensa para determinados atos ou tipos de contribuinte. Exemplos incluem créditos por ter filhos dependentes, investir em tecnologia poupadora de energia e dar seguimento à instrução formal. Créditos tributários são muito mais efetivos do que deduções fiscais, pois cada unidade monetária de crédito reduz os tributos em uma unidade monetária inteira em vez de somente em uma certa porcentagem.

Cálculo da média de renda

Se for impossível manter uma renda tributável relativamente nivelada de exercício para exercício, permite-se o cálculo da média da renda. Isso é especialmente útil em um exercício em que a renda tributável fica bem acima da média, tendo os três últimos exercícios ficado na média ou abaixo dela, já que a renda pode ser passada de exercícios com alíquotas marginais altas para exercícios com alíquotas baixas.

Para utilizar a média de renda, os agropecuaristas selecionam o montante da renda tributável do exercício corrente que querem usar no processo de cálculo da média. Esse valor é deduzido da renda tributável do exercício corrente, e um terço dele é acrescido à renda tributável de cada um dos três exercícios anteriores. Os impostos de renda são, então, recalculados para os três anos anteriores, assim como para o exercício corrente. Há algumas limitações quanto ao que pode e o que não pode ter sua média calculada, e, em razão de outras disposições do código tributário, as economias fiscais podem ser menores do que o esperado.

Diferimento ou postergação de impostos

Impostos podem ser diferidos, ou postergados, atrasando-se a renda tributável para um exercício posterior. Isso poupa impostos no exercício corrente, e o dinheiro poupado pode ser investido ou usado para reduzir o endividamento no exercício seguinte. A renda tributável pode ser diferida aumentando-se as despesas do exercício corrente e diferindo-se as vendas até o exercício seguinte. Os regulamentos fiscais limitam o montante de despesas antecipadas que pode ser deduzido, mas ainda assim conferem uma flexibilidade considerável a muitos produtores rurais.

Nivelar renda ou diferir impostos exige flexibilidade na programação de rendas e despesas. O contribuinte deve poder tornar a despesa dedutível e a renda tributável no exercício desejado. A flexibilidade é maior com o regime de caixa de cálculo da renda tributável. No regime de competência, muitas das decisões de programação de compras e vendas são contrabalançadas por modificações nos valores de estoque.

Os contribuintes devem ser cautelosos, considerando outras razões além de economias tributárias ao ajustar a cronologia de compras e vendas. É fácil tomar uma má decisão econômica ou de comercialização quando se tenta poupar ou postergar um pouco de dinheiro em tributos. As tendências de mercado esperadas são um fator a considerar. Por exemplo, se é esperado que os preços de *commodities* baixem para o exercício seguinte, um agropecuarista pode tirar vantagem se vender agora e pagar o tributo no exercício corrente. Lembre-se de que o objetivo da gestão tributária é maximizar o lucro após impostos de longo prazo, e não minimizar os impostos de renda pagos em um dado exercício.

Prejuízo Operacional Líquido (POL)

As grandes flutuações nos preços e rendimentos agropecuários podem ocasionar um *prejuízo operacional líquido* em alguns exercícios, apesar do empenho do produtor rural em nivelar a renda tributável anual. Disposições especiais a respeito de prejuízos operacionais líquidos permitem que eles sejam utilizados para reduzir a renda tributável passada e/ou futura. Todo prejuízo operacional líquido de um negócio agropecuário pode ser usado primeiramente para compensar a renda tributável de outras fontes. Se o prejuízo for maior do que a renda não rural, o prejuízo agropecuário restante habilitado pode servir para compensação retroativa de 5 anos e prospectiva de 20 anos. Os prejuízos não rurais só podem ser transportados 2 anos para trás. Entretanto, um contribuinte com um prejuízo rural pode escolher usar a compensação retroativa de 2 anos, em vez de a de 5 anos.

Na retroativa, o prejuízo operacional líquido é usado para reduzir a renda tributável dos anos anteriores, solicitando-se uma restituição tributária. Na prospectiva, ele é usado para reduzir a renda tributável (e, portanto, os impostos de renda) dos anos futuros. O contribuinte pode optar por abrir mão da disposição retroativa de 2 ou 5 anos e aplicar o prejuízo operacional líquido apenas contra a renda tributável futura, para até 20 anos. Contudo, essa escolha deve ser feita quando se entrega a declaração de impostos, sendo irrevogável. Ao fazer essa escolha, é importante aproveitar o prejuízo ao máximo, aplicando-o a anos com renda tributável acima da média.

Basicamente, o prejuízo operacional líquido é um excesso de despesas dedutíveis permissíveis em relação à renda bruta. Contudo, há certos ajustes e normas especiais que se aplicam no cálculo do prejuízo operacional líquido. Pode ser necessária orientação tributária especializada para calcular e utilizar corretamente o prejuízo operacional líquido com o máximo de vantagem.

Permutas isentas de impostos

A venda de um ativo como terra geralmente gera alguns impostos quando o preço de venda é superior ao custo ou base de cálculo tributária do ativo (seu valor para fins fiscais). Se a terra sendo vendida será substituída pela compra de outro estabelecimento agropecuário, uma permuta isenta de impostos pode eliminar (ou ao menos diminuir) o tributo ocasionado pela venda. Existem algumas regulamentações específicas a respeito de permutas isentas de impostos, então é necessária orientação tributária competente para certificar-se de que a permuta é considerada isenta de imposto.

A permuta isenta de impostos envolve a troca de bens. O estabelecimento rural que você deseja adquirir é comprado pela pessoa que quer comprar o seu estabelecimento rural. Então, vocês trocam ou permutam os estabelecimentos, cada um terminando com o estabelecimento que deseja possuir. A conclusão de uma permuta isenta de impostos transfere a base de cálculo do estabelecimento agropecuário original para o novo, e não é devido imposto se os preços de venda de ambos forem iguais. Na prática, isso raramente acontece, ficando algum imposto a pagar. Novamente, é preciso uma boa orientação tributária para calcular os tributos devidos sobre a permuta. A permuta isenta de impostos não se aplica a todas as situações em razão dos requisitos rigorosos. Entretanto, ela é algo a considerar sempre que um ativo suscetível for ser substituído por um ativo novo ou diferente.

DEPRECIAÇÃO

A depreciação desempenha um papel importante na gestão tributária por duas razões. Primeira, é uma despesa não monetária, mas dedutível do imposto, o que significa que ela reduz a renda tributável sem precisar de uma saída de caixa. Segunda, é permitida uma certa flexibilidade no cálculo da depreciação tributária, fazendo dela outra ferramenta que pode ser empregada para nivelar a renda e postergar impostos. Para uma boa gestão tributária, é preciso um conhecimento prático de depreciação tributária, métodos de depreciação e suas regras de uso.

A diferença entre depreciação tributária e outros cálculos de depreciação deve ser lembrada durante toda a exposição a seguir. Depreciação tributária é a despesa de depreciação calculada para fins tributários. A depreciação para fins contábeis e gerenciais normalmente usaria um dos métodos de depreciação discutidos no Capítulo 5. Como será demonstrado, o método comum de depreciação tributária é diferente, podendo empregar vidas úteis e valores residuais diferentes dos que seriam usados para contabilidade gerencial. Portanto, pode haver uma diferença grande entre a depreciação anual para propósitos fiscais e aquela para fins gerenciais.

Base de cálculo tributária

Todo ativo comercial possui uma base de cálculo tributária – o valor do ativo em termos fiscais a um dado momento. No momento da compra, ela é denominada *base de cálculo inicial*; quando esse valor muda, torna-se a *base de cálculo ajustada*. Todo ativo adquirido diretamente, seja novo ou usado, tem uma base de cálculo tributária inicial igual a seu preço de compra. Quando um novo ativo é comprado negociando-se um ativo usado mais caixa, a base de cálculo é determinada de forma diferente. A base de cálculo inicial do ativo novo é igual ao caixa pago para completar o negócio mais a base de cálculo ajustada remanescente do item negociado, se houver.

Por exemplo, imagine que um trator velho, com uma base de cálculo ajustada de US$ 10.000, mais US$ 80.000 em caixa são negociados por um trator novo, com um preço de catálogo de US$ 120.000. Os US$ 80.000 são o saldo da troca, ou a diferença entre o custo do trator novo e o valor de revenda do velho. A base de cálculo tributária inicial do trator novo é de US$ 80.000, o saldo da troca pago em caixa, mais a base de cálculo ajustada de US$ 10.000 do trator velho, ou US$ 90.000. Pode parecer pouco para um trator com um preço de catálogo de US$ 120.000, mas é o resultado de uma ou duas possibilidades. Primeiro, o trator velho tinha um valor de revenda maior do que sua base de cálculo tributária ajustada, o que é provável, dada a depreciação "acelerada" para fins tributários. Segundo, a concessionária se dispôs a vender

o trator por um pouco menos do que o preço de catálogo integral.

A base de cálculo do ativo é ajustada para baixo todo ano, no valor da depreciação descontada. O resultado é sua base de cálculo tributária ajustada. No exemplo, se forem descontados US$ 9.639 em depreciação tributária no primeiro exercício, o trator teria uma base de cálculo tributária ajustada de US$ 90.000 – US$ 9.639 = US$ 80.361 no fim do primeiro exercício. A base de cálculo do ativo seria ajustada para baixo todo exercício seguinte no valor da depreciação tributária descontada naquele exercício. A base de cálculo ajustada não é o mesmo que o valor de mercado, e pode estar bem longe dele.

A base de cálculo de um ativo não depreciável, como terra, geralmente continua igual ao seu custo original por todo o tempo de sua posse. Uma exceção seria se fossem realizadas benfeitorias de capital na terra, quando o custo da benfeitoria não é dedutível do imposto do exercício corrente nem depreciável. Terraços ou represas de terra são exemplos possíveis. Nesse caso, o custo da benfeitoria é *acrescido* à base de cálculo original para obter a nova base de cálculo ajustada.

Um registro preciso da base de cálculo de cada ativo é importante ao vendê-lo ou permutá-lo. A base de cálculo ajustada atual é usada para determinar o ganho ou prejuízo com a venda. Informações de custo e base de cálculo de ativos como terra e construções, que possuem uma vida útil longa e são vendidos ou permutados raramente, podem ter que ser mantidos por muitos anos. Essa é outra razão para ter um sistema de registros completo, preciso e permanente.

Depreciação MACRS

O sistema atual de depreciação tributária é chamado de Sistema de Amortização Acelerada Modificado, ou MACRS (do inglês *Modified Accelerated Cost Recovery System*). Existem diversas alternativas dentro do MACRS, mas a nossa exposição se concentrará no MACRS normal, usado com mais frequência do que os demais. Métodos alternativos de MACRS serão discutidos brevemente em uma seção posterior.

O MACRS contém diversas classes de bens, que determinam a vida útil do ativo. Cada ativo depreciável é encaixado em uma classe específica, dependendo do tipo de ativo. Os ativos agropecuários geralmente se encaixam nas classes de 3, 5, 7, 10, 15 ou 20 anos. Alguns exemplos de ativos de cada classe são:

3 anos: suínos reprodutores

5 anos: carros, picapes, gado reprodutor, cabras e ovelhas, gado leiteiro, computadores, carretas

7 anos: a maioria das máquinas e equipamentos, cercas, silos de cereais, mobília

10 anos: estruturas agrícolas e horticultoras de finalidade única, árvores frutíferas ou de oleaginosas

15 anos: terrenos pavimentados, poços, linhas de drenagem

20 anos: edificações de uso geral, como galpões de máquinas e celeiros de feno

Esses são apenas alguns exemplos. As regulamentações fiscais devem ser verificadas para conferir as classes corretas de outros ativos depreciáveis específicos.

Outra característica do MACRS é um valor residual presumido de zero para todos os ativos. Logo, os contribuintes não precisam selecionar uma vida útil e um valor residual ao utilizar o MACRS. Este método também inclui uma depreciação automática de meio ano no exercício da compra, a despeito da data de aquisição. Essa é a chamada convenção do meio ano, ou regra do meio ano. Ela beneficia o contribuinte que compra um ativo no final do exercício, mas é desvantajosa quando um ativo é adquirido no início do exercício. Essa regra do meio ano não se aplica quando mais de 40% dos ativos comprados no exercício são colocados em serviço no último trimestre do exercício. Nesse caso, aplica-se a regra da metade do

trimestre. Esta exige que a depreciação de cada ativo recém-comprado inicie na metade do trimestre em que ele foi efetivamente comprado.

A depreciação MACRS é calculada utilizando-se taxas percentuais fixas de recuperação, como mostrado na Tabela 16-1, para as classes de 3, 5 e 7 anos. Para ativos agropecuários, essas porcentagens são baseadas no uso de um saldo decrescente de 150% para cada exercício sucessivo, até que a porcentagem da depreciação linear resulte em uma porcentagem maior. Nesse ponto, usam-se taxas lineares.

A depreciação MACRS normal para cada ano da vida útil atribuída a cada ativo é obtida multiplicando-se a base de cálculo tributária inicial do ativo pela porcentagem adequada. Por exemplo, se é comprada uma nova picape (classe de 5 anos), possuindo uma base de cálculo inicial de US$ 25.000, a depreciação seria calculada como segue:

Ano 1:	US$ 25.000 × 15,00% = US$ 3.750
Ano 2:	US$ 25.000 × 25,50% = US$ 6.375
Ano 3:	US$ 25.000 × 17,85% = US$ 4.463
Ano 4:	US$ 25.000 × 16,66% = US$ 4.165
Ano 5:	US$ 25.000 × 16,66% = US$ 4.165
Ano 6:	US$ 25.000 × 8,33% = US$ 2.082
Total	US$ 25.000

A depreciação de ativos de outras classes seria calculada de forma semelhante, usando-se as porcentagens apropriadas da classe.

Tabela 16-1 Taxas de recuperação de MACRS normal para ativos agropecuários nas classes de 3, 5 e 7 anos (convenção do meio ano)

Exercício de recuperação	Porcentagens de recuperação		
	Classe de 3 anos	Classe de 5 anos	Classe de 7 anos
1	25,00	15,00	10,71
2	37,50	25,50	19,13
3	25,00	17,85	15,03
4	12,50	16,66	12,25
5		16,66	12,25
6		8,33	12,25
7			12,25
8			6,13

Métodos alternativos de depreciação

Permite-se uma certa flexibilidade no cálculo da depreciação tributária, pois há alternativas ao método de MACRS normal discutido anteriormente. Todas essas alternativas resultam em uma depreciação mais lenta do que o MACRS normal, o que é um motivo pelo qual elas não são muito usadas. Entretanto, os contribuintes que desejam postergar uma parte da depreciação para anos futuros podem escolher um destes métodos alternativos:

- Vida útil ou período de recuperação do MACRS normal, com depreciação linear
- Períodos de recuperação de MACRS alternativo (geralmente mais longos do que o do MACRS normal) e método do saldo decrescente de 150%
- Períodos de recuperação do MACRS alternativo com depreciação linear

Este último seria o mais "lento" dos quatro métodos possíveis. Uma depreciação mais lenta pode ser preferida por um produtor rural jovem, que espera ter mais renda tributável e uma alíquota marginal maior nos anos futuros do que no curto prazo.

Se for utilizado um método alternativo para um ativo, os ativos daquela classe comprados no mesmo exercício devem ser depreciados empregando-se o método alternativo. Também, após ser selecionado um método alternativo para um ativo, ele não poderá ser modificado em um exercício posterior.

Lançamento como despesa

A Seção 179 das regulamentações fiscais prevê uma dedução especial chamada "lançamento como despesa". Embora não seja chamada explicitamente de depreciação, possui o mesmo efeito sobre a base de cálculo e renda tributável. Lançamento como despesa é uma dedução *opcional*, que só pode ser escolhida no exercício em que o ativo é comprado. O máximo de lançamento como despesa da Se-

ção 179 permitido em um exercício é fixado pelo Congresso todo ano.

Bens passíveis de lançamento como despesa são definidos pelas regulamentações fiscais de forma um tanto diferente dos bens passíveis de depreciação. Entretanto, o resultado geral é que a maioria dos bens das classes de 3, 5, 7 e 10 anos adquiridos de uma pessoa não aparentada está habilitada. O montante passível de lançamento como despesa é igual ao custo ou base de cálculo inicial na compra direta, mas somente a diferença de caixa, ou "saldo da troca", é passível quando há permuta.

O lançamento como despesa é tratado como depreciação, portanto reduz a base de cálculo tributária do ativo. A base de cálculo inicial deve ser reduzida no montante do lançamento como despesa descontado antes de se calcular a depreciação comum restante. Nesse procedimento, pode-se ver que a opção de fazer lançamento como despesa não aumenta o montante total de depreciação descontado ao longo da vida útil do ativo. Ela simplesmente desloca mais depreciação para o primeiro exercício (lançamento como despesa mais depreciação normal no ano 1), o que deixa menos depreciação anual para os exercícios subsequentes.

Imagine que uma colheitadeira combinada foi comprada por US$ 158.000, o que seria sua base de cálculo inicial. Se fossem descontados US$ 108.000 de lançamento como despesa da Seção 179 (é opcional), a base de cálculo da combinada seria reduzida para US$ 158.000 – US$ 108.000 = US$ 50.000. Isso é toda a depreciação restante, então a depreciação MACRS anual dos dois primeiros anos seria calculada como segue:

Ano 1:	US$ 50.000 × 10,71% = US$ 5.355
Ano 2:	US$ 50.000 × 19,13% = US$ 9.565

A depreciação se estenderia por mais seis anos, usando porcentagens de ativos com vida útil da classe de 7 anos. A combinação de lançamento como despesa e depreciação normal resulta em uma despesa tributária de

US$ 108.000 + US$ 5.355 = US$ 113.355 no primeiro exercício. A opção de realizar lançamento como despesa não aumenta a depreciação total ao longo da vida útil do ativo. Ela apenas desloca mais da depreciação da vida útil para o primeiro exercício, o que deixa menos depreciação nos anos posteriores do que se não tivessem sido descontados lançamentos como despesa. Ativos com um preço de compra igual ou inferior ao máximo da Seção 179 podem ser lançados completamente como despesa no exercício da compra, sem deixar depreciação normal restante. Valores remanescentes do limite anual podem ser aplicados a outro ativo habilitado.

Existe um limite quanto ao valor de ativos habilitados que o negócio pode comprar em um exercício e ainda assim descontar o máximo de lançamento como despesa. Compras acima desse limite reduzem o lançamento como despesa máximo que pode ser descontado por unidade monetária.

Depreciação, nivelamento de renda e diferimento de imposto

As escolhas facultadas aos contribuintes no cálculo da depreciação tributária permitem que a depreciação seja usada como um meio de nivelar a renda tributável ou diferir impostos. Se forem comprados ativos habilitados em um exercício com renda tributável alta, pode-se escolher o lançamento como despesa e utilizar o método MACRS normal usado para depreciação para obter o máximo de deduções

---

Quadro 16-3	Nivelamento de renda e postergação fiscal

Estamos no início de dezembro, e Jason e Kate Starko estão em reunião com sua consultora tributária. A sua estimativa preliminar mostra que eles terão uma renda tributável de US$ 50.000, o que gerará um passivo de imposto de renda federal de US$ 6.663.

US$ 16.750 tributados a 10% = US$ 1.675
US$ 33.250 tributados a 15% = US$ 4.988
US$ 50.000   US$ 6.663

Entretanto, ela aponta que, como eles usam a opção de regime de caixa, eles têm algumas alternativas. Postergando algumas vendas de cereais, pagando antecipadamente algumas despesas e usando a opção de lançamento como despesa para alguns equipamentos pecuários que compraram, eles podem reduzir sua renda tributável a zero para esse exercício. Essa é uma boa estratégia?

Antes de tudo, haveria os US$ 6.663 que teriam que pagar em tributos para utilizar por mais um ano. Isso ajudaria a reduzir seu empréstimo operacional, que cobra juros de 7,5% anuais. Jason estima que sua economia em juros será de US$ 500.

US$ 6.663 × 7,5% = US$ 500

Todavia, Kate observa que diferir tanta renda poderia colocá-los em uma faixa tributária mais alta no exercício seguinte. Se o exercício seguinte for semelhante a esse, eles poderiam ter US$ 100.000 de renda tributável, o que geraria um passivo fiscal de US$ 17.363.

US$ 16.750 tributados a 10% = US$ 1.675
US$ 51.250 tributados a 15% = US$ 7.688
US$ 32.000 tributados a 25% = US$ 8.000
US$ 100.000   US$ 17.363

Se, em lugar disso, eles declarassem US$ 50.000 em renda tributável em ambos os exercícios, seus impostos totais seriam US$ 6.663 para cada exercício, ou US$ 13.326. Logo, mesmo com a economia de US$ 500 em juros, eles sairiam perdendo US$ 17.363 − 13.326 − 500 = US$ 3.537.

Eles decidem diferir parte de sua renda tributável, sabendo que podem usar algumas das mesmas estratégias de diferimento tributário novamente no exercício seguinte. Se eles tiverem renda abaixo da média no exercício seguinte, podem optar por não diferir renda e manter sua renda tributável bastante nivelada.

no imposto atual. Em anos em que a renda tributável fica abaixo da média, o lançamento como despesa opcional não seria descontado, podendo-se usar um dos métodos de depreciação alternativa mais lentos. Entretanto, o contribuinte deve sempre recordar que, em razão do valor do dinheiro no tempo, um dólar de economia tributária atual vale mais do que um dólar de economia tributária no futuro.

Recuperação da depreciação

A combinação de lançamento como despesa, a depreciação veloz com o método MACRS normal e o valor residual presumido de zero significa que a base de cálculo tributária ajustada de um ativo, muitas vezes, será menor do que seu valor de mercado. Sempre que um ativo depreciável é vendido por mais do que sua base de cálculo ajustada, a diferença é chamada de *recuperação da depreciação*. Esse valor representa o excesso de depreciação descontado, pois o ativo não perdeu valor de mercado tão rapidamente quanto foi depreciado para fins tributários. A recuperação da depreciação é incluída como renda ordinária tributável no exercício da venda, mas não está sujeita a impostos de autônomo.

Suponha que a picape mencionada anteriormente tenha sido vendida três anos depois por US$ 15.000. A base de cálculo original era US$ 25.000, mas, após três anos, um total de US$ 14.558 de depreciação tinha sido contabilizado, deixando uma base de cálculo ajustada de US$ 25.000 – US$ 14.558 = US$ 10.412. O preço de venda excedeu a base de cálculo ajustada, então informa-se uma depreciação recuperada de US$ 15.000 – US$ 10.412 = US$ 4.588.

A recuperação da depreciação pode ser solicitada para a venda direta de um ativo, mas não se ele for trocado por um ativo semelhante. Na permuta, a base de cálculo restante será somada à base de cálculo inicial do novo ativo.

GANHOS DE CAPITAL

As normas tributárias reconhecem dois tipos de renda: renda ordinária e *ganhos de capital*.

A renda ordinária engloba salários e remunerações, juros, aluguéis à vista e renda oriunda da venda de cultivos e animais de engorda. Os ganhos de capital podem advir da venda ou permuta de certos tipos de ativos habilitados. Em termos simplificados, ganho de capital é o ganho ou lucro obtido vendendo-se um ativo a um preço superior ao preço de compra original. Tecnicamente, é a diferença entre o preço de venda e o custo do ativo ou sua base de cálculo ajustada (o que for maior). Para bens depreciáveis, isso quer dizer que primeiro se aplica a recuperação da depreciação, sendo ganho de capital somente o valor em que o preço de venda excede o custo original ou a base de cálculo inicial. Também é possível ter uma *perda de capital* se o preço de venda for inferior à base de cálculo ajustada.

Dois tipos de ativos podem se habilitar para obter tratamento de ganhos de capital. Ativos de capital incluem investimentos essencialmente não comerciais, como ações e títulos de dívida. Mais importantes para a maioria dos produtores rurais são os ativos da Seção 1231, definidos como bens usados em negócio ou comércio. Em um negócio rural, os ativos da Seção 1231 incluiriam terra, construções, cercas, máquinas, equipamentos, reprodutores e outros ativos depreciáveis empregados no negócio.

Para que a renda seja considerada um ganho de capital de longo prazo, o ativo deve ter sido possuído por um tempo mínimo, ou então o ganho será um ganho de capital de curto prazo. O período exigido de posse muda de tempos em tempos, mas atualmente está em 12 meses para a maior parte dos ativos. Uma exceção são certos tipos de animais, discutidos posteriormente.

Tomando como exemplo a mesma picape de 3 anos com base de cálculo ajustada de US$ 10.412, suponha que ela foi vendida à vista por US$ 27.500. Nesse caso, todos os US$ 14.588 de depreciação que tinham sido descontados ao longo dos três anos teriam que ser recuperados como renda ordinária. Além disso, o excesso do preço de venda em relação à base de cálculo original de US$ 25.000

(US$ 27.500 – US$ 25.000 = US$ 2.500) seria tributado como ganho de capital.

Se a picape fosse vendida por menos que a base de cálculo ajustada, digamos, US$ 8.000, resultaria uma perda de capital de US$ 10.412 – US$ 8.000 = US$ 2.412.

Terra é um caso à parte, pois não é passível de depreciação. Por exemplo, imagine que terras rurais foram compradas por US$ 100.000, sendo vendidas 10 anos depois por US$ 150.000. Dessa transação, resultaria um ganho de capital de longo prazo de US$ 50.000, mas não seria recuperada depreciação nenhuma.

Tributação de ganhos de capital de longo prazo

A distinção entre renda ordinária e renda de ganho de capital de longo prazo é importante por causa do modo diferente em que os dois tipos de renda são tributados. As vantagens tributárias atuais da renda de ganho de capital de longo prazo são:

1. A renda de ganho de capital (de curto e de longo prazos) não está sujeita a imposto de autônomo.
2. Com algumas exceções que não costumam se aplicar a estabelecimentos agropecuários, a renda de ganho de capital de longo prazo é tributada a uma alíquota máxima de 15%, comparada a um máximo atual de 35% para renda ordinária. Os contribuintes na faixa de imposto de renda marginal de 15% pagam apenas 5% de imposto sobre renda de ganho de capital de longo prazo. Essas alíquotas podem ser modificadas.

Com a exceção de não estar sujeita a contribuições previdenciárias, a renda de ganhos de capital de curto prazo não recebeu nenhum tratamento fiscal especial, pois é tributada como a renda ordinária. Isso faz do conheci-

---

Quadro 16-4	Exemplo de impostos de renda e de autônomo

Frank e Eileen Brown possuem um pequeno estabelecimento leiteiro, também recebendo remunerações de fora. Eles têm três filhos em casa. Parte da sua renda rural veio da venda de suas vacas leiteiras para abate, então US$ 10.000 dela puderam ser declarados como renda de ganho de capital de longo prazo. O exemplo seguinte mostra sua renda tributável e o imposto devido nesse exercício, com base nas alíquotas e limites apresentados neste capítulo.

Renda rural ordinária	US$ 43.500
Renda não rural	16.300
Redução padrão para casal com declaração conjunta	−11.400
Isenções pessoais ($3.650 × 5)	−18.250
Metade do imposto de autônomo	−3.328
Renda tributável	US$ 26.822
Tributo devido no primeiro $16.750 ($16.750 × 10%)	US$ 1.675
Tributo devido sobre a renda tributável remanescente ($26.822 − 16.750 = $10.072 × 15%)	1.511
Imposto de Renda ordinária devido	$ 3.186
Imposto devido sobre a renda de ganho capital ($10.000 × 5%)	500
Imposto de autônomo devido ($43.500 × 15.3%)	$ 6.655
Total de imposto devido	$ 10.341

Os valores foram arredondados. O imposto devido pode ser reduzido por algum crédito tributário aplicável

mento e registro do período exigido de posse um fator importante. Os benefícios fiscais da renda de ganhos de capital de longo prazo são perdidos mesmo quando se vende apenas um dia antes do período exigido de posse. Também, quando há ganhos e perdas de curto e de longo prazos em um dado exercício fiscal, aplicam-se regras especiais para compensar os diversos ganhos com as perdas. Essas regras devem ser estudadas com cuidado para extrair o máximo de vantagem das perdas.

Ganhos de capital e pecuária

Os agropecuaristas têm oportunidades mais frequentes de obter renda de ganho de capital com vendas pecuárias do que vendendo outros ativos. Certos animais são classificados como ativos da Seção 1231, e sua venda ou permuta pode resultar em ganho ou perda de capital de longo prazo, desde que tenham sido possuídos para fins de tração, produção leiteira, reprodução ou esporte. Além disso, bovinos e equinos precisam ter sido possuídos por ao menos 24 meses, e suínos e ovinos, por ao menos 12 meses. A habilitação depende de ambos os requisitos: finalidade e período de posse.

Animais de cria

O dispositivo fiscal da Seção 1231 é de especial importância para agropecuaristas em regime de caixa que criam suas próprias reposições para o rebanho reprodutor ou leiteiro, depois os vendendo como animais de abate. Reposições criadas não possuem uma base de cálculo tributária estabelecida por preço de compra nem têm base de cálculo estabelecida por valor de estoque, como ocorreria em contabilidade em regime de competência. Portanto, os contribuintes em regime de caixa possuem uma base de cálculo de zero para animais de reposição de cria, e toda a renda vinda de sua venda é ganho de capital de longo prazo (preço de venda menos base de cálculo de zero). Esse dispositivo da lei tributária torna a contabilidade em regime de caixa atrativa para contribuintes com rebanhos reprodutores de gado de corte, gado

leiteiro, suínos ou ovinos que criam suas próprias reposições. O contribuinte em regime de competência perde a maior parte desse benefício de ganho de capital para animais criados, pois eles têm uma base de cálculo derivada de seu último valor de estoque, e seu aumento em valor de estoque de exercício para exercício é tributado como renda ordinária.

Animais comprados

Também é possível receber renda de ganho de capital a partir da venda de reprodutores comprados, mas somente se o preço de venda ficar acima do preço de compra original. Por exemplo, imagine que uma novilha de corte foi comprada por US$ 500, sendo depreciada com uma base de cálculo ajustada de US$ 0 ao longo de uma vida útil da classe de 5 anos. Se o animal for vendido por US$ 700, a venda resultaria em US$ 500 de recuperação da depreciação e US$ 200 de ganho de capital de longo prazo.

O ganho de capital que os contribuintes em regime de caixa podem receber vendendo animais reprodutores e leiteiros criados não necessariamente significa que as reposições devem ser criadas em vez de compradas. Existem também benefícios fiscais na compra de reposições. Reposições criadas podem ser depreciadas, inclusive com o uso da opção de lançamento como despesa. Deve-se escolher um método de reposição após a consideração cuidadosa de todos os custos e fatores de produção, assim como dos efeitos de imposto de renda. Esse é outro exemplo da importância dos impostos de renda e das diversas regras tributárias no ambiente de tomada de decisão do gestor. Para maximizar o lucro de longo prazo após impostos, o gestor é obrigado a considerar os impostos de renda juntamente com os custos e fatores técnicos de produção das diversas alternativas em consideração.

O Quadro 16-4 contém um exemplo de como a renda rural ordinária, a renda de autônomo e a renda de ganhos de capital são tributadas cada uma a uma alíquota diferente para se obter o imposto total devido. A renda não rural e certas deduções e isenções afetam apenas a renda tributável ordinária.

298 Parte V Aperfeiçoamento das habilidades gerenciais

RESUMO

Um negócio só pode gastar ou investir a porção de seu lucro que resta após serem pagos os impostos de renda. Portanto, a meta comum de maximização de lucro deve se tornar a maximização do lucro de longo prazo após impostos. Para um negócio agropecuário, a gestão tributária necessária para atingir essa meta começa com a seleção do regime contábil tributário de caixa ou de competência. Ela prossegue por todo o ano, em razão das muitas decisões de produção e investimento que possuem consequências fiscais.

São possíveis muitas estratégias de gestão tributária. Elas incluem modos de aproveitar ao máximo as normas tributárias existentes e de postergar ou diferir impostos. Alguns exemplos incluem nivelamento de renda, diferimento de imposto, cálculo da média da renda, uso correto do prejuízo operacional líquido e permutas isentas de impostos. O uso correto e integral da depreciação e do lançamento como despesa relacionado a ela é outra estratégia comum de gestão tributária.

A renda de ganhos de capital de longo prazo não está sujeita a impostos de autônomo, sendo tributada a uma alíquota inferior à da renda ordinária. Esse tipo de renda pode advir da venda ou permuta de um ativo de capital ou de um ativo da Seção 1231. Uma fonte comum de renda de ganhos de capital para um contribuinte em regime de caixa é a renda originária da venda de animais reprodutores ou leiteiros criados. Pode ser necessário um planejamento cuidadoso para que a venda ou permuta de animais reprodutores e outros ativos se habilite às alíquotas reduzidas aplicáveis à renda de ganho de capital de longo prazo.

PERGUNTAS PARA REVISÃO E REFLEXÃO

1. Como o produtor rural escolhe um regime contábil tributário? Ele pode ser alterado? Como?
2. Qual regime contábil você recomendaria para cada caso a seguir? Por quê?
   a. Um agricultor cujas políticas de comercialização causam grandes variações nos recebimentos de caixa e valores de estoque de exercício para exercício.
   b. Um pecuarista com um rebanho de gado de corte reprodutor que cria todas as novilhas substitutas necessárias.
3. Qual é a vantagem de diferir impostos de renda para o exercício seguinte? Se eles precisam ser pagos, por que não pagá-los hoje?
4. Imagine que Fred Agrícola compra uma nova colheitadeira de algodão por US$ 232.500 em 1° de março. Calcule o máximo lançamento como despesa da Seção 179 (assuma um limite de US$ 200.000 para o exercício atual) e a depreciação normal para o exercício da compra usando o método MACRS normal e calcule a base de cálculo tributária ajustada da colheitadeira no fim do exercício.
5. Repita os cálculos da Pergunta 4 sem lançamento como despesa e compare a depreciação anual.
6. Em um ano em que os preços e rendimentos agropecuários são bons, os revendedores de máquinas e equipamentos geralmente têm vendas altas mais para o fim do ano. Como você explicaria esse aumento nas vendas?
7. Explique como um produtor rural em regime de caixa pode aumentar ou diminuir a renda tributável por meio de decisões de compra e venda tomadas em dezembro. Um produtor em regime de competência pode fazer a mesma coisa? Por quê?
8. Imagine que um pecuarista comprou um touro jovem por US$ 3.000. Três anos mais tarde, quando o touro possuía uma base de cálculo tributária ajustada de US$ 1.785, ele foi vendido por US$ 5.000. Quanta recuperação da depreciação e/ou renda de ganhos de capital resultou dessa venda?
9. Suponha que um agropecuarista cometeu um erro e contabilizou US$ 10.000 de renda de ganhos de capital de longo prazo como renda ordinária na declaração de imposto rural. Quanto de imposto de renda e de autônomo adicional esse erro custaria se o agropecuarista tivesse uma renda tributável de US$ 45.000? E se tivesse uma renda tributável de US$ 125.000? (Utilize as alíquotas do exercício de 2010, na seção "O sistema tributário e as alíquotas".)

CAPÍTULO **17**

Análise de investimento

Objetivos do capítulo

1. Explicar o valor do dinheiro no tempo e seu uso na tomada de decisão e análise de investimento.

2. Ilustrar o processo de capitalização ou determinação do valor futuro de uma quantia de dinheiro ou série de pagamentos presentes.

3. Demonstrar o processo de desconto ou determinação do valor presente de uma quantia de dinheiro ou série de pagamentos futuros.

4. Discutir período de retorno do investimento, taxa de retorno simples, valor presente líquido e taxa interna de retorno, comparando sua utilidade na análise de investimento.

5. Mostrar como aplicar esses conceitos a diferentes tipos de alternativas de investimento.

6. Explicar como considerações de imposto de renda, inflação e risco afetam a análise de investimento.

Em um estabelecimento agropecuário, pode-se usar capital para financiar não apenas insumos operacionais anuais, como ração, sementes, fertilizantes, pesticidas e combustível, mas também ativos de capital, como terra, maquinário, edificações e pomares. Devem-se empregar diferentes métodos para analisar cada tipo de investimento, em função das diferenças na cronologia das despesas e seus retornos. Tanto as despesas quanto as rendas resultantes de investir em insumos operacionais anuais se dão dentro de um ciclo

de produção, via de regra um ano ou menos. Em contraste, investir em um ativo de capital costuma envolver uma grande despesa inicial, com os retornos resultantes distribuídos por diversos períodos futuros. Pode-se utilizar um orçamento parcial para analisar esses investimentos, examinando alterações nos custos e retornos de um ano médio. Orçamentos de empreendimento e orçamentos parciais reconhecem implicitamente o valor do dinheiro no tempo, incluindo custos de oportunidade de fundos investidos em insumos operacionais anuais, mas os valores normalmente são pequenos, dado o curto espaço de tempo.

Embora o tempo seja de importância menor ao se analisarem insumos operacionais anuais, ele assume importância vital nos ativos de capital. Esses costumam exigir grandes somas de dinheiro, e as despesas e os retornos ocorrem em períodos diferentes, distribuídos por vários anos. Os valores podem ser irregulares também. A análise correta desses investimentos de capital requer consideração cuidadosa do tamanho e da cronologia dos fluxos de caixa relacionados.

Há outros motivos para analisar cuidadosamente possíveis investimentos de capital antes de eles serem efetuados. As decisões sobre insumos operacionais podem ser modificadas anualmente. No entanto, investimentos de capital são, por definição, ativos de longa duração, e decisões de investimento são tomadas com menos frequência. É mais difícil alterar uma decisão de investimentos de capital após o ativo ser adquirido ou construído. Portanto, devem ser empregados mais tempo e técnicas analíticas mais precisas quando se tomam essas decisões.

VALOR DO DINHEIRO NO TEMPO

Todos preferiríamos ter US$ 100 hoje a ter US$ 100 daqui a cinco anos. As pessoas reconhecem instintivamente que dinheiro recebido hoje vale mais do que o obtido em um momento futuro. Por quê? Um dólar recebido hoje pode ser investido para render juros e, portanto, aumentará para um dólar *mais* juros até a data futura. Em outras palavras, os juros representam o custo de oportunidade de receber um dólar no futuro em vez de hoje. Essa é a explicação de investimento do valor do dinheiro no tempo. Mas há outras explicações de por que são cobrados ou pagos juros sobre fundos.

- Dinheiro pode comprar bens e serviços para *consumo*. Se o dólar fosse gasto com

bens de consumo, como uma nova TV, um carro ou um móvel, preferiríamos ter o dólar agora para podermos desfrutar do produto novo imediatamente.

- *Risco* é outro motivo para preferir o dólar agora, e não mais tarde. Alguma circunstância imprevista pode nos impedir de obtê-lo no futuro.

- Por fim, a *inflação* no custo geral das mercadorias e serviços pode diminuir o que um dólar pode comprar no futuro, se comparado a hoje.

Este capítulo focará a explicação de investimento para o valor do dinheiro no tempo, muito embora o risco e a inflação também sejam discutidos. Esse conceito é importante para o gestor que precisa tomar decisões de investimento comercial em um estabelecimento agropecuário.

Termos, definições e abreviaturas

Serão usados diversos termos e abreviaturas na exposição e nas equações desta seção. Ei-los, com as abreviaturas que serão usadas mostradas entre parênteses:

Valor presente (VP) O número de unidades monetárias disponíveis ou investidas no momento atual, ou o valor atual de valores a serem recebidos no futuro.

Valor futuro (VF) O montante de dinheiro a ser recebido em um momento futuro, ou o montante que um valor presente alcançará em uma data futura, quando investido a uma dada taxa de juros.

Pagamento (PMT) O número de unidades monetárias a serem pagas ou recebidas ao fim de cada um de um número de períodos de tempo.

Taxa de juros (i) Também chamada de taxa de desconto em algumas aplicações. É a taxa de juros usada para obter os valores presente e futuro, geralmente igual ao custo de oportunidade do capital. Nas fórmulas matemáticas apresentadas, i será expresso como um valor decimal em vez de como uma porcentagem.

Períodos de tempo (*n*) O número de períodos de tempo a ser usado para calcular os valores presente e futuro. Os períodos de tempo costumam ter um ano de duração, mas podem ser menores, como um mês. A taxa de juros anual, *i*, precisa ser ajustada para corresponder à duração dos períodos de tempo, isto é: se os períodos de tempo forem meses, deve-se usar uma taxa de juros mensal.

Anuidade Um termo empregado para descrever uma série de pagamentos (PMT) periódicos iguais. Os pagamentos podem ser recebimentos ou dispêndios. No caso especial de um empréstimo com amortização programada como uma série de pagamentos iguais, os pagamentos periódicos são uma anuidade (vide a discussão do Capítulo 19).

Valores futuros

O *valor futuro* do dinheiro diz respeito ao valor de um investimento em uma data futura específica. Esse conceito presume que o investimento rende juros durante cada período de tempo, que são, então, reinvestidos ao fim de cada período, de forma que também renderão juros nos períodos posteriores. Por conseguinte, o valor futuro inclui o investimento original e os juros que ele rendeu mais juros sobre os juros acumulados. O procedimento para determinar valores futuros quando os juros acumulados também rendem juros é chamado de capitalização. Ele pode ser aplicado a um investimento único em parcela única (um VP) ou a um investimento que se dá por meio de uma série de pagamentos (PMT) ao longo do tempo. Cada caso será analisado em separado.

Valor futuro de um valor presente

A Figura 17-1*a* ilustra graficamente essa situação. Começando com uma dada quantia em dinheiro hoje, um VP, quanto ela valerá em uma data futura? A resposta depende de três coisas: o VP, a taxa de juros à qual ele renderá e o espaço de tempo em que será investido.

Imagine que você recém investiu US$ 1.000 em uma conta de poupança que rende 8% de juros, com capitalização anual. Você gostaria de saber qual será o valor futuro desse investimento após 3 anos. Os dados da Tabela 17-1 ilustram as alterações do saldo da conta de ano em ano.

Todos os juros rendidos são deixados acumulando na conta, de forma que rendem juros nos anos restantes. Esse é o princípio

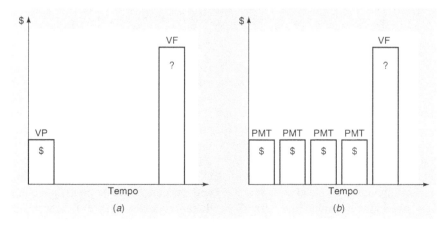

Figura 17-1 Ilustração do conceito de valor futuro de um valor presente (*a*) e de uma anuidade (*b*).

Tabela 17-1 Valor futuro de US$ 1.000

Ano	Valor no início do ano	Taxa de juros (%)	Juros rendidos (US$)	Valor no fim do ano (US$)
1	1.000,00	8	80,00	1.080,00
2	1.080,00	8	86,40	1.166,40
3	1.166,40	8	93,30	1.259,70

da capitalização, demonstrando os resultados do uso de juros compostos. No exemplo, um valor presente de US$ 1.000 possui um valor futuro de US$ 1.259,70 quando investido a 8% de juros por 3 anos. Os juros são compostos quando os juros acumulados também rendem juros nos períodos de tempo seguintes.

Se os juros tivessem sido sacados, apenas US$ 1.000 teriam rendido juros a cada ano. Teria sido obtido um total de US$ 240,00 em juros, em comparação com os US$ 259,70 em juros obtidos no exemplo.

Esse procedimento para encontrar o valor futuro pode se tornar maçante se o investimento for de longo prazo. Felizmente, os cálculos podem ser simplificados utilizando-se a seguinte equação matemática:

$$VF = VP(1 + i)^n$$

onde as abreviaturas são as definidas anteriormente. Aplicada ao exemplo, os cálculos seriam:

$$FV = US\$\ 1.000 \times (1 + 0{,}08)^3$$
$$= US\$\ 1.000 \times 1{,}2597$$
$$= US\$\ 1.259{,}70$$

dando o mesmo valor futuro de antes.

Essa equação pode ser aplicada rápida e facilmente com uma calculadora com potenciação, uma calculadora financeira com funções prontas ou uma planilha de computador. Sem essas ferramentas, a equação pode ser difícil de usar, especialmente quando n é grande. Para simplificar o cálculo de valores futuros, foram elaboradas tabelas que dão valores de

$(1 + i)^n$ para diferentes combinações de i e n. A Tabela 2 do Apêndice serve para encontrar o valor futuro de um valor presente. Qualquer valor futuro pode ser obtido multiplicando-se o valor presente pelo fator da tabela que corresponde à taxa de juros e à duração de investimento corretas. O valor para 8% e 3 anos é 1,2597, que, multiplicado pelos US$ 1.000 do exemplo, dá o mesmo valor futuro de antes, US$ 1.259,70.

Uma regra prática, interessante e útil é a "regra dos 72". O tempo *aproximado* que demora para um investimento dobrar pode ser encontrado dividindo-se 72 pela taxa de juros. Por exemplo, um investimento de 8% dobraria em aproximadamente 9 anos (o valor da tabela é 1,9990). A 12% de juros, um valor presente dobraria em aproximadamente 6 anos (o valor da tabela é 1,9738).

O conceito de valor futuro pode ser útil de várias maneiras. Por exemplo, qual é o valor futuro de US$ 1.000 depositados em uma conta de poupança a 8% de juros por 10 anos? O valor da Tabela 2 é 2,1589, o que dá um valor futuro de US$ 2.158,90. Outro uso é para estimar valores futuros de ativos. Por exemplo, se é esperado que o preço da terra aumente a uma taxa de juros compostos de 6%, quanto uma terra com valor presente de US$ 2.500 por acre valerá daqui a 5 anos? O valor da tabela é 1,3382, então o valor futuro estimado é de US$ 2.500 × 1,3382, ou US$ 3.345,50 por acre.

Valor futuro de uma anuidade

A Figura 17-1*b* ilustra o conceito do valor futuro de uma série regular de pagamentos. Qual é o valor futuro de um número de pagamentos (PMT) feitos ao fim de cada ano para um dado número de anos? Cada pagamento renderá juros do momento em que é investido até o último pagamento ser efetuado. Suponha que US$ 1.000 sejam depositados ao fim de cada ano em uma conta de poupança que paga 8% de juros anuais. Qual é o valor desse investimento ao cabo de 3 anos? Isso pode ser calculado da seguinte forma:

Primeiro pagamento	US$ 1.000	$1.000(1+0,08)^2 = 1.166,40$
Segundo pagamento	US$ 1.000	$1.000(1+0,08)^1 = 1.080,00$
Terceiro pagamento	US$ 1.000	$1.000(1+0,08)^0 = 1.000,00$
Valor futuro		US$ 3.246,40

O dinheiro é depositado no fim de cada ano, então os primeiros US$ 1.000 rendem juros por apenas 2 anos, os segundos US$ 1.000 rendem juros por 1 ano, e os terceiros US$ 1.000 não rendem juros. É investido um total de US$ 3.000,00, e os juros totais obtidos são US$ 246,40.

O valor futuro de uma anuidade pode ser obtido empregando-se esse procedimento, mas uma anuidade com muitos pagamentos exige muitos cálculos. Um método mais fácil é usar a seguinte equação:

$$VF = PMT \times \frac{(1+i)^n - 1}{i}$$

tal que PMT é o montante investido no fim de cada período de tempo. É ainda mais fácil usar valores tabelados, como os da Tabela 3 do Apêndice, que abrange toda uma gama de taxas de juros e períodos de tempo. Prosseguindo com o mesmo exemplo, o valor tabelado para 8% de taxa de juros e 3 anos é 3,2464. Multiplicar esse fator pelo pagamento anual (ou anuidade) de US$ 1.000 confirma o valor futuro anterior de US$ 3.246,40.

Valores presentes

O conceito de *valor presente* diz respeito ao valor hoje de uma quantia que será recebida ou paga no futuro. Valores presentes são obtidos por meio de um processo chamado *desconto*. O valor futuro é descontado de volta para o presente a fim de obter seu valor presente ou atual. O desconto é realizado porque uma quantia a ser recebida no futuro vale menos do que o mesmo montante disponível hoje. O valor presente pode ser interpretado como a soma monetária que teria que ser investida agora a uma determinada taxa de juros para igualar um dado valor futuro na mesma data. Quando usada para obter valores presentes, a taxa de juros, muitas vezes, é chamada de *taxa de desconto*.

Capitalização e desconto são procedimentos opostos ou inversos, como mostrado na Figura 17-2. Um valor presente é capitalizado para se encontrar seu valor futuro, e um valor futuro é descontado para se encontrar seu valor presente. Essas relações inversas ficarão mais aparentes na exposição que segue.

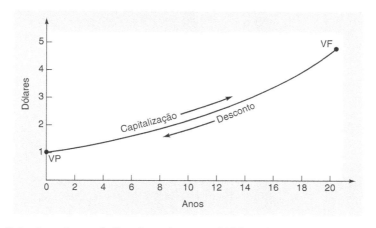

Figura 17-2 Relação entre capitalização e desconto (US$ 1 a juros de 8%).

Valor presente de um valor futuro

A Figura 17-3a ilustra o conceito de valor presente. O valor futuro é conhecido, e o problema é obter o valor presente desse montante. A Figura 17-3a é exatamente como a Figura 17-1a, salvo a colocação do símbolo de dólar e do ponto de interrogação. Isso também ilustra a relação inversa entre capitalização e desconto.

O valor presente de um valor futuro depende da taxa de juros e do espaço de tempo até o recebimento do pagamento. Taxas de juros mais altas e períodos mais longos reduzem o valor presente, e vice-versa. A equação para encontrar o valor presente de um único pagamento a ser recebido no futuro é:

$$VP = \frac{VF}{(1+i)^n} \text{ ou } VF \times \frac{1}{(1+i)^n}$$

onde as abreviaturas são as definidas anteriormente.

Essa equação pode ser usada para obter o valor presente de US$ 1.000 a serem recebidos em 5 anos, usando uma taxa de juros de 8%. Os cálculos seriam:

$$VP = US\$\ 1.000 \times \frac{1}{(1+0,08)^5}$$
$$= US\$\ 1.000 \times (0,68058)$$
$$= US\$\ 680,58$$

Um pagamento de US$ 1.000 a ser recebido em 5 anos possui um valor presente de US$ 680,58 a uma taxa de juros compostos de 8%. Dito de outra forma, US$ 680,58 investidos por 5 anos a uma taxa de juros compostos de 8% teriam um valor futuro de US$ 1.000. Isso novamente mostra a relação inversa entre capitalização e desconto. Uma explicação mais prática é que um investidor não deve pagar mais do que US$ 680,58 por um investimento que devolverá US$ 1.000 após 5 anos, caso se deseje um retorno de 8%. A análise de investimento faz uso intenso de valores presentes, como será demonstrado posteriormente neste capítulo.

Também existem tabelas para auxiliar no cálculo de valores presentes, como a Tabela 4 do Apêndice. O fator da taxa de juros e número de anos adequados é multiplicado pelo valor futuro para resultar no valor presente. Por exemplo, o valor presente de US$ 1.000 a ser recebido em 5 anos a juros de 8% é igual a US$ 1.000 multiplicados pelo valor tabelado de 0,68058, ou US$ 680,58.

Valor presente de uma anuidade

A Figura 17-3b ilustra o problema comum de determinar o valor presente de uma anuidade ou de diversos pagamentos a serem recebidos ao longo do tempo. Suponha que será recebido um pagamento de US$ 1.000 no final de cada

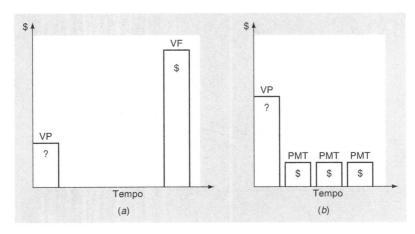

Figura 17-3 Ilustração do conceito de valor presente de um valor futuro (a) e de uma anuidade (b).

um de 3 anos, sendo a taxa de juros 8%. O valor presente desse fluxo de renda, ou anuidade, pode ser obtido como mostrado na Tabela 17-2, usando valores da Tabela 4 do Apêndice.

Um valor presente de US$ 2.577,10 representa o máximo que um investidor deve pagar por um investimento que devolverá US$ 1.000 ao fim de cada um de 3 anos, caso se deseje um retorno de 8%. Taxas de juros mais altas reduzirão o valor presente, e vice-versa.

O valor presente de uma anuidade pode ser obtido diretamente por meio da seguinte equação:

$$VP = PMT \times \frac{1 - (1 + i)^{-n}}{i}$$

Como antes, é muito mais fácil utilizar valores tabelados, como os da Tabela 5 do Apêndice. O valor correspondente à taxa de juros e ao número de anos apropriados é multiplicado pelo pagamento anual a fim de encontrar o valor presente da anuidade. O valor tabelado para 8% e 3 anos é 2,5771, que é multiplicado por US$ 1.000 para encontrar o valor presente de US$ 2.577,10.

Valores presentes são mais úteis do que valores futuros para analisar investimentos. Nem todos os investimentos possuem as mesmas vidas úteis ou padrão igual de fluxos de caixa líquido. Valores futuros que ocorrem em anos diferentes e em montantes diferentes só são diretamente comparáveis após serem descontados para um momento comum, como o presente.

Tabela 17-2 Valor de uma anuidade

Ano	Valor (US$)	Fator de valor presente	Valor presente (US$)
1	1.000	0,92593	925,93
2	1.000	0,85734	857,34
3	1.000	0,79383	793,83
Total			2.577,10

ANÁLISE DE INVESTIMENTO

Investimento, na acepção em que se usará o termo nesta seção, diz respeito a dispêndios que não anuais ou de curto prazo. Refere-se ao acréscimo ao negócio de ativos de longo prazo, ou não circulantes. Esses ativos duram vários anos, ou indefinidamente (no caso da terra), então essas decisões de investimento terão consequências duradouras, geralmente envolvendo grandes importâncias. Esses investimentos devem ser analisados integralmente antes de se tomar a decisão de investimento.

Informações necessárias

Análise de investimento (ou *orçamento de capital*, como às vezes é chamada) é o processo de determinar a lucratividade de um investimento ou comparar a lucratividade de dois ou mais investimentos alternativos. Uma análise integral de um investimento requer quatro informações: (1) o custo inicial do investimento; (2) as receitas de caixa líquidas anuais realizadas; (3) o valor terminal ou residual do investimento; e (4) a taxa de juros ou de desconto a ser usada.

Custo inicial

O *custo inicial* do investimento deve ser o desembolso total efetivo de sua aquisição, e não o preço de catálogo ou apenas a entrada, caso seja financiado. Deve incluir os impostos pagos sobre a compra, a mão de obra para instalar ou montar equipamentos e outros custos iniciais. Dos quatro tipos de informação necessários, este geralmente é o mais fácil de conseguir.

Receitas de caixa líquidas

Devem ser estimadas receitas de caixa líquidas, ou fluxos de caixa, para cada período de tempo da duração do investimento. Recebimentos de caixa menos despesas de caixa são iguais às *receitas de caixa líquidas* geradas pelo investimento proposto. A depreciação

306 Parte V Aperfeiçoamento das habilidades gerenciais

não é incluída, pois é uma despesa não monetária e já é contabilizada pela diferença entre o custo inicial e o valor terminal do investimento. Os pagamentos de juros e principal sobre empréstimos necessários para financiar o investimento também são omitidos no cálculo da receita de caixa líquida. Os métodos de análise de investimento são utilizados para determinar a lucratividade de um investimento sem considerar o método ou o montante de financiamento necessário para adquiri-lo. Entretanto, podem ser empregadas técnicas de análise de investimento para comparar diversas alternativas de financiamento de um investimento. Um exemplo disso para a compra ou locação de um trator novo é apresentado no Capítulo 22.

Valor terminal

O *valor terminal* terá que ser estimado, sendo geralmente igual ao valor residual, no caso de ativo depreciável. Para um ativo não depreciável, como terra, o valor terminal será o valor de mercado estimado do ativo no momento em que o investimento for encerrado. Por outra, se a terra for ser possuída indefinidamente, seu valor terminal pode ser ignorado, pois se presume que as receitas de caixa líquidas se estenderão para sempre (veja a abordagem de capitalização de renda à avaliação da terra no Capítulo 20).

Taxa de desconto

A *taxa de desconto* costuma ser um dos valores mais difíceis de estimar. É o custo de oportunidade do capital, representando a taxa de retorno mínima necessária para justificar o investimento. Se o investimento proposto não for render essa taxa mínima, o capital deve ser investido em outro lugar. Se forem ser tomados emprestados fundos para financiar o investimento, a taxa de desconto pode ser igualada ao custo do capital emprestado. Se for ser usada uma combinação de capital emprestado e capital patrimonial, deve-se usar uma média ponderada da taxa de juros

Tabela 17-3 Receitas de caixa líquidas para dois investimentos de US$ 10.000 (sem valor terminal)

Ano	Receitas de caixa líquidas (US$)	
	Investimento A	Investimento B
1	3.000	1.000
2	3.000	2.000
3	3.000	3.000
4	3.000	4.000
5	3.000	6.000
Receitas de caixa totais	15.000	16.000
Menos investimento inicial	−10.000	−10.000
Receitas de caixa líquidas	5.000	6.000
Receita de caixa média/ano	1.000	1.200

do dinheiro emprestado e da taxa de custo de oportunidade do capital patrimonial. O risco também precisa ser considerado, portanto a taxa de desconto deve ser igual à taxa de retorno esperada de um investimento alternativo de mesmo risco. O ajuste da taxa de desconto por conta de imposto de renda, risco e inflação será discutido posteriormente neste capítulo.

Um exemplo das informações necessárias para análise de investimento consta na Tabela 17-3. O investimento A dá um retorno fixo de US$ 3.000 ao ano por 5 anos. O investimento B também dura 5 anos, mas as receitas de caixa líquidas são inicialmente menores. Elas aumentam todo ano, porém, e acabam ultrapassando as do investimento A ao longo de todo o período de 5 anos.

Para simplificar, presume-se que os valores terminais são zero. Sempre que houver valores terminais, eles devem ser acrescidos à receita de caixa líquida do ano anterior, pois representam um recebimento adicional de caixa. As informações dos dois investimentos potenciais da Tabela 17-3 serão aplicadas para ilustrar quatro métodos que podem ser utilizados para analisar e comparar investimentos. São eles: (1) o período de retorno do investimento; (2) a taxa de retorno simples; (3) o valor presente líquido; e (4) a taxa interna de retorno.

Período de retorno do investimento

O período de retorno de um investimento é quantos anos ele levaria para devolver seu custo original por meio das receitas de caixa líquidas anuais que ele gera. Se as receitas de caixa líquidas forem constantes todos os anos, o período de retorno pode ser calculado a partir da seguinte equação:

$$PR = \frac{C}{RE}$$

onde PR é o período de retorno do investimento em anos, C é o custo inicial do investimento e RE é a receita de caixa anual esperada. Por exemplo, o investimento A da Tabela 17-3 teria um período de retorno de US$ 10.000 divididos pela receita de caixa líquida de US$ 3.000 por ano, ou 3,33 anos.

Quando as receitas de caixa líquidas anuais não são iguais, elas devem ser somadas ano a ano para encontrar o ano em que o total é igual ao montante do investimento. Para o investimento B da Tabela 17-3, o período de retorno do investimento seria de 4 anos, pois as receitas de caixa líquidas acumuladas atingem US$ 10.000 no quarto ano. Nesse caso, o investimento A é preferível ao investimento B, pois tem o período de retorno de investimento mais curto.

O método do período de retorno do investimento pode ser utilizado para classificar investimentos, como mostrado. Capital limitado pode ser investido primeiramente no investimento de classificação mais alta, depois descendo a lista até que o capital de investimento seja esgotado. Outra aplicação é estabelecer um período de retorno de investimento máximo e rechaçar todos os investimentos que tenham um período de retorno maior. Por exemplo, um gestor pode selecionar um período de retorno de 4 anos como padrão, investindo apenas em alternativas com retorno em 4 anos ou menos.

O método do período de retorno é fácil de usar e rapidamente identifica os investimentos com os retornos monetários mais imediatos. Contudo, ele também possui várias desvantagens sérias. Esse método ignora os fluxos de caixa que ocorrem após o fim do período de retorno do investimento, assim como a cronologia dos fluxos de caixa durante o período de retorno do investimento. Escolher o investimento A por meio desse método ignora os retornos maiores do investimento B nos anos 4 e 5, assim como seu retorno total superior. O método do período de retorno não mede realmente a lucratividade, sendo mais uma medida da rapidez com que o investimento contribuirá à liquidez do negócio. Por essas razões, ele só deve ser usado para comparar investimentos com durações semelhantes e receitas de caixa líquidas relativamente constantes.

Taxa de retorno simples

A taxa de retorno simples expressa a receita de caixa anual média como uma porcentagem do investimento original. A receita líquida é obtida subtraindo-se o investimento inicial do total de receitas de caixa, depois dividindo pelo número de períodos. Na Tabela 17-3, mostra-se que a receita líquida anual média do investimento A é US$ 1.000, e do investimento B, US$ 1.200. A taxa de retorno simples é calculada por meio da seguinte equação:

$$\text{Taxa de retorno} = \frac{\text{Receita líquida anual média}}{\text{Custo inicial}}$$

Aplicar a equação ao exemplo da Tabela 17-3 dá os seguintes resultados:

$$\text{Investimento A} = \frac{\text{US\$ 1.000}}{\text{US\$ 10.000}} = 10\%$$

$$\text{Investimento B} = \frac{\text{US\$ 1.200}}{\text{US\$ 10.000}} = 12\%$$

Esse método classificaria o investimento B acima do A, um resultado diferente daquele obtido com o método de período de retorno do investimento. O método da taxa de retorno simples é um indicador melhor de lucratividade do que o método do período de retorno, pois considera os rendimentos do investimento por toda sua duração. Seu maior porém é que ele usa rendimentos anuais médios, o que não leva em conta o tamanho e a cronologia dos rendimentos, podendo, portanto, levar a erros na seleção dos investimentos. Isso é especialmente verdadeiro quando há receitas líquidas crescentes ou decrescentes. Por exemplo, o investimento A teria que ter a mesma taxa de retorno de 10% se não tivesse receita de caixa líquida nos 4 primeiros anos e US\$ 15.000 no ano 5, porque a receita de caixa anual média ainda seria de US\$ 1.000. Entretanto, a consideração do valor do dinheiro no tempo revelaria que o valor presente desses investimentos é muito diferente. Por causa dessa deficiência, o método da taxa de retorno simples geralmente não é recomendado para analisar investimentos com receitas de caixa líquidas anuais variáveis.

Valor presente líquido

O método do valor presente líquido é um meio preferencial de avaliação, uma vez que leva em conta tanto o valor do dinheiro no tempo quanto o tamanho dos fluxos de caixa ao longo de toda a duração do investimento. É também chamado de *método do fluxo de caixa descontado*.

O valor presente líquido de um investimento é a soma dos valores presentes do fluxo de caixa líquido de cada ano (ou receita de caixa líquidas) menos o custo inicial do investimento. A equação para encontrar o valor presente líquido de um investimento é:

$$\text{VPL} = \frac{P_1}{(1+i)^1} + \frac{P_2}{(1+i)^2} + \cdots + \frac{P_n}{(1+i)^n} - C$$

onde VPL é o valor presente líquido, P_n é o fluxo de caixa líquido no ano n, i é a taxa de desconto e C é o custo inicial do investimento. Um exemplo de cálculo dos valores presentes líquidos com uma taxa de desconto de 10% é apresentado na Tabela 17-4. Os fatores de valor presente são valores tabelados da Tabela 4 do Apêndice. Somar os VPLs de cada investimento e subtrair o custo inicial de US\$ 10.000 resulta em um VPL de US\$ 1.370 para o investimento A e US\$ 1.272 para o investimento B. Nesse exemplo, o investimento A seria preferido, uma vez que possui um VPL maior.

Por meio desse procedimento, investimentos com valor presente líquido positivo seriam aceitos, dado um capital de investimento ilimitado. Aqueles com valor presente líquido negativo seriam rejeitados, e um valor zero seria indiferente ao investidor. O raciocínio por trás da aceitação de investimentos com valor presente líquido positivo pode ser exposto de duas formas. Primeiro, isso significa que a taxa de retorno efetiva do investimento é maior do que a taxa de desconto utilizada nos cálculos. Em outras palavras, o retorno percentual é maior do que o custo do capital. Uma segunda explicação é que o investidor poderia pagar mais pelo investimento e ainda assim conseguir uma taxa de retorno igual à taxa de desconto usada no cálculo do valor presente líquido. Na Tabela 17-4, um investidor poderia arcar com um custo inicial de até US\$ 11.370 pelo investimento A e US\$ 11.272 pelo investimento B e ainda assim receber um retorno de ao menos 10% sobre o capital investido. Esse método assume que os fluxos de caixa líquidos anuais podem ser reinvestidos a cada período para render uma taxa de retorno igual à taxa de desconto usada.

Ambos os investimentos da Tabela 17-4 apresentam um valor presente líquido positivo usando-se uma taxa de desconto de 10%. Em toda determinação de valor presente, a seleção da taxa de desconto possui uma grande influência sobre os resultados. Os valores presentes líquidos da Tabela 17-4 teriam sido menores se tivesse sido usada uma taxa de

Capítulo 17 Análise de investimento **309**

Tabela 17-4 Valor presente líquido e taxa interna de retorno de dois investimentos de US$ 10.000 (taxa de desconto de 10% e sem valores terminais)

	Investimento A			Investimento B		
Ano	Fluxo de caixa líquido (US$)	Fator de valor presente	Valor presente (US$)	Fluxo de caixa líquido (US$)	Fator de valor presente	Valor presente (US$)
1	3.000	0,909	2.727	1.000	0,909	909
2	3.000	0,826	2.478	2.000	0,826	1.652
3	3.000	0,751	2.253	3.000	0,751	2.253
4	3.000	0,683	2.049	4.000	0,683	2.732
5	3.000	0,621	1.863	6.000	0,621	3.726
		Total	11.370		Total	11.272
		Menos custo inicial	10.000		Menos custo inicial	10.000
		Valor presente líquido	1.370		Valor presente líquido	1.272
		Taxa interna de retorno	15,2%		Taxa interna de retorno	13,8%

desconto maior, e vice-versa. Com uma taxa de desconto maior, os valores presentes líquidos cairiam a zero, e, a uma taxa ainda maior, ficariam negativos. Portanto, deve-se ter cuidado para escolher a taxa de desconto correta.

Equivalente anual e recuperação de capital

O valor presente líquido de um investimento pode ser convertido em um equivalente anual usando-se os fatores de amortização constantes na Tabela 1 do Apêndice. O equivalente anual é uma anuidade que possui o mesmo valor presente que o investimento sendo analisado.

Por exemplo, o investimento A da Tabela 17-4 tinha um valor presente líquido de US$ 1.370, utilizando-se uma taxa de desconto de 10% por 5 anos. O fator de amortização para 10% e 5 anos é 0,2638 (Tabela 1 do Apêndice). O equivalente anual é:

US$ 1.370 × 0,2638 = US$ 361,41

O equivalente anual do investimento B é:

US$ 1.272 × 0,2638 = US$ 335,55

Em outras palavras, os retornos líquidos do investimento A seriam equivalentes a receber US$ 361,41 ao ano por 5 anos e reinvesti-los a uma rentabilidade de 10%. O investimento B seria equivalente a receber US$ 335,55 ao ano, continuando a ser a alternativa menos desejável.

O cálculo do valor equivalente anual torna possível a comparação de investimentos com durações diferentes. Teria que ser usado um fator de amortização diferente para converter cada valor presente líquido. Implicitamente, presume-se que cada investimento poderia ser repetido com os mesmos resultados ao longo do tempo.

Os valores equivalentes anuais também podem ser utilizados para converter o custo de investimento inicial de um ativo de capital em um custo anual. Essa é uma alternativa a calcular a depreciação e os juros por meio dos métodos expostos no Capítulo 9, sendo chamada de *recuperação de capital*. O valor de recuperação de capital é o montante anual que recupera o custo inicial do ativo ao longo de sua vida útil, incluindo juros sobre o saldo não recuperado (valor residual), ocupando o lugar dos custos normais com depreciação e juros. Um exemplo de uso da abordagem de

310 Parte V Aperfeiçoamento das habilidades gerenciais

recuperação de capital para estimar custos de propriedade anuais de maquinário rural é apresentado no Capítulo 22.

Os fatores de valor equivalente anual também podem ser usados para calcular o pagamento periódico necessário para devolver um empréstimo amortizado pelo método da parcela total igual (vide exemplo no Capítulo 19).

Taxa interna de retorno

O valor do dinheiro no tempo também é usado em outro método de análise de investimentos, o da *taxa interna de retorno*, ou TIR. Ele dá algumas informações que não são proporcionadas diretamente pelo método do valor presente líquido. Os investimentos A e B possuem ambos um valor presente líquido positivo, usando-se uma taxa de desconto de 10%. Mas qual é a taxa de retorno efetiva desses investimentos? É a taxa de desconto que torna o valor presente líquido igual a zero. A taxa de retorno efetiva de um investimento, contabilizando-se corretamente o valor do dinheiro no tempo, é a taxa interna de retorno.

A equação para obter a TIR é a mesma do valor presente líquido, com duas diferenças. Primeira, o VPL é igualado a zero; segunda, a equação é resolvida para i. O VPL é zero, então o custo inicial do investimento, C, costuma ser colocado no lado esquerdo da igualdade. Nesse esquema, a solução da equação é a taxa de juros, i, que iguala o valor presente líquido dos fluxos de caixa líquidos do investimento ao seu custo inicial. A TIR geralmente é calculada com um programa de computador ou uma calculadora financeira.

$$C = \frac{P_1}{(1 + i)^1} + \frac{P_2}{(1 + i)^2} + \cdots + \frac{P_n}{(1 + i)^n}$$

Os dois investimentos mostrados na Tabela 17-4 possuem um VPL positivo quando descontados a uma taxa de 10%. Isso quer dizer que sua TIR deve ser maior que 10%. Descobre-se que o investimento A tem uma TIR de 15,2%, tornando-o novamente preferível ao B, que tem uma TIR de apenas 13,8%.

O método da taxa interna de retorno pode ser usado de várias maneiras na análise de investimento. Todo investimento com TIR maior do que a taxa de desconto seria um investimento lucrativo, isto é, teria um valor presente líquido positivo. Alguns investidores escolhem um valor de corte arbitrário para a TIR e investem somente nos projetos que têm um valor maior.

O método da TIR tem diversas limitações também. Ele assume implicitamente que os retornos líquidos anuais (ou fluxos de caixa) do investimento podem ser reinvestidos a cada período para gerar um retorno igual à TIR. Se a TIR for bastante alta, isso pode não ser possível, fazendo com que o método da TIR superestime a taxa de retorno efetiva. Outra deficiência é que a TIR não diz nada sobre o tamanho do investimento inicial. Um investimento pequeno pode gerar uma TIR alta, mas possuir um VPL pequeno, em termos monetários absolutos. As abordagens de análise de investimento apresentadas nem sempre dão classificações concordantes, como mostrado no resumo da Tabela 17-5. Todas elas devem ser levadas em conta antes de se tomar uma decisão. No exemplo, o investimento A parece mais favorável do que o investimento B em todas as abordagens, exceto a da taxa de retorno simples, e via de regra seria o investimento de preferência.

Tabela 17-5 Comparação de dois investimentos

Medida	Investimento A	Investimento B
Período de retorno do investimento	3,33 anos	4,00 anos
Taxa de retorno simples	10%	12%
Valor presente líquido	US$ 1.370,00	US$ 1.272,00
Equivalente anual	US$ 361,41	US$ 335,55
Taxa interna de retorno	15,2%	13,8%

VIABILIDADE FINANCEIRA

Os métodos de análise de investimento expostos até aqui são método para analisar a *lucratividade econômica*. Sua intenção é responder à pergunta: "O investimento é lucrativo?". A pergunta de como o investimento foi financiado era ignorada, salvo para calcular a taxa de desconto. Entretanto, quando o método e o montante de financiamento usados para fazer o investimento são incluídos na análise, investimentos identificados como lucrativos podem ter anos de fluxos de caixa negativos. Assim, além da lucratividade do investimento, uma pergunta igualmente importante talvez seja: "O investimento é *financeiramente viável?*". Em outras palavras: o investimento gerará fluxos de caixas suficientes no momento certo para cobrir as saídas de caixa exigidas, incluindo pagamentos de empréstimo? Esse problema potencial foi discutido no Capítulo 13, mas merece ser mais explorado aqui. A determinação da viabilidade financeira deve ser a etapa final de toda análise de investimento.

Na Tabela 17-6, ilustra-se um problema potencial para os investimentos A e B usados como exemplo em todo este capítulo. Suponha que cada investimento seja integralmente financiado com um empréstimo de US$ 10.000 a juros de 8%, a ser devolvido ao longo de 5 anos com pagamentos anuais iguais de principal, mais juros. Os juros e o principal cons-

tam na coluna de pagamento da dívida, sendo subtraídos da receita de caixa líquida para se obter o fluxo de caixa líquido.

O investimento A apresenta um fluxo de caixa líquido positivo em todos os anos, pois a receita de caixa líquida é maior do que o pagamento de dívida. No entanto, o investimento B possui receitas de caixa líquidas menores nos 2 primeiros anos, causando fluxos de caixa negativos nesses anos. Ambos os investimentos possuem um valor presente líquido positivo, usando-se uma taxa de desconto de 10%. Entretanto, não é incomum encontrar investimentos lucrativos que possuem fluxos de caixa negativos nos primeiros anos se as receitas de caixa líquidas iniciarem lentamente e o investimento exigir um grande montante de capital emprestado. O problema pode ficar ainda mais complexo se o empréstimo precisar ser quitado em um prazo relativamente curto.

Para que se execute um projeto como o investimento B, deve-se fazer alguma coisa para compensar os fluxos de caixa negativos. Existem diversas possibilidades, que podem ser usadas separadamente ou em combinação. Primeiro, pode-se usar um pouco de capital patrimonial para todo ou parte do custo inicial do investimento a fim de reduzir o tamanho do empréstimo e os pagamentos anuais da dívida. Segundo, o programa de pagamento do empréstimo pode ser estendido para aproximar mais os pagamentos da

Tabela 17-6 Análise de fluxo de caixa dos investimentos A e B

	Investimento A (US$)			Investimento B (US$)		
Ano	Receita de caixa líquida	Pagamento de dívida*	Fluxo de caixa líquido	Receita de caixa líquida	Pagamento de dívida*	Fluxo de caixa líquido
1	3.000	2.800	200	1.000	2.800	−1.800
2	3.000	2.640	360	2.000	2.640	−640
3	3.000	2.480	520	3.000	2.480	520
4	3.000	2.320	680	4.000	2.320	1.680
5	3.000	2.160	840	6.000	2.160	3.840

* Presume-se um empréstimo de US$ 10.000 a juros de 8%, com pagamentos iguais de principal ao longo de 5 anos.

dívida das receitas de caixa líquidas. Outras possibilidades seriam combinar parcelas menores com um pagamento concentrado no vencimento ou parcelas apenas de juros nos primeiros anos.

Se nenhuma dessas alternativas for viável, os déficits de caixa terão de ser compensados usando-se caixa em excesso de outras partes do negócio ou de poupanças. Isso exigirá uma análise de fluxo de caixa de todo o negócio para ver se haverá caixa disponível em montantes suficientes e nos momentos certos para cobrir os déficits temporários oriundos do investimento.

Financiamento e valor presente líquido

Os fluxos de caixa relacionados a financiamento devem ser incluídos no cálculo do VPL do investimento? Via de regra, não, pois a decisão de fazer um investimento e a questão de como financiá-lo devem ser consideradas à parte. Ocasionalmente, porém, um investimento e o método de seu financiamento podem estar intimamente ligados. Um exemplo seria a comparação da compra de um estabelecimento rural que só pode ser obtido mediante um contrato de venda parcelada com outro estabelecimento que só pode ser comprado por meio de um empréstimo convencional. Nesse caso, os fluxos de caixa líquidos usados para calcular os VPLs deveriam incluir a entrada, se houver, assim como os pagamentos de principal e juros, uma vez que as decisões de investimento e de financiamento estão atreladas.

Em alguns casos, pode ser possível financiar o mesmo investimento de vários jeitos diferentes. Uma vez que o investimento seja aceito, as alternativas de financiamento podem ser comparadas descontando-se os fluxos de pagamento de cada uma e selecionando-se aquela com o VPL *menor*. Um exemplo do uso desse procedimento para comparar uma escolha de arrendar ou comprar um trator é apresentado no Capítulo 22.

IMPOSTO DE RENDA, INFLAÇÃO E RISCO

Até agora, só foram expostos os procedimentos e métodos básicos empregados na análise de investimento. Diversos outros fatores precisam ser incluídos na análise completa de um investimento ou ao comparar investimentos alternativos. Entre eles estão o imposto de renda, a inflação e o risco.

Imposto de renda

Os exemplos usados para ilustrar os métodos de análise de investimento não consideravam os efeitos do imposto de renda sobre as receitas de caixa líquidas. Os tributos foram omitidos para simplificar a introdução e a discussão da análise de investimento. Porém, muitos investimentos geram renda tributável, assim como despesas dedutíveis do imposto. Os impostos de renda podem alterar consideravelmente as receitas de caixa líquidas, dependendo da faixa tributária marginal do investidor e do tipo de investimento. Investimentos diferentes podem afetar os impostos de renda de modos diferentes, portanto devem ser comparados em *termos após impostos*.

Os impostos de renda reduzem as receitas de caixa líquidas quando a renda tributável gerada pelo investimento excede as deduções, e vice-versa. O valor real da mudança depende da faixa tributária marginal do contribuinte. Por exemplo, quando os fluxos de caixa líquidos tributáveis forem positivos, um investidor na faixa tributária marginal de 28% terá 28% a menos de receitas de caixa líquidas em termos após impostos.

Se todas as entradas de caixa forem tributáveis e todas as saídas de caixa forem dedutíveis do imposto, então o VPL é simplesmente reduzido pela alíquota marginal. Todavia, a renda tributável líquida, muitas vezes, não é igual à receita de caixa líquida. Por exemplo, a depreciação não é incluída no cálculo da receita de caixa líquida, pois é uma despesa não monetária. Contudo, a depreciação é uma despesa dedutível que diminui a renda tributável e, por conseguinte, o imposto de renda. As economias tributárias resultantes da depreciação associada ao novo investimento devem ser acrescentadas às receitas de caixa líquidas. Certos investimentos reduzem ainda mais os impostos de renda se forem passíveis de créditos tributários especiais ou deduções eventualmente em vigor à época da compra.

Algumas entradas de caixa podem ser tributadas de forma diferente de outras. Por exemplo, a renda de ganhos de capital pode estar sujeita a uma alíquota inferior à da renda ordinária (vide Capítulo 16). Vendas de reprodutores para abate ou o valor terminal de venda do investimento original seguidamente dão ensejo a ganhos de capital, devendo ser ajustados pela alíquota marginal apropriada.

Sempre que se usam receitas de caixa líquidas após impostos, é importante que também se use uma *taxa de desconto após impostos*. Isso porque os juros sobre capital de dívida geralmente são dedutíveis do imposto, e os rendimentos de investimentos alternativos geralmente são tributáveis. A taxa de desconto após impostos pode ser obtida a partir da seguinte equação:

$$r = i \times (1 - t)$$

tal que r é a taxa de desconto após impostos, i é a taxa de desconto antes de impostos e t é a alíquota marginal. Falou-se sobre a alíquota marginal no Capítulo 16. Ela consiste no valor agregado de imposto de renda federal, imposto de renda estadual e municipal e imposto de autônomo devido sobre cada unidade monetária agregada de renda tributável.

Por exemplo, qual é a taxa de desconto após impostos quando a taxa de desconto antes de impostos é 12% e o contribuinte está na faixa tributária marginal de 28%? A resposta é:

$$12\% \times (1,00 - 0,28) = 8,64\%$$

O custo após impostos do capital emprestado pode ser obtido por meio da mesma equação, sendo r e i iguais às taxas de juros após

e antes de impostos. Juros são uma despesa comercial dedutível, e cada dólar de despesa com juros reduz os impostos em 28% para um contribuinte na faixa marginal de 28%. Um investidor que paga 12% de juros sobre capital emprestado teria um custo de capital após impostos de 8,64%, calculado por meio da equação anterior.

Inflação

A inflação é um aumento geral nos níveis dos preços ao longo do tempo, afetando três fatores da análise de investimento: receitas de caixa líquidas, valor terminal e taxa de desconto. As receitas de caixa líquidas mudam ao longo do tempo devido a alterações nos preços dos insumos e produtos, mesmo que aumentem a taxas diferentes. A inflação também faz com que os valores terminais sejam maiores do que o que seria de se esperar de outra forma. As receitas também podem mudar por causa de alterações nas condições básicas de oferta e demanda de insumos de produtos, além dos efeitos da inflação geral.

Quando as receitas de caixa líquidas e o valor terminal são ajustados pela inflação, a taxa de desconto também deve incluir a taxa esperada de inflação. Pode-se pensar na taxa de juros ou desconto como consistindo em, ao menos, duas partes: (1) uma taxa de juros real, ou a taxa de juros que se verificaria na ausência de inflação, seja efetiva ou esperada; e (2) um ajuste para a inflação, ou prêmio de inflação. Em períodos inflacionários, um dólar recebido no futuro poderá comprar menos bens e serviços do que no presente. O prêmio de inflação compensa esse poder aquisitivo reduzido por meio de uma taxa maior de juros ou desconto. Pode-se estimar a taxa de desconto ajustada para inflação da seguinte maneira:

Taxa de desconto real	5%
Taxa de inflação esperada	+ 3%
Taxa de desconto ajustada	= 8%

A taxa de desconto ajustada para inflação também é chamada de taxa de desconto *nominal*. Quando é usado o custo do capital para a taxa de desconto, esse custo geralmente já inclui uma expectativa de inflação, e o ajuste é feito tacitamente.

Em suma, existem dois jeitos básicos de tratar a inflação no orçamento de capital:

1. Estimar as receitas de caixa líquidas de cada ano e o valor terminal, usando preços atuais, e, então, descontá-los usando a taxa de desconto *real* (a taxa nominal menos a taxa de inflação esperada).[1] Isso elimina a inflação de todos os elementos da equação.

2. Aumentar as receitas de caixa líquidas de cada ano e o valor terminal para refletir a taxa de inflação esperada e, então, utilizar uma taxa de desconto ajustada para inflação (nominal). Este método incorpora a inflação em todas as partes da equação. Se a mesma taxa de inflação for usada em todas as etapas, o valor presente líquido será o mesmo em ambos os métodos. Contudo, se for assumido que algumas receitas ou despesas inflacionam a taxas diferentes das outras, o VPL ajustado para inflação será diferente do VPL real, sendo a medida mais precisa. Por exemplo, custos relacionados a energia podem ter um aumento projetado mais veloz do que a inflação geral da economia, enquanto as economias tributárias com depreciação não inflacionam nada após o investimento ser feito.

Risco

Existe risco em investimentos porque as receitas de caixa líquidas estimadas e o valor terminal dependem da produção, de preços e de custos futuros, que podem ser altamente variá-veis e difíceis de prever. Alterações inesperadas desses valores podem rapidamente tornar não lucrativo um investimento potencialmente lucrativo. Quanto maior a duração do investimento, mais difícil é estimar os custos e receitas futuros com exatidão.

Um método para incorporar o risco à análise é acrescentar um prêmio de risco à taxa de desconto. Investimentos com risco maior possuem um prêmio de risco mais alto. Isso se baseia no conceito de que quanto maior o risco associado a um investimento específico, maior deve ser o retorno esperado para que um investidor se disponha a aceitar esse risco. Em outras palavras: existe uma correlação positiva entre o grau de risco envolvido e o retorno que um investidor exigiria para aceitar esse risco.

A taxa de retorno sem risco pode ser definida como a taxa de retorno que se verificaria para um investimento com um retorno líquido garantido. Contas de poupança seguradas e títulos mobiliários do governo dos EUA normalmente são considerados investimentos praticamente sem risco. Dando seguimento ao exemplo da última seção, pode-se acrescentar risco à taxa de desconto da seguinte forma:

Taxa de retorno real sem risco	4%
Taxa de inflação esperada	+ 3%
Prêmio de risco	+ 1%
Taxa de desconto ajustada	= 8%

Investimentos com uma maior quantidade de risco seriam ligados a um prêmio de risco mais alto, e vice-versa. Esse procedimento é coerente com a afirmação anterior de que a taxa de desconto deve ser a taxa de retorno esperada de um investimento alternativo de mesmo risco. No entanto, o prêmio de risco é uma estimativa subjetiva, e pessoas diferentes podem empregar estimativas diferentes para o mesmo investimento. As taxas de juros de fundos emprestados costumam ter um prêmio de risco já embutido para refletir a possibili-

---

[1] Um método mais preciso para converter uma taxa nominal em uma taxa real é $[(1 + i)/(1 + f)] - 1$, onde i é a taxa nominal e f é a taxa de inflação. Contudo, o valor $(i - f)$ dá uma boa aproximação da taxa real.

dade de que o mutuário não pague o empréstimo. Mutuários com menos segurança financeira terão que pagar um prêmio de risco mais elevado.

Colocar um prêmio de risco na taxa de desconto não elimina o risco. É somente um modo de embutir uma margem de erro. Quanto maior o prêmio de risco empregado, maiores terão que ser as receitas de caixa líquidas para render um VPL positivo.

Análise de sensibilidade

Dada a incerteza que pode existir quanto aos preços e custos futuros utilizados para estimar as receitas de caixa líquidas e o valor terminal, muitas vezes, é útil examinar o que aconteceria com o valor presente líquido ou a TIR se os preços e custos fossem outros. A *análise de sensibilidade* é um processo em que se fazem diversas perguntas do tipo "E se?". E se as receitas de caixa líquidas fossem maiores ou menores? E se a cronologia das receitas de caixa líquidas fosse diferente? E se a taxa de desconto fosse maior ou menor?

A análise de sensibilidade envolve trocar um ou mais valores e recalcular o VPL ou a TIR. Recalcular com diversos valores diferentes dá ao investidor uma ideia de quão "sensíveis" os resultados (e, portanto, a decisão de investimento) são a modificações nos valores sendo usados. A análise de sensibilidade frequentemente dá ao investidor mais clareza quanto à probabilidade de que o investimento seja lucrativo, aos efeitos de alterações nos preços ou à taxa de desconto e, portanto, ao teor de risco envolvido. Árvores de decisão, tabelas de contingência e outras ferramentas de análise apresentadas no Capítulo 15 podem ser usadas para comparar investimentos alternativos com risco.

O recálculo do VPL, do equivalente anual e da TIR pode ser maçante e demorado, especialmente para investimentos de longa duração e receitas de caixa líquidas variáveis. Entretanto, com software financeiro especializado ou programas de planilha eletrônica, podem-se comparar rápida e facilmente os resultados de muitas combinações distintas de receitas de caixa líquidas, valores terminais e taxas de desconto.

O apêndice deste capítulo apresenta um exemplo completo de análise de um investimento por meio dos métodos expostos. Fluxos de caixa variáveis, efeitos tributários e inflação são todos incorporados.

RESUMO

O valor futuro de uma quantia de dinheiro é maior do que o seu valor presente, em função dos juros que ela pode render com o tempo. Valores futuros são obtidos por meio de um processo chamado capitalização. O valor presente de uma quantia de dinheiro é menor do que o seu valor futuro, já que o dinheiro investido hoje a juros compostos crescerá, tornando-se o valor futuro. Desconto é o processo de encontrar os valores presentes de quantias a serem recebidas no futuro, sendo o inverso da capitalização.

Investimentos podem ser analisados por quatro métodos: período de retorno do investimento, taxa de retorno simples, valor presente líquido e taxa interna de retorno. Os dois primeiros são fáceis de usar, mas têm a desvantagem de não incorporar com precisão à analise o valor do dinheiro no tempo. Isso pode levar a erros na seleção ou classificação de investimentos alternativos. O método do valor presente líquido é amplamente usado, pois contabiliza corretamente o valor do dinheiro no tempo. Um investimento com um valor presente líquido positivo é lucrativo, pois o valor presente das entradas de caixa excede o valor presente das saídas de caixa. O método da taxa interna de retorno (TIR) também leva em conta o valor do dinheiro no tempo. Ele representa a taxa de desconto à qual o VPL de um investimento é exatamente zero. Uma TIR superior à taxa de desconto normal indica um investimento lucrativo.

Todos os quatro métodos de análise de investimento exigem a estimativa das receitas de caixa líquidas ao longo da duração do investimento, bem como dos valores terminais. O método do valor presente líquido também exige que se escolha uma taxa de desconto. Em uma aplicação prática desses métodos, tanto as

316 Parte V Aperfeiçoamento das habilidades gerenciais

receitas de caixa líquidas quanto a taxa de desconto devem estar em termos após impostos. Os fluxos de caixa e a taxa de desconto também podem ser ajustados para risco e inflação. A etapa final da análise de qualquer investimento deve ser uma análise de viabilidade financeira, especialmente quando é usada uma grande quantia de capital emprestado para financiar o investimento. Também se podem comparar métodos alternativos de financiamento para o mesmo investimento, usando-se cálculos de valor presente líquido.

PERGUNTAS PARA REVISÃO E REFLEXÃO

1. Conceitue valor futuro e valor presente em suas próprias palavras. Como você explanaria esses conceitos para alguém que nunca ouviu falar deles antes?
2. Explique a diferença entre capitalização e desconto.
3. Imagine que alguém deseja ter US$ 80.000 daqui a 10 anos como fundo de educação universitária para um filho.
   a. Quanto dinheiro teria que ser investido hoje a uma taxa de juros compostos de 6%? E a 8%?
   b. Quanto teria que ser investido anualmente a uma taxa de juros compostos de 6%? E a 8%?
4. Se a terra rural atualmente vale US$ 2.150 por acre e espera-se que seu valor aumente a uma taxa anual de 5%, quanto ela valerá em 5 anos? E em 10 anos? E em 20 anos?
5. Se você quer uma taxa de retorno de 7%, até quanto você poderia pagar por um acre de terra com receitas de caixa líquidas anuais esperadas de US$ 60 por acre durante 10 anos e um preço de venda esperado de US$ 3.400 por acre ao cabo dos 10 anos?
6. Imagine que você tem apenas US$ 20.000 para investir e precisa escolher entre dois investimentos (na tabela a seguir). Analise cada um deles usando todos os quatro métodos expostos neste capítulo e um custo de oportunidade de capital (taxa de desconto) de 8%. Por qual investimento você optaria? Por quê?

	Investimento A (US$)	Investimento B (US$)
Custo inicial	20.000	20.000
Receitas de caixa líquidas:		
Ano 1	6.000	5.000
Ano 2	6.000	5.000
Ano 3	6.000	5.000
Ano 4	6.000	5.000
Ano 5	6.000	5.000
Valor terminal	0	8.000

7. Discorra sobre lucro econômico e viabilidade financeira. Em que eles diferem? Por que ambos devem ser considerados ao analisar um investimento potencial?
8. Quais duas abordagens podem ser usadas para contabilizar os efeitos dos impostos de renda na análise de investimento?
9. Quais duas abordagens podem ser usadas para contabilizar os efeitos da inflação na análise de investimento?
10. Por que o orçamento de capital seria útil ao analisar um investimento de estabelecimento de um pomar em que as árvores só se tornariam produtiva 6 anos após o plantio?
11. Quais vantagens as técnicas de valor presente teriam em relação ao orçamento parcial na análise do investimento do pomar da Pergunta 10?

Capítulo 17 Análise de investimento **317**

APÊNDICE: UM EXEMPLO DE ANÁLISE DE INVESTIMENTO

Joe e Sheila Mason possuem 5 acres de terra em declive que não é adequada para produção agrícola. Ela está limpa e bem cercada. Eles estão considerando plantar árvores de Natal nela. Seus filhos adolescentes poderiam ajudar, e a renda seria útil quando eles estiverem indo para a faculdade. Entretanto, Joe e Sheila não têm certeza se o projeto das árvores de Natal seria melhor do que pôr o dinheiro todo ano em uma conta de poupança. Com a ajuda de um especialista em silvicultura e seu consultor financeiro rural, eles elaboraram uma análise de investimento usando técnicas de valor presente líquido.

Custo inicial

Sua primeira tarefa é estimar o custo inicial de 5 acres de árvores de Natal. Seu orçamento para estabelecer as árvores é o seguinte:

	Quantidade por acre	US\$/acre	Investimento total
Despesas de maquinário			
Pulverizador	3 vezes	9,00	US\$ 45
Cortador de grama	3 vezes	21,00	105
Plantadeira	1 vez	5,00	25
			US\$ 175
Mão de obra, a US\$ 10,00 por hora			
Pulverização	2 horas	20,00	US\$ 100
Corte de grama	4 horas	40,00	200
Plantio	3 horas	30,00	150
			US\$ 450
Suprimentos			
Herbicida dessecante		15,00	US\$ 75
Herbicida pré-emergente		18,00	90
Pesticidas		15,00	75
Herbicida de outono		15,00	75
Mudas, a US\$ 0,70	850	595,00	2.975
			US\$ 3.290
Locação da plantadeira, a US\$ 8,00	3 horas	24,00	120
Custo inicial total			US\$ 4.035

Estimativa de despesas e receitas de caixa

Joe e Sheila Mason agora querem projetar suas despesas e receitas de caixa dos próximos 8 anos para seu investimento em árvores de Natal. Todo ano, eles terão que cortar a grama em volta das árvores e pulverizar o inço. Nos dois primeiros anos, eles terão que replantar algumas árvores à mão. A partir do terceiro ano, eles terão que podar as árvores todos os anos. Eles pretendem pagar uma remuneração de US\$ 10 por hora para parentes e trabalhadores contratados. Não é incluído nenhum custo de terra, porque eles acham que os custos fundiários não seriam afetados pelo investimento.

Nos anos 6, 7 e 8, eles esperam começar a vender árvores. Até o fim do oitavo ano, eles esperam ter vendido a última de suas árvores. Segue um resumo ano a ano de seus custos de produção esperados.

Ano	Operação de maquinário	Mudas	Pesticidas, herbicidas	Mão de obra	Vendas no varejo	Custos totais
1	US$ 115	US$ 672	US$ 350	US$ 500	US$ 0	US$ 1.637
2	115	35	350	1.000	0	1.500
3	115	0	350	1.500	0	1.965
4	115	0	350	1.800	0	2.265
5	115	0	350	2.200	0	2.665
6	115	0	350	2.900	535	3.900
7	115	0	350	4.750	2.000	7.215
8	115	0	350	2.600	850	3.915

Eles estimam que conseguirão obter um preço de venda médio de US$ 18 por árvore, com a maior porção das vendas ocorrendo no ano 7. Segue uma estimativa ano a ano da sua renda em caixa.

Ano	Árvores vendidas (a US$ 18)	Renda
6	535	US$ 9.630
7	2.000	36.000
8	850	15.300

A taxa de desconto

Agora que os Mason estimaram seus fluxos de caixa líquidos para o investimento em árvores de Natal, eles precisam escolher uma taxa de desconto para calcular os valores presentes. Eles pretendem financiar cerca de 60% dos custos com suas economias e pedir o resto emprestado. Eles estimam que sua conta de poupança renderá juros a uma taxa média de 5% ao ano. O seu mutuante prevê que a taxa de juros média para seus fundos emprestados será de aproximadamente 10%. Logo, seu *custo ponderado de capital* é:

$$(5\% \times 0{,}60) + (10\% \times 0{,}40) = 7{,}0\%$$

Joe e Sheila não incorporaram os efeitos da inflação sobre as remunerações, preços dos insumos ou preço de venda das árvores de Natal quando estimaram suas entradas e saídas de caixa. Portanto, suas estimativas são valores *reais*. Assim, para ajustar sua taxa de desconto para um valor real, eles subtraem 2% (sua taxa de inflação anual antecipada sobre os preços dos próximos oito anos) do custo ponderado do capital para obter a *taxa de desconto real*:

$$7{,}0\% - 2{,}0\% = 5{,}0\%$$

Os Mason geralmente ficam na faixa marginal de 28% do imposto de renda federal e de 5% do imposto de renda estadual. Além disso, eles terão que pagar o imposto de autônomo, à alíquota de aproximadamente 15% de seus lucros. Sua alíquota marginal total é:

$$28\% + 5\% + 15\% = 48\%$$

Até que comecem a vender árvores, eles irão registrar uma renda tributável negativa, então seus impostos serão diminuídos a essa razão. *Sua taxa de desconto real após impostos* se torna:

$$5,0\% \times (1,00 - 0,48) = 2,6\%$$

Por fim, os Mason se dão conta de que há diversas fontes de risco associadas a esse investimento, como morte de árvores e preços de venda flutuantes. Eles decidem que gostariam de obter ao menos 3% a mais de retorno após impostos para esse investimento, em comparação com sua conta de poupança, para compensar o risco extra. Logo, sua taxa de desconto real ajustada para risco é:

$$2,6\% + 3,0\% = 5,6\%$$

Receitas de caixa líquidas

Combinar a renda de caixa esperada para cada um dos 8 anos com as despesas de caixa esperadas dá as estimativas de receita de caixa líquida apresentada na tabela a seguir. Para fins tributários, os Mason podem deduzir o custo inicial do estabelecimento das árvores, US$ 4.035, como uma quota de exaustão quando começarem a vender árvores. Eles esperam vender 3.385 árvores, então podem deduzir (US$ 4.035 ÷ 3.385) = US$ 1,192 de cada árvore vendida nos anos 6, 7 e 8. As suas despesas dedutíveis totais (despesas de caixa mais exaustão) são mostradas na última coluna.

Ano	(a) Renda de caixa	(b) Despesas de caixa	Receita de caixa líquida (a – b)	(d) Exaustão de imposto de renda	(e) Dedução fiscal total (d – c)
1	US$ 0	US$ 1.637	US$ −1.637	US$ 0	US$ 1.637
2	0	1.500	−1.500	0	1.500
3	0	1.965	−1.965	0	1.965
4	0	2.265	−2.265	0	2.265
5	0	2.665	−2.665	0	2.665
6	9.630	3.900	5.730	638	−5.092
7	36.000	7.215	28.785	2.384	−26.401
8	15.300	3.915	11.385	1.013	−10.372

Valor presente líquido

Os Mason podem deduzir as despesas operacionais de caixa mais exaustão da declaração de imposto de renda de seu negócio todos os anos. Dada sua alíquota marginal de 48%, a economia com imposto de renda é igual a 48% de suas deduções fiscais totais de cada ano. Após começarem a vender árvores, sua renda de caixa passará de seus custos dedutíveis. Eles terão que pagar impostos adicionais (economias negativas) iguais a 48% da diferença entre renda e despesas dedutíveis. A receita de caixa líquida após impostos dos Mason é apresentada na tabela abaixo, juntamente com seu valor presente.

Ano	(f) Receita de caixa líquida	(g) Economias de imposto de renda (e × 48%)	(h) Receita de caixa líquida após impostos (f + g)	(i) Fator de desconto*	(j) Valor presente (h × i)
1	US$ −1.637	US$ 786	US$ −851	0,947	US$ −806
2	−1.500	720	−780	0,897	−699
3	−1.965	943	−1.022	0,849	−868
4	−2.265	1.087	−1.178	0,804	−947
5	−2.665	1.279	−1.386	0,761	−1.055
6	5.730	−2.444	3.286	0,721	2.369
7	28.785	−12.672	16.113	0,683	11.003
8	11.385	−4.978	6.407	0,647	4.143
				Valor presente	US$ 13.140
				Taxa interna de retorno	20,2%

* O fator de desconto é igual a $(1 + i)^{-n}$, tal que i é a taxa de desconto e n é o ano.

O valor presente da receita de caixa líquida após impostos de cada ano é obtido multiplicando-se pelo fator de desconto do ano, com base na taxa de desconto anual estimada dos Mason, de 5,6%. Quando os valores presentes de todos os 8 anos são somados, eles totalizam US$ 13.140. Subtrair o custo inicial de US$ 4.035 desse valor dá um valor presente líquido de US$ 9.105 para o empreendimento de árvores de Natal. Isso quer dizer que o valor líquido da receita gerada ao longo dos próximos 8 anos é igual a receber US$ 9.105 hoje, livres de impostos. Quando eles calculam a taxa interna de retorno projetada de seu investimento, veem que ela é maior que 20% – consideravelmente superior ao seu custo de capital.

Os Mason decidem que isso é mais que suficiente para compensar-lhes o risco e a gestão e decidem levar o projeto adiante.

CAPÍTULO **18**

Análise de empreendimento

Objetivos do capítulo

1. Discutir como analisar empreendimentos específicos definindo centros de lucro e de custo.

2. Explicar como o exercício contábil de um empreendimento pode corresponder ao ano-calendário ou ao ciclo de produção.

3. Ilustrar como podem ser atribuídos diversos tipos de receitas e custos, incluindo transações internas.

4. Demonstrar como valores de produção e de estoque podem ser verificados comparando-se fontes e usos agrícolas e pecuários.

No Capítulo 6, foram discutidos procedimentos de análise de lucratividade e eficiência de todo o negócio agropecuário. Entretanto, mesmo quando a análise indica um problema, pode ser difícil identificar a fonte dele se houver muitos empreendimentos diferentes no negócio. Diversos empreendimentos podem ser altamente lucrativos, enquanto outros não são lucrativos ou o são apenas marginalmente.

A *análise de empreendimento* consegue identificar os empreendimentos menos lucrativos, de modo que se possa tomar algum tipo de providência corretiva. A análise de empreendimento consiste em distribuir todas as rendas e despesas do estabelecimento rural entre os empreendimentos individuais sendo executados. O resultado é similar a uma demonstração de resultados para cada empreendimento, apresentando sua receita bruta, despesas e renda líquida.

Existem ao menos três grandes justificativas para a análise de empreendimento: (1) os dados coletados na análise de empreendimento são extremamente úteis para desenvolver orçamentos de empreendimento para os anos futuros; (2) eles podem ser usados para calcular o custo unitário de produção, o que auxilia a tomar decisões de comercialização; (3) quando recursos como terra, mão de obra e capital têm oferta limitada, a análise de empreendimento pode mostrar quais atividades estão gerando os retornos mais altos para o recurso mais escasso.

CENTROS DE LUCRO E DE CUSTO

A primeira etapa da contabilidade de empreendimento é definir os empreendimentos que são executados no estabelecimento agropecuário. Normalmente, cada cultivo produzido e cada espécie animal presente é considerado um empreendimento separado. Um termo contábil comumente empregado para os empreendimentos é *centro de lucro*. Um centro de lucro tem tanto renda quanto despesas, e espera-se que ele contribua para a lucratividade geral do negócio.

Às vezes, um tipo geral de cultivo pode ser dividido em múltiplos empreendimentos que exigem métodos produtivos diferentes ou visam a mercados específicos. Um exemplo seria dividir a produção de milho em milho amarelo, milho branco, milho doce, milho ceroso e milho para semente. Da mesma forma, os empreendimentos pecuários podem ser divididos em fases de produção. Um estabelecimento bovinocultor pode dividir seus custos e retornos entre a fase de cria (até a data de desmama dos bezerros) e uma fase de terminação ou confinamento. Uma operação de suínos para abate pode querer analisar separadamente as fases de parição, criação e terminação, a fim de descobrir qual delas está contribuindo mais para o lucro geral.

Alguns recursos e atividades talvez contribuam para mais que um centro de lucro, mas sem auferir receitas de fora do negócio.

Em estabelecimentos rurais menores, os custos desses serviços podem simplesmente ser divididos entre os empreendimentos, com base no número de acres ou cabeças dedicados a cada empreendimento. Em operações mais amplas, contudo, podem-se criar *centros de custo* separados no sistema contábil. Não é esperado que um centro de custo em si gere renda, mas ele incorre em vários custos enquanto presta serviços aos centros de lucro. Alguns exemplos de centros de custo encontrados na produção rural são:

- Serviços de maquinário agropecuário
- Mão de obra rural
- Processadora de ração
- Sistema de irrigação
- Atividades de aquisição de terra

Todos os custos ligados ao centro de custo são acumulados separadamente no sistema de contabilidade, sendo alocados aos diversos centros de lucro no fim do ciclo contábil. Deve ser mantida alguma medida de utilização, como horas de tempo no campo ou toneladas de ração processada, a fim de que os custos possam ser alocados com equidade e facilidade.

Apesar de centros de custo não gerarem renda, eles podem ser avaliados com base no custo dos meios alternativos para obter os mesmos serviços. Por exemplo, em um centro de custo de maquinário, o custo total por acre da realização de cada operação de campo

---

Quadro 18-1	Diretivas do conselho de padrões financeiros rurais

As diretivas desenvolvidas pelo Conselho de Padrões Financeiros Rurais (FFSC) para a elaboração de demonstrações financeiras de estabelecimentos agropecuários e sua análise foram apresentadas no Capítulo 3. Mais recentemente, o FFSC publicou um segundo relatório, intitulado "Diretivas de contabilidade gerencial para produtores agropecuários".

Esse relatório explica em detalhes os vários tipos de centros que podem ser definidos em um sistema contábil rural e como as informações derivadas deles podem ser utilizadas para tomar decisões gerenciais melhores. São incluídos um exemplo de plano de contas e um processo passo a passo para implantar um sistema. Cópias das publicações do FFSC estão disponíveis em www.ffsc.org.

pode ser comparado ao custo típico de contratação de um operador customizado externo para realizar a mesma operação. Nesse caso, o valor da mão de obra do operador teria de ser incluído junto aos demais custos de maquinário para se fazer uma comparação justa. Pode-se usar um orçamento parcial, como o descrito no Capítulo 12, para determinar quais custos seriam realmente reduzidos pela contratação do serviço prestado por um externo e compará-los aos custos extras. Alguns custos fixos dos recursos usados para realizar o serviço podem não variar, como a depreciação do maquinário que ainda assim seria próprio.

Algumas atividades podem ser um centro tanto de lucro quanto de custo. Um exemplo comum seriam agropecuaristas que executam trabalhos customizados com máquinas para outros produtores rurais, além de realizar todas as suas próprias operações. A renda ganha com trabalho externo normalmente é subtraída dos custos totais com maquinário antes de ser alocada a outros empreendimentos do estabelecimento, a fim de não superestimar o custo real da prestação de serviços de maquinários a esses empreendimentos.

O EXERCÍCIO CONTÁBIL

Deve-se definir o exercício contábil da análise do empreendimento. Se o exercício contábil do empreendimento for igual ao exercício financeiro de todo o estabelecimento agropecuário, é importante registrar o valor dos estoques iniciais e finais de cultivos e animais no cálculo da renda líquida. Também devem ser feitos todos os demais ajustes usuais de competência à renda e às despesas. Para atividades com produção contínua, como a produção leiteira, essa abordagem faz sentido.

No entanto, outros empreendimentos possuem datas definidas de início e fim no ano, como compra e venda de animais de engorda e de cria. Para esses empreendimentos, costuma ser mais proveitoso resumir os custos e retornos ao longo do ciclo de produção, em vez do ano-calendário ou exercício fiscal. Isso pode ser feito a partir de quando os primeiros insumos são comprados até quando o último bushel de cereais ou a última cabeça é vendido. Pode incluir partes de diversos exercícios contábeis, ou então ser menor do que um ano inteiro. Os exercícios contábeis dos empreendimentos podem até se sobrepor, como quando as sementes da próxima safra são adquiridas antes de a safra atual ser vendida. Não são necessários ajustes por competência, dado que todos os custos são pagos e toda a produção é vendida dentro do exercício contábil do empreendimento.

No caso de animais reprodutores, o exercício contábil do empreendimento deve iniciar quando são realizadas as primeiras despesas relativas às próximas crias, como custos de reprodução. Entretanto, as despesas de alimentação só deverão ser alocadas para o próximo ciclo depois que os últimos animais forem desmamados.

Em empreendimentos pecuários de engorda, o exercício contábil frequentemente é menor que um ano. Se vários grupos utilizam as instalações, os custos de propriedade anuais devem ser divididos entre eles. Por exemplo, se três levas de suínos de engorda são terminadas em um confinamento no mesmo ano, apenas um terço da depreciação anual, juros, seguro e reparos deve ser lançado para cada grupo. Se as instalações de alimentação só são usadas para um grupo de animais por ano, todos os custos de propriedade anuais devem ser lançados para esse grupo, mesmo se as instalações forem usadas por menos do que 12 meses.

Muitos custos fixos são *despesas do exercício*, isto é: acumulam-se ao longo de um período de tempo e não estão diretamente ligados à produção de um empreendimento específico ou ao uso de um recurso particular. Exemplos são depreciação, seguro patrimonial, juros sobre empréstimos e salários e benefícios da mão de obra de turno integral. Deve-se cuidar para que todas as despesas do exercício acabem sendo atribuídas a um empreendimento, mas que nenhuma seja contada duas vezes. Elas costumam ser alocadas de acordo com a duração do ciclo de produção de cada empreendimento.

Para empreendimentos com apenas um ciclo por ano, pode-se acrescentar um dígito extra (como o último dígito do ano-calendário) ao código da conta para indicar o ano de produção ao qual os custos ou receitas devem ser atribuídos. Por exemplo, seria atribuído um "1" a todos os custos da produção da safra de 2011, mesmo que tivessem incidido em 2010 ou 2012. Podem ser necessários dois dígitos para empreendimentos agrícolas ou pecuários que possuem mais do que um ciclo de produção por ano-calendário. Um estabelecimento rural que produz três safras de cebola em 2013 pode atribuir-lhes os códigos 31, 32 e 33, por exemplo.

TIPOS DE EMPREENDIMENTO

Serão apresentados vários exemplos para ilustrar como é a análise de empreendimento.

Análise de empreendimento agrícola

Um exemplo de análise de empreendimento para amendoim é mostrado na Tabela 18-1. São dados valores para todo o estabelecimento agropecuário e por acre. O estabelecimento plantou 125 acres com amendoim, o que totaliza 40% de sua área agrícola. O primeiro passo é calcular a renda total durante o exercício contábil, começando com as vendas. Além disso, devem ser incluídos pagamentos de seguro agrícola ou benefícios de programas governamentais recebidos que digam respeito ao cultivo de amendoim.

Em seguida, os custos são sumarizados. Os custos totais de itens como sementes, fertilizantes e pesticidas são relativamente fáceis de calcular a partir dos registros contábeis do estabelecimento agropecuário, ou então podem ser estimados com base nas quantidades efetivamente usadas.

Custos como combustível, reparos de máquinas, depreciação, juros e remunerações são mais difíceis de alocar equitativamente entre os empreendimentos, salvo se houver bons registros sobre as horas de maquinário e mão de obra utilizadas por cada um. Se não existirem esses registros, os custos podem simplesmente ser alocados igualmente para todos os acres plantados. No exemplo da Tabela 18-1, estimou-se que o amendoim ocupou 35% do tempo de campo usado naquele ano; portanto, 35% dos custos anuais com maquinário e mão de obra foram contabilizados para o empreendimento de amendoim. Da mesma forma, 40% da terra agrícola foram plantados com amendoim; então, 40% do ônus da terra foram atribuídos a esse cultivo.

Custos acessórios e outros custos, como seguro patrimonial e de responsabilidade civil, honorários de consultores, despesas de escritório e manutenção geral das edificações também são difíceis de atribuir a empreendimentos específicos. Eles podem ser alocados na mesma proporção da contribuição de cada empreendimento à receita bruta ou a todas as outras despesas, ou por meio de algum outro procedimento arbitrário. No exemplo da Tabela 18-1, 30% da receita bruta do estabelecimento rural vieram do amendoim; então, 30% dos custos acessórios foram atribuídos a esse cultivo.

Os dados do exemplo indicam que o empreendimento de amendoim teve um lucro total acima de todos os custos de US$ 12.255, ou US$ 98,04 por acre. Esses valores podem ser comparados com valores semelhantes de outros empreendimentos agrícolas para determinar quais estão contribuindo mais ao lucro total do estabelecimento rural. Caso um cultivo apresente prejuízos contínuos por vários anos, deve-se tomar uma providência para melhorar sua lucratividade ou deslocar recursos para a produção de um outro cultivo mais lucrativo. Observe que o valor da *margem bruta* também pode ser usado para classificar ou eliminar empreendimentos, uma vez que os custos fixos (por definição) não serão afetados pela alteração da composição de empreendimentos (Capítulo 10).

Tabela 18-1   Exemplo de análise de empreendimento para amendoim (125 acres)

	Total do estabelecimento	Percentual do amendoim	Total do amendoim	Por acre
Produção de amendoim (125 acres)			387.625 lb	3.101 lb
Renda:				
Venda de amendoim	US$ 109.643	100%	US$ 109.643	US$ 877,14
Verbas do Ministério da Agricultura	2.500	100%	2.500	20,00
Renda total			US$ 112.143	US$ 897,14
Custos variáveis:				
Sementes (apenas amendoim)	US$ 9.782	100%	US$ 9.782	US$ 78,26
Inoculação (apenas amendoim)	1.783	100%	1.783	14,26
Fertilizante (apenas amendoim)	11.401	100%	11.401	91,21
Calcário	3.170	40%	1.268	10,14
Pesticidas (apenas amendoim)	17.404	100%	17.404	139,23
Combustível, lubrificação	9.680	35%	3.388	27,10
Reparos de maquinário	13.264	35%	4.642	37,14
Transporte e secagem (apenas amendoim)	11.920	100%	11.920	95,36
Seguro agrícola (apenas amendoim)	2.732	100%	2.732	21,86
Mão de obra	20.000	35%	7.000	56,00
Juros sobre crédito operacional	6.383	30%	1.915	15,32
Custos variáveis totais			US$ 73.235	US$ 585,88
Margem bruta			US$ 38.908	US$ 311,26
Custos fixos:				
Propriedade do maquinário	US$ 49.100	35%	US$ 17.185	US$ 137,48
Aluguel da terra	15.000	40%	6.000	48,00
Custos acessórios rurais	11.560	30%	3.468	27,74
Custos fixos totais			US$ 26.653	US$ 213,22
Custos totais			US$ 99.888	US$ 799,10
Lucro			US$ 12.255	US$ 98,04
Renda média por libra (arredondada)				US$ 0,29
Custo médio por libra (arredondado)				US$ 0,26

Análise de empreendimento pecuário

Pode-se realizar uma análise de empreendimento pecuário de maneira semelhante à dos empreendimentos agrícolas. A Tabela 18-2 apresente um exemplo para um rebanho leiteiro. Entretanto, vários problemas especiais podem surgir na pecuária. Já que a receita da venda de reprodutores de abate geralmente é incluída como fonte de renda de caixa, alterações no valor de estoque do rebanho reprodu-

326 Parte V Aperfeiçoamento das habilidades gerenciais

Tabela 18-2 Exemplo de análise de empreendimento para um rebanho leiteiro de 250 vacas (anual)

	Total do estabelecimento	Por vaca
Renda:		
Venda de leite	US$ 719.296	US$ 2.877,18
Venda de animais não reprodutores	40.792	163,17
Venda de animais reprodutores	60.088	240,35
Verbas do Ministério da Agricultura para deficiência de leite	2.130	8,52
Alteração no estoque de reprodutores		
Valor total do rebanho reprodutor, fim do ano	396.250	
Valor total do rebanho reprodutor, início do ano	−392.000	
Alteração no valor de estoque do rebanho reprodutor	4.250	17,00
Renda total	US$ 826.556	US$ 3.306,22
Despesas de caixa		
Custos de reprodução	US$ 10.440	US$ 41,76
Remuneração dos empregados	47.015	188,06
Benefícios dos empregados	29.103	116,41
Forragem comprada	102.258	409,03
Custo da forragem cultivada no estabelecimento		
Milho em grão, 25.000 bu, a US$ 3,21	80.250	321,00
Silagem de milho, 2.000 toneladas, a US$ 30,50	65.000	260,00
Feno de alfafa, 1.500 toneladas, a US$ 81,50	122.250	489,00
Frete e transporte	9.610	38,44
Quota da produção leiteira no seguro rural (metade)	8.175	32,70
Juros operacionais	7.520	30,08
Reparos de edificações, cercas e equipamentos	8.383	33,53
Suprimentos pecuários	29.810	119,24
Impostos imobiliários, quota da produção leiteira (metade)	6.840	27,36
Serviços públicos	25.560	102,24
Despesas veterinárias	23.953	95,81
Custos de comercialização	8.340	33,36
Compra de novilhas reprodutoras	62.228	248,91
Outras despesas pecuárias	4.850	19,40
Despesas monetárias totais	US$ 651.585	US$ 2.606,34
Despesas não monetárias		
Depreciação de edificações e equipamentos	US$ 94.183	US$ 376,73
Alteração das despesas antecipadas	−6.140	−24,56
Despesas não monetárias totais	US$ 88.043	US$ 352,17
Despesas totais	US$ 739.628	US$ 2.958,51
Renda rural líquida	US$ 86.928	US$ 347,71
Libras de leite vendidas	5.432.750	21.731
Preço de venda médio por quintal curto de leite		US$ 13,24

tor também devem ser incluídas na renda. Senão, taxas de abate maiores ou menores que o normal em alguns períodos podem fazer esse grupo parecer indevidamente lucrativo ou não lucrativo. Os valores por cabeça dos animais reprodutores devem ser mantidos constantes de um período para outro, evitando-se o enviesamento das estimativas de lucro.

Outro problema é como lidar com cultivos do estabelecimento dados como forragem aos animais ou usados como cama. As quantidades de grãos, feno e silagem dados como forragem e de palha usada devem ser medidas ou estimadas. Elas são, então, avaliadas de acordo com os preços de mercado disponíveis durante o período de alimentação, menos os custos potenciais com transporte até o mercado e outros custos de venda. Isso representa o custo de oportunidade de não vender os cultivos para um comprador de fora do estabelecimento agropecuário.

Pode-se usar uma outra abordagem quando cultivos são plantados com o único propósito de usá-los como forragem animal ou cama, não havendo um mercado próprio real. Exemplos seriam silagem de milho, feno, palha de milho ou pasto. Nesses casos, os cultivos podem ser tratados como um centro de custo, e o preço de transferência seria simplesmente o custo total de produção por unidade de ração (bushel, tonelada, libra, etc.). Essa é a abordagem seguida no exemplo de análise da Tabela 18-2. Se todo um certo cultivo é utilizado em um único empreendimento pecuário, ele pode simplesmente ser incluído como parte do empreendimento pecuário, em vez de ser contabilizado como um empreendimento separado. Todos os custos de produção do cultivo seriam incluídos nos custos de forragem dos animais.

O esterco animal possui um valor como substituto de produtos fertilizantes comerciais. Se uma quantidade significativa de esterco produzida por um empreendimento pecuário for aplicada a cultivos, ele pode ser avaliado com base no custo potencial dos nutrientes comprados que substitui menos os custos de seu manejo e sua aplicação. Isso apareceria como receita no empreendimento pecuário e como custo no empreendimento agrícola que o utiliza.

Interações entre empreendimentos

Aqui, é necessária uma advertência. A análise de empreendimento não identifica ou avalia interações complementares ou prejudiciais entre empreendimentos. Por exemplo, o milho pode parecer ser mais lucrativo do que um cultivo leguminoso, como soja ou alfafa. Entretanto, cultivar milho continuamente pode, na verdade, ser menos lucrativo do que uma rotação com outros cultivos que contribuem com nitrogênio para o solo, rompem ciclos de pragas ou distribuem os picos de carga de trabalho. Quando a presença de um empreendimento afeta consideravelmente o desempenho de outro, deve-se empregar uma abordagem completa do estabelecimento, comparando-se diferentes rotações de cultivos ou mesmo planos completos do estabelecimento agropecuário.

Por exemplo, cultivos plantados em rotação ou em combinação com outros cultivos possuem necessidades de fertilidade e controle de pragas diferentes dos mesmos cultivos plantados sozinhos ou continuamente na mesma terra. As práticas de aração e o deflúvio de solo e terra também diferem. Empreendimentos pecuários podem complementar empreendimentos agrícolas por meio do uso eficiente de forragens com baixo valor de mercado e da devolução de fertilidade à terra por meio de descarte de esterco. Pode haver interações entre práticas produtivas usadas em um único cultivo, como a aplicação de fertilizante e pesticidas e o tipo de práticas de aração seguidas. Essas interações são difíceis de quantificar e de incorporar aos resumos padronizados de empreendimento. Entretanto, devem ser consideradas no planejamento e no orçamento completos do estabelecimento rural.

Transações internas

A Tabela 18-3 apresenta um exemplo de demonstração de resultados líquidos anuais por meio de contabilidade por empreendimento,

328 Parte V Aperfeiçoamento das habilidades gerenciais

Tabela 18-3 Exemplo de demonstração de resultados com contabilidade por empreendimento

	Estabelecimento completo	Agricultura	Gado	Maquinário	Acessórios
Renda					
Venda de cultivos à vista	US$ 42.644	US$ 42.644			
Venda de animais à vista	72.271		72.271		
Verbas governamentais	2.100	2.100			
Outras rendas	3.369				US$ 3.369
Consumo doméstico	427		427		
Alteração no estoque pecuário	(2.870)		(2.870)		
Alteração no estoque agrícola	13.835	13.835			
Receita total	US$ 131.776	US$ 58.579	US$ 69.828	US$ 0	US$ 3.369
Despesas					
Insumos agrícolas	US$ 16.971	US$ 16.971			
Locação de máquinas	4.693			4.693	
Combustível, lubrificação	4.356			4.356	
Reparos de maquinário	3.780			3.780	
Reparos de edificações	3.224	1.156	2.068		
Forragem comprada	6.031		6.031		
Seguro, impostos patrimoniais	3.462				3.462
Serviços públicos	2.056	456	1.600		
Juros pagos	19.433	15.000	3.000		1.433
Veterinária, suprimentos	1.228		1.228		
Outros	4.021				4.021
Depreciação	19.058	1.688	3.351	12.944	1.075
Despesas totais	US$ 88.313	US$ 35.271	US$ 17.278	US$ 25.773	US$ 9.991
Renda rural líquida não ajustada	US$ 43.463	US$ 23.308	US$ 52.550	(US$ 25.773)	(US$ 6.622)
Transações internas					
Cultivos próprios usados como forragem	0	39.500	(39.500)		
Crédito de esterco	0	(4.500)	4.500		
Trabalho com máquinas (alocado por horas)	0	(23.773)	(2.000)	25.773	
Alocação dos acessórios líquidos (proporcional à receita bruta)	0	(2.357)	(4.265)	0	6.622
Renda rural líquida ajustada	US$ 43.463	US$ 32.178	US$ 11.285	US$ 0	US$ 0

com diversas *transações internas*. O valor da forragem cultivada no estabelecimento foi registrado como um custo do empreendimento pecuário que a consumiu e como uma renda do empreendimento agrícola que a produziu. Da mesma forma, o valor do esterco produzido e espalhado na terra de plantio foi creditado como renda da pecuária e despesa da agricultura. Os custos com máquinas foram registrados separadamente e depois divididos entre agricultura e pecuária, de acordo com as horas estimadas de uso de cada uma. Outras rendas e despesas não alocadas foram sumarizadas em um centro de custo separado. Seu valor líquido foi atribuído aos empreendimentos bovino e agrícola na mesma proporção da receita bruta gerada.

Outras transações internas que poderiam ocorrer na contabilidade por empreendimento incluem a transferência do valor dos animais desmamados de um empreendimento de cria para um de engorda, ou a transferência do valor de novilhas leiteiras de substituição de um empreendimento de cria de novilhas para o rebanho leiteiro. Observe que as transações internas não afetam o valor das rendas ou despesas totais do estabelecimento agropecuário completo. A renda de um empreendimento é sempre compensada exatamente por um custo de um ou mais empreendimentos. Deve-se tomar cuidado para escolher um preço justo de mercado ao avaliar transações internas, de modo a não enviesar injustamente os resultados em favor de um ou outro empreendimento.

Empreendimentos de valor agregado

A finalidade de algumas atividades é aumentar a renda líquida obtida com uma *commodity* após o término do seu ciclo de produção. Elas geralmente podem ser descritas como *empreendimentos de valor agregado*. Exemplos são o processamento de leite, frutas ou vegetais para produtos alimentícios; triagem e embalagem de produtos por tamanho ou qualidade; e venda de animais como carne processada. Entretanto, a maior parte dos processos que agre-

gam valor a produtos também agrega custos. As atividades concebidas para agregar valor podem ser analisadas como um empreendimento separado. O preço pelo qual o produto poderia ter sido vendido sem aprimoramentos pode ser usado para transferi-lo para o empreendimento de valor agregado. No fim, a análise de empreendimento dirá ao gestor se o valor agregado ao produto é suficiente para pagar todos os custos agregados.

A comercialização também pode ser considerada um empreendimento de valor agregado. A análise do empreendimento de grão pode ser concluída na colheita, com o produto sendo avaliado ao preço da época da colheita e transferido ao empreendimento de comercialização. Itens como taxas de corretagem, prêmios de opções, preços de armazenagem, transporte e custos extras de secagem podem ser contabilizados no empreendimento de comercialização. O preço de venda final, incluindo ganhos derivado de *hedging* ou da compra de opções, constitui a receita de comercialização. A renda líquida da comercialização mostra se o gestor agregou valor ao produto com suas habilidades de comercialização ou se ele teria se dado melhor simplesmente vendendo na colheita.

CUSTOS DA TERRA

O uso da terra geralmente é adquirido por meio de propriedade, arrendamento à vista ou algum tipo de ajuste de parceria rural. Essas alternativas são descritas em mais pormenores no Capítulo 20. Cada uma possui um tipo diferente de custo. A terra própria, via de regra, exige o pagamento de impostos imobiliários e custos de manutenção. O custo da terra arrendada à vista é simplesmente o montante pago como aluguel. Terra arrendada mediante uma parceria agrícola típica não possui um custo direto para o arrendatário. Entretanto, apenas o quinhão do arrendatário sobre a receita e os custos de produção deve ser incluído no resumo do empreendimento.

330 Parte V Aperfeiçoamento das habilidades gerenciais

Se todos os cultivos produzidos pela unidade rural podem ser cultivados em qualquer das terras disponíveis, todos os custos da terra podem simplesmente ser distribuídos em média por todos os acres, sendo o mesmo custo por acre contabilizado para cada cultivo. Entretanto, se determinados cultivos só podem ser plantados em determinados acres, um custo separado

---

Quadro 18-2	Comparação de unidades fundiárias

A família Sorensen planta trigo no centro da Dakota do Norte. Eles arrendam terras de cinco proprietários diferentes, mas andavam se perguntando quais estabelecimentos de fato contribuíam mais para seu lucro rural total. Após a colheita, eles separaram seus custos diretos por estabelecimento e desenvolveram a comparação abaixo. Eles não alocaram custos acessórios, como depreciação de máquinas, serviços públicos ou seguro patrimonial, pois eles não eram diretamente afetados pela terra arrendada. De forma semelhante, não incluíram despesas da sua terra própria, como tributos patrimoniais.

Todo o trigo era de qualidade parecida, sendo misturado antes de ser comercializado, então eles atribuíram seu preço médio de comercialização, US$ 5,10 por bushel, para todos os estabelecimentos.

Nome do estabelecimento	Fazenda Turner	Município de Richland	Espólio de Olson	Tia Elizabeth	Fazenda Loftsted
Acres plantados	185	214	144	301	175
Tipo de regime imobiliário	Arrendamento à vista	Arrendamento à vista	Arrendamento à vista	Parceria a 70%	Parceria a 75%
Bushels produzidos por acre	49	64	59	53	63
Renda bruta, a US$ 5,10 (quota do operador)	US$ 249,90	US$ 326,40	US$ 300,90	US$ 189,21	US$ 240,98
Despesas diretas por acre (quota do operador)					
Sementes	US$ 10,97	US$ 13,90	US$ 12,63	US$ 9,75	US$ 10,95
Fertilizante	51,71	54,27	58,06	41,30	37,05
Pesticidas	16,73	33,15	24,14	17,47	18,33
Seguro de colheita	21,70	31,61	27,03	17,50	18,15
Combustível, óleo e reparos	27,52	39,19	34,74	30,04	26,91
Aluguel da terra	US$ 30,00	US$ 44,00	US$ 35,00	US$ 0,00	$ 0,00
Retorno sobre despesas diretas e aluguel	US$ 91,27	US$ 110,28	US$ 109,30	US$ 73,15	US$ 129,59

Três dos seus cinco estabelecimentos geraram um bom retorno por acre. O lucro da fazenda Turner ficou abaixo da média, apesar de ter tido o menor ônus com arrendamento à vista. Os Sorensen decidiram ver se havia outras terras disponíveis em sua comunidade que pudessem dar um retorno melhor. Eles também resolveram discutir com a tia Elizabeth se uma mudança para uma parceria rural a 75% seria um acerto mais justo para o estabelecimento rural dela.

Capítulo 18 Análise de empreendimento **331**

para cada tipo de terra deve ser estimado, atribuindo-o ao cultivo correspondente. O mesmo princípio se aplica a pasto que pode ser utilizado para qualquer empreendimento pecuário ou apenas para um empreendimento em particular.

Comparação de unidades fundiárias

Alguns produtores agrícolas arrendam terras de vários proprietários, com preços de aluguel diferentes ou sob diferentes tipos de arrendamento. Alguns desses estabelecimentos arrendados podem ser mais produtivos do que os outros. É útil comparar a lucratividade de diferentes unidades fundiárias, especialmente se seus arrendamentos puderem ser renovados ou rescindidos anualmente. Cada cultivo de cada estabelecimento pode ser considerado um centro de lucro separado. Aplicam-se as mesmas regras discutidas anteriormente para alocação de custos. Se os registros permitirem, os custos dos insumos podem ser ajustados para cada estabelecimento rural, como quando algumas unidades demandam taxas maiores de aplicação de fertilizante do que as outras. Em outros casos, o custo total de um certo insumo pode simplesmente ter que ser distribuído em média por todos os acres. É muito importante, porém, que a quantidade do produto colhido em cada estabelecimento seja registrada com precisão, a fim de avaliar e comparar corretamente a lucratividade de cada unidade fundiária.

Quando a qualidade do cultivo colhido varia por estabelecimento, isso deve ser refletido no preço de venda ou estoque atribuído a cada terreno. Se todo o grão for combinado antes de ser comercializado, porém, o mesmo preço de venda médio pode ser atribuído a todos os estabelecimentos. Por fim, pode-se obter um lucro como média ponderada por acre de cada unidade fundiária com base nas receitas, despesas e número de acres de cada cultivo plantado na unidade.

Estabelecimentos agropecuários que registram continuamente um prejuízo líquido, ou que não produzem ao menos renda suficiente para pagar todos os custos variáveis mais a locação da terra, devem ser retirados da base fundiária. Alguns arrendatários classificam todos os seus estabelecimentos arrendados por lucratividade, todos os anos, tentando substituir as unidades fundiárias menos lucrativas. O resumo de custos e rendas também pode ser usado para estimar qual seria um preço razoável de arrendamento de cada estabelecimento rural. A Tabela 20-3 apresenta um exemplo desse tipo de análise.

VERIFICAÇÃO DA PRODUÇÃO

Para calcular muitas das medidas de eficiência física utilizadas em empreendimentos agrícolas e pecuários, é necessária uma estimativa precisa da quantidade de produção. Ela costuma ser medida em bushels, toneladas, libras ou cabeças. Pode-se verificar a exatidão desses números de estoque por meio da regra geral de que as *fontes devem ser iguais aos usos*. A Tabela 18-4 mostra as medidas relevantes de fontes e usos para um exemplo de empreendimento agrícola, o sorgo granífero. A maior parte das quantidades e valores pode ser medida diretamente ou derivada de recibos de venda ou registros de compra. No entanto, se forem conhecidas *todas* as quantidades ou valores exceto um, o desconhecido pode ser encontrado calculando-se a diferença entre a soma das fontes e a soma dos usos. Isso, às vezes, é feito para estimar a quantidade de forragem dada aos animais ou a quantidade de cultivos produzidos. Mesmo assim, alcança-se uma precisão maior quando todas as quantidades físicas são medidas diretamente e a relação de igualdade é usada para verificar sua precisão, isto é, se o total de fontes é igual ao total de usos.

O valor total em dólares da produção gerada no exercício contábil pode ser obtido subtraindo-se o valor do estoque inicial e compras do valor total de todos os usos. Observe que esse valor pode incluir um ganho ou perda

332 Parte V Aperfeiçoamento das habilidades gerenciais

Tabela 18-4 Verificação de estoques agrícolas (sorgo granífero)

Fontes	Quantidade (cwt)	Valor por cwt	Valor (US$)
Estoque inicial	3.100	US$ 5,10	US$ 15.810
Comprado	nada		
Produzido	13.250		**US$ 74.262***
Total	16.350		US$ 90.072
Usos	**Quantidade (cwt)**	**Valor por cwt**	**Valor (US$)**
Estoque final	5.300	US$ 5,65	US$ 29.945
Vendido	3.470	US$ 5,24	US$ 18.183
Usado como semente	nada		
Usado como forragem	7.480	US$ 5,35	US$ 41.944
Desperdício, outras perdas	100	US$ 0,00	US$ 0.00
Total	16.350		US$ 90.072

* Igual ao valor total do aumento do cultivo (US$ 90.072 – US$ 15.810).

em relação ao estoque em razão de mudanças de preços durante o exercício contábil, assim como de renda advinda de vendas. No entanto, se o ciclo de produção inteiro (por meio da disposição final da safra) for usado como exercício contábil, não haverá estoque inicial ou final. O valor do cultivo será simplesmente a receita total recebida de vendas e outras fontes.

Os estoques pecuários podem ser verificados mediante um procedimento similar. Quantidades físicas geralmente são medidas em libras ou quintais curtos (100 libras), assim como por número de cabeças. Por esse motivo, é acrescentada uma coluna na Tabela 18-5. Bezerros, leitões ou cordeiros perdidos por morte têm um peso e valor finais presumidos de zero. Alguns animais podem também ingressar ou deixar o estoque quando são reclassificados, como filhotes fêmeas selecionados para substituição de reprodutores ou novilhos transferidos do rebanho para o confinamento após o desmame.

Os números de peso e valor "produzidos" podem ser calculados subtraindo-se o total de outras fontes do total de usos. As diferenças são as libras totais de peso ganho e o valor total do aumento em animais, respectivamente, que ocorreram durante o exercício contábil.

SISTEMAS DE CONTABILIDADE

A maioria dos programas de contabilidade do estabelecimento agropecuário completo também é capaz de realizar análise básica de empreendimentos. Recebimentos e despesas variáveis são identificados por empreendimento à medida que são inseridos, geralmente com um número de código ou uma lista em cascata. Alguns programas também possuem um procedimento para alocar automaticamente custos acessórios entre empreendimentos. O computador consegue repassar rapidamente todos os recebimentos e despesas, reunir e organizar os que pertencem a um empreendimento específico e apresentar os resultados em dólares totais por acre (ou outra unidade de produção).

Para fazer uma análise de empreendimento corretamente, o sistema de contabilidade deve controlar as quantidades físicas de insumos e produtos, assim como os valores monetários, aceitando transações internas entre empreendimentos. Ao implantar o sistema de contabilidade, deve-se tomar bastante cuidado para definir claramente os empreendimentos a serem analisados e definir o plano de contas, de modo que seja fácil atribuir corretamente rendas e despesas.

Capítulo 18 Análise de empreendimento **333**

Tabela 18-5 Verificação de estoques pecuários (gado)

Fontes	Cabeças	Peso (cwt)	Valor por cwt	Valor (US$)
Estoque inicial	315	1.890	US$ 80	US$ 151.200
Comprado	265	1.908	US$ 75	US$ 143.100
Produzido no estabelecimento	175	**2.843***		**US$ 194.398****
Total	755	6.641		US$ 488.698
Usos	**Cabeças**	Peso (cwt)	**Valor por cwt**	**Valor (US$)**
Estoque final	296	1.702	US$ 84	US$ 142.968
Vendido	415	4.686	US$ 70	US$ 328.020
Perda por morte	11	—		—
Novilhas transferidas	33	253	US$ 70	US$ 17.710
Total	755	6.641		US$ 488.698

* Igual ao ganho total produzido, em quintais curtos (6.641 – 1.890 – 1.908).
** Igual ao valor total do aumento dos animais (US$ 488.698 – US$ 151.200 – US$ 143.100).

RESUMO

A maioria dos estabelecimentos agropecuários gera mais de um produto. Dividindo-se o negócio em vários empreendimentos, pode-se medir a contribuição de cada um para as metas financeiras do negócio. Centros de lucro acumulam tanto receitas quanto despesas, enquanto centros de custo só possuem despesas, prestando serviços aos demais empreendimentos. O exercício contábil de um empreendimento pode ser igual ao de todo o estabelecimento, mas frequentemente segue o ciclo de produção da *commodity*.

Podem ser usadas transações internas para mostrar o valor dos produtos gerados por um empreendimento (como forragem), que, por sua vez, são usados por outro empreendimento (como pecuária). Manter registros meticulosos das quantidades físicas dos cultivos e animais produzidos e vendidos, bem como aplicar a regra de que as fontes totais devem ser iguais aos usos totais, pode aprimorar a exatidão da contabilidade de empreendimentos.

PERGUNTAS PARA REVISÃO E REFLEXÃO

1. Qual é a finalidade da análise de empreendimento?
2. Qual é a diferença entre um centro de lucro e um centro de custo?
3. Pense em um estabelecimento rural com o qual você esteja familiarizado. Liste todos os empreendimentos diferentes que podem ser definidos para ele.
4. O que são "transações internas"? Como elas melhoram a precisão da análise de empreendimento?
5. Como as despesas acessórias podem ser alocadas entre os empreendimentos?

334 Parte V Aperfeiçoamento das habilidades gerenciais

6. Considere os seguintes dados de estoque, compra e venda de um confinamento de gado de corte:

	Cabeças	Peso (lb)	Valor (US$)
Estoque inicial	850	765.000	612.000
Estoque final	1.115	936.600	730.548
Compras	1.642	1.018.040	865.334
Vendas	1.340	1.586.000	1.064.630
Perda por morte	?	xxx	xxx
Aumento de produção	0	—	—

a. Qual foi a perda aparente por morte, em cabeças?
b. Quanta carne foi produzida, em libras?
c. Qual foi o valor desse aumento de produção?

PARTE **VI**

Aquisição de recursos gerenciais

Embora o desenvolvimento de habilidades gerenciais rurais seja o tema central deste livro, poucas pessoas tiram seu sustento da agricultura com base apenas em suas habilidades gerenciais. Uma grande porção da receita gerada pela pecuária e agricultura vai para os fornecedores dos recursos físicos, financeiros e humanos necessários para que a produção agropecuária ocorra. Quanto desses recursos está disponível para o gestor e como eles são obtidos pode fazer a diferença entre operar um negócio com lucro ou prejuízo.

A renda rural líquida é o retorno sobre todos os recursos contribuídos pelos operadores. Uma chave para melhorá-la é aumentar a quantidade ou qualidade dos recursos próprios do operador ao longo do tempo. Alguns recursos são de contribuição do operador e sua família. Outros são obtidos por meio de empréstimo, arrendamento ou contratação. Alguns

operadores cedem seus serviços de gestão por contrato a terceiros. Determinar a composição correta de recursos próprios e não próprios a usar é uma decisão gerencial vital. Isso demanda um plano estratégico e de longo prazo.

O Capítulo 19 discute o *capital* como um recurso de produção agropecuária. O capital em si não produz produtos agropecuários, mas pode ser usado para comprar ou alugar outros recursos que o fazem. Fontes de capital incluem o patrimônio do operador, empréstimos, ativos arrendados e contribuições de sócios ou investidores. O uso do crédito para adquirir ativos de capital é comum na agropecuária, mas exige planejamento e controle cuidadosos para ser usado de forma lucrativa e criteriosa.

Em termos monetários, *terra* é o recurso mais valioso usado na produção agropecuária. Controle e uso de terra rural é o tema do Capítulo 20. Fala-se sobre compra e avaliação de terra, além dos vários tipos de arrendamento e suas vantagens e desvantagens. A propriedade e uso da terra para produção agropecuária exige atenção à conservação de recursos e sustentabilidade ambiental, além do lucro.

Os recursos humanos na agropecuária evoluíram da execução de trabalho físico pesado até a realização de tarefas altamente especializadas, com utilização de sofisticados equipamentos e tecnologias. Embora a mão de obra usada na produção agropecuária tenha caído, sua produtividade aumentou muito. O Capítulo 21 explana os conceitos de planejamento e gestão de mão de obra contratada e do tempo do próprio operador.

A mecanização alterou a profissão agropecuária mais do que qualquer outra inovação do século passado. Ela provocou um rápido aumento na produtividade por pessoa, o que resultou em menos mão de obra agropecuária e estabelecimento rurais maiores. *Máquinas* representam um grande investimento de capital em muitos estabelecimentos, e o Capítulo 22 explora alternativas de aquisição do uso de serviços de maquinário. Também são expostos métodos para calcular e controlar custos de maquinário e para aprimorar a sua eficiência.

CAPÍTULO 19

Capital e crédito

Objetivos do capítulo

1. Apontar a importância do capital na agropecuária.
2. Ilustrar o melhor uso e alocação do capital
3. Comparar diferentes fontes de capital e crédito na agropecuária.
4. Descrever diferentes fontes de empréstimos usados na pecuária e na agricultura.
5. Mostrar como montar diversos planos de pagamento de empréstimos.
6. Explicar como estabelecer e desenvolver credibilidade.
7. Examinar fatores que afetam a liquidez e a solvência de um negócio rural.

Muitas pessoas pensam em *capital* como dinheiro, saldos em contas correntes e de poupança e outros tipos de fundos líquidos. Essa é uma definição estreita de capital. Capital também inclui dinheiro investido em animais, maquinário, construções, terra e qualquer outro ativo comprado e vendido.

A agropecuária possui um dos maiores investimentos de capital por trabalhador entre as grandes indústrias norte-americanas. Isso ajuda a tornar os operadores rurais muito produtivos. A Figura 19-1 mostra as mudanças que se deram no montante de capital investido na agropecuária nos Estados Unidos, deflacionadas para dólares de 1982. Nos anos 1970, o valor dos ativos agropecuários totais

aumentou velozmente. Incrementos nos preços da terra foram responsáveis por muito desse aumento. De forma semelhante, quando os preços da terra caíram em muitas partes dos Estados Unidos no início da década de 1980, o valor total dos ativos também caiu. Desde então, ele voltou a crescer, mas a uma velocidade mais modesta.

O investimento de capital *por estabelecimento agropecuário* subiu ainda mais rapidamente do que o investimento total na agropecuária, uma vez que o número de estabelecimentos diminuiu nos Estados Unidos. Muitos produtores rurais em tempo integral possuem investimentos de capital superiores a US$ 1.000.000. A terra representa muito

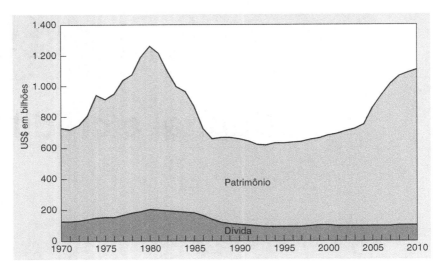

Figura 19-1 Investimento de capital na agropecuária dos EUA, 1º de janeiro (dólares de 1982).
(*Fonte*: Ministério da Agricultura dos EUA.)

desse investimento, mas edificações, animais e máquinas também são importantes. Esse grande investimento de capital por estabelecimento exige uma compreensão sólida dos princípios da gestão financeira para competir na economia internacional atual.

Crédito é importante para a aquisição e uso do capital. É a capacidade de tomar dinheiro emprestado mediante a promessa de devolver o dinheiro no futuro e pagar juros por sua utilização. O uso do crédito permite que os agropecuaristas adquiram ativos produtivos e paguem por eles mais tarde, com a renda que eles gerarem.

A ECONOMIA DO USO DO CAPITAL

Em termos amplos, capital é o dinheiro investido nos insumos físicos empregados na produção agropecuária. Ele é necessário para comprar ou arrendar ativos produtivos, pagar mão de obra e outros insumos e financiar o sustento familiar e outros dispêndios pessoais. O uso do capital pode ser analisado utilizando os princípios econômicos expostos nos Capítulos 7 e 8. As perguntas básicas a responder são:

1. Quanto capital total deve ser usado?
2. Como se deve alocar capital limitado entre seus vários usos potenciais?

Uso total de capital

Quando há capital ilimitado à disposição, o problema é quanto capital o negócio deve usar. No Capítulo 7, a pergunta de quanto insumo utilizar foi respondida encontrando-se o nível de insumo em que o valor do produto marginal (VPMg) ficava igual ao custo do insumo marginal (CIMg). O mesmo princípio pode ser aplicado ao uso do capital.

A Figura 19-2 é uma representação gráfica do VPMg e do CIMg, em que o VPMg está caindo, como ocorre sempre que há retornos marginais decrescentes. O VPMg é o retorno líquido adicional, antes do pagamento de juros, que resulta de um investimento de capital adicional. Esse retorno adicional pode ser estimado empregando-se as técnicas de orçamento parcial descritas no Capítulo 12. O VPMg é calculado de forma similar à renta-

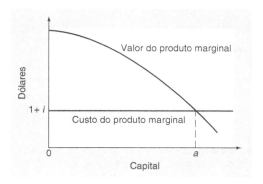

Figura 19-2 Uso dos princípios marginais para determinar o uso ideal de capital.

bilidade dos ativos (RDA), salvo que é acrescentado um fator de 1,00 e que a RDA mede o retorno médio, e não marginal.

O custo do insumo marginal (CIMg) é igual ao dólar adicional de capital investido mais os juros que devem ser pagos para usá-lo. Por conseguinte, o CIMg é igual a $1 + i$, tal que i é a taxa de juros sobre os fundos emprestados ou o custo de oportunidade de investir o capital próprio do estabelecimento. Nesse exemplo, o lucro será maximizado utilizando-se o montante de capital representado por a, onde o VPMg é igual ao CIMg, isto é, onde o investimento gera receita suficiente para cobrir o desembolso inicial de capital mais o custo dos juros.

Em alguns casos, a taxa de juros aumenta ao passo que mais capital é usado, como quando o mutuante classifica o mutuário como pertencente a uma categoria mais alta de risco. Quando isso acontece, a curva do CIMg sobe a um nível mais alto. O montante ideal de capital a utilizar seria, então, inferior a quando a taxa de juros e o CIMg são constantes.

Alocação de capital limitado

Muitos negócios não possuem capital próprio suficiente ou não conseguem tomar dinheiro emprestado o suficiente para atingir o ponto em que o VPMg é igual ao CIMg para o capital total sendo usado. Em outras palavras, o capital é limitado a menos do que o montante que maximizaria o lucro total. O problema, então, é alocar capital limitado entre seus usos alternativos. Isso pode ser realizado usando-se o princípio da igualdade marginal, discutido no Capítulo 7.

A utilização do princípio da igualdade marginal faz com que o capital seja alocado entre usos alternativos de um modo que o valor do produto marginal do último dólar seja igual em todos os usos. Mesmo se não houver capital adicional à disposição para investir, pode haver oportunidades de transferir capital entre usos para igualar mais os valores do produto marginal.

Esse princípio geralmente é difícil de aplicar em uma situação rural real. Primeiro, talvez haja informação insuficiente disponível para calcular com exatidão os valores do produto marginal. Os preços e os custos estão sempre mudando. Segundo, alguns usos alternativos podem exigir grandes investimentos em pagamento único, do tipo "tudo ou nada", como edificações pecuárias, estufas ou sistemas de irrigação. Terceiro, capital investido em ativos como terras ou construções não pode ser facilmente transferido para outros usos. Isso torna difícil igualar os valores do produto marginal dessas alternativas com outras em que o capital pode ser investido dólar a dólar. Ainda assim, as dificuldades enfrentadas na aplicação do princípio da igualdade marginal não devem desincentivar sua utilização. Sempre que capital limitado puder ser realocado para deixar os valores do produto marginal mais próximos da igualdade, o lucro total será ampliado.

FONTES DE CAPITAL

Capital consiste em caixa e ativos comprados com caixa, então é relativamente fácil combinar capital de fontes diferentes. Uma parte importante da gestão financeira agropecuária é a capacidade de obter capital de diversas fontes e combiná-lo nas proporções certas em vários usos.

340 Parte VI Aquisição de recursos gerenciais

| Quadro 19-1 | A crise do endividamento rural dos anos 1980: o que deu errado? |

A década de 1980 foi um desastre financeiro para muitos agropecuaristas norte-americanos. Isso foi causado por uma gestão financeira irresponsável ou por uma combinação de forças econômicas sobre as quais os produtores rurais não tinham controle?

Do fim da Segunda Guerra Mundial até o início dos anos 1970, a agropecuária dos EUA aumentou a produção adotando rapidamente tecnologias novas. O tamanho dos estabelecimentos rurais aumentou, enquanto o número de unidades de produção caiu pela metade. Mesmo assim, as baixas margens de lucro e as lembranças da Grande Depressão faziam com que os agropecuaristas fossem muito conservadores em seu uso do crédito.

Subitamente, a partir de 1973, a economia rural dos EUA teve um boom. A demanda mundial por *commodities* agropecuárias, combinada com escassez de produção, fez com que os preços da maioria dos produtos agrários duplicassem em menos de dois anos. Os produtores rurais viram suas rendas líquidas ir às alturas e buscaram reinvestir seus lucros imprevistos em mais terras, máquinas e animais. Uma oferta abundante de crédito e taxas de juros de um único dígito abasteceram o boom (vide Figura 19-1). Os mutuantes ficaram mais do que dispostos a estender crédito quando os valores dos ativos, especialmente os preços da terra, estavam aumentando a taxas de 20% a 30% ao ano (vide Figura 20-1).

No início dos anos 1980, uma série de acontecimentos causou uma brusca reviravolta na economia rural. O Banco Central dos EUA (Federal Reserve System) tomou uma decisão de reduzir a inflação da economia (o aumento anual do Índice de Preços ao Consumidor chegara a um pico de 13,5% em 1980). Ele restringiu o crescimento da base monetária, e as taxas de juros subitamente saltaram para 15% a 20% ou mais. O subsequente aumento no valor internacional do dólar ocasionou a queda da demanda mundial por produtos norte-americanos, e os preços das *commodities* agropecuárias despencaram. Muitos produtores rurais que tomavam emprestadas grandes quantias por meio de empréstimos a taxa de juros variável agora se deparavam com rendas menores e pagamentos maiores.

Como a demanda por terra rural encolheu e os agropecuaristas com dinheiro curto começaram a tentar vender terra, os valores dos imóveis rapidamente caíram. Os credores passaram a executar os inadimplentes antes que os valores das garantias ficassem menores do que os saldos devedores. Duas estiagens rigorosas no Meio-Oeste, em 1983 e 1988, corroeram ainda mais a situação financeira de muitos agropecuaristas.

Estima-se que de 200.000 a 300.000 estabelecimentos agropecuários tenham falido na década de 1980. Muitos bancos rurais e fornecedores de insumos também fecharam as portas. Muitos dos estabelecimentos rurais que sobreviveram o fizeram com a ajuda de parentes, por meio de baixa negociada da dívida por parte dos mutuantes ou porque tinham sido muito conservadores em seu uso do crédito.

Gradualmente, as taxas de juros caíram, os preços das *commodities* se recuperaram e os mercados de ativos rurais estabilizaram. Entretanto, toda uma geração de agricultores, pecuaristas e mutuantes rurais teve suas atitudes perante capital e uso de crédito profundamente influenciadas pela Crise Rural dos anos 1980.

Patrimônio líquido

O capital próprio do agropecuarista é chamado de patrimônio líquido ou valor líquido. Ele é calculado como a diferença entre os ativos totais e os passivos totais do negócio, como registrados no balanço patrimonial discutido no Capítulo 4. Há vários modos de o operador garantir ou acumular patrimônio. A maioria dos agropecuaristas começa com um aporte de capital inicial adquirido por meio de economias, doações ou heranças. À medida que o estabelecimento gera lucros acima do que é retirado para pagar despesas pessoais e impostos, os lucros retidos podem ser reinvestidos no negócio. Alguns operadores podem ter rendimentos externos, como um trabalho não rural ou outra renda de investimento, que podem ser investidos na operação agropecuária.

Ativos já possuídos podem ter seu valor aumentado por meio da inflação ou de alterações na demanda. Isso não aumenta a quantidade ou produtividade dos ativos físicos, mas pode-se obter mais caixa vendendo os ativos ou usando-os como garantia de um empréstimo.

Patrimônio externo

Alguns investidores podem querer fazer aportes de capital a um negócio agropecuário sem ser o operador. Em alguns tipos de contrato de parceria rural, o proprietário da terra contribui com capital operacional para a compra de sementes e fertilizante, ou mesmo fornece equipamentos e reprodutores, como explicado no Capítulo 20. Operações agropecuárias maiores podem incluir sócios investidores ou ocultos, que fazem aportes de capital sem participar da administração. Estabelecimentos rurais em sociedade anônima podem vender ações a investidores externos. Esses sistemas aumentam o total de capital disponível para o negócio, mas também obrigam o negócio a dividir os lucros com os investidores.

Arrendamento

Muitas vezes, é mais barato obter o uso de ativos de capital arrendando-os ou alugando-os em vez de tê-los como propriedade. Arrendamentos de curto prazo facilitam que o operador altere a quantidade e o tipo de ativos utilizados de um ano para o outro. Entretanto, isso também cria mais incerteza a respeito da disponibilidade de ativos como terra e desestimula a realização de benfeitorias de longo prazo. As vantagens e desvantagens de arrendar ativos rurais são discutidas em mais pormenores nos Capítulos 20 e 22.

Empreitada

Agropecuaristas com acesso restrito a capital ou crédito, ou que desejam limitar seu risco financeiro, podem oferecer seus serviços como empreiteiros de investidores agropecuários. Exemplos incluem alimentação customizada de gado, terminação de suínos por empreitada, produção de frangos de corte ou ovos por empreitada e agricultura customizada. Normalmente, o operador provê a mão de obra e gestão e alguns dos equipamentos ou construções, enquanto o investidor paga os demais insumos. O operador receber um pagamento fixo por unidade de produção. As habilidades especiais que o operador venha a ter podem ser alavancadas ao longo de mais unidades de produção, sem ampliar o risco financeiro. Entretanto, os retornos potenciais por unidade de operação de empreitada podem ser menores do que em um negócio operador pelo proprietário que seja bem gerido.

Crédito

Depois do patrimônio líquido, o capital obtido por meio de crédito é a segunda maior fonte de capital agropecuário. Dinheiro emprestado pode ser um meio de:

- rapidamente aumentar o porte do negócio;
- aprimorar a eficiência de outros recursos;
- distribuir o custo de compra dos ativos de capital ao longo do tempo;
- resistir a períodos passageiros de fluxo de caixa negativo.

O endividamento agropecuário aumentou rapidamente em fins dos anos 1970 e início dos 1980 (vide Figura 19-1). No entanto, na metade da década de 1980, muitos produtores rurais venderam ativos para reduzir o endividamento ou receberam remissão de pagamentos de dívida quando não podiam pagar. Desde então, os passivos rurais novamente cresceram, mas a uma taxa lenta.

O endividamento imobiliário, ou seja, empréstimos garantidos por terras e edifícios, totaliza aproximadamente metade da dívida total. Empréstimos garantidos por animais, máquinas e estoques de cereais representam a outra metade. A comparação do endividamento rural total com os ativos rurais totais indica que a agropecuária dos EUA está com boa saúde financeira (vide Figura 19-3). Porém, isso não quer dizer que todo agropecuarista está com boa saúde financeira. Sempre há pessoas e negócios com mais dívidas do que o que poderiam pagar.

TIPOS DE EMPRÉSTIMO

Os empréstimos agropecuários podem ser classificados segundo a duração do pagamento, o uso dos fundos e o tipo de garantia dada. Todos eles trazem certos termos empregados no setor do crédito. Um candidato a mutuário precisa se familiarizar com esses termos para conseguir se comunicar bem com os mutuantes.

Duração do pagamento

A classificação dos empréstimos por duração do período de pagamento é amplamente usada na elaboração de balanços patrimoniais, como discutido no Capítulo 4. Três classificações por tempo são de uso comum nos empréstimos agropecuários.

Empréstimos de curto prazo

Empréstimos de curto prazo geralmente são utilizados para comprar insumos necessários para operar ao longo do ciclo de produção corrente. Compras de fertilizante, sementes, animais de engorda e forragem são exemplos. Salários e aluguéis também são financiados com crédito de curto prazo. O vencimento se dá quando a safra é colhida e vendida ou quando os animais de engorda são vendidos. Empréstimos de curto prazo também são chamados de *empréstimos de produção* ou *operacionais*, sendo elencados nos passivos circulantes do balanço patrimonial rural.

Empréstimos de médio prazo

Quando um empréstimo vence em mais de um ano, mas menos de 10 anos, é classificado como de médio prazo. Geralmente, um ou mais pagamentos vencem a cada ano. Empréstimos de médio prazo costumam ser usados para a compra de máquinas, animais leiteiros ou reprodutores e algumas construções. Esses ativos são usados na produção por vários anos, e não seria de se esperar que se pagassem em um ano ou menos.

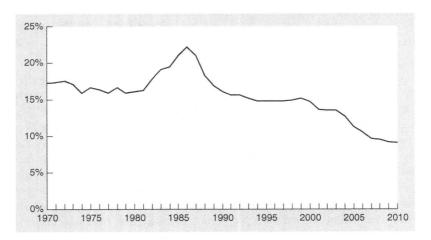

Figura 19-3 Razão de endividamento dos estabelecimentos agropecuários dos EUA, 1º de janeiro.
(*Fonte*: Ministério da Agricultura dos EUA.)

Empréstimos de longo prazo

Um empréstimo com prazo de 10 anos ou mais é classificado como empréstimo de longo prazo. Ativos com vida útil longa ou indefinida, como terra e edificações, muitas vezes, são adquiridos com fundos de empréstimos de longo prazo. Empréstimos para a compra de terra podem ter prazo de até 20 a 40 anos, por exemplo. Normalmente, são exigidos pagamentos anuais ou semestrais ao longo do prazo do empréstimo.

O Conselho de Padrões Financeiros Rurais recomenda que empréstimos de médio e longo prazos sejam combinados e registrados como *passivos não circulantes* no balanço patrimonial.

Uso

O uso ou a finalidade dos fundos é outra maneira comum de classificar empréstimos.

Empréstimos imobiliários

Esta categoria inclui empréstimos para a aquisição de imóveis, como terras e edifícios, ou para os quais ativos imobiliários servem como garantia. Empréstimos imobiliários costumam ser de longo prazo.

Empréstimos mobiliários

Todos os empréstimos comerciais que não são imobiliários encaixam-se nesta categoria, geralmente sendo de curto ou médio prazo. Safras, animais, máquinas ou outros ativos mobiliários podem ser dados em garantia.

Empréstimos pessoais

São empréstimos não comerciais utilizados para comprar ativos pessoais, como casas, veículos e eletrodomésticos.

Garantia

A garantia do empréstimo são os ativos oferecidos ao mutuante para assegurar o pagamento do empréstimo. Se o mutuário não tiver condições de fazer os pagamentos necessários de principal e juros, o mutuante tem o direito legal de tomar posse dos ativos dados em penhor ou hipoteca. Esses ativos podem ser vendidos pelo mutuante, sendo os proventos usados para quitar o empréstimo. Ativos empenhados ou hipotecados são chamados de *garantia do empréstimo*.

Empréstimos garantidos

Nos empréstimos garantidos, um ativo é hipotecado ou penhorado para garantir o empréstimo. Os mutuantes obviamente favorecem empréstimos garantidos, pois têm mais segurança de que o empréstimo será pago. Empréstimos de médio e longo prazo geralmente são garantidos por um ativo específico, como um trator ou um terreno. Alguns empréstimos são garantidos por uma declaração de garantia em aberto, podendo incluir até mesmo ativos adquiridos ou produzidos após o empréstimo ser concedido, como cultivos no pé.

Empréstimos sem garantia

Um mutuário com bom crédito e um histórico de pagamento pontual de dívida pode conseguir tomar dinheiro emprestado com apenas uma "promessa de devolução", sem hipotecar ou penhorar uma garantia específica. Seria um empréstimo sem garantia, também chamado de *empréstimo quirografário*, uma vez que a assinatura do mutuário é a única garantia dada ao mutuante (em latim, *chirographarius* é um adjetivo relativo ao que é "escrito de próprio punho"). A maior parte das práticas de empréstimo e regulamentações bancárias desestimula a concessão de empréstimos sem garantia.

Planos de pagamento

Existem muitos tipos e variações de planos de pagamento de crédito agropecuário. Os mutuantes tentam encaixar o pagamento com a finalidade do empréstimo, o tipo de garantia usado para assegurar o empréstimo e o fluxo de caixa projetado do mutuário.

344 Parte VI Aquisição de recursos gerenciais

> **Quadro 19-2** — **Empréstimos especiais para agropecuaristas iniciantes**
>
> Agropecuaristas iniciantes, muitas vezes, têm dificuldade para obter o crédito de que precisam para começar suas próprias operações. Eles geralmente não têm as garantias, o valor líquido e a experiência que os mutuantes procuram em um mutuário. Entretanto, existem diversos tipos de programas especiais visando aos que estão ingressando na agropecuária.
>
> A Agência de Serviço Rural (FSA) separa uma porção de seus fundos todos os anos para fazer empréstimos de propriedade rural e empréstimos operacionais diretos para agropecuaristas iniciantes. A FSA também dá garantias para empréstimos de mutuantes comerciais ou particulares. Os Serviços de Crédito Rural também oferecem programas de empréstimos especiais para agropecuaristas com menos de 10 anos de experiência.
>
> Muitas secretarias estaduais de agricultura oferecem aos produtores rurais iniciantes empréstimos que são concedidos e pagos por meio de mutuantes comerciais. Frequentemente, esses empréstimos são financiados vendendo-se "aggie bonds" isentos de impostos, que possibilitam que se cobre do mutuário uma taxa de juros menor. Esses empréstimos normalmente são usados para a compra de terra, maquinário, reprodutores e outros ativos de capital.
>
> A definição de agropecuarista iniciante e os requisitos de candidatura são diferentes para cada programa de empréstimos para agropecuaristas iniciantes, mas todos eles visam a facilitar que a próxima geração de agricultores e pecuaristas se estabeleça na agricultura.

Quando um empréstimo é negociado, o mutuário e o mutuante devem chegar a um acordo sobre quando ele será devolvido. Em todos os casos, o total de juros pago aumenta se o dinheiro é emprestado por um tempo maior. A equação fundamental do cálculo de juros é:

$$I = P \times i \times T$$

tal que I é o montante de juros a pagar, P é o principal (ou montante de dinheiro tomado emprestado ou atualmente devido), i é a taxa de juros por período de tempo e T é o número de períodos de tempo ao longo dos quais os juros incidem.

Pagamento único

Empréstimos de pagamento único colocam todo o principal devido em um único pagamento no vencimento do empréstimo, mais juros. Empréstimos de curto prazo ou operacionais geralmente são deste tipo. Empréstimos de pagamento único exigem um bom planejamento de fluxo de caixa para assegurar

que haverá dinheiro disponível quando o empréstimo vencer.

Os juros pagos sobre o empréstimo com pagamento único são chamados de *juros simples*. Por exemplo, se forem emprestados US$ 40.000 por exatamente um ano a 8% de juros anuais, o pagamento único seria de US$ 43.200, incluindo US$ 40.000 de principal e US$ 3.200 de juros.

$$US\$ \ 40.000 \times 8\% \times 1 \ ano = US\$ \ 3.200$$

Se o empréstimo for pago em menos ou mais do que um ano, os juros só seriam calculados sobre o tempo real em que o dinheiro foi emprestado.

Linha de crédito

A utilização de empréstimos de pagamento único, muitas vezes, significa tomar mais dinheiro emprestado do que o que operador realmente precisa de uma só vez ou ter que fazer vários empréstimos diferentes. Como alternativa, alguns mutuantes permitem que o mutuário negocie uma *linha de crédito*. Os fundos emprestados são transferidos para a conta do estabelecimento rural conforme necessários, até uma quantia máxima aprovada. Quando a renda rural é recebida, o mutuário primeiro paga os juros acumulados do empréstimo, para, então, aplicar o resto dos fundos ao principal. Não há um programa ou valor fixos de pagamento.

A Tabela 19-1 apresenta um exemplo de linha de crédito. As importâncias emprestadas são US$ 40.000 em 1º de fevereiro e US$ 20.000 em 1º de abril, a uma taxa de juros anual de 9%. Em 1º de setembro, é feito um pagamento de US$ 32.850 ao mutuante. Os juros devidos são calculados como segue:

$$US\$\ 40.000 \times 9\% \times 2/12 = US\$\ \ \ 600$$
$$US\$\ 60.000 \times 9\% \times 5/12 = \underline{US\$\ 2.250}$$
$$US\$\ 2.850$$

Foram cobrados juros sobre US$ 40.000 por dois meses e sobre US$ 60.000 por cinco meses. Os US$ 30.000 restantes são usados para reduzir o saldo de principal de US$ 60.000 para US$ 30.000.

Em 1º de outubro, a taxa de juros é reduzida para 8%. É feito outro pagamento em 1º de dezembro, no valor de US$ 24.000. O cálculo dos juros desse pagamento é o seguinte:

$$US\$\ 30.000 \times 9\% \times 1/12 = US\$\ 225$$
$$US\$\ 30.000 \times 8\% \times 2/12 = \underline{US\$\ 400}$$
$$US\$\ 625$$

Correm juros a 9% por um mês e a 8% por dois meses. Após os juros serem pagos, os US$ 23.375 remanescentes vão para a redução do saldo de principal.

Uma linha de crédito diminui os custos de juros do mutuário e resulta em menos tempo perdido no processo de aprovação do empréstimo. Todavia, o mutuário precisa ter mais disciplina ao decidir como empregar os fundos emprestados e quando e quanto tomar emprestado ou pagar.

Amortizado

Um *empréstimo amortizado* é aquele que possui pagamentos periódicos de juros e principal. Também pode ser chamado de *empréstimo em parcelas*. À medida que o principal é pago e o saldo do empréstimo diminui, os pagamentos de juros também caem. Imagine que são emprestados US$ 10.000, consistindo o programa de pagamento em US$ 5.000 em 6 meses e os US$ 5.000 restantes ao fim do ano. Os cálculos de juros seriam os seguintes:

Primeiro pagamento: US$ 10.000 a 12% por ½ ano = US$ 600

Segundo pagamento: US$ 5.000 a 12% por ½ ano = US$ 300

Total de juros: US$ 900

Os pagamentos totais seriam de US$ 5.600 e US$ 5.300.

Só são pagos juros sobre o saldo não pago do empréstimo, e somente pelo período de tempo em que esse valor ainda esteve emprestado. Os juros totais são menores do que se todo o empréstimo fosse pago ao fim do ano, já que só havia US$ 5.000 de saldo na segunda metade do ano.

Há dois tipos de planos de amortização: o *pagamento de principal igual* e o *pagamento*

Tabela 19-1 Ilustração de uma linha de crédito

Data	Valor emprestado	Taxa de juros	Valor pago	Juros pagos	Principal pago	Saldo
1º de fevereiro	US$ 40.000	9%	US$ 0	US$ 0	US$ 0	US$ 40.000
1º de abril	20.000	9%	0	0	0	60.000
1º de setembro	0	9%	32.850	2.850	30.000	30.000
1º de outubro	0	8%	0	0	0	30.000
1º de dezembro	0	8%	24.000	625	23.375	6.625

total igual. Um empréstimo amortizado com pagamento de principal igual possui o mesmo montante de principal vencendo em cada data de pagamento, mais juros sobre o principal devido. Por exemplo, um empréstimo de US$ 100.000 por 10 anos a 8% teria pagamentos de principal anuais de US$ 10.000. O saldo do empréstimo decresce com cada pagamento de principal, então os pagamentos de juros também caem, como mostrado na Figura 19-4.

Os mutuários geralmente acham os primeiros pagamentos os mais difíceis de fazer, pois o negócio novo ou expandido pode demorar um pouco para gerar seu máximo fluxo de caixa potencial. Por essa razão, muitos empréstimos de longo prazo possuem um programa de pagamento amortizado com pagamentos totais iguais, em que todos os pagamentos têm o mesmo valor. A Figura 19-4 também exibe o montante de principal e juros pagos a cada ano com esse plano em um empréstimo de US$ 100.000. Nos primeiros anos, uma grande porção do pagamento total é composta de juros, mas os juros diminuem e o principal aumenta a cada pagamento, tornando o último pagamento quase só principal.

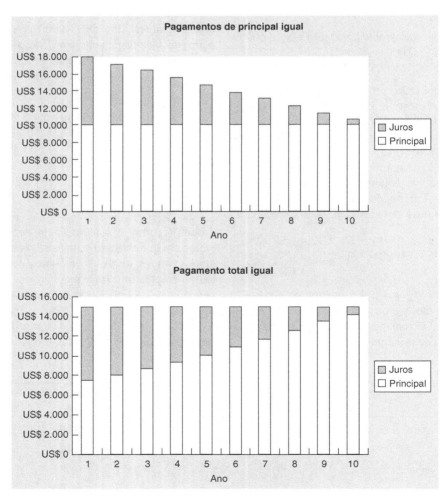

Figura 19-4 Pagamento de empréstimo com dois tipos de amortização.

Para calcular o pagamento total de um empréstimo amortizado com pagamentos totais iguais, pode-se usar uma tabela de fatores de amortização. Esses fatores constam na Tabela 1 do Apêndice. O pagamento anual depende tanto da taxa de juros quanto da duração do empréstimo. Por exemplo, o fator de amortização de um empréstimo de 10 anos a juros de 8% é 0,14903. Esse fator é multiplicado pelo valor do empréstimo para obter o pagamento anual total. Um empréstimo de US$ 100.000 teria um pagamento anual de (0,14903 × US$ 100.000), ou US$ 14.903. Esse é o fator e o procedimento descritos no Capítulo 17 para converter uma quantia presente em um valor anualizado, ou anuidade. Pode-se usar uma calculadora financeira ou um programa de computador em vez dos fatores da tabela de amortização para calcular o tamanho do pagamento.

A Tabela 19-2 apresenta os pagamentos reais de principal e juros para cada plano. O método do pagamento total igual possui um pagamento total do empréstimo menor do que o empréstimo com pagamento de principal igual nos 4 primeiros anos. Porém, paga-se um total de US$ 49.030 em juros, comparados com apenas US$ 44.000 no primeiro plano.

A vantagem de pagamentos iniciais menores é parcialmente anulada por mais juros totais sendo pagos ao longo do prazo do empréstimo, pois o principal está sendo diminuído a uma taxa mais lenta nos primeiros anos.

Empréstimos de pagamento final

Alguns programas de amortização são montados com pagamentos periódicos menores, de forma que nem todo o principal é pago até o fim do prazo do empréstimo. Por exemplo, metade do principal pode ser paga com pagamentos periódicos, ficando a outra metade devida ao fim do prazo do empréstimo. Em alguns casos, os pagamentos periódicos podem ser apenas de juros, ficando todo o principal devido ao fim do prazo do empréstimo. Esses tipos de empréstimos são chamados de *empréstimos de pagamento final* (*balloon payment loans*), pois o último pagamento incha como um "balão" (*balloon*, em inglês). Eles têm a vantagem de pagamentos periódicos menores, mas a desvantagem de um pagamento final grande e mais custo total com juros. Empréstimos de pagamento final geralmente exigem alguma forma de refinanciamento com outro empréstimo para fazer o pagamento final.

Tabela 19-2   Amortização de um empréstimo de US$ 100.000 ao longo de 10 anos, a 8% de juros

	Pagamentos de principal iguais				Pagamentos totais iguais			
Ano	Principal pago	Juros pagos	Pagamento total	Principal restante	Pagamento total	Juros pagos	Principal pago	Principal restante
1	US$ 10.000	US$ 8.000	US$ 18.000	US$ 90.000	US$ 14.903	US$ 8.000	US$ 6.903	US$ 93.097
2	10.000	7.200	17.200	80.000	14.903	7.448	7.455	85.642
3	10.000	6.400	16.400	70.000	14.903	6.851	8.052	77.590
4	10.000	5.600	15.600	60.000	14.903	6.207	8.696	68.894
5	10.000	4.800	14.800	50.000	14.903	5.512	9.391	59.503
6	10.000	4.000	14.000	40.000	14.903	4.760	10.143	49.360
7	10.000	3.200	13.200	30.000	14.903	3.949	10.954	38.406
8	10.000	2.400	12.400	20.000	14.903	3.073	11.830	26.576
9	10.000	1.600	11.600	10.000	14.903	2.126	12.777	13.799
10	10.000	800	10.800	0	14.903	1.104	13.799	0
	US$ 100.000	US$ 44.000	US$ 144.000		US$ 149.030	US$ 49.030	US$ 100.000	

Os pagamentos do empréstimo de pagamento final são calculados amortizando-se o montante de principal a ser pago com pagamentos periódicos, usando-se ou o método do pagamento principal igual, ou o do pagamento total igual, ambos explicados anteriormente. Então, os juros sobre o principal incluído no pagamento final são acrescentados a cada pagamento periódico. A Tabela 19-3 mostra os pagamentos anuais de um empréstimo de pagamento total igual com um pagamento final de 25% ao fim do décimo ano, amortizado com pagamentos iguais nos anos 1 a 9.

A fórmula geral para calcular o pagamento total anual de um empréstimo de pagamento final com pagamentos totais iguais é:

$$[(P - B) \times f] + (B \times i)$$

tal que P é o principal original emprestado, B é o montante de principal no pagamento final, f é o fator de amortização e i é a taxa de juros.

Pagamentos finais também podem ser usados com empréstimos amortizados por meio de pagamentos de principal iguais.

O CUSTO DO ENDIVIDAMENTO

Os mutuantes empregam diversos métodos diferentes para cobrar juros, tornando as comparações difíceis. A taxa de juros verdadeira, ou *taxa percentual anual* (TPA), deve ser informada no contrato de empréstimo. Alguns mutuantes cobram taxas de fechamento, às vezes chamadas de "pontos", taxas de avaliação ou outras taxas para fazer um empréstimo. Essas taxas, juntamente com as taxas de juros, afetam o custo total do endividamento.

Um modo de comparar o custo de vários planos de crédito é calcular a quantia monetária a ser paga em cada período de tempo (principal, juros e outras taxas) e descobrir o valor presente descontado da série de pagamentos, como descrito no Capítulo 17. Se estiverem sendo comparadas várias alternativas de financiamento, deve-se usar a mesma taxa de desconto para todas elas. Subtrair o emprés-

Tabela 19-3 Amortização de um empréstimo de US$ 100.000 ao longo de 10 anos, a 8% de juros, com pagamento final

Ano	Principal pago	Juros pagos	Pagamento total	Principal restante
1	US$ 5.177	US$ 8.000	US$ 13.177	US$ 94.823
2	5.591	7.586	13.177	89.232
3	6.039	7.138	13.177	83.193
4	6.522	6.655	13.177	76.671
5	7.044	6.134	13.177	69.627
6	7.607	5.570	13.177	62.020
7	8.215	4.962	13.177	53.805
8	8.873	4.304	13.177	44.932
9	9.583	3.595	13.177	35.349
10	35.349	2.828	38.177	0
	US$ 100.000	US$ 56.772	US$ 156.772	

timo original do valor presente dos pagamentos resulta no valor presente líquido (ou custo efetivo) do empréstimo. O custo efetivo também pode ser expresso em termos percentuais calculando-se a *taxa interna de retorno* (TIR) para o mutuante. Esses mesmos métodos podem ser usados para calcular o custo efetivo de um arrendamento mercantil (*leasing*), em que um operador arrenda um equipamento por vários anos e, então, adquire-o. Um exemplo aparece no Capítulo 22.

Empréstimos de taxa fixa possuem uma taxa de juros que permanece a mesma durante todo o prazo do empréstimo. No entanto, alguns mutuantes não gostam de fazer empréstimos de longo prazo com taxa de juros fixa, pois a taxa que eles precisam pagar para obter fundos de empréstimo pode mudar. Mutuários não gostam de tomar emprestado a longo prazo com taxa fixa quando acham que as taxas de juros podem diminuir. Prever as taxas de juros futuras é difícil tanto para os mutuários quanto para os mutuantes.

Por essa razão, foram desenvolvidos empréstimos com *taxas de juros variáveis*, que permitem o ajuste da taxa de juros periodicamente, muitas vezes anualmente. Pode haver limites quanto à frequência com que a taxa pode ser alterada, à alteração máxima em um único ajuste e às taxas máximas e mínimas. Por exemplo, o Sistema de Crédito Rural (FCS) oferece uma taxa variável atrelada à taxa de juros média dos títulos de dívida que ele emite para levantar seu capital de empréstimo. Ele também faz empréstimos com taxa fixa por um prazo de vários anos, convencionando-se que essa taxa será ajustada no próximo prazo.

Empréstimos com taxa de juros fixa costumam ter uma taxa de juros inicial maior do que os empréstimos variáveis, para proteger o mutuante contra aumentos futuros nas taxas. O mutuário deve ponderar essa taxa mais alta, porém conhecida, contra a possibilidade de que a taxa variável possa ficar ainda mais alta do que a taxa fixa. A taxa variável também pode cair. Empréstimos de taxa variável são um jeito de garantir que a taxa de juros sempre esteja próxima à taxa atual do mercado.

FONTES DE FUNDOS DE EMPRÉSTIMO

Os agropecuaristas tomam dinheiro emprestado de muitas fontes diferentes. Algumas instituições mutuantes se especializam em certos tipos de empréstimo, e outras prestam outros serviços financeiros além de emprestar dinheiro. As participações de mercado das fontes de fundos mais importantes de empréstimos rurais imobiliários e mobiliários são exibidas na Figura 19-5.

Bancos comerciais

Bancos comerciais são a maior fonte de empréstimos mobiliários para agropecuária e também concedem alguns empréstimos imobiliários. Os bancos limitam seus empréstimos de longo prazo para manter a liquidez necessária para satisfazer as necessidades de caixa de seus clientes e saques inesperados de depósitos. Contudo, o uso de taxas de juros variáveis, pagamentos finais e *sub-hipotecas* para mutuantes maiores permite que os bancos aumentem sua fatia de mercado de empréstimos imobiliários rurais.

A grande proporção de empréstimos agropecuários mantidos por bancos deve-se parcialmente ao grande número de bancos locais em comunidades rurais. A proximidade a seus clientes permite que os bancários conheçam bem seus clientes e suas necessidades individuais. Os bancos também prestam outros serviços financeiros, como contas correntes e de poupança, o que torna conveniente que seus clientes agropecuários resolvam todos os seus negócios financeiros em um só lugar.

Ocasionalmente, bancos menores estão juridicamente impossibilitados de estender

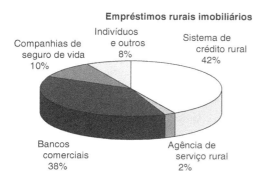
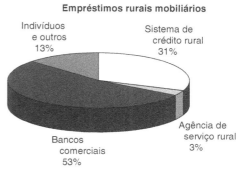

Figura 19-5 Participações de mercado do endividamento rural nos EUA, 1º de janeiro de 2008. (*Fonte*: Ministério da Agricultura dos EUA.)

crédito suficiente para financiar um operador agropecuário de grande porte. Eles podem tomar providências para que seja fornecido crédito por meio de um banco correspondente. Os bancos podem estabelecer sub-hipotecas sobre empréstimos imobiliários que são grandes demais ou têm prazo longo demais para o banco.

Sistema de Crédito Rural (FCS)

O Sistema de Crédito Rural (Farm Credit System) foi fundado pelo Congresso dos EUA em 1916 para proporcionar uma fonte adicional de fundos para empréstimos agropecuários. Inicialmente, fundos governamentais eram usados para organizar e operar o sistema, mas ele agora é uma cooperativa privada de propriedade de seus membros/mutuários. O sistema é supervisionado, fiscalizado e regulamentado pela Administração de Crédito Rural, uma agência independente do governo federal.

O Sistema de Crédito Rural obtém fundos de empréstimo vendendo títulos de dívida e notas promissórias nos mercados nacionais de capital. Os proventos dessas vendas são disponibilizados a quatro Bancos de Crédito Rural regionais e um Banco de Crédito Agropecuário espalhados pelo país. Esses bancos regionais proveem fundos a 99 associações locais, que, por sua vez, dão início e fiscalizam empréstimos a agricultores e pecuaristas. Os empréstimos do Sistema de Crédito Rural podem ser empregados para comprar animais, maquinário, edificações, residências rurais e terras. Também há crédito operacional de curto prazo à disposição.

Companhias de seguro de vida

Companhias de seguro de vida adquirem fundos com os prêmios pagos por apólices de seguro de vida e outros rendimentos e fundos de reserva. Elas colocam esses fundos em vários investimentos, incluindo empréstimos imobiliários rurais de longo prazo. O montante que essas companhias disponibilizam para empréstimos agropecuários varia de ano para ano, dependendo da taxa de retorno dos empréstimos agropecuários em comparação com investimentos alternativos. As companhias de seguro de vida costumam preferir empréstimos imobiliários rurais de grande porte, geralmente acima de US$ 1 milhão.

Agência de Serviço Rural (FSA)

A Agência de Serviço Rural (Farm Service Agency) é integrante do Ministério da Agricultura dos EUA, possuindo escritórios na maior parte dos condados rurais. Uma divisão de programas de empréstimo rural da FSA concede empréstimos a proprietários e operadores agropecuários. A maioria dos empréstimos diretos feitos pela FSA hoje é concedida a agropecuaristas iniciantes. A FSA também tem o poder de conceder empréstimos emergenciais a agropecuaristas habilitados em zonas com calamidade pública declarada. São empréstimos temporários, utilizados para restaurar as operações normais após um desastre natural, como enchentes ou estiagens. Ao longo dos anos, a FSA foi passando de empréstimos diretos feitos com dotações orçamentárias do Congresso para empréstimos mais *garantidos*. Nestes, um mutuante privado fornece os fundos do empréstimo, e a FSA garante até 95% do pagamento no caso de inadimplemento por parte do mutuário.

Para se candidatar a um empréstimo ou garantia da FSA, o mutuário deve operar um estabelecimento rural familiar ou menor, receber uma parte considerável de sua renda familiar total por meio de agricultura ou pecuária e não conseguir obter financiamento convencional de outras instituições mutuantes. Este último requisito não quer dizer que os mutuários da FSA sempre tenham maus riscos de crédito. Muitos são produtores iniciantes, que não possuem patrimônio suficiente para pedir capital emprestado de outras fontes. Assim que os mutuários melhoram sua condição financeira a ponto de fundos poderem ser obtidos de uma fonte comercial, devem passar para outro mutuante.

Pessoas físicas e fornecedores

Pessoas físicas, lojas de suprimentos agropecuários, revendedoras e outros são fontes importantes de empréstimos rurais, como mostrado na Figura 19-5. Empréstimos mobiliários podem vir de amigos ou parentes, lojas de suprimentos agropecuários, fabricantes de insumos ou empresas especiais de crédito agropecuário. Muitos fornecedores dão aos clientes 30, 60 ou 90 dias para pagar suas contas antes que se cobrem juros, podendo financiar compras por um prazo maior mediante juros. Essa política é, em essência, um empréstimo, e os saldos totais dessas contas podem ser grandes em certas épocas do ano. Revendedores de equipamentos rurais e automóveis também concedem empréstimos ao financiar aquisições eles mesmos ou por meio de financeiras associadas.

A porção relativamente grande de endividamento imobiliário devido a pessoas físicas e outros origina-se primordialmente de vendas de terras financiadas pelo vendedor. Muitas vendas de terras lançam mão de um contrato de compra de terra em parcelas, em que o vendedor transfere a posse da terra e o comprador faz pagamentos periódicos diretamente ao vendedor. É diferente de uma venda à vista, em que o comprador pede emprestado de um mutuante comercial, paga ao vendedor o preço integral à vista e, então, faz pagamentos periódicos ao mutuante. O contrato de compra de terra pode trazer alguns benefícios de imposto de renda para o vendedor, e o comprador pode conseguir negociar uma entrada menor, uma taxa de juros inferior e condições de pagamento mais flexíveis.

Outras fontes

A Agência de Serviço Rural também concede *empréstimos de comercialização* de curto prazo, usando cereais ou algodão estocados como penhor. Esses empréstimos são feitos a uma taxa fixa por bushel ou libra, geralmente com uma taxa de juros abaixo da do mercado. Se o preço de mercado da *commodity* para a qual o empréstimo foi obtido cair abaixo da taxa de empréstimo mais juros, o valor que o mutuário deve pagar é recalculado usando-se o preço atual de mercado. Na prática, isso oferece ao produtor rural um preço mínimo garantido para a *commodity*. A *commodity* precisa ser armazenada até que o empréstimo seja pago, sendo o máximo nove meses.

A Administração de Pequenos Negócios (SBA) também concede alguns empréstimos agropecuários, possuindo um programa de empréstimos emergenciais para produtores em zonas específicas em calamidade.

ESTABELECIMENTO E DESENVOLVIMENTO DE CRÉDITO

Ao tentar estabelecer ou desenvolver crédito, é bom pensar do ponto de vista do mutuante. O que um mutuante leva em consideração ao tomar uma decisão a respeito de um pedido de empréstimo? Por que um negócio pode tomar emprestado mais dinheiro do que outro ou conseguir taxas de juros e condições de pagamento diferentes? O mutuário deve estar consciente da necessidade de demonstrar e comunicar credibilidade aos mutuantes. Seguem alguns dos fatores mais importantes que entram na tomada de decisões de empréstimo:

- Caráter pessoal
- Capacidade gerencial
- Posição financeira e progresso ao longo do tempo
- Capacidade de pagamento
- Finalidade do empréstimo
- Garantia

Ao utilizar esses fatores como guia para estabelecer e desenvolver crédito, o candidato a mutuário deve se lembrar de que mutuantes querem fazer empréstimos. Esse é o negócio deles. Contudo, eles procuram empréstimos lucrativos e seguros, que serão pagos.

Caráter pessoal

Honestidade, integridade, juízo, reputação e outras características pessoais do solicitante do empréstimo sempre são considerados pelos mutuantes. Pode-se rapidamente perder crédito sendo desonesto nas tratativas comerciais e impontual no cumprimento de obrigações financeiras. Se o mutuante não conhecer o mutuário, referências de caráter normalmente serão pedidas e verificadas. Para manter um bom histórico de crédito, os mutuários devem imediatamente informar aos mutuantes qualquer alteração em sua condição financeira ou operação agropecuária que possa afetar o pagamento de empréstimos. É necessária uma relação honesta e franca com os mutuantes para manter a credibilidade.

Capacidade gerencial

O mutuante deve tentar avaliar a capacidade gerencial do mutuário. Agropecuaristas estabelecidos são avaliados com base em sua ficha anterior, mas os iniciantes só podem ser julgados com base em seu histórico, educação e instrução. Esses fatores afetam a probabilidade e, portanto, a capacidade de pagar empréstimos. Mutuantes muitas vezes classificam má capacidade gerencial como o motivo número um para mutuários se envolverem em apuros financeiros.

Posição financeira

Balanços patrimoniais e demonstrações de resultados precisos e bem elaborados são necessários para documentar a posição financeira atual do negócio e sua lucratividade. Os mutuantes podem aprender muito sobre um negócio a partir desses registros. Um histórico de bom progresso financeiro ao longo do tempo pode ser tão importante quanto a posição financeira atual.

Capacidade de pagamento

Possuir um negócio lucrativo não garante a capacidade de pagamento. É preciso haver renda monetária suficiente para cobrir as despesas de sustento familiar e o imposto de renda, assim como os pagamentos de juros e principal de empréstimos. A capacidade de pagamento é mais bem medida pelo fluxo de caixa gerado pelo negócio. Um orçamento de fluxo de caixa projetado para um ou mais anos deve ser elaborado antes que se tomem emprestadas quantias grandes e se estabeleçam programas de pagamento rígidos. Acontece muito de se emprestar dinheiro para um negócio lucrativo para depois descobrir que o fluxo de caixa dos primeiros anos não basta para os pagamentos de juros e principal. Um prazo maior ou um programa de pagamento mais flexível pode resolver o problema, caso seja identificado a tempo.

Finalidade do empréstimo

Empréstimos *autoliquidantes* podem ser mais fáceis de obter. Empréstimos autoliquidantes servem para coisas como fertilizante, sementes e animais de engorda, onde o empréstimo pode ser pago com a venda dos cultivos ou animais. Por outro lado, empréstimos de ativos de capital são aqueles utilizados para adquirir ativos tangíveis de longo prazo, como terra ou máquinas, que deverão gerar receita adicional sem ser vendidos. Empréstimos de ativos de capital podem demandar garantias extras.

Garantia

Terra, edificações, animais, maquinário, cereais armazenados e cultivos no campo podem todos ser usados como garantia de um empréstimo. A quantidade e o tipo da garantia disponível são fatores importantes de um pedido de empréstimo. Só devem ser concedidos ou solicitados empréstimos quando o pagamento puder ser projetado a partir da renda rural. Entretanto, os mutuantes ainda assim pedem uma garantia para dar suporte ao pedido de empréstimo. Se o inesperado acontecer e o empréstimo não for devolvido, ela pode ser o único meio de o mutuante recuperar os fundos emprestados. Em alguns casos, o mutuante pode pedir que bens da pessoa física sejam onerados como garantia de um empréstimo comercial ou solicitar que outro operador avalize uma nota promissória.

LIQUIDEZ

A capacidade do negócio de honrar suas obrigações de fluxo de caixa à medida que elas vencem é denominada *liquidez*. Manter a liquidez para cobrir pagamentos de empréstimo vincendos é uma parte importante do estabelecimento e da melhoria do crédito. Várias medidas de liquidez que podem ser calculadas com o balanço patrimonial foram expostas nos Capítulos 4 e 6.

Fatores que afetam a liquidez

Um estabelecimento agropecuário lucrativo geralmente tem boa liquidez de longo prazo. Entretanto, mesmo negócios lucrativos passam por problemas de fluxo de caixa em alguns momentos, em virtude de diversos fatores.

Crescimento do negócio

Reter estoques continuamente crescentes de reprodutores jovens ou forragem reduz o volume de produção vendido no curto prazo. A construção de novas edificações ou aquisições de terras ou máquinas exigem grandes dispêndios de caixa à vista, mas podem ficar meses ou anos sem gerar renda de caixa adicional. Além do mais, quando há nova tecnologia envolvida, podem passar vários ciclos de produção antes que se alcance um nível eficiente de operação. Todos esses fatores produzem escassez temporária de caixa, devendo ser levados em conta ao se planejar financiamento e pagamento de dívidas.

Renda e despesas não comerciais

Estas são especialmente importantes para estabelecimentos familiares. As despesas básicas de sustento familiar devem ser pagas mesmo quando os lucros agropecuários estão baixos. Em determinados estágios da vida, as famílias rurais podem ter altas despesas com educação ou saúde. Em geral, os gastos não comerciais devem ser postergados até haver caixa sobrando. Contudo, reinvestir cada dólar ganho de volta no negócio rural pode acabar causando desgaste familiar e impedir a realização de metas pessoais.

Ao longo do tempo, as famílias rurais vêm recebendo cada vez mais da sua renda total de emprego não rural e investimentos. Uma fonte contínua e confiável de renda externa pode não apenas estabilizar os recursos para as despesas de sustento familiar, como também ajudar a sustentar o estabelecimento agropecuário em épocas de fluxo de caixa negativo.

Características dos empréstimos

As taxas e condições de crédito podem afetar o fluxo de caixa tanto quanto o montante da dívida contraída. Buscar a menor taxa de juros possível reduz os pagamentos da dívida. Utilizar amortizações e empréstimos de pagamento final de prazo mais longo também reduz as obrigações financeiras de curto prazo. Planejar para que os pagamentos de dívidas a prazo vençam em épocas que coincidam com as vendas de produtos ou outros recebimentos de caixa diminui a necessidade de empréstimos operacionais de curto prazo.

Estrutura da dívida

Estrutura diz respeito à distribuição da dívida entre passivos circulantes, intermediários e de longo prazo. Em geral, as condições de pagamento da dívida correspondem à classe dos ativos que foram comprados com ela. Financiar ativos intermediários ou de longo prazo com dívida de curto prazo costuma levar a problemas de pagamento e fluxos de caixa negativos.

354 Parte VI Aquisição de recursos gerenciais

Alguns balanços patrimoniais são "concentrados no topo", com o percentual de passivos totais classificados como circulantes maior do que o percentual de ativos classificados como circulantes. Refinanciar algumas dívidas circulantes com ativos de prazo maior e amortizar o pagamento ao longo de vários anos pode melhorar a liquidez de curto prazo.

Plano de contingência financeira

Não importa quão bem o gestor orce ou quão eficientemente o negócio seja administrado, haverá épocas em que o fluxo de caixa será negativo. A Figura 19-3 ilustrou como o montante de dívida usado por agropecuaristas expandiu-se drasticamente entre 1981 e 1987. Porém, as taxas de juros subiram abruptamente no início dos anos 1980, chegando a níveis que não eram previstos quando muitos dos empréstimos tinham sido feitos. Isso, combinado com os preços agropecuários em geral mais baixos, produziu o que ficou conhecido como a "crise financeira rural" da década de 1980.

As lições aprendidas nessa época tornaram muitos produtores rurais e mutuantes mais conservadores acerca do uso do crédito. Toda operação deve possuir um *plano de contingência financeira* para cobrir uma escassez inesperada de fluxo de caixa. Em alguns casos, ações que não são lucrativas no longo prazo podem ter que ser realizadas para cobrir obrigações de fluxo de caixa de curto prazo. As seguintes providências são possíveis ações de contingência financeira:

1. Manter economias ou cultivos e animais estocados de uma forma em que possam facilmente ser convertidos em caixa e com baixo risco de perda.

2. Manter uma reserva de crédito ou alguma capacidade de endividamento inutilizada para empréstimos tanto circulantes como não circulantes. Pode-se usar uma reserva de crédito de longo prazo para refinanciar passivos circulantes em excesso, se surgir a necessidade.

3. Pagar antecipadamente empréstimos em anos em que a renda de caixa fique acima da média.

4. Reduzir os gastos não rurais ou aumentar os rendimentos não rurais quando o fluxo de caixa rural estiver exíguo. Adquirir mais instrução ou experiência de trabalho pode facilitar a obtenção de emprego extrarrural.

5. Possuir cobertura adequada de seguro contra perdas de safras, óbitos, problemas médicos e responsabilidade civil.

6. Vender ativos menos produtivos para levantar caixa. O princípio de que o custo marginal é igual à receita marginal deve ser empregado para identificar os ativos que terão o efeito menos negativo sobre os lucros rurais totais quando vendidos. Em alguns casos, o fluxo de caixa pode ser melhorado sem reduzir a eficiência vendendo-se ativos e, então, arrendando-os, assim preservando o tamanho da operação.

7. Confiar em parentes ou outros contatos pessoais para financiamento emergencial ou para uso de maquinário ou edificações de graça, com pouco custo ou em troca de mão de obra.

8. Pedir falência e elaborar um plano para gradualmente pagar os credores enquanto prossegue com a atividade rural, ou realizar uma alienação organizada de ativos e cancelamento de dívidas.

Essas medidas não substituem a operação de um negócio lucrativo. Algumas delas podem até reduzir a lucratividade de curto prazo do estabelecimento agropecuário, mas todas podem ser aplicadas, dependendo da gravidade da condição financeira do estabelecimento agropecuário, como um meio de continuar operando até que os lucros aumentem.

SOLVÊNCIA

Enquanto a gestão da liquidez se concentra no fluxo de caixa, a solvência diz respeito ao montante de capital de dívida (empréstimos) usado em relação ao capital patrimonial e às garantias disponíveis para dar-lhe sustentação. A razão de endividamento e outras medidas de solvência foram discutidas no Capítulo 4.

Alavancagem e o uso do crédito

Utilizar uma combinação de capital patrimonial e capital emprestado permite que se possua um negócio maior do que o que seria possível de outra forma. O grau em que se usa capital emprestado para suplementar ou estender o capital patrimonial é chamado de *alavancagem*. A alavancagem cresce com aumentos na razão de endividamento. Uma razão de endividamento de 0,50, ou 50%, indica que metade do capital total usado pelo negócio é emprestado, sendo a outra metade capital patrimonial.

Quando o retorno sobre o capital emprestado for maior do que a taxa de juros, os lucros aumentarão e o patrimônio crescerá. Uma alavancagem maior aumentará os lucros e o patrimônio ainda mais rapidamente. Por exemplo,

imagine que uma firma tem US$ 100.000 em capital patrimonial, como mostrado na parte superior da Tabela 19-4. Se forem tomados emprestados mais US$ 100.000 a uma taxa de juros de 10%, a razão de endividamento será de 0,50. Se o negócio obtiver uma rentabilidade dos ativos (RDA) de 15%, ou US$ 30.000, e o custo de juros de US$ 10.000 for pago, os US$ 20.000 restantes serão o retorno sobre patrimônio (RSP). A taxa de retorno sobre patrimônio é de US$ 20.000 ÷ US$ 100.000, ou 20%. Aumentar a alavancagem, ou razão de endividamento, para 0,67 tomando-se emprestados US$ 200.000 resulta em um retorno sobre patrimônio ainda maior (25%), como apresentado na coluna direita da Tabela 19-4.

No entanto, existe o outro lado da moeda. Se a taxa de retorno sobre ativos totais for inferior à taxa de juros do capital emprestado, o retorno sobre patrimônio é diminuído ao se usar alavancagem, podendo até ficar negativo. Isso é ilustrado na parte inferior da Tabela 19-4, onde só se atinge um RDA de 5%, sendo que o RSP cai para 5% negativos com a alavancagem alta. Logo, alavancagem alta pode

Tabela 19-4 Ilustração do princípio da alavancagem crescente

	Razão de endividamento			
	0,00	**0,33**	**0,50**	**0,67**
Capital patrimonial (US$)	100.000	100.000	100.000	100.000
Capital emprestado (US$)	0	50.000	100.000	200.000
Ativos totais (US$)	100.000	150.000	200.000	300.000
Ano bom				
Rentabilidade dos ativos (15%)	15.000	22.500	30.000	45.000
Juros pagos (10%)	0	5.000	10.000	20.000
Retorno sobre patrimônio (US$)	15.000	17.500	20.000	25.000
Retorno sobre patrimônio (%)	15,0	17,5	20,0	25,0
Ano ruim				
Rentabilidade dos ativos (5%)	5.000	7.500	10.000	15.000
Juros pagos (10%)	0	5.000	10.000	20.000
Retorno sobre patrimônio (US$)	5.000	2.500	0	–5.000
Retorno sobre patrimônio (%)	5,0	2,5	0,0	–5,0

356 Parte VI Aquisição de recursos gerenciais

aumentar consideravelmente o risco financeiro do estabelecimento agropecuário em que as taxas de juros são altas ou o retorno sobre os ativos rurais é baixo.

Razão de endividamento máxima

A maioria dos mutuantes usa a razão de endividamento ou alguma variação sua para medir a solvência. Entretanto, eles nem sempre concordam quanto ao que constitui uma razão "segura". A lucratividade do negócio e o custo dos fundos emprestados também entram na decisão. Uma relação simples entre esses fatores pode ser expressada como segue:

$$\text{Razão de endividamento máxima} = \frac{RDA}{TR}$$

onde: Razão de endividamento máxima = a maior razão de endividamento que o negócio pode suportar sozinho; RDA = retorno percentual sobre os ativos totais após a dedução do valor da mão de obra não remunerada; e TR = taxa de juros média sobre a dívida do estabelecimento rural.

Por exemplo, um estabelecimento que obtém uma rentabilidade dos ativos média de 6% e paga uma taxa de juros média de 12% sobre sua dívida pode sustentar uma razão de endividamento máxima de 0,50 sem reduzir seu patrimônio. Em outras palavras, o retorno sobre cada US$ 1 de ativos paga os juros de US$ 0,50 de dívida, mas nada do principal. Se a RDA caísse para 3%, porém, e a taxa de juros média subisse para 15%, só poderia ser sustentada uma razão de endividamento de 0,20.

A razão de endividamento "máxima" é o nível no qual o retorno sobre patrimônio fica igual a zero. A dívida é paga sem reduzir o patrimônio ou usar renda externa. Estabelecimentos agropecuários que conseguem uma rentabilidade dos ativos mais alta ou que tomam dinheiro emprestado a uma taxa de juros menor podem arcar com uma carga de endividamento mais alta com segurança. O gestor sábio, porém, sempre mantém uma margem de segurança.

A agropecuária norte-americana, como um todo, mantém uma carga de endividamento bastante conservadora. Nos anos 1980, a razão de endividamento total passou de 0,20, mas desde então vem caindo continuamente, como mostrado pela Figura 19-3.

Inflação e ganhos de capital

Nos Estados Unidos, a taxa de inflação vem sendo mantida em um nível baixo, em geral, embora tenha ultrapassado os 10% em vários anos da década de 1970. Alguns países tiveram inflações de mais de 100% ao ano. Com inflação alta, os gestores costumam preferir possuir ativos tangíveis, como terra, que aumentam de valor, em vez de ativos financeiros, como dinheiro, contas de poupança ou títulos de dívida. Todavia, os ativos tangíveis também podem perder valor quando as condições econômicas mudam, conforme mostrado pela Figura 19-1.

Quando os produtores rurais investem em ativos intermediários ou de longo prazo, seu grau de solvência e seu crescimento de patrimônio em valor de mercado ficam intimamente ligados a mudanças nos valores desses ativos de capital. Entretanto, as mudanças nos valores dos ativos em si só têm efeito sobre liquidez ou fluxo de caixa se os ativos forem vendidos. Portanto, em épocas de valores crescentes da terra, muitos proprietários rurais veem seu patrimônio crescer velozmente sem um aumento correspondente da renda em caixa. Alguns gestores vendem terras e transformam valorização de ativos em ganhos de capital, embora se possa perder um pouco de dinheiro com imposto de renda. Outros utilizam seu novo patrimônio como garantia para tomar dinheiro emprestado, mas podem ter problemas para gerar fluxo de caixa suficiente para pagar os empréstimos.

Em geral, quanto mais longa a vida útil do ativo rural, menor é sua taxa de retorno em caixa. Muitos operadores têm como meta ser donos de terras e edificações, na expectativa de que eles aumentem seu valor com o tempo. O gestor financeiro prudente precisa equilibrar cuidadosamente a necessidade de liquidez de curto prazo com a segurança e o potencial de crescimento de investimentos de longo prazo.

RESUMO

Capital inclui dinheiro investido em maquinário, animais, construções e outros ativos, assim como dinheiro e saldos de contas bancárias. Entre as fontes de capital à disposição dos agropecuaristas, encontram-se o próprio patrimônio do operador, patrimônio de investidores externos, ativos arrendados ou contratados e fundos emprestados. Os gestores rurais atuais devem estar capacitados para adquirir, organizar e utilizar diferentes formas de capital. Os princípios econômicos expostos nos Capítulos 7 e 8 podem ser empregados para determinar qual é o capital total que pode ser usado lucrativamente e como alocar capital limitado entre usos alternativos.

Existem empréstimos agropecuários para a compra de bens móveis e imóveis e para cobrir custos operacionais. Eles podem ser pagos em prazos que vão de menos de um ano até 40 anos ou mais, em pagamento único ou com diversos tipos de pagamentos amortizados. Taxas de juros, condições de empréstimo e programas de pagamento variam de mutante para mutante e conforme o tipo do empréstimo. Os mutuários devem comparar taxa percentual anual de juros, taxas de empréstimo, disposições sobre taxa variável e outras condições de empréstimo ao pesquisar crédito.

Há empréstimos agropecuários disponíveis junto a bancos comerciais, o Sistema de Crédito Rural (FCS), a Agência de Serviço Rural (FSA), companhias de seguro de vida, pessoas físicas e outras fontes. Alguns mutuantes especializam-se em certos tipos de empréstimo, mas todos estão interessados na credibilidade do candidato a mutuário. Os mutuários devem trabalhar para melhorar seu crédito, mantendo um bom caráter pessoal, aperfeiçoando suas habilidades gerenciais, demonstrando um bom progresso financeiro e capacidade de pagamento e dando garantias suficientes.

A liquidez, ou gestão de fluxo de caixa, é afetada pelo crescimento do negócio, pelas rendas e despesas não comerciais e pelas características e estrutura da dívida contraída. Deve-se montar um plano de contingência financeira para cobrir uma escassez inesperada de fluxo de caixa. Solvência diz respeito ao grau em que os passivos do estabelecimento agropecuário são garantidos por ativos. Uma maior alavancagem pode aumentar a velocidade à qual o patrimônio cresce, mas também amplia o risco de perder patrimônio. O montante de dívida que um estabelecimento rural pode suportar depende da rentabilidade obtida sobre os ativos e da taxa de juros paga sobre o capital de dívida. A inflação aumenta o valor de mercado dos ativos, mas só contribui para o fluxo de caixa quando os ativos são vendidos.

PERGUNTAS PARA REVISÃO E REFLEXÃO

1. Quais princípios econômicos são utilizados para determinar: (a) quanto capital usar; (b) como alocar uma quantidade limitada de capital?
2. Qual é a maior fonte de capital utilizada na agropecuária dos EUA? Quais outras fontes são usadas?
3. Defina os seguintes termos:
    a. Empréstimo garantido
    b. Empréstimo amortizado
    c. Empréstimo imobiliário
    d. Garantia
    e. Linha de crédito
    f. Pagamento final
4. Como os empréstimos são classificados em de curto, médio e longo prazos? Relacione os tipos de ativos que poderiam servir de garantia para cada um deles.

358 Parte VI Aquisição de recursos gerenciais

5. Imagine que um empréstimo de US$ 200.000 será devolvido em 30 pagamentos anuais, com juros anuais de 9% sobre o saldo restante. Quanto de principal e juros será devido no primeiro pagamento se o empréstimo for amortizado com pagamentos de principal iguais? E se ele for amortizado com pagamentos totais iguais? Como esses números mudariam no segundo pagamento de cada caso? Use a Tabela 1 do Apêndice para obter o fator de amortização para o caso de pagamento total igual.

6. Quais são as vantagens e desvantagens de um empréstimo de 10 anos, com um pagamento final de 50%, contra um empréstimo completamente amortizado com o mesmo valor, prazo e taxa de juros?

7. Identifique as diferentes fontes de empréstimos rurais em sua cidade ou região. Em que tipos de empréstimo cada mutuante se especializa? Você pode entrevistar várias instituições de empréstimo para saber mais sobre suas políticas e seus procedimentos.

8. Escolha um mutuante agropecuário e descubra as taxas e condições atualmente disponíveis para um empréstimo de médio ou longo prazo. Há taxas de juros tanto fixas quanto variáveis? Quais taxas de fechamento ou outras cobranças devem ser pagas?

9. Imagine que você é um pecuarista iniciante e necessita de capital para comprar animais reprodutores. Quais informações e materiais você precisaria dar a um mutuante para aumentar suas chances de conseguir um empréstimo? O que os mutuantes estariam dispostos a financiar para você?

10. Liste várias razões pelas quais um pedido de empréstimo de um operador rural poderia ser indeferido, enquanto um pedido semelhante de outro operador é aprovado.

11. Explique a diferença entre liquidez e lucratividade. Dê três razões pelas quais um estabelecimento agropecuário lucrativo poderia passar por problemas de liquidez.

CAPÍTULO 20

Terra: controle e uso

Objetivos do capítulo

1. Explorar as características exclusivas da terra e seu uso na agropecuária.
2. Comparar as vantagens e desvantagens da propriedade e do arrendamento da terra.
3. Explicar fatores importantes de decisões de compra de terra, métodos de avaliação da terra e os aspectos jurídicos de uma compra de terra.
4. Comparar as características do arrendamento à vista, parceria agrícola, parceria pecuária e outros tratos de arrendamento.
5. Demonstrar como uma parceria rural justa pode estimular o uso eficiente de insumos
6. Discutir sistemas lucrativos de gestão da terra que conservam recursos e sustentam o meio ambiente.

A agropecuária utiliza grandes áreas de terra, o que a distingue da maior parte das demais indústrias. A terra é o recurso básico que sustenta a produção de todas as *commodities* agropecuárias, mesmo as pecuárias, pois elas dependem da terra para produzir a forragem e os cereais que os animais consomem. A terra é o ativo de mais alto valor do balanço patrimonial da agropecuária dos EUA, totalizando cerca de três quartos do valor dos ativos totais. O índice de valores da terra apresentado na Figura 20-1 registra uma tendência ascendente constante nos anos 1960, seguida de uma subida abrupta nos anos 1970, impulsionada pelos altos preços dos grãos e pela inflação forte.

Na década de 1980, juros altos, secas e baixos preços de *commodities* causaram dificuldades financeiras para muitos produtores rurais. Vários que tinham altas cargas de endividamento não conseguiram honrar suas dívidas. O resultado foi uma queda súbita nos valores da terra, à medida que os agropecuaristas tentavam liquidar terra rural, e os compradores deixaram o mercado. Muitos agropecuaristas foram forçados a vender terra com prejuízo, ou, então, seu patrimônio caiu com a queda do valor de mercado da terra em seus balanços patrimoniais. No fim dos anos 1980, o valor da terra começou a se recuperar, e os valores subiram lenta, mas regularmente, até

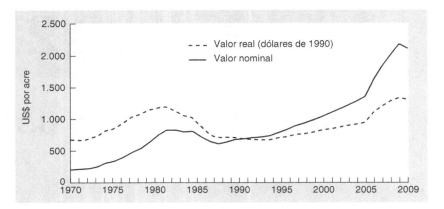

Figura 20-1 Valores da terra rural nos Estados Unidos (excluindo Havaí e Alasca).
(*Fonte*: Ministério da Agricultura dos EUA.)

2004. Nos últimos anos, os valores da terra rural novamente vêm subindo a taxas de dois dígitos, em grande parte por causa da maior demanda por grãos como matéria-prima para gerar etanol e outros biocombustíveis. A linha tracejada mostra que mesmo os valores *reais* da terra (corrigidos pela inflação) subiram velozmente nos anos 1970, depois caindo. A Figura 20-2 indica que os valores da terra aumentaram na maioria dos anos desde 1960, excetuando-se um declínio na metade dos anos 1980.

FATORES QUE AFETAM OS VALORES DA TERRA RURAL

Diversos fatores importantes influenciam o valor de mercado da terra rural. O lucro potencial por acre de produção de alimentos, combustível e fibras é a força mais determinante por trás dos valores da terra. Maiores rendimentos agrícolas possibilitados pelos muitos progressos tecnológicos introduzidos no século passado contribuíram para isso. Na maioria dos anos, os aumentos nos valores da terra rural acompanharam ou ultrapassaram a inflação nos Estados Unidos, fazendo da propriedade de terras uma boa proteção contra a inflação. Esse fator atrai investidores não rurais, assim como agropecuaristas, para o mercado da terra. Taxas de juros e de retorno disponíveis de outros investimentos também afetam a demanda e o preço da terra rural.

Em algumas áreas, a urbanização afetou grandemente os valores da terra, fazendo com que algumas terras agrícolas fossem vendidas a incorporadoras para outros fins. A maior urbanização pode ter efeitos negativos sobre a economia agropecuária em geral e sobre a qualidade de vida em zonas anteriormente rurais. A urbanização também pode levar a conflitos com vizinhos não agropecuaristas, como veículos agrícolas lentos se deslocando em estradas congestionadas ou problemas de ruído e odor. No entanto, alguns proprietários de terras podem apreciar o maior valor da terra, pois isso aumenta o patrimônio que teriam para usar na aposentadoria no futuro. A proximidade a áreas urbanas também pode fazer com que os produtores encontrem um lucrativo mercado de nicho, como uma operação de "colha seu próprio alimento" ou uma oportunidade de recreação agropecuária, como um labirinto em um milharal. Também, a proximidade a uma área urbana pode ampliar a disponibilidade de mão de obra.

Além da urbanização, perde-se um pouco de terra de produção rural por causa de uma

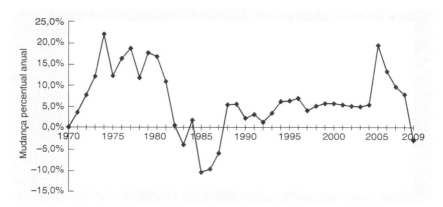

Figura 20-2 Alteração anual percentual nos valores da terra rural dos Estados Unidos (excluindo Havaí e Alasca).
(*Fonte*: Ministério da Agricultura dos EUA.)

transferência para usos recreacionais. Apesar de alguns usos recreacionais poderem coexistir com a produção agropecuária, outros não podem. Em algumas regiões, os produtores podem obter renda extra arrendando direitos de caça. Dependendo dos empreendimentos e da época do ano, esses arrendamentos podem ter pouco ou nenhum impacto sobre as atividades produtivas tradicionais.

Embora investidores e incorporadoras não rurais sejam importantes compradores de terra em algumas regiões, a grande maioria dos compradores de terra ainda é composta de agricultores e pecuaristas que desejam expandir o porte de suas operações para aumentar suas rendas e aproveitar tecnologias de maior escala. Eles reconhecem as economias de escala que podem alcançar com uma operação maior, a oportunidade de lucros maiores e o efeito do aumento do valor da terra sobre seu patrimônio. Apesar de a perda de terras rurais ser uma importante questão local, em escala nacional, ela não afetou a capacidade produtiva da agropecuária dos EUA. Ao longo de todo o período entre 1945 e 2007, a terra de lavoura caiu em 10%, de 451 milhões de acres para 406 milhões de acres. No mesmo período, a produção rural cresceu quase 2% ao ano.

A ECONOMIA DO USO E DA GESTÃO DA TERRA

A terra tem uma porção de características exclusivas ausentes em outros recursos. Essas características influenciam grandemente a economia do uso e da gestão da terra.

Características da terra

A terra é um recurso permanente que não deprecia ou se desgasta, contanto que a fertilidade do solo seja preservada e sejam tomadas medidas apropriadas de conservação. A gestão correta não apenas mantém a produtividade inerente da terra, como até mesmo a aprimora. A terra é produtiva em seu estado natural, produzindo povoamento florestal e relva nativa, mas as medidas gerenciais dos agricultores e pecuaristas aperfeiçoaram a produtividade agropecuária de diversos tipos de terra. Isso foi alcançado por meio de desaterramento, drenagem, boas práticas de conservação, irrigação, introdução de espécies vegetais novas e melhoradas e uso de calcário e fertilizante. O custo da terra, muitas vezes, muda como resultado dessas melhorias.

Cada terreno possui uma descrição jurídica, que identifica sua localização, seu tamanho e seu formato peculiares. A terra é imóvel, não podendo ser deslocada para ser combinada com outros recursos. Maquinário, sementes, fertilizante, água e outros insumos precisam ser transportados até a terra e combinados com ela para produzir lavouras e animais.

Não somente a terra é um recurso único em geral, mas cada estabelecimento rural ou terreno específico é único. Uma área de terras com muitos hectares frequentemente engloba dois ou mais tipos distintos de solo, cada um com seu próprio conjunto de características. Topografia, escoamento, material orgânico e a existência de riscos naturais, como alagamento, erosão por vento e água e afloramentos rochosos, são outros fatores que se combinam para tornar os recursos fundiários diferentes de estabelecimento para estabelecimento.

A oferta de terra adequada para a produção agropecuária é essencialmente fixa, embora pequenas quantidades possam entrar para a produção por meio de desmatamento ou drenagem ou ser perdidas para usos não rurais. Isso faz com que o preço da terra seja muito sensível a mudanças na demanda por seus produtos. Ao contrário de outros insumos agropecuários, não se pode fabricar mais terra quando sua demanda cresce. Portanto, alterações na lucratividade da produção rural acabam tendo influência nos preços e aluguéis de terra, e o proprietário de terras colhe os benefícios ou prejuízos econômicos.

Planejamento do uso da terra

A diferença de recursos fundiários entre os estabelecimentos agropecuários explica por que um dos primeiros passos do planejamento completo do estabelecimento é extrair um inventário completo da terra, incluindo tipos de solo, escoamento, inclinação e fertilidade. Sem essas informações, não se pode desenvolver o plano rural mais lucrativo. Os possíveis empreendimentos pecuários e agrícolas, rendimentos, requisitos de fertilidade e práticas de conservação necessárias estão diretamente relacionados à natureza dos recursos fundiários à disposição. O planejamento completo

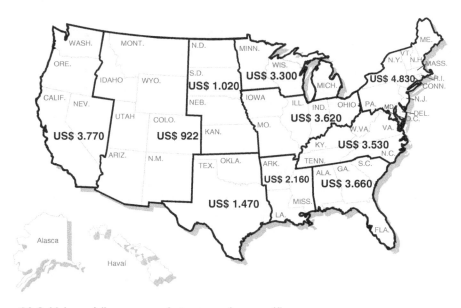

Figura 20-3 Valor médio por acre da terra rural por região.
Fonte: Serviço Nacional de Estatísticas Agropecuárias, Ministério da Agricultura dos Estados Unidos (2009).

do estabelecimento agropecuário frequentemente envolve maximizar o retorno do recurso mais limitado. A natureza fixa da terra no curto prazo faz dela o início da maioria dos esforços de planejamento rural.

O uso da terra é afetado por diferenças regionais na produtividade da terra. A Figura 20-3 mostra a ampla variação de valores de terra rural em várias regiões dos Estados Unidos. Mesmo dentro de uma mesma região, o valor da terra rural pode variar muito, dependendo da qualidade da terra, sua proximidade a áreas urbanas e se ela é irrigada. Porém, o uso mais lucrativo da terra também depende dos preços relativos das *commodities* e da tecnologia produtiva. Ambos podem mudar com o tempo, ocasionando alterações no uso da terra. Na metade do século XX, a produção de algodão se deslocou do Sudeste dos Estados Unidos rumo ao Oeste, em muitos casos sendo substituída por pasto e produção pecuária. Depois, a área plantada com algodão voltou ao Sudeste na segunda metade do século XX, após a implantação de um programa para reduzir ou eliminar a população do bicudo-do--algodoeiro. A soja já foi um cultivo de menor importância, mas se tornou o segundo cultivo mais importante nas regiões do Meio-Oeste e do delta do Mississippi. O desenvolvimento da irrigação transformou antigas áreas de pastagens em importantes regiões de produção agrícola. Um aumento na produção de cereais na região das Planícies do Sul, no Texas e em Oklahoma, estimulou o desenvolvimento de operações de grande porte de engorda de gado lá. Todas essas mudanças podem ser remontadas a alterações nos preços relativos de produtos e insumos, novas tecnologias e usos concorrentes da terra.

CONTROLE DA TERRA: PROPRIEDADE OU ARRENDAMENTO?

Quanta terra controlar e como adquiri-la são duas das decisões mais importantes a serem tomadas por qualquer agropecuarista. Erros cometidos nesse quesito podem afligir o negócio por anos. Muito pouca terra pode significar que o negócio é pequeno demais para utilizar completamente outros recursos. No outro extremo, terra demais pode demandar o empréstimo de uma grande soma de dinheiro, causar sérios problemas de fluxo de caixa ou superar a capacidade gerencial e de maquinário do operador. Qualquer das situações pode levar a desgaste financeiro e até mesmo à derrocada do negócio.

A aquisição de terras deve ser pensada em termos de controle, e não apenas de propriedade. Pode-se obter controle por meio de propriedade ou de arrendamento. Aproximadamente 38% da terra rural dos EUA são arrendados pelo operador. Muitos agropecuaristas veem como desejável uma combinação de propriedade e arrendamento, especialmente quando o capital é limitado. Eles costumam ter algumas terras e instalações para possuir uma "base" permanente e, então, arrendam mais terra para chegar ao tamanho desejado do estabelecimento agropecuário. Esses proprietários parciais representavam 25% dos estabelecimentos norte-americanos em 2007. Outros 61% eram proprietários integrais, e 6% eram arrendatários integrais, sem nenhuma propriedade.

Propriedade

Ter propriedade de terras é uma meta importante para muitos produtores rurais, a despeito da economia envolvida. Deriva-se uma certa dose de orgulho, satisfação e prestígio da propriedade de terra. Ela também é um bem tangível para transmitir aos herdeiros.

A propriedade da terra tem as seguintes vantagens:

1. **Segurança do regime imobiliário** A propriedade da terra elimina a incerteza de perder um arrendamento e ter o tamanho do negócio inesperadamente reduzido. Ela também assegura que o operador desfrutará de todas as benfeitorias de longo prazo feitas à terra.

2. **Garantia de empréstimos** Patrimônio acumulado em terra proporciona uma excelente fonte de garantias para tomar dinheiro emprestado. Valores de terra crescentes ao longo do tempo proveem considerável patrimônio aos proprietários, embora uma parte desse patrimônio possa ser perdida com quedas nos valores da terra, como as que ocorreram na metade dos anos 1980.

3. **Independência gerencial e liberdade** Proprietários de terras têm liberdade para tomar decisões acerca de combinações de empreendimentos, medidas de conservação, níveis de fertilizante e outras escolhas sem consultar o arrendante ou um gestor rural profissional.

4. **Proteção contra a inflação** No longo prazo, a terra oferece uma excelente proteção contra a inflação, pois aumentos no valor da terra costumam ser iguais ou maiores que a inflação na economia dos EUA. Entretanto, o valor da terra não necessariamente sobe todo ano.

5. **Orgulho de ser proprietário** Ter uma propriedade e aprimorá-la é uma fonte de orgulho. Isso garante um benefício futuro advindo de anos de trabalho e investimento.

A propriedade da terra controlada pelo negócio também pode ter algumas desvantagens. Elas estão relacionadas especialmente à posição de capital do negócio. Possíveis desvantagens são:

1. **Fluxo de caixa** Uma grande carga de endividamento associada à aquisição de terra rural pode criar sérios problemas de fluxo de caixa. Os rendimentos de caixa da terra podem não bastar para cobrir os pagamentos necessários de principal e juros, assim como outras obrigações monetárias do negócio.

2. **Menor retorno sobre capital** Quando o capital é limitado, pode haver usos alternativos para ele que tenham um retorno mais alto do que investir em terra. Ma-

quinário, animais e insumos operacionais anuais, como fertilizante, sementes e ração, muitas vezes, geram uma taxa de retorno superior à do investimento em terra.

3. **Menos capital de giro** Um grande investimento ou ônus de endividamento em terra pode restringir o montante de capital de giro disponível, limitando gravemente o volume de produção, escolha de empreendimentos, níveis de insumos e lucros.

4. **Limites de tamanho** Uma combinação de capital limitado e desejo de possuir toda a terra operada limita o tamanho do negócio. Um porte menor pode evitar o uso de certas tecnologias, resultando em custos médios maiores.

As desvantagens da propriedade provavelmente afetam mais o produtor rural iniciante com capital limitado. Com o acúmulo de capital e capacidade de endividamento ao longo do tempo, elas se tornam cada vez menos importantes. Agropecuaristas mais velhos tendem a possuir mais terra e ter menos dívidas do que os mais jovens.

Arrendamento da terra

Costuma-se aconselhar que agropecuaristas iniciantes arrendem terra. Com capital limitado, o arrendamento é um meio de controlar mais área. Outras vantagens de arrendar terra são:

1. **Mais capital de giro** Quando o capital não está empatado em aquisições de terra, há mais disponível para comprar máquinas, animais e insumos operacionais anuais.

2. **Gestão extra** Um produtor rural iniciante pode ter poucas habilidades gerenciais. Pode-se obter assistência gerencial de um arrendante experiente ou de um gestor rural profissional empregado pelo arrendante.

3. **Tamanho mais flexível** Contratos de arrendamento geralmente têm prazo de apenas um ou, no máximo, alguns anos. Mudanças anuais no tamanho ou da loca-

lização do negócio podem ser facilmente realizadas abandonando-se arrendamentos antigos e arrendando-se mais terra.

4. **Obrigações financeiras mais flexíveis** Os pagamentos de arrendamento são mais flexíveis do que os hipotecários, que podem ser fixos por um longo período. O valor do aluguel da parceria agrícola varia automaticamente em função dos rendimentos e preços dos cultivos. Aluguéis à vista são menos flexíveis, mas podem ser negociados sempre que o arrendamento é renovado, levando em conta as condições econômicas atuais e projetadas.

Arrendar terra também possui desvantagens, que assumem um significado especial quando toda a terra operada é arrendada. Essas desvantagens são:

1. **Incerteza** Dado o prazo curto de muitos arrendamentos, sempre existe o perigo de que toda ou parte da terra trabalhada seja perdida mediante aviso de curta antecedência. Essa possibilidade desencoraja investimentos de longo prazo e contribui para um sentimento generalizado de incerteza quanto ao futuro do negócio.

2. **Instalações ruins** Alguns arrendantes relutam em investir dinheiro em construções e outras benfeitorias. Os arrendatários não conseguem justificar o investimento em benfeitorias fixadas aos bens de outrem. Logo, residência familiar, instalações pecuárias, armazéns de grãos, cercas e abrigos de máquinas podem ser obsoletos, estar em más condições ou inexistir.

3. **Acúmulo lento de patrimônio** Sem propriedade de terra, só se pode acumular patrimônio em máquinas, animais e economias de caixa. Em épocas em que o valor da terra está crescendo, os arrendatários podem ter que pagar aluguéis mais altos sem acumular patrimônio algum.

Não existe uma vantagem evidente em ser proprietário ou arrendatário. Controle ainda é um fator importante, pois pode-se obter renda com terra tanto própria quanto arrendada. Em última análise, a combinação certa de terra própria e arrendada é aquela que oferece terra suficiente para utilizar completamente a mão de obra, maquinário, gestão e capital de giro disponíveis sem que se crie um risco financeiro excessivo.

COMPRA DA TERRA

A compra de um estabelecimento rural é uma decisão importante, seguidamente envolvendo grandes quantias de dinheiro. Uma compra de terra tem efeitos de longo prazo sobre a liquidez e a solvência do negócio.

O primeiro passo de uma decisão de comprar terra é determinar o valor do terreno sendo considerado. O potencial de renda é o determinante mais importante do valor da terra, mas muitos outros fatores contribuem para ele:

1. **Solo, topografia e clima** Esses fatores combinados afetam o potencial de produção agrícola e pecuária e, portanto, o fluxo de renda esperado.

2. **Construções e benfeitorias** O número, tamanho, condição e utilidade das edificações, cercas, estruturas de armazenagem e demais benfeitorias afetam o valor do terreno. Uma sede de fazenda cuidada e atrativa, com uma casa moderna, pode acrescentar muito ao valor de um estabelecimento rural, enquanto construções malcuidadas e obsoletas podem diminuí-lo. Construções e benfeitorias rurais são passíveis de despesas de depreciação, criando um potencial de economia no imposto de renda.

3. **Tamanho** Estabelecimentos pequenos e médios podem ser vendidos por um preço por acre mais alto do que estabelecimentos grandes. Um preço de compra total menor coloca o estabelecimento dentro do alcance financeiro de um número maior de compradores. Diversos produtores rurais vizinhos podem considerar a

compra de um estabelecimento agropecuário pequeno um bom jeito de aumentar o porte de seus negócios, pondo o preço para cima.

4. **Mercados** A proximidade a diversos mercados reduz os custos de transporte, aumenta a concorrência pelos produtos do estabelecimento e possivelmente aumenta seus preços de venda líquidos.

5. **Comunidade** Um estabelecimento agropecuário em uma região com estabelecimentos bem gerenciados e em bom estado, ou em uma comunidade onde a terra raramente muda de mãos, terá um preço de venda mais alto.

6. **Localização** A localização em relação a escolas, igrejas, cidades, instalações recreacionais, estradas pavimentadas e fornecedores de insumos agropecuários também afeta o valor. Um comprador prospectivo que planeja viver no estabelecimento rural prestará atenção especial à comunidade e aos serviços oferecidos na região em geral.

7. **Usos concorrentes** Terras próximas a zonas urbanas ou de lazer, ou que possuem depósitos minerais, podem ter um valor maior do que outras terras agropecuárias em virtude de seus outros usos potenciais. Os potenciais ganhos de capital podem superar a renda oriunda de produção agropecuária.

8. **Características de programas agrícolas** Alguns terrenos possuem padrões e rendimentos agrícolas históricos que afetam o nível de benefícios disponíveis de determinados programas de *commodities* do Ministério da Agricultura dos Estados Unidos.

9. **Servidões e contratos administrativos** Servidões especiais para programas de conservação, direitos de irrigação, estradas, rede elétrica ou produção de gás ou petróleo podem afetar os rendimentos potenciais e, no fim, o valor da terra.

Uma propriedade sendo considerada para compra deve ser vistoriada completamente para identificar áreas problemáticas que possam reduzir seu valor. Os edifícios devem ter sua solidez estrutural inspecionada, e os tipos de solo devem ser corretamente identificados. Problemas de escoamento e erosão, áreas com areia e cascalho, afloramentos rochosos e outros perigos de solo devem ser observados, ajustando-se as expectativas de rendimento de acordo. Riscos ambientais, como antigos tanques de armazenagem subterrânea de combustível, também desvalorizam uma propriedade.

Avaliação da terra

Avaliação é um processo sistemático de estimativa do valor de mercado atual de um dado imóvel. Existem empresas que prestam serviços de avaliação mediante cobrança. Elas dão aos clientes uma análise pormenorizada dos fatores que determinam o valor da propriedade e concluem o parecer com uma estimativa de seu valor atual. Dois métodos básicos empregados para avaliar uma propriedade geradora de renda, como terras rurais, são o *método da capitalização de renda* e o *método dos dados de mercado*.

Capitalização de renda

Este método lança mão de ferramentas de análise de investimento para estimar o valor presente do fluxo de renda futuro da terra. Ele exige uma estimativa da renda líquida anual esperada, a escolha de uma taxa de desconto e o cálculo do valor presente de uma anuidade, por meio dos métodos expostos no Capítulo 17. Via de regra, assume-se que a renda líquida originária da terra tem vida útil infinita. Por conseguinte, pode-se usar a equação de valor presente de um fluxo de renda perpétuo ou infinito:

$$V = \frac{R}{d}$$

tal que R é o retorno líquido anual médio, d é a taxa de desconto (ou taxa de capitalização, como é chamada em avaliação) e *V* é o valor estimado da terra.

O primeiro passo é estimar o fluxo de renda líquida, *R*, que pode ser obtido com a propriedade. Isso exige que se determinem os rendimentos de longo prazo, preços de venda e custos de produção estimados da combinação mais lucrativa de empreendimentos. *R* é o retorno líquido sobre o investimento na terra, sendo igual à renda bruta estimada do estabelecimento menos os custos de todos os recursos empregados para gerá-la. Esses custos incluem custos de propriedade da terra, como impostos patrimoniais, depreciação e manutenção. O custo de oportunidade do capital investido na terra (e os juros que possam incidir sobre um empréstimo usado para comprá-la) não é subtraído, uma vez que o objetivo é estimar os retornos sobre o investimento na terra.

Os resultados desse procedimento são mostrados na porção superior da Tabela 20-1, exemplificando com um terreno rural de 160 acres. Ele possui 150 acres cultiváveis, após a dedução de estradas, valas e vias hídricas. O plano agrícola de longo prazo é presumido como consistindo em 90 acres de milho e 60 acres de soja, gerando uma renda bruta anual de US$ 83.025. As estimativas de rendimento e preço são importantes. Elas influenciam fortemente a estimativa final da renda líquida. Ambos os itens precisam ser estimados com exatidão para que se chegue a uma estimativa precisa do valor. Médias de rendimento da região e rendimentos baseados em tipos de solo são bons pontos de partida para estimar rendimentos. Os preços devem refletir a melhor estimativa do avaliador quanto aos preços de longo prazo após um cuidadoso exame dos níveis de preço passados. As despesas anuais do plano agrícola totalizam US$ 57.060, o que torna o retorno líquido esperado igual a US$ 25.965 por ano.

O segundo passo do método de capitalização da renda é selecionar a taxa de desconto ou capitalização. O efeito da taxa de capitalização sobre o valor é prontamente aparente, então a taxa correta deve ser escolhida com cuidado. A estimativa da renda líquida não envolve expectativas de inflação. Portanto, como explicado no Capítulo 17, a taxa de desconto deve se basear na taxa de juros real, isto é, na taxa de juros nominal ou efetiva, menos a inflação prevista.

A prática real de avaliação é primeiro estimar a rentabilidade média do investimento em terras na região em relação a estabelecimentos agropecuários semelhantes, com preços de venda recentes. Utilizar essa taxa no procedimento de capitalização dá um valor avaliado que pode ser comparado aos preços de venda recentes de outros estabelecimentos. Esse procedimento costuma resultar em uma taxa de capitalização de 3% a 6%, dentro do espectro das rentabilidades históricas de terras rurais com base em valores de mercado atuais. A previsão de aumentos de longo prazo no valor da terra ajuda a explicar por que os proprietários de terra tradicionalmente estão dispostos a aceitar uma rentabilidade à vista atual sobre a terra que é inferior às taxas de outros investimentos que não possuem o potencial de valorização.

O terceiro passo é dividir o retorno líquido esperado pela taxa de capitalização. Esse processo é exibido na porção inferior da Tabela 20-1 para três taxas de capitalização diferentes. O valor estimado da terra do exemplo, utilizando-se uma taxa de capitalização de 5%, é de US$ 25.965 divididos por 0,05 = US$ 519.300, ou cerca de US$ 3.246 por acre.

Dados de mercado

A segunda abordagem de avaliação compara as áreas da terra que foram vendidas recentemente com a terra sob avaliação. Os preços das vendas comparáveis são ajustados em relação a diferenças em fatores como tipo de solo, produtividade, edificações e benfeitorias, tamanho, proximidade a mercados, comunidade, localização e usos concorrentes, como discutido anteriormente. Devem-se considerar mais três fatores quando valores de vendas comparáveis estão sendo ajustados

Tabela 20-1 Renda e despesas anuais estimadas de uma avaliação (área de 160 acres, com 150 acres cultiváveis)

Renda	Acres	Rendimento (bu/acre)	Preço/bu	Total
Milho	90	150	US$ 4,05	US$ 54.675
Soja	60	45	US$ 10,50	28.350
Renda total				US$ 83.025
Despesas				
Fertilizante				US$ 14.400
Sementes				11.580
Pesticidas				5.400
Transporte				810
Secagem				1.800
Mão de obra e gestão				8.600
Custos de propriedade do maquinário				5.520
Custos operacionais do maquinário				4.650
Depreciação de construções, canais, cercas				800
Impostos patrimoniais e manutenção				3.500
Despesas totais				US$ 57.060
Renda líquida anual da terra				US$ 25.965

Capitalização da renda		
Taxa de capitalização	Valor total	Valor por acre
7%	370.929	US$ 2.318
5%	519.300	US$ 3.246
3%	865.500	US$ 5.409

para refletir o "valor justo de mercado" do estabelecimento em avaliação.

1. **Financiamento** O método e as condições dos esquemas de financiamento da compra afetam o preço de venda. Quando o vendedor faz o financiamento, a terra pode ser vendida por meio de um contrato de compra em parcelas. Os termos do contrato podem incluir uma entrada menor e/ou juros menores do que o financiamento tradicional por hipoteca, aumentando o preço que o comprador estará disposto a pagar por uma terra.

2. **Relações** Se o comprador e o vendedor tiverem uma relação próxima, como pais vendendo para filhos, o preço de venda, muitas vezes, fica abaixo do preço que seria convencionado por partes sem relação.

3. **Época da venda** Quanto mais tempo houver passado desde que ocorreu a venda comparável, mais provável será que o preço tenha que ser ajustado para refletir as condições atuais do mercado. Ele pode ser ajustado para cima ou para baixo, dependendo se os valores da terra vêm subindo ou caindo nos últimos tempos.

Análise de viabilidade financeira

Deve-se realizar uma análise de viabilidade financeira (ou de fluxo de caixa) para qualquer compra de terra possível que envolva pagamento de empréstimo ou contrato parcelado. Este não é um método de determinação do valor da terra, mas mostrará, para um dado preço de compra, se haverá fluxo de caixa suficiente para cobrir tanto as despesas operacionais anuais quanto os pagamentos de juros e principal. A Tabela 20-2 contém uma análise resumida de fluxo de caixa para a compra da área de 160 acres do exemplo por US$ 3.000 por acre, totalizando US$ 480.000.

A análise assume uma entrada de 35% (US$ 168.000) e um empréstimo de US$ 312.000 por 20 anos, com juros anuais de 7,0% e pagamentos de principal iguais anuais. Os recebimentos e dispêndios de caixa anuais são baseados nas cifras da Tabela 20-1. Embora a depreciação seja uma despesa não monetária, deve-se contabilizar alguma saída de caixa para reposição de máquinas de longo prazo. Os custos com mão de obra devem refletir ou o custo da mão de obra contratada, ou uma porção dos custos de sustento familiar (estimados em US$ 6.000 neste exemplo), mas nenhum custo de oportunidade por mão de obra não remunerada. No exemplo, presume-se que os recebimentos e dispêndios de caixa sofram inflação anual de 2%. Pressupõe-se, contudo, que os pagamentos de principal e a taxa de juros sejam fixos pelo prazo do empréstimo, contudo.

No primeiro ano, a renda operacional de caixa não basta para cobrir as despesas operacionais de caixa e os pagamentos necessários de principal e juros. Por causa dos recebimentos crescentes a cada ano, projeta-se que o fluxo de caixa líquido torne-se positivo no segundo ano de propriedade. Nesse ínterim, o déficit de fluxo de caixa do primeiro ano deve ser coberto com caixa de outras fontes, como outras terras cultivadas, animais ou renda não agrícola.

A situação apresentada pela Tabela 20-2 é típica de muitas aquisições de terra. O preço da terra inclui expectativas de valorização, fluxo infinito de renda, segurança e orgulho de ser proprietário. Esses fatores provocam preços mais altos, mas não aumentam os retornos em caixa. Assim, fluxos de caixa negativos oriundos de compra de terra financiada por dívida tendem a ser a regra em vez de a exceção. Os lucros frequentemente são insuficientes para cobrir tanto as despesas operacio-

Tabela 20-2 Análise de fluxo de caixa da compra de uma área de 160 acres por US$ 3.000 por acre*

Item	Ano 1	Ano 2	Ano 3	Ano 4	Ano 5
Entradas de caixa (US$)	US$ 83.025	US$ 84.686	US$ 86.379	US$ 88.107	US$ 89.869
Saídas de caixa (US$)					
Sementes, fertilizante, pesticidas, transporte, secagem	US$ 33.990	US$ 34.670	US$ 35.363	US$ 36.070	US$ 36.792
Máquinas	10.170	10.373	10.581	10.792	11.008
Despesas de sustento familiar	6.000	6.120	6.242	6.367	6.495
Impostos patrimoniais e manutenção	3.500	3.570	3.641	3.714	3.789
Pagamento anual de empréstimos	29.451	29.451	29.451	29.451	29.451
Saída de caixa total (US$)	US$ 83.111	US$ 84.184	US$ 85.278	US$ 86.394	US$ 87.535
Fluxo de caixa líquido (US$)	US$ (86)	US$ 502	US$ 1.101	US$ 1.713	US$ 2.334

* Presume-se uma entrada de 35%, sendo o saldo de US$ 312.000 financiado por um empréstimo de 20 anos, a juros anuais de 7%.

nais quanto o pagamento da dívida. Existem vários modos de reduzir o déficit de fluxo de caixa, inclusive um preço de compra menor, uma taxa de juros menor, uma entrada maior ou um prazo mais longo de empréstimo. Um empréstimo amortizado com pagamentos totais iguais ou um pagamento maior no final também ajudaria a reduzir a saída de caixa nos primeiros anos, como falado no Capítulo 19. Deve-se fazer uma projeção de fluxo de caixa para todo o negócio a fim de verificar se haverá caixa disponível de outras partes do negócio para ajudar a fazer os pagamentos do empréstimo da compra da terra nova.

Aspectos jurídicos

Comprar terra é uma transação jurídica, além de financeira. A precisão da descrição jurídica da propriedade deve ser verificada, e sua matrícula deve ser examinada quanto a possíveis problemas, como impostos imobiliários ou hipotecas em aberto. O comprador também deve estar ciente de quaisquer servidões para estradas, tubulações ou cabos elétricos que possam interferir no uso da terra. Zoneamento e demais restrições locais ao uso da terra também devem ser verificados.

Direitos hídricos ou minerais transmitidos ao novo dono devem ser cuidadosamente identificados e compreendidos. Os direitos a minerais subterrâneos não são automaticamente transferidos juntamente com os direitos sobre a superfície da terra. Onde petróleo, gás, carvão ou outros minerais são importantes, a fração dos direitos minerais recebidos pode ter um grande impacto sobre o valor da terra. Nas áreas irrigadas do Oeste dos Estados Unidos, o direito de usar água para fins de irrigação, muitas vezes, é limitado, sendo concedido caso a caso. A quantidade, confiabilidade e duração desses direitos hídricos devem ser conferidas com cautela. Além disso, um problema ambiental existente, porém não detectado, pode causar desde dificuldades em obter empréstimo até uma despesa grande para eliminar o problema.

Essa é apenas uma lista parcial dos muitos modos como compradores de terra podem obter menos custo-benefício do que esperavam em razão de uma restrição ou um problema desconhecido. Por essas e outras ra-

Quadro 20-1	Estudo de caso: Uma venda comparativa

A Western Land Management Company foi solicitada a avaliar uma área de 750 acres perto do Rio Frio, usado majoritariamente para cultivar trigo de sequeiro, sorgo e feno de capim. Os registros que eles obtiveram nos cartórios da região mostram que diversas propriedades similares foram vendidas nos últimos cinco anos.

A fazenda Anderson, perto de Habeville, tinha 480 acres, a maior parte deles cultivável, tendo sido vendida três anos antes a US\$ 550 por acre. Como era um estabelecimento rural pequeno, as ofertas para ela foram mais agressivas do que se espera para o estabelecimento do Rio Frio. Portanto, a Western decide descontar o preço de venda da fazenda Anderson em 15%, para obter uma venda comparável.

US\$ 550 × 85% = US\$ 467 por acre

O valor da terra nessa parte do Estado cresceu gradualmente nos últimos anos, totalizando cerca de 7% desde que a fazenda Anderson foi vendida. Para atualizar a venda dos Anderson, o avaliador da Western acrescenta 7% ao preço ajustado.

US\$ 467 × 107% = US\$ 500

O preço ajustado final de US\$ 500 por acre pode agora ser usado como uma venda comparável para dar suporte ao valor avaliado das terras do Rio Frio.

zões, é aconselhável que os compradores de terra contratem os serviços de um advogado com experiência em transações de terras antes de fazer ofertas verbais ou escritas para a propriedade.

ARRENDAMENTO DA TERRA

Obter controle de terra por meio de arrendamento tem uma longa história nos Estados Unidos e em outros países. Nem toda essa história foi boa. Em alguns casos, más práticas de arrendamento levaram à exploração de arrendatários e parceiros rurais e a mau uso da terra. A propriedade integral da terra foi defendida por alguns como uma maneira de eliminar esses problemas. No entanto, não é provável que um dia tenhamos uma estrutura agrária em que todos os agropecuaristas possuam toda a terra por eles operada. As exigências de capital são demasiadamente grandes, e aperfeiçoamentos dos contratos de arrendamento diminuíram ou eliminaram muitos dos antigos problemas e ineficiências.

O arrendamento de terra rural é fortemente influenciado pelos costumes e tradições locais. O tipo, condições e prazo dos arrendamentos costumam ser bastante uniformes dentro de uma dada região ou comunidade. Essa dependência em relação a costumes e tradições tem como resultado acertos de arrendamento razoavelmente estáveis ao longo do tempo, o que é desejável. Porém, também significa que as condições de arrendamento são lentas na resposta a condições econômicas cambiantes e novas tecnologias. O uso ineficiente da terra pode ser uma consequência de arrendamentos ultrapassados.

Arrendamento é o contrato jurídico pelo qual o proprietário dá ao arrendatário a posse e o uso de um bem, como terra, por um prazo, em troca de um preço ajustado. O pagamento pode ser em dinheiro, quota da produção ou uma combinação dos dois. Arrendamentos verbais são lícitos na maioria dos Estados, mas não são recomendados. É muito fácil que a memória falhe, provocando desentendimentos acerca dos termos do contrato original. Além do mais, pode ser necessária documentação para uma partilha ou uma auditoria fiscal.

Um arrendamento rural deve conter, no mínimo, as seguintes informações: (1) a descrição jurídica da terra; (2) o prazo do arrendamento; (3) o valor do aluguel a ser pago, com data e forma de pagamento; (4) os nomes do proprietário (arrendante) e do locatário (arrendatário); e (5) as assinaturas de todas as partes do arrendamento. Essas são apenas as exigências mínimas de um arrendamento. Um bom arrendamento inclui outras disposições, especificando os direitos e as obrigações do arrendante e do arrendatário. Muitos arrendamentos também preveem uma cláusula descrevendo o procedimento de arbitragem a ser observado no caso de demandas não resolvidas. Também devem ser incluídos datas e procedimentos de notificação de renovação e rescisão do arrendamento, especialmente se diferirem do disposto pela lei.

Um exemplo típico de modelo de arrendamento é incluído no fim deste capítulo, mas há muitas variações. Modelos de arrendamento em branco são disponibilizados pelo Serviço de Extensão Cooperativa de muitos Estados, assim como por advogados e gestores rurais profissionais. É importante alterar a redação do modelo de arrendamento a fim de adaptá-lo às características da propriedade em questão, assim como às leis do Estado. Como para todos os documentos jurídicos, as partes contratantes podem desejar orientação de um advogado antes de assinar o arrendamento. No longo prazo, porém, um bom arrendamento rural é baseado em confiança mútua e comunicação, assim como em termos econômicos justos para ambas as partes.

Os três tipos básicos de arrendamento comumente utilizados para arrendar terras de agropecuária são o arrendamento à vista, a parceria agrícola e a parceria pecuária. Cada um traz algumas vantagens e desvantagens para o proprietário e para o arrendatário.

Arrendamento à vista

Cerca de dois terços dos arrendamentos rurais nos Estados Unidos são à vista. Um arrendamento com aluguel à vista determina que o aluguel será um pagamento à vista, em um valor fixo por acre ou uma quantia total fixa. O arrendamento pode vencer antecipadamente, no fim da estação do cultivo ou em alguma combinação desses. Se o arrendamento for estabelecido por acre, deve-se informar o número de acres no arrendamento. Alguns arrendamentos à vista registram separadamente aluguéis para terra e para edifícios. Em um arrendamento à vista, o proprietário fornece a terra e as construções, enquanto o arrendatário recebe toda a renda e geralmente paga todas as despesas, salvo impostos patrimoniais, seguro patrimonial e os principais reparos de edificações e benfeitorias. O arrendamento pode prever restrições ao uso da terra, exigindo que o arrendatário aplique determinadas práticas de fertilização; controle o inço; e mantenha as cercas, vias hídricas, terraços e outras benfeitorias em suas condições atuais.

As características do arrendamento à vista criam tanto vantagens quanto desvantagens. Algumas das mais importantes são:

1. **Simplicidade** Há menos chances de desentendimento, porque os termos podem facilmente ser postos por escrito e compreendidos por ambas as partes. O arrendamento à vista também é fácil de ser fiscalizado pelo proprietário, uma vez que há poucas decisões gerenciais a serem tomadas. Por esse motivo, proprietários que vivem longe de seu estabelecimento rural ou que possuem pouco conhecimento agropecuário costumam preferir o arrendamento à vista.

2. **Liberdade gerencial** Os arrendatários têm liberdade para tomar suas próprias decisões no tocante a agricultura, pecuária e outras decisões de gestão. Arrendatários que são gestores acima da média frequentemente preferem arrendamentos à vista, já que recebem todos os benefícios de suas decisões gerenciais.

3. **Risco** O arrendamento à vista proporciona ao arrendante uma renda de aluguel conhecida, estável e certa. O arrendatário arca com todo o risco da variabilidade de rendimento, preço e custo. Essa inibição do risco é uma razão por que arrendamentos à vista geram para o proprietário retornos médios de longo prazo menores do que uma parceria agrícola em terras comparáveis.

4. **Requisitos de capital** O arrendante tem menos requisitos de capital no arrendamento à vista, já que não há divisão dos insumos operacionais anuais. Inversamente, o arrendatário tem um maior requisito de capital, incluindo todos os insumos operacionais e os pagamentos de arrendamento à vista.

5. **Uso da terra** Com toda a renda revertendo para o arrendatário, alguns podem se sentir tentados a maximizar os lucros de curto prazo advindos da terra à custa da produtividade de longo prazo, especialmente em arrendamentos de curto prazo. Isso pode ser evitado incluindo-se no arrendamento restrições justas e adequadas ao uso da terra ou negociando-se contratos de longo prazo.

6. **Benfeitorias** Ao utilizar arrendamento à vista, os arrendantes podem relutar em investir em edificações e outras benfeitorias, visto que não têm participação na renda adicional que elas geram. Inversamente, alguns proprietários podem esperar receber aluguel de edificações para as quais o arrendatário não tem uso.

7. **Termos rígidos** Arrendamentos à vista costumam ser inflexíveis e mudar com lentidão. Salvo se eles forem renegociados todos os anos para refletir modificações de preços, valor da terra e tecnologias, em breve podem surgir desigualdades.

8. **Efeitos tributários** Alguns arrendantes talvez prefiram arrendamentos à vista por questões fiscais. Quando o arrendan-

te não se envolve de perto na gestão do negócio, a renda de aluguel à vista pode ser encaixada como renda de investimento, e não como renda de autônomo. Não incide imposto de autônomo sobre renda de investimento. O tipo de contrato de arrendamento utilizado também pode afetar contribuições previdenciárias e impostos sobre transmissão *causa mortis*.

Fixação de um arrendamento à vista justo

Os arrendamentos à vista estabelecidos para um dado terreno rural dependem, em última instância, da produtividade da terra, valor dos cultivos produzidos, custos de produção, oferta e demanda por terra rural na região e posições de barganha do proprietário e do operador. A Figura 20-4 apresenta o arrendamento à vista médio pago por acre de terra agrícola em diferentes regiões dos Estados Unidos.

Podem ser utilizadas diversas abordagens diferentes para estimar um arrendamento justo. Elas são ilustradas na Tabela 20-3.

1. **Custos do proprietário** No longo prazo, o proprietário quer receber ao menos o suficiente para cobrir os custos, tanto de caixa quanto de oportunidade, da propriedade da terra. Presuma que o proprietário do terreno do exemplo da Tabela 20-1 ache que ele possui um valor de mercado atual de US$ 3.000 por acre, ou US$ 480.000, e que a taxa de custo de oportunidade para investimentos semelhantes seja de 4%. Como mostrado na Tabela 20-3, os custos totais do proprietário seriam 4% de US$ 480.000 (ou US$ 19.200) pelo custo de oportunidade do investimento, US$ 3.500 por impostos patrimoniais e seguro e US$ 800 por depreciação, totalizando um custo de US$ 23.500 (ou US$ 157 por acre). Esse seria o aluguel mínimo necessário para pagar todos os custos do proprietário.

2. **Residual do arrendatário** Uma segunda abordagem é estimar quanta renda o arrendatário terá sobrando após pagar todos os demais custos. Utilizando o mesmo exemplo, o arrendatário teria uma renda

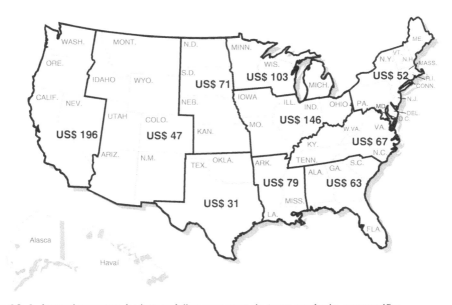

Figura 20-4 Arrendamentos à vista médios por acre de terra agrícola, por região.
Fonte: Serviço Nacional de Estatísticas Agropecuárias, Ministério da Agricultura dos Estados Unidos (2009).

374 Parte VI Aquisição de recursos gerenciais

Tabela 20-3 Fixação de um arrendamento à vista justo (150 acres para agricultura)

1. Custos do proprietário		
Custo de oportunidade do investimento (160 acres)	US\$ 480.000 × 4% =	US\$ 19.200
Impostos patrimoniais e manutenção		3.500
Depreciação de construções, canais, cercas		800
Total		US\$ 23.500
Custo total por acre cultivável		US\$ 157
2. Residual do arrendatário		
Renda bruta		US\$ 83.025
Despesas		
Sementes, fertilizante, pesticidas, transporte e secagem		US\$ 33.990
Mão de obra e gestão		8.600
Maquinário		10.170
Despesas totais		US\$ 52.760
Renda líquida disponível para pagar o arrendamento		US\$ 30.265
Renda líquida disponível por acre cultivável		US\$ 202
3. Equivalente de parceria agrícola		
Renda adicional	US\$ 83.025 × 50% =	US\$ 41.513
Despesas adicionais		
Sementes, fertilizante, pesticidas, transporte e secagem	US\$ 33.990 × 50% =	US\$ 16.995
Renda líquida adicional		US\$ 24.518
Renda líquida adicional por acre cultivável		US\$ 163
4. Quota da renda bruta		
Renda bruta		US\$ 83.025
Quota dos custos totais da terra		30%
Quota da renda bruta da terra		US\$ 24.908
Arrendamento estimado por acre cultivável		US\$ 166

bruta de US\$ 83.025 e despesas totais de US\$ 52.760. A diferença é US\$ 30.265, ou US\$ 202 por acre. O arrendatário não incluiria custos de propriedade da terra, como impostos patrimoniais. Se a terra arrendada puder ser trabalhada sem investimento extra em maquinário, os custos de propriedade de máquinas poderiam ser excluídos também. Esta abordagem estima o aluguel máximo que o arrendatário poderia pagar, sem contabilizar retorno sobre risco ou lucro.

3. **Equivalente de parceria agrícola** Pode-se empregar uma abordagem de orçamento parcial para estimar qual aluguel à vista o arrendatário poderia pagar recebendo o mesmo retorno de uma parceria agrícola. Suponha que, ao passar de uma parceria agrícola de 50-50 para um arrendamento à vista, o arrendatário receberia

100% da safra em vez de 50%. Usando o mesmo exemplo, isso ampliaria a renda do arrendatário em US$ 41.513 (metade de US$ 83.025). No entanto, o proprietário da terra não mais pagaria metade dos custos com fertilizante, sementes e pesticida, então o arrendatário teria US$ 16.995 em custos extras. O ganho líquido seria de US$ 24.518, ou US$ 163 por acre. Esse é o aluguel à vista que o arrendatário poderia pagar e, ainda assim, receber o mesmo retorno líquido de uma parceria agrícola de 50-50.

4. **Quota da renda bruta** A última abordagem estima um aluguel à vista como um percentual da renda bruta esperada da terra. Por exemplo, se os custos da terra geralmente representam cerca de 30% do custo total da produção para determinados cultivos em uma região, pode-se estimar o aluguel em 30% da renda bruta esperada. No exemplo, isso seria igual a US$ 83.025 × 0,30 = US$ 24.908, ou US$ 166 por acre.

Essas várias abordagens não dão respostas idênticas. Contudo, elas podem ajudar a definir uma faixa dentro da qual o proprietário e o operador possam negociar.

Arrendamento de pasto

Um aluguel justo de pasto é mais difícil de determinar, porque a renda potencial é incerta. Devem ser considerados fatores como a qualidade do pasto presente, suprimento de água, estado das cercas, construções e localização.

Pasto pode ser arrendado por preço fixo por acre ou por mês. Um método comum é definir uma taxa por *unidade animal mês* (UAM). Uma UAM é equivalente a um boi adulto pastando por um mês. Com esse método, o aluguel pago é proporcional à capacidade de criação do pasto.

Parcerias agrícolas

Parcerias agrícolas são populares em áreas em que estabelecimentos agrícolas voltados à comercialização são comuns. Essas parcerias estabelecem que o arrendante receba uma certa quota das safras produzidas, com os proventos da venda tornando-se o aluguel. Quando o estabelecimento rural está matriculado em determinados programas agropecuários do Ministério da Agricultura dos Estados Unidos, as verbas recebidas geralmente são divididas na mesma proporção da safra. O arrendatário normalmente provê toda a mão de obra e o maquinário. Em algumas áreas, os custos com fertilizante, sementes, pesticidas e irrigação podem ser divididos, juntamente com custos de colheita e outros. Além de dividir produção e despesas, os arrendantes, muitas vezes, participam das decisões gerenciais sobre práticas agrícolas.

A quota do arrendante sobre a safra varia dependendo do tipo de cultivo, costumes locais e divisão dos custos operacionais. Produtividade do solo e clima são fatores importantes, pois muitos dos custos do arrendatário, como mão de obra e máquinas, serão praticamente os mesmos em qualquer situação. Portanto, os arrendatários ficam com uma quota maior da produção em áreas menos produtivas, visto que o valor da contribuição da terra é relativamente menos importante. No Meio-Oeste, a quota do proprietário pode chegar a 50% ou 60% da safra, mas, em regiões mais áridas, pode ser de apenas 25%. Arrendantes cujos estabelecimentos agropecuários contenham solos piores talvez tenham que ficar com uma quota menor e/ou pagar mais dos custos variáveis para atrair um bom arrendatário.

As vantagens e desvantagens das parcerias agrícolas podem ser sintetizadas como segue:

1. **Risco** O valor da safra varia com mudanças em rendimentos e preços, então o risco é dividido pelo arrendatário e pelo proprietário. Isso pode ser uma desvantagem para o proprietário se o aluguel for uma parte importante de sua renda total, o que é o caso para algumas pessoas aposentadas. Aluguel variável é uma vantagem para o arrendatário, uma vez que o valor do pagamento varia com a sua capacidade de pagar.

2. **Gestão** Arrendantes que utilizam parcerias agrícolas geralmente mantêm algum controle, direto ou indireto, sobre a seleção de cultivos e outras decisões gerenciais. Isso pode ser uma vantagem para um arrendatário inexperiente, além de dar ao arrendante algum controle sobre o uso da terra.

3. **Requisitos de capital** Algumas despesas da produção agrícola são compartilhadas e não é preciso pagar aluguel à vista, então os requisitos de capital do arrendante aumentam, enquanto os do arrendatário diminuem, se comparados a um arrendamento à vista.

4. **Divisão de despesas** Um problema da parceria agrícola é fixar uma divisão justa e equitativa de despesas. Como regra geral, as despesas variáveis devem ser divididas na mesma proporção da safra, de modo a manter níveis ideais de insumos. A adoção de novas tecnologias, muitas vezes, cria novos problemas para determinar a maneira correta de dividir seus custos e benefícios. Um exemplo disso é apresentado mais adiante neste capítulo.

5. **Construções e pastos** O arrendante não obtém benefícios diretos de construções (salvo armazenamento de grãos) e pastos para animais, então podem surgir problemas quanto ao aluguel justo desses itens. Muitas vezes, o arrendatário paga um aluguel à vista, suplementando a parceria, pelo uso de construções e pasto.

6. **Comercialização** O proprietário normalmente tem liberdade para vender sua quota dos cultivos onde e quando quiser. Isso exige um certo conhecimento extra por parte dele. Alguns proprietários deixam o arrendatário ou um gestor rural profissional tomar todas as decisões de comercialização.

7. **Participação material** Os proprietários costumam se envolver mais nas decisões gerenciais na parceria agrícola. Essa participação na gestão frequentemente qualifica a renda de aluguel como renda de autônomo, o que ajuda a incrementar os proventos previdenciários. Isso também pode encaixar o estabelecimento rural em uma avaliação menor para fins de imposto sobre transmissão *causa mortis*.

Parcerias pecuárias

A parceria pecuária é muito parecida com a parceria agrícola, salvo que as rendas e despesas pecuárias também são divididas entre arrendante e arrendatário. O arrendatário tipicamente fornece toda a mão de obra e máquinas e uma quota dos insumos pecuários e operacionais, com o arrendante provendo a terra, construções e a quota restante dos insumos pecuários e operacionais. A maioria das parcerias pecuárias é de parcerias de 50-50, embora outros tratos sejam possíveis, dependendo do tipo de rebanho e de como as despesas são divididas.

Parcerias pecuárias podem ser complexas, e há uma variação considerável no número e tipos de despesas que são divididas. Além de custos como ração e despesas veterinárias, o arrendante pode compartilhar o custo das máquinas e equipamentos relacionados à produção pecuária. Exemplos seriam máquinas de ordenha, moedores de ração, cochos, bebedouros e equipamentos de colheita de forragem. O contrato deve conter uma lista completa e detalhada das despesas divididas e da porção a ser paga por cada parte.

As vantagens, desvantagens e possíveis problemas da parceria agrícola são semelhantes aos da parceria agrícola, com as seguintes considerações a mais:

1. **Construções** A parceria pecuária dá ao arrendante algum retorno de construções e pastos compartilhados na produção pecuária. É mais provável que os arrendantes forneçam e mantenham um bom acervo de construções quando recebem parte da renda. Entretanto, os arrendatários podem desejar mais benfeitorias às construções para diminuir seus requisitos de mão

de obra ou para aperfeiçoar o desempenho da produção pecuária compartilhada.

2. **Registros** A divisão das rendas e despesas agrícolas e pecuárias exige bons registros para assegurar uma divisão correta. Deve haver prestação de contas periódica das rendas e despesas, com pagamentos compensatórios para equilibrar as contas.

3. **Extinção da parceria** Extinguir uma parceria pecuária pode ser complexo e tomar tempo. Todos os equipamentos e animais compartilhados devem ser divididos de maneira justa e equânime. O contrato deve prever um método para efetuar a divisão e um procedimento para dirimir demandas não resolvidas.

4. **Gestão** Na parceria pecuária, há mais necessidade e oportunidades de compartilhar decisões gerenciais, o que demanda uma boa relação de trabalho entre arrendante e arrendatário.

Outros tipos de arrendamento

São empregados vários outros tipos de arrendamento, além de variações dos tipos já expostos.

Parceria de mão de obra

Na parceria de mão de obra, o arrendante provê toda a terra, maquinário e outros insumos variáveis. O arrendatário fornece apenas a mão de obra, recebendo uma quota da produção. Porém, essa quota é inferior à das demais parcerias rurais. Esse esquema funciona bem para um arrendatário que quer começar a trabalhar no campo, mas possui capital limitado, e para um arrendante que tem um acervo completo de recursos agropecuários, mas está querendo se aposentar.

Arrendamento à vista variável

A rigidez dos aluguéis à vista foi identificada como uma das desvantagens dos arrendamentos à vista. Arrendamentos à vista variáveis são ocasionalmente usados para superar esse problema e repartir um pouco do risco entre arrendante e arrendatário. No arrendamento à vista variável, o aluguel à vista anual pode ser atrelado ao rendimento efetivo, ao preço recebido ou a ambos esses fatores. Por exemplo, pode-se aumentar ou reduzir o aluguel à vista em um montante específico para cada bushel do rendimento efetivo acima ou abaixo de um rendimento básico ou médio. O mesmo pode ser feito com preço ou com renda bruta. O arrendamento à vista variável mantém a maior parte das propriedades do arrendamento à vista fixo, mas abre a possibilidade de que o arrendante e o arrendatário compartam ao menos parte do risco de preço e/ou produção.

Um tipo de arrendamento à vista variável fixa um aluguel com base no preço e rendimento mais prováveis, então ajustando-o em proporção ao valor em que o preço e o rendimento efetivos excedem os valores de base. No exemplo a seguir, o arrendamento básico é de US$ 50 por acre para um rendimento de trigo de 60 bushels por acre e um preço de US$ 5,00. Pressuponha que o rendimento real acabe sendo 72 bushels por acre, mas o preço seja apenas US$ 4,75. O arrendamento efetivo é, então, calculado como US$ 57 por acre:

$$\text{Arrendamento efetivo} = \text{US\$ } 50 \times \frac{\text{Rendimento real}}{60} \times \frac{\text{Preço real}}{\text{US\$ } 5,00}$$

$$= \text{US\$ } 50 \times \frac{72}{60} \times \frac{\text{US\$ } 4,75}{\text{US\$ } 5,00} = \text{US\$ } 57,00$$

Outra fórmula comum de aluguel à vista é pagar uma porcentagem fixa da renda bruta efetiva obtida com os cultivos da terra arrendada. A capacidade de pagamento do arrendatário é afetada por preço e rendimento; assim, uma fórmula de aluguel à vista variável que dependa de ambos esses fatores proporciona o máximo de redução de risco. O arrendante e o arrendatário devem chegar a um acordo prévio sobre como aferir o rendimento e preço reais usados no cômputo do aluguel.

Arrendamento por bushel

Outro tipo de arrendamento é o arrendamento por bushel, ou arrendamento com aluguel

378 Parte VI Aquisição de recursos gerenciais

constante. Neste arrendamento, o mutuante normalmente não paga despesas de produção agrícola, mas recebe um número específico de bushels ou quantidade de produção como aluguel. O risco de produção é arcado inteiramente pelo arrendatário, pois deve entregar uma quantidade fixa de produto ao arrendante, qualquer que seja o rendimento real obtido. Parte do risco do preço, contudo, é dividido com o arrendante, pois o valor real do aluguel dependerá do preço recebido pelo produto.

Agricultura customizada

A prática da agricultura customizada não é um verdadeiro contrato de arrendamento, mas representa outro arranjo alternativo entre proprietário e operador. Normalmente, o operador fornece todo o maquinário e mão de obra para as operações de campo e transporte em troca de um pagamento fixo. Pode haver um bônus por rendimentos acima da média. O proprietário provê todos os insumos operacionais, recebe toda a renda e arca com todos os riscos de preço e rendimento. Outra variação é o operador customizado receber uma porcentagem da produção em vez de pagamento em dinheiro.

A Tabela 20-4 sintetiza as características importantes dos tipos de arrendamento discutidos nesta seção.

Eficiência e equidade em arrendamentos

Muitos arrendamentos são baseados em costumes e tradições locais, o que pode causar ineficiências, mau uso da terra e uma divisão não equitativa de renda e despesas. Já houve muitas críticas ao sistema de regime imobiliário baseado em arrendamento em razão da existência desses problemas. Pode não ser possível redigir um contrato de arrendamento perfeito, mas podem ser realizados aperfeiçoamentos. Há duas grandes áreas de interesse para melhorar a eficiência e a equidade de um arrendamento. A primeira é o prazo do arrendamento; a segunda é o esquema de divisão de custos.

Arrendamentos rurais costumam ser celebrados por um prazo de um ano, embora algumas parcerias pecuárias sejam celebradas por três a cinco anos. A maioria dos arrendamentos de um ano contém uma cláusula prevendo renovação automática anual caso nenhuma parte dê notificação de rescisão até certa data. Muitos desses arrendamentos vigoram por longos períodos, mas sempre existe a possibilidade de que o arrendamento seja rescindido com pouco tempo de aviso prévio se o arrendante vender o estabelecimento ou achar um arrendatário melhor. Isso coloca o arrendatário em uma posição de insegurança. Ele também fica tentado a empregar práticas e plantar cultivos que maximizem os lucros

Tabela 20-4 Comparação de tipos de arrendamento

	À vista fixo	À vista variável	Fixo por bushel	Parceria agrícola ou pecuária	Agricultura customizada
Risco de preço arcado por:	Arrendatário	Ambos	Ambos	Ambos	Proprietário
Risco de produção arcado por:	Arrendatário	Ambos	Arrendatário	Ambos	Proprietário
Capital operacional fornecido por:	Arrendatário	Arrendatário	Arrendatário	Ambos	Proprietário
Decisões gerenciais tomadas por:	Arrendatário	Arrendatário	Arrendatário	Ambos	Ambos
Comercialização feita por:	Arrendatário	Arrendatário	Ambos	Ambos	Proprietário
Condições são ajustadas:	Lentamente	Rapidamente	Médio	Rapidamente	Lentamente

Capítulo 20 Terra: controle e uso

| Quadro 20-2 | Estudo de caso: Negociação de um arrendamento |

Chad e Maria Grabowski começaram a trabalhar com agricultura há cinco anos. Eles possuem um trator e alguns equipamentos de aração, mas dividem o uso de uma plantadeira e colheitadeira com os pais de Maria. Eles tomaram emprestado capital operacional suficiente de um banco local para financiar seus insumos agrícolas, com garantia da Agência de Serviço Rural (FSA).

Os Grabowski têm a oportunidade de arrendar à vista 265 acres a alguns quilômetros de distância. A proprietária, cujos pais trabalharam na terra por muitos anos, é advogada em Atlanta. Ela está pedindo um aluguel à vista de US$ 90 por acre, pago antecipadamente.

Chad e Maria se reúnem com seu gerente bancário e chegam à conclusão de que seu patrimônio é pequeno demais para arriscar o pagamento do aluguel à vista. Eles oferecem o arrendamento do estabelecimento em uma parceria de 60-40, em vez disso. A proprietária decide que não quer se envolver com o pagamento de parte das contas de insumos e a venda da sua quota da safra. Entretanto, ela está disposta a ajustar o aluguel à vista todos os anos, com base nos rendimentos reais obtidos e nos preços de venda disponíveis na colheita.

Por fim, os Grabowski chegam a um acordo em que pagarão US$ 50 por acre em 1° de março para arrendar o estabelecimento, mais um bônus igual a 20% da renda bruta produzida, com vencimento em 1° de dezembro. Não obstante, o aluguel total não pode passar de US$ 100 por acre.

imediatos em vez de conservar ou incrementar a propriedade ao longo do tempo.

Arrendamentos curtos também desestimulam o arrendatário de realizar benfeitorias, pois o arrendamento pode ser extinto antes de o custo poder ser recuperado. Esses problemas podem ser ao menos parcialmente resolvidos por arrendamentos de prazo maior ou acordos para restituir ao arrendatário o custo não recuperado. Benfeitorias à custa do arrendatário, como aplicação de calcário e construção de estruturas de conservação do solo, também podem ser abrangidas por um contrato desse tipo.

Também pode haver ineficiências devidas a maus acordos de divisão de custos, caso os custos dos insumos que afetam diretamente os rendimentos não sejam partilhados na mesma proporção da renda ou produção. Sementes, fertilizante, pesticidas e água de irrigação são exemplos. Na Tabela 20-5, o nível maximizador de lucro de uso de fertilizante é onde o valor do produto marginal é igual ao seu custo do insumo marginal (CIMg), o que se dá em 140 libras de fertilizante por acre. Contudo, se o arrendatário receber apenas metade da safra, mas pagar todo o custo de fertilizante, o valor do produto marginal dele é apenas metade do total. Mostramos isso na última coluna da Tabela 20-5. Nessas condições, o locatário utilizará apenas 100 libras de fertilizante por acre. Embora essa quantidade maximize o lucro para o arrendatário, ela reduz o lucro total por acre em relação ao que seria obtido caso fossem aplicadas 140 libras de fertilizante.

Por outro lado, o fertilizante tem um custo marginal de insumo de zero para o arrendante. Mais uso de fertilizante não aumenta os custos do arrendante, mas aumenta o rendimento, que é compartilhado. O arrendante gostaria de fertilizar até o rendimento máximo, como uma forma de maximizar o lucro. No exemplo da Tabela 20-5, isso se daria em 160 libras de fertilizante por acre. Esses tipos de conflito podem ser eliminados dividindo-se o custo dos insumos determinantes de rendimento na mesma proporção em que a produção é partilhada. Nesse exemplo, se os custos com fertilizante fossem repartidos igualmente, ambas as partes pagariam metade do custo do insumo marginal (CIMg) e receberiam metade do valor do produto marginal. Ambos concordariam quanto a 140 libras de fertilizante como

Tabela 20-5 Exemplo de uso ineficiente de fertilizante em uma parceria agrícola (**arrendante recebe metade da safra, mas não paga custos de fertilizante**)

Fertilizante (lb)	Rendimento (bu)	Custo do insumo marginal (CIMg), a US$ 0,33/lb (US$)	Valor do produto marginal total, milho, a US$ 2,50 por bu ($)	Valor do produto marginal do arrendatário (USS)
60	97			
80	104	6,60	17,50	8,75
100	110	6,60	15,00	7,50
120	114	6,60	10,00	5,00
140	117	6,60	7,50	3,75
160	118	6,60	2,50	1,25

o nível maximizador de lucro. É compreensível que os arrendatários relutem em adotar uma nova técnica ou tecnologia ampliadora de rendimento se tiverem que pagar todos os custos adicionais, mas receberem somente uma porção do aumento do rendimento.

Problemas semelhantes podem surgir quando a troca de tecnologia possibilita a substituição de insumos não partilhados por insumos partilhados. Um exemplo é o uso de herbicidas ou sementes resistentes a pragas no lugar de controle mecânico de inço. Se o arrendatário pagar apenas metade do custo da semente ou herbicida e todo o custo de mão de obra e maquinário, a combinação de insumos maximizadora de lucro para ele conterá mais herbicida e menos mão de obra e maquinário do que em uma hipótese de arrendamento à vista ou de proprietário-operador.

Determinação de quotas de parceria

O objetivo de todo arrendamento deve ser dar um retorno justo e equitativo para ambas as partes pelos insumos que eles contribuem para toda a operação agropecuária. Há um arranjo justo e equitativo de parceria quando ambas as partes são pagas pelo uso de seus insumos, conforme a contribuição que esses insumos fazem em prol da geração de renda. A aplicação desse princípio requer a identificação e

valoração de todos os recursos trazidos pelo arrendatário e pelo arrendante.

Um método para determinar as quotas corretas de uma parceria agrícola é apresentado na Tabela 20-6. O exemplo inicia com uma divisão presumida de 50-50 das despesas com fertilizante, pesticidas e sementes. Os outros custos são atribuídos ao arrendatário ou ao arrendante com base em quem é dono do ativo ou presta o serviço.

A parte mais difícil desse procedimento é dar um valor aos serviços de ativos fixos, como mão de obra, terra e maquinário. Devem-se aplicar os mesmos procedimentos utilizados para estimar custos de caixa e de oportunidade em orçamentos rurais. Os custos da terra podem incluir custos de caixa e um valor de oportunidade de juros, ou então eles podem ser estimados a partir dos aluguéis à vista atuais. Pagamentos de principal e juros, porém, não devem ser usados, uma vez que representam pagamento de dívida, e não custos econômicos.

Esse exemplo possui uma proporção de divisão de custos de praticamente 50-50. Ela pode estar tão próxima disso, a ponto de ambas as partes acharem que uma divisão de 50-50 dos produtos é justa sem mais ajustes. Se as quotas de custos forem consideravelmente diferentes, pode ser usado um de dois métodos para fazer ajustes. Primeiro, a parte que contribui com a parte menor dos custos pode concordar em fornecer mais dos itens

Tabela 20-6 Determinação das quotas de renda em uma parceria agrícola

Despesas	Estabelecimento como um todo	Proprietário	Arrendatário
Fertilizante	US$ 14.400	US$ 7.200	US$ 7.200
Sementes	11.580	5.790	5.790
Pesticidas	5.400	2.700	2.700
Transporte	810	–	810
Secagem	1.800	–	1.800
Mão de obra e gestão	8.600	–	8.600
Custos de propriedade do maquinário	5.520	–	5.520
Custos operacionais do maquinário	4.650	–	4.650
Depreciação de construções, canais, cercas	800	800	–
Impostos patrimoniais e manutenção	3.500	3.500	–
Custo de oportunidade da terra	19.200	19.200	–
Despesas totais	US$ 76.260	US$ 39.190	US$ 37.070
Contribuição percentual		51%	49%

de capital ou pagar mais dos custos variáveis, tornando a divisão de custo mais próxima de 50-50. O segundo método seria modificar as quotas de produção para 60-40 ou alguma outra proporção mais correspondente às quotas de custos. Deve-se também alterar a divisão de custos dos insumos variáveis na mesma razão, evitando as ineficiências discutidas anteriormente. Qualquer que seja a opção feita para igualar as quotas de custo e produção, o resultado deve fazer com que o arrendatário e o arrendante dividam a renda rural na mesma proporção em que contribuem para o custo total de produção.

CONSERVAÇÃO E QUESTÕES AMBIENTAIS

Conservação pode ser definida como o uso de práticas agropecuárias que maximizem o valor presente dos benefícios sociais e econômicos de longo prazo do uso da terra. Essa definição não impede a terra de ser usada, mas exige a adoção de práticas que mantenham a produtividade do solo e a qualidade da água ao longo do tempo. Sistemas rurais que cumprem essas metas são ocasionalmente denominados *agropecuária sustentável*.

As técnicas orçamentárias normais geralmente não são adequadas para decidir a melhor maneira de atingir as metas de conservação. Ainda assim, os gestores agropecuários precisam ter consciência de como as suas decisões afetam a qualidade de vida de longo prazo, tanto deles como da sociedade. Há três grandes áreas em que as considerações de agropecuária sustentável vão além da análise orçamentária convencional.

Consequências de longo prazo contra de curto prazo

Margens de lucro magras e fluxos de caixa exíguos fazem com que seja tentador "minar" o solo para maximizar os retornos de curto prazo. A maioria das práticas de conservação exige desembolsos de caixa extras. Elas também podem diminuir temporariamente os rendimentos agrícolas, já que os padrões de solo e cultivo são abalados. Essa redução de curto prazo do lucro pode ser necessária para

382 Parte VI Aquisição de recursos gerenciais

alcançar lucros mais altos no futuro ou para evitar um declínio de longo prazo na produção, caso não sejam adotadas práticas conservacionistas. Os efeitos de longo prazo do esgotamento e erosão do solo na produtividade nem sempre são bem conhecidos ou compreendidos. Da mesma forma, são necessários anos de estudo para verificar os efeitos de longo prazo do uso contínuo de altas taxas de fertilizante e pesticidas no solo, água, fauna e humanos.

Práticas de conservação como terraços, valas de drenagem e estruturas de desvio de águas exigem grandes investimentos iniciais. Os métodos de valor presente apresentados no Capítulo 17 podem ser usados para avaliar a lucratividade de uma prática específica. O custo de oportunidade do capital e o horizonte de planejamento do proprietário assumem importância na análise. Taxas de desconto mais altas reduzem o valor presente das rendas futuras maiores resultantes da conservação. Horizontes de planejamento menores também desestimulam a conservação. Por essa razão, muitos agropecuaristas procuram alterações nas práticas de aração e rotações de cultivos como alternativas de menor custo para atingir metas de conservação.

Acordos de arrendamento também afetam o tipo de práticas de conservação seguidas. Arrendamentos de um ano desencorajam os arrendatários de considerar os efeitos de longo prazo de suas práticas agropecuárias. Por outro lado, os arrendantes podem relutar em fazer grandes investimentos em conservação se acharem que o arrendatário receberá todos ou uma grande parte dos benefícios. Sempre que possível, as parcerias rurais devem tentar dividir os custos e benefícios dessas práticas. Arrendantes e arrendatários devem discutir completamente as práticas agropecuárias necessárias para fazer jus às considerações conservacionistas e ambientais de longo prazo.

Efeitos extrarrurais

Muitas das decisões que os produtores agropecuários tomam no que tange ao uso da terra e a práticas de produção têm consequências que vão muito além dos limites do estabelecimento rural. Acúmulo de silte em rios e lagos, poluição e contaminação da água subterrânea, destruição do habitat da fauna e presença de resíduos químicos em produtos pecuários são alguns exemplos. Esses efeitos são difíceis de avaliar em termos monetários, muitas vezes, sendo difícil remontá-los a práticas e fontes agropecuárias específicas. A pesquisa das causas e efeitos é contínua. A agropecuária precisa considerar mais do que os custos dos insumos rurais ao tomar decisões sobre uso de insumos. Os custos sociais totais da utilização de várias tecnologias estão rapidamente tornando-se um fator importante na escolha de práticas produtivas.

Regulamentações e incentivos

Os governos estaduais e federal aprovaram leis para promover e, às vezes, exigir práticas de uso da terra e produção pecuárias que preservem e beneficiem os recursos aéreos, hídricos e o solo. Com mais dessas regulamentações sendo aprovadas, os esforços futuros de conservação podem cada vez mais se tornar uma questão de selecionar a combinação menos custosa de práticas para cumprir os requisitos relevantes.

Programas de desativação de terras por longo prazo, como o Programa de Reserva de Conservação, oferecem verbas anuais garantidas em troca da retirada da produção de terras altamente erodíveis. O custo de oportunidade da produção perdida deve ser avaliado contra as verbas de incentivo e os benefícios de conservação de longo prazo. Alguns programas pagam aos proprietários por servidões de conservação que controlam o uso da terra. Outras regulamentações, como as normas "papa-pântano" e "papa-capim", limitaram o direito de produtores rurais de plantar em certas áreas com histórico de uso como pasto ou charco. Os agropecuaristas também são obrigados a desenvolver e seguir um plano de conservação aprovado a fim de participar de alguns programas rurais do governo.

As restrições à aplicação de pesticidas, alguns fertilizantes químicos e esterco animal variam de Estado para Estado. Análises regulares de solo e acompanhamento cuidadoso de problemas com pragas asseguram que esses produtos só sejam usados em níveis ambientalmente seguros e economicamente lucrativos. Os princípios do custo marginal e da receita marginal podem ser empregados para determinar o limiar econômico em que os prejuízos potenciais de uma praga justificam o custo de tratar dela.

Alguns estabelecimentos agropecuários descobrem riscos ambientais como tanques de armazenamento subterrâneo de combustível com vazamentos ou acúmulo de recipientes descartados de pesticida. Os custos de limpeza desses problemas podem reduzir consideravelmente o valor do estabelecimento. Antes de fechar a venda de uma propriedade agropecuária, o comprador prudente deve providenciar uma auditoria ambiental para identificar possíveis problemas desse gênero e estimar os custos para saná-los.

Diversas leis estaduais e federais regulamentam a descarga de poluentes em rios e lagos. A maior parte do deflúvio rural é considerada poluição "de fonte não pontual". Entretanto, operações de alimentação animal em confinamento (em inglês, CAFOs) são consideradas fontes pontuais, sendo controladas mais rigidamente.

Alto custo de oportunidade do capital, horizonte de planejamento curto e compro-

vação direta limitada dos efeitos ambientais combinam-se para explicar por que alguns proprietários de terras relutam em adotar práticas ambientais corretas. No entanto, a sociedade tem interesse na conservação para manter e expandir o potencial de longo prazo de produção de alimentos do país, assim como para salvaguardar a segurança alimentar. O horizonte de planejamento da sociedade geralmente é mais longo e amplo do que o do produtor rural individual. Reconhecendo isso e a posição de capital limitada de muitos agropecuaristas, a sociedade concebeu meios de incentivar práticas mais sustentáveis. Os escritórios locais do Serviço de Conservação de Recursos Naturais (NRCS) dá assistência técnica gratuita. Assistência financeira para cobrir parte dos custos de determinadas estruturas de conservação é disponibilizada pelo Ministério da Agricultura dos EUA e alguns programas estaduais. Além disso, há verbas de programas do Ministério da Agricultura dos Estados Unidos para produtores que seguem algumas práticas de conservação.

Hoje em dia, os agricultores e pecuaristas precisam pensar além do simples cumprimento das normas e maximização dos lucros atuais. A ética da conservação nos diz que possuir ou usar terra para fins agropecuários traz consigo a responsabilidade de adotar práticas que deem suporte à sociedade futuro adentro.

RESUMO

Terra é um recurso essencial da produção agropecuária. Ela é um recurso permanente, com oferta e localização fixas. A decisão de comprar ou arrendar terra é importante, afetando a capacidade produtiva e a condição financeira do negócio por muitos anos. A propriedade da terra tem muitas vantagens. Porém, comprar terra exige uma posição de capital forte e um potencial adequado de fluxo de caixa, caso seja usado crédito. Terras podem ser avaliadas com base em seus rendimentos líquidos ou comparando-se preços de venda de terras parecidas.

Existe uma mistura de terra própria e arrendada em muitos negócios agropecuários. Arrendamento à vista, parceria agrícola e parceria pecuária são os tipos mais corriqueiros de arrendamento. Cada tipo de arrendamento possui vantagens e desvantagens para o arrendatário e para o arrendante em termos da contribuição de capital necessária, quantidade de risco de preço e rendimento a ser dividida e tomada de decisões gerenciais. As parcerias rurais devem fazer com que a partilha da renda se dê na mesma proporção em

384 Parte VI Aquisição de recursos gerenciais

que cada parte contribui para o custo total de produção. Os insumos variáveis também devem ser divididos nessa proporção para que os recursos sejam alocados com eficiência.

As decisões sobre o uso da terra precisam considerar os efeitos ambientais de longo prazo e as consequências que ocorrem além dos limites do estabelecimento rural, a fim de conservar recursos e sustentar a agricultura no futuro.

PERGUNTAS PARA REVISÃO E REFLEXÃO

1. Liste o máximo de razões que conseguir para explicar por que as pessoas compram terra rural. Como a sua lista (ou a importância de cada razão) diferiria entre um operador rural e um investidor não operador que vive em outro Estado?
2. Quais são as vantagens e desvantagens da propriedade da terra comparada com o arrendamento da terra?
3. Usando avaliação pelo método de capitalização e uma taxa de desconto de 6%, qual é o máximo que você pagaria por um acre de terra que deverá ter um retorno líquido de US$ 181 ao ano? Qual seria a sua resposta para uma taxa de desconto de 4%?
4. Por que uma análise de fluxo de caixa é importante em uma decisão de compra de terra?
5. Liste três vantagens e desvantagens do arrendamento à vista e da parceria agrícola, tanto para o arrendante quanto para o arrendatário.
6. Quais são as condições típicas das parcerias agrícolas na sua comunidade? Analise-as lançando mão da Tabela 20-6 como guia. As condições são justas? Que problemas você encontrou na análise?
7. Desenvolva um arrendamento à vista flexível para a sua região usando preço e rendimento como os fatores variáveis nos quais o aluguel se baseia. Mostre como o aluguel varia para diferentes combinações de rendimento e preço.
8. Quais questões ambientais estão associadas à agropecuária em sua área? Dê dois exemplos.

CAPÍTULO 21

Gestão de recursos humanos

Objetivos do capítulo

1. Descrever as tendências do uso de recursos humanos na agropecuária.
2. Ilustrar como planejar a quantidade e qualidade de recursos humanos necessários para diferentes situações agrícolas e pecuárias.
3. Esboçar métodos para medir e melhorar a eficiência da mão de obra.
4. Sugerir modos de aprimorar a gestão dos empregados agropecuários, incluindo seleção, remuneração e motivação.
5. Sintetizar as leis que regulamentam os trabalhadores e empregadores agropecuários.

A mão de obra humana é um dos poucos insumos da agropecuária cujo uso vem caindo consideravelmente com o tempo. A queda foi especialmente drástica desde 1950, como mostrado na Tabela 21-1. Contudo, a introdução da mecanização e outras tecnologias poupadoras de mão de obra permitiram que a produção agropecuária crescesse apesar do decréscimo do uso de mão de obra. Energia na forma de aparelhos elétricos e mecânicos substituiu muito da energia física antes exercida por humanos e animais de tiro. Mais do insumo de mão de obra do estabelecimento rural atual é gasto operando, supervisionando e monitorando essas atividades mecânicas, e menos é gasto em esforço físico. Alterações nas tarefas realizadas pela mão de obra agropecuária exigiram que empregados e gestores aprimorassem sua instrução, capacitação e treinamento.

A mera disponibilidade das novas tecnologias, como máquinas maiores, sistemas mecânicos de manejo de ração e esterco e computadores, não explica por si só sua adoção veloz e disseminada. Precisa haver uma justificativa econômica para que os produtores rurais utilizem uma tecnologia nova, senão ela "fica parada na estante". A maioria das tecnologias poupadoras de mão de obra foi adotada por uma ou mais das seguintes razões:

1. É mais barata do que a mão de obra que substitui.

386 Parte VI Aquisição de recursos gerenciais

Tabela 21-1 Trabalhadores nos estabelecimentos agropecuários dos Estados Unidos (1950–2009)

Ano	Operadores e trabalhadores não remunerados	Trabalhadores contratados	Total de trabalhadores
1950	7.597.000	2.329.000	9.926.000
1960	5.172.000	1.885.000	7.057.000
1970	3.348.000	1.175.000	4.523.000
1980	2.401.000	1.298.000	3.699.000
1990	1.999.000	892.000	2.891.000
2000	2.062.000	890.000	2.952.000
2009	—	739.300	—

Fonte: Serviço Nacional de Estatísticas Agropecuárias, Ministério da Agricultura dos Estados Unidos.

2. Possibilita que os agropecuaristas aumentem seu volume de produção e seu lucro total.

3. Torna o trabalho mais fácil e prazeroso.

4. Permite que determinadas operações, como plantação e colheita, sejam concluídas a tempo, mesmo quando a meteorologia é desfavorável ou a mão de obra está com oferta escassa.

5. Faz um serviço melhor do que o que poderia ser realizado manualmente.

A substituição de insumos ocorre em função de uma mudança na taxa marginal de substituição física e/ou de uma alteração nos preços relativos dos insumos, como foi exposto no Capítulo 8. Ambos os fatores foram importantes na substituição de mão de obra por tecnologia intensiva em capital na agropecuária. As taxas marginais de substituição mudaram à medida que novas tecnologias alteraram a forma das isoquantas relevantes, tornando mais lucrativo utilizar menos mão de obra e mais capital.

Os juros e os salários cresceram desde 1950, mas os salários aumentaram a uma porcentagem mais alta, tornando a mão de obra relativamente mais cara do que o capital. Essa mudança afeta a razão de preço do problema de substituição, também tornando lucrativo usar mais capital e menos mão de obra. A quantidade maior de capital por trabalhador na agropecuária deu causa a um aumento considerável na produtividade da mão de obra agropecuária, tornando viável e necessário pagar salários mais altos. Essa produtividade ampliada possibilitou que os agropecuaristas desfrutassem de um padrão de vida comparável ao das famílias não rurais. A Tabela 21-2 apresenta os salários médios, em outubro de 2010, dos trabalhadores rurais por região do país.

CARACTERÍSTICAS DA MÃO DE OBRA AGROPECUÁRIA

Toda discussão sobre a mão de obra agropecuária deve reconhecer as características únicas que afetam seu uso e gestão nos estabelecimentos rurais. Mão de obra é um insumo de fluxo contínuo, ou seja, o serviço que ela presta fica disponível hora a hora, dia a dia. Ela não pode ser estocada para uso posterior: precisa ser utilizada à medida que fica disponível, senão é perdida.

Tabela 21-2 Salários dos trabalhadores rurais, por região, 2010

Região	Salário médio por hora (US$/h)
Nordeste	10,95
Apalaches	9,45
Sudeste	9,43
Lagos	11,05
Cinturão do milho	11,11
Delta	8,64
Planícies do Norte	11,70
Planícies do Sul	9,85
Montanhas	10,17
Pacífico	10,53
48 Estados	10,43

Fonte: Serviço Nacional de Estatísticas Agropecuárias, Ministério da Agricultura dos Estados Unidos, 2010.

Mão de obra em turno integral é também um insumo "inteiriço", o que significa que só está disponível em unidades inteiras e indivisíveis. Também se usa mão de obra em tempo parcial e por hora, mas a maioria da mão de obra agropecuária é fornecida por empregados de turno integral e ano inteiro. A Tabela 21-3 mostra como se distribuíam os trabalhadores rurais em outubro de 2010, por número de trabalhadores contratados. Nela, 9% dos trabalhadores rurais contratados trabalhavam em estabelecimentos agropecuários onde eram o único empregado contratado, e 9% trabalhavam em estabelecimentos com dois trabalhadores. No outro extremo, 58% dos trabalhadores rurais estavam empregados em estabelecimentos que contratavam mais do que 10 trabalhadores. Se a mão de obra só estiver disponível em turno integral, o acréscimo ou a perda de um empregado constitui uma grande mudança na oferta de mão de obra do estabelecimento rural. Por exemplo, um proprietário individual que contrata seu primeiro empregado está ampliando a oferta de mão de obra em 100%, e um segundo empregado representa um aumento de 50%. Um problema que se apresenta a um negócio em crescimento é quando e como adquirir os recursos adicionais necessários para manter um novo trabalhador em plena ocupação. Quando outros recursos, como terra e maquinário, também vêm em unidades "inteiriças", fica difícil evitar escassez ou excesso de um ou mais recursos.

O operador e outros membros da família proveem toda ou grande parte da mão de obra utilizada na maioria dos estabelecimentos agrícolas e pecuários. Em geral, essa mão de obra não recebe um salário direto em dinheiro, então seu custo e valor podem ser ignorados ou postos de lado sem maiores problemas. No entanto, como para todos os recursos, há um custo de oportunidade da mão de obra do operador e sua família, que pode ser uma grande parte dos custos fixos não monetários do estabelecimento rural. A remuneração da mão de obra do operador e sua família é recebida indiretamente por meio de desembolsos para despesas de sustento familiar e outras retiradas de caixa. Esse salário ou remuneração indireta pode variar muito, especialmente em itens não essenciais, à medida que a renda rural líquida varia de ano para ano. As despesas rurais de caixa têm alta prioridade quanto a qualquer renda de caixa, fazendo com que despesas de sustento não essenciais flutuem junto com a renda rural.

O fator humano é outra característica que distingue a mão de obra dos demais recursos. Se uma pessoa é tratada como um objeto inanimado, a produtividade e a eficiência sofrem. Esperanças, medos, ambições, gostos, aversões, preocupações e problemas pessoais do operador e dos empregados devem ser considerados em todo plano de gestão da mão de obra.

Tabela 21-3 Número de empregados rurais nos estabelecimentos dos EUA, 2010, em número por estabelecimento

Número de empregados por estabelecimento	Percentual de todos os empregados
1	9
2	9
3–6	16
7–10	8
11–20	12
21–50	13
51 ou mais trabalhadores	33

Fonte: Serviço Nacional de Estatísticas Agropecuárias, Ministério da Agricultura dos Estados Unidos, 2010.

PLANEJAMENTO DE RECURSOS DE MÃO DE OBRA RURAL

Planejar cuidadosamente os recursos de mão de obra do estabelecimento agropecuário ajuda a evitar erros caros e dolorosos. A Figura 21-1 ilustra esse processo. O primeiro passo é aferir as necessidades de mão de obra do estabelecimento, sua quantidade e qualidade e as condições em que os trabalhadores laborarão.

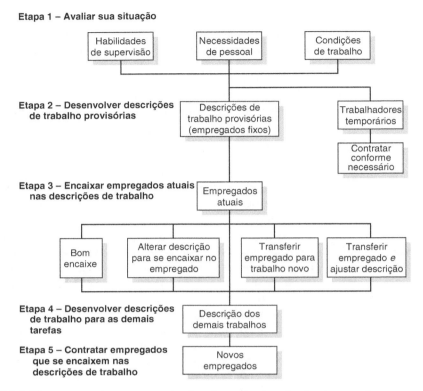

Figura 21-1 Fluxograma do processo de planejamento da mão de obra rural.
(*Fonte*: Thomas, Kenneth H., e Bernard L. Erven, Gestão de equipe rural, Publicação 329 da Extensão Regional Central do Norte.)

Quantidade de mão de obra necessária

A maioria dos gestores rurais julga a quantidade de mão de obra necessária por meio de observação e experiência. Quando estão sendo introduzidos novos empreendimentos, podem ser usados os requisitos típicos de mão de obra publicados em orçamentos de empreendimento. Uma planilha como a ilustrada na Tabela 21-4 é útil para resumir as necessidades de mão de obra.

A sazonalidade da mão de obra também precisa ser considerada. Por exemplo, os requisitos de mão de obra podem exceder a mão de obra nos meses em que ocorrem plantação, colheita e parição. A Figura 21-2 mostra um exemplo dos requisitos totais mensais de mão de obra para todos os empreendimentos do estabelecimento e a mão de obra mensal fornecida pelo operador rural e um empregado em turno integral. Nesse exemplo, o operador rural tem um problema comum a vários estabelecimentos agropecuários. A mão de obra do operador não dá conta dos requisitos em alguns meses, mas o acréscimo de um empregado em turno integral resulta em grandes quantidades de excesso de mão de obra em outros meses. Podem ser necessárias jornadas de trabalho mais longas, ajuda temporária ou contratação de um operador customizado para realizar as tarefas necessárias a tempo. Uma solução mais permanente seria ampliar a capacidade das máquinas de campo ou equipamentos de processamento, ou passar para empreendimentos diferentes. Quanta mão de

Capítulo 21 Gestão de recursos humanos **389**

Tabela 21-4 Planilha de estimativa de mão de obra

					Total de horas por ano	Distribuição de horas			
						Dezembro – março	Abril – junho	Julho – agosto	Setembro – novembro
1	Operador (ou Sócio nº 1)				2.900	800	750	600	750
2	Sócio nº 2								
3									
4	Mão de obra familiar				1.300	200	300	500	300
5	Mão de obra contratada								
6	Operadores de máquina customizados								
7	Total de horas disponíveis de mão de obra				4.200	1.000	1.050	1.100	1.050
	Horas de mão de obra direta necessárias para empreendimentos agrícolas e pecuários								
	Empreendimentos agrícolas	Acres	h/acre						
8	Trigo	700	1,8		1.260	10	100	750	400
9	Sorgo	300	2,1		630	0	400	0	230
10	Alfafa	200	6,2		1.240	0	400	700	140
11									
12									
13									
14									
15									
16	Total de horas de mão de obra necessárias para agricultura				3.130	10	900	1.450	770
	Empreendimentos pecuários	Nº de unidade	h/unidade						
17	Gado de corte	250	6,0		1.500	600	500	200	200
18	Recria	400	0,25		100	50	0	0	50
19									
20									
21	Total de horas de mão de obra necessárias para pecuária				1.600	650	500	200	250
22	Total de horas necessárias para agricultura e pecuária				4.730	660	1.400	1.650	1.020
23	Total de horas de mão de obra indireta necessárias				600	200	150	100	150
24	Total de horas de mão de obra necessárias				5.330	860	1.550	1.750	1.170
25	Total disponível (linha 7)				4.200	1.000	1.050	1.100	1.050
26	Horas de mão de obra adicional necessárias (linha 24 menos linha 25)						500	650	120
27	Horas de mão de obra em excesso disponíveis (linha 25 menos linha 24)					140			

Fonte: Guia de planejamento rural do Missouri. Manual 75: fev. 1986. Departamento de Economia Agropecuária. Universidade do Missouri. Columbia. MO.

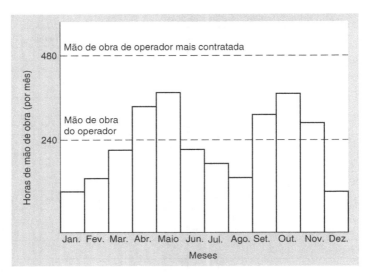

Figura 21-2 Perfil dos requisitos e disponibilidade de mão de obra.

obra deve ser usada para maximizar os lucros depende de sua disponibilidade, seu custo e se ela é um insumo fixo ou variável.

Mão de obra como um custo fixo

A oferta total de mão de obra do operador e/ou dos empregados em turno integral pode ser fixa, mas não inteiramente utilizada. Se essa mão de obra estiver ganhando um salário fixo independente das horas trabalhadas, não há custo variável ou marginal para usar mais uma hora. Nessa situação, a mão de obra pode ser tratada como um custo fixo. Em um orçamento de empreendimento, os custos com mão de obra não afetam a margem bruta nem a escolha de empreendimento. Em um orçamento parcial, os custos com mão de obra não são incluídos nos custos aumentados nem nos custos reduzidos.

Mão de obra como um custo variável

Mesmo a mão de obra permanente pode ter um custo de oportunidade maior que zero, seja de lazer ou emprego extrarrural. Ele se torna o rendimento mínimo aceitável, abaixo do qual a pessoa preferirá não trabalhar horas a mais. A mão de obra possui um custo de oportunidade variável quando o aumento ou a diminuição do tamanho de um empreendimento afeta a escala possível de outros empreendimentos.

Quando a mão de obra é contratada em tempo parcial ou conforme necessária, deve sempre ser tratada como um custo variável. O custo dessa mão de obra, incluindo benefícios e tributos sobre folha de pagamento, precisa ser incluído em todas as decisões orçamentárias, assim como em análises de custo marginal e receita marginal.

Qualidade de mão de obra necessária

Nem toda mão de obra rural é igual em treinamento, capacidade e experiência. Novas tecnologias agropecuárias exigem habilidades mais especializadas e sofisticadas. Algumas atividades, como a aplicação de alguns pesticidas, podem inclusive exigir treinamento e certificação especiais. A avaliação das necessidades de mão de obra faz necessária a identificação de capacidades especiais, como operar certos tipos de máquinas, realizar atividades veterinárias, balancear doses de ração, utilizar computadores ou aparelhos de controle eletrônico ou fazer manutenção e consertos mecânicos. Se o operador ou seus familiares não possuírem todas as habilidades especiais necessárias, deverão ser contratados empregados que as tenham, ou alguns serviços podem ser terceirizados para consultores externos, oficinas ou operadores customizados. Também podem existir programas de treinamento para auxiliar trabalhadores rurais a adquirir novas habilidades.

Estilo gerencial

Alguns gestores agropecuários utilizam pessoas contratadas com mais eficácia do que outros. Muitos operadores estão acostumados a trabalhar sozinhos, preferindo empregados que conseguem trabalhar independentemente, com uma quantidade mínima de supervisão e instrução. Outros empregadores preferem trabalhar de perto com os trabalhadores, dando instruções específicas sobre como um serviço deve ser feito. Ambos os estilos gerenciais podem ser eficazes, mas o bom gestor reconhece o seu estilo e procura trabalhadores que funcionam bem nele.

Após a quantidade e a qualidade da mão de obra necessária pela operação agrícola ou pecuária serem analisadas, devem ser desenvolvidas descrições provisórias dos trabalhos. Operações maiores têm espaço para muito mais especialização de deveres do que operações menores, é claro. Depois, as habilidades dos trabalhadores atualmente disponíveis devem ser comparadas às descrições dos trabalhos. Alguns deveres talvez tenham que ser redistribuídos para corresponderem às habilidades e interesses de certos empregados, familiares ou sócios. Necessidades que não possam ser satisfeitas pela equipe de trabalho atual precisarão ser preenchidas dando-se treinamento profissional, providenciando-se trabalhadores extras ou contratando-se serviços externos.

Desenvolver um quadro organizacional é de especial utilidade quando há muitos empregados e gestores envolvidos. Em particular, deve ficar claro se alguns empregados deverão receber instruções de outros empregados ou de membros da família do operador. A Figura 21-3 apresenta um exemplo de quadro organizacional para uma operação de porte médio. Além de indicar quais membros da equipe de trabalho supervisionam outros membros, o quadro organizacional deve indicar as linhas

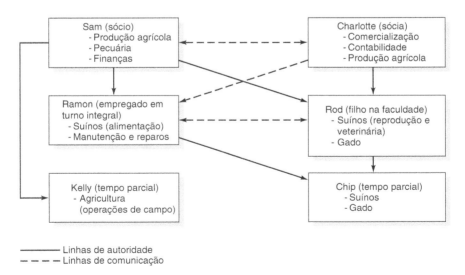

Figura 21-3 Quadro organizacional de um negócio rural.

de comunicação que precisam ser mantidas entre gestores e empregados.

Gestão dos riscos na contratação de mão de obra

Como discutido em pormenores no livro *Ag Help Wanted*: *Guidelines for Managing Agricultural Labor*, do Comitê de Extensão em Gestão Rural do Oeste, há muitas fontes de risco na contratação de mão de obra. Uma grande fonte de risco, normalmente bem compreendida na agropecuária, é quando não há mão de obra disponível para executar tarefas cruciais, significando que a produção e, portanto, o lucro sofrerão. Outra fonte de risco é a qualidade da mão de obra. Mão de obra de má qualidade pode advir de baixa capacitação dos empregados, comunicação ruim por parte dos gestores ou incentivos definidos incorretamente. Os custos indiretos da mão de obra são outra fonte possível de risco. Rotatividade excessiva e absenteísmo podem contribuir para custos indiretos altos. Também pode advir risco de conflito com empregados, o que pode consumir tempo e dinheiro, especialmente se acompanhado por processos judiciais. Contratar mão de obra exige conformidade com leis estaduais e federais e cumprimento no prazo de declarações de imposto e outras burocracias, de forma que má conformidade é outra fonte de risco para os empregadores. Os bons gestores precisam estar cientes de todas as fontes de risco da contratação de mão de obra e trabalhar para minimizar as chances de problemas. Bom planejamento, boa comunicação e cumprimento das leis e regulamentos aplicáveis são componentes vitais da gestão do risco.

MEDIÇÃO DA EFICIÊNCIA DA MÃO DE OBRA

A eficiência da mão de obra depende não apenas das habilidades e treinamento da mão de obra utilizada, mas também do porte do negócio, empreendimento, grau de mecanização, tipo de organização e muitos outros fatores. Devem ser empregadas medidas de eficiência da mão de obra a fim de comparar e avaliar resultados somente de negócios rurais de porte e tipo aproximadamente iguais.

Medidas de eficiência de mão de obra frequentemente usam o conceito de pessoa-ano ou equivalentes de turno integral de mão de obra empregada. Esse é um procedimento para combinar mão de obra contratada, do operador e da sua família em um número total de mão de obra, comparável entre estabelecimentos agropecuários. O exemplo registra 21 meses de mão de obra fornecidos por três fontes. Dividir esse total por 12 converte-o em 1,75 pessoa-ano, ou o equivalente a 1,75 pessoa trabalhando em turno integral durante um ano.

Mão de obra do operador	12 meses
Mão de obra familiar	4 meses
Mão de obra contratada	5 meses
Total	21 meses
$21 \div 12$ = equivalente a 1,75 pessoa-ano	

As medidas de eficiência de mão de obra convertem um total de produto físico, custo ou renda em um valor por pessoa-ano. As seguintes medidas são de uso comum.

Valor da produção rural por pessoa

Mede o valor total dos produtos agropecuários gerados pelo estabelecimento rural por equivalente pessoa-ano. É afetado pelo tamanho do negócio, tipo de empreendimento e quantidade de máquinas e outros equipamentos poupadores de mão de obra usados.

Custo da mão de obra por acre cultivável

Obtém-se o custo da mão de obra por acre cultivável dividindo-se o custo total da mão de obra agrícola no ano pelo número de acres em cultivo e pousio. O custo de oportunidade da mão de obra do operador e da sua família é incluído no custo total da mão de obra. Os valores são afetados pelo tamanho do maquinário, tipos de cultivos produzidos e se são usados operadores customizados.

Acres cultiváveis por pessoa

O número de acres cultiváveis por pessoa é encontrado dividindo-se o total de acres cultiváveis pelo número de pessoas-ano de mão de obra usado para atividades relacionadas à agricultura.

Vacas ordenhadas por pessoa

O número total de vacas produtivas do rebanho leiteiro é dividido pelo número de pessoas-ano de mão de obra. Outros empreendimentos pecuários usam medidas semelhantes de eficiência de mão de obra.

A Tabela 21-5 apresenta alguns valores de eficiência da mão de obra em estabelecimentos agropecuários de Iowa. Os dados assinalam que a produtividade por pessoa normalmente cresce à medida que o tamanho do estabelecimento cresce, na maior parte em decorrência de mais investimento em máquinas e equipamentos maiores e de distribuição dos custos acessórios da mão de obra por mais unidades de produção.

MELHORIA DA EFICIÊNCIA DA MÃO DE OBRA

A eficiência da mão de obra pode ser melhorada com mais investimento de capital por trabalhador, uso de maquinário de maior escala ou adoção de tecnologia menos intensiva em mão de obra. No entanto, se o objetivo for maximizar o lucro, e não apenas aumentar a eficiência da mão de obra a qualquer custo, então são as taxas marginais de substituição e os preços da mão de obra e do capital que devem determinar a combinação correta. Aumentar o investimento de capital por trabalhador aumenta o lucro apenas se: (1) o custo total é reduzido, enquanto a receita aumenta, permanece constante ou ao menos diminui menos do que os custos; ou (2) a mão de obra poupada pode ser utilizada para aumentar o valor do produto em outra parte, em mais do que o custo do investimento.

Quando a oferta de mão de obra é ampliada acrescentando-se um trabalhador em turno integral, podem ser necessárias algumas unidades adicionais de um empreendimento para utilizar completamente a mão de obra disponível. A Figura 21-4 mostra como os custos por vaca podem subir quando um estabelecimento leiteiro adiciona empregados, caso o número de vacas não seja aumentado ao mesmo tempo. Isso ilustra a natureza "inteiriça" da mão de obra em turno integral como insumo.

Simplificar procedimentos e rotinas de trabalho pode compensar muito em termos de maior eficiência da mão de obra. Pode-se poupar bastante tempo tendo todas as ferramentas e demais suprimentos na área do trabalho, não tendo que parar para abrir e fechar porteiras, mantendo os equipamentos em boas

Tabela 21-5 Eficiência da mão de obra por tamanho de estabelecimento em Iowa, 2008

Item	Tamanho do estabelecimento por vendas anuais		
	US$ 100.000 a US$ 249.999	US$ 250.000 a US$ 499.999	US$ 500.000 ou mais
Meses de mão de obra por estabelecimento	9,8	12,7	24,0
Valor da produção rural por pessoa	US$ 282.511	US$ 378.133	US$ 571.210
Custo de mão de obra por acre cultivável	US$ 56,09	US$ 44,80	US$ 48,15
Acres cultiváveis por pessoa	430	539	719

Fonte: Custos e retornos rurais de Iowa em 2008, Publicação da Extensão da Universidade Estadual de Iowa, Arquivo C1-10.

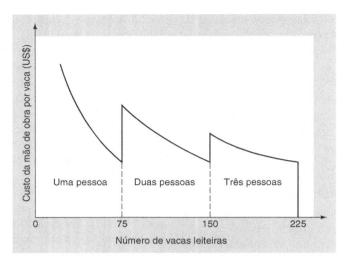

Figura 21-4 Custo da mão de obra por vaca leiteira para diferentes tamanhos de rebanho.

condições e possuindo peças sobressalentes à mão. Fazer alterações na disposição da sede, projetos das construções, tamanho e formato dos campos e localização dos depósitos de materiais em relação a onde eles serão usados também pode poupar tempo e aumentar a eficiência da mão de obra. Onde materiais precisam ser deslocados, pense em usar transportadores, carrinhos, pequenos veículos, roscas e outros aparelhos poupadores de mão de obras. Interruptores automáticos e timers pode eliminar tempo perdido com espera. Levar rádios ou telefones celulares em veículos ou tratores possibilita comunicação ágil, permite a coordenação de atividades em uma grande área geográfica e reduz as viagens. Os dados de produção podem ser inseridos diretamente em um pequeno computador portátil ou de mão em vez de serem transferidos de registros em papel. Como sempre, o custo adicional das mudanças deve ser ponderado contra o valor da mão de obra poupada.

A eficiência da mão de obra também pode ser aprimorada dando-se aos trabalhadores condições de trabalho seguras e confortáveis sempre que possível. Embora a maior parte do trabalho agropecuário ainda seja realizada ao ar livre, cabines de máquinas e veículos modernos ajudam a reduzir a fadiga oriunda de calor, frio, sujeira e barulho. Verificar se as proteções das máquinas estão ativadas, as instalações pecuárias são bem ventiladas e todas as medidas de segurança são seguidas evita tempo de trabalho perdido com lesões ou doenças. Os trabalhadores devem receber roupas adequadas e demais equipamentos de proteção ao trabalhar com químicos agropecuários ou realizar outros trabalhos perigosos.

Planejar e programar o trabalho com antecedência ajuda a diminuir o desperdício de tempo. Tarefas que precisam ser cumpridas em um momento específico devem ser programadas antes, e aquelas que não estão ligadas a um momento, como reparos em construções ou outras manutenções, podem ser planejadas para meses com folga de mão de obra. Mantenha uma lista de serviços a serem feitos, atribuindo uma prioridade e um prazo a cada um. Essa lista deve ficar onde todos os trabalhadores possam vê-la, e as tarefas concluídas devem ser riscadas. Partindo disso, pode-se planejar um cronograma de trabalho diário em alguns minutos toda manhã ou noite. O tempo empregado para organizar as tarefas do dia seguinte e sua ordem de importância é tempo bem utilizado.

MELHORIA DA CAPACIDADE GERENCIAL

Os recursos laborais mais importantes de qualquer negócio são os gestores. Embora um gestor possa começar com muita experiência e instrução, isso não bastará para uma carreira inteira. As habilidades gerenciais precisam ser continuamente reforçadas e atualizadas.

A tecnologia agropecuária está sempre evoluindo. Repetir técnicas ditadas não é suficiente. O gestor agropecuário de sucesso precisa compreender os princípios por trás da tecnologia, como nutrição animal, fisiologia vegetal, genética e mecânica rural. Aí, as novas aplicações desses princípios serão mais fáceis de dominar. Revistas rurais, seminários de extensão, cursos de educação continuada e exposições agropecuárias são excelentes fontes de informação sobre novas tecnologias. No fim, porém, o gestor pode chegar à conclusão de que não é possível que uma pessoa domine tudo, e que delegar responsabilidade a outros no negócio ou contratar consultores externos é um modo proveitoso de ter acesso a conhecimento extra.

Desenvolver um escritório ou centro de negócios eficiente também é uma marca do bom gestor. As instalações físicas devem ser confortáveis e funcionais, tornando possível o uso de comunicações atualizadas e tecnologia da informação de gestão. O fluxo de contas, recibos, relatórios e correspondência deve ser rápido e frequente. Os registros devem ser classificados e arquivados tendo em vista sua rápida recuperação.

Operadores rurais dificilmente ficam ociosos. O trabalho a ser feito sempre se expande para preencher o tempo disponível, então o estabelecimento de prioridades é importante. É fácil olhar em volta e fazer a primeira coisa que se vê pela frente. No entanto, os princípios do *imediatismo* e do *impacto* devem ser aplicados para decidir quais tarefas terão mais efeito sobre o negócio e/ou precisam ser concluídas primeiro. Elaborar listas mensais e semanais ajuda a identificar e priorizar as tarefas a serem cumpridas.

Muitos gestores rurais exitosos são ativos em organizações profissionais e voluntárias fora de seus negócios. Organizações de *commodities* e políticas rurais, conselhos de ensino, igrejas, cooperativas e clubes de comércio oferecem chances para desenvolver habilidades organizacionais e relações pessoais. Não somente a participação nesses grupos é um modo de contribuir para a comunidade, mas algumas das melhores ideias e filosofias vêm da interação com outras pessoas altamente capazes.

Por fim, o gestor agropecuário precisa desenvolver uma "visão mundial". Mais de 20% dos produtos agropecuários dos EUA são consumidos em outros países, então é importante entender os gostos e costumes de outras culturas. Os produtores rurais de outros países também fazem uma concorrência significativa no mercado. Viajar para o exterior, especialmente em excursões concebidas para aprender mais sobre produção agropecuária, comércio e preferências dos consumidores, é um jeito eficaz de aprender sobre o resto do mundo. Receber visitantes internacionais e frequentar programas ou ler sobre outras culturas também são maneiras valiosas de ampliar sua compreensão internacional.

OBTENÇÃO E GESTÃO DE EMPREGADOS RURAIS

Empregados pagos representam quase 30% da oferta total de mão de obra em estabelecimentos agropecuários dos Estados Unidos, como foi mostrado na Tabela 21-1. Aquisição, treinamento e retenção de trabalhadores contratados são temas de conversa comuns quando gestores de estabelecimentos maiores se reúnem. Os gestores rurais estão descobrindo que habilidades em relações humanas e gestão de pessoas são ativos de valor.

Recrutamento

O processo de contratação de um empregado começa com o recrutamento, incluindo anúncio da vaga de emprego, sua publicação e recebimento de candidaturas. Colocar anúncios no jornal, falar com outros agropecuaristas, parentes, profissionais do agronegócio ou consultores rurais da comunidade ou entrar em contato com escritórios de trabalho universitário e agências de emprego são maneiras de informar as pessoas sobre uma vaga de trabalho e identificar potenciais candidatos para preenchê-la. Em algumas áreas, o empregador pode ter que negociar com um empreiteiro de mão de obra para fornecer um grande número de trabalhadores temporários para colheita ou outras atividades de mão de obra intensiva. O recrutamento via Internet vem tornando-se cada vez mais comum nos últimos anos, e existem diversas empresas comerciais de recrutamento para agronegócio que postam vagas de emprego.

O anúncio de emprego deve informar claramente as habilidades e a experiência desejadas. Além disso, deve fazer a colocação parecer desejável. Enfatize as razões por que o candidato gostaria de trabalhar para esta operação e não para a vizinha.

Costuma ser útil fornecer uma ficha de candidatura para cada candidato. Deve haver informações básicas sobre sua história, experiência de trabalho, instrução, metas pessoais, referências e outros fatores.

Embora os empregadores tenham grande liberdade para decidir entre empregados com base em seus níveis de capacitação e capacidade de realizar um trabalho, leis estaduais e federais proíbem discriminação com base em características que não afetam o desempenho laboral, incluindo raça, cor, etnia, religião, idade acima dos 40 anos, sexo, estado civil, deficiência e condição de saúde, atividades sindicais, prisões que não levaram a condenação, etc. Ao avaliar candidatos a emprego, os empregadores devem ter cuidado para não fazer perguntas irrelevantes para o desempenho no trabalho que poderiam ser usadas para classificar os empregados com base em uma das categorias protegidas mencionadas. Alguns Estados possuem exemplos de perguntas a serem evitadas em entrevistas, como sobre filhos, estado civil ou planos de casamento e causas sociais, por exemplo.

Entrevista e seleção

As fichas de candidatura preenchidas podem ser usadas para selecionar um pequeno número de candidatos para a próxima etapa, a entrevista. A entrevista deve ser planejada minuciosamente para uma aquisição eficiente de mais informações. Devem ser dados

---

Quadro 21-1	Três anúncios para o mesmo trabalho: Para qual você se candidataria?

Procura-se: Trabalhador rural. Telefone: 123-456-7890

Procura-se: Pessoa para trabalho rural em geral, em turno integral, em fazenda de agricultura e gado de corte. Exigem-se dois anos de experiência rural ou equivalente e/ou dois anos de formação em agricultura além do ensino médio. Bom salário e pacote de benefícios. Ligue: 123-456-7890

Fonte: Shapley, A. E.: Farm Employer's Handbook, Michigan State University.

A Fazenda Maple Grove está com uma vaga em turno integral para uma pessoa, para auxiliar o proprietário/operador na gestão e produção de agricultura e gado de corte. O emprego oferece bastante variedade e oportunidade de crescimento. Exigem-se no mínimo dois anos de experiência rural e/ou formação em agricultura além do ensino médio. Salário e pacote de benefícios baseados na experiência e formação do candidato. Mande seu currículo para a Fazenda Maple Grove (endereço).

tempo e oportunidade suficientes para que o candidato faça perguntas sobre o trabalho, seus deveres e responsabilidades. A entrevista envolve não apenas obter informações sobre candidatos, mas também lhes dar informações para que possam avaliar seu interesse e qualificações para o trabalho. Para alguns trabalhos técnicos, pode ser necessário um teste de habilidades. Deve-se dar uma volta pelo local de trabalho, e o candidato deve ter a possibilidade de conhecer os outros empregados.

As informações obtidas sobre cada candidato por meio da ficha de candidatura, da entrevista e das referências precisam agora ser avaliadas. Muitos fatores precisam ser levados em conta ao escolher o candidato, incluindo compatibilidade pessoal. Empregadores rurais frequentemente trabalham no dia a dia mais de perto com seus funcionários do que os outros empregadores, às vezes, em situações estressantes. Essa relação de trabalho próxima aumenta as chances de atritos se as pessoas não são compatíveis.

O contrato de trabalho

Após a oferta de emprego ser feita e aceita, deve-se elaborar um contrato de trabalho escrito, como mostrado no exemplo da Quadro 21-2. A finalidade do contrato é esclarecer as expectativas de trabalho do empregado e do empregador e servir como referência para avaliar o desempenho posteriormente.

O contrato de trabalho deve iniciar com a descrição do emprego, incluindo deveres e responsabilidades, linhas de autoridade e o nome da função. Outras informações importantes são salário e benefícios, horários e dias de trabalho, férias, licença de saúde e política de licença pessoal, regras de segurança, usos permitidos dos bens do estabelecimento rural, oportunidades de treinamento, planos de bônus ou incentivo e procedimento de avaliação para promoção ou demissão. Deve-se fazer uma revisão do contrato de trabalho uma ou duas vezes por ano, como parte do processo de avaliação.

Remuneração

Um pacote de remuneração competitivo é essencial para um programa exitoso de contratação de mão de obra. O valor total do salário líquido, benefícios e bônus deve ser comparado com cifras comparáveis de outros empregos.

Salário

O salário monetário pago é o item mais importante. A primeira decisão é pagar um salário fixo ou variável. Cargos em que os deveres e horas trabalhadas serão razoavelmente constantes por todo o ano geralmente recebem um salário fixo semanal ou mensal. Outros cargos com horários altamente variáveis, como em estabelecimentos agrícolas para produção de grãos ou de frutas e hortaliças, geralmente são pagos por hora, como a maioria dos empregos em tempo parcial. Trabalhadores empregados em atividades de colheita, às vezes, são pagos por unidade.

Os salários dependem do cargo e das habilidades específicas do empregado que o ocupa. O tamanho da operação rural, os deveres realizados e o número de anos trabalhados pelo empregado no estabelecimento são outros fatores que influenciam o nível de remuneração.

Pagamento por qualificação é uma abordagem que fixa a remuneração com base no nível de responsabilidade que cada trabalhador tem em vez de em deveres específicos. Características como autoridade de tomada de decisão, supervisão de outros empregados e habilidades especializadas são utilizadas para classificar cada cargo e atribuir-lhe uma faixa de remuneração.

Benefícios indiretos

Benefícios indiretos, muitas vezes, formam uma grande parte da remuneração total dos empregados agropecuários. A Tabela 21-6 apresenta benefícios informados por um estudo sobre empregados em estabelecimentos de suinocultura de 2005. Mais que 70%

Tabela 21-6 Benefícios recebidos por empregados de estabelecimentos de suinocultura, 2005

Benefício	Percentual que recebia
Férias remuneradas	71,8
Seguro de saúde abrangente	65,6
Feriados pagos	57,3
Indenização por acidente ou doença do trabalho	54,5
Plano de aposentadoria/pensão	54,1
Licença médica remunerada	44,1
Carne processada	43,8
Seguro de vida	36,5
Seguro odontológico	36,3
Seguro-desemprego	33,8
Seguro de invalidez	25,4
Veículo	21,3
Moradia	21,1
Educação continuada	19,9
Plano de participação nos lucros	18,2
Contas de serviços essenciais pagas	14,6
Outros	6,4

Fonte: National Hog Farmer, Pesquisa Nacional de Empregados e Produtores, 2005.

desses empregados recebiam férias remuneradas, e quase dois terços recebiam seguro de saúde. Contudo, é muito menos provável que trabalhadores agrícolas tenham seguro de saúde, em comparação com empregados de estabelecimentos de suinocultura. Apenas 15% dos trabalhadores agrícolas em turno integral informaram receber planos de saúde pagos pelo empregador, de acordo com a Pesquisa Nacional dos Trabalhadores Agropecuários de 2001–2002 do Ministério do Trabalho dos EUA.

Os candidatos a empregado devem ser informados do valor de seus benefícios a fim de poder avaliar corretamente a oferta de trabalho. Benefícios indiretos, como planos de aposentadoria, seguros, moradia, serviços essenciais, produtos rurais e uso de veículo, tornam um menor salário monetário de trabalho rural competitivo com empregos extrarrurais que possuem um salário monetário maior, mas menos benefícios.

Os benefícios indiretos são mais úteis ainda quando o empregador pode fornecê-los por menos do que custaria para o empregado obtê-los em outro lugar. Exemplos incluem o uso de moradias, veículos ou instalações pecuárias já existentes. Alguns benefícios, como seguro de saúde, são dedutíveis do imposto do empregador, mas não são tributáveis para o empregado.

Programas de incentivo e bônus

Frequentemente usam-se bônus para suplementar salários básicos, melhorar a produtividade laboral e aumentar a permanência de empregados. Em 2001–2002, de acordo com a Pesquisa Nacional dos Trabalhadores Agropecuários, 47% dos trabalhadores agrícolas de ano inteiro disseram que seu empregador atual lhes dava um bônus em dinheiro como parte do pacote remuneratório. Bônus só ajudam a aumentar a eficiência da mão de obra quando são intimamente ligados ao desempenho. Senão, os empregados logo começam a esperar o bônus e a vê-lo como parte de seu salário monetário básico. Quando o tamanho do bônus é atrelado ao lucro anual, o empregador pode ter dificuldades em diminuir o bônus em um ano ruim se os empregados tiveram vários anos com um bônus maior.

A maioria dos planos de bônus baseia-se em um ou mais fatores: volume, desempenho, estabilidade e lucratividade.

1. *Volume* pode ser medido pelo número total de leitões desmamados, bezerros desmamados ou bushels colhidos. O salário do empregado cresce quando a carga de trabalho cresce, dando-se um modesto incentivo à eficiência. Entretanto, deve-se tomar cuidado para que não incidam custos maiores para aumentar a produção.

2. *Desempenho* pode ser medido pelo número de leitões desmamados por porca, porcentagem de parição, produção de leite por vaca ou rendimento agrícola por acre. O bônus, muitas vezes, é baseado em quanto o desempenho efetivo excede um determinado nível básico. Este tipo de bônus pode ser um incentivo eficaz de trabalho, contanto que seja baseado em fatores sobre os quais o empregado tenha ao menos algum controle.

3. *Estabilidade* é recompensada pagando-se um bônus com base no número de anos pelos quais o empregado trabalha no negócio. Isso reconhece o valor da experiência e continuidade do trabalho para o empregador, gratificando a lealdade.

4. Bônus de *lucratividade* costumam basear-se em um percentual da renda bruta ou líquida do negócio. Eles fazem com que o empregado divida os riscos e recompensas do negócio, mas podem depender de muitos fatores fora do controle dele. Também exigem que o empregador divulgue algumas informações financeiras ao empregado.

Os seguintes princípios básicos aperfeiçoam a eficácia de qualquer programa de incentivo:

- O programa deve ser simples e facilmente compreensível pelo empregado.
- O programa de ser baseado em fatores que, em grande parte, estejam sob o controle do empregado.
- O programa deve recompensar o trabalho que venha ao encontro dos interesses do empregador.
- O programa deve dar um retorno monetário grande o suficiente para motivar um melhor desempenho.
- O pagamento do incentivo deve ser feito imediatamente, ou assim que possível após a conclusão do trabalho.
- Deve-se dar um exemplo por escrito de como o bônus será calculado, utilizando níveis típicos de desempenho.

- O pagamento do incentivo não deve ser visto como um substituto de um salário básico competitivo e de boas relações de trabalho.

Um bom plano de bônus não apenas recompensa financeiramente os empregados, mas também lhes confere reconhecimento por suas realizações.

O pacote total de remuneração oferecido aos empregados precisa ter *coerência interna*, isto é, deve ser justo entre empregados do mesmo negócio. Também deve ter *coerência externa* quando comparado a trabalhadores realizando tarefas semelhantes em outros estabelecimentos rurais.

Treinamento da mão de obra contratada

Gestores agropecuários, às vezes, contratam trabalhadores não qualificados e esperam que eles executem tarefas altamente especializadas em manejo pecuário ou máquinas caras. Eles também esperam que os empregados automaticamente façam as coisas exatamente do jeito que eles mesmos fariam. O resultado é decepção, frustração, pesadas contas com consertos, má produtividade da mão de obra e insatisfação do empregado.

Estudos das práticas de emprego em estabelecimentos agropecuários apresentam poucas evidências de programas de treinamento formalizados para novos empregados. Mesmo um empregado qualificado precisa de algumas instruções sobre as práticas e rotinas a seguir em uma determinada operação e o significado da terminologia especializada. Empregados com menos qualificação devem receber instruções completas e supervisão adequada durante um período de treinamento. Os empregadores precisam ter paciência, compreensão e tempo necessários para treinar e supervisionar os empregados novos. Infelizmente, na agropecuária de produção, o período de treinamento pode ter que durar até um ano, ou até que o novo empregado tenha

400 Parte VI Aquisição de recursos gerenciais

Quadro 21-2 — Exemplo de contrato de trabalho

CONTRATO DE TRABALHO RURAL

A Fazenda Beau Valley, de Greenville, Oregon, concorda em empregar _____ (empregado) para que realize trabalho agropecuário no Condado de Jefferson, Oregon, e adjacências, começando em (data) _____ e prosseguindo até que qualquer das partes deseje encerrar este contrato, mediante aviso prévio com 30 dias de antecedência. O empregador e o empregado convencionam cumprir as seguintes condições:

1. Pagar ao empregado US$____ por hora, dos quais serão retidos o imposto de renda e as contribuições previdenciárias do empregado, nos termos da lei. O salário será pago nos dias 1° e 15 de cada mês.
2. Fornecer uma casa de três quartos, sendo as contas pagas pelo empregado. A manutenção comum deverá ser realizada pelo funcionário, sendo os materiais pagos pelo empregador. Demais avenças a respeito da moradia do empregado serão registradas no final do contrato.
3. A semana normal de trabalho vai de segunda-feira a sábado. O horário normal de trabalho remunerado vai das 7h às 18h (12h nos sábados), com dois intervalos de descanso de 30 minutos e uma hora de almoço. Podem ser exigidos horários maiores para concluir trabalhos em curso. Serão pagas horas extras para qualquer trabalho realizado após o horário normal de trabalho, ao preço de 150% da taxa salarial normal.
4. Será dada folga todo domingo e feriado, além de um sábado por mês. Para os fins deste contrato, são feriados: Dia de Ano-Novo, Páscoa, Dia do Memorial, Dia da Independência, Dia do Trabalho, Dia de Ação de Graças e Natal.

5. O empregado fará jus a 10 dias de férias remuneradas anuais, que deverão ser gozadas na estação de trabalho mais leve após concordância com o empregador, com 30 dias de antecedência.
6. O empregado terá direito a 5 dias de licença médica remunerada por ano para o tempo não trabalhado em virtude de doença efetiva, mais 1 dia de licença remunerada por emergência pessoal.
7. O empregado terá direito a utilizar um veículo fornecido pela Fazenda Beau Valley para finalidades ligadas ao emprego, incluindo deslocamento até o trabalho e uso pessoal dentro do Condado de Jefferson.
8. Os seguintes planos de seguro serão contratados para o empregado: seguro médico e de saúde de ampla abrangência; cobertura de seguro de vida por prazo limitado, até US$ 100.000.
9. Serão realizados um exame de desempenho e uma avaliação escrita de desempenho uma vez durante os primeiros 6 meses de emprego e, posteriormente, uma vez a cada 12 meses.
10. Está previsto (excluído) um plano de bônus ou incentivo. Se incluído, as disposições estão assinaladas no apêndice deste.
11. Outras disposições não citadas anteriormente são listadas no apêndice deste modelo.

Representante do empregador
Assinatura _____Data _____
N° de previdência social _____
Funcionário
Assinatura _____Data _____
N° de previdência social _____

Adaptado de: Thomas, Kenneth H., e Bernard L. Erven: *Farm Employee Management.*

---

tido a oportunidade de executar todas as tarefas de um ciclo completo de produção agrícola ou pecuária.

Pode ser necessário retreinamento periódico até mesmo para empregados de longa data. A adoção de novas tecnologias sob a forma de máquinas diferentes, novos pesticidas, aditivos alimentares, variedades de sementes e coleta eletrônica de dados ou a introdução de um novo empreendimento podem exigir treinamento extra para todos os empregados. Cursos de extensão, informativos, revistas rurais, vídeos, sites, exposições agropecuárias e seminários podem ser utilizados para o treinamento dos empregados. A participação nessas atividades aprimora não apenas as habilidades dos empregados, como também sua autoestima. O custo do treinamento deve ser arcado parcial ou totalmente pelo empregador, como um investimento na produtividade futura.

Motivação e comunicação

Contratar e treinar novos empregados é dispendioso em termos de tempo e dinheiro. Se a rotatividade da mão de obra for alta, esses custos podem se tornar excessivos, e a eficiência laboral será baixa. Os empregadores devem conhecer as razões da baixa permanência de empregados e tomar providências para consertar a situação.

Empregados rurais frequentemente relatam que são atraídos pelo trabalho agropecuário por experiência anterior no campo, oportunidade de trabalhar ao ar livre e interesse em lidar com agricultura e pecuária. Desvantagens citadas são horários longos, pouca folga, trabalho cedo pela manhã e tarde à noite, condições de trabalho desconfortáveis e má relação pessoal com o empregador. Pagamento baixo raramente fica no topo da lista de desvantagens, indicando que eles possuem metas pessoais além de obter altos pagamentos.

Uma política fixa de férias e folgas apropriadas é importante para os empregados, assim como a oportunidade de trabalhar com boas construções, animais e equipamentos. Os nomes dos postos também podem ser importantes. O título "trabalhador rural" contribui pouco para a satisfação pessoal e imagem própria de um empregado. Superintendente de rebanhos, administrador agrícola, líder de turma e operador de máquinas são exemplos de títulos que a maioria das pessoas associa a um status mais alto do que o de trabalhador rural.

Boas relações humanas são o fator mais importante da gestão de mão de obra. Isso inclui coisas como atitude amigável, lealdade, confiança, respeito mútuo, capacidade de delegar autoridade e disposição a ouvir as sugestões e reclamações do empregado. As instruções de trabalho devem ser dadas em detalhes suficientes para que ambos os lados saibam o que deve ser feito, quando e como. Todos respondem positivamente a elogios públicos por um serviço bem feito, mas críticas e sugestões de melhoria devem ser comunicadas em particular. Serviços desagradáveis devem ser compartilhados por todos os empregados, e todos devem ser tratados com igual respeito. Empregadores que reservam o trator maior e com ar-condicionado para seu próprio uso, enquanto os empregados dirigem tratores sem cabine, por exemplo, provavelmente terão mais problemas com mão de obra.

À medida que os empregados crescem em capacidade e experiência, devem receber mais responsabilidades, além da oportunidade de tomar mais decisões. Da mesma forma, o empregador precisa estar disposto a aceitar os resultados dessas decisões ou cautelosamente sugerir mudanças.

O ambiente de trabalho também tem um grande impacto sobre a satisfação com o trabalho. Uma pesquisa nacional com empregados de suinocultura concluiu que níveis mais altos de gás e pó estavam associados a níveis menores de satisfação com o trabalho.

Superação de barreiras culturais

A maior parte dos empregados agropecuários são imigrantes há pouco nos Estados Unidos ou filhos de imigrantes. Um estudo com trabalhadores agrícolas dos Estados Unidos revelou que 77% nasceram no exterior, e 88% informaram o espanhol como seu primeiro idioma. Quando empregados e empregadores não partilham das mesmas língua e cultura, a comunicação e a motivação podem facilmente falhar.

402 Parte VI Aquisição de recursos gerenciais

Quadro 21-3 | Exemplo: Compreensão de diferenças culturais

Os trabalhadores haitianos de um empreendimento de maçãs no norte do Estado tinham ouvido várias vezes que deveriam deixar à parte as maçãs que haviam caído, não as colocando junto com as colhidas da árvore. Também ocorriam problemas com diferentes variedades de maçãs sendo postas nos mesmos contêineres. O supervisor chegou mesmo a dizer para alguns não voltarem por causa de sua insubordinação. Conversas com os trabalhadores explicaram seus atos. No Haiti, a oferta de alimentos era escassa. Deixar o que pareciam ser maçãs boas no chão era um desperdício de comida que eles não conseguiam entender. A mistura de variedades era compreensível se considerarmos que somente ricos podem comprar maçãs no Haiti. As diversas variedades de maçã eram tão desconhecidas para eles quanto seriam as diversas variedades de banana para trabalhadores nascidos nos EUA.

Fonte: Human Resource Management on the Farm, de Kay Embrey, Serviço de Extensão Cooperativa da Cornell University.

Trabalhadores imigrantes frequentemente desenvolvem amplas redes de parentes e conhecidos de suas comunidades nativas. A lealdade é forte, podendo superar a lealdade ao trabalho ou ao empregador. Essas redes podem ser utilizadas com eficácia para recrutar novos empregados que serão aceitos pela força de trabalho existente. Inversamente, misturar trabalhadores de países ou regiões diferentes pode criar conflitos, mesmo quando as diferenças culturais não sejam aparentes para o empregador.

Programas de treinamento são muito mais vitais para empregados que não são da região. Não se podem assumir como conhecidos hábitos e conhecimentos técnicos. Mostrar aos que não são falantes nativos como realizar tarefas é muito mais eficaz do que falar. Felizmente, muitos manuais técnicos, regulamentos e contratos de trabalho já estão disponíveis em várias línguas, especialmente em espanhol.

As atitudes culturais afetam as relações entre empregado e empregador. Em muitos países, os locais de trabalho possuem estruturas hierárquicas. Os supervisores exigem respeito dos empregados com base em sua posição ou laços familiares, e não em capacidade ou personalidade. Os trabalhadores podem não se sentir confortáveis com seu empregador trabalhando lado a lado com eles, embora isso seja comum em estabelecimentos agropecuários pequenos. Eles também podem achar que fazer perguntas sobre seus deveres é um sinal de ignorância ou desrespeito. Quando alguma coisa dá errado, muitas vezes, é atribuído ao destino, e não à falta de diligência do empregado. Pontualidade e agilidade podem ser menos importantes do que relações pessoais e responsabilidades familiares. Os feriados religiosos ou culturais observados por alguns grupos étnicos podem ser diferentes daqueles do empregador, devendo ser levados em conta na elaboração do contrato de trabalho ou calendário de trabalho.

Avaliação

Os empregadores estão constantemente avaliando o desempenho dos seus empregados. No entanto, é comum que só haja comunicação depois de surgirem problemas sérios. Devem ser agendados momentos regulares de comunicação e coordenação. Se só forem realizadas reuniões quando houver um problema, o empregado ficará imediatamente na defensiva quando for convocada uma reunião. Alguns gestores tomam café da manhã com seus empregados uma vez por semana ou por mês para discutir planos e problemas. O empregador deve escutar atentamente às observações e ideias de todos os empregados, mesmo se não puderem ser tomadas providências quanto a todas elas.

Operações com uma força de trabalho volumosa devem utilizar avaliações escritas, sendo o desempenho medido em relação a descrições de trabalho. Os empregados devem ser advertidos caso seu desempenho seja insatisfatório, primeiro oralmente e, depois, por escrito, tendo uma chance para melhorar. Caso seja necessária a demissão, documente meticulosamente os motivos e dê aviso prévio por escrito. Tudo isso leva tempo, mas pode evitar queixas e processos dispendiosos mais tarde. Se um empregado pedir demissão, faça uma entrevista de desligamento. Converse sobre os motivos da saída e decida se são necessárias modificações nas práticas de recrutamento ou gestão de empregados.

REGULAMENTAÇÕES TRABALHISTAS AGROPECUÁRIAS

As regulamentações estaduais e federais que afetam o emprego da mão de obra agropecuária tornaram-se um fator importante da gestão da mão de obra nos Estados Unidos. Seu avanço estenderá aos trabalhadores rurais muito da mesma proteção desfrutada pelos trabalhadores não rurais. Para o empregador, os efeitos dessas regulamentações podem ser custos maiores por causa de mais salários e benefícios, mais registros trabalhistas para manter e investimentos adicionais em segurança e proteção ambiental, mas também uma força de trabalho mais satisfeita e produtiva.

Não é possível listar e descrever em poucas páginas todas as normas estaduais e federais pertinentes à mão de obra agropecuária. Aqui só serão discutidas brevemente algumas das mais importantes e gerais.

Lei do Salário Mínimo

Empregados agropecuários que utilizaram mais do que 500 pessoas-dia em qualquer trimestre do ano-calendário anterior devem pagar ao menos o salário mínimo federal para todos os empregados, salvo parentes diretos, determinados colheiteiros manuais por unidade e vaqueiros e pastores empregados em produção de animais criados soltos. A isenção para parentes não se aplica a sociedades de responsabilidade pessoal e corporações. O salário mínimo está sujeito a aumentos com o passar do tempo. Esta lei também ordena que os empregadores mantenham registros detalhados de folha de pagamento para comprovar cumprimento da legislação de salário mínimo. Segundo as normais federais, empregadores agropecuários não precisam pagar horas extras a empregados que trabalham mais que 40 horas semanas. Contudo, as leis estaduais podem fixar padrões mais rigorosos para remuneração por hora extra e salários mínimos, devendo ter seu cumprimento verificado.

Previdência social

Os empregadores devem reter tributos previdenciários (Lei Federal das Contribuições Securitárias [FICA]) dos salários monetários do empregado e recolher o mesmo valor. Esta regulamentação se aplica a agropecuaristas com um ou mais empregados, quando o empregado recebeu US$ 150 ou mais em salários monetários durante o ano ou quando o empregador pagou US$ 2.500 ou mais em salários totais para todos os empregados. Não são retidos tributos previdenciários para menores de 18 anos empregados por pai ou mãe. Todos os outros empregados, incluindo parentes, estão sujeitos às normas de retenção da FICA.

A alíquota e os rendimentos máximos sujeitos a este imposto aumentam todo ano. Os empregadores devem entrar em contato com o escritório local do Instituto da Previdência Social ou providenciar a Circular E da Secretaria da Fazenda (IRS), o Guia Tributário do Empregador, para saber as alíquotas atuais. A alíquota e os valores máximos do tributo representam as quantias retidas do pagamento do empregado. O empregador deve recolher o mesmo valor para a Secretaria da Fazenda.

Imposto de renda federal retido na fonte

Os produtores rurais deverão reter na fonte o imposto de renda federal sobre salários pagos para trabalhadores agropecuários sempre que o empregador e o empregado satisfizerem os mesmos critérios descritos para a retenção da contribuição previdenciária. A Circular E ou a Circular A, o Guia Tributário do Empregado Agropecuário, informa os detalhes. Para cada empregado, deve ser registrado nome, idade, número de previdência social, pagamentos monetários e não monetários recebidos e valores retidos ou deduzidos.

Indenização por acidente ou doença do trabalho

Este é um sistema de seguro projetado para proteger trabalhadores que sofrem lesões, doenças, invalidez ou morte relacionados ao trabalho. Ele também exime o empregador de responsabilidade adicional por essas lesões. Paga-se uma quantia fixa de indenização por cada doença ou lesão. As leis relativas ao seguro por acidente ou doença de trabalho para empregados rurais variam de Estado para estado, mas a maioria delas o exige de todo operador rural com um ou mais empregados. Quando necessário, o empregador paga um prêmio baseado em um percentual da folha de pagamento total dos empregados.

Seguro-desemprego

A Lei Federal do Imposto de Desemprego (FUTA), juntamente com sistemas estaduais de desemprego, repõe parte da renda que a pessoa perde devido ao desemprego. A maioria dos empregadores paga imposto de desemprego estadual e federal. Os benefícios são financiados por um imposto sobre folha de pagamento pago pelo empregador. Os empregadores rurais precisam contribuir se, no ano-calendário corrente ou anterior: (1) empregaram 10 ou mais trabalhadores por 20 ou mais semanas; ou (2) pagaram US$ 20.000 ou mais em salários monetários em qualquer trimestre-calendário. As leis estaduais variam, devendo ser verificadas junto ao órgão competente.

Regulamentações de trabalho infantil

As normas estabelecidas pela Lei de Padrões Justos de Trabalho exigem que o empregado tenha ao menos 16 anos de idade para ser empregado em trabalho agropecuário em horário escolar. A idade mínima é de 14 anos para emprego após o horário escolar, com duas exceções: crianças de 12 ou 13 anos podem ser empregadas mediante consentimento escrito dos pais ou quando um dos pais está empregado no mesmo estabelecimento rural, e crianças abaixo de 12 anos podem trabalhar no estabelecimento dos pais.

Também se aplicam restrições de idade a certos serviços classificados como perigosos. Exemplos desses serviços são trabalho com determinados químicos agropecuários, operação da maioria das máquinas rurais, trabalhar dentro de estruturas de armazenamento e trabalhar com animais reprodutores. Empregados menores de 16 anos não podem ser empregados nesses serviços perigosos, com a exceção de que empregados de 14 ou 15 anos podem obter certificação para operar máquinas rurais após cursarem cursos de segurança cadastrados. O Boletim do Trabalho Infantil n° 102 do Ministério do Trabalho dos EUA traz mais detalhes. Os empregadores também devem verificar suas leis e regulamentos estaduais, que podem ser mais rigorosos do que os federais.

Lei da Segurança e Saúde Ocupacional (OSHA)

A OSHA é uma lei federal aprovada para garantir a saúde e a segurança dos empregados, dando condições seguras de trabalho. Exemplos são a exigência de que equipamentos rurais de baixa velocidade trafegando em estradas públicas exibam na traseira um aviso de veículo de baixa velocidade (em inglês, SMV) e que haja barras de proteção na maioria dos tratores rurais. Todos os empregadores abran-

Capítulo 21 Gestão de recursos humanos **405**

gidos pela OSHA devem comunicar, dentro de oito horas, qualquer incidente no local de trabalho que resulte em óbito ou lesão grave de três ou mais empregados. Empregadores com mais de 10 empregados também precisam manter registros extras de lesões e doenças. Os empregadores rurais devem verificar as regulamentações em vigor da OSHA para garantir que cumprem todos os requisitos atuais.

Agência de Proteção Ambiental (EPA)

A EPA regulamenta o uso de pesticidas em estabelecimentos agrícolas. A Norma Técnica de Proteção do Trabalhador (WPS) para Pesticidas Agrícolas tem como fim reduzir o risco de envenenamentos e lesões por pesticidas entre trabalhadores agrícolas e manuseadores de pesticidas. Todos os trabalhadores do estabelecimento devem realizar treinamento de segurança para pesticidas, enquanto empregados designados como manuseadores de pesticidas devem passar por um treinamento mais completo. O Manual de Como Cumprir (HTC) a WPS, de 2005, fornece aos empregadores informações sobre essas importantes normas. Os órgãos regulatórios estaduais podem impor normas adicionais sobre uso de pesticidas.

Lei da Reforma e Controle da Imigração

Esta lei exige que os empregadores verifiquem documentos para se certificar da identidade e idoneidade de todos os trabalhadores que contratarem. O empregador e o empregado devem preencher e guardar um Formulário I-9, disponibilizado pelos Serviços de Cidadania e Imigração dos EUA, que atesta que o empregado é um cidadão norte-americano, estrangeiro residente ou estrangeiro com permissão para trabalhar nos Estados Unidos.

Trabalho agropecuário temporário ou sazonal H2-A

A Seção H2-A da Lei da Reforma e Controle da Imigração permite que empregadores agropecuários contratem trabalhadores estrangeiros para trabalho temporário ou sazonal caso haja escassez comprovável de trabalhadores para esses serviços. Antes de contratar trabalhadores estrangeiros nos termos desse dispositivo, o empregador precisa solicitar uma certificação de que não há trabalhadores qualificados suficientes que possam e se disponham a realizar o trabalho e de que o emprego de trabalhadores estrangeiros não prejudicará os salários e as condições de trabalho de trabalhadores em empregos semelhantes nos Estados Unidos. O valor dos salários dos trabalhadores temporários deve ser fixado de forma a não prejudicar os salários nacionais vigentes. Este programa é autorizado pela Lei da Imigração e Nacionalidade (INA), alterada pela Lei da Reforma e Controle da Imigração (IRCA) de 1986. Mais detalhes sobre os requisitos e restrições do programa são fornecidos pelo Ministério do Trabalho dos EUA.

Leis de mão de obra migrante

A Lei de Proteção ao Trabalhador Rural Migrante e Sazonal dos EUA impõe requisitos de moradia, segurança e registros a empregadores de trabalhadores agropecuários migrantes ou sazonais. As leis estaduais também podem estipular padrões mínimos de moradia, segurança e saúde.

Direitos civis

A legislação federal de direitos civis proíbe discriminação trabalhista com base em raça, cor, religião, sexo, origem nacional, deficiência, ascendência ou idade. Essas normas também se aplicam a práticas de recrutamento e contratação.

Deficiência

A Lei dos Americanos com Deficiência (ADA), de 1990, proíbe a discriminação contra empregados ou possíveis empregados com base em deficiências físicas ou mentais. Caso haja partes do trabalho que não possam ser realizadas por uma pessoa com certas deficiências, elas devem constar na descrição escrita do emprego antes que os candidatos sejam entrevistados. A ADA se aplica a negócios que empregam 15 ou mais trabalhadores por 20 ou mais semanas no ano. Os empregadores rurais devem verificar as regras atuais para checar se estão em conformidade.

RESUMO

Embora o número de pessoas empregadas na agropecuária tenha caído drasticamente nos últimos 50 anos, sua produtividade e seu nível de capacitação subiram ainda mais velozmente. O planejamento das necessidades de equipe rural envolve avaliar a quantidade, qualidade e sazonalidade da mão de obra necessária. Considerar o custo da mão de obra rural como fixo ou variável depende de sua disponibilidade e de custos de oportunidade. Boas técnicas de gestão da mão de obra podem aprimorar a eficiência e satisfação da mão de obra. Os gestores rurais também precisam estar sempre atualizando suas habilidades.

A gestão eficaz dos empregados contratados começa com o processo de recrutamento, entrevista e seleção. Deve-se elaborar um contrato de trabalho que especifique regras e remuneração, incluindo salário, benefícios e bônus. Os bônus devem ser planejados cuidadosamente, a fim de darem os incentivos laborais desejados. Os empregados agropecuários também precisam ser treinados, motivados e avaliados. Quando existirem diferenças culturais entre gestores e empregados, deve-se tomar cuidado especial para que a comunicação seja eficaz.

O gestor da mão de obra rural deve conhecer e cumprir as várias leis estaduais e federais que protegem e regulamentam os trabalhadores agropecuários.

PERGUNTAS PARA REVISÃO E REFLEXÃO

1. Por que a quantidade de recursos humanos utilizados na agropecuária diminuiu?
2. Por que o treinamento e as habilidades necessárias para trabalhadores agropecuários são maiores hoje do que no passado?
3. Em quais condições é lucrativo substituir capital por mão de obra?
4. Por que há grandes variações nos requisitos mensais de mão de obra de um estabelecimento agrícola, mas menos variações em um estabelecimento leiteiro?
5. Por que o custo da mão de obra por acre ou por cabeça costuma ser menor nos estabelecimentos grandes do que nos pequenos?
6. Observe uma tarefa rural rotineira, como ordenha ou alimentação de animais. Que sugestões você daria para simplificar a tarefa a fim de poupar mão de obra? As suas sugestões aumentariam os custos? Elas seriam lucrativas?
7. Escreva um anúncio a ser colocado em um jornal ou revista para recrutar um gestor pecuário para um estabelecimento grande.
8. Redija uma descrição pormenorizada do trabalho para esse mesmo cargo.
9. Discuta o que você incluiria em um programa de treinamento de um novo empregado agropecuário.
10. Discuta alguns procedimentos que poderiam ser usados para melhorar as relações pessoais entre um empregador ou supervisor e empregados rurais que vêm de uma cultura diferente.
11. Que tipo de programa de incentivo seria mais eficaz em um estabelecimento leiteiro com o objetivo de aumentar a produção de leite por vaca? E se o objetivo fosse reter os melhores empregados por mais tempo?
12. Quais leis e regulamentos trabalhistas tratam de tributos retidos? E de saúde e segurança? E de emprego de menores de idade?

CAPÍTULO 22

Gestão de maquinário

Objetivos do capítulo

1. Ilustrar a importância da boa gestão do maquinário em estabelecimentos rurais.
2. Identificar os custos associados à propriedade e operação de maquinário agropecuário.
3. Demonstrar procedimentos de cálculo de custos de maquinário.
4. Discutir fatores importantes da seleção de máquinas, incluindo tamanho, custos totais e execução tempestiva de operações.
5. Comparar propriedade, locação, arrendamento e locação customizada como diferentes meios de adquirir o uso de máquinas.
6. Apresentar estratégias para aumentar a eficiência do uso de máquinas.
7. Explicar fatores que influenciam a reposição de máquinas.

A mecanização teve um efeito sério sobre os custos de produção, níveis de eficiência, uso de energia, requisitos de mão de obra e qualidade de produto na agropecuária de todo o mundo. A queda da mão de obra rural necessária e o aumento da mecanização ao longo do tempo foram discutidos no Capítulo 21. Com o aumento do tamanho dos tratores, o tamanho das outras máquinas também teve que ser aumentado para acompanhar. Esses aumentos contribuíram para um maior investimento em maquinário por estabelecimento rural e um uso mais eficiente da mão de obra, possibilitando que um só operador trabalhasse muitos acres.

A qualidade do serviço feito pelas máquinas agropecuárias também subiu drasticamente. As perdas de campo durante a colheita foram grandemente reduzidas. A melhor aplicação de sementes e fertilizantes tornou possível a redução da quantidade de aração realizada. Monitores de rendimento sensíveis, pulverizadores e aplicadores mais precisos e o uso de tecnologia de posicionamento por satélite geraram um novo grupo de práticas conhecido como *agricultura de precisão*.

Discussões sobre o maior uso da mecanização na agropecuária frequentemente enfatizam tratores e outras máquinas de produção agrícola. Mas o aumento do uso de eletricidade e equipamentos na produção pecuária e manuseio de materiais talvez não tenha sido menos impactante. Os requisitos de mão de obra física caíram em muitas áreas em virtude do uso de pequenos mecanismos, motores elétricos, transportadoras, computadores, sensores e timers. Manejo de grãos, coleta e aplicação de esterco, alimentação de animais, trituração e mistura de ração, manejo de feno, contabilidade e coleta de dados foram todos enormemente automatizados para reduzir os requisitos de mão de obra e custos e para aprimorar o desempenho.

A boa gestão de maquinário busca prestar um serviço confiável aos diversos empreendimentos agrícolas e pecuários a um custo mínimo. Às vezes, o maquinário em si é um centro de lucro, como para um operador customizado. Mais frequentemente, porém, ele presta serviço para outros empreendimentos. Isso faz com que seja difícil separar completamente a gestão do maquinário de uma análise de todo o negócio. Este capítulo se concentrará no uso de princípios econômicos e orçamentários na gestão do maquinário, assim como nas relações entre maquinário, mão de obra, capital e os empreendimentos produtivos.

ESTIMATIVA DE CUSTOS DE MAQUINÁRIO

Máquinas são caras de comprar, manter e operar. Um trator pode facilmente custar mais de US$ 100.000, e uma colheitadeira de algodão ou conjugada, mais de US$ 300.000. O gestor deve estar ciente dos custos de propriedade e operação da máquina e compreender como eles se relacionam com uso de máquina, taxas de juros, vida útil e outros fatores. É fácil subestimar custos de maquinário, pois muitos deles envolvem dispêndios de caixa pouco frequentes, porém grandes, ou custos não monetários, como depreciação.

Custos de maquinário podem ser divididos em *custos de propriedade* e *operacionais*. Custos de propriedade também são chamados de custos acessórios, indiretos ou fixos, pois são fixos em relação à quantidade de uso anual. Custos operacionais também são denominados custos variáveis ou diretos, pois variam diretamente com a quantidade de uso da máquina. Custos fixos e variáveis foram discutidos no Capítulo 9, mas serão repassados nas seções seguintes na medida em que se aplicam ao maquinário rural.

Custos de propriedade

Os custos de propriedade ou fixos têm início com a compra da máquina, prosseguem enquanto ela for possuída e só podem ser evitados pelo gestor quando vende a máquina. Por esse motivo, é importante estimar os custos de propriedade resultantes antes de comprar uma máquina.

Os custos de propriedade podem representar até 60-80% dos custos anuais totais de um implemento não motorizado. Como regra geral, os custos anuais de propriedade serão cerca de 10-20% do custo original da máquina, dependendo do tipo de máquina, sua idade, vida útil esperada e custo do capital.

Depreciação

Depreciação é uma despesa não monetária que reflete uma perda no valor da máquina devida a idade, desgaste e obsolescência. É também um procedimento contábil para recuperar o custo de compra inicial de um ativo por meio da distribuição de seu custo por todo o período de propriedade. A maior parte da depreciação é provocada por idade e obsolescência; portanto, ela é considerada um custo fixo desde que a máquina é adquirida. Contudo, pesquisas demonstram que o decréscimo efetivo do valor de mercado de uma máquina pode variar em até 10%, dependendo da quantidade de uso anual.

Pode-se estimar a depreciação anual por meio do método linear ou do método do saldo decrescente, expostos no Capítulo 5. No entanto, se é necessária apenas a depreciação anual *média*, ela pode ser obtida com a mesma equação da depreciação linear:

$$\text{Depreciação} = \frac{\text{custo inicial} - \text{valor residual}}{\text{vida útil}}$$

O valor residual em várias idades pode ser estimado como um percentual do preço de catálogo de uma máquina similar nova. A Tabela 22-1 registra valores que podem ser usados para estimar o valor residual de vários tipos comuns de máquinas rurais.

As normas do fisco federal especificam alguns métodos que podem ser utilizados para calcular depreciação de máquinas para fins tributários. Entretanto, os resultados podem não refletir a depreciação anual efetiva da máquina. Os custos de propriedade devem se basear no conceito de depreciação econômica, ou queda real de valor, e não nas taxas de depreciação do imposto de renda. Os métodos de depreciação tributária geralmente usados, discutidos no Capítulo 16, resultam em depreciação alta nos primeiros anos de propriedade e pouca ou nenhuma depreciação nos últimos anos. O Quadro 5-3 ilustra outra abordagem simples para estimar depreciação de maquinário para toda uma linha de máquinas.

Juros

Investir em máquinas empata capital e impede que ele seja utilizado em um investimento alternativo. O capital patrimonial possui um custo de oportunidade, e esse custo faz parte do custo efetivo da propriedade de máquinas. O custo de oportunidade usado para capital de maquinário deve refletir o retorno esperado do investimento do capital no melhor uso alternativo. Quando é usado capital emprestado para comprar máqui-

Tabela 22-1 Valor residual estimado como percentual do preço de catálogo de uma máquina similar nova

Idade da máquina, em anos	Trator 80–149 HP	Trator 150 + HP	Conjugada	Enfardadeira	Arado	Plantadeira
1	68%	67%	70%	56%	61%	65%
2	62	59	59	50	54	60
3	57	54	51	46	49	56
4	53	49	45	42	45	53
5	49	45	40	39	42	50
6	46	42	36	37	39	48
7	44	39	32	34	36	46
8	41	36	29	32	34	44
9	39	34	26	30	31	42
10	37	32	22	28	30	40
11	35	30	21	27	28	39
12	34	28	18	25	26	38
Horas pressupostas de uso anual	400	400	275	—	—	—

Fonte: Baseado nas Normas Técnicas de 2006 da ASABE, Sociedade Americana de Engenheiros Agropecuários e Biologistas, St. Joseph, MI, 2006.

nas, o custo com juros baseia-se na taxa de juros do empréstimo. Dependendo da fonte de capital, a taxa de juros correta a ser usada é a taxa de retorno de investimentos alternativos, a taxa de juros esperada sobre capital emprestado ou uma média ponderada de ambas.

O componente de juros dos custos fixos anuais médios é calculado com as seguintes equações:

$$\text{Valor médio} = \frac{\text{Custo} + \text{valor residual}}{2}$$

$$\text{Juros} = \text{valor médio} \times \text{taxa de juros}$$

A primeira equação dá o *valor médio* da máquina ao longo de seu período de propriedade, ou seu valor na metade da sua vida útil. O valor da máquina cai ao longo do tempo, então seu valor médio é utilizado para determinar o valor médio dos juros anuais. Esse procedimento presume que o capital empatado no investimento na máquina decresce ao longo da vida útil da máquina, assim como o saldo devedor de um empréstimo usado para comprar uma máquina decresce à medida que ele é quitado.

Impostos

Alguns Estados cobram impostos patrimoniais sobre maquinário rural. O valor depende do procedimento de avaliação e da alíquota de cada local específico. Os estudos sobre custos de maquinário geralmente usam um valor de cerca de 1% do valor médio da máquina como estimativa dos impostos patrimoniais anuais. Deve-se usar uma alíquota mais alta para picapes e carretas, a fim de cobrir o custo do emplacamento e outras cobranças pelo uso de estradas.

Alguns Estados também cobram impostos sobre venda da compra de maquinário rural. Trata-se de um custo singular, então deve ser acrescido ao custo de compra inicial.

Seguro

Outro custo de propriedade é o valor anual do seguro para cobrir danos originários de colisão, incêndio, roubo, granizo ou vento, ou qualquer responsabilidade civil. Deve-se incluir um valor de seguro nos custos de propriedade mesmo quando o proprietário não tem seguro formal contratado e assume pessoalmente o risco, pois esperam-se algumas perdas ao longo do tempo. O valor correto de seguro depende da quantidade e do tipo de cobertura e dos preços de seguro de cada região. Os estudos sobre custos de maquinário geralmente usam um valor de cerca de 0,5% do valor médio da máquina. Esse valor deve ser maior para veículos de estrada, por causa dos prêmios maiores por dano patrimonial, colisão e responsabilidade civil.

Armazenagem

A maior parte das estimativas de custo de maquinário inclui um custo anual de armazenagem da máquina. Estudos estimam os custos anuais com armazenagem em cerca de 0,5% a 1,5% do valor médio da máquina, então normalmente se utiliza um valor de 1,0% para estimar os custos de armazenagem de maquinário. Também se pode calcular um valor de armazenagem estimando-se o custo anual por metro quadrado do galpão de máquinas (possivelmente incluindo um valor proporcional por área de oficina) e multiplicando-o pelo número de metros quadrados que a máquina ocupa. Mesmo se a máquina não for armazenada, deve-se computar um valor correspondente ao desgaste adicional. Um estudo nacional concluiu que, após 10 anos, tratores deixados ao ar livre tinham um valor de revenda 16% menor do que os guardados.

Arrendamento

O uso de algumas máquinas é adquirido com um contrato de arrendamento de longo prazo. Embora a máquina não seja realmente própria, o pagamento anual de arrendamento deve ser incluído junto com os demais custos fixos ou de propriedade. Normalmente, o operador também paga o prêmio de seguro da máquina arrendada e a armazenagem. As vantagens e desvantagens do arrendamento de máquinas serão discutidas posteriormente neste capítulo.

Custos operacionais

Custos operacionais estão diretamente relacionados ao nível de uso do maquinário. Eles são zero se a máquina não é usada, mas crescem diretamente com a quantidade de uso anual. Ao contrário dos custos de propriedade, eles podem ser controlados variando-se a quantidade de uso anual, aprimorando-se a eficiência e seguindo-se um programa correto de manutenção.

Reparos

Os custos anuais com reparos variam com o uso, tipo de máquina, idade, programas de manutenção preventiva e outros fatores. A Tabela 22-2 apresenta alguns custos médios de reparo por 100 horas de uso como um percentual do preço de catálogo de novo para vários tipos de máquina.

Essas taxas são baseadas nos custos médios ao longo da vida útil da máquina. Por exemplo, um trator com tração nas quatro rodas com um preço de catálogo de novo de US$ 150.000 teria custos estimados de reparo e manutenção de 0,50% × US$ 150.000 = US$ 750 para cada 100 horas de uso, ou US$ 7,50 por hora.

Porém, os custos com reparo de máquinas costumam subir com o tempo. Se uma máquina nova é comprada com garantia, os custos com reparos do operador são baixos no início. À medida que mais peças se desgastam, porém, os custos de reparo por hora ou por ano sobem rapidamente. Os custos de reparo são altamente variáveis, então deve-se ter cuidado ao usar qualquer regra geral para estimá-los. A melhor fonte de informação são registros detalhados dos custos de reparo efetivos de cada máquina no nível atual de uso, padrão de cultivo e programa de manutenção.

Combustível e lubrificação

Gasolina, óleo diesel, óleo e outros lubrificantes e filtros estão incluídos nesta categoria. Esses custos são pequenos para equipamentos sem motor, mas são importantes para máqui-

Tabela 22-2 Custos médios de reparo por 100 horas de uso, percentual do preço de catálogo de novo

Máquina	Percentual do preço de catálogo
Trator com tração normal	0,83
Trator com tração nas quatro rodas	0,50
Arado de aiveca	5,00
Arado de disco tandem	3,00
Arado de cinzel	3,75
Arado rotativo	5,33
Cultivadeira de campo	3,50
Roçadeira rotativa	3,00
Cultivadeira de linhas	4,00
Semeadeira de grãos	5,00
Segadeira de barra de corte	7,50
Segadeira rotativa	8,75
Segadeira condicionadora	3,20
Enleirador motorizado	1,83
Rastelo	2,40
Enfardadeira quadrada pequena	4,00
Enfardadeira quadrada grande	2,50
Enfardadeira redonda	6,00
Colheitadeira de forragem puxada	2,60
Colheitadeira de forragem motorizada	1,25
Colheitadeira de algodão motorizada	2,67
Colheitadeira de beterraba	6,67
Colheitadeira de batata	2,80
Conjugada motorizada	1,33
Carreta de grãos	2,67
Carreta de forragem	2,50
Pulverizador de barra	4,67
Pulverizador de pomar	3,00
Distribuidor de fertilizante	6,67

Fonte: Hunt, Donnell: *Farm Power and Machinery Management*, 9ª edição, com base em dados da Sociedade Americana de Engenheiros Agropecuários e Biologistas.

412 Parte VI Aquisição de recursos gerenciais

nas motorizadas, como tratores, colheitadeiras e pulverizadores. O consumo de combustível por hora depende do tamanho do motor, carga, velocidade e condições do campo. Podem-se usar registros do estabelecimento para estimar o consumo médio de combustível. Dados de testes com tratores indicam que o consumo médio de combustível, em galões por hora, pode ser estimado a partir da tomada de potência máxima do trator, em hp, como segue:

$$\frac{\text{Galões}}{\text{por hora}} = 0,060 \times \text{PTO hp (gasolina)}$$

$$\frac{\text{Galões}}{\text{por hora}} = 0,044 \times \text{PTO hp (diesel)}$$

O custo do combustível por hora pode, então, ser estimado multiplicando-se o uso estimado de combustível pelo preço de compra do combustível.

Os custos com lubrificantes e filtros ficam na média de 10% a 15% dos custos com combustível para máquinas motorizadas. O custo com lubrificantes de máquinas não motorizadas geralmente é tão pequeno, que pode ser ignorado ao se estimarem custos operacionais.

Mão de obra

A quantidade de mão de obra necessária para máquinas rurais depende da operação sendo realizada, da velocidade e eficiência no campo e do tamanho das máquinas sendo utilizadas. Os custos com mão de obra normalmente são estimados separados dos custos de maquinário, mas precisam ser incluídos em toda estimativa do custo total de realizar uma dada operação com máquinas. Os custos com mão de obra relacionados a maquinário são subestimados quando só se considera o tempo gasto efetivamente operando a máquina no campo. O valor total da mão de obra tem que incluir também o tempo empregado abastecendo, lubrificando, consertando, ajustando e deslocando as máquinas entre os campos e a sede do estabelecimento rural. Essas atividades acrescem de 10% a 25% ao tempo de campo da máquina.

O valor dado à mão de obra com maquinário deve refletir os salários locais. Contudo, para várias operações, o nível de habilidade necessário deve ser levado em conta. Deve-se usar um valor maior para a hora da mão de obra na aplicação de pesticidas, plantação, colheita e outras operações de alta capacitação.

Contrato customizado ou locação

Quando um operador customizado é contratado para executar determinadas operações com

---

Quadro 22-1 Recuperação de capital

Uma alternativa ao cálculo de depreciação e juros é calcular o valor de anual de recuperação de capital. O valor de recuperação de capital inclui os custos anuais tanto de depreciação quanto de juros. Ele pode ser obtido utilizando-se a equação abaixo.

O fator de amortização é o valor da Tabela 1 do Apêndice que corresponde ao período de propriedade e aos juros da máquina. O valor da recuperação de capital é o pagamento anual que recupera o investimento inicial perdido por meio de depreciação mais juros sobre o investimento. Essa quantia é geralmente um pouco mais alta do que a soma dos valores de depreciação anual média e juros calculados com as equações anteriores, pois a recuperação de capital pressupõe que os valores de juros são calculados sobre quantias do início de cada ano, sendo capitalizados anualmente.

$$\frac{\text{Recuperação}}{\text{de capital}} = \left[\frac{\text{fator de}}{\text{amortização}} \times (\text{valor inicial} - \text{valor residual}) \right] + (\text{taxa de juros} \times \text{valor residual})$$

máquina, esses custos devem ser incluídos nos custos variáveis ou operacionais do estabelecimento agropecuário. Os preços das máquinas customizadas geralmente são orçados por acre, hora, bushel ou tonelada e incluem o valor da mão de obra do operador customizado, além de todos os outros custos de propriedade e operacionais.

Em outros casos, o produtor rural aluga uma máquina que será utilizada apenas por alguns dias ou semanas. O operador fornece a mão de obra e o combustível e paga um valor por hora ou dia para usar a máquina. Essa despesa de locação também tem que ser incluída no custo total de maquinário do estabelecimento agropecuário.

Outros custos operacionais

Algumas máquinas especializadas possuem custos operacionais extras associados ao seu uso. Itens como cordel, embalagens plásticas e sacos podem ter que ser incluídos nos custos variáveis de certas operações.

Custos e uso do maquinário

Geralmente, estima-se que os custos fixos ou de propriedade anuais totais são constantes, qualquer que seja a quantidade de uso da máquina durante o ano. Os custos operacionais ou variáveis, contudo, aumentam com a quantidade de uso, geralmente a uma taxa constante por acre ou por hora. O resultado é que os custos totais anuais também aumentam a uma razão constante. Essas relações são mostradas na Figura 22-1a.

Para fins de tomada de decisão, muitas vezes, é proveitoso expressar custos de maquinário em termos do custo médio por acre, hora ou unidade de produto. Os custos fixos médios caem com o aumento dos acres, horas ou unidades de produto por ano, enquanto os custos variáveis médios são constantes se os custos variáveis totais aumentam a uma razão constante. O custo total médio é a soma dos custos variáveis médios e custos fixos médios, de forma que também cai com o uso adicional. Essas relações são apresentadas na Figura 22-1b, onde a distância vertical entre as curvas de custo fixo médio e custo total médio é constante e igual ao custo variável médio.

As estimativas de custo de maquinário serão tão precisas quanto a estimativa do uso anual for. Deve-se empenhar tanto esforço na estimativa desse valor quanto na estimativa dos vários componentes de custo. O uso de registros reais de campo e contadores de tratores aprimora a precisão das estimativas de uso anual.

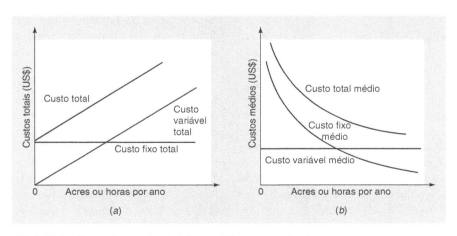

Figura 22-1 Relações entre custos totais e médios com máquinas.

414 Parte VI Aquisição de recursos gerenciais

EXEMPLOS DE CÁLCULO DE CUSTO DE MAQUINÁRIO

A Tabela 22-3 apresenta um exemplo de como calcular os custos anuais totais e custos médios por hora e por acre de uma conjugada nova.

Custos de propriedade

A primeira etapa é listar todos os dados básicos, como preço de catálogo, custo de compra, valor residual, período de propriedade, uso anual estimado e taxa de juros sobre o capital investido. A seguir, os custos totais de propriedade são calculados e convertidos em um custo médio de propriedade por hora de uso. Para a conjugada do exemplo, os custos médios de propriedade são estimados em US$ 21.579 por ano ao longo de 10 anos. Com base nas 300 horas de uso anual presumido, o custo de propriedade médio por hora é estimado em US$ 71,93. Lembre-se de que esse valor mudará se as horas de uso forem maiores ou menores do que 300.

Se tivesse sido usado o método da recuperação de capital, a estimativa dos custos fixos teria sido ligeiramente maior. O fator de recuperação de capital da Tabela 1 do Apêndice para uma vida útil de 10 anos e juros de 8% é 0,14903, então o valor da recuperação de capital seria:

$$[0,14903 \times (160.000 - 38.500)] + (0,08 \times 38.500) = US\$\ 21.187$$

Usando esse método, os custos fixos totais seriam (US$ 21.187 + US$ 1.489) = US$ 22.676 por ano, ou US$ 75,59 por hora.

O preço de catálogo de uma máquina nova comparável àquela para a qual os custos estão sendo estimados é usado como referência para estimar o valor residual e os custos de reparo. Em alguns casos, o preço de compra é igual ao preço de catálogo, mas geralmente se consegue algum desconto. Isso é quase sempre verdade quando se está comprando uma máquina usada. Se os custos estão sendo calculados para uma máquina que já é de alguém, use uma estimativa de seu valor de mercado atual no lugar do preço de compra. Entretanto, o preço de catálogo ainda deve ser de um modelo novo e comparável.

Custos operacionais

Os custos operacionais totais, incluindo consertos, combustível, lubrificação e mão de obra, são calculados na etapa 3 da Tabela 22-3. O requisito de mão de obra foi aumentado em 20% em relação ao uso estimado da máquina, para contabilizar o tempo necessário para assistência, ajuste e transporte da conjugada. O custo operacional médio por hora foi estimado em US$ 62,60.

O total dos custos de propriedade e operacionais por hora é estimado em US$ 134,53 (etapa 4). Esse número pode ser convertido para um custo por acre ou por unidade de produto, caso a capacidade de campo por hora seja conhecida. Na etapa 5 do exemplo, a taxa de desempenho da conjugada é presumida como 8 acres por hora, resultando em um custo total por acre de US$ 16,82.

Quando o mesmo trator é usado para tracionar diversos implementos ou mais de um cabeçote de colheita é utilizado na mesma unidade motorizada, os custos de propriedade e operacionais devem ser calculados separadamente para a unidade motorizada e para o implemento. Depois, eles podem ser somados para dar o custo combinado de realizar a operação. Na Tabela 22-4, foram estimados os custos de propriedade e custos operacionais por hora de um trator com 185 hp e um arado de cinzel de 16 pés, empregando os métodos explicados.

Os custos com combustível de lubrificação e o valor da mão de obra foram atribuídos apenas ao trator. Os custos *por hora* do trator e do cinzel são combinados para obter o custo total de aração por hora, sendo este dividido pela capacidade de campo para obter o custo por acre. Não é correto combinar os custos *anuais* das duas máquinas quando apenas parte do uso anual da unidade motorizada se dá com esse implemento. No lugar disso, os custos *horários* devem ser combinados. Para uma

Capítulo 22 Gestão de maquinário   **415**

Tabela 22-3   Cálculo dos custos de maquinário de uma conjugada nova

Etapa 1: Listar dados básicos	
Conjugada nova, cabeçote de 24 pés, motor a diesel de 240 hp:	
Preço de catálogo	US$ 175.000
Preço de compra	US$ 160.000
Valor residual (22% do preço de catálogo de novo, Tabela 22-1)	US$ 38.500
Valor médio (US$ 160.000 + 38.500) ÷ 2	US$ 99.250
Período de propriedade	10 anos
Uso anual estimado	300 horas
Taxa de juros (custo do capital)	8%
Preço do combustível por galão	US$ 2,25
Etapa 2: Calcular os custos de propriedade	
Depreciação (US$ 160.000 – 38.500) ÷ 10 anos	US$ 12.150
Juros (8% × US$ 99.250)	US$ 7.940
Impostos, seguro e armazenagem (1,5% × US$ 99.250)	US$ 1.489
Total anual de custos de propriedade	US$ 21.579
Custos de propriedade por hora (US$ 21.579 ÷ 300 horas)	US$ 71,93
Etapa 3: Calcular custos operacionais	
Reparos (1,33%, da Tabela 22-2, × preço de catálogo de US$ 175.000 × 300 horas ÷ 100)	US$ 6.983
Combustível diesel (240 hp × 0,044 galão/hp-hora × US$ 2,25 por galão × 300 horas)	US$ 7.128
Lubrificação e filtros (15% dos custos com combustível)	US$ 1.069
Mão de obra (300 horas × US$ 10,00 por hora × 1,20)*	US$ 3.600
Total anual de custos operacionais	US$ 18.780
Custos operacionais por hora (US$ 18.780 ÷ 300 horas)	US$ 62,60
Etapa 4: Calcular custo total por hora	
Custo de propriedade por hora	US$ 71,93
Custo operacional por hora	US$ 62,60
Custo total por hora	US$ 134,53
Etapa 5: Calcular custo por acre	
Taxa de desempenho: 8 acres por hora (US$ 134,53 ÷ 8 acres)	US$ 16,82

* Os requisitos de mão de obra são aumentados em 20% para contabilizar o tempo usado com assistência, ajuste, conserto e transporte da máquina.

máquina de propulsão própria ou um implemento solto, contudo, o custo por acre pode ser encontrado dividindo-se o custo anual pelos acres anuais de uso, sem calcular primeiro os custos horários.

FATORES DA SELEÇÃO DE MÁQUINAS

Um dos problemas mais árduos da gestão rural é selecionar o maquinário com a ca-

416 Parte VI Aquisição de recursos gerenciais

Tabela 22-4 Custo combinado de um trator e um implemento

	Trator de 185 hp	Arado de cinzel de 16 pés
Custos de propriedade anuais	US$ 11.900	$1.540
Horas de uso anuais	500	120
Custo de propriedade por hora	US$ 23,80	$12,83
Custos operacionais por hora:		
Combustível e lubrificação	18,70	
Reparos	6,50	6,73
Mão de obra	12,00	
Custo total por hora	US$ 61,00	$19,56
Custo combinado por hora	US$ 80,56	
Capacidade de campo (acres por hora)	9,0	
Custo combinado por acre	US$ 8,95	

pacidade certa. Esse processo é complicado não apenas pela grande variedade de tipos e tamanhos disponíveis, mas também pela disponibilidade de capital, requisitos de mão de obra, os empreendimentos agrícolas e pecuários específicos do plano do estabelecimento, práticas de aração e fatores climáticos. O objetivo da seleção de máquinas é comprar a máquina que realizará satisfatoriamente a tarefa necessária, no tempo à disposição, com o menor custo total possível. No entanto, isso não necessariamente resulta na compra da menor máquina disponível. Os custos de mão de obra e de tempestividade também precisam ser considerados.

Tamanho da máquina

A primeira etapa da seleção de máquinas é determinar a capacidade de campo de cada tamanho disponível. A fórmula para obter a capacidade em acres por hora é:

$$\text{Capacidade de campo} = \frac{\text{Velocidade (mph)} \times \text{Largura (pés)} \times \text{Eficiência de campo (\%)}}{8,25}$$

Por exemplo, um enleirador de 12 pés de largura, operado a 8 milhas por hora com uma eficiência de campo de 82%, teria uma capacidade de campo efetiva de:

$$\frac{8 \text{ mph} \times 12 \text{ ft.} \times 82\%}{8,25} = 9,5 \text{ acres/hora}$$

A eficiência de campo é incluída na equação para reconhecer que a máquina nem sempre é usada a 100% de sua capacidade máxima, em função de sobreposição de trabalho e tempo gasto girando, ajustando, lubrificando e manuseando sementes e outros materiais. Operações como plantação, que demandam paradas frequentes para encher os tanques de sementes, pesticida e fertilizante, podem ter eficiências de campo de apenas 50% ou 60%. Por outro lado, são possíveis eficiência de campo de até 85% a 90% para algumas operações de aração, especialmente em campos grandes, em que o tempo de giro e a sobreposição de trabalho são minimizados. Máquinas maiores costumam ter eficiências de campo mais altas por causa de menos sobreposição e menos tempo necessário para ajustes relacionados à área coberta.

A próxima etapa da seleção de máquina é calcular a capacidade de campo mínima (acres por hora) necessária para realizar o serviço no tempo disponível. Esse valor é encontrado dividindo-se o número de acres que a máquina deve cobrir pelo número de horas de campo disponíveis para concluir a operação. Por outro lado, o número de horas de campo disponíveis depende de quantos dias terão meteorologia adequada para realizar a operação e do número de horas de mão de obra ou de campo disponíveis por dia. A fórmula para obter a capacidade de campo mínima em acres por hora é:

Capacidade de campo mínima =

$$\frac{\text{Acres a cobrir}}{\text{Horas por dia} \times \text{Dias disponíveis}}$$

Imagine que o operador quer conseguir enleirar 180 acres em 2 dias e pode operar o enleirador 10 horas por dia. A capacidade mínima necessária é:

$$[180 \text{ acres} \div (10 \text{ horas} \times 2 \text{ dias})]$$
$$= 9,0 \text{ acres/hora.}$$

O enleirador de 12 pés, com uma capacidade de 9,5 acres por hora, parece ser grande o suficiente.

Quando diversas operações de campo precisam ser realizadas em um certo número de dias, pode ser mais conveniente calcular os dias necessários para cada operação e, então, somá-los para testar se um conjunto de máquinas terá capacidade suficiente. A fórmula de cada operação é:

Dias de campo necessários =

$$\frac{\text{Acres a cobrir}}{\text{Horas por dia} \times \text{Acres por hora}}$$

Utilizando o mesmo exemplo, imagine que o operador também possui uma enfardadeira com uma capacidade de campo efetiva de 5 acres por hora. Se só podem ser realizadas 8 horas de enfardamento por dia, 180 acres exigem:

$$\frac{180 \text{ acres}}{8 \text{ horas} \times 5 \text{ acres/hora}} = 4,5 \text{ dias}$$

Logo, é necessário um total de 2,0 + 4,5 = 6,5 dias de campo adequados para cada vez que os 180 acres sejam enleirados e enfardados. O operador precisa decidir se os padrões meteorológicos normais possibilitam tantos dias disponíveis sem o risco de perdas consideráveis para a safra.

O tamanho do maquinário necessário para realizar operações de campo de maneira tempestiva pode ser reduzido: (1) aumentando-se a oferta de mão de obra, de modo que o maquinário possa ser operado mais horas por dia ou duas operações possam ser executadas ao mesmo tempo; (2) reduzindo-se o número de operações de campo realizadas; ou (3) produzindo-se diversos cultivos com diferentes épocas principais de plantio e colheita em vez de apenas um cultivo. Muitas vezes, esses ajustes são mais baratos do que adquirir máquinas maiores.

A seleção de máquinas também pode envolver uma escolha entre uma máquina grande ou duas pequenas. O custo de compra e os custos fixos anuais serão maiores para duas máquinas, pois a mesma capacidade geralmente pode ser obtida a um custo menor com uma máquina grande. Também serão necessários dois tratores e dois operadores, caso estejam envolvidos equipamentos puxados por trator. A principal vantagem de possuir duas máquinas é mais confiabilidade. Se uma máquina quebra, o trabalho não é completamente interrompido, podendo continuar à metade da velocidade usando a máquina restante.

Tempestividade

Algumas operações de campo não precisam ser executadas em um período fixo, mas quanto mais tarde forem realizadas, menor o rendimento colhido deverá ser. A redução no rendimento pode ser em termos de qualidade, como frutas e hortaliças que passam do ponto, ou em quantidade, como cereais que passam por um tempo de crescimento curto demais quando o plantio é tardio ou que têm muitas perdas no campo durante a colheita. A Figura 22-2 mostra uma relação típica entre tempo de plantio e rendimento potencial para trigo de inverno, em que o plantio cedo ou tarde demais diminui o rendimento.

Uma diminuição do rendimento diminui o lucro, devendo ser incluída como parte do custo de utilizar uma máquina menor. Esse custo é chamado de *custo de tempestividade*. O custo monetário de má tempestividade é difícil de estimar, pois varia de ano para ano, dependendo das condições meteorológicas e dos preços. No entanto, deve-se incluir algu-

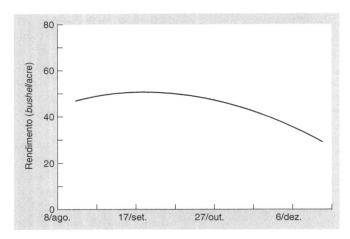

Figura 22-2 Rendimentos de trigo vermelho duro de inverno em função da data de plantio, Stillwater, Oklahoma.
Fonte: F. M. Epplin, D. E. Black e E. G. Krenzer, *Current Farm Economics*, vol. 64, n° 3, set. 1991.

ma estimativa ao comparar o custo de propriedade de máquinas de tamanhos diferentes. A Figura 22-3 é um exemplo hipotético de como a tempestividade e outros custos de maquinário mudam quanto maiores forem as máquinas usadas para realizar a mesma quantidade de trabalho. No começo, máquinas maiores reduzem os custos de tempestividade e mão de obra e diminuem os custos totais. Após um certo ponto, não há mais ganhos em tempestividade, e custos maiores de propriedade fazem com que o custo total suba. Questões de tempestividade e custos de mão de obra devem ser pesados contra custos de propriedade maiores ao se selecionar o tamanho de máquina de menor custo.

O orçamento parcial é uma ferramenta útil para usar ao tomar decisões sobre tamanho de máquinas quando a tempestividade é importante. A Tabela 22-5 contém um exemplo que salienta a importância de considerar todos os custos. Passar de uma semeadeira de grãos de 20 pés para uma de 40 pés duplica os custos anuais de propriedade. Porém, o gestor estima que a melhor tempestividade do plantio resultará em um aumento médio de rendimento de 1 bushel de trigo por acre a cada ano para 1.000 acres. O valor desse rendimento extra, combinado a custos de mão de obra e reparo ligeiramente maiores, resulta em um aumento projetado da renda líquida de mais de US$ 2.000 por ano com a compra da semeadeira maior. A data do plantio também depende de quanto tempo leva para concluir a aração e outras operações anteriores ao plantio. Portanto, deve-se analisar o complemento total de maquinário quando fatores de tempestividade estão sendo considerados.

ALTERNATIVAS DE AQUISIÇÃO DE MÁQUINAS

Gestão eficiente de maquinário significa ter o tamanho e tipo corretos de máquina disponíveis para usar no momento certo com um custo mínimo. Após o tamanho e o tipo terem sido escolhidos, existem várias alternativas comuns para adquirir o uso de equipamento rural.

Propriedade

A maioria dos gestores agropecuários prefere ser dona de suas máquinas. A propriedade lhes dá controle completo sobre o uso e disposição

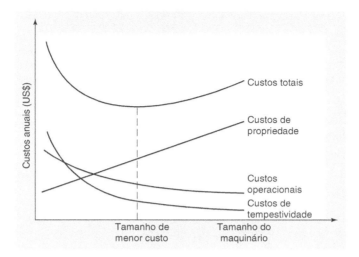

Figura 22-3 Efeito hipotético da tempestividade e do tamanho da máquina sobre o custo.

de cada máquina. No entanto, máquinas e veículos representam um grande investimento em estabelecimentos agropecuários comerciais, chegando a US$ 150-200 por acre em muitas operações de cereais para comercialização e passando de US$ 2.000 por acre em alguns estabelecimentos de hortaliças. Os gestores devem prestar atenção para controlar o tamanho do investimento e dos custos operacionais relacionados. O investimento em máquinas pode ser reduzido: (1) usando-se máquinas menores; (2) aumentando-se o uso anual de máquinas para diminuir o custo de propriedade médio por unidade de produto; (3) ficando-se com as máquinas por mais tempo antes de revendê-las; (4) comprando-se máquinas usadas; e (5) usando-se alternativas à propriedade, como locação, arrendamento e contrato customizado.

A troca frequente de máquinas por modelos novos pode resultar em custos de propriedade maiores que a média. Porém, alguns gestores gostam de ter seu maquinário dentro da garantia do fabricante, para evitar altos custos com reparos, preferindo sempre ter a tecnologia mais atual.

Alguns revendedores de máquinas oferecem planos de "renovação" da propriedade. O operador compra uma máquina nova e, então, troca-a por outra nova todo ano. O custo do negócio dependerá do número de horas de uso da máquina antiga. Os planos de renovação preveem o uso de uma máquina nova por ano, geralmente com garantia, a um custo certo.

Locação

Quando o capital de investimento é limitado ou os juros são altos, alugar uma máquina pode ser preferível a possuí-la. Contratos de locação de curto prazo geralmente vão de alguns dias até uma estação inteira. O operador paga um aluguel mais o custo do seguro e da manutenção diária, mas não os consertos grandes. A locação de maquinário é especialmente atrativa quando: (1) é necessária uma máquina especializada para uso relativamente baixo; (2) é necessária capacidade extra ou uma máquina de reposição por um curto período; ou (3) o operador quer testar uma nova máquina ou prática produtiva sem fazer um investimento de capital de longo prazo.

Ocasionalmente, máquinas grandes e caras, como conjugadas, são alugadas para dois ou mais estabelecimentos no mesmo ano, muitas vezes, em Estados diferentes. Isso

420 Parte VI Aquisição de recursos gerenciais

Tabela 22-5 Exemplo de orçamento parcial para selecionar a máquina mais lucrativa

Ajuste: Passar de uma semeadeira de grãos de 20 pés (custo de compra de US$ 15.000) para uma de 40 pés (preço de compra de US$ 30.000). Assumem-se valor residual de 44%, período de propriedade de 8 anos e juros de 10%. A máquina de 20 pés precisa de 137 horas para semear 1000 acres; a máquina de 40 pés precisa de 65 horas. Presume-se que os custos com combustível e lubrificação são iguais para ambas as semeadeiras.

Receita adicional:

Aumento de rendimento de 1 bushel por acre × 1.000 acres × US$ 3,75 por bushel

Receita adicional total		US$ 3.750

Custos reduzidos:	**Propriedade**	**Operacionais**
Depreciação (US$ 15.000 – 6.600) ÷ 8 anos	US$ 1.050	
Juros (US$ 15.000 + 6.600) ÷ 2, × 10%	1.080	
Impostos e seguro (US$ 15.000 + 6.600) ÷ 2, × 1%	108	
Reparos (US$ 15.000 × 5% × 137 horas ÷ 100)		US$ 1.028
Mão de obra (72 horas a menos, a US$ 7/hora)		504
Subtotal	US$ 2.238	US$ 1.532
Custos reduzidos totais		US$ 3.770
Total de receita adicional e custos reduzidos		US$ 7.520

Custos adicionais:	**Propriedade**	**Operacionais**
Depreciação (US$ 30.000 – 13.200) ÷ 8 anos	US$ 2.100	
Juros (US$ 30.000 + 13.200) ÷ 2, × 10%	2.160	
Impostos e seguro (US$ 30.000 + 13.200) ÷ 2, × 1%	216	
Reparos (US$ 30.000 × 5% × 65 horas ÷ 100)		US$ 975
Subtotal	US$ 4.476	US$ 975
Custos adicionais totais		US$ 5.451

Receita reduzida:		**0**
Total de custos adicionais e receita reduzida		US$ 5.451
Alteração líquida da renda rural		US$ 2.069

funciona melhor quando a época de colheita é diferente para cada locatário. A empresa de locação geralmente fica responsável pela assistência e transporte da máquina, mas o locatário deve devolvê-la até uma data fixa.

Arrendamento

Um arrendamento é um contrato de longo prazo em que o proprietário da máquina (o arrendante), muitas vezes, uma concessionária ou empresa de locação, concede controle e uso de uma máquina ao usuário (o arrendatário) por um prazo específico, contra um pagamento mensal, semestral ou anual. A maioria dos arrendamentos de maquinário é de três a cinco anos ou mais, com o primeiro pagamento normalmente vencendo no início. Como qualquer contrato formal, o arrendamento deve ser feito por escrito, prevendo quesitos como valores e datas de pagamento; multas por uso excessivo; pagamento de consertos, tributos e seguro;

responsabilidade por perdas ou danos; e disposições sobre rescisão.

Alguns arrendamentos permitem que o arrendatário compre a máquina no fim do prazo do arrendamento por um preço determinado. É o chamado *leasing* (arrendamento mercantil). Para manter a dedutibilidade de imposto de renda dos pagamentos do leasing, a compra ao fim do arrendamento deve ser opcional e por um valor aproximadamente igual ao valor de mercado da máquina à época. De outra forma, o arrendamento pode ser considerado um contrato de venda ou arrendamento financeiro, sendo que, em vez dos pagamentos do arrendamento, são a depreciação e os juros que são dedutíveis do imposto do arrendante, como se o operador fosse o proprietário da máquina.

Arrendar maquinário pode ajudar os operadores a diminuir o montante de capital empatado em ativos não circulantes. Embora os pagamentos de arrendamento representem uma obrigação de fluxo de caixa, exatamente como pagamentos de empréstimo, eles costumam ser menores. O arrendamento reduz o risco de obsolescência, pois o arrendatário não é obrigado a ficar com a máquina além do prazo do contrato de arrendamento. Além disso, operadores que favorecem a confiabilidade e o desempenho de uma máquina mais nova geralmente a arrendam por alguns anos e depois a trocam por uma nova. Para alguns operadores que têm pouca renda rural tributável e não podem usar deduções de depreciação, como o lançamento como despesa da Seção 179, o arrendamento, às vezes, tem um custo após impostos inferior ao da propriedade.

Também existem desvantagens no arrendamento de maquinário rural. Em muitas regiões, a prática não é muito difundida, e o modelo desejado pode não estar disponível para arrendamento. Os pagamentos de arrendamento são despesas operacionais, e atraso no pagamento pode provocar a rescisão do arrendamento. Além do mais, o arrendatário talvez não possa rescindir o arrendamento antes do prazo sem pagar uma multa considerável. O arrendamento não permite que o operador agregue valor patrimonial à máquina. Salvo se a opção de compra for exercida quando o arrendamento expira, a máquina volta ao dono e o operador não tem participação financeira nela.

A decisão entre equipamento arrendado ou próprio deve ser estudada com cuidado, como mostrado no exemplo da Quadro 22-2. O custo econômico (valor presente líquido de todos os pagamentos) e os requisitos de fluxo de caixa devem ser analisados, sendo ajustados à situação financeira do negócio.

Contratação customizada

A contratação customizada é uma prática importante em algumas regiões para operações como aplicação de pesticidas e colheita de cereais ou forragens. A decisão de possuir uma máquina ou contratar o serviço depende dos custos envolvidos, das habilidades necessárias e da quantidade de trabalho a ser realizada. Para máquinas que serão pouco usadas, costuma ser muito mais econômico contratar o trabalho customizado. Porém, a disponibilidade e a confiabilidade dos operadores customizados precisam ser consideradas. O gestor pode não querer depender de um operador customizado para uma tarefa como plantio, em que a tempestividade costuma ser crítica.

Os custos totais por acre ou por unidade de produto devem ser comparados ao se decidir entre propriedade da máquina ou contratação customizada. Os preços da contratação normalmente se dão a uma taxa fixa por acre, hora ou tonelada, enquanto os custos de propriedade por unidade caem com maior uso. Essas relações são mostradas na Figura 22-4. Para níveis baixos de uso, contratar um operador customizado é mais barato, enquanto o custo é menor com máquina própria no caso de alto uso. O ponto em que a vantagem de custo muda (ou ponto de equilíbrio) está indicado como nível de produto *a* na Figura 22-4.

422 Parte VI Aquisição de recursos gerenciais

| **Quadro 22-2** | **Exemplo de comparação entre compra e arrendamento** |

A família de agricultores Struthers precisa substituir um de seus grandes tratores de aração. Eles identificaram o modelo que desejam em uma concessionária local. A concessionária lhes oferece duas alternativas:

1. Comprar o trator por US$ 65.000, menos um abatimento de US$ 11.000 pelo valor de revenda do seu trator antigo, que tem uma base de cálculo tributária de US$ 0. Eles podem quitar a diferença de US$ 54.000 em cinco pagamentos anuais iguais de US$ 13.883, começando dali a 12 meses. Os juros anuais são de 9%.
2. Arrendar o trator por 5 anos. Os pagamentos anuais do arrendamento seriam de US$ 11.000 por ano. O primeiro vence na assinatura do contrato, mas pode ser pago abatendo-se o valor de revenda. Após 5 anos, eles podem comprar o trator por US$ 32.000.

Os Struthers têm um custo de capital de 7% e uma alíquota marginal de imposto de renda de 40%, de modo que sua taxa de desconto após imposto é de $0,07 \times (1,00 - 0,40) = 0,042$, ou 4,2%. Comprar o trator lhes permitiria aproveitar a opção de lançamento como despesa da depreciação da Seção 179, apresentada no Capítulo 16, até o preço integral de compra. Eles também poderiam lançar como despesa o custo de compra no fim do prazo do arrendamento.

Compra com empréstimo	Ano 1	Ano 2	Ano 3	Ano 4	Ano 5	Total
a) Principal do empréstimo	US$ 9.023	US$ 9.835	US$ 10.720	US$ 11.685	US$ 12.737	US$ 54.000
b) Juros do empréstimo	4.860	4.048	3.163	2.198	1.146	15.415
c) Depreciação tributária	54.000	0	0	0	0	54.000
d) Economias tributárias (b + c) × 0,40	23.544	1.619	1.265	879	459	27.766
e) Saída de caixa líquida (a + b – d)	-9.661	12.264	12.618	13.004	13.424	41.649
f) Fator de desconto	0,960	0,921	0,884	0,848	0,814	
g) Valor presente (e × f)	-9.275	11.295	11.154	11.027	10.928	35.129

Arrendamento mercantil	Ano 1	Ano 2	Ano 3	Ano 4	Ano 5	Total
a) Pagamento do arrendamento	US$ 11.000	US$ 11.000	US$ 11.000	US$ 11.000		US$ 44.000
b) Custo de compra					US$ 32.000	32.000
c) Depreciação tributária					32.000	32.000
d) Economias tributárias (a + c) × 0,40	4.400	4.400	4.400	4.400	12.800	30.400
e) Saída de caixa líquida (a + b – d)	6.600	6.600	6.600	6.600	19.200	45.600
f) Fator de desconto	0,960	0,921	0,884	0,848	0,814	
g) Valor presente (e × f)	6.336	6.079	5.834	5.597	15.629	39.475

Utilizando as técnicas de análise de investimento discutidas no Capítulo 17, eles conseguem calcular o valor presente líquido do custo de adquirir o trator com ambas as opções, como mostrado aqui.

O valor presente líquido de comprar o trator e quitar o empréstimo é de US$ 35.129 após impostos, inferior aos US$ 39.475 do custo de arrendar o trator e, então, exercer a opção de compra. Isso significa que, neste exemplo, comprar sai mais barato no longo prazo. Entretanto, nos anos 2, 3 e 4, a saída de caixa líquida é consideravelmente mais alta na compra do que no arrendamento. Se for esperado que o fluxo de caixa seja escasso nesses anos, a opção de arrendamento pode, ainda assim, ser preferível.

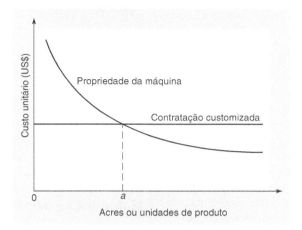

Figura 22-4 Custo por unidade de produto com máquina própria ou contratação customizada.

Quando há os dados de custo necessários, o ponto de equilíbrio pode ser obtido por meio da seguinte equação:

Ponto de equílibrio =
$$\frac{\text{Custos fixos totais anuais}}{\text{Contratação customizada} - \text{Custos variáveis por unidade}}$$

Por exemplo, os custos fixos ou de propriedade da conjugada da Tabela 22-3 eram de US$ 21.579. Os custos variáveis para operá-la eram de US$ 7,82 por acre, a uma taxa de desempenho de 8 acres por hora (US$ 62,60 por hora divididos por 8 acres por hora). Se a taxa da contratação customizada de uma conjugada similar fosse de US$ 30,00 por acre, o ponto de equilíbrio seria:

$$\frac{\text{US\$ } 21.579}{\text{US\$ } 30{,}00 - 7{,}82} = 973 \text{ acres}$$

Se a máquina fosse ser usada em menos que 973 acres, seria mais barato contratar o serviço; para mais de 973 acres, seria mais barato ter a máquina. A determinação do ponto de equilíbrio é um guia útil para ajudar os gestores a escolher entre propriedade de máquinas e contratação customizada.

O uso da mão de obra é outra consideração na contratação customizada. O operador customizado geralmente fornece a mão de obra necessária para operar a máquina, o que libera a mão de obra do operador do estabelecimento para outros usos. Isso pode ser uma vantagem se reduzir a quantidade necessária de mão de obra contratada ou se a mão de obra do proprietário possuir um alto custo de oportunidade na época em que o trabalho customizado estiver sendo executado. Também pode ser uma vantagem para operações que exigem habilidades especiais para sua realização, como a aplicação de pesticidas.

Muitos operadores com maquinário próprio veem vantagem em fazer trabalho customizado para outros agropecuaristas. Isso ajuda a distribuir por mais acres seus custos fixos de propriedade. No entanto, é importante que os operadores customizados estimem com precisão seus custos, para chegar a um preço justo e lucrativo.

MELHORIA DA EFICIÊNCIA DO MAQUINÁRIO

Podem ser usados diversos valores para medir a eficiência do uso do maquinário. Uma deles é o *investimento em maquinário por acre cultivável*, calculado dividindo-se o valor atual de todas as máquinas agrícolas pelo número de acres cultiváveis do estabelecimento rural. O valor atual de todas as máquinas em um dado ano pode ser obtido tirando-se a média dos valores de mercado do estoque inicial e final de máquinas no ano.

Uma segunda medida de eficiência do maquinário é o *custo do maquinário por acre cultivável*. Ele é encontrado dividindo-se os custos anuais totais do maquinário (tanto operacionais quanto de propriedade) pelo número de acres cultiváveis. Algumas análises de registros rurais também incluem nos custos de maquinário despesas com picapes e carretas, pagamentos de arrendamento de máquinas e despesas com contratação customizada. Sempre que possível, o custo das máquinas utilizadas para fins pecuários deve ser excluído, para que se faça uma comparação justa entre os estabelecimentos.

Esses valores devem ser empregados com cautela. Diversos estudos demonstraram que o investimento por acre e o custo por acre caem com aumentos no tamanho do estabelecimento, também variando com o tipo do estabelecimento. Só compare valores com aqueles calculados da mesma forma para estabelecimentos agropecuários de tamanho e tipo aproximados. A Tabela 22-6 exibe custos recentes de maquinário por acre (excluindo mão de obra) para um grupo de produtores de cereais do Kentucky. Produtores com baixos lucros tinham custos de maquinário entre

US$ 10 e US$ 50 mais altos do que produtores de altos lucros.

Podem ser empregadas diversas técnicas para aprimorar a eficiência das máquinas. Escolher o tamanho certo de máquina e a alternativa mais barata de aquisição de serviços de maquinário já foi discutido. Existem quatro outras áreas com grande impacto sobre a eficiência: manutenção e operação, uso de maquinário, equipamentos novos ou usados e decisões de reposição.

Manutenção e operação

Consertos constituem grande parte dos custos variáveis do maquinário, mas são um custo que pode ser controlado com uso e manutenção adequados. Engenheiros agrônomos relatam que custos excessivos com reparos geralmente se dão por causa de: (1) sobrecarga ou ultrapassagem da capacidade nominal da máquina; (2) excesso de velocidade; (3) má manutenção diária e periódica; e (4) ajuste incorreto. Essas coisas podem ser corrigidas por meio de atenção constante e treinamento apropriado dos operadores das máquinas. As máquinas rurais modernas possuem mais sistemas de monitoramento e controles de ajuste automático que ajudam a manter níveis operacionais eficientes.

Um sistema de agendamento e registro de consertos e manutenção é essencial para controlar os custos de reparo. Seguir o programa de manutenção recomendado pelo fabricante mantém as garantias em vigor, evita panes desnecessárias e reduz os custos de reparo ao longo da vida útil. Registros completos de reparos de cada máquina ajudam a identificar as máquinas com custos de reparo maiores que a média. Deve-se considerar a reposição antecipada dessas máquinas.

A maneira como a máquina é operada afeta os custos com reparo e a eficiência no campo. A velocidade deve ser ajustada para exigir a máquina até o máximo, sem sobrecarregá-la ou reduzir a qualidade do trabalho realizado. Práticas que aprimoram a eficiência no

Tabela 22-6 Custos totais com maquinário de produtores de cereais do Kentucky (por acre cultivável)

	Terço de mais alto lucro	Terço de mais baixo lucro
0 a 999 acres	US$ 103,58	US$ 153,51
1.000 a 1.999 acres	US$ 103,99	US$ 124,75
Acima de 2.000 acres	US$ 108,22	US$ 118,81

Fonte: Programa de Gestão Comercial Rural do Kentucky, Resumo Anual de 2008. Serviço de Extensão Cooperativa da Universidade do Kentucky.

Capítulo 22 Gestão de maquinário **425**

campo reduzem os custos porque possibilitam que se realize mais trabalho em um dado tempo, seja permitindo que o mesmo trabalho seja realizado em menos tempo, seja tornando possível o uso de uma máquina menor. Campos pequenos e com formato irregular que exigem voltas frequentes, paradas frequentes e sobreposição de trabalho reduzem a eficiência no campo. Por exemplo, um arado de disco de 30 pés operado com uma sobreposição de 3 pés perde 10% de sua eficiência potencial somente por esse fator.

Uso do maquinário

Utilizar uma máquina especializada e cara em uns poucos acres também contribui para altos custos de maquinário. Por causa disso, alguns agropecuaristas compram máquinas de baixo uso em conjunto com outros operadores. Alguns produtores chegam a formar cooperativas de máquinas, com 5 a 10 membros que possuem todo o seu maquinário em condomínio. Isso não apenas diminui os custos fixos por unidade, como também reduz o investimento exigido de cada pessoa. É importante que os condôminos tenham compatibilidade e cheguem a um acordo quanto aos detalhes do uso da máquina. Antes de comprá-la, deve-se convencionar quem terá seu trabalho feito primeiro e a divisão de despesas, como consertos, seguro e impostos. Normalmente, os operadores fornecem seu próprio combustível e mão de obra, pagando uma taxa fixa por acre, que vai para um fundo utilizado para pagar custos de propriedade e reparos.

Alguns proprietários fazem permuta do uso de máquinas especializadas. Se o uso ou valor das máquinas não for igual, pode-se trocar pagamento também. De qualquer forma, muitas operações, como colheita, são realizadas com mais eficiência quando duas ou mais pessoas trabalham juntas.

Os custos de maquinário por unidade de produto também podem ser reduzidos realizando-se trabalho customizado para outros operadores. Se o trabalho customizado não interferir na conclusão tempestiva do trabalho do proprietário, trará renda adicional para ajudar a pagar os custos de propriedade. A taxa cobrada deve refletir o custo de oportunidade da mão de obra no negócio do próprio operador, assim como os custos de propriedade e operação da máquina. Alguns operadores capacitados fazem trabalho customizado com máquinas como uma alternativa em turno integral ou meio turno ao trabalho em sua terra própria ou arrendada, com menos risco financeiro.

Máquinas novas ou usadas

Existem máquinas rurais usadas prontamente disponíveis junto a concessionárias e vendedores particulares. Também há vários sites que publicam itens de maquinário usado à venda.

As máquinas agropecuárias, especialmente tratores e outras máquinas motorizadas, perdem valor de mercado com mais rapidez nos primeiros anos de sua vida útil; portanto, comprar máquinas usadas é uma maneira econômica de abaixar os custos de investimento e propriedade de máquinas. Em contraposição a alguns dos custos menores de propriedade, pode haver maiores custos com consertos e diminuição de confiabilidade e tempestividade. Uma máquina usada também pode ficar obsoleta mais cedo do que uma nova. A capacidade do proprietário como mecânico e a disponibilidade de instalações e tempo para fazer consertos importantes em casa costumam ser fatores cruciais na propriedade de máquinas usadas. Máquinas usadas devem ser levadas em consideração quando o capital é limitado, os juros são altos, a máquina possui um uso anual relativamente pequeno e a confiabilidade e a tempestividade não são vitais.

Decisões de reposição

Quando repor ou revender uma máquina é uma das decisões mais difíceis da gestão do maquinário. Não existe uma regra fácil que se aplique a todos os tipos de máquina e condições. Além de custos e confiabilidade, as decisões de reposição também precisam considerar os efeitos da compra ou troca sobre o imposto de renda e o fluxo de caixa.

A decisão de substituir uma máquina pode ser tomada por qualquer das seguintes razões:

1. A máquina atual está desgastada – sua idade e uso acumulado são tais que ela não consegue mais realizar confiavelmente o serviço necessário.
2. A máquina está obsoleta – novos desenvolvimentos em tecnologia de máquinas ou mudanças nas práticas agropecuárias fazem com que uma máquina mais nova faça o serviço melhor ou com mais segurança e conforto.
3. Os custos da máquina atual estão crescendo – reparos, combustível e custos de tempestividade estão aumentando velozmente, tanto no total quanto por unidade de produto.
4. A capacidade é pequena demais – a área de produção aumentou ou a tempestividade tornou-se tão crítica, que a máquina antiga não consegue executar o serviço a tempo.
5. Imposto de renda – em um ano de lucro alto, as máquinas podem ser repostas para aproveitar os benefícios fiscais de deduções de depreciação rápida ou porque o proprietário tem uma alíquota marginal maior naquele ano. Porém, as decisões de reposição não devem ser tomadas somente com base em economias tributárias.
6. Fluxo de caixa – muitas máquinas são substituídas em anos com renda monetária acima da média para evitar ter que tomar fundos emprestados mais tarde. Da mesma forma, a reposição de máquinas geralmente é adiada em anos de fluxo de caixa apertado.
7. Orgulho e prestígio – existe um certo "orgulho de ser dono" envolvido na compra de máquinas novas e maiores. Embora isso possa ser importante para alguns, pode ser um motivo caro e difícil de justificar de um ponto de vista estritamente econômico.

Essas razões podem ser usadas individualmente ou combinadas para determinar a idade de reposição de uma máquina específica. O custo anual e os registros de consertos de cada máquina são úteis para tomar a decisão de reposição. Na Figura 22-5, estimam-se os custos anuais de um trator de 165 hp comprado novo para cada ano de um período de propriedade de 20 anos. No início, os custos

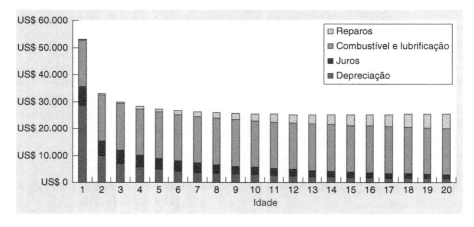

Figura 22-5 Custo anual estimado de um trator de 165 hp.

Capítulo 22 Gestão de maquinário **427**

totais caem, porque a depreciação e os juros declinam. Mais tarde, porém, custos maiores com reparos mais que compensam os custos de propriedade descendentes. Os custos anuais totais chegam ao seu mínimo por volta do ano 10, mas isso depende de por quantas horas o trator é usado por ano. Quanto maior o uso anual, mas rapidamente os custos anuais com reparos sobem.

A maioria dos gestores agropecuários tem uma estratégia geral de reposição de maquinário. A estratégia correta de cada operação depende dos recursos financeiros à disposição, das habilidades mecânicas da equipe de trabalho e das prioridades e objetivos específicos do gestor.

Manutenção e reparo

Uma estratégia é manter e consertar os equipamentos pelo máximo de tempo possível. Esta geralmente é a estratégia mais barata no longo prazo, especialmente se a maior parte dos reparos puder ser feita no estabelecimento rural. Contudo, o risco de sofrer uma pane em momentos críticos é maior.

Troca frequente

Operações que enfatizam uso máximo do maquinário costumam preferir equipamentos mais novos e confiáveis. Às vezes, eles concluem que arrendar máquinas e trocá-las a cada um ou dois anos por um modelo novo é a estratégia que melhor cumpre seus objetivos.

Troca quando a renda é alta

Gestores que querem evitar o uso de crédito podem esperar um ano de renda monetária acima da média para trocar o maquinário. Esta estratégia também ajuda a reduzir a renda tributável em um ano de renda alta.

Investimento todo ano

Por fim, alguns operadores preferem incrementar parte da sua linha de máquinas todos os anos, trocando ou alienando suas unidades menos confiáveis. Isso evita ter que investir grandes quantidades de capital em um ano só e funciona especialmente bem para negócios com variações anuais pequenas de renda rural de caixa.

Embora as decisões de investimento em maquinaria sejam tomadas com pouca frequência, elas costumam envolver muito dinheiro. Analisar calmamente cada decisão pode ter um grande impacto sobre a lucratividade de longo prazo do estabelecimento agropecuário.

RESUMO

Investimento em maquinário é o segundo maior investimento na maioria dos estabelecimentos rurais depois dos imóveis. Os custos anuais com maquinário são uma parte grande dos custos anuais totais do estabelecimento. Custos de propriedade incluem depreciação, juros, impostos, seguro, armazenamento e pagamentos de arrendamento. Reparos, combustível, lubrificação, mão de obra, contratação customizada e aluguéis são incluídos nos custos operacionais.

A seleção do tamanho certo de máquina a se possuir deve considerar os custos totais e os efeitos de tempestividade na execução das operações. Locação, arrendamento e contratação customizada são outras alternativas para adquirir o uso de maquinaria rural, especialmente para máquinas especializadas com baixo uso anual. Operadores com pouco capital ou com capacitação em conserto de máquinas podem se beneficiar investindo em máquinas usadas em vez de em novas.

A eficiência do maquinário pode ser melhorada com manutenção e operação corretas, condomínio de equipamentos com outros operadores ou permuta de uso de máquinas de propriedade individual. O momento adequado para trocar o maquinário depende de custos com reparos, confiabilidade, obsolescência, fluxo de caixa, considerações de imposto de renda e orgulho pessoal.

428 Parte VI Aquisição de recursos gerenciais

PERGUNTAS PARA REVISÃO E REFLEXÃO

1. Qual é o custo fixo anual total de um trator de US$ 45.000 com vida útil de 12 anos e valor residual de US$ 9.000 quando o seguro e os impostos são 2% do valor médio e há um custo de oportunidade de 9% sobre o capital? Qual é o custo fixo médio por hora se o trator é usado 400 horas por ano? E se é usado 700 horas por ano?

2. Qual é a capacidade de campo, em acres por hora, de um arado de disco tandem de 28 pés de largura, a 5 milhas por hora, com eficiência de campo de 80%? Em quanto ela mudaria se a eficiência de campo pudesse ser ampliada para 90%? Quanto tempo seria poupado para 800 acres?

3. Imagine que a propriedade e a operação de uma certa máquina para arar 850 acres tenham um custo de propriedade de US$ 5.000 por ano, mais custos operacionais de US$ 5,00 por acre, incluindo mão de obra. Arrendar uma máquina com capacidade de campo de 5 acres por hora, que faz o mesmo serviço, custaria US$ 40 por hora, mais os mesmos custos operacionais. Contratar a execução customizada do mesmo trabalho custaria US$ 12 por acre. Qual alternativa possui o menor custo total?

4. Suponha que um enleirador motorizado tenha custos fixos anuais de US$ 7.150 e custos variáveis de US$ 4,25 por acre. Um operador customizado cobra US$ 8,60 por acre. Qual é o ponto de equilíbrio, em acres por ano?

5. Liste maneiras de melhorar a eficiência de campo de operações de grãos com máquinas como plantadeira, arado de discos e conjugada.

6. Quais são as vantagens e desvantagens da propriedade, arrendamento e contratação customizada de máquinas rurais?

7. Se você decidir usar sua colheitadeira de forragem para fazer trabalho customizado para os outros, o que acontecerá com seu custo total de propriedade? E com o custo de propriedade médio por acre colhido? E com o custo operacional total? E com o custo operacional médio por acre colhido?

8. Quais fatores são importantes nas decisões de reposição de maquinário? Como você os classificaria em ordem de importância? A sua classificação seria diferente para tipos diferentes de máquina?

9. Você acha que agropecuaristas devem investir em máquinas usadas? Quais são as vantagens e desvantagens?

Apêndice

Tabela 1 Fatores de amortização para pagamentos totais iguais

Taxa de juros

Anos	4%	5%	6%	7%	8%	9%	10%	11%	12%	13%	14%	15%	16%
1	1,04000	1,05000	1,06000	1,07000	1,08000	1,09000	1,10000	1,11000	1,12000	1,13000	1,14000	1,15000	1,16000
2	0,53020	0,53780	0,54544	0,55309	0,56077	0,56847	0,57619	0,58393	0,59170	0,59948	0,60729	0,61512	0,62296
3	0,36035	0,36721	0,37411	0,38105	0,38803	0,39505	0,40211	0,40921	0,41635	0,42352	0,43073	0,43798	0,44526
4	0,27549	0,28201	0,28859	0,29523	0,30192	0,30867	0,31547	0,32233	0,32923	0,33619	0,34320	0,35027	0,35738
5	0,22463	0,23097	0,23740	0,24389	0,25046	0,25709	0,26380	0,27057	0,27741	0,28431	0,29128	0,29832	0,30541
6	0,19076	0,19702	0,20336	0,20980	0,21632	0,22292	0,22961	0,23638	0,24323	0,25015	0,25716	0,26424	0,27139
7	0,16661	0,17282	0,17914	0,18555	0,19207	0,19869	0,20541	0,21222	0,21912	0,22611	0,23319	0,24036	0,24761
8	0,14853	0,15472	0,16104	0,16747	0,17401	0,18067	0,18744	0,19432	0,20130	0,20839	0,21557	0,22285	0,23022
9	0,13449	0,14069	0,14702	0,15349	0,16008	0,16680	0,17364	0,18060	0,18768	0,19487	0,20217	0,20957	0,21708
10	0,12329	0,12950	0,13587	0,14238	0,14903	0,15582	0,16275	0,16980	0,17698	0,18429	0,19171	0,19925	0,20690
11	0,11415	0,12039	0,12679	0,13336	0,14008	0,14695	0,15396	0,16112	0,16842	0,17584	0,18339	0,19107	0,19886
12	0,10655	0,11283	0,11928	0,12590	0,13270	0,13965	0,14676	0,15403	0,16144	0,16899	0,17667	0,18448	0,19241
13	0,10014	0,10646	0,11296	0,11965	0,12652	0,13357	0,14078	0,14815	0,15568	0,16335	0,17116	0,17911	0,18718
14	0,09467	0,10102	0,10758	0,11434	0,12130	0,12843	0,13575	0,14323	0,15087	0,15867	0,16661	0,17469	0,18290
15	0,08994	0,09634	0,10296	0,10979	0,11683	0,12406	0,13147	0,13907	0,14682	0,15474	0,16281	0,17102	0,17936
16	0,08582	0,09227	0,09895	0,10586	0,11298	0,12030	0,12782	0,13552	0,14339	0,15143	0,15962	0,16795	0,17641
17	0,08220	0,08870	0,09544	0,10243	0,10963	0,11705	0,12466	0,13247	0,14046	0,14861	0,15692	0,16537	0,17395
18	0,07899	0,08555	0,09236	0,09941	0,10670	0,11421	0,12193	0,12984	0,13794	0,14620	0,15462	0,16319	0,17188
19	0,07614	0,08275	0,08962	0,09675	0,10413	0,11173	0,11955	0,12756	0,13576	0,14413	0,15266	0,16134	0,17014
20	0,07358	0,08024	0,08718	0,09439	0,10185	0,10955	0,11746	0,12558	0,13388	0,14235	0,15099	0,15976	0,16867
21	0,07128	0,07800	0,08500	0,09229	0,09983	0,10762	0,11562	0,12384	0,13224	0,14081	0,14954	0,15842	0,16742
22	0,06920	0,07597	0,08305	0,09041	0,09803	0,10590	0,11401	0,12231	0,13081	0,13948	0,14830	0,15727	0,16635
23	0,06731	0,07414	0,08128	0,08871	0,09642	0,10438	0,11257	0,12097	0,12956	0,13832	0,14723	0,15628	0,16545
24	0,06559	0,07247	0,07968	0,08719	0,09498	0,10302	0,11130	0,11979	0,12846	0,13731	0,14630	0,15543	0,16467
25	0,06401	0,07095	0,07823	0,08581	0,09368	0,10181	0,11017	0,11874	0,12750	0,13643	0,14550	0,15470	0,16401
30	0,05783	0,06505	0,07265	0,08059	0,08883	0,09734	0,10608	0,11502	0,12414	0,13341	0,14280	0,15230	0,16189
35	0,05358	0,06107	0,06897	0,07723	0,08580	0,09464	0,10369	0,11293	0,12232	0,13183	0,14144	0,15113	0,16089
40	0,05052	0,05828	0,06646	0,07501	0,08386	0,09296	0,10226	0,11172	0,12130	0,13099	0,14075	0,15056	0,16042

Tabela 2 Valor futuro de um investimento de US$ 1

Taxa de juros

Anos	4%	5%	6%	7%	8%	9%	10%	11%	12%	13%	14%	15%	16%
1	1,0400	1,0500	1,0600	1,0700	1,0800	1,0900	1,1000	1,1100	1,1200	1,1300	1,1400	1,1500	1,1600
2	1,0816	1,1025	1,1236	1,1449	1,1664	1,1881	1,2100	1,2321	1,2544	1,2769	1,2996	1,3225	1,3456
3	1,1249	1,1576	1,1910	1,2250	1,2597	1,2950	1,3310	1,3676	1,4049	1,4429	1,4815	1,5209	1,5609
4	1,1699	1,2155	1,2625	1,3108	1,3605	1,4116	1,4641	1,5181	1,5735	1,6305	1,6890	1,7490	1,8106
5	1,2167	1,2763	1,3382	1,4026	1,4693	1,5386	1,6105	1,6851	1,7623	1,8424	1,9254	2,0114	2,1003
6	1,2653	1,3401	1,4185	1,5007	1,5869	1,6771	1,7716	1,8704	1,9738	2,0820	2,1950	2,3131	2,4364
7	1,3159	1,4071	1,5036	1,6058	1,7138	1,8280	1,9487	2,0762	2,2107	2,3526	2,5023	2,6600	2,8262
8	1,3686	1,4775	1,5938	1,7182	1,8509	1,9926	2,1436	2,3045	2,4760	2,6584	2,8526	3,0590	3,2784
9	1,4233	1,5513	1,6895	1,8385	1,9990	2,1719	2,3579	2,5580	2,7731	3,0040	3,2519	3,5179	3,8030
10	1,4802	1,6289	1,7908	1,9672	2,1589	2,3674	2,5937	2,8394	3,1058	3,3946	3,7072	4,0456	4,4114
11	1,5395	1,7103	1,8983	2,1049	2,3316	2,5804	2,8531	3,1518	3,4785	3,8359	4,2262	4,6524	5,1173
12	1,6010	1,7959	2,0122	2,2522	2,5182	2,8127	3,1384	3,4985	3,8960	4,3345	4,8179	5,3503	5,9360
13	1,6651	1,8856	2,1329	2,4098	2,7196	3,0658	3,4523	3,8833	4,3635	4,8980	5,4924	6,1528	6,8858
14	1,7317	1,9799	2,2609	2,5785	2,9372	3,3417	3,7975	4,3104	4,8871	5,5348	6,2613	7,0757	7,9875
15	1,8009	2,0789	2,3966	2,7590	3,1722	3,6425	4,1772	4,7846	5,4736	6,2543	7,1379	8,1371	9,2655
16	1,8730	2,1829	2,5404	2,9522	3,4259	3,9703	4,5950	5,3109	6,1304	7,0673	8,1372	9,3576	10,7480
17	1,9479	2,2920	2,6928	3,1588	3,7000	4,3276	5,0545	5,8951	6,8660	7,9861	9,2765	10,7613	12,4677
18	2,0258	2,4066	2,8543	3,3799	3,9960	4,7171	5,5599	6,5436	7,6900	9,0243	10,5752	12,3755	14,4625
19	2,1068	2,5270	3,0256	3,6165	4,3157	5,1417	6,1159	7,2633	8,6128	10,1974	12,0557	14,2318	16,7765
20	2,1911	2,6533	3,2071	3,8697	4,6610	5,6044	6,7275	8,0623	9,6463	11,5231	13,7435	16,3665	19,4608
21	2,2788	2,7860	3,3996	4,1406	5,0338	6,1088	7,4002	8,9492	10,8038	13,0211	15,6676	18,8215	22,5745
22	2,3699	2,9253	3,6035	4,4304	5,4365	6,6586	8,1403	9,9336	12,1003	14,7138	17,8610	21,6447	26,1864
23	2,4647	3,0715	3,8197	4,7405	5,8715	7,2579	8,9543	11,0263	13,5523	16,6266	20,3616	24,8915	30,3762
24	2,5633	3,2251	4,0489	5,0724	6,3412	7,9111	9,8497	12,2392	15,1786	18,7881	23,2122	28,6252	35,2364
25	2,6658	3,3864	4,2919	5,4274	6,8485	8,6231	10,8347	13,5855	17,0001	21,2305	26,4619	32,9190	40,8742
30	3,2434	4,3219	5,7435	7,6123	10,0627	13,2677	17,4494	22,8923	29,9599	39,1159	50,9502	66,2118	85,8499
35	3,9461	5,5160	7,6861	10,6766	14,7853	20,4140	28,1024	38,5749	52,7996	72,0685	98,1002	133,1755	180,3141
40	4,8010	7,0400	10,2857	14,9745	21,7245	31,4094	45,2593	65,0009	93,0510	132,7816	188,8835	267,8635	378,7212

Tabela 3 Valor futuro de uma anuidade de US$ 1

Taxa de juros

Anos	4%	5%	6%	7%	8%	9%	10%	11%	12%	13%	14%	15%	16%
1	1,0000	1,0000	1,0000	1,0000	1,0000	1,0000	1,0000	1,0000	1,0000	1,0000	1,0000	1,0000	1,0000
2	2,0400	2,0500	2,0600	2,0700	2,0800	2,0900	2,1000	2,1100	2,1200	2,1300	2,1400	2,1500	2,1600
3	3,1216	3,1525	3,1836	3,2149	3,2464	3,2781	3,3100	3,3421	3,3744	3,4069	3,4396	3,4725	3,5056
4	4,2465	4,3101	4,3746	4,4399	4,5061	4,5731	4,6410	4,7097	4,7793	4,8498	4,9211	4,9934	5,0665
5	5,4163	5,5256	5,6371	5,7507	5,8666	5,9847	6,1051	6,2278	6,3528	6,4803	6,6101	6,7424	6,8771
6	6,6330	6,8019	6,9753	7,1533	7,3359	7,5233	7,7156	7,9129	8,1152	8,3227	8,5355	8,7537	8,9775
7	7,8983	8,1420	8,3938	8,6540	8,9228	9,2004	9,4872	9,7833	10,0890	10,4047	10,7305	11,0668	11,4139
8	9,2142	9,5491	9,8975	10,2598	10,6366	11,0285	11,4359	11,8594	12,2997	12,7573	13,2328	13,7268	14,2401
9	10,5828	11,0266	11,4913	11,9780	12,4876	13,0210	13,5795	14,1640	14,7757	15,4157	16,0853	16,7858	17,5185
10	12,0061	12,5779	13,1808	13,8164	14,4866	15,1929	15,9374	16,7220	17,5487	18,4197	19,3373	20,3037	21,3215
11	13,4864	14,2068	14,9716	15,7836	16,6455	17,5603	18,5312	19,5614	20,6546	21,8143	23,0445	24,3493	25,7329
12	15,0258	15,9171	16,8699	17,8885	18,9771	20,1407	21,3843	22,7132	24,1331	25,6502	27,2707	29,0017	30,8502
13	16,6268	17,7130	18,8821	20,1406	21,4953	22,9534	24,5227	26,2116	28,0291	29,9847	32,0887	34,3519	36,7862
14	18,2919	19,5986	21,0151	22,5505	24,2149	26,0192	27,9750	30,0949	32,3926	34,8827	37,5811	40,5047	43,6720
15	20,0236	21,5786	23,2760	25,1290	27,1521	29,3609	31,7725	34,4054	37,2797	40,4175	43,8424	47,5804	51,6595
16	21,8245	23,6575	25,6725	27,8881	30,3243	33,0034	35,9497	39,1899	42,7533	46,6717	50,9804	55,7175	60,9250
17	23,6975	25,8404	28,2129	30,8402	33,7502	36,9737	40,5447	44,5008	48,8837	53,7391	59,1176	65,0751	71,6730
18	25,6454	28,1324	30,9057	33,9990	37,4502	41,3013	45,5992	50,3959	55,7497	61,7251	68,3941	75,8364	84,1407
19	27,6712	30,5390	33,7600	37,3790	41,4463	46,0185	51,1591	56,9395	63,4397	70,7494	78,9692	88,2118	98,6032
20	29,7781	33,0660	36,7856	40,9955	45,7620	51,1601	57,2750	64,2028	72,0524	80,9468	91,0249	102,4436	115,3797
21	31,9692	35,7193	39,9927	44,8652	50,4229	56,7645	64,0025	72,2651	81,6987	92,4699	104,7684	118,8101	134,8405
22	34,2480	38,5052	43,3923	49,0057	55,4568	62,8733	71,4027	81,2143	92,5026	105,4910	120,4360	137,6316	157,4150
23	36,6179	41,4305	46,9958	53,4361	60,8933	69,5319	79,5430	91,1479	104,6029	120,2048	138,2970	159,2764	183,6014
24	39,0826	44,5020	50,8156	58,1767	66,7648	76,7898	88,4973	102,1742	118,1552	136,8315	158,6586	184,1678	213,9776
25	41,6459	47,7271	54,8645	63,2490	73,1059	84,7009	98,3471	114,4133	133,3339	155,6196	181,8708	212,7930	249,2140
30	56,0849	66,4388	79,0582	94,4608	113,2832	136,3075	164,4940	199,0209	241,3327	293,1992	356,7868	434,7451	530,3117
35	73,6522	90,3203	111,4348	138,2369	172,3168	215,7108	271,0244	341,5896	431,6635	546,6808	693,5727	881,1702	1120,7130
40	95,0255	120,7998	154,7620	199,6351	259,0565	337,8824	442,5926	581,8261	767,0914	1013,7042	1342,0251	1779,0903	2360,7572

Tabela 4 Valor presente de um pagamento único de US$ 1

Taxa de juros

Anos	4%	5%	6%	7%	8%	9%	10%	11%	12%	13%	14%	15%	16%
1	0,96154	0,95238	0,94340	0,93458	0,92593	0,91743	0,90909	0,90090	0,89286	0,88496	0,87719	0,86957	0,86207
2	0,92456	0,90703	0,89000	0,87344	0,85734	0,84168	0,82645	0,81162	0,79719	0,78315	0,76947	0,75614	0,74316
3	0,88900	0,86384	0,83962	0,81630	0,79383	0,77218	0,75131	0,73119	0,71178	0,69305	0,67497	0,65752	0,64066
4	0,85480	0,82270	0,79209	0,76290	0,73503	0,70843	0,68301	0,65873	0,63552	0,61332	0,59208	0,57175	0,55229
5	0,82193	0,78353	0,74726	0,71299	0,68058	0,64993	0,62092	0,59345	0,56743	0,54276	0,51937	0,49718	0,47611
6	0,79031	0,74622	0,70496	0,66634	0,63017	0,59627	0,56447	0,53464	0,50663	0,48032	0,45559	0,43233	0,41044
7	0,75992	0,71068	0,66506	0,62275	0,58349	0,54703	0,51316	0,48166	0,45235	0,42506	0,39964	0,37594	0,35383
8	0,73069	0,67684	0,62741	0,58201	0,54027	0,50187	0,46651	0,43393	0,40388	0,37616	0,35056	0,32690	0,30503
9	0,70259	0,64461	0,59190	0,54393	0,50025	0,46043	0,42410	0,39092	0,36061	0,33288	0,30751	0,28426	0,26295
10	0,67556	0,61391	0,55839	0,50835	0,46319	0,42241	0,38554	0,35218	0,32197	0,29459	0,26974	0,24718	0,22668
11	0,64958	0,58468	0,52679	0,47509	0,42888	0,38753	0,35049	0,31728	0,28748	0,26070	0,23662	0,21494	0,19542
12	0,62460	0,55684	0,49697	0,44401	0,39711	0,35553	0,31863	0,28584	0,25668	0,23071	0,20756	0,18691	0,16846
13	0,60057	0,53032	0,46884	0,41496	0,36770	0,32618	0,28966	0,25751	0,22917	0,20416	0,18207	0,16253	0,14523
14	0,57748	0,50507	0,44230	0,38782	0,34046	0,29925	0,26333	0,23199	0,20462	0,18068	0,15971	0,14133	0,12520
15	0,55526	0,48102	0,41727	0,36245	0,31524	0,27454	0,23939	0,20900	0,18270	0,15989	0,14010	0,12289	0,10793
16	0,53391	0,45811	0,39365	0,33873	0,29189	0,25187	0,21763	0,18829	0,16312	0,14150	0,12289	0,10686	0,09304
17	0,51337	0,43630	0,37136	0,31657	0,27027	0,23107	0,19784	0,16963	0,14564	0,12522	0,10780	0,09293	0,08021
18	0,49363	0,41552	0,35034	0,29586	0,25025	0,21199	0,17986	0,15282	0,13004	0,11081	0,09456	0,08081	0,06914
19	0,47464	0,39573	0,33051	0,27651	0,23171	0,19449	0,16351	0,13768	0,11611	0,09806	0,08295	0,07027	0,05961
20	0,45639	0,37689	0,31180	0,25842	0,21455	0,17843	0,14864	0,12403	0,10367	0,08678	0,07276	0,06110	0,05139
21	0,43883	0,35894	0,29416	0,24151	0,19866	0,16370	0,13513	0,11174	0,09256	0,07680	0,06383	0,05313	0,04430
22	0,42196	0,34185	0,27751	0,22571	0,18394	0,15018	0,12285	0,10067	0,08264	0,06796	0,05599	0,04620	0,03819
23	0,40573	0,32557	0,26180	0,21095	0,17032	0,13778	0,11168	0,09069	0,07379	0,06014	0,04911	0,04017	0,03292
24	0,39012	0,31007	0,24698	0,19715	0,15770	0,12640	0,10153	0,08170	0,06588	0,05323	0,04308	0,03493	0,02838
25	0,37512	0,29530	0,23300	0,18425	0,14602	0,11597	0,09230	0,07361	0,05882	0,04710	0,03779	0,03038	0,02447
30	0,30832	0,23138	0,17411	0,13137	0,09938	0,07537	0,05731	0,04368	0,03338	0,02557	0,01963	0,01510	0,01165
35	0,25342	0,18129	0,13011	0,09366	0,06763	0,04899	0,03558	0,02592	0,01894	0,01388	0,01019	0,00751	0,00555
40	0,20829	0,14205	0,09722	0,06678	0,04603	0,03184	0,02209	0,01538	0,01075	0,00753	0,00529	0,00373	0,00264

Tabela 5 Valor presente de uma anuidade de US$ 1

Taxa de juros

Anos	4%	5%	6%	7%	8%	9%	10%	11%	12%	13%	14%	15%	16%
1	0,9615	0,9524	0,9434	0,9346	0,9259	0,9174	0,9091	0,9009	0,8929	0,8850	0,8772	0,8696	0,8621
2	1,8861	1,8594	1,8334	1,8080	1,7833	1,7591	1,7355	1,7125	1,6901	1,6681	1,6467	1,6257	1,6052
3	2,7751	2,7232	2,6730	2,6243	2,5771	2,5313	2,4869	2,4437	2,4018	2,3612	2,3216	2,2832	2,2459
4	3,6299	3,5460	3,4651	3,3872	3,3121	3,2397	3,1699	3,1024	3,0373	2,9745	2,9137	2,8550	2,7982
5	4,4518	4,3295	4,2124	4,1002	3,9927	3,8897	3,7908	3,6959	3,6048	3,5172	3,4331	3,3522	3,2743
6	5,2421	5,0757	4,9173	4,7665	4,6229	4,4859	4,3553	4,2305	4,1114	3,9975	3,8887	3,7845	3,6847
7	6,0021	5,7864	5,5824	5,3893	5,2064	5,0330	4,8684	4,7122	4,5638	4,4226	4,2883	4,1604	4,0386
8	6,7327	6,4632	6,2098	5,9713	5,7466	5,5348	5,3349	5,1461	4,9676	4,7988	4,6389	4,4873	4,3436
9	7,4353	7,1078	6,8017	6,5152	6,2469	5,9952	5,7590	5,5370	5,3282	5,1317	4,9464	4,7716	4,6065
10	8,1109	7,7217	7,3601	7,0236	6,7101	6,4177	6,1446	5,8892	5,6502	5,4262	5,2161	5,0188	4,8332
11	8,7605	8,3064	7,8869	7,4987	7,1390	6,8052	6,4951	6,2065	5,9377	5,6869	5,4527	5,2337	5,0286
12	9,3851	8,8633	8,3838	7,9427	7,5361	7,1607	6,8137	6,4924	6,1944	5,9176	5,6603	5,4206	5,1971
13	9,9856	9,3936	8,8527	8,3577	7,9038	7,4869	7,1034	6,7499	6,4235	6,1218	5,8424	5,5831	5,3423
14	10,5631	9,8986	9,2950	8,7455	8,2442	7,7862	7,3667	6,9819	6,6282	6,3025	6,0021	5,7245	5,4675
15	11,1184	10,3797	9,7122	9,1079	8,5595	8,0607	7,6061	7,1909	6,8109	6,4624	6,1422	5,8474	5,5755
16	11,6523	10,8378	10,1059	9,4466	8,8514	8,3126	7,8237	7,3792	6,9740	6,6039	6,2651	5,9542	5,6685
17	12,1657	11,2741	10,4773	9,7632	9,1216	8,5436	8,0216	7,5488	7,1196	6,7291	6,3729	6,0472	5,7487
18	12,6593	11,6896	10,8276	10,0591	9,3719	8,7556	8,2014	7,7016	7,2497	6,8399	6,4674	6,1280	5,8178
19	13,1339	12,0853	11,1581	10,3356	9,6036	8,9501	8,3649	7,8393	7,3658	6,9380	6,5504	6,1982	5,8775
20	13,5903	12,4622	11,4699	10,5940	9,8181	9,1285	8,5136	7,9633	7,4694	7,0248	6,6231	6,2593	5,9288
21	14,0292	12,8212	11,7641	10,8355	10,0168	9,2922	8,6487	8,0751	7,5620	7,1016	6,6870	6,3125	5,9731
22	14,4511	13,1630	12,0416	11,0612	10,2007	9,4424	8,7715	8,1757	7,6446	7,1695	6,7429	6,3587	6,0113
23	14,8568	13,4886	12,3034	11,2722	10,3711	9,5802	8,8832	8,2664	7,7184	7,2297	6,7921	6,3988	6,0442
24	15,2470	13,7986	12,5504	11,4693	10,5288	9,7066	8,9847	8,3481	7,7843	7,2829	6,8351	6,4338	6,0726
25	15,6221	14,0939	12,7834	11,6536	10,6748	9,8226	9,0770	8,4217	7,8431	7,3300	6,8729	6,4641	6,0971
30	17,2920	15,3725	13,7648	12,4090	11,2578	10,2737	9,4269	8,6938	8,0552	7,4957	7,0027	6,5660	6,1772
35	18,6646	16,3742	14,4982	12,9477	11,6546	10,5668	9,6442	8,8552	8,1755	7,5856	7,0700	6,6166	6,2153
40	19,7928	17,1591	15,0463	13,3317	11,9246	10,7574	9,7791	8,9511	8,2438	7,6344	7,1050	6,6418	6,2335

Glossário

A

Acres cultiváveis Terra que é ou pode ser cultivada.

Agência de Serviço Rural (FSA) Uma agência do Ministério de Agricultura dos EUA que administra programas de *commodities* e conservação rural e concede empréstimos diretos e com garantia a agricultores e pecuaristas.

Agricultura customizada Um arranjo em que o proprietário da terra paga a um operador uma quantia à vista fixa para que ele desempenhe todas as operações de mão de obra e maquinário necessárias para produzir e colher uma safra.

Agricultura de precisão Um sistema de produção que usa equipamentos de posicionamento global para aplicar com precisão diferentes níveis de insumos a diferentes áreas de um campo, de acordo com seus requisitos individuais.

Agricultura sustentável Práticas de produção agrícola que maximizam os benefícios sociais e econômicos de longo prazo derivados do uso da terra e de outros recursos agropecuários.

Alavancagem A prática de usar crédito para aumentar o capital total gerido além do montante do patrimônio líquido.

Alíquota marginal O imposto adicional que resulta de uma unidade monetária a mais de lucro tributável em um dado nível de renda.

Alíquotas progressivas Uma estrutura fiscal que impõe uma alíquota marginal mais alta para níveis maiores de renda tributável.

Análise comparativa A comparação do nível de desempenho de um negócio rural com o nível de desempenho de outros estabelecimentos agropecuários semelhantes da mesma região ou com outros padrões estabelecidos.

Análise de empreendimento Uma análise de um empreendimento individual, em que a cada empreendimento é alocada uma porção das rendas e despesas de todo o estabelecimento agropecuário.

Análise de sensibilidade Um procedimento para avaliar o risco de uma decisão usando diversos produtos possíveis de preço e/ou produção para orçar os resultados e, então, compará-los.

Análise de sistemas Uma avaliação dos empreendimentos e tecnologias individuais que leva em conta suas interações com outros empreendimentos e tecnologias.

Análise de tendências Comparação do nível de desempenho de um negócio rural com o desempenho anterior do mesmo negócio.

Análise de viabilidade Uma análise das entradas de caixa geradas por um investimento em comparação às saídas de caixa exigidas.

Animais de engorda Animais jovens comprados com a finalidade de serem alimentados até alcançarem peso de abate.

Ano fiscal Um exercício contábil anual que não corresponde ao ano-calendário.

Anuidade Uma série de pagamentos periódicos anuais.

Arrendamento Um contrato que permite que uma pessoa tenha o uso e/ou a posse dos bens de outrem em troca do pagamento de um aluguel.

Arrendamento à vista variável Um arranjo de arrendamento em que é feito um pagamento à vista em troca do uso da propriedade do dono; o montante do pagamento, porém, depende da produção efetiva e/ou do preço recebido pelo locatário.

Arrendamento com aluguel à vista Um arranjo de locação em que o operador efetua um pagamento à vista ao proprietário pelo uso de determinado bem, paga todos os custos de produção e fica com toda a renda gerada.

Arrendamento de capital Um contrato de arrendamento que permite que o arrendatário compre o equipamento arrendado ao fim do prazo do arrendamento.

Arrendamento por *bushel*   Um esquema de arrendamento em que o aluguel é pago na forma de um número específico de *bushels* de grãos entregues ao proprietário.

Arrendante   Alguém que arrenda bens próprios a um arrendatário; locador.

Arrendatário   Alguém que arrenda bens do proprietário; locatário.

Árvore de decisão   Um diagrama que traça todas as estratégias e resultados possíveis de uma decisão específica ou sequência de decisões relacionadas.

Ativo   Bem físico ou financeiro que possui valor e que é de propriedade de uma empresa ou pessoa.

Ativo (bem) de capital   Um ativo que, espera--se, durará mais que um ciclo de produção e que pode ser usado para produzir outros ativos ou serviços vendáveis.

Ativo intermediário   Um ativo com vida útil superior a um ano, mas inferior a 7–10 anos. Registrado como ativo não circulante, segundo as recomendações do FFSC.

Ativo não circulante   Um ativo que normalmente será detido ou utilizado ao longo de um período maior que um ano.

Ativo tangível   Qualquer ativo que possua uma presença física, como terra, edificações, máquinas, e assim por diante. Ativos intangíveis incluem direitos autorais, patentes e direitos de arrendamento.

Ativos circulantes   Ativos normalmente utilizados ou vendidos dentro de um ano.

Ativos fixos   Ativos cuja vida útil produtiva deverá ser longa ou indefinida.

Auditoria ambiental   Uma inspeção minuciosa de uma área para determinar se existem riscos ambientais.

Avaliação   O processo de estimar o valor de mercado de um ativo.

B

Balanço patrimonial   Um relatório financeiro que resume os ativos, passivos e patrimônio de um negócio em um momento no tempo.

Base (comercialização)   A diferença entre o preço à vista local e o preço de contrato de futuros para a mesma *commodity* em um momento.

Base de cálculo (tributária)   O valor de um ativo para fins de imposto de renda.

Base de cálculo ajustada   A base de cálculo de imposto de renda para um ativo, igual à base de cálculo original, reduzida pelo montante da despesa de depreciação alegada e/ou aumentada pelo custo das benfeitorias realizadas.

Benefícios indiretos   Remuneração dada aos empregados além do salário em dinheiro.

Benfeitorias   Reformas ou acréscimos a bens de capital que aprimoram suas produtividades e/ou estendem suas vidas úteis.

Bens imóveis   Terra ou bens anexados permanentemente à terra.

Bens móveis   Todos os ativos que não terra e coisas anexadas à terra, como edificações e cercas.

Bônus (salarial)   Um pagamento feito a um empregado, além do salário normal, com base em bom desempenho ou outros critérios.

C

Capacidade de endividamento   O valor máximo que uma pessoa ou empresa pode tomar emprestado com base em sua capacidade de devolvê-lo e outros fatores.

Capacidade de pagamento   Uma medida da capacidade de um mutuário de devolver empréstimos.

Capacidade de pagamento de empréstimo   A capacidade de devolver empréstimos com base em garantias e receitas. Muitas vezes, usada para descrever o máximo de principal e juros que pode ser pago em um ano.

Capital   Uma coleção de ativos físicos e financeiros que possuem um valor de mercado.

Capital de aporte   Capital investido em um negócio por seu(s) proprietário(s), que não lucros gerados e retidos no negócio.

Capital de giro   A diferença em valor entre ativos circulantes e passivos circulantes; uma medida de liquidez.

Capitalização   O processo de determinação do valor futuro de um investimento ou empréstimo em que são cobrados juros sobre os juros acumulados e sobre o capital original.

Centro de custo   Uma unidade contábil de um negócio rural que gera custos, mas não produz receita.

Glossário 437

Centro de lucro Uma unidade contábil de um negócio rural que gera custos e produz receitas.

Coeficiente de variação Uma medida da variabilidade dos resultados de um dado evento; igual ao desvio padrão dividido pela média.

Coeficiente técnico A taxa à qual unidades de insumo são transformadas em produto.

***Commodity* Credit Corporation (CCC)** Uma corporação de propriedade do Ministério da Agricultura dos EUA. Sua finalidade precípua é sustentar os preços agrícolas por meio do uso de empréstimos sobre *commodities*.

Conselho de Padrões Financeiros Rurais (FFSC) Um comitê de especialistas em finanças rurais que desenvolveu um conjunto de diretivas para relatórios financeiros uniformes e análise de negócios rurais.

Conta a pagar Uma despesa incorrida, mas ainda não paga.

Conta a receber Renda que já foi gerada, mas para a qual não se recebeu pagamento em caixa.

Contabilidade Um sistema abrangente de escrituração e sintetização de transações comerciais.

Contrato de compra e venda de terra Contrato em que o comprador da terra faz pagamentos de principal e juros ao vendedor segundo um cronograma regular.

Contrato de preço a termo (*forward*) Contrato entre comprador e vendedor que fixa o preço de uma *commodity* antes de ela ser entregue, possivelmente muitos meses antes da entrega.

Contrato de preço mínimo Um contrato de preço a termo que garante ao vendedor um preço mínimo, mas permite um preço mais alto se o mercado estiver acima do mínimo quando a *commodity* é entregue.

Contrato operacional Um contrato entre duas ou mais pessoas em que elas realizam algumas de suas atividades comerciais juntas, ao mesmo tempo em que mantêm propriedade individual dos recursos sendo utilizados.

Controle O processo de monitoramento do progresso de um negócio rural e de tomada de providências corretivas quando os níveis de desempenho desejados não estão sendo alcançados.

Convenção do meio ano Uma disposição do sistema de depreciação do imposto de renda (MACRS) que permite meio ano de depreciação no ano em que o ativo é adquirido, a despeito da data da compra. Pode não se aplicar

se forem comprados ativos demais no último trimestre do ano.

Cooperativa Uma forma de organização de negócios em que são distribuídos lucros como reembolsos, tendo cada membro um único voto.

Cooperativa fechada Uma cooperativa de agropecuaristas em que os membros convencionam vender uma quantidade fixa de produção em prazos regulares.

Corporação (*corporation*) Uma forma de organização comercial em que os sócios possuem quotas de uma pessoa jurídica distinta, que pode possuir bens e tomar dinheiro emprestado.

Corporação C Uma corporação (*corporation*) "normal" que entrega sua própria declaração de imposto de renda. (*Vide também* Corporação S.)

Corporação S Uma corporação (*corporation*) tributada como uma sociedade de responsabilidade pessoal (*partnership*), isto é: todas as rendas, despesas e ganhos de capital são passados *pro rata* aos acionistas, para que os incluam em suas outras rendas tributáveis.

Crédito (contábil) Um lançamento no lado direito de um livro-razão de contas que ocasiona um decréscimo nos ativos ou um acréscimo nos passivos e patrimônio.

Crédito (financeiro) A capacidade ou faculdade de tomar dinheiro emprestado.

Crédito fiscal A quantia em que um contribuinte pode reduzir o valor de imposto de renda devido se certas condições forem preenchidas.

Credor Alguém a quem se deve uma dívida; um mutuante.

Curto prazo O período em que ao menos um insumo de produção está disponível apenas em uma quantidade fixa.

Curva de possibilidades de produção (CPP) Uma linha em um gráfico que conecta pontos que representam todas as possíveis combinações de produtos que podem ser produzidas com um conjunto fixo de recursos.

Custo de oportunidade A renda que poderia ser recebida empregando-se um recurso em sua aplicação alternativa mais lucrativa.

Custo de tempestividade Perda de receita resultante de qualidade ou quantidade menor da safra colhida em razão de atraso no plantio, colheita ou outras operações de campo.

Custo do insumo marginal (CIMg) O custo adicional incidente pelo uso de uma unidade adicional de insumo.

Custo fixo médio (CFMe) Custo fixo total dividido pelo produto total; custo fixo médio por unidade de produto.

Custo fixo total (CFT) A soma de todos os custos fixos.

Custo irrecuperável Um custo que não pode mais ser revertido, modificado ou evitado; um custo fixo.

Custo marginal (CMg) O custo adicional incidente quando da produção de uma unidade adicional de produto.

Custo reduzido Um valor advindo da solução de um problema de programação linear que mostra em quanto a margem bruta seria reduzida introduzindo-se na solução uma unidade de um empreendimento não incluído no plano ideal do estabelecimento agropecuário.

Custo total (CT) A soma de custo fixo total e custo variável total.

Custo total médio (CTMe) Custo total dividido pelo produto total; custo médio por unidade de produto.

Custo variável Custos que só ocorrerão se houver produção e que tendem a variar com o nível de produção.

Custo variável médio (CVMe) Custo variável total dividido pelo produto total; custo variável médio por unidade de produto.

Custo variável total (CVT) A soma de todos os custos variáveis.

Custos acessórios Custo não diretamente relacionado ao tipo e quantidade de produtos produzidos; um tipo de custo fixo.

Custos de propriedade Custos que decorrem da propriedade de ativos, independendo de quanto eles sejam utilizados; custos fixos.

Custos fixos Custos que não mudarão no curto prazo, mesmo se não houver produção.

Custos indiretos Custos decorrentes da propriedade de um ativo, sendo pouco afetados por uso ou produção. (*Vide* Custos fixos e Custos de propriedade.)

Custos operacionais Custos da compra de insumos e serviços consumidos com relativa rapidez, comumente em um ciclo de produção.

cwt Abreviatura de quintal curto (*hundredweight*), igual a 100 libras (45,35 kg). Muitos produtos pecuários e alguns cultivos são precificados por esta unidade.

D

Débito Em contabilidade, um lançamento no lado esquerdo do livro-razão que aumenta os ativos ou diminui os passivos e o patrimônio.

Declaração de missão Uma declaração breve e descritiva de por que o negócio agrícola ou pecuário existe e quais são suas metas.

Deflação Um decréscimo geral no nível de todos os preços.

Demonstração das alterações do patrimônio líquido Uma demonstração financeira que apresenta as causas e montantes da mudança do patrimônio líquido em um exercício contábil.

Demonstração de resultados Um relatório que resume as rendas e despesas e calcula o lucro resultante de um negócio ao longo de um exercício.

Demonstração dos fluxos de caixa Um resumo das entradas e saídas de caixa efetivamente tidas por um negócio em um exercício contábil.

Demonstração financeira *pro forma* Uma demonstração financeira que projeta atividades e resultados financeiros futuros.

Demonstrações financeiras É, muitas vezes, usado como outro termo para balanço patrimonial, mas é um termo geral para outros documentos relativos à condição financeira de um negócio, como demonstração de resultados, demonstração de fluxos de caixa e demonstração das mutações do patrimônio líquido.

Depreciação Uma despesa anual não monetária (não de caixa) que reconhece o montante em que um ativo perde valor devido a uso, idade e obsolescência. Também espalha o custo original ao longo da vida útil do ativo.

Depreciação acumulada A soma de toda a depreciação descontada do valor de um ativo do momento da aquisição até o presente.

Depreciação linear Um método de depreciação que resulta em uma quantidade igual de depreciação em cada ano da vida útil de um ativo.

Desconto O processo de reduzir o valor de uma soma a ser paga ou recebida no futuro pelo montante de juros que seriam acumulados sobre ela até aquele momento.

Deseconomias de escala Uma relação de produção em que o custo total médio por unidade de produto aumenta à medida que mais produto é gerado.

Glossário **439**

Despesa Custos que incidem enquanto se produz receita. Pode ser em caixa ou não.

Despesa acumulada Uma despesa que incidiu, às vezes acumulando ao longo do tempo, mas que não foi paga.

Despesa antecipada Um pagamento feito por um insumo ou serviço antes do exercício contábil em que ele será usado.

Despesa não monetária Uma despesa que não envolve o desembolso de caixa, como a depreciação.

Despesas de caixa Despesas que exigem desembolso de caixa.

Despesas no exercício Despesas que se acumulam ao longo do tempo, mas que não estão diretamente relacionadas ao nível de produção de *commodities* específicas.

Desvio padrão Uma medida da variabilidade dos possíveis resultados de um dado acontecimento; igual à raiz quadrada da variância.

Distribuição de probabilidade Um conjunto de possíveis resultados de um acontecimento específico e a probabilidade de que cada um deles ocorra.

Diversificação A produção de duas ou mais *commodities* para as quais os níveis de produção e/ou os preços não têm correlação estreita.

Dívida Uma obrigação a pagar, como um empréstimo ou uma conta a pagar.

E

Economias de escala Uma relação de produção em que o custo unitário total médio do produto cai à medida que o produto sobe.

Eficiência Um índice que mostra o número de unidades de produção geradas por unidade de recurso.

Eficiência econômica O quociente do valor de produto por unidade física de insumo ou por custo unitário do insumo.

Eficiência física O índice de produto recebido por unidade de insumo usada, tudo em unidades físicas.

Eficiência no campo A taxa de rendimento real de um implemento de campo, calculada como um percentual da taxa de rendimento teórica obtida se não se perdesse tempo com superposição, giro e ajuste da máquina.

Empreendimento Um cultivo ou tipo de pecuária específico, como trigo, leite ou alface. O plano de produção de um estabelecimento agropecuário costuma consistir em diversos empreendimentos.

Empreendimentos competitivos Empreendimentos em que o nível de produção de um só pode ser aumentado diminuindo-se o nível de produção do outro.

Empreendimentos complementares Empreendimentos em que o aumento do nível de produção de um também aumenta o nível de produção do outro.

Empreendimentos suplementares Empreendimentos em que o nível de produção de um pode ser aumentado sem afetar o nível de produção do outro.

Empréstimo amortizado Um empréstimo programado para ser devolvido em uma série de pagamentos periódicos.

Empréstimo autoliquidante Um empréstimo que será pago com a venda dos ativos que foram comprados com os fundos do empréstimo.

Empréstimo de comercialização Um empréstimo que pode ser obtido da Agência de Serviço Rural usando grãos ou algodão como garantia. O montante do empréstimo é uma taxa fixa por *bushel* ou tonelada, e a *commodity* deve ser armazenada até que o empréstimo seja pago.

Empréstimo de curto prazo Um empréstimo cujo pagamento está programado para menos de um ano.

Empréstimo de pagamento final Um método de pagamento de empréstimo em que uma grande porção do principal vence no pagamento final.

Empréstimo garantido Um empréstimo no qual o mutuário concorda em deixar que o mutuante tome posse e venda certos bens se os termos de pagamento não forem cumpridos.

Empréstimo quirografário Um empréstimo para o qual não se dá garantia.

Empréstimo sem garantia Um empréstimo em que o mutuário não dá ao mutuante o direito de possuir certos bens se os termos de pagamento não forem cumpridos; não há garantia.

Entrada A porção do custo de aquisição de um bem de capital financiada pelo patrimônio líquido, geralmente na forma de caixa.

Equivalente pessoa-ano Um total de 12 meses de mão de obra contribuídos por uma ou mais pessoas.

Estabelecimento agropecuário (ou rural) A definição utilizada pelo Ministério da Agricultura dos EUA é qualquer sociedade comercial que venda (ou teria vendido em um ano normal) US$ 1.000 ou mais em produtos agropecuários.

Estabelecimento pecuário   Um negócio rural que lida com produção pecuária extensiva.

Estoque   Uma lista completa do número, tipo e valor dos bens possuídos em um momento.

Execução   Medida judicial tomada por um credor para obter posse de uma garantia quando o mutuário não tem condições de fazer os pagamentos do empréstimo.

Exercício contábil   O período ao longo do qual as transações contábeis são sintetizadas.

F

Falência   Uma medida judicial que uma empresa pode tomar quando não possui mais os recursos financeiros para pagar suas dívidas e precisa se reorganizar ou fechar.

Financiamento   A aquisição de fundos para satisfazer os requisitos de fluxo de caixa de um investimento ou atividade produtiva.

Fluxo de caixa   O movimento de fundos de caixa que entram e saem do negócio.

Fluxo de caixa descontado   O valor presente de uma série de fluxos de caixa líquidos a serem recebidos ao longo do tempo. Frequentemente usado em análise de investimentos.

Função de distribuição cumulativa (FDC)   Um gráfico de todos os possíveis resultados de um dado evento e a probabilidade de que cada resultado (ou aquele com o menor valor) ocorra.

Função de produção   Uma relação física ou biológica mostrando quanto produto resulta do uso de determinadas quantidades de insumos.

G

Ganho de capital   O montante em que o valor de venda de um ativo excede seu custo ou base de cálculo tributária original.

Garantia   Ativo onerado para garantir um empréstimo.

Gasto   Um dispêndio de caixa para fins operacionais ou de investimento. Também pode ser uma despesa.

Gestão estratégica   O processo de mapear o rumo geral de longo prazo do estabelecimento agropecuário.

Gestão rural   O processo de tomar decisões sobre a alocação de recursos escassos na produção agropecuária a fim de satisfazer determinadas metas gerenciais.

Gestão tática   O processo de tomar e implementar decisões de curto prazo que mantêm o estabelecimento agropecuário progredindo rumo às suas metas de longo prazo.

Globalização   Uma tendência rumo a uma maior integração dos gostos dos consumidores, produção agropecuária e comércio entre os países.

H

Hedging   Uma estratégia para se proteger do risco de queda dos preços por meio da venda de contrato de futuros de *commodity* antes da venda efetiva da *commodity*.

Hipoteca   Um contrato jurídico no qual um mutuante recebe o direito de adquirir um bem imóvel do mutuário para satisfazer uma dívida caso o prazo de pagamento não seja cumprido.

I

Implementação   O processo de execução de decisões gerenciais.

Imposto de autônomo   Um imposto sobre lucros obtidos por autônomos, usado para financiar a previdência social e o sistema público de saúde.

Impostos diferidos   O montante em que os impostos de renda aumentarão ou diminuirão em um momento futuro quando os ativos e passivos constantes em um balanço patrimonial atual forem vendidos ou pagos.

Incerteza   Uma situação em que não se conhecem nem os resultados possíveis de um evento, nem suas probabilidades de ocorrência.

Inflação   Um aumento geral no nível de todos os preços ao longo do tempo.

Insumo   Um recurso usado para gerar um produto.

Insumo indivisível   Um recurso que só pode ser obtido em determinados tamanhos indivisíveis, como um trator ou um empregado de turno integral.

Integração vertical   Um contrato ou outro arranjo comercial envolvendo dois ou mais estágios da produção de uma *commodity*.

Glossário **441**

Isoquanta   Uma linha de um gráfico que conecta pontos que representam todas as combinações possíveis de insumos que podem gerar o mesmo produto.

J

Joint venture   O nome de várias formas de operação comercial em que mais de uma pessoa está envolvida na propriedade e gestão.

Juros   O montante pago a um mutuante pelo uso de dinheiro emprestado, ou o custo de oportunidade de investir capital patrimonial em uma aplicação alternativa.

Juros compostos   O reinvestimento de cada pagamento de juros, de forma que ele se torna parte do principal que renderá juros nos períodos futuros.

L

Lei dos retornos marginais decrescentes   Uma relação observada em muitos processos produtivos físicos e biológicos, em que o produto físico marginal cai à medida que mais unidades de um insumo variável são utilizadas em combinação com um ou mais insumos fixos.

Lei Federal das Contribuições Securitárias   Uma lei federal que criou um programa de aposentadoria e invalidez comumente chamado de previdência social.

Linha de crédito   Um arranjo em que o mutuante transfere fundos emprestados a um mutuário à medida que são necessários, até uma quantia máxima.

Liquidar   Converter um ativo em dinheiro.

Liquidez   A capacidade de um negócio de satisfazer suas obrigações financeiras em caixa à medida que vencem.

Locatário   Um operador rural que aluga terra, edificações ou outros bens de seu proprietário; um arrendatário.

Longo prazo   Um período longo o suficiente para que o gestor mude as quantidades de todos os insumos ou recursos disponíveis para uso.

Lucratividade   O grau ou medida em que o valor da renda derivada de um conjunto de recursos excede seu custo.

Lucro contábil   Receita bruta menos despesas totais, sendo ambos os valores calculados usando-se princípios e práticas contábeis padrão.

Lucro econômico   Lucro contábil menos os custos de oportunidades de todos os recursos não remunerados (geralmente mão de obra, gestão e capital patrimonial) usados para produzir o lucro.

Lucro rural retido   Renda líquida gerada por um negócio agropecuário usada para aumentar o patrimônio líquido em vez de ser retirada para pagar despesas de sustento, impostos ou dividendos.

M

Margem bruta   A diferença entre renda bruta e custos variáveis; também chamada de renda acima dos custos variáveis.

Matriz de ganho (*pay-off*)   Uma tabela de contingência que ilustra os possíveis resultados de uma ocorrência específica e suas respectivas probabilidades.

Média ponderada   O resultado esperado de longo prazo de um evento, encontrado multiplicando-se cada resultado possível por sua respectiva probabilidade e somando-se os resultados. Também chamada de "valor esperado".

Mercado de futuros   Um mercado central em que contratos de vendas futuras de *commodities* agropecuárias são vendidos.

Método de capitalização   Procedimento para estimar o valor de um ativo, dividindo-se o rendimento líquido anual esperado por uma taxa de desconto anual.

Método do saldo decrescente   Um método de depreciação que resulta em alta depreciação nos primeiros anos de vida útil e quantidades menores nos últimos anos.

N

Nota promissória   Um contrato jurídico que obriga um mutuário a devolver um empréstimo.

O

Ônus (gravame)   A pretensão jurídica de um credor sobre bens (garantia) para assegurar o pagamento de uma dívida.

Opção   Uma transação comercial em que um comprador paga a um vendedor um prêmio (ágio) para adquirir o direito de vender ou comprar um contrato de futuros a um preço especificado.

Opção de compra (*call*) Um contrato que dá ao comprador o direito de comprar um contrato de futuros para uma *commodity* agropecuária a um preço especificado. É usada para estabelecer com antecedência um preço de compra máximo.

Opção de venda (*put*) Um contrato que dá ao comprador o direito de vender um contrato de futuros para uma *commodity* agrícola a um preço ajustado. É usado para fixar antecipadamente um preço de venda mínimo.

Orçamento Uma estimativa das rendas, despesas ou fluxos de caixa futuros.

Orçamento completo do estabelecimento agropecuário Uma projeção da produção, renda e despesas totais de um negócio rural para um dado plano completo do estabelecimento agropecuário.

Orçamento de capital O processo de determinação da lucratividade de um investimento de capital.

Orçamento de empreendimento Uma projeção de todos os custos e retornos de um empreendimento separado.

Orçamento de fluxo de caixa Uma projeção das entradas e saídas de caixa esperadas em um negócio ao longo de um período.

Orçamento parcial Uma estimativa das mudanças na renda e nas despesas que resultariam da execução de uma mudança proposta no atual plano do estabelecimento agropecuário.

P

Pagamento por qualificação Uma abordagem ao estabelecimento da remuneração do trabalhador baseada em níveis de responsabilidade em vez de em deveres específicos.

Parceria agrícola Um contrato de arrendamento em que a produção de cultivos e certos custos de insumos são divididos entre o operador e o proprietário da terra.

Parceria rural de mão de obra Um contrato de arrendamento em que o operador recebe uma parte da produção por contribuir apenas com mão de obra.

Parceria rural pecuária Um contrato de arrendamento em que o proprietário e o operador fazem aportes de capital e dividem a produção de cultivos e animais.

Partida simples Sistema contábil em que rendas e despesas são escrituradas, mas mudanças nos ativos e passivos não.

Partidas dobradas Um sistema contábil em que, para cada transação, escrituram-se mudanças nos ativos e passivos, assim como nas rendas e despesas.

Passivo acumulado Um passivo que incidiu, mas ainda não foi pago, como juros acumulados.

Passivo intermediário Um passivo garantido por um ativo intermediário e com pagamentos distribuídos por 2–10 anos. Registrado como passivo não circulante, segundo as recomendações do FFSC.

Passivo não circulante Um passivo que normalmente será pago ao longo de um período maior que um ano.

Passivos Obrigações financeiras (dívidas) que devem ser pagas em algum momento futuro.

Passivos circulantes Passivos normalmente pagos dentro de um ano.

Passivos contingentes Passivos que só existirão se um acontecimento específico se der. Um exemplo seria imposto de renda devido caso um ativo como terra seja vendido.

Passivos de longo prazo Passivos programados para serem pagos ao longo de um período de dez anos ou mais.

Patrimônio O montante em que o valor dos ativos totais excede os passivos totais; o montante de capital do proprietário investido no negócio.

Patrimônio líquido A diferença entre o valor total dos ativos de um negócio e o valor total de seus passivos; também chamado de valor líquido.

Perda (prejuízo) Ocorre quando as despesas excedem as receitas, o que causa uma diminuição do patrimônio.

Perda de capital O montante em que o valor de venda de um ativo é inferior a seu custo ou base de cálculo tributária ajustada.

Período de retorno do investimento O tempo que demora para que os retornos líquidos acumulados obtidos com um investimento se igualem ao investimento original.

Permuta isenta de impostos A troca de um bem rural por outro semelhante, de forma que os ganhos tributáveis sejam reduzidos ou postergados.

Plano completo do estabelecimento agropecuário   Um resumo dos tipos e tamanhos pretendidos dos empreendimentos que serão executados por um negócio rural.

Plano de contas   Um elenco organizado com o nome e número de código de todos os itens de ativo, passivo, renda, despesa e patrimônio do sistema contábil rural.

Preço de equilíbrio (*break-even*)   O preço de venda em que a renda total se igualará às despesas totais para um dado nível de produção.

Preço sombra   Um valor obtido de uma solução de programação linear que mostra o valor em que a margem bruta total seria aumentada se houvesse uma unidade a mais de um insumo limitante.

Prejuízo operacional líquido (POL)   Um lucro rural líquido negativo para fins de imposto de renda que pode ser utilizado para compensar renda tributável passada e/ou futura.

Previdência social   Um tributo sobre salários e renda de autônomo para prover renda de aposentadoria e invalidez para as pessoas. (*Vide* Lei Federal das Contribuições Securitárias.)

Principal   O valor tomado emprestado, ou a parte do empréstimo original que ainda não foi paga.

Princípio da igualdade marginal   O princípio de que um recurso limitado deve ser alocado entre aplicações concorrentes de modo que o valor do produto marginal da última unidade de cada aplicação seja igual.

Probabilidade subjetiva   Uma probabilidade baseada somente no julgamento e experiências anteriores da pessoa.

Produto   O resultado ou rendimento de um processo produtivo, como cultivos e animais.

Produto físico marginal (PFMg)   O produto físico adicional resultante do uso de uma unidade adicional de insumo.

Produto físico médio (PFMe)   A quantidade média de produto físico gerada para cada unidade de insumo usada; produto total dividido por insumos totais.

Produto físico total (PFT)   A quantidade de produto produzida por uma dada quantidade de insumos.

Programa de incentivo   Disposições em um contrato de trabalho que pagam ao empregado um bônus pelo atingimento de certo níveis de desempenho.

Programação linear   Uma técnica matemática utilizada para encontrar um grupo de atividades econômicas que maximiza ou minimiza um determinado objetivo, dado um conjunto de recursos limitados e/ou outras restrições.

Promissória a pagar   Um passivo decorrente da assinatura de uma nota promissória, uma promessa jurídica escrita de devolver um empréstimo.

Promissória a receber   Um ativo decorrente do empréstimo de dinheiro a alguém e do recebimento de uma nota promissória. (*Vide* Promissória a pagar.)

Propriedade individual   Uma forma de organização empresarial em que um operador ou família é proprietário dos recursos e faz a gestão.

Q

Quadro organizacional   Um diagrama que mostra os trabalhadores envolvidos no negócio e as linhas de autoridade e comunicação entre eles.

R

Razão de dívida sobre patrimônio   O quociente dos passivos totais sobre o patrimônio líquido; uma medida de solvência.

Razão de endividamento   O quociente de passivos totais sobre ativos totais; uma medida de solvência.

Razão de liquidez corrente   O quociente entre ativos circulantes e passivos circulantes; uma medida de liquidez.

Razão de margem de lucro operacional   O valor representado pela renda rural líquida de operações, mais despesa com juros, menos o custo de oportunidade da mão de obra e gestão do operador, expressado como uma porcentagem da receita bruta.

Razão de patrimônio sobre ativo   O quociente de patrimônio líquido sobre ativos totais; uma medida de solvência.

Razão de preço (insumo)   O quociente entre o preço do insumo sendo acrescentado e o preço do insumo sendo substituído.

Razão de preço (produto)   O quociente entre o preço do produto sendo ganho e o preço do produto sendo perdido.

444 Glossário

Razão de substituição O índice entre a quantidade de um insumo substituído e a quantidade de outro insumo acrescentado, ou entre a quantidade de um produto perdido e a quantidade de outro produto ganho.

Rebanho comercial Animal alimentado para abate, e não para a produção de cria.

Receita (*Vide* Renda.)

Receita bruta O total de toda a receita recebida por um negócio em um período; o mesmo que renda bruta.

Receita marginal (RMg) A renda adicional recebida com a venda de uma unidade adicional de produto.

Receita total (RT) A renda recebida do produto físico total; o mesmo que valor do produto total.

Recuperação da depreciação Renda tributável decorrente da venda de um ativo depreciável por mais do que sua base de cálculo tributária ajustada.

Recuperação de capital O valor equivalente anualizado do custo de investimento inicial de um ativo de capital.

Recuperação de custos O sistema ou método usado para calcular depreciação para fins de imposto de renda.

Regime de caixa Sistema contábil que reconhece a renda quando ela é efetivamente recebida e despesas quando elas são efetivamente pagas.

Regime de competência Sistema contábil que reconhece renda quando é auferida e despesas quando incidem.

Regime imobiliário A maneira pela qual um operador ganha controle e uso de bens imóveis, como por arrendamento ou propriedade.

Renda Ganho econômico decorrente da produção de mercadorias e serviços, inclusive recebimentos com a venda de *commodities*, outros pagamentos em caixa, aumentos de estoque e contas a receber.

Regra dos 72 Uma relação aplicada para estimar o tempo que levará para que um investimento dobre de valor; é encontrada dividindo-se 72 pela taxa percentual de retorno rendida pelo investimento.

Renda bruta A renda total (monetária ou não) auferida por um empreendimento ou negócio antes de as despesas serem pagas.

Renda ordinária Para fins de imposto de renda, qualquer renda tributável que não seja renda de ganho de capital.

Renda rural líquida A diferença entre a receita total e as despesas totais, incluindo ganhos ou perdas com a venda de todos os bens de capital; também o retorno sobre patrimônio líquido, mão de obra não remunerada e gestão.

Renda rural líquida de operações A diferença entre a receita total e as despesas totais, não incluindo ganho ou perdas com a venda de bens de capital.

Rendimento de equilíbrio (*break-even*) O nível de rendimento em que a renda total se igualará às despesas totais para um dado preço de venda.

Rentabilidade dos ativos (RDA) O valor representado pela renda rural líquida de operações, mais despesa com juros, menos o custo de oportunidade da mão de obra e gestão do operador. Geralmente é expressada como uma porcentagem do valor médio dos ativos totais.

Reprodutores Animais mantidos com a finalidade precípua de produzir cria.

Retiradas pelo proprietário Ativos comerciais (geralmente caixa) transferidos para o(s) proprietário(s) para uso pessoal.

Retorno sobre gestão O retorno líquido gerado por um negócio depois que todas as despesas foram pagas e os custos de oportunidade do patrimônio líquido e da mão de obra não remunerada foram subtraídos.

Retorno sobre patrimônio (RSP) O retorno líquido gerado pelo negócio antes que ganhos ou perdas com ativos de capital sejam realizados, mas após a subtração do valor da mão de obra não remunerada e gestão. Geralmente é expressada como uma porcentagem do valor médio do patrimônio líquido.

Retornos decrescentes Um declínio na taxa à qual o produto total aumenta à medida que mais insumos são usados; um produto físico marginal decrescente.

Risco Uma situação em que existe mais de um resultado possível, sendo alguns desfavoráveis.

S

Saldo da troca Na troca de um ativo usado por um novo, o montante pago para cobrir a diferença de valor.

Seguro de receita Uma apólice de seguro que garante aos produtores agrícolas um nível mínimo de renda bruta por acre. Protege contra combinações de preços baixos e rendimentos ruins.

Glossário 445

Seguro por acidente ou doença de trabalho Um plano de seguro, exigido por lei na maioria dos Estados, que protege os empregados contra acidentes e doenças ocupacionais e estabelece limites máximos de indenização para essas ocorrências.

Serviço da dívida O pagamento das dívidas de acordo com uma programação combinada.

Serviço de Conservação de Recursos Naturais (NRCS) Uma agência do Ministério de Agricultura dos EUA que dá assistência técnica e financeira para a execução de práticas de conservação de solo e água.

Serviço de Extensão Um serviço educacional para agropecuaristas e outros, oferecido conjuntamente pelo Ministério da Agricultura dos EUA, faculdades estaduais de agronomia e governos de condados.

Sistema de Amortização Acelerada Modificado (MACRS) Um sistema de cálculo de depreciação fiscal, conforme especificado pelos regulamentos de imposto de renda.

Sistema de Crédito Rural (FCS) Uma cooperativa de crédito, estabelecida pela autoridade do Congresso norte-americano, que faz empréstimos para produtores rurais.

Sociedade de responsabilidade limitada (*limited liability company*) Uma forma de organização empresarial semelhante à sociedade de responsabilidade pessoal (em inglês, *partnership*), mas oferecendo aos sócios a vantagem de responsabilidade financeira limitada.

Sociedade de responsabilidade pessoal (*partnership*) Uma forma de organização empresarial em que mais de um operador é proprietário dos recursos e/ou faz a gestão. (*Vide* Sociedade em nome coletivo e Sociedade em comandita simples.)

Sociedade em comandita simples (*limited partnership*) Uma forma de empresa em que mais de uma pessoa é proprietária, mas alguns (os sócios limitados) não participam da gestão e têm responsabilidade limitada ao valor de seu investimento.

Sociedade em nome coletivo (*general partnership*) Uma sociedade em que todos os sócios são solidários: todos eles participam da gestão e possuem responsabilidade financeira ilimitada pelos atos societários.

Solvência O grau em que os passivos de um negócio são cobertos por ativos; a relação entre dívida e capital próprio.

Soma dos dígitos dos anos Um método de depreciação que tem mais depreciação nos primeiro anos de vida útil do que a linear e cai a uma quantidade fixa todo ano.

Sub-hipoteca (hipoteca subsidiária) Um contrato jurídico em que o mutuante recebe o direito de adquirir bens imóveis do mutuário para satisfazer uma dívida somente após a dívida do mutuante principal tiver sido satisfeita.

T

Taxa de desconto A taxa de juros usada para descobrir o valor presente de uma quantia a ser paga ou recebida no futuro.

Taxa de juros variável Uma taxa de juros que pode mudar durante o período de pagamento do empréstimo.

Taxa interna de retorno (TIR) A taxa de desconto ou juros à qual o valor presente líquido de um investimento se iguala a zero.

Taxa percentual anual (APR) A taxa anual efetiva à qual são cobrados juros sobre um empréstimo.

Tecnologia Um sistema específico de insumos e práticas produtivas.

Trabalho customizado Um arranjo em que um operador realiza uma ou mais operações de maquinário para outrem por um preço fixo.

Transação interna Um transação contábil não monetária realizada entre dois empreendimentos do mesmo negócio.

U

Unidade animal mês (UAM) Uma unidade usada para arrendamento de pasto, igual a um boi de corte ou equivalente pastando por um mês.

USDA O Ministério da Agricultura dos Estados Unidos (United States Department of Agriculture), que supervisiona muitos programas e políticas federais relativos a agricultura, incluindo programas rurais, extensão, pesquisa e programas de distribuição de alimentos.

V

Valor contábil   O custo original de um ativo menos a depreciação acumulada total descontada até o momento.

Valor da produção rural   O valor de mercado de todos os cultivos, animais e outras rendas geradas pelo negócio rural, medido por contabilidade em regime de competência após ser subtraído o valor dos animais comprados e da ração.

Valor de mercado   O valor pelo qual um ativo seria vendido em uma transação de mercado aberto.

Valor do produto marginal (VPMg)   A renda adicional recebida com o uso de uma unidade adicional de insumo.

Valor do produto total (VPT)   Produto físico total multiplicado pelo preço de venda do produto.

Valor esperado   O resultado em média ponderada de um acontecimento incerto, com base em seus possíveis resultados e suas respectivas probabilidades.

Valor futuro (VF)   O valor que um pagamento ou grupo de pagamentos terá em um momento futuro, quando os juros são compostos.

Valor líquido   A diferença entre o valor dos ativos de propriedade do negócio e o valor dos seus passivos. Também chamado de patrimônio líquido.

Valor presente (VP)   O valor atual de um conjunto de pagamentos a ser recebido ou pago ao longo de um período.

Valor presente líquido (VPL)   O valor presente dos fluxos de caixa líquidos que resultarão de um investimento menos o montante do investimento original.

Valor residual   O valor de mercado de um ativo depreciável no momento em que é vendido ou tirado de serviço.

Valores mobiliários negociáveis   Ações, títulos de dívida e outros instrumentos financeiros que podem ser convertidos em dinheiro rápida e facilmente.

Valorização   Um aumento no valor de mercado de um ativo.

Vantagem comparativa   A capacidade de uma empresa ou país de produzir uma mercadoria ou serviço a um custo relativamente menor.

Variância   Uma medida da variabilidade dos resultados possíveis de um evento específico.

Venda comparativa   Uma venda real de terra usada em uma avaliação para ajudar a estimar o valor de mercado de uma área de terras semelhante.

Vida útil   O número de anos usados para depreciar totalmente um ativo depreciável. Pode ser diferente da vida produtiva do ativo.

Índice

A

Administração de Pequenos Negócios (SBA), 350–351
Agência de Serviço Rural (FSA), 343–344, 349–351
Agricultura customizada, 272–273, 377–378
Agricultura de precisão, 407–408
Agricultura sustentável, 381–382
Alavancagem, 354–356
Alianças estratégicas, 7–8, 21–22
Análise de empreendimento, 324–329
   agrícola, 324–325
   pecuário, 324–329
Análise de investimento, 305–311
   e imposto de renda, 311–313
   e inflação, 312–314
   e risco, 314–315
   exemplo, 317–320
   informações necessárias, 305–307
   período de retorno do investimento, 306–308
   taxa de retorno simples, 307–308
   taxa interna de retorno, 309–311
   usando orçamento de fluxo de caixa, 227–231
   valor presente líquido, 307–310
Análise de ponto de equilíbrio (*break-even*), 178–179
Análise de sensibilidade, 194–196, 211–212, 315
Análise de sistemas, 198–199
Análise de viabilidade financeira, 310–312
   de compra de terra, 368–370
   e fluxos de caixa, 227–231
Análise do negócio rural
   diagnóstico de problema, 97–99
   medidas de eficiência, 103–108
   medidas de lucratividade, 99–103
   medidas financeiras, 107–110
   padrões de comparação, 96–98
   tipos, 95–97
Anuidade, 301
Arrendamentos, 364–366, 371–382
   à vista variável, 377–378
   aluguel à vista, 372–376
   arrendamento por bushel, 377–378
   eficiência e equidade, 377–381
   parceria agrícola, 375–377
   parceria de mão de obra, 376–378
   parceria pecuária, 376–377
   teor, 366–367

Árvore de decisão, 266–268
Ativos, 52–53
   avaliação, 56–58
   circulantes, 52–53
   intermediários, 55–56
   líquidos, 52–53
   não circulantes, 52–53
   rentabilidade dos (RDA), 84–86
Avaliação de terras, 366–369

B

Balanço patrimonial
   análise, 63–68
   base de custo, 57–59
   base de mercado, 58–59
   exemplo, 59–64
   finalidade e aplicação, 51–52
   formato, 52–57
   observações, 62–63
Bancos comerciais, 348–350
Barreiras culturais, 401–403
Base de cálculo tributário, 290–292

C

Capacidade de pagamento de dívida, 351–352
Capital, 337
   alocação de capital limitado, 338–339
   economia do uso, 337–339
   fontes de, 339–342
Capital de giro, 64–65
Capitalização de juros, 301
Ciclo de vida, 235–238
Coeficiente de variação, 263–265
Combinação de insumos de menor custo, 129–131
Combustível de maquinário, 411–412
Conselho de Padrões Financeiros Rurais (FFSC), 33–34, 45, 217–218
Conservação, 381–383
Contabilidade, 37–49
   débitos e créditos, 39–40
   definição de termos, 37–39
   equação, 39–40
   partida simples, 38–39
   partidas dobradas, 38–39

448 Índice

Contratação, 11–12, 275–276, 341–342
Contrato de trabalho, 396–397, 400
Contratos operacionais, 239–243
Contribuição previdenciária, 403–404
Cooperativas, 250–252
Corporação (*corporation*), 244–245
  corporação C, 245–246
  corporação S, 245–247
  desvantagens, 247–248
  exemplo, 249
  operação, 247–248
  organização e características, 244–247
  vantagens, 246–248
Crédito, 341–342
  alavancagem e uso, 354–356
  e capacidade gerencial, 351–352
  e caráter pessoal, 351–352
  estabelecimento e desenvolvimento, 350–354
  linha de, 343–346
  reserva, 277–278
Curto prazo
  definição, 144
  regras de produção, 150–152
Curva de possibilidades de produção (CPP), 134–136
Curvas de custo, 155–157
Custo de maquinário por acre cultivável, 410–413
Custo de oportunidade
  da gestão, 141–142
  da mão de obra, 141–142
  definição, 141–142
  do capital, 141–143
Custo de produção, 177–178
Custo do endividamento, 348–349
Custo do insumo marginal (CIMg), 124–125
Custo fixo médio (CFMe), 145
Custo fixo total (CFT), 145
Custo inicial do investimento, 305
Custo marginal (CMg), 147–148
Custo total (CT), 120
Custo total médio (CTMe), 147–148
Custo variável médio (CVMe), 146–147
Custo variável total (CVT), 146–147
Custos
  aplicação, 147–152
  curvas, 155–157
  de propriedade, 167–168
  diretos, 167–168
  fixos, 144–147
  indiretos, 167–168
  totais, 147–148
  totais médios, 147–148
  variáveis, 146–147
Custos de propriedade, 167–168
Custos operacionais, 166–167

D

Decisões
  características, 25–27
  estratégicas, 22–23
  táticas, 22–23
Declaração de visão, 17–19
Demandas do consumidor, 10–12
Demonstração das mutações do patrimônio líquido, 49, 66–69
Demonstração de resultados
  ajustes de competência para caixa, 80–82
  análise, 82–89
  definição, 71
  despesas, 74–75
  formato, 78–80
  ganhos e prejuízos, 72–74
  receita, 71–73
Demonstração de valor líquido. *Vide* Balanço patrimonial
Depreciação, 75–76
  ano parcial, 77
  de maquinário, 407–409
  definição, 75
  lançamento como despesa, Seção 179, 293–294
  MACRS, 291–293
  recuperação para impostos, 295–296
Desconto, 303
Despesas na demonstração de resultados, 74–75
Desvio padrão, 263–264
Diagnóstico de problema de renda rural, 97–99
Diversificação, 270–271

E

Economias de tamanho. *Vide* Tamanho
Eficiência
  de mão de obra, 392–394
  de maquinário, 423–427
  econômica, 103–107
  física, 106–107
  medidas, 103–108
Eficiência da mão de obra
  medição, 392–393
  melhoria, 393–394
Empreendimentos
  combinações, 134–139
  complementares, 138–139
  concorrentes, 134–136
  razão de lucro, 135–139
  razão de substituição, 135–139
  suplementares, 138–139
Empréstimos
  amortizados, 345–347

Índice 449

autoliquidantes, 276–278, 351–352
curto prazo, 342–343
de pagamento final, 346–349
de pagamento único, 343–345
fontes, 348–351
garantia, 351–354
garantidos, 343–344
imobiliários, 343–344
longo prazo, 342–343
médio prazo, 342–343
mobiliários, 343–344
não garantidos, 343–344
pessoais, 343–344
planos de pagamento, 342–345
prazo, 342–343
quirografários, 343–344
tipos, 341–349
Equivalente anual, 309–310
Era da informação, 8–10
Estabelecimentos agropecuários
estrutura, 3–5
estratégias de negócio, 4–6
número, 3–4
produção, 10–12
Estoques
avaliação, 52–53, 57–58
verificação, 330–332
Exercício contábil, 38–39
Exercício fiscal, 38–39

F

Ferramentas de gestão de risco
de mercado, 273–278
de produção, 269–274
jurídico, 277–278
pessoal, 277–278
Fluxo de caixa descontado, 307–308
Formação de expectativas, 261–264
Função de distribuição cumulativa, 264–267
Função de produção, 115–117

G

Ganho de capital, 295–298
e pecuária, 285–286, 296–298
tributação, 246–247
Ganho ou prejuízo
imposto de renda, 290–292
na demonstração de resultados, 72–74
Garantia, 343–344, 351–354
Gestão
capacidade, melhoria da, 394–396
estilo, 391–392
estratégica, 17–23

funções, 16–17
tática, 17, 22–23
Globalização, 12–13

H

Hedging, 273–276

I

Imposto de autônomo, 287–288
Imposto de renda
alíquotas, 286–288
base de cálculo, 290–292
cálculo da média de renda, 288–289
e depreciação, 291–293
e ganho de capital, 295–298
estratégias de gestão, 287–291
lançamento como despesa da Seção 179, 293–294
objetivos da gestão tributária, 282–283
permutas isentas de imposto, 289–291
prejuízo operacional líquido, 289–290
regimes de contabilidade, 282–287
requisitos de registro, 285–287
tipos, 281–283
Incerteza, 257–258
Inflação, 312–314
Insumos
combinação de menor custo, 134
combinações, 129–134
razão de preço, 123–124
razão de substituição, 129–130
Integração vertical, 11–12
Isoquanta, 129–130

J

Joint ventures, 238–240
Juros
capitalização, 301
custo fixo como, 145, 410–411
taxa percentual anual (TPA), 348–349

L

Lançamento como despesa da Seção 179, 293–294
Lei da Reforma e Controle da Imigração, 404–405
Lei da Segurança e Saúde Ocupacional (OSHA),
404–405
Lei do salário mínimo, 403–404
Lei dos retornos decrescentes, 118–119
Lei dos retornos marginais decrescentes, 118–119
Lei Federal das Contribuições Securitárias (FICA). *Vide*
Contribuição previdenciária
Linha de crédito, 343–346

450 Índice

Liquidez, 353–355
    análise, 63–65, 196–197
    definição, 51–52
    fatores que afetam, 353–354
    teste de problemas, 108–110
Longo prazo
    curva de custo médio, 155–157
    definição, 144
Lubrificação de maquinário, 411–412
Lucratividade, medidas de, 99–103
Lucro rural retido, 89–90

M

Mão de obra
    agropecuária, características, 386–387
    avaliação, 402–404
    comunicação, 401
    contrato de trabalho, 396–397
    entrevista e seleção, 392–393
    motivação, 401
    planejamento do uso no estabelecimento rural, 386–393
    recrutamento, 395–397
    regulamentações governamentais, 403–406
    remuneração, 396–399
    superação de barreiras culturais, 401–403
    treinamento, 398–401
Maquinário
    alternativas de aquisição, 418–424
    armazenamento, 410–411
    arrendamento, 410–411, 420–421
    combustível, 411–412
    contratação customizada, 412–413, 420–424
    custos de propriedade, 167–168
    custos operacionais, 410–411
    estimativa de custos, 407–413
    impostos, 410–411
    locação, 419–421
    lubrificação, 411–412
    manutenção e operação, 423–425
    melhoria da eficiência, 423–427
    novo contra usado, 425
    propriedade, 418–420
    reparos, 411–412
    reposição, 425–427
    seguro, 410–411
    seleção, fatores de, 414–419
    tamanho, 414–418
    tempestividade, 417–419
Margem bruta, 167–168, 170–171, 185–186
Margem de pagamento de dívida de capital, 109–110
Marginal, 117
Matriz de ganho, 267–268
Média
    ponderada, 262–263

    simples, 262–263
Média, 262–263
Medidas de eficiência econômica, 103–107
Metas, formulação, 18–20
Métodos de avaliação, 56–58
Métodos de depreciação, 76–77
    comparação, 77
    linear, 76
    saldo decrescente, 76–77
Monitoramento dos fluxos de caixa, 227–228

N

Negócio rural
    ambiente, 26–28
    atividades, 35–38
    transferência, 251–255
Nível de insumo, quanto usar, 119–120
Nível de produto maximizador do lucro, 122–123, 147–149

O

Opções de *commodities*, 275–276
Orçamento completo do estabelecimento agropecuário, 181–183
Orçamento de capital, 305
Orçamento de empreendimento, 166–168
    agrícola, elaboração, 168–173
    análise de ponto de equilíbrio, 178–179
    despesas, 168–173
    e computadores, 172–173
    externo, 177
    interpretação e análise, 177–179
    pecuário, elaboração, 173–176
    receita, 168–170
Orçamento de fluxo de caixa,
    aplicações, 226–228
    características, 215–219
    e análise de investimento, 227–231
    elaboração, 218–222
    estrutura, 217–219
    exemplo, 222–227
    forma, 219–223
Orçamento parcial, 203
    análise de sensibilidade, 211–212
    aplicações, 203–204
    cálculo de mudanças, 210–211
    exemplos, 206–211
    formato, 205–207
    limitações, 212–213
    procedimento, 203–205
Orçamentos, 163
    completos, 181–183
    de longo prazo contra curto prazo, 196–197
    parciais, 203

P

Parceria agrícola, 375–377
Parceria pecuária, 376–377
Passivos, 52–53
 circulantes, 52–55
 intermediários, 55–56
 não circulantes, 54–55
Patrimônio líquido, 339–342
 demonstração, 49, 66–69
 e balanço patrimonial, 54–56, 61–63
 fontes, 54–56
 mudança, 88–91
Período de retorno do investimento, 306–308
Permuta isenta de imposto, 289–291
Plano completo do estabelecimento agropecuário,
 181–183
 análise de sensibilidade, 194–196
 definição, 181–183
 e sistemas rurais, 198–199
 exemplo, 186–196
 procedimento de planejamento, 182–187
Plano de contingência financeira, 353–355
Preço de equilíbrio, 178
Prejuízo operacional líquido (POL), 289–290
Preservação de identidade, 8–9
Princípio da igualdade marginal, 124–126
Princípio marginal, exemplo de, 120–124
Produto físico marginal (PFMg), 117–118
Produto físico médio (PFMe), 117
Produto físico total (PFT), 115–117
Programação linear, 189–194
 análise de sensibilidade, 194–196
 características adicionais, 191–193
 custos reduzidos, 192–194
 exemplo gráfico, 199–202
 fundamentos, 189
 preço-sombra, 192–194
 tableau, 189–192
 valores duais, 192–194
Propriedade individual (*sole proprietorship*)
 desvantagens, 238–239
 e imposto de renda, 237–239
 organização e características, 237–238
 vantagens, 238–239
Questões ambientais, 11–13, 381–383, 404–405
Quotas de parceria, determinação, 380–382

R

Razão de capital líquido, 65–66
Razão de cobertura de dívida a prazo e arrendamento de
 capital, 109–110
Razão de despesa com depreciação, 104–105
Razão de despesa de juros, 104–106
Razão de despesa operacional, 104–105

Razão de dívida sobre patrimônio, 65–66
Razão de endividamento, 64–65, 107–109, 354–357
Razão de estrutura de endividamento, 65–68
Razão de giro dos ativos, 104–105
Razão de liquidez corrente, 63–64, 108–109
Razão de margem de lucro operacional (RMLO), 86–88,
 101
Razão de patrimônio sobre ativo, 64–65
Razão de preço de insumo, 123–124
Razão de preço de produto, 123–124
Razão de renda rural líquida de operações, 105–106
Razão de substituição de insumos, 129–130
Receita e demonstração de resultados, 71–73
Receita marginal (RMg), 120–121
Receitas de caixa líquidas do investimento, 305–307
Recuperação da depreciação, 295–296
Recuperação de capital, 172–173, 309–310, 412–413
Recursos, inventariação de, 182–185
Recursos humanos, 9–11. *Vide também* Mão de obra
Regime de caixa, 40–42
Regime de competência, 41–43
Registros, finalidade e aplicação, 33–36
Regra dos 66–68, 302
Renda rural líquida, 82
 análise, 82–89
 da demonstração de resultados, 83
Renda rural líquida ajustada por competência, 80–82
Rendimento de equilíbrio, 178
Rentabilidade dos ativos (RDA), 84–86
Reparos de maquinário, 411–412
Retorno sobre gestão, 88–89, 101
Retorno sobre mão de obra, 88–89
Retorno sobre patrimônio (RSP), 85–87
Risco
 capacidade e disposição para tolerar, 261
 de preço e de mercado, 259–260
 de produção e técnico, 257–259
 e análise de investimento, 314–315
 financeiro, 260
 fontes, 257–260
 jurídico, 260
 na tomada de decisão, 267–270
 pessoal, 260
Riscos biológicos, 155–156

S

Seguro
 gestão de risco, 271–272
 tipos, 271–272
Seguro de responsabilidade civil, 277–278
Seguro de vida, 277–278
Seguro por acidente ou doença de trabalho, 403–404
Serviço de Conservação de Recursos Naturais (NRCS),
 382–383

452 Índice

Sistema de Amortização Acelerada Modificado (MACRS), 291–293
Sistema de contabilidade
  básico contra completo, 39–41
  opções, 38–41
  partida simples, 38–39
  partidas dobradas, 38–39
  resultado gerado, 46–49
Sistema de Crédito Rural (FCS), 348–349
Sistema de posicionamento global (GPS), 7–8, 122–123
Sistemas rurais, 198–199, 381–382
Sociedade de responsabilidade pessoal (*partnership*)
  desvantagens, 243–245
  exemplo, 242–243
  imposto de renda, 243–244
  operação, 244–245
  organização e características, 241–244
  regras de decisão, 267–270
  sociedade em comandita simples (*limited partnership*), 241–243
  sociedade em nome coletivo (*general partnership*), 241–243
  vantagens, 243–244
Sociedades de responsabilidade limitada (*limited liability companies*), 247–251
Solvência, 354–358
  análise, 64–66
  definição, 51–52
Substituição
  constante, razão de, 129–131
  de insumo, razão, 129–130

T

Tamanho
  curto prazo, 144, 151–153
  deseconomias, 153–154
  e retornos constantes, 152–153
  e retornos crescentes, 152–153
  e retornos decrescentes, 152–153
  economias, 151–156
  longo prazo, 152–154
  medidas, 102–104
Tamanho do estabelecimento agropecuário, medidas, 102–104
Taxa de desconto, 303

Taxa de retorno simples, 307–308
Taxa interna de retorno, 309–311
Taxa percentual anual (TPA), 348–349
Tecnologia, 7–8, 122–123
Terra
  arrendamento, 364–366, 371–382
  avaliação, 366–369
  características, 361
  compra, 365–372
  controle, 363–366
  economia do uso, 361–364
  planejamento do uso, 362–364
  propriedade, 363–365
  valores, 359–361
  viabilidade financeira da compra, 368–370
Tomada de decisão
  ambiente na agropecuária, 26–28
  etapas, 22–26
  sob risco, 267–270
  tática, 22–23
Trabalho agropecuário sazonal, 404–406
Transferência do negócio agropecuário, 251–255
  estágios, 252–255
  principais áreas a transferir, 252–253

V

Valor contábil, 57–58
Valor da produção rural, 103–104, 392–393
Valor do dinheiro no tempo, 300
Valor do produto marginal (VPMg), 124–125
Valor esperado, 262–263
Valor futuro (VF), 301
  de um valor presente, 301–302
  de uma anuidade, 302–303
Valor líquido, 54–55
Valor presente (VP), 303–305
  de uma anuidade, 301–302
  de valor futuro, 304
Valor presente líquido, 307–310
Valor residual, 75, 409–411
Valor terminal, 306–307
Variabilidade, medidas de, 263–267
Vasculhamento externo, 20–21
Vasculhamento interno, 19–20
Vida útil, 75